愛知大学国研叢書
第3期●第8冊

ドイツ民俗学とナチズム

河野　眞　　　著
Kono Shin

創土社

1. ビュッケルベルクの大農民集会

2. ビュッケルベルクを上るヒトラー

3. 実りの籠を携え民族衣装でビュッケルベルクに集ったヴェーザー地方の農夫たち

4. ビュッケルベルクで歓呼の中を演壇に進むヒトラー

5. ビュッケルベルクで演技を披露する国防軍騎兵連隊

6. 大農民集会を前にハーメルン近郊に出現した夜営の大テント村

7. 大農民集会当日のハーメルン市街

8. 大農民集会の前夜に行われたハーメルンの笛吹き男の再現行事

9. ベルリンのブランデンブルク門における収穫感謝祭

10. 収穫感謝祭の夜、ベルリンのシュタディオンで上演された祝祭劇「パンと鉄」の一場面

12. アッチカの幾何学文様土器 前9-8世紀。ハノーファー、ケストナー美術館（Kestner-Museum）の収蔵品

11. 祭壇前面垂帳 ヴィーゼンハウゼンの僧院（Kloster Wienhausen）、13世紀。ハノーファー州立博物館の収蔵品

13. アメリカ・インディアン（Hopi-[Moki-] Indianer）の皿に描かれた〈太陽の鷲〉北米アリゾナ州。-19世紀の制作ながら古いデザインを踏襲しているとの説をフェーレは採用した。ハイデルベルクのポルトハイム財団の収集品

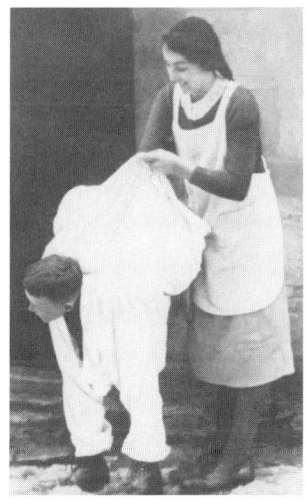

14. ハインリヒ・ヴィンターが撮影し民俗学の研究誌（1940年）に掲載したオーデンヴァルトの〈ニッケル〉

写真出典（ナチスの書籍は出版年を欠く様式をとるため、推定年を付す）

1, 3, 4, 5, 6, 7, 8, 9, 10 …… *Erntedankfest 1.Oktober 1933 Der deutschen Ehrentag.* Herausgegeben von Hans Ostwald. Berlin[Reimar Hobbing]o.J.（1934年？）

2 …… *Deutsches Erntedankfest.* Verantwortlich für das Amt "Feierabend" der NS.-Gemeinschaft "Kraft durch Freude", Abteilung "Volkstum-Brauchtum" von Otto Schmidt. Hamburg [Hanseatische Verlagsanstalt] o.J.（1934-1937年？）

11, 12, 13……Eugen Fehrle, *Das Hakenkreuz.* In: *Oberdeutsche Zeitschrift für Volkskunde*, hrsg,von Eugen Fehrle. 8 Jg.(1934), S.5-38.

14 …… Heinrich Winter, *Mitwintergestalten in Odenwald, Neckarbergland, Spessart und Rhön.* In: *Deutsche Volkskunde. Vierteljahresschrift der Arbeits-gemeinschaft für Deutsche Volkskunde.* 2. Jg.（1940), S.184-199.

九十二歳を迎える母に

目次

序文──本書の成り立ちと構成..7

第一部　ナチズムとの関わりからみたドイツ民俗学の諸相

第1章　民俗学における個と共同体
　　　──20世紀始めのフォルク論争を読み直す..........................17
　はじめに..17
　1．ホフマン＝クライヤーの1901年の講演
　　　「学問としての民俗学」..19
　2．アードルフ・シュトラックの批判...34
　3．エードアルト・ホフマン＝クライヤーと
　　　アードルフ・シュトラックの再度の論争............................45
　4．カール・ヴァインホルトとハイマン・シュタインタール
　　　──論争の背景から..56
　5．ヨーン・マイヤー..76
　6．アルブレヒト・ディーテリヒの〈母なる大地〉
　　　（培養土）の概念..89
　7．オイゲーン・モーク..97
　8．ハンス・ナウマンの二層論...109
　9．アードルフ・シュパーマー...128
　10．ユーリウス・シュヴィーテリングと
　　　ヴィクトル・フォン・ゲラムプ.......................................148
　11．ホフマン＝クライヤーの1930年の介入.............................160
　12．論争の評価...171

目次　　1

第2章　ドイツ思想史における
フォルクストゥームの概念 203

はじめに 203

1．フリードリヒ・L・ヤーンにおけるフォルクストゥーム概念の
　　提唱 206

2．W・H・リールにおけるフォルクストゥームの概念 216

3．フォルクストゥームの用法 221

4．オットマル・シュパンによるフォルクストゥームの称揚 224

5．ナチズム民俗学におけるフォルクストゥームの概念 228

6．ゲルマニスティク系の民俗研究における
　　フォルクストゥーム 233

7．プロテスタント教会系の民俗学における
　　フォルクストゥームの概念 236

8．カトリック教会系の民俗学における
　　フォルクストゥームの概念 238

結び 245

第3章　ゲオルク・シュライバーの宗教民俗学 259

1．設問 259

2．ゲオルク・シュライバーの活動とその背景 265

3．ゲオルク・シュライバーにおける宗教民俗学の構想 280

4．評価 312

第4章　ナチス・ドイツに同調した民俗研究者の再検討
——オイゲーン・フェーレの場合 …… 327

 1．オイゲーン・フェーレの経歴 …… 329
 2．オイゲーン・フェーレの民俗学 …… 333
 3．映像資料の魔術 …… 339
 4．オイゲーン・フェーレのハーケンクロイツ（鉤十字）論 …… 341
 5．ハーケンクロイツ論に見るフェーレの逸脱とその背景 …… 345
 6．フォルク思想の実践としての民俗儀礼・行事の再現 …… 352
 7．ハインリヒ・ヴィンターとオーデンヴァルト地方の
  〈ニッケル〉 …… 353
 7．ハインリヒ・ヴィンターと収穫における
  〈車刈り〉の習俗 …… 356
 8．『上部ドイツ民俗学誌』に見るオイゲーン・フェーレの
  関係者の広がり …… 362

第5章　民俗学と非ナチ化裁判
——ハイデルベルク大学教授オイゲーン・フェーレへの裁判の判決文にちなんで …… 381

 はじめに …… 381
 1．オイゲーン・フェーレに対する非ナチ化裁判の経緯 …… 383
 2．判決文の評価 …… 385
 資料：第二回判決文の全文 …… 386

第6章　ナチス・ドイツの収穫感謝祭 ── ナチスドイツの
　　　　プロパガンダに民俗イヴェントの源流を探る……………397

　　1．ナチス・ドイツのプロパガンダ………………………………397
　　2．1933年の収穫感謝祭をナチ党機関紙に読む………………402
　　3．ナチス・ドイツの収穫感謝祭の構造・背景・
　　　　注目すべき諸点……………………………………………430

第二部　第二次大戦後のドイツ・民俗学とナチズム問題

第7章　過去の克服の始まりと
　　　　スイス＝オーストリアの民俗学………………………… 463

　　1．はじめに……………………………………………………463
　　2．告発と応酬 ── ハインツ・マウスとW-E・ポイカート………465
　　3．〈スイス民俗学〉の構想 ── リヒァルト・ヴァイス……………473
　　4．〈オーストリア民俗学〉という立脚点 ──
　　　　レーオポルト・シュミット…………………………………486

第8章　ドイツ民俗学の諸動向.. 513

1．はじめに... 513
2．〈イデオロギーと訣別した民俗学〉と地理学的(地図的)方法...... 514
3．工業社会民俗学... 521
4．引き揚げ民民俗学.. 523
5．スウェーデン学派の導入
　　——マンハルトとフレイザーへの批判............................525
6．インゲボルク・ヴェーバー＝ケラーマンによる
　　マンハルトとレーオポルト・シュミットへの批判................ 542
7．歴史民俗学と法制民俗学... 560

第9章　ナチズム民俗学とフォルク・イデオロギー
　　　　というテーマの登場.. 585

1．はじめに... 585
2．ヘルマン・バウジンガーによるドイツ民俗学の改革と
　　その方法.. 590
3．ヘルマン・バウジンガーのナチズム民俗学批判................... 619
4．バウジンガー学派のフォルク・イデオロギー批判とその反応
　　——特にヴォルフガング・エメリッヒの2著に因んで............635

第10章　1980年代以降の状況
　　——ミュンヒェン・シンポジウムを枠組みとした
観察から……………………………………………………………… 673
　1．はじめに…………………………………………………………… 673
　2．ミュンヒェン・シンポジウムとその周辺……………………… 674
　3．民俗学におけるナチズム研究の広がり………………………… 680
　4．ナチズム民俗学批判という作業
　　　——リヒァルト・ヴォルフラムの負の遺産にちなんで…………689
　5．ナチズム民俗学批判の基準をもとめて
　　　——ブリュックナーをめぐる論争の諸相から………………… 700
　6．おわりに
　　　——ドイツ民俗学におけるナチズム研究への感想…………… 732

あとがき……………………………………………………………… 763
索引…………………………………………………………………… 765

序文 —— 本書の成り立ちと構成

　本書は、ドイツ語圏の民俗学とナチズムに関する考察であるが、はじめに、その成りたちと構成を簡単に記す。本書は2部10編の論考から成っている。そのうち、はじめに出来たのは第二部の「第二次世界大戦後のドイツ民俗学の展開とナチズム問題」の4編（執筆時は3部構成）であった。平成4年度文部省科学研究費補助金による研究（一般研究C　課題番号03610250）で、平成6年3月に成果報告書としてまとめたものが基本である。そこでの主要な関心は、第二次世界大戦後から執筆当時までのドイツ語圏の民俗学について輪郭を得ることにあった。もとより、民俗学を構成する諸要素を満遍なく取り上げたのではなく、そもそも、そうしたものは不可能であろう。とは言え、いずれの国・地域の民俗学も諸要素のとりとめのない集合ではないのは当然である。そこで、ドイツ語圏の民俗学とはいかなるものか、そのディシプリンとしての構図はどんなものかを解明しようとしたのである。またそのためには、多くの論点のなかで、戦後のドイツ語圏の民俗学が負った課題であるナチズム問題という角度から整理するのが適切であると思われた。なお付言すれば、そこには、ナチズムと並んで、現代社会との取り組みという課題も加わってくる。それゆえ、ナチズム問題と、民俗学が現代社会を相手にする上での方法上の問題、この二つの焦点を持つ楕円のようなものとして観察することによって、ドイツ語圏の民俗学の特徴が明らかになると考えたのである。

　このため本書の主要な関心は、ドイツ語圏の民俗学をめぐる現代の様相に向いている。事実、本書の元になった成果報告書では、その前年までの学界動向にまで注意を向けたのである。しかしそれは、今回上梓するに当たっては、むしろ不足になっていよう。すなわち、一旦その時点までの資料を用いて同時代を観察したとなると、その後の推移を継ぎ足すのは、構成の点でもバランスを失ってしまうのである。そのため、そこで取り上げ、それ以後今

日までの間に物故した人々のデータなど最小限の情報を加えるにとどめた。したがって、第二部は、基本的には1992年頃までの同時代が対象なのである。

　次に第一部であるが、ここには、それ以後に執筆したものを収録した。ドイツ語圏の民俗学の特質を知るには、それがナチズム問題と取り組んできた経緯に注意を払うのが適切であるとは、言い換えれば、民俗学がナチズムとの相乗をきたした歴史をもつことに他ならない。戦後の学史をナチズム問題の清算に焦点を当てるにしても、その原因は、ナチ時代や、それ以前の時代に深く食い込んでいる。事実、民俗学がナチズムとの関わりに至った原因、さらに遠因を問えば、それは、19世紀以来の展開が否応無く射程に入ってくる。上記の成果報告書では、そうした過去に関わる諸問題については、補足やエピソードとして挿入していたのである。しかし改めて眺めると、その構成には無理があった。そこで、幾つかの論点を独立させて取り上げることにした。もともと関心は現代の動向により多く向いていたが、歴史（学史）を扱うことに踏み切るや、我ながら開放感を味わうことになり、結果としては、第二部を超える分量になった。もっとも、これには、日本の現今の状況から見て止むを得ない事情もあった。ドイツ語圏の民俗学に関しては、学説の変遷などは、本邦ではまるで情報がもたらされていず、そのため、解説をほどこしながら進む他なかったのである。それと同時に、言い添えておくべきは、ここで取り上げた6編は、それぞれが独立したものであって（ただし第5章は第4章の付論の性格にある）、その方法や叙述の仕方も異なっていることである。これは、本邦での情報の空白をうずめる上という課題とも関係しはするが、主要には、テーマごとに異なった手法を試みたのである。もとよりここでの数篇によって問題圏の全体を覆えるものではないが、またそれらによって問題圏に走る脈絡が何であるかを伝えることにはなるであろう。

　次に、ここでは書冊の体裁上、章としてまとめたそれぞれの論考について、簡単に解説を加える。

第一部　ナチズムとのかかわりで見たドイツ民俗学の諸相

第 1 章　民俗学における個と共同体 ── 二〇世紀はじめのフォルク論争を読み直す

　20世紀の初め、民俗学の分野でひとつの論争が起きた。それは〈フォルク論争〉と呼ばれ、ドイツ語圏の民俗学史を通じて最大の論争となった。今日でも、それは折に触れて顧られる。のみならずその情報はかなり早く日本にも伝えられていた。当初はディシプリンとしての民俗学をめぐる基本的な問題が論議になっているらしいという程度であったが、1950年代以降には、かなり詳しい紹介が行なわれるまでになった。しかし当時としては無理からぬものであったが、必ずしも正確な伝達ではなかった。そこで一度は正面から扱う必要があろうとして、再構成したのである。やや長めのものとなったが、論争の関係者たちがドイツ語圏ではよく知られているものの、本邦では未知と言ってもよく、そのためにそれぞれの論説を概括的に指示するだけでは、実情が伝わらないからである。この本質論争の成り行きは必ずしもナチズムと直接的に関わるのではないが、そこでの繰り広げられた議論の不備や不足が、やがて民俗学が時流に飲み込まれてゆくことになる素地でもあった。しかしまた、長期にわたって専門学としての立脚点が問われ、方法論が議論されたこと自体は、その成果の如何とは別に、専門学としての民俗学の問題点を明るみに出すことになった。第二次世界大戦後の民俗学の再建過程でも、その論争が常に振り返り、批判的な評価も含めて、そこから得られたものは少なくなかったのである。それゆえドイツ語圏の民俗学に関心を向けるときには、踏まえておくべき基本的な知識と言っても過言ではない。

第 2 章　ドイツ思想史におけるフォルクストゥームの概念について

　フォルクストゥーム（Volkstum）という術語は、今日では必ずしも非常によく用いられるとは言えない。しかしそこから派生した形容詞形 volkstümlich や、その名詞形 Volkstümlichkeit は今も日常語である。とまれ、フォルクストゥームはフォルク（Volk）の派生語で、また19世紀の始めにフリードリヒ・ヤーンが提唱した新造語であった。そして1945年まで、その術

語は日常語として、あるいは学術用語として、あるいは憲法にも盛り込まれる政治用語として、さらに時代潮流の合言葉として使用され流布していた。本稿は、このひとつの語をインデックスとしてドイツ語圏の思想の諸潮流をたどったのである。

　本稿が特に重点をおいたのは、1920年代から30年代におけるその語をめぐる状況である。そこでは相い異なる幾つもの団体や思想傾向が共にフォルクストゥームをキイ・ワードとして自己の主張を行なった様子がみとめられる。それぞれがその期するところをその語に託し、しかも同じ術語を用いる他者との異同に留意しなかった。それゆえ今日から振り返ると、表現が混乱していたことになるが、その語の余りにも流行語であり、また誰にとっても内容が定かでないにもかかわらず実感に富んでいたために、当事者たちには混乱の認識もなく、説明も等閑に付されていた。フォルクの語を掲げ、フォルクストゥームと重ねて言えば、千言を費やす以上に、それぞれの望む文脈が伝わるかのような錯覚が支配し、それゆえまた徒に万言を流出させる水源の役割も果たしたのである。その様相を解きほぐすことによって、20世紀前半のドイツ語圏の社会や国家の混迷と暴走には、言葉の犯罪の側面があったことを取り上げた。

第3章　ゲオルク・シュライバーにおける宗教民俗学の構想

　本稿は、より大きな問題圏の一部という性格にあるが、ナチズムと民俗学の関わりからは看過すべからざる要素を含むために、本書に収録した。本稿のテーマは、ドイツ語圏における宗教民俗学の成立事情である。1920年代末以降、特に1930年代のナチ政権の成立の頃から、カトリック教会系の宗教民俗学が形成に向ったのは、民俗学史の上からも重要であるが、そこにはどのような脈絡が走っていたかを、解きほぐした。具体的には、その分野での最大の学究と言ってよいゲオルク・シュライバーに焦点をあてて分析を進めた。またそれにあたっては、ゲオルク・シュライバーに対してなされたナチズムとの重なりと懸隔という戦後の批判に着目し、それに一定の解答をあたえる

という枠組みを設定した。

第4章　ナチス・ドイツに同調した民俗学者の再検討 ── オイゲーン・フェーレの場合

　本稿は、ナチズムと民俗学との接触を特定の人物についておこなった観察である。しかし偉人の足跡に光を当てたのではなく、対象としたのはナチスの御用学者のひとりである。民俗学の過誤の実態を個々の研究者のレベルでも観察しようとしたのである。しかしまったく個人の言動ではなく、ディシプリンとしての民俗学の問題性につながっているが故の着目である。ここで取り上げたオイゲーン・フェーレはゲルマニスティク系の民俗学徒であった。それゆえアカデミズムの一員であり、事実、ハイデルベルク大学の教授として民俗界でも学術行政でも一定の重要性をもったのである。その人物に焦点を事例として、ドイツ語圏の民俗学がナチズムに合流したときの実際を観察し、またそれを諸要素に分解して、民俗学史、さらに思想史のなかに位置付けた。またこの人物にちなんで、その周辺のアマチュアの民俗学徒ハインリヒ・ヴィンターにも注目し、それを学史上に位置付けた。

第5章　民俗学と非ナチ化裁判 ── ハイデルベルク大学教授オイゲーン・フェーレへの裁判の判決文に因んで

　本稿は、第4章への付論の性格にあるが、体裁上、一章とした。オイゲーン・フェーレをめぐる裁判資料から最終審判決文の全体を取り上げて解説を加えた。〈非ナチ化〉をアカデミズムに対する法的措置として実行したのは大きな特色であるが、しかしその実態はかなり中途半端でもあった。それらを実際に即して観察したのである。

第6章　ナチス・ドイツの収穫感謝祭 ── ナチスのプロパガンダに民俗イヴェントの源流を探る

　ナチス・ドイツが祭儀国家とも言い得るような性格をもっていたことは一

般にも指摘されるが、そこに民俗要素や民俗学がどのように関係していたかに注目した。対象とした収穫感謝祭は、ナチス・ドイツの成立と共に企画された巨大な祭典で、ここでは1933年にビュッケベルク（ニーダーザクセン州）を主会場として挙行された第一回の行事を主要に取り上げた。その大祭典が日本ではほとんど知られていないことに鑑み、ナチ党機関紙『フェルキッシャー・ベオバハター』の報道を資料として実態の復元を試みた。一般論として言えば、政党機関紙の報道については信憑性の程度に議論はあろうが、少なくとも主催者たるナチ党の意図や観測を知るには好個の資料と言うことができる。かく主催者の報道を用いて実態を概観した上で、次にイヴェントを構成する主要な要素に、主に民俗学の視点から検討を加えた。

第二部 第二次世界大戦後のドイツ民俗学の展開とナチズム問題

　第二部では、第二次世界大戦後のドイツ語圏の民俗学界が、ナチズムとの相乗に陥った過去の清算を進めていった経緯を再構成することを試みた。またそれを通じて、ドイツ語圏の民俗学の構図を把握することを目指した。ここでその経緯を、4つのエポックとして提示したが、またその4篇については、それぞれ主題によって異なった叙述の仕方を選択した。

第7章：過去の克服の始まりとスイス＝オーストリアの民俗学

　戦後の最初の時期をあつかう本章は、民俗学への指弾として知られる社会学者ハインツ・マウスのエッセーからから始めた。その難詰する〈フォルクスクンデ〉が民俗学と完全に重なるかどうかはともかく、ほとんど民俗学無用論であった。それに対する民俗学の側からの側からの対応として、W-E・ポイカートの応急的な回答に注目した。またそれと並行して、同じドイツ語圏ながらナチスや戦争への責任を多少免れていた地域において進んでいた新たな動きを取り上げた。すなわち、スイスのリヒァルト・ヴァイスとオーストリアのレーオポルト・シュミットである。

第8章：ドイツ民俗学の諸動向

　西ドイツは、ナチス・ドイツの責任を含めた後継国家であったため、民俗学の再建への動きは遅れたが、やがてその動きが始まるや、多彩な展開をみることになった。ここでは、そのなかから、工業社会民俗学、引き揚げ民民俗学、歴史民俗学、法制民俗学などに注目すると共に、特に民俗学の形成とからみあっていた思考の枠組みを脱却するにさいしてスウェーデン学派の刺激を受けた事情をやや詳しくあつかった。これは要するに、ヴィルヘルム・マンハルトの着想とその大成者の位置にあるジェームズ・ジョージ・フレイザーの民俗学を克服する過程であった。それにやや頁を割いのは、民俗学史上のこのエポックメイキングなできごとについて日本では情報が空白だからである。また問題自体に広がりがあるため、ここでは二つの節にまたがって扱った。「スウェーデン学派の導入」ではマンハルトの民俗学の原理がスウェーデンの研究者によって覆された経緯を、続く「インゲボルク・ヴェーバー＝ケラーマン」の節ではドイツ民俗学におけるその受容を取り上げた。特に後者では、同一の民俗事象をめぐるマンハルト、レーオポルト・シュミット、ヴェーバー＝ケラーマンの三者の思考と推論の違いを対比させてみた。

第9章　ナチズム民俗学とフォルク・イデオロギーというテーマの登場

　〈ナチズム民俗学〉の概念が批判的な視点から措定され、またそのイデオロギーの解明と克服が進んでいったことを、ヘルマン・バウジンガーとその学派の動きを中心に取り上げた。バウジンガーは民俗学の方法論における改革者として国際的にも注目されてきた存在であるが、その現代社会の仕組を正面から組み込もうとする独自な視点は、ドイツ民俗学の生成以来の原理を問い直すことと密接にからんでいた。しかもその姿勢は、戦後まもなくの時期に民俗学を再建した戦後の第一世代のリーダーたちとも微妙に異なっていた。ナチズム問題との取り組み方にもそれは反映されている。これらについて、概観の後に、三つの節を設けてまとめてみた。初期の口承文芸研究から主著『科学技術世界のなかの民俗文化』の成立に至る学問の形成過程、〈ナチズム民

俗学〉批判の特徴、そしてバウジンガーの指導下に進行した学派の活動が1970年前後に民俗学界に惹き起こした賛否にまたがる議論である。

第10章　1980年代以降の状況 ── ミュンヒェン・シンポジウムを枠組みとした観察から

　ここでは、1986年にミュンヒェンで開かれたナチズム問題をテーマにしたシンポジウムに焦点を当て、その前後の民俗学界の関係者の動静を重ねることによって、そのイヴェントを立体的に把握することを試みた。それは、必ずしもそのシンポジウムが画期的であったからというわけではない。そこに繰り広げられた人間模様をも観察することによって、民俗学におけるナチズム問題の現代の様相が知ることができるが故の対象の選択である。そしてミュンヒェン・シンポジウムを起点にして、そこから延びる数条の枝分かれを追跡した。そのひとつは、ナチスへの関与を取り沙汰取されながらもウィーン大学教授を全うした人物をめぐって、その弟子筋の人々の間で起きた論議である。また同じく大きな分枝には、ナチズム問題の論議において1980年代以降中心になった数人の言動があるが、それらについては対立する立場の双方に等分に目配りしつつ、敢えてディテールにも言い及んだ。ナチス論議は、現代においてもなお概念的な解説ではすまない情念の交錯する現場を背景にもっている。部分的にせよ、その再現と再構成を試みたのである。

第一部

ナチズムとの関わりからみた
ドイツ民俗学の諸相

❖❖❖

第1章
民俗学における個と共同体——
20世紀初頭のフォルク論争を読み直す

1. ホフマン＝クライヤーの1901年の講演「学問としての民俗学」　2. アードルフ・シュトラックの批判　3. エードアルト・ホフマン＝クライヤーとアードルフ・シュトラックの再度の論争　4. カール・ヴァインホルトとハイマン・シュタインタール——論争の背景から　5. ヨーン・マイヤー　6. アルブレヒト・ディーテリヒの〈母なる大地〉（培養土）の概念　7. オイゲーン・モーク　8. ハンス・ナウマンの二層論　9. アードルフ・シュパーマー　10. ユーリウス・シュヴィーテリングとヴィクトル・フォン・ゲラムプ　11. ホフマン＝クライヤーの1930年の介入　12. 論争の評価

はじめに

　ドイツの民俗学の発達史をたどると、この専門分野の、個別領域を超えた全体にかかわる基礎理論が問題になるときには、決まって顧みられる論争がある。20世紀の初めから1920年代まで断続的に繰り返されたいわゆるフォルク論争である[1]。参加したのはドイツ語圏の民俗学界の錚々たる人々で、当時はなお少壮でもあった。それらの人々が19世紀以来のロマン派の学問原理に挑戦したのが発端で、途中さまざまなテーマとからみあい、幾つかの潮流を巻き込んだり派生させたりしながら議論は展開した。もっとも、前世紀の主要な潮流への批判であったとは言え、当代の人々によってこぞって歓迎されたわけではなく、むしろ同世代者のなかからも反撥が起きた。それゆえ新しい世紀の民俗学をになう者たちのあいだでの対立に発展した。しかも、いずれの論者もたまさかの参画ではなく、それぞれに死力を尽くして自説を

述べた。しかし大勝負かならずしも名勝負たらずの言い回しの通り、壮図の割には大味ななりゆきに終始した。学史上の意義は今日も減じないが、論議の内容は深みを欠き、焦点が定まらなかったからである。当事者たちも次第に方向を見失っていった。挙げ句は平板な折衷論が不釣り合いにもてはやされることになった。それと並行して、時代は1920年代末の混迷から30年代の強権国家の出現へと動いていた。ナチズムの席巻が、政治・経済・社会にとって未曾有の危機であったことは言うまでもないが、同時に多くの学問分野にとっても、原理と方法が試される時でもあった。民俗学は全体としては時流と不幸なからみあいをきたしたが、その因由の一部は、先行する時代の論議において核心部分の掘り下げが足りなかったことにもとめられよう。実際、ドイツ語圏の民俗学は、現代史の正念場で、予防能力にも免疫性にも不足をきたしていたのである。

　内容に入るに先立って、本稿がテーマとする出来事そのものの意義に疑問符をつけてみた。しかしまたかかる評価を下すほかないような論争を改めてとりあげるのには理由がある。第一は、1世紀近く前に起きたこの論争が正確には伝えられていないことである。民俗学の発達史のなかでそうしたできごとがあったとの風評は半世紀以上も前に日本の民俗学界にも伝わっており、〈民俗学の本質論争〉とまで称されたほど関心が寄せられた。それへの言及も精粗いくつかがなされたが、しかしもうひとつ分かり辛かったのである。欧米人の発言や議論には過度な期待がはたらき、却って真相をつかまえそこなうといった事態が往々にして起きるが、この場合にもそうした節があった。また背景の事情にやや複雑なものがあり、論争の表面からだけでは、趣旨がつかみにくかったという難しさもあったであろう。それゆえ概念的な紹介ではなく、当事者たちの発言に密着した解説が一度は必要であろうと思われたのである[2]。第二の理由として、論争の実際が意外に面白いのである。論争の経過にドイツ語圏の民俗学の特質がよく表れている。なお敷衍すれば、それはドイツ文化の特色にとどまらず、広く西洋文化の基本的な一側面ともつながっている。中味が面白いというのはそういう意味であって、言い換えれ

ばそこでなされた設問や議論のあり方は、私たちのあいだでは起きようのない種類のものであった。もとよりそれは、彼我いずれかに遺漏があるというようなものではない。善悪や優劣ではなく、文化の差異がよく分かるのである。改めて言えば、民俗学は、それぞれの文化における微妙で脆弱な部分に接しているところがある。理論化や抽象化という作業がそぐわないような対象に近づいてゆくところに本領があると言ってもよいが、それにもかかわらず、理論的把握は避くべからざる、また欠くべからざる課題である。すると勢いそこには地を這うような議論が繰り広げられる。そういう位相において西洋という異文化が姿を見せるのである。

1. ホフマン＝クライヤーの1901年の講演「学問としての民俗学」

　論争の発端は、1901年にスイスのバーゼル大学でゲルマニスティク（ドイツ語学・文学研究）の講座を担当して程ないエードアルト・ホフマン＝クライヤー（Eduard Hoffmann-Krayer 1864-1936）が「学問としてのフォルクスクンデ」と題して講演をおこなったことにあった。その講演は、翌年、講演者が自ら創刊した研究誌『スイス民俗学アルヒーフ』の第1号に掲載されて、学界に波紋を広げた。因みに、〈フォルクスクンデ〉（Volkskunde）は、英語のフォークロア（folklore）に対応するが、ドイツ社会の特質とからんで独特の意味合いを帯びた語であった。その事情は、追々明らかになるであろう。

　先ずホフマン＝クライヤーの略歴である[3]。生い立ちはスイスのバーゼルの富裕な商人の息子で、バーゼル大学へ進んで、当時ドイツ語学において指導的な立場にあったオットー・ベハーグル（Otto Behagel 1854-1936）のもとで勉学を進め、バーゼル地方の方言の研究で学位を得た。その後『スイス・ドイツ方言辞典』の編纂にたずさわり、また音韻学、スイス方言全般、そしてスイスのドイツ系住民をめぐる民俗学へと研究領域を広げていった。民俗学について言えば、かなり早くからその方面に関心を寄せており、1897年に

は『スイス民俗学アルヒーフ』(SchweizerischesArchiv für Volkskunde) を設立した。今日のスイス民俗学会の前身である。そして1902年にはその機関誌を刊行した。問題の講演はその機関誌に着手するにあたっての抱負の表明であった。なお少し後の動きも併せてあげると、1911年には『スイス民俗学』(Schweizer Volkskunde) という研究誌の発行も手がけた。こうして組織や定期誌の土台を据えたことだけをとっても、ホフマン＝クライヤーはスイスの民俗学にとっては創設者の位置に立っている。

なお経歴と重なることがらになるが、ホフマン＝クライヤーの活動にとって大きな意味をもつ出来事として、同い年でゲルマニストのヨーン・マイヤー (John Meier 1864-1953) が1899年にバーゼル大学に赴任したことを挙げておかなくてはならない。両者の交流は、後にヨーン・マイヤーがフライブルクへ移ってからも変わらなかった。むしろその連携はますます深まり、ヨーン・マイヤーがドイツ民俗学協会の会長、ホフマン＝クライヤーがスイス民俗学会の会長となって、ドイツ系の民俗学を牽引することになる。

ホフマン＝クライヤーが担当した講座は内容的にはスイス方言学とスイス民俗学であった。そのため記念講演は「学問としてのフォルクスクンデ（民俗学）」となったのであるが、このタイトルは半世紀近く前の1859年にヴィルヘルム・ハインイリヒ・リール (Wilhelm Heinrich Riehl 1823-1897) がミュンヒェン大学でおこなった講演と同じであった[4]。それがすでに並々ならぬ意気込みを示すものであった。その講演においてホフマン＝クライヤーは、民俗学をとりとめのない知識の集積ではなく、専門的な学問として成り立たせるために対象と目的を厳密に定めることを試みたのである。

研究対象の特定

その第一の手続きは、民俗学がかかわる対象としての人間あるいは人間集団を特定することにあった。言い換えればフォルクスクンデ（民俗学）におけるフォルクとは何かという問であった。ホフマン＝クライヤーは、それを〈vulgus in populo〉という言い方で定義した[5]。

フォルクスクンデとは何か？この問に対して、よく返ってくる屈託のない答えがある。〈フォルクに関する学問〉というのがそれである。しかし〈フォルク〉とは何であろうか。このドイツ語の術語には二種類の異なった概念がまじっていることが分からないだろうか。ひとつは政治的・ナショナルな意味としてのポプルス（populus）であり、もうひとつは社会学的・文明論的な意味としてのヴルグス（vulgus）である。このどちらの〈フォルク〉にフォルクスクンデ（民俗学）はかかわるのであろうか。ヴルグスとは何よりも先ず、低次で、プリミティヴな思考をし、個性がほとんど浸透していないフォルクのことであり、そこには原初的なフォルクストゥーム（民衆性、土俗性）の本来のあり方が反映されている。と言うことは、それはポプルス、すなわちナツィオーンではない。すると、多くのフォルク研究家が政治的な境界に合わせて活動をしていることとのあいだで、一見したところ矛盾が生じる。リヒャルト・アンドレーは『ブラウンシュヴァイクの民俗学』を著し、ヴットケは『ザクセンの民俗学』を書いた。あるいは研究誌でも『オーストリア民俗学誌』とか『ヘッセン民俗学報』といったタイトルが付けられている。しかしそうした場合でも、そこで実際に取り上げられるのは、ナツィオーン（ネイション）の生き方の総体ではない。フォルクのなかのフォルク、すなわちヴルグス・イン・ポプローである。つまりプリミティヴな物の見方、フォルクストゥーム的（民衆的・土俗的）な伝承、儀礼と行事、迷信的な表象、さらに広範は諸層にまたがる低い次元のものとしての文芸・造型芸術・音楽・舞踊・話しぶりといったものである。これに対して、高次の文明としての学校制度、文学、予防衛生、教会組織、美術、文学、経済システムなどはナショナルな民俗学の枠外であり、ランデスクンデ（Landeskunde 国土学）という学問的には必ずしも分明でない漠然とした部立てのなかであつかわれる。

こうした定義はまた、民俗学と他の隣接学との区分の問題ともかさなっている。それはランデスクンデだけでなく、文化人類学や文化史研究との領域の設定でもある。たとえば民族学（Ethnologie）と関わりについては、次のように述べている[6]。

　　……民族学の資料収集にちょっと目を向けてみよう。そこには、黒人の諸部族の弓矢、中国の陶磁器の壺、日本の漆器、ラップランドの橇、インドの煙管、エジプトのミイラ、それにありとあらゆる偶像と呪物、その他諸々のものが並んでいる。しかしどうして、火縄銃や、ギリシアのアポロ像や、中世の細密画や、マイセンの磁器や、ゴシックの装飾家具といったものは、そこに見当たらないのであろうか。スイスの民俗衣装、農家の彫刻つきの長椅子、像柱、代父の徽章、姿焼きのパンはどうなってしまったのだろう。

　もっとも、今日ではこれらの多くが民族学ないしは文化人類学においてもとりあつかわれるが、20世紀初めの頃の状況を考えれば、この指摘は常識的なものであったであろう。そしてこれまた通念通りに、民族学は〈自然民族〉（Naturvolk）にかかわるのに対して、民俗学フォルクスクンデ（民俗学）は〈文化民族〉（Kulturvolk）を相手にするのであると言う。しかし文化民族における文化的現象のすべてを対象とするのではない。その一部である。またその点では、区分がより微妙になるのは文化史との関係である。　この個所は単に両分野の区分を超えてホフマン＝クライヤーの理論の前提となっているところであるから、やや詳しく引用する[7]。

　　フォルクスクンデは、文化史とはいかなる関係に立つのであろうか。その決定的な差異は名称から明らかになる。文化史（Kulturgeschichte）とは〈文化の歴史〉（Geschichte der Kultur）である。文化とは、より高いものをめざして発展するあらゆるファクターのことである。私が先に行

なった言い方を繰り返せば(『スイス民俗学アルヒーフ』第1号)、文化とは〈意志表出と発展志向という人間精神の活動に他ならない。自発的生産であれ複製生産であれ、また文化付与であれ文化受容であれ、大事なのはこの点である。〉 すなわち文化史において前面に立つのは、個体的・文明的契機であり、他方、民俗学の場合は一般的・停滞的契機である。するとこういう問が投げかけられることであろう。自然現象もまた文化史の領域に入るのではないか、と。たとえば地震、洪水、疫病、火災といったものである。答えは、否である。それらが入らないだけでなく、イナゴの大群も、流れ星も惑星も文化史の対象ではない。しかしそれらの出来事が、人間の精神を刺激して思念に向かわせたり、フォルクストゥーム的な観念の表出をうながしたりすれば、その限りで文化史にとっても民俗学にとっても重要なものとなる。すなわち疫病や火災が、衛生学とか、何らかの社会的仕組の形成とかにつながるといった場合である。文化史の対象は、時代の要請に応えて指導的な個体が引っ張ることを通じて上方に向かって絶えず発展するあらゆる人間的活動であり、それは最広義においてである。一口に言えば、個体の力の産物であり、〈獲もの〉である。

すなわち文化とは、絶えず上を目指して発展する人間の営為によって形成されるものであり、発展をになうのは個体(個性)であるというのが、ホフマン＝クライヤーの基本的な考え方である。文化は、個体による創作や作品と同義であり、また創作や作品は個体(個性)によってなされるというの理解である。しかし、個性的ではない種々の現象も存在する。それらは一般的・停滞的契機によるもの、つまり、ありふれていて、変化もしないような人間の営みである。それが民俗学の対象であるというのである。しかし、ここに問題がある。文化の諸現象は必ずしも個体(個性)的な作品であるか、低級でプリミティヴな様相のものであるかが分明ではない。それはまた文化史の対象か、民俗学の対象かという問題とも重なる[8]。

截然と区分けするのが困難であることもある。高度な文化においても、古いフォルクステュームリヒ（民衆的・土俗的）な観念がまじっていることがある。……批判力のある人々にも、その対象が文化史のものか、民俗学のものかが判断できないこともある。

たとえばオーバーヴァリスの草葺きの家はフォルクストゥーム（民衆性・土俗性）に属し、現代の宮殿建築が高次の産物であることは当然である。では、アルプスの牧畜小屋（シャレー）風の都会の家はどうであろうか。そこには、フォルクストゥームの浸透によって影響された文化の形態がみとめられる。農民の作る陶器には、疑いもなく、フォルクストゥームに起原をもつ図柄がみとめられる。しかしそれらから、マイセンやセーヴルへと上ってゆくあいだには、見極めができないほどの中間段階がある。さらに言えば、フォルクスポエジー（民衆詩歌）とクンストポエジー（芸術詩歌）のあいだはどうであろうか。ゲーテの「野薔薇」やヴァルター・フォン・デア・フォーゲルヴァイデの「菩提樹の下で」はフォルクスリート（民衆歌謡）であろうか、それともクンストリート（芸術歌謡）であろうか。シューベルトの「菩提樹」は、作曲家に属するのか、それとも無名の民衆歌謡者のものなのか。

もっと複雑なのは、民衆宗教（Volksreligion）や神話における諸関係である。普通は、高い神話と低い神話という区分がなされる。そして高い神話には洗練された神々や英雄の神話が考えられ、低い神話としては霊魂・月・自然物の霊への信仰の領域を動いている。しかし古いスカンディナヴィア人のすばらしい神話も、純然たるフォルクの産物ではなく、神父や歌人がフォルクストゥーム的（民衆的・土俗的）なモチーフを活用して作られたというのが本当のところであろうし、そうであればクンストポエジー（芸術詩歌）として、文化史の対象になってしまう……

しかしまた高度な文芸としての神話にも、神々をめぐる紛れもなくフォルクストゥーム的な観念が関係している。たとえば、彼のクニドス

の崇高なデメーテル像にも、馬の頭をした太古のデメーテルが入り込んでいる。ではどこにフォルクストゥームから芸術への移行をもとめるべきなのか。

　ここでの議論のなかで、特に高い神話と低い神話の区分にふれているが、これは、ヴィルヘルム・マンハルト（Wilhelm Mannhardt 1831-1880）の理論を踏まえているのである。またフォルクスエジーとクンストポエジーの対比を挙げての設問には、ヨーン・マイヤーの見解が採り入れられている[9]。それはともあれ、文化の広がりの基本は、〈純然たる文化的エレメントが、フォルクストゥーム的な観念や習俗に浸透するという動き〉に他ならない、とホフマン＝クライヤーは言う。そしてその具体例として、キリスト教の要素によって、それ以前のものが取って代わられるという脈絡の諸事例を挙げる。またゲーテの抒情詩「絵を描いたリボンに添えて」がスイスの民間で歌謡となっていることをも引き合いに出している。かくして高度な文化にも土俗的な要素がみられ、土俗的な現象にも高度な文化が浸透する。そうなると文化史と民俗学は、対象の設定の点では峻別することが難しい中間領域を共有することになる。だからとて事態が曖昧というわけではない。特定の対象について、それが文化史に属するのか、それとも民俗学にゆだねられるものであるかを問うことが重要なのではなく、要はそうした対象において何が要因としてはたらいているのか見極めることである、と説くのである。

民俗学の種類

　こうした論述にも表れているように、ホフマン＝クライヤーの意図は、伝承された種々の慣習や文物の採録に終始するのでなく、フォルクスクンデ（民俗学）にはたらく法則を問い、またその学問としての成立根拠を明確なものにしようとするところにあった。またそれを学問一般の普遍的なレベルにまで引き上げることをも課題とした。そこでホフマン＝クライヤーは、講演のなかに、民俗学を2つの種類に分類する1章を設けた。「フォルクスクンデ

の種類」という見出しのもとに彼が説いたところによると、民俗学には〈血統的民俗学〉(stammheitliche Volkskunde)と〈一般民俗学〉(allgemeine Volkskunde)が区分することができ、後者こそ究極的な目標であるとされる[10]。

　　血統的民俗学とは、寄り集まった集団やゲマインシャフト（その集団が狭いか広いかは別はともかくとして、言い換えれば一個の村落か、特定の谷間か、それとも一国か、あるいは多民族を包摂した複合体であるかは別として）におけるプリミティヴな観念や土俗的な伝承をとりあつかう。その基本は親族である。すなわち人間にとって原初的な観念からなる特定のグループに向かって行く。すなわちその固有性であり、ないしは（こういう言い方をしてもよければ）総体個性 (Gesammt-Individualität) である。これに対して一般民俗学は、フォルクストゥーム的な観念の原理や基本法則、どこででも通用する発展ファクター、つまりフォルクスゼーレ（民族霊）を動かす一般的作用因子(allgemeine Agentien)をあつかう。簡単に言えば黒人のバンツー族にもドイツのポメルン辺境地方の農民にも当てはまる一般的な要素である。それゆえ一般民俗学は、フォルクストゥーム的（民衆的・土俗的）な観念の形態だけでなく、その伝播や変化や消滅にも注目するのである。
　　しかし民俗学のこの2種類の分枝は、たがいに独立しているだけでない。一般民俗学は、その諸法則を、血統民俗学の成果から抽出するほかなく、逆にその一般的な根本法則が血統民俗学の発展に向けて光りを投げかけもする。

　　しかしホフマン＝クライヤーこの2種類の民俗学の措定は、中味まで見てゆくと、失望させられる。一般民俗学が解明し到達すべき目的として挙げられている例示は、平板で常識的な脈絡以上ではないからである。しかし特殊な現象の奥に一般法則をもとめようとする志向が非常に強いということは注目してよいであろう。とりわけホフマン＝クライヤーが着手し、今日も継続

している民俗学の国際的な情報交換である『世界民俗学文献目録』[11)]に結実することを考えれば、味気ない議論として無視してしまうわけにもゆかない。ともあれ次のような説明である[12)]。

　（一般民俗学の）主眼は、それらを、フォルクステユームリッヒ的な伝承の出自あるいは生成、ないしは変化あるいは消滅に向けさせ、その根本原因をさぐりあてなければならないということに向けられている。

　血統的民俗学は、ギリシア人のあいだに風をめぐる信奉があったことを確かめる。これに対して一般民俗学の関心事は、そこに一つのモチーフを見出すことにある。すなわち（もしこの場合に借用がなかったとすれば）このフォルクの高度に教養化された航行にそのモチーフが認められる。同じようにして、ペルシア人のあいだで、犬への崇敬は、遊牧民には欠かすべからざる犬の不寝番の習性に、またエジプト人のコガネムシ崇敬はこのスカラベが糞を掃除することに、一般民俗学はその説明をもとめることになる。また別の例をとろう。あるフォルク（民衆集団）では、新婚の花嫁の前で歌う花嫁歌が廃れている。一般民俗学はその原因をたずね、そのフォルクの猥褻を嫌う傾向、あるいは当局の条例の形態をとった純粋な文化的影響力にあることを発見する。また民俗衣装が被っている大きな変化はしばしば私たちには不可解である。一般民俗学はその動因を教える。それらは国民経済学的な性格をもつものであるかも知れない。すなわち工場生産によって材料が従来よりも安価にできるようになったこと、あるいは交通の発達によって手軽に調達できるようになったことなどである。あるいは農民が、農民とみられることを恥ずかしがるといった社会的視点に原因があることになるかも知れない。さらにまた、短い上着やズボンの前立てなどを不作法とみなすような道徳の変化であるかも知れない。

　特に多いのは、あるフォルクの伝統が他のフォルクに移る場合に起きる変化である。民話のもつある種の特徴が、それを受容するフォルクに

は理解できないか、そのフォルクの諸概念とは調和しないといったことは容易に考えられる。そうした特徴は放棄されるか、改変されるかである。インドのフラミンゴがドイツのメルヒェンでは消えてしまった。これは、キリストの弟子たちが「ヘーリアント」では大公の従者となったのと同じである。これらの推移のすべてをその原因に還元し、また個々の事例から一般法則を抽出するのが、一般民俗学の課題である。

民俗学の対象は自然法則によって動いているのか否か

　ホフマン＝クライヤーの一般法則への志向はこれにとどまらず、さらに先へ延びてゆく。すなわち、一般的・普遍的な筋道を能うかぎり抽出する志向を表明したとなれば、必然的に一つの設問にぶつかることになる。一般法則を抽出できる（あるいはすべきである）となれば、その前提になるのは、そのときの対象には一般法則がはたらいているという事実、あるいはそれを事実とみなすような想定のあり方である。そして一般法則の最も純粋なものは自然法則ということになる。すると民俗学の対象は自然法則によって律せられているのであろうかという問いが立てられることになる。

　なお民俗学の対象として名指されてきたのは、フォルクスレーベン（Volksleben）であった。フォルクの生き方、民衆の生きる様式といったことである。こうしてホフマン＝クライヤーは、その論理運びの赴くところとして、民俗現象と自然科学との関わりを自ら口にするところまで進んでいった。そのとき引き合いに出されたのは、当時はかなり知られていたポストという法学者の見解であった。アルベルト・ヘルマン・ポスト（Albert Hermann Post）で、その『民族法学の原理』（Grundriß der ethnologischen Jurisprudenz. 2 Bde. 1894/95）はその頃の話題作であったようである[13]。

　　……純粋な精神史的自然、あるいはそう言ってよければ心理学的自然のゆえに、一般民俗学の諸問題はもっと高度である。フォルクステュームリッヒな見方の転移や変遷において一般に活動する魂の諸力を追跡す

るのがその本来の課題である。

　プリミティヴな思考の発生について種々の理論を呈示する気はない。もっとも、私がそれらを完全に知っているわけではないということもある。ここではただひとつの理論だけを取り上げておきたい。それが原理的な意味をもつからである。すなわち、フォルクストゥームの自然科学的解明である。

　A・H・ポストは、『グローブス』誌に発表した「エスノロジーの思考」（"Ethnologischer Gedanken". In：Globus. 59, s. 289ff.）のなかで次のように述べている。〈エスノロジーの結果から言えば、個々の人間の心理活動は、それが感覚世界に出現し特にそれがフォルクスレーベン（民衆の共同体としての生き方）において動く限り、自然法則の枠内にあることは疑うべくもない。宇宙の大法則は自由意志をもつ人間を前にしてもとどまることはない。〉

　この美しい文章を虫眼鏡で調べなければならないのは残念なことである。機械的に推移する事象と機械を動かす存在とが混同されているからである（これは言葉をめぐっても生じる事態である）。思考の過程それ自体は、そのときには心理組織が機能していることによって、疑いもなくメカニックである。しかし思考過程はそのメカニズムを発動させるための刺激なのであろうか？　私たちはそれに反対する。心理は、個体の感情という解明し尽くせない底無しの深みから生じるのである。すなわち、個体の思考過程に方向を付与するのであろう。

　もっとも、これに対しては、個体の個的な思念にもかかわらず、その成員が同じ観念を分有するひとつのグループ全体が形成されるという事実が対置されるかも知れない。また同じ習俗が多数の個体においてしばしば変化せずに存在すること、それどころか２つの遠く離れた民族のあいだに際立ったアナロジーが認められることすらある。こうした事実は誰も否定しまい。しかし、そうした観念がいずれの人間においても同じように自発的に成立するということには賛成できない。またまったく同

じ現象がどこででも同じ効果を人間に及ぼすということにも賛成できない。

　たとえばパナマのインディアンのあいだには花嫁を包む風習があるが、これとまったく同じものが私たちのあいだでも、さらにペルシア人のあいだでもみとめられるのは驚くほどである。また脚の脱臼にたいする古高ドイツ語のメルゼブルクの呪文^(訳注)に対応するものには古代インドに完全に重なるものがあって、一見したところ〈自然法則〉の展開を考えたくなるほどである。しかし孤立した事例だけで決めるわけにはゆかない。注意深く比較・歴史的な研究によらなければならない。今の場合のように、目を瞠らせるばかりに一致する場合には、3種類の原因が射程に入ってくる。その1：近似した現象は原初ゲマインシャフト（Ur-gemeinschft）に溯る。その2：それらは後世の（直接か間接かはともかく）伝播による。その3：近似した条件のもとで生起した類似の展開の結果である。──この3つのうちはじめの2つは原初ゲマインシャフトの時代にも伝播の原理があてはまるという意味では接近しているところがある。……

　　　［訳注］メルゼブルクの呪文（Merseburger Segen）は19世紀半ばにメルゼブルクの大聖堂で発見された10世紀半ばに記された2種類のまじないを指す。ひとつは止血を願うものでヴォーダンなどの北欧神話の神にすがる文言がふくまれ、他のひとつは戦争の捕虜から解放されるためのもので同じく北欧神話のフレア女神が詠み込まれている。論者によってはその実修は6世紀あたりまで溯るともされる。参照、*Denkmäler deutscher Pesie und Prosa aus dem VIII.-XII. Jahrhundert.* Hrsg. Von Karl Müllenhof und Wilhelm Scherer. Berlin 1892（Aufl.）Nr. XXXa, b.；*Wörterbuch der deutschen Volkskunde,* begründet von Oswald A.Erich und Richard Beitl, 3.Aufl. 1974, S.553f.

　このポストの引用は以後の論争においては論題を余計な袋小路に追い込むことになった。また血統民俗学と一般民俗学という区分も、今日に裨益する

ものでない。しかし、見ようによれば、こういう筋道を通じてしか、民俗学の理論的検討をなし得なかったのが当時の状況であった。ともあれ、民俗現象の一致を可能にする3つの要因を挙げたあたりから、ホフマン＝クライヤーの見解は核心に入ってきた。

民間習俗は誰が作るのか

　ホフマン＝クライヤーの論考の意義は、民間習俗の成立に関する独特の設問にあった。それは、フォルクの活動をその究極的な形態、それ以上は細分できない単純な形態において観察するという志向である。それは一種のシミュレーションの設定でもあった。しかもそのために彼がとった検証の方法は、これまたいかにもその頃のドイツ系の知識人らしいものであった。すなわちドイツ文化における分野を分かたぬ師表であるゲーテを引き合いにして、論をすすめたのである。もとよりゲーテの随筆の一節を、そのための唯一にして掛け替えのない拠り所と見ていたというよりは、知識人としての素養を活かしたということであろう。ともあれ、ホフマン＝クライヤーが手懸かりにしたのは、聖ローフス伝説にちなんでゲーテが書き記した論評であった[14]。

　　神話や伝説やメルヒェンの起原を追跡するのは困難であるが、そうした材料が変化を関することについては、ゲーテが次のように述べている。〈さて世の中の人々は、あの美しい聖者伝説を語るのだが、その様は正に競い合いといってもよいくらいで、しかも同時に子供と両親が助け合っているのである。そのように口から口へ、耳から耳へと移ってゆくのが、語り物のそもそものあり方である。そこに矛盾はなく、しかも無限の差異がある。どのようにしてそれが生まれたかと言えば、だれもが自分の気持ちのなかに、内容の一部や出来事の何かを取り入れているからであり、それによって話は、ある部分が退いたり、また別の部分が高まったりし、さまざまに変遷してゆき、聖者の居所も土地々々によって入れ替わることになる〉。

ゲーテの省察は、口承文芸の理論がなお存在していなかった時代のものであることを考えあわせるとまことに含蓄のあるものである。それはともあれ、注目すべきは、ホフマン＝クライヤーがその個所におこなった読解である。聖者伝説を親と子がそれぞれに語り、その交流を通じて送り伝えてゆく場面は、見ようによれば、民俗的な文化伝承の現場であり断面である。広く複雑な民俗現象も、そうした継ぎ送りが寄り集まって成り立っているとみなすことができる。となれば、その一見ありふれた場面には民俗現象の生成と発展の基本要素が隠れているはずである。問題は、その結晶片のような場面に走る法則で、ホフマン＝クライヤーは、それを次のように読み解いた[15]。

　　私たちの出発点は、すべての人間が一般的に等しい存在であることにあるのではない。反対に、個体の多様性にある。人間は誰もが、違った個性をもっており、それはひとりひとりの感情に反映している。それゆえ、個体が個体らしく活動しているときには、人間の数と同じだけの多様な観念があることになる。しかし人間は、集団として（その集団に大小の差はあれ）、同一の観念をもつことがある。すなわち民俗学は集団観念というものを想定することができる（と言うより想定しなければならない）のだが、これは次のようにして説明がつく。個体のなかにはそのエネルギーが弱い人がおり、そうした非自立的な構成素（エレメント）はより強い構成素に依存する。個体が同じ観念を有するグループを形成するのは、これによるのである。また集団形成が多彩であるのは、フォルクの文化的階梯のためである。フォルクの教養が低いものであればあるほど、個性の強さは薄いものになり、その観念は一般的・広域的に（そしてプリミティヴにも）なる。逆に、フォルクの教養が高くなれば、際立った自立的な個性があらわれ、その観念も多彩かつ多様になる。ホッテントット族の円形部落の小屋が一様であるのに比べるとスイスの村落の家々に変化があり、またそれ以上に大都会の建築は多様である。

さらに敷衍すれば、人間精神の所産には本来的にヴァリエーションへの指向が内在し、そこへ多様性を指向する要素をともかくもまとめあげる紐帯として社会的交流が重なってくる。……したがって精神的所産はどこででも個性的ではありながら、完全にではないにせよ一様なエレメントに向かって順応してゆく。それが社会的慣習と呼ばれるものである。

　口承文芸の伝承の様子をのべるゲーテの語り口の自然で率直で屈託のない文章とは対照的に、ホフマン＝クライヤーの分析は、幾度となく反芻され屈折し重畳した自意識の産物である。ここには当時の民族学の成果を独自に吸収したところがありはするが、ホフマン＝クライヤーによればこれが集団形成すなわち社会形成の基本原理であるとされる。社会形成の最も根底となる場所にはたらいて、人間と人間の結合を可能にしている法則は、突きつめると弱者が強者の行動に自分を合わせて行くという動きであるという。その弱者の側の順応と自己変化が、そうでなければばらばらな人間と人間をむすびつけているという。強者の特質は〈明晰な精神と広い視野と独立性〉であり、それが〈個性〉である。それに対して弱者を特徴つけるのは〈よどんだ精神と狭い視野と依存性〉で、すなわち〈没個性〉である。その没個性が個性にふれて自己を変えてゆくところに〈ダイナミズム〉が起きるが、それが基層文化にほかならない。民俗学はその基層文化を解明する学問であるとするのである。それが時代の懸隔のなせるわざであるかどうかはともかく、それは文学を科学に（たぶん社会科学の部類に入れてよいものに）読み換える試みであった。
　しかしこの論考が発表されるや、ホフマン＝クライヤーが意図した通りには受けとめられなかったと言うべきか、あるいは意図が透けて見えた故であったと言うべきか、即座に猛烈な反撥を誘い、ここに論争がはじまった。

2. アードルフ・シュトラックの批判

　ホフマン＝クライヤーの1901年の講演が翌1902年に公表されるや、たちまち反論が返ってきた。論者は、ギーセン大学のゲルマニストで古典文献学を専門とするアードルフ・シュトラック（Adolf Strack 1860-1906）であった。当時は大学などの研究・教育機関に所属して民俗学に関心を進めた人々にはゲルマニストが多かったが、この場合には、人脈的な繋がりも重なっていた。これより少し前にホフマン＝クライヤーの師のドイツ語学者オットー・ベハーゲルがギーセン大学に移籍しており、それが機縁になってヘッセン地方においても方言や口承文芸を中心にした民俗研究の気運が起きていたからである。

　またそれをいち早く吸収したのが若い同僚のシュトラックであった。シュトラックが創刊したのが『ヘッセン民俗学報』で、それ以来今日にいたるまでドイツ民俗学の中心的な機関誌となっている。シュトラックの反論は、その創刊号においてであった[16]。なおホフマン＝クライヤーの民俗学界の代表者としての位置と、おそらく「学問としての民俗学」というタイトルが重みのゆえであろうが、イギリスの『フォークロア』誌でもかなり早い時期に紹介が行なわれた[17]。しかし長期の論争となるまでに深刻に受けとめたのは、ドイツの学界であった。

　シュトラックは、先ずホフマン＝クライヤーが〈学問としてのフォルクスクンデ〉のために〈フォルク〉という概念を定義しようとしたことは多としながらも、中味については既に出発点から混乱をきたす要素をはらんでいるのではないかとの疑念を投げかけた。すなわちホフマン＝クライヤーはフォルクスクンデの対象としての〈フォルク〉には、ポプルス（国民）とヴルグス（下層民衆）の2つの異なった意味が合わせ持っているとしたのであるが、シュトラックはそれにこう切り込んだ[18]。

最初のパラグラフでの設問の扱い方は、その解答がさらに次の疑問をかきたてるという種類のものである。すなわちフォルクは私たちの学問が取り組む課題であるが、そのフォルクとは第一にはヴルグスのことであり、フォルクスクンデとはフォルクステュームリッヒ（民衆的・土俗的）な伝承を取り上げるものであると言うなら、それはフォルクスクンデとはフォルクスクンデであると言っているに過ぎない。フォルクステュームリッヒな伝承とは何であり、どこにその本質があるというのか。……（さまざまな研究対象を）単に数え上げても、この問題は解決しない。〈プリミティヴな物の見方〉という表現（これは随所でフォルクステュームリッヒな伝承と同じ意味で用いられているが）も、ただの言い回しではないとすれば、さらに説明が必要であるように思われる。

ここでの類語反復の指摘はもっともである。もしこの点の問題の大きさを論者たちが意識し続けていたなら、論争の全体が変わっていたであろう。しかしシュトラック自身も他者におこなった鋭敏な指摘を必ずしも自己には投げかけず、論点を先へ進めていった。それはそれで興味深いが、ホフマン＝クライヤーのポプルスとヴルグスの区別を批判して、独自の観点を対置したのである。

　ただひとつ明確になされている解答はフォルクスクンデとは何よりもヴルグスをあつかうものであるとの説明であるが、これは間違っている。今日のヴルグスは、一千年前にはポプルスであった。メルゼブルクの呪文や迷信に関する当時の司祭たちの多彩な報告によれば、それらは、今日も生きている呪文類や古い習俗の痕跡とまったく符号するのであるから、フォルクスクンデの分野に属するのである。それゆえヴルグスとポプルスの分離は、文化発展の結果、はじめて生じたのである。

これを見ると、ホフマン＝クライヤーが民俗学の対象となる人間の種類を〈ヴルグス・イン・ポプロー〉(国民のなかの下層民衆)という限定をおこなったとき、その対象となる人々を低く価値づけたと見て、それへの反発がはたらいているのが分る。実際、ホフマン＝クライヤーがその言い方で表現しようとしたのは、民衆ないしは国民のなかの通俗的な（洗練されていない）人々、あるいは庶民といった意味であった。すなわち国民という社会全体を包含した集団概念のなかの知性や感覚の働き方において低い次元にある層序を指したのである。ドイツ思想を貫いてきた知的・精神的な区分（それはしばしば社会的階層とも重なる）で言えば、教養の度合いが低い人々、非教養層である。さればこそシュトラックは、ヴルグスという語が必然的に併せ持つ低次性をその価値付けの低さから救おうとしたのである。シュトラックの論述を追ってゆくとそれが段々あきらかになるのであるが、少し先取りして解説すると、次のような脈絡である。すなわちシュトラックは、フォルクスクンデの対象となる人々が教養において低い人々であることは認めながらも、その人々は、過去にはおいては決して低い位置にあったのではないと言う。その意味は、過去においては人間の集団には一体性があったが、それが今日まで特別の変化をきたさずに継続した形態がヴルグスであるというのである。そしてその教養という区分はルネサンスによって生じたとも言う。ちなみにこうしたフォルク観は、シュトラックだけのものではなく、19世紀後半のドイツ思想のひとつのパターンと言ってよいところがある[19]。

　以上を論じた上で、シュトラックは、もうひとつの疑問を呈する。教養人と非教養人の区分は果たしてそれほど截然となしうるのであろうかという問である[20]。

　　　今日でも、教養人であると非教養人の区別なく、少なくともその存在の一部は、私たちフォルクスクンデにおいてあつかうフォルクに属している。最高級のホテルとなれば、ヴルグスは精々メイドとして出入りするにすぎないが、そうしたところでも部屋のナンバーから13の数字は

除かれている。またX枢密顧問官夫人は、13人の人間がテーブルに就いたがために神経を病む。同じくY教授夫人は、ラーン渓谷へピクニックに出かける日取りが7月13日であると知るや、参加を断る。あるいはフランクフルト市の建築課は市議会の同意を得た上で、家主の希望通り家屋ナンバーから13を削除したといったこともある。このようにフォルクスクンデは、ヴルグスだけでなく、さまざまなところで同じ現象を見聞する。また別の例を挙げると、私の友人の地裁判事は、散歩の途中で蹄鉄を見つけると、それを幸運をもたらすものとして一も二もなくポケットに入れる。それどころか彼の夫人は蹄鉄のコレクションまでもっている。これらは、農家の厩舎に蹄鉄を打ちつける風習と同じくフォルクスクンデの材料である。これらから隔たった観念世界の人でも、復活祭やクリスマスの祭りを思い浮かべる。つまり貴族も乞食も同じ伝承的なクリスマスの祭儀に参加するのである。それどころかクリスマス・ツリーは都会から田舎へ広がった風習であり、今なおすべての田舎にまでは行き渡っていない。子供の世界も、フォルクスクンデが精力的に取り組むべきものであるが、ヴルグスに分類するのは躊躇される。もっとも、この点については、ホフマン＝クライヤーも気になったらしい。……であるから、その調子でヴルグスの範囲を広げてゆくと、〈フォルクスクンデとは何か〉という問に対して彼があたえた解答は何ひとつ事態を明らかにするものではない。今日のフォルクスクンデにおいては、変わった概観を呈するものを収集することに熱心であるが、異なった時代、異なった身分、異なった年齢の人々のあいだで同じ現象が生起することその本質において把握することが大事であろう。……

たしかにこの論述には、一般的な見地からすると、民俗学の対象設定について基本的な問題を含んでいるところがある[21]。さらにシュトラックは、ホフマン＝クライヤーが執着したもうひとつの課題についても、頭から疑問を投げかけた。実は、これも目下の問題を別の面から見たものなのである[22]。

第三パラグラフの、血統民俗学と一般民俗学の対置も私にはもうひとつ分かり難いものの、正しいところがないわけではない。フォルク血統（Volksstamm）と、法則ないしは原理を対置させるのではなく、むしろ種々の自然的なゲマインシャフト形態にある精神的な総体的な生を把握することが大事である。すなわち、性別による結社、血統、フォルク、諸民族、人類が順番に並んでいるのである。発展史的・心理的自然の法則を認識することが、フォルクスクンデの最終の課題である。これというような集団については、いずれもそれぞれに違った扱い方がもとめられよう。純粋な描写、比較、歴史的な発展や心理面からの解明などである。最も高度な考察ではそれら諸々の方法が統一されもしよう。しかし著者が、このパラグラフでは二種類に分けているのは適切と言える。すなわちフォルクスクンデに重要なのは、人間のゲマインシャフトの生き方（Leben menshlicher Gemeinschaften）を解明すること、また総体個性（Gesamtindividualitäten）を認識することであるとされ、さらにまた個別から法則へ上って行くことが大事であるとされる。

　この箇所は議論の絡み合いや擦れ違いのモデルとして見ても面白い。と言うのは、ここでシュトラックは、ホフマン＝クライヤーの説明には遺漏があるとしながらも、基本的な筋道では珍しく肯定しているからであり、またそれにもかかわらず両者が類似した表現で言わんとする意味が微妙に食い違っているからである。ホフマン＝クライヤーの場合は、先に引用したように、たとえば古代ギリシア人のあいだでの風をめぐる多種多様な俗信がどのようであったかを明らかにするのは血統民俗学であり、それらを航海技術の問題として合理的に把握すること、すなわち〈フォルクストゥームの自然科学的解明〉が一般民俗学の課題であるとしていた。他方、シュトラックがホフマン＝クライヤーのこの文脈に読んだのは、個々の集団をさらに包含する大きな社会の法則であった。したがって、個別の現象から更に進んで、その奥に

ある一般的な社会の法則を問うという方向では、両者の考察は重なっている。しかしその内容は異なる。ホフマン＝クライヤーの場合は、それは合理的で普遍的な法則でなければならなかった。それに対して、シュトラックは大きな社会が、その一般性にもかかわらず〈総体個性〉を持つとの説明をほどこしているように、個々人に備わる性格にも喩えることができるような独自の性格をもつというのであった。またそれがフォルクスクンデの対象であると言うのである。

　ところで少し横道になるが、シュトラックがフォルクスクンデの対象となる一般性のある社会を〈ゲマインシャフト〉と呼んでいることにも注意を払っておきたい。周知のように社会の構成原理としてゲゼルシャフトとゲマインシャフトの2種類の区分がなされたのはフェルディナント・テンニエスの『ゲマインシャフトとゲゼルシャフト』においてであった。この社会学の古典的著作の意義を、有機的で自生性の強い共同体であるゲマインシャフトに学術的にスポットライトを当てた故とみるか、それとも近・現代の社会構成の原理と本格的に取り組む上からゲゼルシャフトの概念内容が考察されたことにあるとするかはともかく、ドイツ社会においてこの著作が人気を博したのは前者に傾いた理解によってであった。その点では、大学などのアカデミズムにおいては概して不遇であり、生涯を通じて批判精神を失わなかったテンニエスの意図とはすれ違ったかたちで評価が高まっていった面がある。因みに、『ゲマインシャフトとゲゼルシャフト』は1887年に初版が出たものの、第2版はようやく1912年であった。しかし1926年には既に第7版を数えており、その評価が高まっていった過程は、第一次世界大戦を挟むドイツ社会の混迷のなかで、過去の有機的な共同体への回帰の心情とそれを背景に進行したフェルキッシュ運動などの反動と重なっているところがあった。その問題自体はここでは取り上げないが、シュトラックが1902年に早くもゲマインシャフトをキイワードとして用いたのは、そうした流れの兆候のひとつと言ってよいところがある。もとよりその術語の使用はテンニエスを踏まえてのものであった。因みに、テンニエス以前においては、たとえばグリム兄弟が着手

した『ドイツ語辞典』のこれらの語彙を載せた巻号（1897 年）の記述によっても、ゲマインシャフトは、より一般的な語であるゲゼルシャフトとほとんど同義だったのである。またそれだけにテンニエスが両語の使用における微細な差違に注目したのは、語学的にも興味深いものを含んでいる[23]。

　かくしてゲマインシャフトの用語によって、その後一般的に認識されるようになる有機的で自生性の強い社会をシュトラックは名指し、それをもってフォルクスクンデの対象としたのであるが、同時にまたホフマン＝クライヤーも本来それを言わんとして言い得ないでいるというように論を進めたところから、議論はやや混乱をきたしてきた。実際は、ホフマン＝クライヤーの場合は、幾つもの社会がそれぞれ個性に類したものを持っているというような考え方はなされていない。その当否や善し悪しはともかく、ホフマン＝クライヤーには、社会や集団が主体の性格をもつことがあるという視点が驚くほど希薄なのである。それはもちろん、人間社会の諸現象の主体は個体以外にはありえないという強い前提から来ているのである。したがって、集団が主体になり個体に喩えることができるような性格や位置と帯びるということもホフマン＝クライヤーにおいては問題外であり、個体を超えて確実な対象となるのは、一般法則だけであった。そうなると一般法則である以上、個々の社会で異なった特色をもつというものではないはずであり、その点ではその法則は自然法則に接近することになるが、ホフマン＝クライヤーはそういう脈絡で理解されることは、これまた肯んじなかった。他方、シュトラックの場合は、個体を超える社会自体が一種の個性をもつとするのであるから、社会の法則は自然法則ではなく、社会的な性格のもののはずである。ところがシュトラックは、個々の社会がもつ固有の性格をもってむしろ自然法則に近いものと言ってもよいとまで考えた。そのあたりの混迷を映しているのが、民族学に傾斜した法学者 A・H・ポストの命題の評価である。ポストは〈エスノロジーの結果から言えば、個々の人間の心理活動は、……特にそれがフォルクスレーベン（民衆の共同体としての生き方）において動く限り、自然法則の枠内にある〉という見解を示していた。つまりポストはフォルク

スクンデの対象となるような集団的な人間活動は自然法則と言ってよいというのである。これをホフマン＝クライヤーは、人間の集団とは千差万別の人間の集まりであるという視点から否定し、シュトラックは正しいとするのである[24]。

　さらに、ホフマン＝クライヤーは……一般民俗学の諸問題を説いた箇所では、ポストの説との対決を長々と続けてまったくの混乱に陥っている。ホフマン＝クライヤーは、ポストの論考からもっと学ぶことができたはずである。その論考は、細部は別にすれば、明晰であり、論理も首尾一貫している。ポストが取り上げた主たる問題は、フォルクスレーベンが、自然と同様に法則に支配されているのか、それとも個々の個体の計測不可能な恣意によって決まるのかという問いであった。ホフマン＝クライヤーはその論考の最後の個所で強調字体を多用しながら、フォルクスレーベンの諸現象は一般法則に還元されると述べているのであるから、本質的な問いにおいてポストの観点に与しているのであろう。そうすると、そもそも何のためのポレミクであろうか。

またホフマン＝クライヤーが一般論とは裏腹にスイスの民俗学を標榜することに対しては、現代の国家の境界をもって民俗の境界とみなすのは如何との批判をおこなっている。この批判はその限りでは的を射たところがあるものの、歴史を遥かに溯る部族の伝統などへの回帰のニュアンスも無しとはしないところがあり、それまた問題を含んでいる[25]。

　ところが第四パラグラフでは、この認識がまもられていない。血統民俗学の課題についての詳細な説明が特徴的である。その最後の問題は特定の血統の〈特殊な独自性〉の解明であるとするなら、そうした特殊な独自性が存在することが前提である。しかしその舌の根も乾かないうちに、この血統のまとまった基本性格を想定するのは不適切と言うほかな

い。そこで見るからにおかしな矛盾を著者はおかすことになる。つまり著者はスイスに注目するのだが、フォルクスクンデにとっては政治的なまとまりは偶然の所与にすぎず、学問の出発点にはなりえないのである。

このように両者ともに主張に舌足らずの点や見落としや遺漏があり、また横道に逸れたりもしているが、こうした応酬を通じて、議論は次第に核心に近づいてゆく。シュトラックは、ホフマン＝クライヤーが重視する個体のあいだの差異の問題に自らも言及した[26]。

> ホフマン＝クライヤーは、〈フォルクの教養が低くなればなるほど個性の強度は弱まり、一般的で通念化された観念をもつ〉と言う。しかしこの漸進的な等価性は要するに原初的なものであって、ホフマン＝クライヤーの言うような順応（Assimilationsprozess）などではない。誰もが〈特殊な個性をもっている〉というのは正しいが、それはどんな動物にも、植物にも、それどころか一枚一枚の葉にも当てはまる。そこで問が起きる。そうした個体の活動範囲はどの程度であり、またどの程度の強さで表出されるのか。フォルクスレーベンは、私たちが学問的に把握するところではどこでも、判で押したように等しく、また同じ結びつきを示す。それは、精神的な大衆生活（Massenleben）が表現される形式である。儀礼と行事（Sitte und Brauch）、言語、芸術・宗教に自己をあらわす個体の能力も欲望も、まだそこには存在しない。個々人は、全体のなかに無意識に、また自己がその一部である大衆としての反抗を起こすこともなく、おさまっている。それは、それぞれに違っている子供が（その嗜好が後に大きく分かれることになるが）、同じ歌や遊びに興じているのを見ると、一様ならざる諸個体がこの初期の年齢にあっては互いに順応している（後にはその固有性を獲得してゆくのに対して）のではなく、それは単に初めは誰もが似ており、後になって初めて明確な個性を形成するようになるということなのである。フォルクスレーベンもこれと同様

である。ホフマン＝クライヤーは論難しているが、ポストがその論考（Globus Bd. 59, S. 290）において次のように言うとき、それはまったく正しいのである。〈個体の感覚、感情、思考は、民族学の観点に立つと、フォルクスレーベンにおいて表出される全体の心理的活動の分枝なのであって、その全体の小さなの一部分だけが個体に意識されるのである。〉

すなわち個体間の差異は、成長に伴ってようやく一定の意味を帯びるようになるのであるが、それは逆に言うと基底には均質なものが存在し作動しているということである。しかもそれは存在そのものにかかわるものであるだけに大きな意義を帯びるものとされ、それに比べると個体の差異は表層的なものにすぎないということになる。またその考え方を伸ばしてゆくと、人間が共同体として生きるときの法則は自然科学の法則と同一ないしは近似しているのではないか、という見方に行き着く。事実、シュトラックは、そう言っても構わないと言明する[27]。

　自然科学の対立物であることが、文献学者を嘆かわしいような動揺と不明瞭に追い込んだ。フォルクスクンデの研究者こそは、今日の自然研究の最新成果に注目しなければならない。なぜならフォルクスクンデは、自然科学と精神科学の中間にあるからである。フォルクやマス（大衆・群集）の生き方（Volks- und Massenleben）は純粋な自然生命（Naturleben）から個性すなわち意識的な精神生活（Geistesleben）へ移行する段階である。

ところでシュトラックがこれほどまでに自信に満ちた論を展開したのは、フォルクとは何か、またフォルクスクンデとは何かについて、彼なりに確固たる考え方があったからであった。しかもそれはすでにドイツの思想史のなかで地歩を得ていたものでもあった。それはフォルクスクンデの思想的な源流であるグリム兄弟のフォルク観である。しかもシュトラックは、ポストの

見解までも、グリム兄弟の理論の現代的な表現というような読み方をするのである[28]。

　……ひとつ確実に言えるのは、フォルクスクンデは、ナイーヴで無意識的なマス生命（Massenleben 大衆・群集の生き方）をあつかうのであるが、それは、暫時その決定的な意味をつよめてきた個体による後世の意識的な思考や産物とは対蹠的である。その変化は当然のことながら、突然起きたのでも、一様でもないので、文化フォルクのそれぞれにおいて、この二種類の精神状況の移行階梯と推移はきわめて多様である。フォルクスクンデは、その両者に常に注意を向ける。ヤーコプ・グリムはすでにこれに気づいていて、1810年にこう書いた。〈フォルクその全体（das ganze Volk）のなかには、形成にかかわる人間の反省によってその場所を占めることになる諸々の事物によって息づくものの多様性が、ポエジー（ならびに人間――ミュレンホフの言い方によれば、人間も加えてよいが）の歴史の上に輝いている。またそれを認識することだけが、私たちに、その内奥の血管をその錯綜した様子に至るまで窺うことを可能してくれる。そこに見えるのは、偉大な単純が後退して姿を隠すなかで、人間が、かつて神と共になしとげた営為の後に、今度はそれ（＝偉大な単純）を自分の力で明るみに出そうとしている様子である。〉(補注) かくしてフォルクスクンデは、――こう言ってもよいであろうが――広大な文献研究すなわち〈studium humanitatis〉（人文研究）の上巻なのであって、人間のすべての個性の表出を解明する営為がそれに接続し、またそこに胚胎するのである。最古の人間の状態、それは部分的には私たちのものでもあるが、またそれを生み出した最高のもの、すなわち真正の〈documenta humanitatis〉（人文事実）としての宗教や芸術の起原、それらは、これがどれほど人間の学問にとって可能であるかを明るみに出してくれる。ホフマン＝クライヤーも、その論文の最後でフォルクスクンデの最高の問題はプリミティヴな思考を学問的に突き詰めることであると述べている

が、同じことを言っているのかも知れない。彼と多くの点で距離をおいたのちに、その目標で一致することは私の喜びである。

　　［補注］原文に次の出典表示がある、Jacob Grimm, *Über das altdeutschen Meistergesang.* Göttingen 1811, S.5.

　シュトラックの批判は、ホフマン＝クライヤーが民俗現象を個体と個体の関係に分解してしまった結果、民俗現象が統一性のあるものとは見えなくなってしまうことを突くことからはじまった。それが時としてホフマン＝クライヤーの論理的矛盾の指摘につながっていることは疑えないが、両者の論争はそれだけにとどまらず、もっと根本的な立脚点の違いをはらんでいた。またそれは、グリム兄弟において一頂点を形成する19世紀のロマン派主流との距離の問題でもあった[29]。シュトラックもまた20世紀初めの知識人として、ホフマン＝クライヤーと認識を共通するところがあったが、さりとてロマン派の民俗観を全否定するには躊躇した。また躊躇する程度では止まらず、議論が進むに連れて、ロマン派のフォルク観の当代における絶対的な擁護者という性格を強めていった。その様子は、もう一度繰りかえされる両者の応酬を通じて見紛いようがないまでになる。

3. エードアルト・ホフマン＝クライヤーとアードルフ・シュトラックの再度の論争

　シュトラックの批判を受けて、ホフマン＝クライヤーは反論を書き送った。シュトラックは、それを自己の主宰する『ヘッセン民俗学報』の第2号に掲載したが、そのさい反論への再度の批判を併せて掲載した。この応酬は短いものであるが、両者とも率直かつ簡潔に自己の主張をおこなっている。それゆえ見解の相違だけでなく、両者の立脚点の思想史的な背景も鮮明になってきたところがあった。またこの段階で、ホフマン＝クライヤーが有名な命題〈フォルクスゼーレは生産せず、再生産するのみ〉を表明したことによって、

学史上のひとつのエポックともなっている。

ホフマン＝クライヤーの反論[30]

　エードアルト・ホフマン＝クライヤーの反論のタイトルは、「フォルクスレーベンのなかに自然法則があるというのか」と言う。そして議論を〈単なる言葉の応酬に終わらせないために〉として、具体的にモデル・ケースを想定するところから論議を再開した。とりわけ、多くの人々によって共有されている何らかの伝統的な思念や行動、すなわちフォルクスレーベン（Volksleben 民俗）について、その実例を挙げた[31]。

　　それではフォルクスクンデの一分枝である迷信を例にとろう。スイスのある地方では、葬式のときに馬が方向を変えたり嘶いたりすると、参列者の誰かがまもなく死ぬという迷信がある。この見方の生成には２通りの経緯が考えられる。ひとつは、ある葬儀にさいして実際に馬が目立ったしぐさで方向を変えて嘶いたことがあり、その不思議な行動に超自然なものがみとめられた。まもなく葬儀に参列した人のなかに死者が出たため、二つの出来事が関連づけられた。そしてそれが口伝えに広まり、どこでも通用する迷信になっていったという脈絡である。第二は、動物の予兆感知能力を経験的に知っている誰かがそれを見聞し、馬の行動を死に関連づけたところ、判断力が信頼されている人でもあったので、信じこみに傾きがちな周囲の広い世界にひろまったというものである。最初のケースは、現実に見聞された具体的な出来事からの抽象であるが、この場合にはまた〈遠く離れて異なったフォルクにおいて自然発生的でプリミティヴな観念が同時に起きる〉ことを私は否定しなかった。他方、後者のケースでは、特定の個人の影響力である。このどちらの場合も、無意識あるいは意図なく生起する自然法則の出来事ではない。……

　これは変哲もない民俗現象の一例で、これでなくてはいけないというもの

ではない。無限に多彩な伝承的な現象からの任意の一例である。では多くの人々に共有されている伝承において、それを成り立たせている本質的な脈絡とは何であろうか[32]。

　ここでは、弱い個性の強い個性への順応の他にどう考えることができようか。
　アードルフ・シュトラックがこの命題を誤解して、人間はそうした場合には自分の個性を放棄するが、それは〈後に自己の特性を再び獲得するためである〉としているのは、まったく不可解である。事実は、私が既に明言したように、人間は誰もが個性をもっており、それが感情に反映されるのであるが、非自立的な分子はその表出においてより強い分子に依存するのである。〈感覚世界における心理的営為〉については、個性の個性による示唆（Suggestion）が起きるのであり、その示唆は、影響力を受ける側のマス（大衆）の教養が弱ければ弱いほど、高まり、また示唆されたアイデアがマス（それが子供であろうと大人であろうと）に気に入るものであれば、その示唆は全き実現をみる。ちなみに、弓を発明した天才が誰であったかは私たちには知る由はないが、この武器が自然法則のもとに本能的に成立したのではなく、個体の精神活動によって出現したことは疑いようがない。しかしその発明がひとたびなされると、正に啓示さながら、最初は発明者の周辺だけであっても、次第に広がってゆき、その結果、今日みるように弓の使用は、自然民族の生活におけるほとんど自明のことがらとなったのである。

次にホフマン＝クライヤーは、自分が用いた幾つかの術語について説明をほどこす。そしてその個所で、ホフマン＝クライヤーは、決定的かつ有名な命題を立てて、この一連の論争におけるクライマックスを作りだした[33]。

　以上の説明で十分明瞭と思うが、なお理解の便のために、私が個体起

源を仮定しながらも、なお〈フォルクスゼーレ〉や〈個性グループ〉や〈一般的作用因子〉を語ることについても言い及んでおきたい。

　私は、フォルクスレーベン（民衆の共同体としての生き方）はフォルクスゼーレから、ちょうど木に実が成るように（そうであれば自然法則ということになるだろうが）できあがるとは考えていない。そうではなく、フォルクスレーベンは、一旦個体において発生したあと、広大なマス（大衆・群集）に受け止められる。フォルクスゼーレは生産せず、再生産するのである。しかしその再生産がなされる方法、すなわちあれこれの観念が巨大なフォルクスマッセ（フォルク大衆）に広まってゆく動因、言い換えればそれらが変化してゆくモチーフがあるわけで、それを私は〈一般的作用因子〉と言ったのである。

　フォルクスゼーレ（Volksseele　民衆心霊）とは、ドイツ思想における独特の概念である。〈Seele〉は〈spirit〉や〈ésprit〉に対応する語であるが、人間の心理や心理様態を指す言葉だけに、本来、多義的である。その上、フォルクと結合したことによって、さらに重層的な意味を帯びることになった。因みに、フォルクスレーベンとフォルクスゼーレの関係について言えば、フォルクスレーベン（民衆の共同体としての生き方）は共同体の成員が共有する観念や行動類型（したがって民俗現象を含む）指しており、他方、フォルクスゼーレは、その背後にあってそれを可能にする根源の力を指している。またそれをキイワードにしたのはグリム兄弟を頂点とするロマン派の文芸研究家たちであった。ここで批判的に言及される〈木に実が成るように〉という生成のイメージも、グリム兄弟が、フォルクのあいだでの詩歌や言い伝えの成立に関して好んで用いた種類なのである[34]。それを熟知した上での否定的見解の表明であることから、ドイツ系の知識人としては、まことに果敢な意思表示となっている。要するに、グリム兄弟以来のロマン派の見解を真っ向から否定したのである。それゆえホフマン＝クライヤーにとっては、フォルスゼーレは不可欠な概念でも、絶対的な意味をもつものでもなかった。一般の傾向

に合わせての使用にすぎないが、その場合でも、フォルクスレーベンの根元にはたらく力といった意味ではなく、個体が集まって集団を作ったときに、そこには作用する特殊な心理的運動、すなわち集団心意といった意味であり、しかもそれは個体の可能性をマイナスの方向にせばめたものなのである。それゆえ、フォルクスゼーレは究極の原因でも、根本概念でも、〈原理〉でもない。それはもっと高度で抽象的な概念の下部概念にすぎない。と言うことは、同じくフォルクスゼーレという言葉を使ってはいても、シュトラックとはまったくすれ違うのである。以下のやりとりは、それを踏まえていると理解が容易になるはずである[35]。

> （個体に起因する何らかの観念がフォルク大衆（マッセ）に広まって改変されてゆくこと）はまた、フォルク研究者が勘案しなければならない〈一般法則〉でもある。アードルフ・シュトラックは、こう言っている。〈ホフマン＝クライヤーが繰り返し述べ、論考の最後でも隔字体で強調しているのは、フォルクスレーベンの諸現象は一般法則に還元されるということだが、そうであれば彼は本質的な問いにおいてポストの観点に与しているのである。〉 もし私の言う〈一般法則〉がポストの〈コスモスの大法則〉と重ねられることを私が予想していたなら、私はむしろ〈原理〉という言葉を使っていたことだろう。ちょうど言語史において語彙分裂や音韻変化や意味変化などの原理がみとめられるように、フォルクストゥームにおいても物の見方における差違や変化や新形などがあろう。これらの諸現象は、沼沢にイグサが生え、荒野にエリカが育つように、自然法則を作用因子とするのではなく、個体から個体へとあらわれる個体心理の諸要素を作用因子としている。

またこれまでにも何度も繰り返されてきたことだが、個体の差異についても改めて力説がなされている[36]。

100人の人間が同じ行動をとることがあるのは、まさに自然法則とは逆である証拠と言える。10本のリンゴの樹があっても、2本の樹と雖も形も数もまったく同じように実をつけることはない。10頭の雌馬がいても、まったく同じ2頭の仔馬が生まれることはない。であればなおさら、2人の人間がまったく同じであることはありえないわけだ。これについては、アードルフ・シュトラックも賛成している。それならどうして更に進んで、それにもかかわらず100人の人間が同じ迷信にとらわれたり、同じ祭りをおこなったりするときには、その細部では順応による同一化が起きているとの結論に至らないのであろうか。どうして彼は、〈生の表出における個体の近似化というより、むしろ個体の類似性〉などと言うのであろうか。……どうして、それほど自然法則にこだわるのであろうか。

　もっとも〈ヴルグス・イン・ポプロー〉の定義については、シュトラックの側の矛盾を指摘して、その追及に正面から答えるのを回避している[37]。

　……アードルフ・シュトラックは、フォルクスクンデがなによりも〈ヴルグス・イン・ポプロー〉にかかわるということに反論した。それは、今日ヴルグスである人々も千年あるいはもう少し前にはポプルスであったからというのである。よろしい。しかしだからとて、今日、フォルクスクンデの対象が何よりもヴルグス（私は都市のプロレタリアートだけでなく、農村の人々も含めているのだが）にもとめられることをどうして妨げることができようか。……

　次の点もこれまでの繰り返しであるが、そこでフォルクスクンデの対象となる人間の種類を等級的に劣っているといった見方を隠さず、また〈プリミティヴ〉の語を用いていることに、改めて注目しておきたい[38]。

ところでアードルフ・シュトラックは〈ヴルグス〉に異論を唱えているだけでなく、フォルクスクンデがヴルグスだけを相手にするものとして非難している。たしかに指摘された通り、数字13の迷信や縁起物としての蹄鉄、またクリスマス・ツリー、さらに復活節の卵が教養ある人々のあいだでも、ヴルグスのあいだでと同様にみとめられる（アードルフ・シュトラックは枢密顧問官夫人や地裁判事を挙げている）。そんなことは私には百も承知だった。それゆえ私は〈本来の原初的なフォルクストゥームを映しているのは、第一にはヴルグス、すなわち低次元で、プリミティヴな思考をし、個性の貧弱なフォルクである〉と書いたのであった。これはアードルフ・シュトラックがその論考『フォルクスクンデ』(Hess. Bl. S.150)において〈文明化されたヨーロッパの諸国家においてフォルクスクンデはその関心を向けるのは第一には農村民衆(bäuerliche Bevölkerung)である〉と記しているのどこに根本的な違いがあるだろうか。農村民衆(bäuerliche Bevölkerung)という概念は、私の言う〈ヴルグス〉よりもさらに狭く、フォルクスクンデの膨大な対象がその枠外にそれてしまうのである。……

アードルフ・シュトラックは、フォルクスクンデが専らヴルグスにかかわるのでない証拠として、子供の遊びを挙げた。たしかにそれは正しい。しかし、低次でプリミティヴな教養段階にあるフォルクは、しばしば子供っぽいとの比較をされてきたのではなかったか。子供と無教養なフォルクは、両者とも未だ個性が明確になっていず、自分たちの物の見方に適ったものには簡単に順応する(sich assimilierern)という限りでは、研究者にとっては等価である。

フォルクスクンデの対象のなかには、たしかに高次・教養の社会層序のなかで成立したと思われ、またそこで保持されてきたものがないわけではない。例えば、社交遊技とかカード・ゲームなどをそれに含めてことができる。それらは、あるものは騎士社会のなかで、あるものは都会において成立したと考えられる。そうした事象は、いわば境界領域に位

置していることを、私は先の論考において示しておいた。……

アードルフ・シュトラックの再批判

　以上のようなホフマン＝クライヤーの返答は、さらにアードルフ・シュトラックの再度の批判を誘った[39]。最初の批判が遠まわしであったのに較べると、ホフマン＝クライヤーの遠慮のない物言いを受けてであろう、今回はすこぶる率直である[40]。

　　　私とホフマン＝クライヤーとの対立点は、フォルクスレーベンには自然法則が作用しているのかどうかという点にあるのではない。……これはホフマン＝クライヤーがポストの命題を特筆したことから、それをめぐって立場の違いができてきたのだが、それよりもむしろ問題は、私たちがフォルクスクンデにおいて関わるのは、個体の所産なのか、それともマス（大衆・群集）の所産すなわちフォルクスゼーレの所産であるのかという点にある。私は後者であると考えており、ホフマン＝クライヤーは前者なのであろう。……フォルクスゼーレは作りださず、それは作り変えるのであるという。では、フォルクスゼーレの概念にはいったい何が残るのであろうか。

　シュトラックから見れば、フォルクスゼーレは本来フォルクスレーベンの根元にある原理なのであるから、ホフマン＝クライヤーの命題にこういう反発をするのは当然であろう。そもそもフォルクスゼーレの意味を理解していないと言うことにもなる。そこでこういう追及がなされる[41]。

　　　ある種の精神的所産については、その生成を個体のイニシアティヴに還元するのが不可能であるからこそ、その概念（＝フォルクスゼーレ）が形成されるに至ったのであり、またかかる観点に立つときにのみ、その概念は正しく用いられることになる。

またそれを敷延するためにシュトラックは言語に言及する。

> それが最も納得のゆくのは、言語の領域におけるできごとである。言語が、個体ないしは諸個体の恣意的で意識的な発明であるといったことを、今日、誰が支持するであろうか。

これだけを取り出すと、まことに奇妙な見解に聞こえかねない。言語が人間に共有されることの因由となれば、民俗学の成立根拠などとはレベルの違った問題である。ところがドイツ思想には、こういう脈絡において言語とは何かという論議がなされてきた系譜があった。またそれを勘案すると、アードルフ・シュトラックの立脚点もさらに鮮明になってくる。それは他ならぬグリム兄弟の言語観であり、さらに溯るとヨーハン・ゴットフリード・ヘルダーにも行き着くところがある。ちなみにヤーコプ・グリムは『ドイツ語辞典』（1854年）の序文において〈私たちの言語と文芸を除いて、他に私たちが共有しているものがあるだろうか〉と問いかけて、フォルクと言語の両概念を一体のものとして理解することを定着させた[42]。かかる伝統に立てば、フォルクを論じるにあたって言語の本質論にふれるような言及が起きることには無理からぬものだったのである。

そしてホフマン＝クライヤーがフォルクスクンデを遂行するにあたっての基本的な姿勢に反撥する。もともとホフマン＝クライヤーの表現には、民衆学ないしは民俗学の意味でのフォルクスクンデに取り組む者に相応しくないような自らの学問対象を貶めるような物言いがみとめられたが、シュトラックはこの再度の批判においてそれを咎めた。最初から言いたかったことでもあろうが、亀裂が明らかになったところで踏み切ったのであろう[43]。

> フォルクスクンデはヴルグスをその対象とするのではない。そもそもヴルグスという言葉には、教養人の傲慢が反映されている。フォルク研

究者なら、謙譲な心情を備えているところから、そんな語を用いるはずがない……

またグリム兄弟を中心とする先人たちを上げて、その流れの上にそれを位置づけた。その行論を見ると、結局、シュトラックの立場はロマン派のフォルク観の延長上にあり、むしろ当代の状況のなかでそれを死守しようとすることが分かる[44]。

　私は、フォルクを過小評価し、諸個人を過大評価するといった誤ったフォルクスクンデの理解には反対だが、そうした理解にも根拠があるのは事実である。それはホフマン＝クライヤーに限られるものではない。《ナイーヴな見方には、諸々の状態と運命は、傑出した諸個人の営為の直接的な成功と映る。この理解は、一連の出来事あるいは精神の所産をただひとりの創造的人格に還元することができればできるほど、いよいよ満足のゆくものと感じられる。精神生活の全体をこうして個体化しようとする衝動は、もっと進歩した考察のなかにも入り込んでいる》とは、ヴィルヘルム・ヴントの指摘である（原注）。人々の活動圏内での強い個性的な精神活動は、またフォルクの活動に多かれ少なかれ伝播してゆく。迷信は愚かでフォルクはヴルグスであると映るのは、合理主義の知性主義的・個人主義的な古い見解である。またそうした物の見方は、個人を知ってフォルクを知らず、また言語も詩歌も信仰も法制も、才能ある個体の恣意的な創作であるとみなすのである。そういう物の見方を根本から克服したのがヤーコプ・グリムであった。しかし学者の世界では、それが今日またもや頭をもたげているように思われる。今更言うまでもないが、18世紀にフォルクスクンデが芽生えたのは、他ならぬそういう物の見方に対抗してであった。なぜなら、それは、実に杓子定規やりかたで、あらゆるフォルクスクンデの土台を掘り崩しているのである。（注記：ホフマン＝クライヤーがそういう物の見方を杓子定規におこなって

いるのでないことを、私はきちんと見ている。）……

　個性的な精神活動と自然現象のあいだには歴然とした違いがあるが、そのあいだを媒介するかのように中間に位置するのがフォルクの生き方である。またそれが自然現象と，近似している（同一ではなく）ことは、昔からその観察者の注目を惹いてきた。すでにゲーテがイタリアにおいて〈諸民族の儀礼〉（Sitte der Völker）に取り組み、人間社会が自然と芸術（Kunst 人工）の中間にある形成体であるとの認識をおこなっていた。(Goethe, Naturw. Schriften[Sophienausgabe]. VI. 132) グスタフ・フライタークも、〈フォルクの力〉（Volkskraft）は、根源力の暗い衝動と常にかさなっており、その精神活動には、植物の種粒から茎や葉や花を作り出す自然力の静かな営みと驚くほど符号するところがある〉と述べている。さらにH・リールはフォルクの自然史を書いて、フォルクの展開における自然法則を好んであつかった。そしてごく最近ではヴィルヘルム・ヴントが、ゲマインシャフトの所産が生成することをあつかって自然法則的な動きを指摘した。それは単なる比喩ではなく、フォルクスレーベンが本能的で無意識的に推移することへの認識にほかならなかった。ちょうど自然界にはそのままのかたちでは存在しない純粋な水が0℃で氷になるように、典型的な農民（これはリールの表現だが）はその属する集団の儀礼や物の見方に規定されているのであって、むしろ水の場合以上に、意思をもたない帰属と言ってもよいくらいである。2本のリンゴの樹が〈形も数も同じ実をつける〉ことがないのと同様、2つの祭り（たとえば教会堂開基祭）は、異なった村のものであるにせよ、同じ教会堂の異なった年の催しの場合にせよ、細部までまったく同じということはありえない。迷信の現われ方も、その都度その都度、個性的なニュアンスをおびているのであるから、そうした偶然的な取るに足らないヴァリエーションを度外視して、自然のなかにもフォルクスレーベンのなかにも、典型・法則性・本質・一致点を把握することに努めればよいのである。

［原 注］Wilhelm Wundt, *Logik II.* 2, S.32ff. und Deutsche Rundschau Bd. 68, S. 201ff.

　このように見ると、エードアルト・ホフマン＝クライヤーとアドルフ・シュトラックシュトラックの立脚点の違いは明瞭である。両者ともフォルクスクンデとは何か、またそのときのフォルクとは何かという問題に取り組んでいる。しかしこれまでの推移から見えてきたように、白紙で議論がなされていたのではない。改めて議論を振り返ると、ホフマン＝クライヤーの言葉づかいには、民俗学の研究者という触れ込みからは違和感を催させるようなシニカルな口吻がたかまっていった面すらあったが、それも一皮めくれば、ロマン派の重圧から脱出せんがための自己暗示めいた極論の側面があったと見るべきであろう。しかしまたそういう無理を犯していることは、議論が本来この課題を扱う上で必要な深みまで達していなかったことを意味し、それゆえ論争の行く末が暗いものとなる素地をふくんでいたのである。

4. カール・ヴァインホルトとハイマン・シュタインタール
　——論争の背景から

　エードアルト・ホフマン＝クライヤーとアードルフ・シュトラックの論争は、両者がそれぞれ2回の見解表明をおこなったものの、それによって決着したわけではなかった。むしろ、相違が決定的であること、簡単に折り合えないことが明るみに出たのである。しかもそれは彼ら2人だけが抱える特殊なテーマではなかった。民俗学界の共通の課題であった[45]。それゆえ彼ら2人の応酬にとどまらず、次に幾人かが加わって議論は続いた。しかしそこへ進む前に、少し時間を溯って背景に目を向けておきたい。すなわちホフマン＝クライヤーの問題提起に至った周辺の事情である。否、中央の事情と言うべきかも知れない。というのは、ここで多少ともふれておかなければならないのは、学術的な民俗学の中心的組織であるドイツ民俗学会の成立の経緯なら

びに後にドイツ民俗学の中心になってゆく人物たちの動向だからである。論争は突如起きたのではなく、以前からひそかに進行していた疾病が遂に傷口となって開いたという性格にあったのである。

A) カール・ヴァインホルト
a) 経歴

　ドイツ民俗学会（Verein für Volkskunde）が結成されたのは、1890年であった。論争が始まる10年ほど前である。もっとも名称は単に「民俗学の団体」であるが、今日のドイツの中心組織はこの組織の延長であるために、ここではドイツ民俗学会と呼ぶことにする。実は、地域名をつけて限定しないことが、間接的にドイツ全土にわたる団体であることを意図していたのである。19世紀後半以来、ドイツ語圏では民俗学が盛り上がりをみせ、各地で民俗学関係の研究組織や愛好家の団体が作られて活動していた[46]。なかには有力なものもあって、当時のドイツ語圏全域をを射程におく統一組織の実現は容易ではなかった[47]。その統一組織が形式的にも発足するのは1904年までずれこむが[48]、そのさいにもこの民俗学会の存在が前提となっていた。その意味でも、民俗学会はドイツ民俗学の展開の上でエポックを画する組織形成であった。母体になったのは、首都にあったベルリン民俗学会で、設立を推進したのは、同会の主宰で当時ドイツ圏の民俗学の長老格と目されていたベルリン大学のゲルマニスティクの教授カール・ヴァインホルト（Karl Weinhold 1823-1901）であった。学問の系譜ではグリム兄弟とドイツ中世文学の碩学カール・ラッハマンの弟子にあたる人物である。

　その略歴はこうである[49]。ヴァインホルトはシレジアの牧師の息子で、初めブレスラウでプロテスタント神学を学んだが、同地で教授ホフマン＝フォン＝ファラースレーベン（Hoffmann von Fallersleben 1798-1874、歌謡研究家でドイツ国歌の作詞者）や当時ドイツ文学の私講師であったグスタフ・フライターク（Gustav Freytag 1816-1895 文化史家）に接してゲルマニスティクに関心を移し、ベルリン大学のラッハマン（Karl Lachmann 1793-1851）のもとへ赴き、

さらに晩年のグリム兄弟に私淑した。職歴では、ブレスラウ、グラーツ、キール、そして再度ブレスラウの諸大学でドイツ語学の教授をつとめ、ベルリン大学へ赴任したのは 1889 年であった。これは同じくグリム兄弟の門下であったカール・ミュレンホフ（Karl Müllenhof 1818-1884）が長くベルリン大学のゲルマニスティクの教授であり、その跡を享けたのである。ヴァインホルトの業績の多くはドイツ語史、およびバイエルン方言などドイツ語のダイアレクトの研究であり、その方面では『中高ドイツ語文法』(初版 1877 年)が今日も知られている [50]。またそれと並行して民俗学にたずさわり、赴任した先々でその方面の後輩を育成した [51]。その学問の傾向は、グリム兄弟の神話学を民俗学の方向へ伸ばしたもので、その点では同じく兄弟に師事したヴィルヘルム・マンハルト（Wilhelm Mannhardt 1831-1880）と近似していた。早い時期に『古ノルディック・レーベン』を著したが [52]、これはヤーコプ・グリムの『ドイツ神話学』を範としたもので、事実ヤーコプを喜ばせたが、後年においてもそれがヴァインホルト民俗研究を規定していた。そして 19 世紀末になると、ヴァインホルトはグリム兄弟の衣鉢を継ぐ最後の人物とみられ、また当時の民俗研究やその関連領域を幅広く結集させるだけの視点と学界での位置をもっていた。

　成立したドイツ民俗学会は機関誌『民俗学誌』を 1891 年から刊行した。もっとも、これにも歴史があり、19 世紀半ばに民族心理学を標榜した 2 人の学究ハイマン・シュタンタールとモーリッツ・ラツァルスが創刊し編集を続けてきた定期誌『民族心理学と言語学』の後継誌の性格を併わせもったのである [53]。

b) ドイツ民俗学会の成立とその目標設定

　ドイツ民俗学会の機関誌『民俗学誌』の創刊にあたって、カール・ヴァインホルトは、一種綱領的な論考を載せた [54]。フォルクスクンデがいかなるものであり、それが担うべき独自の課題とは何かという設問である [55]。

フォルクスクンデは今も生成途上にある。正確な調査と正しい方法によってのみ、それは学問にまで高まることができ、ディレッタンティズム（半可通）の危機を免れることができる。先ず大事なのは、幅広い収集である。すべての資料を、自然科学者が行なうのと同じく丹念に拾い出した上で、能うかぎり純粋に取り出し、（可能な場合は、言語と映像の両面から）忠実に記録することである。過去から伝わったものを、今日の時代が大規模に破壊している。収集は急務である。

収集の次には、次のことがらが課題になる。すなわち、入手したものが歴史的に跡づけられるかどうか、早い時期にも存在していたかどうか、起源はどこにもとめられるか、その生成の因由は何であるか、などの検討である。

しかし、それで作業が終るのではない。第二の研究課題は、同様の現象が、他の諸々のフォルクにも見出すことができるかどうか、また比較検討することによって如何なる差異があらわれるか、の調査である。これを行なうことによって、最終的には、ナショナルな諸規則から出発して、最後には、人間に普遍的な規則を得ることになる。一例として、人口に膾炙された伝説をとろう。魔法をかけられた乙女が、古城で一人の青年の前に姿をあらわして、その青年に救ってもらおうとする。この伝説は、ドイツの各地に伝わっている。学問的な作業の最初は、それが語られている土地を正確に把握した上で、ヴァリエーションをとらえることである。その次は、主な脈絡と副次的な脈絡を弁別し、またそれぞれの性格と年代を調べることである。今の事例では、たとえばその伝説の通常の結末として、青年が臆病であったために救い出されなかった乙女が、一本の若木を指し示すという形態であることにしよう。つまり、その若木がいつか大木になり、伐りだされて、揺り籠がつくられることになるが、その揺り籠に眠る幼子こそ彼女を救い出す英雄であるとの予言である。そういう筋になると、それは起源的には、ドイツの伝説ではなく、アダム説話ないしは十字架柱説話から派生したことが分かる (訳注1)。

年代の検討の場合に問われるべきことがらとして、ドイツの英雄伝説あるいはドイツの神々をめぐる神話には、それと親近な伝承が存在するのかどうか、また伝承を援用することによって伝説における最古のドイツの（南ドイツ、なろうことなら西ゲルマンの）形態が見出されるやも知れぬとの希望が得られる。またそこから進んで、特に北ゲルマンの伝説資料との比較を通して原ゲルマン形態を復元できる可能性も開けよう。

　最善は、私たち（＝ドイツ人）の場合は古いゲルマン神話——早い時期に英雄伝説に転換してしまったが——がたとえば親近な諸民族のあいだなどに現われる諸形式を調べ、また自然現象が民族心霊（Volksseele）を揺り動かし、あるいは倫理的衝動から神話が生まれた因由を探求することである。

　これらの研究を進めるなら、最広義での伝説の歴史的展開はきわめて広い意味で取り上げられることなり、また叙事ポエジーの歴史も援用され、またそれ自体も豊かなものになる。かつてヤーコプ・グリムはいみじくも、叙事詩と寓話の歴史は口頭伝承の研究によってはじめて可能になる、と語ったものである^(原注)。

　まさしく文学史が土台となってはじめて、昔話の研究は活発になるのである。ちなみに昔話については、学問的な調査によって、とりわけテーオドア・ベンフィイがパンチャタントラの翻訳につけた序文によって、多くの話がアジア各地に分布するだけでなく、アジアから伝わってヨーロッパにも広く分布している文学作品や口承文芸とつながっていること、それゆえ多様な起源に由来する要素が寄り集まったものであることが明らかにされたのであった^(訳注2)。

　ドイツの子供と家庭のあいだのメルヒェンについては、すでにヴィルヘルム・グリムが、その増補版への注解において、いずれのメルヒェンも広大な親族圏を背景にもっていることに言及していた。新たな発見がなされるごとに、解明の範囲は広がるのである。因みに、大多数のメルヒェンは遥かな東方に起源を持って、伝播し、激しい混交を経てきた。

それは、メルヒェンを挙げてゲルマン神話とみなすのは危険であることを教えている。しかしまた、民間口承を忠実に記録し、話者の思考・表現形態を正確に書きとめることは、それらが純然たる原資料と認められる場合には、常に重要な作業となる。もっともそれらもまた批判と検証が必要であることは、言うまでもない。

　これらの事例は、フォルクスレーベンの精神面からとったのである。有形の文物を記録し、事実を批判的・歴史的に検証する場合にも、同じ手続きが、すべての材料について行われるのでなければならない。民俗儀礼と民俗行事において然り、衣装において然り、家屋・民家においてもまた然りであり、要するにフォルクスクンデのすべてにおいてそれがそれがもとめられるのである。

　　（原注）Jakob Grimm, *Kl.Shriften.* VIII, 560）
　　（訳注1）十字架柱の断片は、刑死者の形姿でのキリストのイメージが優勢になる9世紀頃からヨーロッパ各地に盛んに請来され、そのさい聖書外典のひとつ『ヤコブの福音書』の刺激も加わって多くの伝説が派生した。
　　（訳注2）Theodor Benfey（1809-1881）は比較言語学者で1859年にインドの口承文芸の一大集成である"Pantschatantra"をドイツ語に翻訳した。これによって19世紀後半のヨーロッパ諸国にインド・ブームが起き、特に、ヨーロッパの昔話の多くがインドに起源を負い、それゆえ10世紀以後の形成とする観点が優勢になった。それはまた、昔話をゲルマン神話に遡らせるグリム兄弟の見解への疑問をうながした。

この概説に続いてフォルクスクンデが研究対象とする領域を列挙しているが、そのなかから特に詳しく説明がなされる〈宗教〉の項目を抜き出す。これはまた、ヴァインホルトやその周辺の人々の中心的なテーマでもあった[56]。

　　諸民族の自然宗教とその財物たる伝説や歌謡、これはまた神話でもあるが、それは民族心霊（Volksseele）の最古にして玄妙なる産物にほかならない。それゆえ神話の研究は本誌にとって欠くべからざるものとなろう。――もっとも研究者にとっては同じくここを眼目とする他の諸々の

学問もあるにしても。またそれだけに、超感覚的・神秘的な諸々の観念・思念・慣習において、私たちは活路を開こうと思う。伝説、昔話、説話、祝祷、呪文、それにあらゆる不可解な慣習は、学問研究の材料として収集に値する。収集の他に、私たちはまた学術的な読み解きや、批判的な区分けを行ないたい。なぜならこれらの材料は、長年月のあいだに構成要素がくっついて、まるで礫岩のようになってしまっているからである。

多くの神話はまた多くの有形表現（bildliche Ausdrücke）と結合している。これらの形象は、歪んだ文化あるいは社会民主主義が真正の思料や観念をまだ破壊するに至っていないところでは、最古の時代から今日までフォルクのあいだで生き続けてきた。それらは、山や野の素朴な人間に、大都会やその活動が天と地から彼を切り離していないところではどこでも自然が及ぼす強烈な印象から生成したのである。その印象から、最古の多神教の神々が成立したのであった。またその初発は、今もなお多くの土地で言いまわしや格言のかたちで認められ、民俗心理学と神話研究にとってかけがえのないものとなっている。

しかし神話は、それだけではない。キリスト教でも異教でもない、下位の観念や俗信圏からの増殖体においても認められる。ゲルマン異教における迷信や魔術（Aberglauben und Zauberwesen）がそれである。それらは、片隅におかれ、民衆的信心や正当な典礼の敵となっている。それらはいたるところにみられ、また今日もそうである。迷信は、どの民族ともどの特定の宗教とも結びつかない、一般的な人間性（ein allgemein Menshliches）に他ならない。

迷信と結びついているのが民間療法である。すなわち、迷信と同じくすべての民族のあいだに広まっている医術で、それは宗教、魔法、初期の段階の医学といった種々の源泉に遡る。

最後に注意を向けるべきは、キリスト教を信奉する諸民族によって創られた聖書の外部の形象や、敬虔な行事や、その他の脈絡で、それらはキリスト教神話（christliche Mythologie）としてまとめることができ, そ

の起源から見ても、研究に多くの課題を提供している。宗教的な民間伝承や神話という全般的な土台が大事であることはもちろんだが、このキリスト教神話をも踏まえながら、最大限に慎重かつ繊細に諸要素を弁別することによってのみ、確実な成果に到達することができる。

c）カール・ヴァインホルトにおける民俗学の構想

ここでは僅かな引用にとどめたが、これからも、カール・ヴァインホルトが目指していた民俗学の性格を知ることができる。要点を絞ると、次のような輪郭が得られる。

民俗学が対象とする諸現象は神話（Mythologie）の術語のもとにまとめることができる。神話は、伝説、昔話、説話、祝禱（Benediktion）、呪文（Zauberspruch）、さらに今となっては〈不可解な〉慣習などの総称でもあり、その核でもある。それらは、自然現象が人間の魂を揺り動かしたことによって生成したが、特定の形態をとるにあたって重要な主体となったのは、人間の集団としての心意のあり方、すなわち〈民族心霊〉（Volksseele）であった。また〈民族心霊〉が自然現象の強烈な印象を率直に受けとめるのは、大都会や近代の社会思想（社会民主主義）の影響を受けない状態においてである。かくして多神教を中心とした神話世界が成立した。もっとも、ドイツの場合は、それらは純然たる神話として長く持続せず、早い時期に英雄伝説に転換した。なお昔話もまた神話を基礎にしているというのが前代のロマン派の理解であったが、その後の研究、とりわけ口承文芸におけるインド起源の要素などが解明などされるに連れて、ドイツ語圏の伝承であるからとてゲルマン神話だけを想定することはできず、幅広く影響関係に目配りすることが必要となっている。

また自然現象が素朴な魂のはたらきかけ、その強烈な印象のもとに神話が生成したということでは、今日においても神話に近い位置にあるのは〈迷信〉（Aberglaube）である。すなわち、俗信（Volksglaube）のなかの効用性とつながった種類であるが、それが迷信という低い価値付けの呼称であるのは、キ

リスト教信仰と異質だからである。また迷信が注目に値するのは、神話の最下層に位置することであるが、そこには自然の人間への働きかけ、あるいは自然に対する人間の反応の最も基底的なものが表出されている。それゆえ、迷信は、神話の個々の形態に較べると、特定の民族や宗教の色合いが希薄で、むしろ一般的な人間性を表している。ここに、迷信が、民俗学の目標に裨益する所以がある。

　ところで、理論性の勝った宗教であるキリスト教においても、聖書の外縁に多様な伝承を伴っており、その点では神話と無縁ではない。むしろ、キリスト教文化の多様な現象はキリスト教神話として民俗学の対象とすることができ、またそうすることによってキリスト教を除外することの不都合を解消することができる。

　そして民俗学の目的であるが、それは、個別の事例に走る脈絡から、多くの資料を収集し比較考量することによって、より一般的な法則に近づくことにある。

d）カール・ヴァインホルトの構想への評価

　このカール・ヴァインホルトの構想は、それが表明された時点としては、概して無理のない穏当なものであった。資料に依拠した客観的な判断を重んじて、ディレッタンティズム（半可通）の跳梁を防止することをも説いているのは、冷静な判断である。ゲルマン神話の過大な重視を戒め、口承文芸におけるインド起源の可能性やキリスト教の影響まで射程に入れる必要性を指摘するのも、バランスがとれている。

　しかしまた問題点も存在した。〈民族心霊〉なるものを自明のこととして、神話生成の中心に据えているのは、その最大のものであろう。その点では、ロマン派の思考の枠組みを根幹において保持しているのである。そうした神秘的な主体を想定することへの疑問が、ホフマン＝クライヤーなど次の世代の課題となったことは、これまで見てきたところである。

　またキリスト教文化における民俗的要素をも射程に置こうとする姿勢がみ

られるのは注目してよい。しかし神話研究という前代からの枠組みでそれに臨んでおり、それゆえ早晩限界にぶつかることは推測に難くない。事実、精々、説話の一部を取り入れることができる程度で終わらざるを得なかった。キリスト教における民俗的要素と取り組むには、〈民衆信仰〉（Volksfrömmigkeit）の問題意識が不可欠であるが、神話学の外に出ないカール・ヴァインホルトには期待すべくもなかった。

　さらに注目すべきは、迷信の見方などにおいて、カール・ヴァインホルトとホフマン＝クライヤーが同じ方向を示したことである。それは民俗学の目的についての考え方ともつながっているが、個々の（あるいは一群ないしは一連の）民俗的様相において重要なのは、それらの奥にはたらく人間に普遍的な法則を指摘できるところまで進むことあると言うのである。そうした観点は、個々の民族（Volk）を超えたすべての人間を想定していることにおいて、フォルクを究極の集団としたロマン派とは趣を異にしている。しかしそうした観点の背景にあるのは、自然科学が重みを増してきた時代の動きであった。すなわち、人間に普遍的な行動や心理の法則に還元すること、すなわち土俗的なものを科学知識に置き換えるのが、民俗学の目的であるということになるが、その志向は、精々、平板な結論に行き着くにすぎない。その事情は、ヴァインホルトにおける呪文や民間療法における原初的な医学知識の指摘、ホフマン＝クライヤーでは古代の風の迷信を航海術の経験則的表現と見るなどによっても知ることができる。因みに、この時期からそろそろ企画への動きが始まり、後に実現を見た最初の大部な民俗学事典が『ドイツ迷信事典』のタイトルをもつことになった思想的な背景は、ここにあったのである[57]。

B）シュタインタール

a）民族心理学

　ドイツ民俗学会の機関誌『民俗学誌』が、19世紀半ばから刊行されてきた学術定期誌『民族心理学と言語学』の後継誌の性格にあることは先にふれた。

次にこの側面を取り上げておきたい。

『民族心理学と言語学』(Völkerpsychologie und Sprachwissenschaft)は、2人のユダヤ人の言語学者ハイマン・シュタインタール（Hajim [Heymann] Steinthal 1823-1899）とモーリッツ・ラツァルス（Moritz Lazarus 1824-1903）が1860年に創刊し、以後一貫して主宰してきた定期誌で、1888年まで20巻を数えた。これが民俗学の研究誌に引き継がれたのは、シュタインタールとヴァインホルトのあいだに繋がりがあったからである。シュタインタールは1863年にベルリン大学の言語学の教授となっていた。カール・ヴァインホルトがベルリン大学へ移ったのはようやく1889年であったが[58]、赴任すると共に、首都の幾つかの民俗学関係の研究会や同好会をまとめて一種の連合組織であるベルリン民俗学会（Verein für Volkskunde in Berlin）を組織したことをみれば、活動的であったのであろう。また『民族心理学と言語学』には以前から寄稿していた[59]。そうした事情から、身体に衰えをきたしたシュタインタールがヴァインホルトに委ねたのである。

ところで〈民族心理学〉の名称は言語学者ヴィルヘルム・フォン・フンボルト（Wilhelm Frhr. von Humboldt 1767-1835）に溯る。そしてその著作集の編集も手がけたシュタインタールとラツァルスがこれをキイワードして学問分野を提唱したのであった[60]。それゆえその基本的な立脚点はヴィルヘルム・フォン・フンボルを踏襲していたが、特に注意したいのは、フンボルトの用語〈民族精神〉（Volksgeist）である。フンボルトの場合、それは言語本質の論議と不可分に結びついていたが、シュタインタールにおいては、同じキイワードながら、それが指し示すものは同一ではない。それは学問の展開が必然的に求めたものであれば、時代の違いでもあった。もっとも、フンボルトの言語観やその民族精神の概念の内容となれば、それ自体が容易でない設問であるが、目下の脈絡では特に次の点に注意をしておきたい。

フンボルトが言語研究の定礎者のひとりであることは言うまでもないが、同時に今日の通念と一致しない諸点も少なくない[61]。その第一は、言語の本質を論じるにあたって、発生の仕組みに重点をおいたことである。もとより

その脈絡のみを一直線に述べているわけではないにせよ、言語とほとんど一体のものとして民族精神（Volksgeist）が措定されたのは、その重点の置き方のゆえであった。第二は、言語を記号とみなす今日の趨勢とは、概ね反対の極となっていることである。多様な言語の相違は、音声や記号の相違ではなく、世界観（Weltansichten）そのものの相違なのであった。その点ではヤーコプ・グリムの言語観と近似したところがあったのは、第三の特徴でもあった。もっとも、始源への関心を補完するように、個人の言語使用と所与の言語との緊張関係にも一定の注目がなされてはいた[62]。

　そのフンボルトを受け継ぎながらも、シュタインタールが異なった方向をみせたのは、見ようによれば、時代の相違でもあった。シュタインタールは民族心理学を〈諸民族の精神生活のエレメントと法則に関する学〉と定義し、諸民族の精神的特質を規定しているとみられる諸関係のシステムを学問的に呈示することに、その目標を設定した。そのときの民族心理とは、言語、神話、宗教、祭祀、慣行、法、文献資料が寄り集まった複合体であった。これは言い換えれば〈言語の総体〉でもあった。かくして〈観念と概念から成る総合財産は、たとえその分有と活用の大きさと程度において個々人のあいだに差異があるとは言え、民族体の全メンバーに共通の所有物である。しかし《民族精神》は、他を規定するものであるのみでなく、個々人によって担われ、作られるものでもある〉とされたのである[63]。

　こうした見方も、言語集団（多くの場合は言語民族）にたいする個体の独自な役割にも留意していたフンボルトの見解と重なっている面がありはするが、重点の置き方には違いがあった。民族（Volk）という場合、シュタインタールでは、それぞれの民族の始源の状態ではなく、主要には諸民族の現実の言語的様態に向けられた。それゆえ、〈Volk〉を〈Nation〉と言い換えもした。すなわち同時代の様態ないしは一般的特質であり、少なくとも原初の様態ではなかった。その点ではシュタインタールは、先人たちの言語研究に不可分に結びついていた本質論＝始源論ないしは発生論という強迫観念を免れ、それによって神秘性を脱却したのである。

シュタインタールは、『民俗学誌』の創刊号に、ヴァインホルトの発刊の辞の次に〈読者に〉向けたコメントを寄せた[64]。一種の申し送りであるが、そのコメントを読むと、ここで追っている一連の議論が19世紀半ば以来ドイツ思想界で広く意識されていた問題案件とつながっていることが分かる。それによると、民族心理学は、研究誌の終刊後もいささかも重みを減じるものではないとして、その目指すところを全うする上で、既存の4つの学問分野がそれに通じる門戸の役割を果たすことになると説いている。第一は一般的に言われるものとしての心理学である。第二は、エスノロジー(民族学)であり、この脈絡の故にフォルクスクンデの研究誌が後継者になることができるとし、民族心理学は〈心理のエスノロジー〉と言い換えてもよい、としている。第三は、歴史（学）で、人間精神の発展史をあつかうことをもって関連性が強いと述べている。この3種類について解説を加えたあと、シュタインタールは、第四の門戸として、新しく形成されつつある学問分野として社会学を挙げた。

b) シュタインタールの「読者に」から[65]。
　4種類の隣接学を挙げてシュタインタールが説いたのは、民族心理学の対象として確かな客体を特定することであった。その論理が完全に遺漏のないものとなっているかどうかはともかく、その意図は、いずれの項目においても繰り返されるいわば見紛いようのない主題において明瞭である。またそれは、フォルク論争の核心にふれる問題が、シュタインタールの考察のなかですでに現れていたことをも知らしめる。

　　　ラツァルス（Prof. Lazarus）と私が編集してきた「民族心理学と言語
　　学」が20巻を数えた。……民族心理学（Völkerpsychologie）は新しい術
　　語であった。そして多くの敵に直面した。そもそも、意識のメカニズム
　　に関する学問としての通常の心理学ですら、この世紀（＝19世紀）には
　　歓迎されなかった。ロマン主義者や神秘主義者はそれに反発した。物質

主義者には、形而上学の残滓と映った。民族心理学の場合は、心理学の理解者にすら、民族心霊（Volksseele）という誤った観念を持ち上げるもののように受けとめられた。最後に親しい友人を見出したが、それは民族心理学などといったものはずっと昔からおこなわれ、これからも進歩してゆくものである故に、ことさらしい名称は余計であると言うのであった。これら全ての人々は、私たちを読んだのであろうか、私たちの論説を吟味したのであろうか。（シェーラー、ハウプト）^(補注)

> （補注） Wilhelm Scherer 1841-1886 オーストリア出身で、19世紀の代表的なゲルマニストのひとり。ベルリン大学教授。中世文学史と初期ゲーテなどに知見を示した。
> （補注） Moritz Haupt 1808-1874 グリム兄弟の次の世代を代表する文献学者のひとり。ゲルマニスト。ライプツィヒ大学教授、後にベルリン大学教授。

次いで、〈民族心理学へ入るために、そこに通じる3つの門戸を挙げよう〉として、既存の三種類の隣接学に言及する。

> 第一は、通常の意味での心理学である。……ヘルバルト^(補注)が、次のように言っている。《心理学は、個人としての人間を観察する限りでは、一面的なものにとどまらざるを得ない。》社会のなかでは、また社会を媒介にしてはじめて、人間は精神的な存在なのであり、動物的な有機体という自然状態から個性ある人格へと上昇する。そして精神は、個体や人格である前に、一般的な精神であり、客体的精神であり、それは取りも直さず民族心理学の対象となるところのものである。民族精神（Volksgeister 複数）のみがそうした全体精神を形づくるかのように言われるが、そうではなく、宗教的な共同体精神や、身分集団の精神、また学派とか芸術的な集派、その他諸々のものがある。しかしまたそれらはいずれもナショナルなまとまりによって包含され、担われ、相互交流の関係に立っている。……

(補注)Johann Friedrich Herbart 1776-1841 哲学者、教育学者。ゲッティンゲン大学教授、またカントの後任者としてケーニヒスベルク大学で哲学の教授もつとめた。ペスタロッチに近く、また哲学ではライプニッツの多元論をとって、カントを批判した。

　ここでは個体心理を対象とする心理学の枠を超えて、ある種の集団を心理の主体として措定する道を模索している。その主題は以下においても同様である。

　　　次いで、エスノロジーが民族心理学へ通じる第二の道になる。これは、見通しがよく効いた、平坦で、また最もよく歩んだ道である。実に、民族心理学は、心理のエスノロジー（psychische Ethnologie）と規定してもよいのである。これからのことも、ただの引越しのようなものである。地球上の古くからの諸民族の精神生活のために、これまで既に20巻もの分量を費やしてきたのであるから、民俗学協会の機関誌となる今後も、この分野にこれまで以上に精力を注ぎ、成功に導いてもらいたい。

　エスノロジーについてはこれ以上言及されないが、そこでは民族をもって確実な主体、── それは学術的考察の客体ということになるが ── と見ることを起点にする専門学だからであろう。これに較べて、次の歴史学の考察は興味をそそる。それは、当時流行していた自然史の考え方とは別のところに歴史学を措定しようとしているからである。またそれは、ダーウィンの進化論に与する諸学の人々とは異なった志向であった。その方向の人々は、自然の推移と人間の歴史を一体ないしは一連のものとみなしているとして、シュタインタールは批判し、精神史の固有の原理をもとめたのである。

　　　民族心理学への第三の門戸を開けなければならない。それは歴史学で、すなわち人間精神の前向きの発展の側からの入り口である。
　　　historia naturalis という古い呼称について言えば、ギリシア語に由来す

る historia は、ドイツ語の Kunde を意味していた。具体的で叙述的なドイツ語の自然—知識には、それと並んで（あるいはその根底として、抽象的かつ合理的な物理学（Physik）——それは化学（Chemie）とも一体だが——及び生理学（Physiognomie）が存在した。近代においては、少なくとも原理的には、詳しいとまではいえないにせよ（ダーウィンとその学徒）、自然史、すなわち地球の歴史の思想は、その暫時的な形成と地球上に生きる動植物、原初の生命体から動物種の最高に位置する人間に至るまでが叙述され、またポピュラーになった。自然〈知識〉のそうした拡大あるいは自然史への上昇は喜ばしいが——たとえ後者の成果がなお不完全で不安定であるとしても。しかし精神と自然が別のものであるからには、精神の歴史と自然の歴史は区別されることを強調しておきたい。……

　自然の展開と精神の前進の根本的な相違は、観念あるいは意識の非物質性にある。それは、感覚的な質量も、自然の諸力のような作用をもしない。これは、次の３点において明らかになる。
① 自然は、一のあり方から次のあり方が成立して展開する。他方、精神は、人間が常に同じあり方でありつづけるなかで、前進してゆく。
② 有機体の遺伝は、一個の個体から、その個体と切り離された別の個体へと続いてゆく。精神の遺伝は、世代から世代へと進む。なぜなら、人間の総体（フォルク、集団）は具体的な統一体をかたちづくるのに対して、あり方は抽象的な集合体だからである。
③ 植物や動物のあり方は、それらがそこに入っている環境に自己を合わせて発展する。それに対して人間は、環境を獲得する。

もっとも、自然と精神の連関がまったくあり得ないわけではなく、〈感覚器官（Sinnes-Organ）の心理活動に応じて魂の産物〉と理解できるような現象も散見されはする。〈たとえば近眼（Kurzsichtigkeit）は、視覚器官の形成との関わりにおいては、精神的弱点であり、感情麻痺（Apathie）は頭脳の乱れと関

係がある〉が、それには原理的な考察が必要であろうとする。そして次のように結論を述べる。

> 以上は、精神の発展と自然の歴史がまったく相違することを新しい観点から見たのである。しかし個々人に対してと同様、諸民族にとっても生理・心理学（Psycho-Psychik）がある。——気候、地理、土壌など風土がフォルク精神にあたえる影響——個々人の発達にとっては純然たる心理法則、すなわち意識そのものの法則があるが、それと同様に、諸民族の発展に対しても法則がある。この法則を呈示するのが民族心理学に他ならない。
>
> したがって、これはまた本来の意味での歴史記述（Historik）でもある。その課題は、記述・読解の歴史に合理的基礎をあたえることにある。それはちょうど、物理学と生理学が自然史にそれを付与するのと同様である。

そして第4の隣接学であり、またその課題が近接したものとして社会学を挙げ、特に言葉を費やしている。注目すべきは、ここでも社会学に走る基本的な思考としてダーウィンの進化論を想定して批判していることである。

> しかしごく最近、民族心理学に向かう第4の門戸が社会学において開かれた。すべての学問領域のなかで最も若いこの部門は、ダーウィンの後継者たちよって形成された。一般には、進化論の創始者は自然の観察によってはじめて生存競争の観念に導かれたとみなされているが、事実は逆であって、むしろ人間の間での交流を元にした着想であった。従って、諸々の原理が自然現象に応用されたことからすれば、それが人間集団をも明らかにすることになるのは、当然の逆流と言えよう。パウル・フォン・リーリエンフェルトは、その『未来の社会科学への見解』において、次の点で先人たちを非難した(補注)。すなわち、人間を個体として

考察することに終始し、人間社会が〈まとまった実体〉、〈実体として有機体〉、すなわちそこでは個体は細胞の役割を果たしていることを理解していなかったとして非難した。そのときの立脚点は、精神心理学のそれであるとした。それゆえ彼の上記の著作の第三巻は『社会の精神物理学』となっている。そもそも社会学とは、徹頭徹尾心理学的でなければならない以上、そういうものであろうし、また他面では、人間社会の心理的事象の探求を課題とするところから、民族心理学と重なるはずである。差異は、わずかに社会学が社会の現実の諸関係にかかわり、それゆえ法制や市民存在、さらに国民経済学の諸関係と取り組み、思惟生活にはふれないことだけである。その意味では、社会学は、民族心理学の半分を分かつことになろう。その対象は、諸民族の文明である――文化と対立するものとしてヴィルヘルム・フォン・フンボルトが区分した意味での文明である。自然の王国をその発展のすべてにおいて追跡したあと、最後に到達したのが人間社会という領域であった。動物の生活には心理という契機は欠けている。また社会性もまったく欠けているか、部分的に働いているにすぎない。それに対して、人間の生活では、この両者が決定的な意味をもっている。したがって、民族心理学は、諸民族の行動に向いているという意味では、ダーウィン主義者にとっての社会学に相当する。……

　最後に、私は本稿を締めくくるにあたって、学問的なフォルクスクンデ（民俗学）は、その範囲を狭く限るか広くとるかはともかく、常に心理学のディシプリンとなることを言っておきたい。すべての精神的存在、すなわちルターやレッシングのような傑出した個体（Individuen）もまたフォルクのなかにある。国民精神（National-Geist）は、どの個体精神にとっても、出発点ないしは終着点、あるいはその両方である。それゆえ民族心理学ないしは学問的なフォルクスクンデは、精神活動の特定の部分ではなく、省察の特殊な方法に他ならない。省察が総合的であれば民族心理学と呼ぶのがよく、分析的であればその省察はフォルクスクンデ

や歴史学に近づくのである。

> （補注）Paul Lilienfeld-Toal 1829-1903　社会学者。1849年にサンクト・ペテルスブルクでロシア内務省の嘱託となって以来、ほぼ終生ロシアで活動し、サンクト・ペテルブルクの調停裁判所の判事、クール公国の総督、ロシア最高法廷判事などを歴任し、主に学校制度と諸身分の調停に尽力した。主著『未来の社会学への考察』5巻（Gedanken über die Socialwissenschaft der Zukunft.5 Bde.1873-81）によって知られる。

c)　シュタインタールの論点

ここで注目すべきは、次の点である。

言語学から出発し、必然的に集団心理を課題としたのであったが、言語主体として前代以来措定されてきた〈Volksgeist〉の概念に修正をほどこしたことである。シュタインタールが、集団心理の所在として、幽遠な過去や始源に溯ることを潔しとせず、歴史的に変遷を組み込んだ現在に目を向けたのは、前代への修正に他ならなかった。すなわち、〈Volksgeist〉といった根元概念の神秘性を払拭し、具体的な諸関係に置き換えて、それによって学問的に探求することを可能にしようとしたのである。心理学の実際の研究対象という観点から、集団心理を根元的な集団に限定せず、二次的な集団にも適用した。学術活動における学派や芸術の流派などである。それと並行して、集団心理の担い手ないしは所在として〈国民精神〉（National-Geist）を重視した。これは国民国家という現実の状況のなかでの集団心理を問題にせんがためであった。同時にそこには、国民国家が、人間の多様な精神的小集団を総合する枠組みという視点もはたらいていた。

背景としては、ロマン派の視点が、綻びをきたしていたことが挙げられよう。ロマン派の思潮においては、言語文法から法や慣習にいたる人間集団の精神財を強く意識したものの、その考察は多くの場合、根元的な状況の想定と結びついていた。根元とは、言い替えれば生成因である。ロマン派の特色は、ものごとを評価するにあたって生成の根拠が何よりも重視したことで、要するに遡源志向であった。過去が現在を規定するのであり、過去のままで

ないものは、後世の歪みであった、そうした過去や生成因に向かう志向に疑義を呈したことは、同時代の社会学の一派の決定論的な色合いに反発をしていることからも知ることができる。

d）　ヴァインホルトとシュタインタールの位置
　このように見ると、カール・ヴァインホルトとハイマン・シュタインタールに共通していたのは、19世紀初め以来の先人やロマン派の思潮との距離の意識である。ヴァインホルトの場合はグリム兄弟であり、シュタインタールにおいてはヴィルヘルム・フォン・フンボルトである。学術的にはもちろん、思想史的にも一時代を代表する巨人たちであることは間違いないが、その思想の基本には、すこぶる神秘的なものが付着していた。すなわち文化的現象の根底に、グリム兄弟にあっては〈Volksseele〉（民族心霊）、フンボルトにおいては〈Volksgeist〉（民族精神）が想定され、文化的な重要な多くの現象は、そこから発露したままの姿であるか、それとも生成のままの原形を維持できず歴史の変転に遭って不当に歪められた形態であるか、どちらかなのであった。
　グリム兄弟やフンボルトの特質は、言語現象の飽くことなき探求と精緻な分析が、かかる神秘的な根元概念と結びついていたことであった。また根源的なものにすべてを還元したからには、現存するものが静止した諸関係にあるのは避くべくもなかった。グリム兄弟におけるかかる諸点については、早く同時代のゲルマニストのヴィルヘルム・シェーラー（Wilhelm Scherer 1841-1886）が指摘していたところでもある[66]。1900年前後になれば、グリム兄弟の神話研究に一種のオプティミズムが普通に指摘されるようになっていたのも奇異とするには当たらない[67]。もっとも、ヴァインホルトやシュタインタールが、これらの先人とどれだけ意識的に距離をとることができたかは疑問である。特にヴァインホルトの場合は微調整という程度であり、僅かに自然現象が人間の魂に働きかけるメカニズムを取り上げたあたりで前代の神秘性を払拭する外観をもったということであろう。またシュタインタールでは、集団的な心理主体を、黎明状態にある定かならぬ観念から、現実の国民国家

のまとまりに近いところに置き直したところに修正の跡がみとめられた。しかしその程度であれ、前代の思考のまったくの踏襲ではなく、疑念と工夫があり、それが時代の動きでもあったのである。

5. ヨーン・マイヤー

a) 略歴[68]

　次に取り上げておかなくてはならないは、ヨーン・マイヤーである。本稿ではフォルクスクンデをめぐる一連の論議を再検討するにあたってエードゥアルト・ホフマン＝クライヤーの問題提起から始めたが、それは、突如として出現したのではなく、また孤立した思念でもなかった。それに先立つ時期から同時代人が共有していた問題意識と言ってもよかったのである。それを示すのが、ヨーン・マイヤー（John Meier 1864-1953）の存在とその見解に他ならない。さらに言えば、ヨーン・マイヤーの方が先行者であり、ホフマン＝クライヤーの主張の基本はそこから得られたと言ってもよい位である。両者はまた終生にわたる提携者でもあり、共に次の時代に学界のリーダーとなっていった。ヨーン・マイヤーは1911年から1947年まで民俗学関係の諸団体の頂上組織であるドイツ民俗学協会の会長であり、他方ホフマン＝クライヤーはスイス民俗学会の創設者にして会長であった。

　両者は、出身階層や経歴においても近似していた。ホフマン＝クライヤーがバーゼルの富裕な市民の出で、長じて言語学者オットー・ベハーゲルに学んだのと似て、ヨーン・マイヤーはブレーメン市長の息子として生まれ、大学では、言語学者エードゥアルト・ジーヴァース（Eduard Sievers 1850-1932）とヘルマン・パウル（Hermann Paul 1846-1921）の学徒であった。両者はまた偶々同い年でもあった。

　ヨーン・マイヤーは、初めドイツ語学のなかで特に職業語彙の調査を進めていたが、その過程でツヴィッカウ市の市役所図書館に所蔵されていた古文

書のなかに、16世紀の鉱山者の舞踊歌謡（Bergreihen）を発見した。後代にも歌われている歌種の原形に近いと見られるもので、1531年と1532年のヴァージョンであった。歌謡研究を専門的に手懸けるようになってから早い時期の出来事である。ヨーン・マイヤーはそこに着想を得た後、多くの資料によって肉付けを試みると共に、広く歌謡一般の本質論の構築へと進んだ。その成果は、1897年に、ドレスデンで開催されたドイツ文献学の大会において発表され、また翌1898年に要約が『ミュンヒェン一般新聞』に掲載された。時間的な流れから言えば、それが後数十年にわたって続く議論の皮切りであった。さらに翌1899年にはヨーン・マイヤーはバーゼル大学ヘゲルマニスティクの教授として赴任し、そこでエードゥアルト・ホフマン＝クライヤーとの個人的な接触が始まった。後者が1901年にフォルクの概念をめぐって講演を行なった背景とは、以上のようなものであった。

　それゆえ、ここではエードゥアルト・ホフマン＝クライヤーの1901年の講演から始めたものの、内容面から言えば、ヨーン・マイヤーが1897年に行なった研究発表が出発点であった。事実、両者の考察は本質的に同一と言ってもよいからである。僅かに、ホフマンクライヤーがすべての民俗事象を射程におく一般論として述べたのに対して、ヨーン・マイヤーは歌謡研究の枠内で論じていたという違いがあるだけである。しかしヨーン・マイヤーの論をこの場所で取り上げるのは、その所説が1898年に掲載されたものの、本格的にはホフマン＝クライヤーが口火を切って始まった議論が進行中の1906年に書物の形態になったからである。それは決して大部なものではなく、50ページと150ページほどの2冊の本であるが、それが以後のドイツ語圏での歌謡研究の指針となった。すなわち、『ドイツの芸術歌謡と民俗歌謡』、そして『民衆の歌う芸術歌謡』の2著である[69]。

b）ヨーン・マイヤーの歌謡論
　ヨーン・マイヤーの見解は、複雑でも難解でもない。単純明快で、一文でも言い表すことができるものであった。またそれは、他ならぬ著作のタイト

ルともなっている。すなわち、フォルクスリート（民衆歌謡／民俗歌謡）とは〈民衆の歌う芸術歌謡〉である、というのである。もう少し言葉を継ぐと、『芸術歌謡と民衆歌謡』冒頭の次の表現になる。またその定義に、ヨーン・マイヤーは既に最初の発表の時点において到達していた。

> 私は、1897年10月にドレスデンでの文献学研究者の大会で「ドイツにおける芸術歌謡と民衆歌謡」を発表し^(原注)、そこで〈フォルクスポエジー〉（民衆詩歌／民族詩心）をこれまでよりも厳密に定義することを試みて、次の定義が正しいことを証明できると確信した。
> 　その定義とはこうである：〈フォルクスポエジーとは、フォルク —— フォルクを最広義にとるが —— の口に上ったクンストポエジー（芸術歌謡）のことである。そこではフォルクは個体の権利を全く知らないか、感得せず、しかもフォルクは（つまりすべての者がひとつひとつのケースについて）絶対に権威者・支配者の立場をとるということである。〉

　　（原注）Münchner Allg. Zeitung. Beilage.1898 Nr.53 und 54. その後　Kunstlied und Volkslied in Deutschland.1906 として印刷された。

　要するに、フォルクスリート（民衆詩歌／民俗歌謡）とは、民衆が歌うようになった芸術詩歌に他ならないと言うのである。しかしこの簡潔な命題の展開力は大きかった。それは、前代のロマン派の歌謡観、延いては民俗的な文化をめぐる従来の観念の否定を含んでいたからである。

　ロマン派の理論家たち、特に民俗学につながる領域での最大の存在であるグリム兄弟の見解では、ポエジーは原理的に異なった2つの種類に区分されていた。フォルクスポエジー（民衆詩歌／民族詩心／民俗歌謡）とクンストポエジー（芸術詩歌）である。因みにポエジーという術語は、詩歌を全体として言い表すと共に、また詩歌の根底にある魂の動き、それも個体の意思ではなく民族や集団の奥深い心意をも指している。それゆえ、詩歌や詩芸を一般的に指すと共に、〈詩心〉や〈詩魂〉や〈うたごころ〉などの訳語がより適切な場

合もある。またその語に深甚な意味を託すのはヘルダーなどの先人に遡るが、それはフォルクスポエジーが、ドイツの近代詩歌が形成されたときの指導理念でもあったからである。グリム兄弟はそうした思考の伝統を引き継ぎながら、フォルクスポエジーを言語文化全体にまたがる基本理念として位置づけた。ヤーコプ・グリムが次のように述べて神秘性を付与するとき、それはフォルクスポエジーのことである[70]。

> ポエジーは、生命そのものであり、純粋のなかに宿り、言葉という魔法のなかに憩っている。……ポエジーは、生命が純粋な行動をとる姿に他ならない。

もっとも、フォルクスポエジーが対比関係を前提にした概念であるという点では、根源にして純粋なポエジーが維持できなくなったことによって、本来のものを保持するフォルクスポエジーと、人工的な要素が優勢なクンストポエジーに分離したことになる。事実、グリム兄弟によれば、それはドイツの文学史の基本的な脈絡のひとつに他ならなかった。すなわち、14世紀から17世紀に至るドイツ文芸の推移は、フォルクスポエジーとクンストポエジーの〈二種類が乖離してゆく過程であるが、そのさい前者は上述の意味で生命に富み、後者は極度に様式化し、やがて後世の名家たちの詩歌として硬直した形態になってゆく〉というのである[71]。かくして〈緑の樹木、みずみずしい水流、純粋な音響〉たるフォルクスポエジーと、〈凝りすぎた料理〉や〈砂糖菓子〉に喩えられ、〈無味乾燥で煮えきらず、混迷のなかにある〉クンストポエジーという区分が説かれたのである[72]。グリム兄弟にとって、フォルクスポエジーは、詩歌の〈始原〉であり、またそうであることによって歴史の始原でもあった[73]。

> フォルクの最初期にまで遡ると、どこででも容易に気づくのは、フォルクスポエジーと歴史（Historieできごと）が不可分にひとつの情緒

(Gemüth)のなかに保存され、高揚した口によって告知されることである。両者は、生をそのあらゆる表出において把握し、提示することにおいて一致する。

　かかる起源にして根源であり、純粋な生命であり、それゆえ自然詩心（Naturpoesie）でもあるフォルクスポエジーは、また神話とも重なり、さらにドイツ的世界という国民性や言語集団とも一致した。それに対してクンストポエジーは、歴史のなかで頽落への道程を閲した形態であった。グリム兄弟は、歴史の推移を、本質的なものからの乖離としていた面があったのである。そして二つのポエジーの端的な表出が、フォルクスリート（民衆歌謡）とクンストリート（芸術詩歌）であった。
　なお補足をすれば、グリム兄弟のかかる詩歌観、というより世界観には、同時代人のなかには疑念をもつ人々がいなかったわけではない。よく知られているのは、アヒム・フォン・アルニムである。クレーメンス・ブレンターノと共に『少年の魔法の角笛』を編んだロマン派の作家で、その詩歌集自体が見解の対立の題材ともなったのである。アルニムは、グリム兄弟によるフォルクスポエジーとクンストポエジーの峻別や、フォルクスポエジーをフォルク（民衆／民族／共同体）から自生する無名・無作為の産物とする見解には懐疑的で、フォルクスポエジーに分類される歴史的な文芸遺品にも近代と同質の芸術形成の意識を読んだのである。もっとも、両者の対立的見解の材料としては、グリム兄弟がアルニムたちの文芸への姿勢に対して漏らした不満の言辞の方が多いのであるが、ともかくそうした一こまがあったことにもふれておく[74]。
　それゆえ問題は文学史を顧みれば、注目すべきできごとには事欠かないが、ここではグリム兄弟の詩歌観については図式的な要約にとどめる。また目下の課題であるヨーン・マイヤーの歌謡論の特徴を知るには、こういう簡単な整理を一方においての対比でも特に支障はない。先人に真っ向から逆らう体のものだったからである。微妙なニュアンスの差異などではなく、ヨーン・

マイヤー自身が宣言したように、別種の〈原理〉であった[75]。

> フォルクスポエジーとクンストポエジーは、発生的に、言い換えれば有機的に異なっているのではない。それらは同じ細胞のなかから生成した。古い時代にもそうであり、今日もなおそうである。差異が生じたのは、展開のなかにおいてであった。二つの様態のあいだには、もちろん漸層的な差異があり、またそれはあらゆる方面にはたらきを広げてゆく。しかしそれは、多かれ少なかれ偶然が加わったものであり、絶対なものではない。

つまりロマン派の言う 2 種類のポエジーという区別は相対的なものであるとする。またそこで大事なのは、その一種類しかあり得ないものであるポエジーとは何であるかを見誤らないことであるとも言う。さらに、それを踏まえることによって、はじめてフォルクスリートの研究は正しい立脚点を得るとも説く[76]。

> 起源的には個体ポエジー（Individualpoesie）があるのみで、フォルクスポエジーとクンストポエジーの間には有機的な差異はない。これはフォルクスリート研究にとって最高度に重要なことがらである。この認識を結実させることによってはじめて、フォルクスリートの特質により接近し、より厳密に知ることが可能になる。フォルクスリートの独自性を観察するにあたって、これまでの行き方は、障害と麻痺をおこさせるようなもので、とうてい研究の出発点となるようなものではなかった。

歌謡の成立が、たとえフォルクの真っ只中においてであったとしても、生成したということは、取りも直さず何れかの個体の営為である。その個体が上層の一員であるか、下層に位置するかは、その歌謡がフォルクスリートであるかどうかには関係がない。下層の民衆、すなわちフォルクのなかの誰か

が創造したものであろうと、そのままではフォルクスリートではないのは、教養的上層の詩歌作品がフォルクスリートではないのと同じである。フォルクスリートであるか否かが決まるのは、フォルクの中に流布することであり、流布すれば、歌謡の内容や質にかかわりなくフォルクスリートとなる。それゆえ、言葉遣いや詩歌の質においてフォルクステュームリヒ（民衆的・土俗的）であっても、流布しなければフォルクスリートではなく、逆に著明な詩人の芸術作品であっても、流布すればフォルクスリートである[77]。

　　原理的には、フォルクの真っ只中に出自をもつ作者の歌謡も、高度の教養詩人の詩歌で元は文学作品として書物のかたちで広まった歌謡も、同じなのである。その2種類のどちらの個体歌謡（Individuallieder）も、フォルクによって受けとめられ、その歌謡財産として血肉となることによってはじめてフォルクスリートとなったのである。

こうした観点に立つと、フォルクスリートの生成の根拠として、創造の母体となる何らかの集団を想定するようなどんな見解も誤謬ということになる。それゆえ先行する諸見解は批判の対象になり、またフォルクスリートをめぐってこれまでは異なった論理を探ることになる。ヨーン・マイヤーがシュタインタールに言及したのは、そうした脈絡の一環であった[78]。

　　かくして私たちは再びシュタインタールの理念に立ち返る。フォルクスポエジーが本来〈nomen actionis〉、つまり行為（Tätigkeit）と見ていた点で、またそれが〈言葉〉という語と似ている点で、シュタインタールは正しかった。しかしシュタインタールの曖昧模糊とした仮説、すなわち全体精神（Gesamtgeist）なるものを想定して、個体精神（Individualgeist）に対立するものとしての全体精神にフォルクスポエジーの生成を帰せしめるといった考え方には与するわけにはゆかない。

シュタインタールが言語の現実の動きにおける様態に関心を向けたことは先にふれたが、民間に共有された言語文芸、すなわちフォルクスポエジーについては言語の全体と同じく、言語集団によって生み出されたとみなすことには、疑いをもっていなかった。またそこに特に問題の大きさを認めてもいなかった。ところがヨーン・マイヤーは、この先人の見解を敢えて二つの要素に分けて検討したのである。フォルクスリートが民間のなかに流動していることはシュタインタールの言う通りであるものの、その生成自体は民間のなかでは有り得ない、とするのである。

　要するに、個体が産出した歌謡が民間に流布することに、すべての鍵がある。それは個体歌謡から集団歌謡への転換であるが、ではそれはどのようなものであろうか[79]。

　　たとえばフォルク同胞がある呪謡（Zauberlied）を、その案出者の形式と言葉を、その通りに言えるかどうか不安になりながら唱えて自分のものにしようとする場合である。つまり変化させてしまうと呪力が損なわれるかことを怖れているのである。そうした場合には、個体の権威がまもられている。その場合には、個体詩心（Individualpoesie）であり、集団詩心（Kollektivpoesie）と言うわけにはゆかない。つまりひとつの詩歌をフォルクスポエジーと呼ぶことができるためには、ポエジーがフォルクのなかで広まる上でもうひとつの契機がなくてはならない。それはフォルクが口にするようになった個々の詩歌をめぐって個体のあらゆる権利が否定されることである。言葉とメロディーに対してフォルクが徹頭徹尾権威の立場に立つことである。材料に対してフォルクが主人としてかかわることがフォルクスポエジーの前提である。

　　それゆえフォルクスポエジーは、フォルクのなかで生きているポエジーである。そのさいフォルクは個体の権利を知らないか、あるいは、そうした感覚をもたない。しかもポエジーに対して、フォルクすなわちいずれの個々人も、個々のものに絶対的な権威をもち、主人の立場をと

るのである。

　因みに、一般によく行なわれる区分に、芸術詩人と民衆詩人といった種類分けがあるが、それはどう見るべきであろうか[80]。

　　フォルク詩人（Volksdichter）と芸術詩人（Kunstdichter）には大きな差異があるとは、しばしば指摘されてきた。芸術詩人は、独自の個性的思念を特徴ある形式に注ぎこむことに力を傾ける。すなわち、あらゆる手立てを講じて精神的あるいは芸術的個性を前面に押し出し、既存の道を注意深く避けるのである。……しかしそれにもかかわらず、この対立、すなわち個体的で独自的な詩人ポエジーと、客体的で一般的なフォルク文学との対立は、副次的であり、両者の本質に根ざしたものではない。

　そのさい〈民間に流布すること〉（Volkläufigkeit）とは、先に見たように、フォルクが創造者たる個体をまったく無視してその歌謡の主人位置に立つことを意味するのである。
　以上が、ヨーン・マイヤーの説の要点であるが、最後に、その根幹となっているフォルクと個体についてまとめておく。

c）　ヨーン・マイヤーにおけるフォルクと個体
　ヨーン・マイヤーによれば、フォルクの本質は個性を知らないことにある。それは個性を否定するが、それは結果としてであり、むしろ個性とは無縁と言うべきものと想定されている。もっとも、ヨーン・マイヤーの見解は歌謡の理解に限定されているので、歌謡が誰によってつくられたものであれ、その出自や作者の権利に頓着しないことにあるとされる[81]。

　　歌謡をめぐって、それを初めて歌ったのは誰か、作者は誰か、といったことは、原理的に重要性をもたない。作者は低いフォルクの成員であ

るかも知れず、逆に教養ある者の圏内に属すかもしれないが、それは何ら意に介すべきことではない。ある歌謡（リート）がフォルクに気に入れば、作者や出自はお構いなしである。フォルクは私権を尊ばない。

こうした考察は、見ようによれば、個性とは異なった原理を追求する糸口になるが、ヨーン・マイヤーはそういう方向には論を展開しなかった。フォルクが個性を否定するのは、端的に劣等であるがゆえとされる[82]。

そもそも精神の発展に指導的な役割を果たすのはフォルクではなく、精神的貴族であり、それは古い時代には政治的・社会的貴族層とも重なっていた。

ヨーン・マイヤーはまた、これ以後頻繁に繰り返されることになる次のような命題めいた言い方もする[83]。

フォルクは、精神的富者の食卓からこぼれ落ちた卑しい残り物で自己を養う。

繰り返しになるが、かかる見解は、必然的にロマン派のフォルク観に対立する。と言うより、ロマン派という前代からの重圧だけが問題なのではなかった。ロマン派の同時代における再現にどう対処するかという意識が、過激な表現を選ばせたところもあったのである[84]。

これは、今日またもや進出し大っぴらに自己主張をおこなっているロマン派とは対立する見方である。
それだけではない。ネオロマン派という奇怪な変装をした者たちが現れて、個体を引き降ろし、群集（Masse）を躍起になって称揚している。そうであればこそ、如上のことがらは、一層、先鋭かつ力点をおいて主

張しておかねばならない。すなわち、芸術も含めた精神的な進歩がなされるのは、多数者に卓越した個体なのである。

かくしてフォルクが創造において劣っているとの論と相俟って、個体の意義が強調される。もとよりそれに値するのはすべての個体ではなく、個体らしい個体、すなわち独創的な個体である[85]。

　ヴィラモヴィッツもこう言っている。〈詩人が真に詩人となるのは、彼が普通の感情から抜け出て、個体として行為し感得する能力をもつようになってからである。〉[原注] 高みを目指して進むのは、その時代に先駆け、しばしば無理解と闘うことになる個体である。

　　（原注）古典文献学者ウルリッヒ・フォン・ヴィラモヴィッツ＝メレンドルフ（Ulrich von Willamowitz-Möllendorf）を指す。出典として次の記載がある。D. Litt. Ztg. 1900, S. 92.

そこで精神的発展について、ヨーン・マイヤーによれば、先頭集団と後続集団という図式を描く。

　その（独創的な）個体に従うのは、彼の身近にいて精神的に前進した人間たちの共同体（Gemeinschaft）であり、さらにそれから大きく遅れて群集（Masse）が付いて来る。

群集（Masse 大衆・マス）とは、言い換えれば平均者（Der Durchschnitt）であり、またそれがフォルクである。ヨーン・マイヤーは、その遅れの程度まで計測する[86]。

　農民の部屋へ入ってみるとする。そこに見出すものを挙げれば、家具や図像類が時代遅れであり、ビーダーマイヤー時代の特徴を見せており、

ところどころにゴシックやルネサンスまで同居していたりする。次に庭に出てみよう。そこには、大昔から農民が植えてきた植物の他には、18世紀や19世紀初めに流行した園芸が姿を見せている。さらに衣装に目を向けると、主要には18世紀から19世紀への移行期の流行の服飾で、そこに何世紀も前の要素が混じっているのが認められる。書物を観察するなら、農民の嗜好はやはり同じ時代に根差している。農民が好むのは、散文作品では騎士や盗賊の小説、韻文作品では怪談もののバラードであり、また18世紀の詩人たちの教化的で感傷的な詩歌であり、そしてそのあいだに徐々にロマン派の作家たちの作品が混じってきている。……かくして、フォルクはその嗜好の赴くところ、教養人たちの嗜好にほぼ100年遅れていることが分かる。

次に注目しておくべきは、ヨーン・マイヤーが、フォルクによる受容に幾分積極的な性格を認めたことである[87]。

〈フォルク〉の行為を純粋にメカニックにとらえ、食卓から落ちたものは何でも取り上げると考えると、事態を見誤る。フォルクは、創造という点では新しい展開には無縁であるが、その活動は必ずしも終始、芸術的に無意味というわけではなく、浸透してきた文物を取り上げるにあたっては選択をする。つまり自分に適したものだけを取り込み、それに同化し、また先行する伝承と融合させる。そこで、フォルクがそなえている形態の蔵は貯水槽でもある。そこでは、たとえひとつの時代の芸術的観点が影響を及ぼすのは水面だけであるとしても、多くの時代に流れ入ったものが並行して流れている。

なお文学史においては、民間の流布する口承文芸が芸術の革新に大きな意味をもつことがあるが、その事実を、ヨーン・マイヤーは、フォルクによる高次文化の受容に伴う時間的落差から説明した[88]。

しかしこうした立ち後れや保守性、そしてその選択のあり方は、全体としての芸術の発展に大きな意味をもってくる。高次の身分から到来したポエジーを選択し持ち伝えることによって、またそれを口頭伝承の様式に移すことによって、そして口頭伝承の様式的特徴のすべてと合体させることによって、下層フォルクのポエジーは、芸術文芸（Kunstdichtung）が誤った道に入り込んで歪みにおかされたときには、その回生に寄与するのである。かくして下層フォルクのポエジーは、かつて受け取ったものを、きちんと返し、逆に与える者となる。18世紀の最後の四半世紀と19世紀の最初の三分の一世紀がそうであり、そしてサンボリズムが純粋な感情詩歌への刺激をフォルクスリートから汲み取っている今日もふたたびその状況にある。

　遅れたものの思わぬ効果とでも言うべきか、妙な理屈ながら、それを説くことによってヨーン・マイヤーは、民衆文芸と芸術文芸の交流の問題をともかくも射程に置いたのである。
　以上はヨーン・マイヤーのフォルク理解をなぞったのであるが、これがホフマン＝クライヤーのフォルク論と軌を一にすることは、見紛うべくもない。その論説は鋭利な理論組みとグロテスクな歪みとの混合と言うべきものだが、単にヨーン・マイヤー個人の思念ではなく、民俗文物をめぐる思想の流れからする必然であり、また時代の要請であった。大局的に見れば、ここにはドイツ思潮の一面があり、それはまたヨーロッパ文化に特有の思考方法とも繋がっている。その面からはその特徴として、次の諸点を挙げることができる。
　① ロマン派の理念を克服することに向けてアンチテーゼが措定された。
　② そのさい前提となっているのは、文化の発展における個性的な創造行為を重く見る思想である。すなわち、近代ヨーロッパの思想的根幹としての個性原理である。
　③ 社会に階層区分を見ることへの躊躇が希薄であるが、その立脚するとこ

ろは、伝統的な教養観念であり、それは論者たちがいわゆる名望家層とされる上流市民階級であったことと一体であった。

④ 論者たちの推論はロマン派の伝統を打破しようとする志向をもつ反面、伝統的な教養階層に特有の保守的な固陋な精神的様態が付着しており、そこには無自覚であった。

⑤ こうした論議が起きた大状況として大衆社会の進展を挙げるべきであろうが、その現実と視点の置き方のあいだにもずれがあった。立論につきまとう歪みの幾分かはそこに由来すると考えることができる。

6. アルブレヒト・ディーテリヒの〈母なる大地〉(培養土)の概念

A) ディーテリヒの経歴

　以上は、論争の行先を見るのに先立って、当時の状況を振りかえったのである。それを土台にして再び論争の推移に返ると、次に取り上げるべきものとして視野に入ってくるのが、アルブレヒト・ディーテリヒの見解である。ただし時間的な順序から言えば、ホフマン＝クライヤーの設問への反応がテーマとなったヘッセン民俗学会（Hessische Vereinigung für Volkskunde）の第一回総会でアードルフ・シュトラックと同じ会場で行われた講演であった。したがってシュトラックと並んでもうひとつの対応が同じ時になされたことになる。しかし内容の面で後続の展開と関わっている点があるため、この場所であつかうのが相応しい。その論争への関わり方がやや特異であったのには、論者がこれまでに取り上げた数人とは違い、ゲルマニスティクの出身ではなかったとことが関係している。先ず略歴である。

　アルブレヒト・ディーテリヒ（Albrecht Dieterich 1866-1908）は、本来、古典文献学の専門家であった。初期にはヘレニズム時代の天地開闢説話の形成過程が関心の対象で、神話からグノーシス派の教理に至る一連の伝承に検討を加えたりしていた。研究にあたっては、主に古典ギリシア語文献を用い、

また当時エジプトの砂漠から相次いで発見されたパピルス文書も積極的に活用したようである。代表的な著作に『アブラクサス』がある[89]。それゆえ古典古代のエキスパートであったが、また宗教事情にも関心が強く、ミトラ教の典礼の復元も試みた。そしてそれらを土台として、次第に関心をゲルマン黎明時代に広げていった。1893年にギーセン大学で古典文献学の教授となり、フォルク論争に加わった頃はそのポストにあった。その後、1903年にハイデルベルク大学へ移って古典文献学と宗教史を担当したが、42歳で亡くなった。その門下からはゲルマニストも育ったが、特によく知られることになったのが、ナチスの御用学者となったオイゲーン・フェーレであったのは痛恨であったろう[90]。

ディーテリヒの講演は「フォルクスクンデの本質と目的」と題して行われ、またそれがディーテリヒの民俗学にかかわった最初でもあった。つまりこの時期には、さまざま専門分野の人々が、フォルクスクンデの名称のもとに集っており、そのディシプリンを手探りしていた面があったのである[91]。

B) アルブレヒト・ディーテリヒ「フォルクスクンデの本質と目的」[92]

ディーテリヒにおいて、印象的なのは、その文体で、その特徴は訳出によっても充分知ることができるほどである。特徴の第一は、〈フォルク〉とその派生語の反復のゆえに、文章構造は論理的ながら、意味の面では論理をなしていないことである。そこに第二の特徴が重なる。それは、論述が真剣味を帯びていることで、道徳的な使命感が立ち昇り、それが独特の説得力につながっている。見ようによれば、論理性と説得性との相関を考えさせる好例でもある[93]。

　　〈フォルクスクンデ〉について、その本質をより明確にすることが課題である。フォルクスクンデとは、フォルクについての知識である。その場合のフォルクとは、フォルク全体のなかの諸々の下層、したがってポプルスではなくヴルグスであるとされる。それ自体は正しいと言っても

よい。しかしまた次のことも考慮しておかなくてはならない。すなわちそこでは〈フォルクステュームリヒ（民衆的・土俗的）なものすべて〉(alles das "Volkstümliche") が課題なのであり、またフォルク性はポプルスのなかのもっとも高い諸層のなかにも生きて活動しているということである。〈フォルクステュームリヒ (volkstümlich)〉と言うとき、私たちは〈フォルク〉が何であるかをもっともよく理解することになる。すなわち第一にそれは、特定の教養によって形づくられたり変形させられたりしていないすべての人々、すなわち〈フォルク〉である——ちなみに教養 (Bildung) とは、その確固たる伝統の影響力を強めて、フォルク圏とその諸世代を、フォルクに疎遠を強める軌道にひきずり込み、彼らを無意識で自然な思考や感情から切り離すところのものである。その境界はもちろん常に流動的であるが、他方では、教養ある人々とフォルクとのあいだには、外面的な世界よりも内面的な世界において、より強く存在する。〈フォルク〉のなかの〈教養ある人々〉は自分たちが、ちょうど培養土から生成するようにそこに根拠をもつ〈フォルク〉について〈知識をもつ〉をもつ。そうした知識は、教養が混迷と混乱の度合いを深め、自然と生から離れてペダンティックな体系性と総合的抽象思考にさまよいこめばさまよいこむほど、ますます必要性が高くなる。私たち書斎の人間あるいは書類束や書物の人間にとっては、私たちの生の課題をまっとうするために私たちのフォルクの生から離れるほかないというのは、嘆くべきことと言ってよい。そうした遊離に私たちが気づいていないときにも、事実としてそれは私たち学者の研究の内的な欠陥につながっているのである。

先にアードルフ・シュトラックが〈フォルクスクンデとはフォルクステュームリッヒな伝承を取り上げるものであると言うなら、それはフォルクスクンデとはフォルクスクンデだと言っているに過ぎない〉を看破していた（本章注18）のと対比すると、その警告が生かされていないことが分かる。しかも、

そこにもうひとつの類義語〈フォルクスレーベン〉(Volksleben フォルクの生き方・民俗) も加わって、類義語反復の度合いはさらに強まる。その文体を通じて、ディーテリヒは、自分の専門である文献学に引き寄せてフォルクスクンデを規定してゆく[94]。

　フォルクに関する学は、広義において学問分類をあてはめれば、それは文献学（Philologie）ということになる。そこでゲルマン文献学は、ゲルマンの諸民族をその表出の歴史的推移において探求する学問ということであり、また古典文献学とは古典古代の諸民族の文化全体に関する学問であり、同様にセム文献学はセム系諸民族の文化全体の学問である。文献学は、今日では歴史学になってきている。フォルクスレーベン全体を把握しようとする文献学者なら誰でも、それが文学であれ法であれ宗教であれ、諸現象の層序においてその推移をたどって研究をおこなっている。しかし歴史的なできごとの個々の局面や個々の人々の行動にまで解剖しても、本質にも生成事情にもたどりつかない。それが簡単に分かるのは、言語である。それはフォルクのなかで成り立ったのである。それは幾千という人々によってなぞられてきた —— なぜならフォルクはひとつの口しかもたないのではなく、個々人のいずれもがひとつの口を備えている —— 比較的遅くなってからのものである創造的芸術家の言語創造でも持ち出さないかぎり、意識的に創造する個人の業を歴史的事象のなかに想定することはできない。直接的に宗教的な思考、宗教的観念・習俗は、研究者が個体による形成を発見などすべくもないフォルクスレーベンのなかで、前歴史的な状況において形成されたのであった。これは民俗的な儀礼と行事（Sitte und Brauch）一般も、社会の仕組みも、歌謡やメルヒェンや民話といった言語形成体もそうである。文化の没歴史的な土台におけるこれらすべの創造に個体がどのようにかかわったかなどという設問はほとんど意味がない。あらゆる歴史なフォルクスレーベンにおける有機的連関のある下層であることはあきらかであって、す

べての個体の活動も人格的な創造もフォルクスレーベンという培養土（Mutterboden 母なる大地）から生い育ち、フォルクスレーベンという生きた材料を変形したのであった。

　この一節からも知られるように、ポプルスとヴルグス、上層と下層など、ホフマン＝クライヤーが提起した基本術語が用いられ、その図式も踏襲されている。しかし、その価値付けはむしろ正反対で、ホフマン＝クライヤーとの距離は限りなく開いてゆき、その行き先には、土俗的な宗教が根源のものとして望見される[95]。

　　かの生の下層において、私たちは、豊かになりゆくすべての生成の形式と手段のもとに言語があるのと同様、すべての思考が形成される土台には宗教的思考があることを知っている。その宗教的思考は歴史時代に入って儀礼・行事となり、また歌謡や口承文芸となって自立した形態をとるにいたった。言い換えれば、フォルクの儀礼・行事、フォルクの民話・メルヒェン、それに歌謡は、フォルク宗教と密接に結びついている。それゆえフォルク宗教は、フォルクスレーベンの認識において最も重要である。フォルクとは──これは紛れもないことと言ってよいはずだが──文化民族の下層である。フォルクスクンデとは、文化の〈下部世界〉（Unterwelt）の解明と認識に他ならない。
　あらゆる歴史的研究は、自己の問題を深めて行けば、かならずこの土台（Untergrund）に行き着く。また宗教や、法形態・国家形態、歌謡、ポエジー一般、そしてその起原の形態をたずねようとする文献学は、自己が取り組む文化のフォルクスクンデを行わなければならない。フォルクストゥーム的（民衆的・土俗的）信仰・文芸と歴史的宗教・ポエジーの境界が流動的であればあるほど、いずれの文献学者も、その境界すなわち直接的なフォルクストゥームの境界を越えて下にむかって歩む必然性が高まる。ドイツ・フォルクスクンデがあるだけではない。フランスの

フォルクスクンデがあり、イギリスのフォルクスクンデがある。ギリシアの、ローマの、セム族の、ユダヤ人の、インド人のフォルクスクンデであるわけである。歴史的文化が成長した場所では、それは〈フォルク〉という培養土（母なる大地）から生い育ったのである。文化が生い育ったところでのみ、フォルクスクンデがあるのではない。〈フォルク〉から文化が生い育たなかったところでも、その〈フォルク〉は〈クンデ〉（学知）に値しないのではない。いわゆる下層（Unterschicht）は、歴史的展開による上層（Obershicht）がなくてもそれだけでも存在するのであり、それは一般に自然民族（Naturvölker）と呼び習わしてきた無文化の諸民族（kulturlose Völker）の場合がそうである。生の表出において毫も歴史的文化による改変や修正を受けてこなかった〈フォルク〉を研究する意味がどこにあるかを論じるのは、ここの課題ではない。

C）アルブレヒト・ディーテリヒの論点

ディーテリヒの見解は、ほぼ次のようにまとめることができる。

① ディーテリヒは、ホフマン＝クライヤーの社会区分の構図そのものは受け入れた。すなわちフォルクとは文化民族の〈下層〉ないしは〈下部世界〉のことであるとした。その上で民俗学の対象が〈下層〉にあることも受け入れた。なぜならそこが、Sitte und Brauch （民俗的な儀礼と行事）があり、口承文芸が行われる場所だからであった。

② しかしホフマン＝クライヤーの下層が、現実の社会における下層民衆と重なっていたのに対して、ディーテリヒの下層は現実の特定の集団や階層という性格は希薄で、むしろ想定されたものであった。それをディーテリヒは〈Mutterboden　母なる大地〉（培養土）と呼んだ。

③ ディーテリヒの理論の意義は、この〈Mutterboden〉という修辞性の勝った術語を着想したことにある。またそれを中心に繰り広げられたとの観がある。ホフマン＝クライヤーは、民俗学が対象とする民俗儀礼・行事や口承文芸は個体によって創られ、下層によって受容されると考えた。これに対

してディーテリヒは、〈下層〉とは培養土であるが故にすべてはそこから生まれ出ると主張した。そうした根元の理念を措定したことでは、ディーテリヒの論は、要するにシュトラックと同工異曲であった。しかしロマン派の先達たちの〈Volksseele〉(民族霊)といった概念をそのまま受け継がなかった。それゆえシュトラックのように逆戻りの観を呈しなかった。

なお言い添えれば、〈der Mutterboden〉は、まったくディーテリヒの独創ではなく、既に19世紀後半の半ば頃にフリードリヒ・テーオドア・フィッシャーがその『美学』のなかで類似した〈der müutterliche Boden〉という言い方を類似の文脈のなかで用いていたのである[96]。それもまた〈頭に血が上った〉言い方であったはずだが、そのときには特段の脚光を浴びたわけではなかった。ディーテリヒがどこまでフィッシャーの先例を意識的に踏まえたかは定かではないが、数十年後にそれをキイワードとして浮上させたのは疑いもなく時代思潮であった。ともあれ、発案した当人も周囲もその新たな合成語の語感の虜となっていた。かくして論理を主にして進行すると見える議論に、当事者たちが気づかないうちに感覚的な要素が比重を占めはじめたのである。

④ ディーテリヒもまた教養(Bildung)を否定的に評価した。それに因んで注目すべきは、ディーテリヒが自己の研究者としての生き方を、フォルクから遊離したものと痛切にとらえていたことである。その道徳性や義務感は、一連の論議に参加した人々のなかで最も際立っている。すなわち、依るべき母体から離れてしまったという脈絡をを呈示したのである。──なおこの点で付言すると、その論のなかには、その亀裂を解決する方法として倫理的な指針とも読めなくはない一文が入っている[97]。曰く、〈まことにフォルクを動かすのは、それを知る者のみである〉と言うのである。この発言に、ナチズムへの先駆的な呼応を見る向きもあるが、ディーテリヒが自己に課した道徳的な意味合いであったことは疑えない。後に1930代年には、これと類似の論議の脈絡へと延びていったのは、ディーテリヒの責とは言えまい。世紀初頭の方法論議にその責を負わせるのは行き過ぎで、

むしろフォルクスクンデを手がける者が抱え込む矛盾に無自覚ではいられなかったということであろう[98]。

⑤ そういう敏感さは、自然民族の評価をめぐる自己撞着に気づいたことにも表れている。すなわち、下層を〈母なる大地〉であるとして称揚すれば、必然的に上層を伴わない下層そのものの存在である自然民族に行き当たる。それをどう見るかという問を設定して、自縄自縛の手前で回答を回避したのである。

⑥ これらの論点のいずれも、ディーテリヒが古代ギリシア世界をあつかう古典文献学の出身であることから、他の論者とは違った意味合いをもった。ディーテリヒは、すでにその研究活動の早い時期の著作において古代ギリシア人の神話創造をあつかい、それが〈Volksgeist〉の所産であるとした上で、またそれが時代の推移と共に原初の力強さを失い退化してゆくという脈絡を呈示していた。

⑦ ディーテリヒにおいて積極的なのは、すべての民族にそのフォルクスクンデを想定したことである。その点では、ディーテリヒは特定の人種や民族に特殊な優越性を付与するような偏見を一応免れていたと言える[99]。

D）アルブレヒト・ディーテリヒの位置

アルブレヒト・ディーテリヒは、古典文献学が異常に大きな意義をもった時代の人であった。もとより、歴史を見わたすと文献資料の厳密な批判が回天の業に伸びて行くことは皆無ではないが、それは間接の効果であり、本来は過去の空白を丹念に埋めてゆく作業である。しかし19世紀末頃のドイツでは、その地味な手作業が、不相応なまでの観念の高揚を伴った。ドイツ社会が長期の不統一状態から国民国家としての一体性に向かうにあたって、古ゲルマン時代にまで遡っての自国の系譜を再解釈することを要したのである。近代国家の根元を歴史の黎明に想定するというパラドックスでもあった。ロマン派に内在していた要素でもあるが、それは文書庫の外の一般の期待とも重なった。しかしゲルマン上古だけが、依拠すべき淵源ではなかった。遡源

志向には二次的な幾つかの脈絡もからんでいた。

　目下の課題との関係で注目すべきは、本格的形成に向かっていた近代国家ドイツをヨーロッパ文化の始源古代ギリシアに接続させようとする志向があったことである。これより早くヘルダーリンの燃焼と狂気があったことは、今は問わない。19世紀後半のドイツでは、古典文献学を出発点としたフリードリヒ・ニーチェが予言者然たる文化解剖に進み、ハインリヒ・シュリーマンが古代ギリシアに身を焦がしたことは誰しも知るが、天才の出現自体は奇跡的であったにせよ、条件は具わっていたと言えよう。ニーチェとシュリーマンを産んだ時代の土壌は、多くの才能に過去との尋常ならざる架橋をもとめさせたのである。この時期に古典文献学に進んだ者たちが、時として地道な作業と過剰な観念の複合の様相を見せたことは決して不思議ではなかった。蓋し古典文献学の手堅い碩学ウルリッヒ・フォン・ヴィラモヴィッツ＝メレンドルフには「悲劇の誕生」が許容できず、怜悧と幻影の衝突光を浴びて蘇ったトロヤの遺品が信じ難いものと映ったのは象徴的である。

　アルブレヒト・ディーテリヒという学究の位置は、文化史のかかる状況のなかに位置づけることができよう。補足しておくべきは、ディーテリヒが〈母なる大地〉を後に一般論として呈示することを企図し、この術後に替えて〈大地母神〉(Mutter Erde) を用いたことである。再度古代ギリシアに立ち返ってデメーテルを論じ、同じ観念がヨーロッパの上古に広く原層として存在することを説いたのであるが、それは特別の反応を呼ばなかった[100]。〈母なる大地〉(培養土) という言い方が新鮮で刺激的だったのである。

7．オイゲーン・モーク

A) 経歴

　かくして『ヘッセン民俗学報』の第1号（1902年）を舞台に、フォルク論争のもう一方の面々が論陣を張ったが、やがてしばらく議論は止んだ。しか

し問題が解決されたのでないことは明らかであった。またシュトラックやディーテリヒの論は、ロマン派以来の立脚点に近く、保守的であった。しかしまったくの守旧ではなかった。注目すべきは、やがて新しい学術組織が成立したことである。シュトラックはヘッセン民俗学会の創設者であったが、さらに進んで1904年に、ドイツ全土の民俗学の研究組織や団体をまとめる機関を提唱し、その結成にこぎつけた。これが頂上組識としてのドイツ民俗学協会連合（Verband der Vereine für Volkskunde）である。シュトラックもまた、民俗学に独立した学問としての形態を整備する必要を感じており、それが方法論になり、また組織編成になったのである。これにはヴァインホルトが創設したドイツ民俗学会が、必ずしもその役割を果たしていないという認識もあったようである[101]。またその設立の会合はライプツィッヒで開催されたが、それは同地でゲルマニスティクを担当していた大学教授オイゲーン・モークとの協力関係の故であった。なおこの協会連合は、ドイツの学術諸分野が20世紀前半を通じて時代の激動に直面するなか、一定の役割を果たしたが[102]、しかしそれはなお先のことである。そして1906年にシュトラックが亡くなると、当初からの協力者であったモークが1907年にその後を継いだ[103]。次に取り上げるのは、モークがその主宰者となった年に会報に発表したもので、その所論からは、前代からの方法論争に決着をつけて学界を安定させたいとの志向がうかがえる。

　オイゲーン・モーク（Eugen Mogk 1854-1939）は、ゲルマニストと言っても専門はノルディスティク（北欧語・北欧文学研究）で、1896年にライプツィッヒ大学で北欧古典文献学の教授となった[104]。その分野では『ノルウェー・アイスランド文学』（1889年）がある。そしてそれを土台にして、以後、宗教史に分野を広げ、『ゲルマン神話』（1891年）や『ゲルマン宗教史と神話』（1906年）などを著したが、それらは、当時の意味での民俗学の関心と基本的に重なっていた[105]。モークは、それより前1899年に刊行されたドイツ民俗学の概説書の性格をもつ『ドイツ・フォルクストゥーム』においては、既に重要な執筆者のひとりでもあった[106]。

なお付言すれば、モークは初期の北欧文学の研究を除けば、フォルク論争の一角に姿をみせることで記憶される程度であるが、その他に、上古のゲルマン人の人身供儀を論じたことで今日に知られている[107]。実際、モークのゲルマン宗教史や神話学の著作は、概ね文献の挙示もジェネラル・レファレンス以上ではなく、従って専門書とは言いがたいが、この人身供儀論に限っては文献史料によって裏付ける学術論考の体裁をとっている。それを見ると、古典文献学者にして民俗研究者であったモークの位置がよく分かる。ただちに目につくのは、上古を語学的ならびに文献学的に解明しようとする者にとって、ヤーコプ・グリムの『ドイツ神話学』がバイブル的な師表となっていたことである。またそれだけに、グリム流の丹念な文献による裏付けがなされており、それによってモークは古ゲルマン人がおこなっていた宗教性を帯びた人身供儀の数々を検討している。しかしまた、すでに初版が刊行されていたJ・G・フレイザーの『金枝篇』が例証として用いられており、時代思潮であったネオロマンティシズムと接していたことも明らかなのである。

B）方法論

　ここで取り上げるのは、方法論考である。それは、「フォルクスクンデの本質と課題」と題され、ドイツ民俗学会の会報に掲載された[108]。

　　共通の目的を追求するにあたって一致点があることは望ましいが、その目的に通じる道と手段は多様であり、またそれにたいする観点も同様である。むしろこれらをめぐっては、論争がなされなければならない。党派に分かれての闘いによってそれらの見解は明らかになるのであり、論争題を持たないような学問は涸れて死んでゆく。フォルクスクンデはもちろんそうした部類に属しているのではない。むしろそれは、私たちの学問的・実践的営為が促されるにあたって、思考する頭脳には戦場を提供し、戦士を要求している。……

　　上に挙げた諸例から明らかになるのは、教養人も非教養人（すなわち

フォルクとしての人間）と同じくフォルクスクンデの素材になるということである。どんな人間にも、同時に二つの人間が生きている。自然人間（Naturmensch）と文化人間（Kulturmensch）である。後者は反省的・論理的思考を特徴とし、前者は連想的思考を特徴とする。教養人のあいだでは、通常の生活では文化人間が優勢であるが、彼もまた連想的思考形態の圏内のなかに入るときには、その状態になる。そのときには教養人も、非教養人すなわち自然人間と同じ階梯に立っている。因みにシュルツェがその『自然諸民族の心理』(S. 242)（補注）において次のように言っている。〈高度な文化段階、あるいはもっと具体的に言えばかなり高度ないしは最高度の文化段階にあるフォルクであっても、そのあらゆる部分において徹頭徹尾等質な存在ではない。その内部にあるのは、深部の、それどころか最深部の教養・非文化（これは野生と言ってもよいが）という群れの層（Bevölkerungsschichten）群れ層序である。……全体に関して言えることは、個体にもあてはまる。個体は誰ひとりとして、ゲーテですら、そのあらゆる部分においてまで等質の状態にある文化的存在ではない。私たちの誰の中にも、——倫理的な意味でも知的な意味でも——野生人間（der wilde Mensch）がまどろんでおり、ときとしてそれが頭をもたげる。〉　この連想心理という状態は頻繁にあらわれる人もあれば、そうでない人もいるが、同様にそれが強くあらわれる階級（Klasse）とそうでないものがある。個体の場合で言えば、外界の印象が魂（ゼーレ）に強くはたらくために、情感の動きが反省的理性を圧倒し、魂はこの情感の影響のもとで物事をとらえ再現するのである。そのとき外界は、周囲の自然と重要な生の事象、さらに同胞とその言葉・行為・仕事の成果とが一体になって形成される。これらを通じて、そのとき人は伝承の縛りのなかにあり、周囲の影響とその伝承のあいだには内的な連関が成り立っている。なぜならこの場合は、伝承は外界が祖先に及ぼした印象に他ならず、その印象が世代から世代へと受け継がれてゆくのである。フォルクスクンデがかかわってきたのは、この連想心理の反射

表出であった。またその点においてフォルクスクンデは、個体の商量的悟性が決定的な意味をもつことに立脚する歴史学とも文化史とも反対の性格にある。……

かくして、フォルクスクンデ（民俗学）の立脚点を、人間心理の重層性に定めることによって、モークは、民俗的文化をめぐっての個体か集団かいう二者択一を免れた。その上で、二層のうちのいずれか強くはたらくかとの尺度を設けて、フォルクスクンデの対象を特定した。またその尺度の内容として〈教養〉（Bildung）に大きな意義が付与される。自然人間と文化人間の度合いを決定するのは、教養の程度に帰着するとの理解である[109]。

> （補注）Fritz Schultze 1848-1934　ドレスデンの工科大学で哲学と教育学の正教授（1876年から）。新カント学派に分類され、『児童の言語』（Die Sprache des Kindes. 1880)、『哲学の根幹』（Stammbaum der Philosophie. 1890) の他、ここで挙げられている『自然民族の心理学』（Psychologie der Naturvolker.1900）がある。

連想心理を（psychische Assoziation）をフォルクスクンデの中心におくことによって、……さまざまなことがらがあきらかになる。先ず第一に結果されるのは、フォルクスクンデの研究の対象は、今日の形態で言えば農民、またさらに正確に言えばその営為が自然の中でおこなわれる諸身分ということである。なぜならそれらの人々のあいだでは、その教養ならびに自然のなかでの営為のために、連想的思考が強力だからである。それとまったく同じことは、子供のあいだにもあてはまるのであって、子供たちの歌や遊びはフォルクスクンデの豊かな材料となっている。また男女の性差について言えば、女性の方が、男性よりも連想的思考への傾向が強い。それは女性が、男性よりもフォルクストゥームの表出が多少強いことによって解されよう。高まりゆく教養、それは悟性の論理的鍛練のことであるが、それが連想心理をますます圧迫している。それゆえ高い教養をもつ諸々のフォルクや血族（Stamm）は、低い文化段階の

フォルクや血族ほどには、フォルクスクンデの材料にはならない。私たちが如上の意味でフォルクスゼーレ（民族心霊）の表出とみなすものにとって、一般的教養は最も邪悪な敵であることは言うまでもない。連想的思考形態を見ると、極めて多様な諸民族の精神的所産が基本的に一致することも分かってくる。さらに、文化フォルクの精神的所産と自然民族の精神的所産にも一致がある。なぜなら周囲が人間に及ぼす作用は、根本のところでは、すべての人において等しいか近似しているかだからであり、その表出の仕方だけがそれぞれの民族によって異なるのである。フォルクスクンデの本質を把握するにあたって、諸民族の情緒のあり方が果たす役割の重要性に注目するのはこの故である。

ここでは文化人間におけるフォルクと自然人間との同致が説かれると共に、外界の刺激が表現に推移する仕組みとしてつぎのような構図が提示される[110]。

　自然人間（Naturmensch）は、外界の諸現象を感情（Gefühl）によってつかむのである。それら諸現象が彼の情念（Seelenstimmung）を支配しており、その都度その都度の情念によって彼は諸現象を再現する。外界が人間の心霊（魂）に及ぼす作用——それが同じ出自を持ちそれによって規定されたフォルク人格（Volkscharakter）に対して作用する場合には、——そこで表出されるのは民族精神（Volksgeist）の所産であり、それゆえ集合的性格をもつ。連想的思念の場合には、諸個人の精神的所産は後退し、また個は完全に退いてしまうからである。

この説明文は一見論理的ながら、実際には類語の反復である。それはさておき、モークが、前代からのキイワードのいずれをも保存しようとしていることには注目しておきたい。フォルク人格（Volkscharakter）や民族精神（Volksgeist）である。しかしまた文化的営為を個体に帰着させるという見解

も棄ててはいない。モークは、続いて次のように述べる[111]。

　私たちがフォルクスクンデの対象とする多様な精神的産物はマス（Masse）ではなくいずれも特定の個体に由来することは、誰もが知っている。私たちは、あちこちでそうした人格を示すことができる。すなわち民衆歌謡や、家屋銘文や、民俗工芸などにおいてである。しかしこれらの精神的産物は反省を伴なっていず、全体すなわちフォルクの感情・思念のなかにどっぷりつかって形づくられているので、私たちはそれらを、その創始者が誰であるかが私たちには分からない種類の所産と同じく、民族精神（Volksgeist）の産物とみなすことになる。それゆえ個体はフォルクスクンデの材料の源泉から排除されるべきではない。同様に、反省的悟性の根拠である個性もまた排除するにあたらない。フォルクスクンデの本質をこのように把握すれば、個体の精神作業の所産がどのような条件の下でフォルクスクンデの素材になることができるのかが、容易に明らかになる。民俗工芸のかなりの部分、民俗衣装、フォルクストゥームリッヒな（民俗的・土俗的）建築、同じく歌謡、ことわざ、それどころか多数の迷信や儀礼までが高次の文化、また個体の精神作業に帰せられることを、私たちは知っている。これらが反省的な精神作業の刻印を示す以上、それらは文化史に属すべきもので、民俗学の対象ではない。しかし自然人間（Naturmensh）がそれらに喜びと馴染みを覚え、感情で受け入れ、作り変えてゆくやいなや、それらはフォルクスクンデの対象の圏内に入ってくる。連想的に思念する者であるフォルクは、それらを追形成するのはなく、追感得するのである。その作り変えは、反省的な精神活動によるのではなく、感受性と情感を伴った精神活動である。

モークがここで個体の産物を一定の状況下でフォルクスクンデの対象としているのは、先にみたヨーン・マイヤーの理論を採り入れているのである。しかしまたその採り入れ方は、決して断固としたものではない。前代からの

フォルク人格や民族精神といったキイワードも採り入れれば、同時代の〈連想心理〉の理論も併せるといったなかでの工夫のひとつである。しかしまたそれによって複雑な問題に多少は対処できることにもなった。次もまた、引き続いての説明である[112]。

　このように説明をつけたあとなら、フォルクスクンデの領域とその課題をさらにしぼりこむことが可能になる。そこから見ると、学問としてのフォルクスクンデの研究対象は、連想心理によって生成し連想心理によって継ぎ送りあるいは改変されてゆくフォルクの精神的産物ということになる。その産物が探求されるものである〈フォルク〉を、私たちの協会は、時には地誌的な統一体、時には政治的な統一体と理解している。しかしこの統一体の一部、すなわちヴルグスなる低い諸層（die niederen Schichten）だけをあつかうのではなく、個体の言葉や行動や所産に上述の思念形態が認められるかぎり、すべての個体をあつかうのである。フォルクスクンデはひとつのフォルクの産物、それもたいていは文化フォルク（Kulturvolk）の産物をあつかう。しかし諸現象の心理的要因（psychische Ursachen）を解明し、フォルクの基本性格（Stammescharakter）を明らかにするためには、他の諸民族や、また特に諸々の自然民族における平行現象を比較と参考のために引き入れなければならない。

このようにモークは、ともかくも当代の論争における主要な術語を漏れなく拾い上げ、それらをつなぎ合わせた。しかしまた、そうした操作を行なってみると、一世代前の中心人物たちの作業が、理論的検討を経ていず、時代遅れに見えることになる。さしずめそれは、カール・ヴァインホルトであった[113]。

　私たちは、フォルクスクンデの本質をより厳密に把握するだけでなく、その資料について、現在おこなわれているとのは違った分類をすること

が必要である。中央機関におけるすべての資料について後続のスケッチでグループ区分をおこなうだけに、この点に言及し、また理解を促すことはなおさら必要である。シュトラックがフォルクスクンデに対しておこなった意味づけ（Deutung）によっても、すでにヴァインホルトのグループ分けは不適切で時代後れでもあると言える。フォルクの〈精神的諸現象〉（geistige Erscheinugen）がこの概念（＝フォルクスクンデ）の中心に位置するとなれば、そこが出発点でなければならない。するとヴァインホルトが内的様態と外的様態と名づけたものは、フォルクの心理（Psyche）と関連させるのでなければならない。ヴァインホルトが導入部としたフォルクの心理的諸現象はフォルクスクンデとは何の関係もない。この部分は人類学の領分である。

　私たちは自然科学の側からの併合には抵抗するのであるから、逆に、私たちに属さないものに対しては要求をすべきでない。フォルクの心理的諸現象と同じ権利をもって、私たちはその（＝フォルク）の国土、歴史、また統計な取り込んでも構わない。事実、たとえばヴットケは『ザクセンのフォルクスクンデ』においてそれをおこない、フォルクスクンデとランデスクンデの概念を混合させた。フォルクの心理的諸現象の探求が研究の接点をなしているという事実から出発するなら、素材の分類は比較的簡単である。フォルクスクンデは、フォルクの心理（Psyche）がどのように表出されるかを、次のように区分することをもって課題するのである。(1) 言葉による表出、(2) 信仰による表出、(3) 行為による表出、(4) 事物による表出。……

C) オイゲーン・モークにおける民俗学のあり方

　以上は、オイゲーン・モークの論述の実際にそって検討してみたのである。したがって、さらに解説を加えるのは重複であるが、論争の展開を見渡す便宜のために、敢えて要点を整理しておきたい。

① モークは、ホフマン＝クライヤー以来の二層論、すなわちヴルグス・イン・

ポプローのように社会のなかの特定の階層と考えていたのを、同一の人間のなかに2種類の要素があるとした。すなわち、どんな人間にも、自然人間と文化人間の2種類の人間が同時に生きているというのである。それゆえ民俗学は、〈ヴルグスなる低い層序〉だけが研究対象ではなく、個体の言葉や行動や所産であっても、そうした思念形態が認められるところでは探求するのであって、それゆえ〈すべての個体〉をあつかう。もっともかかる考察は、程度の差はあれ、ホフマン＝クライヤーにもシュタインタールにも認められる。

② 自然人間においては連想心理が優勢であり、群れ的な存在と言ってもよい、とした。これは心理学者シュルツェによる自然民俗の考察に依拠した論であるが、民俗学において後に大きな影響力をもつことになるリュシアン・レヴィ・ブリュールの主著（1910年、ドイツ語訳は1927年）以前であることは注意してよい[114]。おそらくアードルフ・バスチアンの人類学の理論が背景にあったのであろう[115]。なお連想心理とは、自然人間が外界の刺激を感情によって受けとめ再現する過程を言う。そこでは理性や悟性は働かず、したがって個体性は機能していないとされる。

③ 民俗学の対象は、この自然人間そのままである未開民族ではなく、文化民族のなかの自然人間であるとした。

④ ひとりの人間のなかに上記の2種類の要素があるものの、どちらかの要素がより優勢である場合があるとされる。連想心理が勝っていることでは、文化人間よりも自然人間、都市民よりも農民、成人よりも子供、男性よりも女性がそれにあたり、対比的に見ればこれらの方が〈フォルクストゥームの表出が多少強い〉、としている。

⑤ 〈精神的産物はマス（大衆）ではなく個体に由来する〉として、具体的には民衆歌謡、家屋銘文、民俗工芸などを挙げ、さらに迷信や民俗儀礼も個体の産物であるとするなど、創造は個体に負うとするホフマン＝クライヤーの見解を受け入れている。その上で、それらの精神財や文物がいかなる条件のもとにあるかが問題であるとし、反省的な精神作業の性格を強く

持つ場合は個体の産物であるから、文化史があつかうのが相応しく、民俗学の対象ではなくなるという。逆に、連想心理のなかにある場合には、人間のなかの自然人間がそれらを享受したり改造したりしているため、民俗学の対象となる。── 同種類の文物であっても、それが作用するさいの状況や実際に受容される条件によって、個体の創作である場合もあれば、民間習俗のこともあるとしているのは、先人たちとは違った興味深い視点である。もっとも、モーク自身が、この論点を非常に強調しているわけではなく、調整や折衷として述べたという性格のようである。しかし民俗色を取り入れた工芸品の創出と一般的普及・様式化という近・現代の現象には一定の有効性がある。

⑥ 前代からの数種類のキイワードを踏襲しているが、モークがそれにこめた意味に注目すると、工夫の跡が認められる。〈Volksseele〉は〈民族（あるいは共同体）心霊〉ほどの意味で、人間が外界に反応するときの深奥の原動力を指している。なお自然民族の行為はそれが直接的に表出されたものに近いと考えたようであるが、だからとてそれにことさらプラスの意義を付与したわけではなく、自然民族への蔑視もみとめられる。また〈Volksseele〉の率直な表出を妨げる要素として〈Bildung〉（教養）を挙げ、マイナスの評価を下した。〈Volksgeist〉については、人間が集合で思念し行動するときにはたらく精神的様態を指しているため、集合精神とか集団精神といった意味になろう。

⑦ モークの論は、これまでの論争における対立する論者を融和しようとしており、折衷的なところがあるが、一定の総合性に達したとは言えよう。

D) オイゲーン・モークへの評価

モークの論は、一口に言えば折衷案であった。動機は、対立する諸説をともかくもまとめて学界を安定させようとするところにあったようである。しかしそれは、注目すべき結果に結びついた。

第一は、上にまとめたように、民俗学が対象とする文物の起源を2種類想

定したことである。ひとつは、自然人間が外界に反応して起こす感情的な再現ないしは連想心理であり、もうひとつは、個体の精神的営為の所産である。その点では、モークは民俗現象に二元論を導入したわけである。もっともその論述の歯切れの悪いところから見ると、個体起源に立つホフマン＝クライヤーと、ロマン派的な根源的な集団心意に起源をもとめるシュトラックの対立を何とか融合させようとの工夫に重心があったようである。

　第二は、これと関連して注目すべきことであるが、民俗文物であっても、精神的な内容をもつものは個体の所産との理解をしめしたことである。すべて想像的なものは精神の働きによるのであり、それゆえ個体を措いてはその生成はありえないとするのである。ホフマン＝クライヤーが強く言い出したこの見解は、一旦表明されれば、有無を言わせぬ説得性を発揮していたのである。したがってモークにおいては、民俗文物と個性との関係は完全には分明ではないが、これがやがてハンス・ナウマンの二元論につながってゆくのである[116]。

　第三は、真剣な取り組みにもかかわらず、理論組みをささえる基本概念において、その考察は必ずしも突き詰められていないことである。その最大のものは、フォルク（Volk）の概念であり、またその派生語のフォルクストゥーム（Volkstum）の無批判な使用である。フォルクストゥームはすでにその提唱からほぼ100年が経過していたが、その意味するところは、実際にはいよいよ曖昧になっていた[117]。フォルクスクンデの本質を考察するにあたって、派生語のもつ実感に寄りかかった説明に陥ったのである。たとえば、フォルクスクンデの対象において、男性よりも女性において連想的思考が強いと説いているが、その証拠として〈女性の方が、フォルクストゥームの表出がかなり強いことによって分かる〉といった文を綴っている。因みに、この男女の性差のとらえ方は、前代にヴィルヘルム・ハインリヒ・リールが指摘して言い方が既に一般化していたのを繰り返しているのである[118]。またリールがフォルクストゥームの概念についてはやや慎重であったのに較べると、モークは自明のものとして使っている。しかも検討を加えていないにしては、

重い意味内容がこめられいる。見ようによれば、モークの論理の甘さが端的に現れている。つまり同語反復なのである。フォルクストゥームをどう訳すかはともかく、××が民俗学の対象になるのは、××に民俗性が強いからであるといった、堂々めぐりの様相を呈してきている。フォルクやフォルクストゥームという基本的な術語を定義することが本来は緊要であったはずで、また当初はそれが意識されてもいたはずであるが、行き着いたのは、基本概念の前での思考停止であった[119]。

第四は、〈Bildung〉(教養)への否定的な論調がいよいよ固定してきたことである。ドイツ語の〈Bildung〉の語は、ドイツの知識人がヨーロッパの文化にかかわってきたときの過剰な意識を映すと共に、それを共通項とする社会的階層の指標であった。過去数世紀にわたって支配的であった社会システムが破綻をきたしたことが、その語への不信感の因由であったろうが、社会学的な考察にまでは進まないまま、教養が民俗文物の阻害要因として否定的に説かれるのである。

第五の特徴は、ロマン派の概念がさすがに重みを失ってきたことである。ホフマン＝クライヤーが〈Volksseele〉や〈Volksgeist〉の概念を頭から空疎なものとしたことは先にふれたが、他の論者はそこまでは進んでいなかった。しかしそれらを無批判に根源的な概念や究極的な隠喩として称揚するような単純さは姿を消した。モークにおいても、それらはもはや崇高な概念としては扱われていない。そこに時代の動きがあったのである。

8. ハンス・ナウマンの二層論

20世紀初めにドイツ民俗学界で起きたいわゆるフォルク論争は、オイゲーン・モークが参画したあたりで、ひとまず落ち着いた。モークの主張が特に評価されたわけではないが、何となく議論は止んだのである。モークの論は折衷案であるだけに、無難であった。議論の俎上に上った諸々の項目をとも

かくもまとめていたのである。しかし理論として明瞭な輪郭をもつには至らなかった。そこに十数年後に議論が再燃する余地があったのである。

　その間には、社会情勢にも世界の構図にも大きな変化があった[120]。1900年代後半から1920年代までには、第一次世界大戦がはさまっている。その大変動に先立つ時代はドイツについて言えばヴィルヘルミーニッシュであり、ビスマルクの偉業が余光を保ち、ヨーロッパの国際秩序も根底ではウィーン体制にまで溯る構図が基本をなしていた。しかもその時代は、西欧諸国による地球の広い地域での植民地支配の絶頂期でもあった。

　しかし第一次世界大戦を経過したあとのヨーロッパの様相は、まったく異なっていた。支配体制を見ると、皇帝は退位し、共産主義者の不発に終った革命をはさんで、戦前には野党の思想にすぎなかった社会民主主義が政権に近づいていた。世界の政治地図においても、戦火で弱体化したヨーロッパ域内の諸国の前に、同じく西洋文明の周辺に位置していた2つの大国が存在を際立たせた。アメリカ合衆国の西洋への影響が強まり、またロシア革命によって、それまでになかった種類の国家、ソ連が出現した。国際連盟が結成され、民族自決の原理による小国家群が成立した。ヨーロッパ諸国の国民経済は戦争によって破壊されながらも、新たに流入する資本によって嘘のように活況を呈しはじめた。過去の指導層に代わって、大衆が表舞台に登場した。

　しかしそれらのいずれの要素もなお未来に向けての決定的な意義を獲得はしてはいなかった。皇帝は退位したものの、君主制への回帰の志向も消えていなかった。アメリカは大戦を終らせたが、なお国際政治の主役ではなく、国際連盟を提唱しただけで退いていった。ロシア革命は社会主義が未来を制する兆しであったが、早くもそれへの幻滅も始まっていた。民族自決を旗印にした小国は自前でやってゆくには、心もとなかった。地球上の広大な地域に分布する植民地が、果敢な抵抗運動にはなお程遠かったものの、不穏な様相を強めていた。破壊による困窮が実相なのか、好景気が本物か誰にも分からなかった。大衆が社会を運営することには、不安と混乱が付きまとった。いずれの要素が未来を主導するのか、なお分明ではなかった。

動乱をはさんで、自己認識の質も変化した。前世紀末から大戦期まで思索をつづけたマックス・ヴェーバーは、普遍性と合理性の達成を西洋文化の比類のない資質と成果として誇り、しかも説明の矛盾に無頓着でいることができた。しかし大戦末期には、オスヴァルト・シュペングラーの『西洋の没落』が予言の書のように迎えられていた。前者の精神作業は緻密で論理的であり、気品のある文体には静謐が漂っていた。後者の論説は、通俗知識の継ぎはぎであり、粗雑ですらあったが、着想の独創性が欠陥を補って余りあることでは、同時代のもうひとつのグローバルな規模の着想、アルフレート・ヴェーゲナーの大陸移動説と通じてもいた[121]。

　さらに視点を主導的な政治思想に向けると、第一次世界大戦の後の時期には、なおデモクラシーやリベラリズムも決定的な価値基準とはなっていなかった。〈黄金の20年代〉は、まことに中途半端で、将来の見極めが難しい時代であった[122]。しかも時代がこれまでにない速度と規模で動いていることは、見紛いようがなかった。転換点にあることは感得されたが、行方は不透明であった。その状況が、西洋文化が陰で養分をあたえてきた暗黒の流動に形をとることをうながした。ファシズムであり、ナチズムである。地下水脈が地上にあらわれたのである。

　学問の世界も、そうした歴史の推移と無縁ではなかった。世界大戦の痛手がなお消えやらず、新時代への助走期でもあった1920年代の初めに、民俗学界ではハンス・ナウマンが、これまでの論争を解決するかのような理論を携えて登場した。それは大いに歓迎される一方、また攻撃にもさらされた。しかもその攻防の全体は二流のドラマであった。

ハンス・ナウマンの経歴[123]

　ハンス・ナウマン（Hans Naumann 1886-1951）は、シレジアのゲールリッツ（Gorlitz 現在はポーランド領）に生まれた。長じてシュトラースブルク大学でゲルマニスティクとラテン文学を学んで1911年に博士号を取得し、次いで1913年に同大学で「ノートカーのボエティウス翻訳」（Notkers Boetiusübersetzung）のテーマでゲルマン文献学と中世ラテン文学の（Germanische Philologie und Mittellatein）の分野で教授資格を得て、1918 年に同大学の名目教授（Titularprofessor）になった。1919 年にイェナ大学へ呼ばれ、1919 年末に員外教授となった。彼がイェナにいたのは 1919 年から 1922 年までであるが、この時期には同時代を対象とした文芸論や・文化論を講じて学生のあいだに人気があったほか、文芸愛好を媒介にした社会活動にも熱心で、イェナでつくられたその種類のサークル「アカデミー・文学部同好会」（Akademisch-literarische Gesellschaft）のリーダーとなって市民のあいだでも親しまれた。ちなみにこの集まりには、若き日のヨハネス・ベッヒャー（Johannes R. Becher）や、ヴァルター・ハーゼンクレーヴァー（Walter Hasenclever）、テーオドル・ドイブラー（Theodor Däubler）、それにトーマス・マンも参加して、それぞれ自作の朗読をおこなった。ナウマンは、そうした社交家であり、才能のある若手の研究者でもあったところから、イェナを本拠とした出版業者オイゲーン・ディーテリヒ（Eugen Dieterich）の後援を受けることとなり、その寄託によってイェナ大学に 1920 年 1 月 1 日に設けられた「チューリンゲンを中心にしたドイツ民俗の特別講座」の担当者となった。これは、ドイツの大学での最初のドイツ民俗学の講座となった。

　1921 年に、ナウマンはオイゲーン・ディーテリヒ社から、論文集『プリミティヴな共同体文化』を刊行し [124]、さらに翌年には、『ドイツ民俗学概論』を世に問うた [125]。これがドイツ民俗学におけるハンス・ナウマンの主著であった。この 2 著は出版されるや、学術書としては異例のベストセラーとなった。同時に 1920 年代を通じて民俗学の分野において議論の的にもなった。

　ハンス・ナウマンは、1922 年にフランクフルト・アム・マイン大学においてドイツ古典文献学の最初の正教授のポストに就いた。そしてこの本務と並行して、民俗学の講義と演習を担当した。すでにこのフランクフルト時代に、後にファシズム的な考え方に行き着くようなイデオロギー性にナウマンが傾斜したと見る人もいる [126]。

ナウマンは、そのゲルマニスティクと民俗学の 2 つの分野での著作によって、まもなく国内でも国外でも、最も名声のある学者、講演家、大学教授となった。たびたび外国に客員教授として招かれ、アメリカ合衆国にも 1 学期間滞在した。ドイツでは、ある程度の大きさの都市で、ナウマンが講演に招かれなかったところはないと言ってもよかった。得意のレパートリーは、中世ドイツ文学を古ゲルマンや上古の神話と関係づけて論じることにあった。「ヒルデブラントの歌」、「ヘーリアント」、ヴァルター・フォン・デア・フォーゲルヴァイデやヴォルフラム・フォン・エッシェンバッハが描いた人物像、それらを「エッダ」の神々と結び付けるといったものである。また中世の初期や中期の王たちの事蹟を神話的に解釈することにおいても器用であった。特に中世の王たちを、天上と地上、大宇宙と小宇宙をつなぎわたす存在とするのは、ナウマンの一貫したテーマで、また得意の論題であった[127]。

1931 年にナウマンはボン大学に招かれた。そして 1932 年から 1945 年まで、そこを拠点にして活動した。ボンでの担当講座も、ドイツ古典文献学（Ältere germanische Philologie）、すなわちゲルマニスティクであった。ちなみに前任者はルードルフ・マイスナー（Rudolf Meissner）であった。またフランクフルトでの彼の後任には、ユーリウス・シュヴィーテリングが就任した。

ナウマンは、1932 年に政治的な信条告白とも言うべき書物『危機のなかのドイツ国民』[128]を刊行した。これは、忠従観念（Gefolgschaftsgedanken）の再生、ゲルマン連続性の昂揚、国民観念と社会観念の統合によって、1918 年以来の誤って道筋を是正することをうたっており、またその悲願をナチ党とヒトラーに託したものであった[129]。

なおここでは詳しく取り上げないが、同年に、やはりボン大学の教授であったエルンスト・ローベルト・クルツィウス（Ernst Robert Curtius 1886-1956）が『危機に立つドイツ精神』を発表したことにも注目しておきたい[130]。ほとんど同じタイトルを掲げた同じく救国の論であり、オピニオン・リーダーたちがそれぞれにそうした議論をおこなう世情だったわけである。しかしその説くところは、ゲルマニストとロマニストの差異とまでは一般化することは

できまいが、あらゆる点でナウマンとは好対照であった。

またこの 1932 年の総選挙を前にした 7 月 1 日にはナチスの機関紙『フェルキッシャー・ベオバハター』紙上に、ドイツとオーストリアの大学教授 50 人の連名で、教養知識人が主導する市民思想を弾劾し、ナチズムのもとに結集する呼びかけが掲載されたが、ナウマンは、それに名前を連ねた 3 人のボン大学教授のひとりであった [131]。これにつづいて 1933 年 5 月 1 日に、彼はナチスに入党した。これは〈ポツダムの日を念頭に〉しての行動であった、と彼は 1945 年に述べている。1933 年 5 月 10 日におこなわれたボンの中央広場での焚書にさいして、最も重要な講演者として群衆の前に立ったが、これはファシズムのイデオローグとしてのナウマンの公的な活動の頂点であった。因みに 1945 年以後に受けた審査において、ナウマンは、その焚書については、どちらかと言えが無邪気なもので、決して一般に被害をあたえるようなものではなかったとの釈明によって、責任を回避しようとした。

こうしたハンス・ナウマンの言動を早くから知っていて冷静な観察を行っていた人に、トーマス・マンがいる。その人物評に曰く。〈……ピントのずれた高等ナチスト、浮ついたゲルマニストのタイプに属した人物で、気高く純粋なドイツ民族という夢を頭に描いて、汚い手管と自分の夢想を混同するに至った《不幸なインテリゲンチャ》のひとりであった〉[132]。

1934 年 11 月 4 日に、ナウマンはボン大学の学長に就任した。その就任の講演は、彼がおこなったヒトラー賛美の講演のなかでも装飾過剰で拙いものであったようである。またその後 1937 年と 1939 年のヒトラーの誕生日におこなった講演の方も、それに輪をかけてひどかったらしい。これらからも明らかなように、ナウマンは旗幟鮮明なナチストであったが、1935 年の 2 月には、早くもボン大学学長のポストを解任された。神学者カール・バルトを追放するにさいして、ナチ党が望んだほど積極的ではなかったからであったとされる。また 1937 年には、トーマス・マンに対して名誉博士号の否認と市民権の剥奪がおこなわれたとき、それに明確に反対したただひとりのドイツの大学教授であり、このためナチスから譴責を受けた [133]。

ナウマンは、ナチ党政権という新しい体制のなかでの自分の位置を確保することを意図して、『ドイツ民俗学概論』の第3版を、当時の風潮に合わせた用語や当慣用語で書き直した。それにもかかわらず、彼はナチ党、特にアルフレート・ローゼンベルクの一派から激しい非難を浴びせられた[134]。1937年には、『ドイツ民俗学概論』第3版の大半が押収された。またこの時点からは、民俗学の講義や講演を禁じられ、また民俗学の叙述を刊行したり、ラジオ放送に出演することも禁止された。遅くとも1935年には、彼は民俗学者としては、現実には一切の活動ができなくなっていた。しかしナチスを信奉する彼の信条はそれ以後も変わらなかった。ヒトラーに倣った髪型と口髭はそれ以前からの彼のファッションであった。彼の2人の男の子が出征したことを誇りにもしていた。

　1945年にファシズムが崩壊すると、ボン大学の審査委員会は、1945年10月2日に、ナウマンが代表的なナチストであり、大学にポストを占めるには相応しくないとの判断をおこなった。イギリスの進駐軍からも、ナウマンを大学から追放し、教授資格を取り消すことが指示された。こうして始まったハンス・ナウマンにたいする非ナチ化措置は、以後3年間継続された。

　ナウマンは、公式には1948年末に非ナチ化を終了したとされ、もとの地位に復帰するための法的な請求権を得ることになった。しかし復帰する以前に、ボン大学は、哲学部教授会の意向を受けて1949年4月1日付けで、ナウマンの定年退職の手続きを行なった。それに対してナウマンが裁判所に不服を申し出たため、処置の適不適をめぐる審理が行われた。審理は長引いたものの、結論はナウマンの主張に好意的なものとなった。しかしそれは彼の死後であった。判決が下る直前の1951年12月25日に、ナウマンは、臍ヘルニアの手術の不調によって急死した。

〈プリミティヴな共同体文化と沈降した文化物象〉論

　ハンス・ナウマンの論は、現在もまったく否定されてはいない。ある種の説得性が認められる場合もある。現在でもそうであるから、ナウマンが理論

を携えて登場した頃はなおさらであった。事実、ナウマンは、生来の才気煥発と一般の人々をも納得させるだけの時流にかなった文章によって、1920年代から30年代初めには、研究者としては異例なほど一般にもよく読まれていた。

『ドイツ民俗学概論』を、ナウマンは冒頭から民俗文化にたいする考え方を率直に説くことから始めている。それは難解ではなく、むしろ単純で、図式的ですらあった。

ナウマンによれば、民俗文化には2種類が認められるという。ひとつは、〈プリミティヴな共同体文化〉であり、他は〈沈降した文化物象〉である。それはまた社会を二層に分けて理解する観点ともかさなっている。前者は、原初の生成にかかるものであり、恒常的で、その本来の担い手は〈下層〉である。それに対して後者の沈降した文化物象は、起源から言えば創造されたものであり、それゆえ知識・教養のある上層が作り出したものである。それが、下層に向かって沈み込んでゆき、そこで改変されるのである。

それをナウマンは多くの事例を上げて説明した。説得的であったのは、沈降した文化物象で、要するに、民俗文化とみなされているものの多くは、起源的には、歴史的に特定の時代に、その時代の上層によって産み出されたものであるとするのである。特に、『ドイツ民俗学概論』の第1章「民俗衣装」は実証的にも遺漏の少ない個所とされているが、そこでナウマンは、民俗衣装とされているものの多くが上流社会のファッションに起原をもつことを豊富な事例によって説明した。また同書第6章の「民衆劇と共同体行事」、第7章「民衆本と人形劇」も比較的説得力のある個所と言ってよい。それに比べると、〈プリミティヴな共同体文化〉の概念は曖昧である。今日からは、とうてい持ちこたえることができるものでないが、だからとてそれはハンス・ナウマンの独創でもない。むしろ19世紀後半に台頭して1920年代においてもなお無理なく受け入れられていえ通念と重なっていた。しかも、それは決してドイツ思想だけではなかった。後にふれるように、プリミティヴな共同体文化の概念は、むしろイギリスやフランスの先例を焼き直した面もあったの

である。

　ナウマンの二層論は、また個性とフォルクの関係とも重なっているが、これについても、ナウマンはまことに明快な理解を呈示した。同時にそれは、これまでの論者の誰もが複雑な感情と共に取り組んだ〈教養〉の評価とも関わっていた。むしろ、先人の誰よりも単純な図式で理解することに躊躇しなかった。すなわち民俗文化におけるこの二つの層が発生するのは、ルネサンスによる個人の確立によってであって、それ以前は分裂は決定的なものでなかったという。この見方は、ルネサンスをもって近代的な自我が成立したというヨーロッパ文化の一般的な自己理解にしたがっている。同時に、それ以前にはなおゲルマン的原初性が色濃く生きつづけていたというロマン派の中世観の残滓が重なっているのである。

　以上の諸点を具体的な記述に沿って、いくらか見ておこうと思う。先ず、冒頭から、強烈な印象を与えるのは、ナウマンが、ロマン派の民俗学を、それが民俗学の源流であると位置づけながらも、もはや尊んではいないことである。むしろ、ロマン派の民俗学が如何に時代遅れで、非学問的であるかを、小気味よいほど明快な口調で説き進める。したがって、ロマン派の民俗観の中心的な概念であった〈民族心霊〉(Volksseele) についても、その空虚であることを暴いて躊躇しないのである[135]。

> 　ゲルマン考古学と同じく、ドイツのフォルクスクンデ（民俗学）もまた、学問としての起源を、基本的にはロマン派に負っている。両学問とも、その出発点の性格を今なお保持しているが、より現代的で、より厳密な学問としてのフォルクスクンデは、ロマン派のそれとは一線を画している。ゲルマン考古学において始源が過大視されるのと同じく、ロマン派のドイツ民俗学の特徴は、民族心霊を過大視することにあった。両学問は、原始性の状態が、心理的、精神的、倫理的、文化的観点において誤って評価されている点で相関しており、それゆえ原始性の状態を、生物学、民族学、さらに児童心理学の方法を通じて、加えて健全で偏見無き観察

による正確な把握を覚えた者には、ロマン派の民俗学は到底承服できるものではない。

そうした慎重さが獲得された一方、ロマン派民俗学における観念的な単一性は失われた。現今のフォルクスクンデは、民族学と精神史・文化史の二つの学問の間に位置するものとなったところから、２種類の相異なった方向に引き裂かれている。現今のフォルクスクンデがかかわる対象は、理念的および物質的性質の民族学ならびに考古学の場合と同じく、民間の口承文芸と民間俗信、儀礼と行事、年中行事、誕生・成年・結婚・死亡のさいの種々の祭事、命名、また家・屋敷、集落、農業、村落構成、服飾などを、そこに民族心霊（フォルクスゼーレ）が反映されている限り、対象とするのである。このように多種多様な対象になにがしかの系統分類をほどこし整理をおこなうのであるが、それが可能になるのは現今の民俗学が明確な根本的問題意識をもって臨む場合だけである。それは、どれほど些細な個別現象についても、下からのプリミティヴな共同体の文化財であるか、それとも上からの沈降した文化物象であるかを見極めることである。前者は民族学の領域に属するものであり、後者は精神史と文化史の領域である。フォルクスレーベンに反映され、フォルクスレーベンに不可欠のすべての事物について、そのいずれに由来するかを究明するのである。その観点から、事物であれ、文芸であれ、またその他諸々の領域の現象であれ、それらを徹底的に分析することが、フォルクスクンデの主要な目的になる。かくして諸現象の起源、年代、および意味の大部分が明らかになり、それを踏まえて、最後に民俗学は一種の体系を展開することができる。……

この分類は一見皮相に見えるかも知れないが、実際には大変重要である。プリミティヴな、すなわち未だ個人主義ではないゲマインシャフト（共同体）の本質の定義に到達し、さらにこの個人主義が存在しないゲマインシャフトと、一層高度の文化、すなわち個人主義と個別化へ進んだより高い文化との関係が明らかになるからである。

ナウマンは、そのロマン派への批判と、自分の方法がそれを克服していることによほど自信があったのであろう。ロマン派の人々が民俗文化財の消滅を嘆いた感傷性を一笑に付した[136]。

　　……ロマン派の立場では、民俗財、民謡、服飾、家具その他のものが消滅することへの、永遠に繰り返される嘆きが付きものであった。しかしそうした嘆きは、現今の冷静な観察方法から見ると、当たらないことが知られよう。……ロマン派のそうした慨嘆は、歴史的見地を欠いていることに由来する。

　ではナウマンの歴史的見地とは、いかなるものであろうか。ここでナウマンは、エードゥアルト・ホフマン＝クライヤーとヨーン・マイヤーの定式の全き継承者として論陣を張る[137]。

　　民俗文化財は、フォルクがある限り、決して消滅しない。時代が変化するとともに、外観が変わるだけである。上層は、ひとつの文化形成体から他の文化形成体へと移ってゆくからである。上層の営為は、何ひとつとして、波紋のごとく消え去るものではない。一切が、どんなつまらないものでも、下層のなかに反響を見出す。〈フォルクは、生産せず、再生産するのみ〉、また〈フォルクは、常に時代遅れであり、精神的富者の食卓から落ちこぼれる残り物を食べつづける〉とは、現今の著名な学説である[補注]。古代や中世にはこの精神的貴族は世襲貴族と一致しており、また近代には分離してしまうのだが、いずれにせよこの学説は部分的には実証されることが見出されよう。共同体（ゲマインシャフト）から進歩が起きるとするのはロマン派的な見方である。共同体は引き下ろすのであり、精々、平準にするにすぎない。民俗衣装、民衆本、民俗歌謡、民俗芸能、農民の家具調度、その他細々した品物にいたるまで、それらは沈

降した文化物象である。それらの品々は、徐々に、いつともなく、時の経過のなかで、沈降文化財となったのである。言い換えれば、民俗文化財は、上層で創られるのである。

> （補注）〈フォルクは生産せず、再生産するのみ〉はエードゥアルト・ホフマン＝クライヤーの命題(本章第3を参照)、また〈精神的富者の食卓……〉はヨーン・マイヤーの命題である（本章第5を参照）。

またそこから引き出すことができる帰結として、次のようにも述べる。明快な語り口はナウマンの本領でもあった。

> すべて〈フォルクステュームリッヒなもの〉は、いかに美しく、親しみ深いものであっても、時代遅れであり、沈降したものである。

それだけに、その時々の上層が如何なる文化を生産するかは、その限りではすまない重みをもつことになる。すなわち、〈上層の営為は……どんなつまらないものでも、下層のなかに反響を見出す〉のであるから、そこには文化の創出者としての責任が発生する。またそれを指摘するのが民俗学の使命であるとも言う。そして好ましからざる文化として、現代の機械文明や大衆性の勝った世相やファッションを挙げている[138]。

> 映画や蓄音機やオペレッタや百貨店に、応用民俗、すなわち実用的な民俗文物を委ねてしまう限り、昨今の民俗文化財が好ましからざるものとなるのは不思議ではない。民俗文化財が消滅したのでなく、質が落ちたのである。そしてその罪は上層にある。かつて騎士文化の時代は、幾多の快く美しい〈民俗舞踊〉をフォルクに残したが、今日の上層は愚劣な踊りをあたえている。民俗学は上層に厳しい顔を向けることにより、上層に、重大な責任を負うべきことを思い知らせるのである。

なかなか立派な覚悟であるが、その前に映画も蓄音機も百貨店も受けつけないという感覚はどうかと思われる。もっとも、それは単に個人の資質ではなく、工業製品や新しい消費システムとなるとまるでお手上げという民俗学の限界が反映されてもいたであろう[139]。
　それはともあれ、それ以上に問題なのは、〈プリミティヴな共同体文化〉の概念であった。とは言え、ナウマンの二層論は、それを措定したことによってはじめて成り立ったのである。すなわち、上層に文化の創出を認める議論も、他方でフォルクを母体とする共同体文化を措定したからこそバランスを得て、一般に認められたのである。しかしその実際は、まことに奇怪な論説であった[140]。

　　プリミティヴな共同体生活（primitives Gemeinschaftsleben）、すなわち、今も没個人主義的文化をになっている者の生き方を知るには、ヨーロッパを離れる必要はない。我が国でも、農業にたずさわる住民は、今も、さまざまな点でプリミティヴな共同体精神をもち、またその名残は、国民の上層にも無数に存在している。だからこそ農業にたずさわる人々がフォルクスクンデの対象になるのである。しかしヨーロッパの東部など、たとえばリトアニアの農民の間では、このプリミティヴな共同体の概念が大きな力を揮っていることが分かる。リトアニアの村の農民たちが最寄りの町に立つ市へ出かける様子は、さながら蟻の行列である。誰が誰であるかは、他所者にはまるで区別がつかない。同じかたちの髭、同じ髪型と同じ被りもの、同じ衣装、その上顔つきも同じ型で、誰もが似たような格好をし、身ごなしまでそっくりである。リトアニア農民の乗り物と言えば、冬は小型の橇、夏はやはり小振りの車であるが、どららもそれぞれ一様の作りである。車を牽く馬も同じなら、馬具も同じで、車の後部に坐っている女たちも一見何の差異もない。干し草の束に腰掛けている様子、頭巾、上半身には羊皮の短衣を羽織り、下は手製の亜麻布のこしらえたスカートが色とりどりに輝いている様子までまったく同じ

である。小麦粉や卵やチーズの出荷をみても、まったく同じ籠や同じ容器であり、代わりに塩や香料を購うことも同一である。市のなかを巡り歩くのも群れをつくってであり、全員が単一の動きに包摂されている。意図や思念といった心の動きまで同一である。一人が笑えば全員が一緒に笑う。一人が罵ると、誰もがそれに続く……彼らは群れで思念し、群れで行動するのである。

　この種類の叙述が何ページにもわたって続いていることからも明らかなように、ナウマンは、プリミティヴな人間という人間類型を措定することに、少しも疑いも抱かなかった。もとよりこの種類の論説は、今日では指弾されてはいる[141]。もっともそこで言い添えておくべきは、ナウマンはヨーロッパのなかのスラヴ人や特定の民族に限ってそれを取り上げたのではないことである。ドイツ民族を材料にした場合でも、同様の指摘を行なっており、民族的な偏見ではなかったのである[142]。

　　プリミティヴな人間は、このように社会的に結ばれた群生動物であり、その共同体の生き方は、我が国の農民においても隣組の絶大な意義のなかにあらわれており、それは古風な仕方の多彩な行事や労働のさいに、今日に至るまで有効性を発揮している。……19世紀までは、成文化された隣組の掟があり、また隣組の会計簿がつけられて、新しい隣人の加入のさいには宴会や踊りを催して祝ったものである。隣組は、重労働、刈り入れ、家畜の出産、火災、公共の安全と秩序の維持、普請、病気、死亡、埋葬、さらに家庭の行事のさいにも相互扶助を行なった。

ネオロマンティシズムの農民観との重なり

　ここでナウマンがプリミティヴな人間の活動として挙げている諸例は、事実としては歴史発展のなかで形成されたと言って差し支えない。いずれの現象も、子細に検討すれば、特定の歴史的経緯と結びついた構造をみせてくる

はずである。しかし、ナウマンは、集団で行なわれる、一見個性が表に出ない現象は、プリミティヴな共同体の直接の発露とみなしたのである。その点では、ナウマンの歴史的観点は奇矯であったが、他方それは別の思想史的な脈絡とも結びついていた。ネオロマンティシズムであり、殊にその農民観である。そしてそれを最も直截的に表明して、いささかも疑わなかったのは、19世紀の90年代に本格的に登場したイギリスのジェームズ・ジョージ・フレイザー卿であった。その『金枝篇』の序文は、大著を進めるにあたっての方法論考ともなっているが、そこでは、次のように謳われている[143]。

　春、夏至、収穫にあたってヨーロッパの農民の行なう通俗的な祭りについて長々と説明した点については、おそらく弁明をしておく必要があろうかと思う。農民の信仰と慣習とが、その断片的な性格にもかかわらず、アーリア人の原始的宗教にかんしてわれわれのもっている最も豊富で信ずべき例証であるということは、また一般的に承認されていないところから、どれほどくり返して言っても言いすぎることはない。事実、原始的アーリア人は、その精神的素質と組織について言えば、絶滅してはいないのである。彼は今日なおわれわれの間にいる。教養ある世界を革新した知的道徳的なもろもろの大勢力は、ほとんど全く農民を変えることができなかった。彼はその秘められた信仰において、ローマやロンドンがいまある場所を大森林がおおいつくし、リスがたわむれあそんでいた時代の、その祖先たちとなんら異なるところがないのである。

　この意味から、アーリア人の原始宗教に関するすべての研究は、農民の信仰と慣習から出発するか、あるいは少なくとも彼らに関する事どもによって常に指導され、それを参考にすべきものである。いま現に生きて働いている伝承によって提供される例証にくらべると、古代宗教に関する古い書籍の証明は、まことに価値の少ないものである。なんとなれば、文芸は思想の進歩を促進せしめるけれど、口頭言語による意見の遅々たる進歩をはるか後方にとりのこしてしまうからである。思想の変

化のためには、文芸の二代三代は伝承生活の二百年三百年よりも力のあるものなのである。しかし、書籍というものを読まぬ民衆は、文芸によっておこされる精神的革新にわずらわされることがない。それゆえ、今日のヨーロッパにおいて、口頭言語によって伝承されてきた信仰と慣習とは、アーリア族の最古の文芸のうちに記されている宗教よりも、はるかにいっそう原始的な形を保存していると言うことができるのである。

　農民の存在はほとんど永劫に不変であり、アーリア人として移動していた時代を今に持ち伝え、その口頭伝承は、最古の文献資料よりも忠実に原始の実状を伝えているというのである。そんな没歴史的な人間や人間類型はそもそも存在するべくもないが、それは今日から考え及ぶ視点と言うべきであろう。

　19世紀末から1930年代のヨーロッパの知識人は、自国の農村という身近な場所に没歴史的な人間類型を措定することに違和感がなかったようである。それゆえ、当時採集され報告された数々の農村習俗が、アーリア人の宗教生活を知る上での第一級の資料と目されたのである。実際には、農村の民俗儀礼や行事は、歴史のありとあらゆる変遷と密接に関係しながら、形成や存続や消滅を繰り返してきたと見るべきで、そこでの習俗も幾多の変遷を遂げてきたと言わなければならない。しかしそうは考えない知識人の一群があり、また彼らの見解は相当の説得性をもつものと受けとめられたのである。背景には、知識人の大多数を産み出してきた階層があり、また階層区分が固定的に機能していたヨーロッパ文化の伝統的な仕組が見えてくる。すなわち、農民を押し並べて〈愚鈍〉と蔑視して憚らないような階層社会である。フレイザーの場合も、通常なら蔑視の対象となるような人間の種類を、思いがけない観点から積極的に評価する態度をとったことを誇っているような口吻があることに注意しておきたい。いずれにせよ、現実を素直に直視するという姿勢とは対極的であり、足が地につかない空虚な前提の上に、果てしなく論説が展開されたのである。

階層社会を背景として、社会や歴史の現実とは背馳するような視点が支配的のであるが、そこにはまた別の要素も絡んでいた。そうした農民観や歴史観が、必ずしも過去から一貫したものでも、民俗学に特有のものでもなかった点である。18世紀の末期や、19世紀の前半には、もっと足が地についた農民・農村観がおこなわれていたのである。ロマン派の民俗学の中心人物であったグリム兄弟でも、はるかに実態を踏まえ、歴史的変遷に注目をして議論をしていたのである。フレイザーやナウマンのような見方は19世紀末から20世紀初めならではの側面もあったのである。ナウマンは、こうしてプリミティヴな共同体を不変のまま生きている存在という観点から、農民の本質を次のように説明する[144]。

　　農民の気質や性格を悪いと言っているのではなく、プリミティヴであると言うのである。このプリミティヴな特質には、先に挙げた衣服や装身具、さらに墓地を派手に飾ること、また飲食において節度が欠如していること、とりわけ晴れの日にとてつもなく暴飲暴食に走ることなどが含まれる。また濫費癖や金銭を湯水のように使う傾向（これは、臆病で、物をこっそり隠す性行などにみられる日頃の吝嗇性とは好対象をなしている）、さらに愚鈍、怠惰、将来には理由もなく楽天的であること、他所者に疑い深く閉鎖的であること、そして利益をせしめるときの利己主義、つまり何か値打ちのあるものと分かった途端、それを一人占めにしようとする欲の深さ、貪婪、都会人と取り引きをするさいの一種の盗人根性、隙を見てごまかそうとする狡猾、これらすべてはプリミティヴな特性に他ならない。とかく動作がのろまで、愚図で、メリハリを欠いている。しかも高級なものには無頓着で、はとんど関心を寄せない……

　何をか言はんや。しかし、この世迷い言も、それが一人ハンス・ナウマンの不見識から出たものではなかったところに問題の根深さがあった。

文化人類学の理論との重なり

　これは、当時、民族心理学者として大きな存在であったパリ大学ソルボンヌ校の教授リュシアン・レヴィ＝ブリュールの学説を平易な言い方におきかえたものだったのである。

　リュシアン・レヴィ＝ブリュール（Lucien Lévy-Bruhl 1857-1939）は、エミール・デュルケーム学派の当時における代表者で、〈プリミティヴ〉という概念を中心に自然民族の心理的特性について考察し、20世紀の初め以来各方面に大きな影響力をあたえた。主著『未開社会の心理機能』は、早くから知られていたが、この頃ドイツ語訳が刊行されて、一層影響力を強めることになった[145]。その論旨は、自然民族の思考は、西洋諸国のような文化民族の思考が論理的であるのとは決定的に異なっているとして、それを〈プリミティヴ〉の概念のもとに体系立てて定式化したことにあった。それによると、自然民族の心理は次のような3つの大きな特色にまとめることができると言う。
①論理以前的思考　自然民族において思考の語を用いるとしても、その中身は、論理的な因果性による推論ではなく、そこでの因果性は、予兆や魔術的作用といった神秘的な因果性によっている。

　②神秘的連繋の法則　人間が関係を結ぶ他のもの、つまり人であれ物あれすべてのもの（したがって、家族、扈従、家畜、財産など）に、自己の内実を付与し、従ってそれらは人間にとって魔術的な身代わりになることができる。

　③集団表象　個体の意味を厳密に理解することから程遠いところから、人間は他の人間や人間以外の他の存在とも繋がっていると思念され、その赴くところとして、人間は、生者とも死者とも切れ目なく関係をもつように表象され（キリスト教におけるような生と死の厳密な区別を知らない）、死没した祖先や未生の子孫と自己とが画然と区別されような多彩な信仰表象をもつことになる。この3つの特質を貫く原理として、またレヴィ＝ブリュールは、〈連想〉の術語を挙げた。論理的に思考するのが文化民族であり、連想によって思念するのが自然民族であるというのである。またレヴィ＝ブリュールは、これらによって特色づけられる人間類型を、主要には西洋以外の未開民族に

比定したが、部分的にはヨーロッパのなかの無教養な人間群にも多少はみとめられるとした。因みに、リュシアン・レヴィ゠ブリュールの用語である〈論理以前的思考〉と〈連想〉は、知識化された西洋市民の基準からはずれた人間種を解くキイワードとして一世を風靡したものである。ナウマンの仕事は、当時、評価の高かったこのレヴィ゠ブリュールの理論を意気込んで取り入れたところにあったのである。そのさい、ハンス・ナウマンは、リュシアン・レヴィ゠ブリュールにも見られた要素をさらに拡大した場合もあった。その顕著なのは、論理以前的とは、倫理以前的（あるいは道徳以前的）ということでもあるとした点などである。先に引用した農民の行動様式への常軌を逸したような評価は、この推論から割り出されたのであり、むしろ理論的に解きほぐすことによって、ナウマン自身は農民たちの習性を擁護している位の認識だったであろう。なおさら度し難いわけであるが、その背後には、ヨーロッパ各国の知識人たちを被う迷妄が広がっていたのである[146]。

　これらにおいて分かることだが、農民の性格は、不道徳とみなすよりも、むしろ前道徳的と言うべきであろう。
　またそれと対応して、論理的かどうかという点からは、下層の思念は、多くの点において、非論理的というより、前論理的と言うべきである。

リュシアン・レヴィ゠ブリュールと並んで、ハンス・ナウマンが、当時のもうひとりの人気が高かった学究であるイギリスのフレイザーにも依拠したことは、先にふれた。それゆえ類同魔術、共感魔術といったフレイザーの基本概念も織り込まれている。そもそもナウマンが歓迎されたのは、これらの幾らか先行する同時代人たちの理論をドイツ人向りに味付けしたからであった。すなわち、ヨーロッパ文化の基底にキリスト教以前の神話を想定し、それをまざまざと描き出したJ・G・フレイザーが人気を博し、自然民族の心理特質をめぐるをリュシアン・レヴィ゠ブリュールの理論がすでに通念となっていたことが、その背景であった。それゆえナウマンの逸脱は、J・G・フレ

イザーやリュシアン・レヴィ＝ブリュールの逸脱であり、ヨーロッパ各国に共通する学識の歪みでもあったのである。

9. アードルフ・シュパーマー

A. アードルフ・シュパーマーのナウマン批判

　次に取り上げるのは、ハンス・ナウマンの論説への批判である。ナウマンの著作は当時の話題作であったために、それに言及したものは多いが、そのなかでナウマンを最も真剣に読み緻密な検討を加えたのは、次の時代に民俗学の中心的な担い手の一人となったアードルフ・シュパーマー（Adolf Spamer 1883-1953）であった。その「フォルクスクンデの原理をめぐって——ナウマン『ドイツ民俗学綱要』への所見」（1924年）は分量的にも40ページという本格的なもので、批判の対象をつぶさに読み込んで検討するだけでなく、そこに自己の解決すべき問題の考察をからめており、すこぶる良心的である[147]。それだけ真剣な読み方をされたことは、ナウマンも嬉しかったらしく、1929年の第2版の序文において、〈無数にあらわれた批評のなかで、最も意義深く、問題をきわめて適切に指摘していたのはアードルフ・シュパーマー氏の論文であった〉と特筆した[148]。シュパーマーはやがてベルリン大学の教授としてドイツの民俗学界を指導することになるが、その俊秀がそこまで真剣にナウマンを取り上げ、自己の進むべき方向を探り出すよすがにしたことが、ナウマンの著作が当時の民俗学界、さらに一般社会で享受していた評判を示している。

　しかし今日、突き放して観察すると、シュパーマーの極めて良心的な姿勢は、却って違和感をあたえるところがある。ナウマンの著作は、そこまで大仰な扱いを受けるほどレベルの高いものとは思えないからである。しかし当時の見方は違っていたらしい。シュパーマーは、人間と社会の発達をめぐってナウマンが立てた歴史区分を、ジャンバッティスタ・ヴィーコやオーギュ

スト・コントの見解と並べるところから論じはじめた[149]。

　……ナウマンの基礎になったのは、エミール・デュルケーム学派の最近の理論的成果である。これは人間精神の一般的な発展は、非知的、言い換えれば完全には論理的ではなく神秘的な集団表象に満たされたプリミティヴな精神性の段階があり、それが次第に論理的・個性に枝分かれした先端文化に発展するという考え方であって、また後者はいわゆる文化民族のなかの精神的上層において顕現する。この発展線は、技術・文明の進歩と結合した３つの階梯を経過する。それは、ヴィーコによれば、神的・英雄的・人間的という３段階の文明区分であり、コントでは、全人類の知的発展について３段階の法則が立てられた。同様にナウマンは、精神様態のエポックとして、知性がゲマインシャフトを圧倒するようになるまでの過程を３段階に区分した。第一は絶対的にプリミティヴな様態で、それはジプシーにおいてみとめられる。第二は農業的にプリミティヴな様態で、それは今日もなお農民に体現されている。第三は英雄的なプリミティヴで、これは戦士が支配した時代の特色となった。

　そうした古典的な指標だけでなく、当時の有力な諸理論をも引き合いに出して、シュパーマーはハンス・ナウマンに迫ろうとした。リュシアン・レヴィ＝ブリュールの他、フェルディナント・テンニエスのゲマインシャフトの概念、ナウマンがテイラーとフレイザーのアニミズム理論を部分的に取り入れたこと、さらにナウマンにおける民族学と生物学への関わり、さらにドイツ語圏の民俗学との関係では、一連の論議の発端となり、またそれらをつなぐ糸でもあったホフマン＝クライヤーの見解とそれと親近なヨーン・マイヤーの歌謡研究などである。それらを挙げてナウマンの理論形成を丁寧に再構成したあと、シュパーマーは、２つの疑問を投げかけた。ひとつは、個別事象を〈プリミティヴな共同体文化〉と〈沈降した文化物象〉のいずれに属するものであるかを弁別することは果たして民俗学の本質的な目標設定であり得るの

か、である。これには、具体的な現象が問題になる場合、それらが実際にプリミティヴな共同体文化と特定することが容易ではないことも関係していた150)。

　　まず次の疑問が起きる。素材をそのように出自に即して、すなわちプリミティヴな共同体文化かそれとも文化的な先端グループの沈降した文化物象かという観点から分解することが、ナウマンの言うようにフォルクスクンデの主たる研究目標なのであろうか、それともそれはむしろ第一段階の目標という程度にすぎないのではなかろうか。……
　　宮廷あるいは市民社会の流行文物の広範なフォルク諸層の言葉・習俗・事物・イデオロギーに沈殿したのを跡付けることはそれほど困難ではないことも多いが、もうひとつの〈プリミティヴな共同体精神〉の浸透は一般的に言って把握するのは難しい。……
　　ナウマンが沈降した文化物象を呈示するときにはほとんどの場合は納得がゆくが、プリミティヴな共同体文化財として挙げるものは、たいてい疑わしいし、またまったく間違いと思われるものもある。

　第二の疑問は、ナウマンが、プリミティヴな共同体を、生物学から借用したイメージで説明しようとしたことへの批判である。その箇所は先に引用したが、それは当然にも、プリミティヴな共同体として農民存在を理解することへの批判に延びていった151)。

　　さらにナウマンにおいて怪しげと思われるのは、ナウマンがプリミティヴで個性を欠いたゲマインシャフト（彼はこれをフォルクと一致させているが）の主要な代表者として農民を挙げていることである。そのさい問題になるのは、ドイツ農民の本質などということをどの程度まで言うことができるのか、またそうした一般化を破るものとしての地域的差異がどうであるか、だが、これらはまったく顧慮されない。

さすがにシュパーマーは、農民を押し並べて同じ鋳型にはめる見方に疑問を呈した。農民は、その不可避的な土の縛りや社会的拘束性のゆえに一様な相貌を呈すると見え勝ちであるとしても、実際には各種の差異があるはずではないかというのである。ましてやそれはプリミティヴという概念で括れるものではないとも言う[152]。

　狭く厳しい規則の生業ゆえの土への縛りと協同性のの赴くところ、農民存在は、その生き方の外面やイデオロギー的なスタンスにおいて差違に乏しい存在類型となっているとしても、それらすべてはプリミティヴィテートとは無縁である。

さらに、ナウマンが農民の行動様式として指摘した群れ的な存在様式や行動形態にも疑問を呈した。それは、農民だけに見られるのではなく、都会生活者や知識人においても観察される現象であるという[153]。

　蟻のように市場へ出て行く農民の群れに、理性とリアルな経験に則った秩序感覚ではなく、意味の乏しい群れ的な模倣衝動を見るとしても、それと親近な光景は大都市の駅頭で人々が列車に乗りこむ風景にもみることができる。……プリミティヴなエレメントの延命は、最高度の文化層の代表者たちのあいだにもみとめられることは、誰も疑えない。ナウマンにおいてすらそうであろう。

ではなぜナウマンは〈プリミティヴな共同体文化〉の概念を立てたのであろうか。シュパーマーは、それはナウマンにおいてなお抜け切らなかったロマン主義の残滓であると批判した。[154]

　ナウマンは、ロマン派のフォルクスクンデ観への目をみはるような闘

い振りにもかかわらず、ロマン派の気圏に陥り、プリミティヴィテートの概念のなかに嬉々として埋没してしまっている。

　すなわちロマン派の神秘的な〈フォルクスゼーレ〉の名前を変えた後進と言うのである。〈プリミティヴな共同体文化〉の確実性が怪しいのも、突き詰めればそこに起因すると言う。少なくとも現実の諸現象においてそれを十分に検証するのは不可能に近いのではないかと批判した[155]。

　宮廷あるいは市民社会の流行文物の広範なフォルク諸層の言葉・習俗・事物・イデオロギーに沈殿したのを跡付けることはそれほど困難ではないことも多いが、もうひとつの〈プリミティヴな共同体精神〉の浸透は一般的に言って把握することが難しい。たしかにプリミティヴな共同体精神がすべての精神的教養に生命要素を付与しているのではあろう。しかしこれらの要素が言葉や図像や信仰観念など何らかの形態にまとまるや否や、それはすでに個体の色合いを帯び、そのためそれらを諸要素に区分けするのは不可能の場合がほとんどである。これはナウマンの叙述そのものからもあきらかである。ナウマンが沈降した文化物象を呈示するときにはほぼ納得がゆくが、プリミティヴな共同体文化財として挙げるものは、たいてい疑わしく、まったく間違っていると思われるものもある。

B. シュパーマーにおける〈プリミティヴ〉の概念と民俗学の対象設定の論理

　シュパーマーがプリミティヴの概念にこだわった様子に特に注目したが、それはシュパーマーの民俗学がそこを要として構想された、あるいは構想が理論化された面をもつからである。それは次のような文脈である。

　シュパーマーはナウマンの〈プリミティヴな〉共同体精神が確実性に乏しいとして批判したが、では〈プリミティヴ〉という概念を措定できないものとして否定したかと言うと、そうではない。しかしナウマンの意味ではないことはもちろん、その元になったリュシアン・レヴィ＝ブリュールに立ち

返ったのでもなかった。レヴィ＝ブリュールの場合は、それは西洋文化を特徴づける論理的思考や個性原理に行き着かない諸々の文化における思考の様式とされていた。それゆえ〈プリミティヴ〉は、西洋以外の地球上のほぼすべての文化を貫流する原理であった。ちなみに文化比較におけるこうした見方は、西洋の知識人のあいだには今日に至るまで連綿と命脈を保っている[156]。それに対してナウマンの特徴は、〈プリミティヴ〉を西洋文化の基層にも想定したことにあった。またそれを〈フォルク〉や〈ゲマインシャフト〉の概念と、厳密な検証を行なわないまま重ねたのであった。

　これに対してシュパーマーは、〈プリミティヴ〉の語に、それらとは異なった意味を付与したが、それは一見、まことに無理のない観点からであった。すなわち、人間は生物的な要素、特に自然性や本能や衝動を基底に備えているが、それをもって〈プリミティヴ〉と呼んだのである。すなわち人間なら誰もがもつ生まのままの自然性である。それゆえシュパーマーにおいては、〈プリミティヴ〉は、直接的には文化や社会の様式概念ではなくなったことになる[157]。

　　本能生活の抑制や枠付けの度合いは、個々人においては純粋に個人的なものであり、原初的であっても、生物学的なものとして説明できよう。自然性・本能性と知的・目的意識性の混合のあり方が、個人をして、自分にかなった生活グループや人生形成や運命におもむかせる。いずれの個人もその精神領域において、生得の本能と論理的認識に向かう意思的形成との反目に投げ込まれる。身体的にもそうであるが、心理的となればなおさらのこと、人は（芸術家たちの言い方を用いるなら）自分の〈かたち〉を見出すことは稀である。……〈教養人〉であれ、〈文化の担い手〉であれ、頭脳の内部には、通常は退化して表面に現れないものや未熟成のものが残っている。経験的にも知られるように、一分野で最高の才能を持った人が同時に他の状況では子供っぽいことは少なくない。なぜなら個人にとっては、精神性の脈拍も全体の状況によって規定されるのであ

り、また周囲の状況もプリミティヴな原衝動の抑制や発現に作用するからである。例えば興奮したときには、自然の本能が、理念によって形作られ組織された精神態度の衣装をはぎとってしまう。そうなると、は身分も社会的層序も平準化され、プリミティヴな精神性の単一の地平があらわれる。信念、恐れ、願い、望み、そしてまどろんでいる本能がエレメントの力のなかに爆発する。〈教養人〉は通常、無文化民族あるいは同胞のなかの土俗的な精神生活に残る化石的な要素にそれをみとめてうんざりするのであるが、それと同じ文化以前の深みが現出し、文化と精神の多様性が単一のマス（大衆）に溶解する。そうした興奮した状態においては、類としての人間のプリミティヴな精神（それは充実した文明的時代にあっては連想的な人々にしか認められないものだが）を目の当たりにすることになる。

　シュパーマーは、人間の自己形成ないしは文化や社会への担い手への成長は、この〈プリミティヴ〉と呼ぶこともできる本能の制御を習得することにあるとした。それゆえ本能制御の度合いは、基本的には、個人ごとの差異であるとした。
　しかしひとりひとりが決定的に異なった存在とみるような人間観に立つと、民俗学を成り立たせることは難しい。そうした見方は、人間の尊厳という面では正しいが、人間の社会的側面を考察にするには場違いということになる[158]。

　　……ゲオルク・コッホ（補注）のように、人間ひとりひとりが超越者や普遍者や神との間で結ぶ宗教的な関係の違いを重視し、そこに究極の人間価値を感得する人もいる。そうした人々には、そもそも人間を集団としてとらえることのプラクティカルな可能性や緊急のフォルクスクンデ的問いへの解決には疑いをもつに違いない。……

（補注）ゲオルク・コッホ（Georg Koch 1857-1927）「村の教会」運動の流れを汲むプロテスタント系の神学者。シュパーマーとも交際があった。

では人間の存在と活動のあり方を個人にまで分解してしまうのでないとすれば、どのような区分が適切であろうか。これまでもそうした区分は幾つもなされてきた。しかしその多くは抽象的で、また単純であり、それにもかかわらず疑いが投げかけられなかった。たとえば、ヴィルヘルム・ハインリヒ・リールは、伝統的な身分（等族）をもって、人間社会に本質的な区分原理であると考えた[159]。

2世代前に、なおリールは、貴族、市民、農民の3区分によってフォルクの全体（Volksganzheit）をとらえることができると考えた。……

またさらに溯れば、ロマン派のフォルク概念も、危機に瀕した集団形成を根源に立ち返って再構成しようとするものであった。

ロマン派についても、危機に直面していた時代へのそうした責任感が、そうした国民（Nation）のなかのそうした普遍的な（埋められ、暗闇に置かれはしたが、最上のなかで生き続けている）創造力へのロマン派の信仰も台頭したのである。

またロマン派のなかでも、カトリック教会の伝統に立って集団形成を思索したヨーゼフ・ゲレスは、フォルクを神との関係において二分した。

ゲレスは、群集（Poöbelhaftigkeit）と神聖なフォルク精神（heiliger Volksgeist）を区別した。

（補注）Johann Josepf von Görres 1776-1848 コーブレンツ出身の文筆家かつ政

治運動家で、はじめフランス革命に共鳴したが、やがて反ナポレオンの立場から文筆を揮った。後にカトリック教会へ回帰してオピニオン・リーダーとなり、またドイツ語諸国がプロイセン主導となることに反対して論陣を張った。民衆本の復刻なども手がけた。

そして今日、単純な二分法の流れは社会主義者が代表しているが、至るところに影響を及ぼし、社会学もまたその傾向を免れていないと言う[160]。

　……社会学に強く影響された近年の研究は、人間集団に関する見方では、フォルクを2つのグループへの究極的な分割という信念から出発する度合いを強めている。すなわち、支配者にして持てる者としての上層と、無産で支配される者としての下層である。そのラディカルな形態として政治の分野でポピュラーになったのは社会主義の理論であった。それによると、片やドイツとフランスのヒモ、片やドイツとフランスの大学教授たち、この両者は精神のあり方において親近な類型ということになる。それに比べて、2つの人間集団は国内にあっては、言葉が共通で同じ国民であるにもかかわらず、精神の様態においてはまったく疎遠で対立関係にあるとされる。それゆえ、いずれの国（Nation）のなかにも二つの国（Nation）があるとの命題であるが、こうした単純な二分法は、高低、善悪、貧富といった素朴で一般的な対比とも同工異曲であって、決して現実の諸関係を正しく捉えるものではない。……

そうした問題を直視して改めて〈プリミティヴィテート〉という要素を射程におくとどのような状況が見えてくるであろうか。〈プリミティヴィテート〉は本来人間が一般にそなわっている本能生活や衝動を指すが、それを克服する度合いは個々人によって千差万別であるから、プリミティヴとかかわるものとしての人間生活の諸相はきわめて多彩であるということになる。それゆえひとつの区分けで括ってしまえるものではありえない[161]。

仮説や哲学的な思索のなかに埋没しないでおこうとするなら、フォルクのなかを行き交っている精神的形成体（その起源を歴史的展開のなかにすぐには位置づけられない）を何もかもをおしなべて〈プリミティヴな共同体文化財〉であると簡単に片づけるべきではないだろう。……

しかし〈プリミティヴ〉が人間に一般的である以上、プリミティヴと関わりをもつさまざまな現象が繰り広げられることは事実であり、そこに着目すること自体は、出発点として大事なのである。それでこと足れりとすることが問題なのである。つまり、ナウマンの説くように、〈素材を出自に即して、プリミティヴな共同体文化かそれとも文化的な先端グループの沈降した文化物象かに区分けすること〉は、研究の目標ではなく、精々出発点にすぎない。大事なのは、その先の、もっと複雑な様相のはずであると、と言う。また様相が複雑なのは、プリミティヴな基層からの脱却や克服が多様だからであるが、それは逆の面から見ると、上層で生まれた文化が改変される仕方が多彩だからである。ここでシュパーマーは、文化の上層起源論の点でナウマンの元になったエードアルト・ホフマン＝クライヤーを読み直しにとりかかった。すなわち、ナウマンはホフマン＝クライヤーの理論を受け入れて、文化は上層から下層に流れ下るとしたのであった。それ自体はシュパーマーも同様であるが、文化の下降運動にだけ注目し、それゆえ一括りにするわけにはゆかないと言う。言い換えれば、ナウマンは〈受容〉に注目して、そこにとどまった。しかし重要なのは、受容は同時に〈改変〉であり、そこにホフマン＝クライヤーの主張の重点があったのではなかったのか、と言うのである[162]。

ナウマンは、受容という概念を強調しすぎた。因みに彼の考察のもとになったホフマン＝クライヤーの定式ではフォルクの再生産能力が語られていた。すなわち提供された手本を前にした下層の独自の創造力に力点がおかれていたのである。そこでは根本法則（それに則って広範で情感的に揺れ動くマスが提供された文化財の一部をただ消費だけし、またマ

スがひとたび受け入れたものを特異な形態においてその精神と嗜好の欲求にあわせて改造したり、結びあわせたり、プリミティヴなものにしたりする）の認識のなかに、彼ら（＝マス）のプリミティヴィテートの鍵がひそんでいる。たしかにナウマンは、結合（Kombination）とか様式改造過程（Umstilisierungsprozess）などに言及することがありはするが、しかし彼は、この問題設定の重要性の前には起源問題は前段階の検討項目にすぎないことを見落としている。農民のガラス裏絵あるいはフォルクストゥーム的（民衆的・土俗的）な手紙絵師による聖像画は、その手本となった銅板画や油彩画とはまったく違ったものになったのである。

そこで問題になるのは、どのように改変ないしは再生産されるのかであり、また誰がその改変し再生産するかという問である。最初の問では、シュパーマーはヨーン・マイヤーの理論と用語を繰り返した。つまりヨーン・マイヤーが中心となっていたドイツ民俗学界の主流への参画を明らかにしたことでもあった[163]。

　　歌い崩されたフォルクスリート、響き崩された数え唄、語り崩されたメルヒェン、唱え崩された呪文、演じ崩された人形劇、着崩された民俗衣装、これらはいずれもその元になった原形や手本とは別の新しい何ものかである。ここには一個の個体の精神性の形態に対するに、多数精神性の形態がある。

すなわち改変・再生産の基本的な性格は、個体の創造物を多数が受けいれることである。つまり多数が一個の精神をもつもののような状況のなかに置かれることである。それは取りも直さず、独創からの乖離であり、それゆえ〈崩れる〉ことに他ならなかった。つまり歌う（singen）に対するに歌い崩す（zersingen）、響く（klingen）に対するに響き崩す（zerklingen）、語る（erzählen）に対するに語り崩す（zerzählen）、唱える（segen）に対するに唱え崩す

(zersegen)、演じる（spielen）に対するに演じ崩す（zerspielen）、着る（kleiden）に対するに着崩す（zerkleiden）というのである。これはヨーン・マイヤーが世紀の転換期前後に提唱した理論とそこでの用語であった[164]。ドイツ語の接頭辞 zer- は、zerbrechen（壊す、砕く）、zerfallen（崩壊する）などに見られるようにマイナスの意味をもつ。それゆえヨーン・マイヤーが提唱し、アードルフ・シュパーマーが改めて評価したこれらの営為には、創造されたものが本来の形態から遠ざかり歪められてゆくとのマイナスの評価がどうしてもつきまとうのである。もっとも、そこにはたらく情動を加味して文脈を解くなら、ヨーン・マイヤーが敢えて zer- を用いていう刺激的な活用を選んだのは、ロマン派による民俗文化財を源初の創造に溯らせことへの挑戦であった。すなわち、ロマン派が始源への回帰を謳って好んだ用いた接頭辞 ur- と対照的なのである[165]。

　そして民俗文化がそのような性格をもつとするなら、それを主要ににないう人間のあり方もまたそれに対応するものとなる。つまり個体の創造物から個体性が失われ、多数が共有するようになる。多数とは個性の対極に他ならない。また個性はひとりひとりであるが、多数は人間に共通したものによって特徴づけられる。今の文脈で言えば、人間が基底において共通して備え、それを離れることによって個性になってゆくところもの、本能や衝動、すなわち〈プリミティヴ〉なエレメントである。それゆえ、上層の創造物を改変し再生産し民俗的なものとするのは、プリミティヴの度合いが濃厚な人間ということになる。しかも基底の〈プリミティヴ〉の割合が高いのであるから、そうした人間は個性に乏しい、つまり集団的となる。ただ、それらはリールやナウマンや社会主義者やその他の人々が説いたような単純な区分けにおいて存在するのではない。もっと多彩なのである。しかしまたプリミティヴである故に、低く評価づけるしかない集団ということになる。そうした文脈においてとらえた集団には、レヴィ＝ブリュールの〈連想〉も確かに作用しているのである。と言うより、その思考に〈連想〉が優勢であることが、そうした集団を認識する徴標でもある[166]。

プリミティヴな精神性の本質を研究しようと心がければ、この〈論理以前の〉、〈道徳以前の〉、文化以前の本能的な生き方（Triebleben）は、社会性において高い密度をもつあらゆる職業の対極であることが分かる。それは、〈連想的な〉活動のゆえに、たちどころに見てとれる。つまり犯罪者、娼婦、遍歴者、あらゆる種類の放浪民、無宿者、興行師、季節労働者、旅芸人などである。すなわち、理性や教育や身分的修養が衝動力を抑制しないところでは、また行動や思考が知的訓練や躾けに整えられていない場合には、さらに原初的な素質が抑制されず意識の下に押し込まれていない状況では、どこでもそうである。言い換えれば、自堕落が無軌道な原始的な表象・感情世界に収斂している閉鎖的な生活圏にある人間層ではどこででもそうなのである。そこではまた自然のままの態度、すなわち飢渇感や愛欲が強くあらわれ、またそれと表裏一体であるが、とめどもない怠惰と憎悪、すなわち人間として精神的・道徳的な結合のコントロールを受けていないか、あるいはそのはたらきが停止してしまった不安定な精神・生活態度が見てとれるのである。

もっとも、シュパーマーは、〈プリミティヴ〉が人間ひとりひとりの基底であり、それゆえ特定の集団に限定されず発現するとの留保はつけてはいる。

しかしそうした特定の人間グループがプリミティヴな精神生活を知見するための適切な対象となるとしても、プリミティヴな精神生活自体はそれらのグループに限定されるわけではない。

シュパーマーがその後本格的に進めた個別課題の考察においても、その理論的な土台は、かかるものであった。後に簡単にふれるが、『ドイツの港湾都市における刺青』、『信心深い女中さん』、あるいは未完の大著『念持画片』など、いずれもそのタイトルがすでにここで表明された理論との対応関係を示

している。どの研究もそれ自体は新分野を切りひらいたものであるが、民間で改変された再生産品であるが故の注目という筋道はあきらかである。またそれらの文物の担い手とシュパーマーが想定したのは、少なくともシュパーマーの目には堅気とは映らなかった下層の船員たち、また無教養な女性の典型と見えた都市の奉公人女性たち、そしてその思考が図像に依拠する度合いが強い非教養的な人々であった。

　ところでシュパーマーのこうした発言に接すると、そこに否応なく見えて来るのは、抜き難いまでの差別意識である。冷静で緻密な研究者と評価され、また第二次大戦後は敢えて社会主義の国にとどまることを選択した人物であるだけに、なおさらそれを感じさせる。率直な表白ではあろうが、社会的に不安定な位置にあったり弱者であるほかない職種や集団へのかかる評価には、根底で傲慢で無神経なものがあることをうかがわせる。しかしそれは、決して個人的な資質ではなく、むしろドイツ社会の基本的な構成を背景にしての通念とからんでいたと見るべきであろう。端的に言えば、教養層が精神的に優越な（それは社会的地位と富の偏在とも重なっていることが多かったであろうが）社会構成と言ってよいであろう。たしかにナウマンの農民観を非難したことでは、シュパーマーは異なっていると見えるが、その代わりにシュパーマーは遍歴者や不定住者への貶視を隠しもせず、むしろ情熱を傾けて詳述した。そうした差別観の土壌である教養層の生態への反省を欠いていることでは、両者は同じ伝統に立っているのである。なお言い添えれば、ナウマンが浮薄であると見抜いていたのは、一時期交際のあったトーマス・マンであるが、それは上流市民の伝統との折り合いに苦しんだ経験を作家としての出発点としていたからであろう [167]。それに比べると、2人の学者は、自己の出自を客観化する反省的姿勢を欠いていた。

C. 心理学としての民俗学

　以上を踏まえて、シュパーマーは、最後の問として、フォルクスクンデ（民俗学）の対象とは、また課題、目的、方法とは何かを取り上げた。シュパー

マーによれば、それは諸々の人間集団の心理を解明する学に他ならない。そのさい、ロマン派が措定したフォルクスガイストやフォルクスゼーレのような根源的で等質的な概念、またその残滓としてのナウマンの〈プリミティヴな共同体文化〉を肯んじないのであるが、それは民俗学が対象とする現象が、実際にはそうした単純な根元から説明できるようなものではないとの認識によっている。民俗現象は、本来、上層の活動に胚胎し、それが下層に受け入れられ、そこで再生産される。その再生産にかかわる人間集団は、個性原理に貫かれているのではなく、生物として自然に近いという意味でのプリミティヴな要素をさまざま等級で発現させている。つまり人間は集団として存在するときには、そうした存在様式を示すことが多いが、その集団性における人間たちのなかで個体の創造が変化してゆく様を、歴史的な資料に即して克明に追跡し解明することであるというのである。またそうした意味で、民俗学は心理学の一形態であるとするのである。

　またそれを説く過程での言及にも注目すべきものが幾つかある。ひとつは、従来の民俗学は、具体的な文物に密着して調査をおこなう場合でも、専ら物質的な現象(たとえば農民家屋)をそれだけのものとして扱うに過ぎなかった。しかしそこにこもっている心理的な特質を解明することが、より本質的な目標であるとする。また、従来の民俗学がほとんど取り上げなかった分野である民俗工芸にも強い関心を示した。事実シュパーマーの主な研究活動はその分野においてなされていったが、それは民俗工芸の本質が独創性にはなく模倣・再生産物であるとの理論と対応するのである。

　また別の種類のことがらとして、シュパーマーがフォルクスゼーレの概念を一見重視したことも注目してよい。しかしその意味は、フォルクと称される人間集団の総体のなかで、ゼーレ(心理)について複雑な区分や関係を解明することが重要であると説くのである[168]。

　ではフォルクスクンデの対象とは何であろう。その課題と目的と方法はどうであろうか。ナウマンはその著作の巻頭で、フォルクスクンデは

理念的ならびに物質的な自然を把握すると共に、現実物（Realien）（これは心理学的設問が強まれば強まるほど後退してゆくものでもある）を広い射程で考察すべきであるとした。かつてアルブレヒト・ディーテリヒのような人々はこの現実物を、したがって〈フォルクスクンスト〉（Volkskunst 民俗工芸）の全領域を削ぎ落とそうとした。しかし最近になって……ようやく関心領域の拡大がなされてきた程度である。しかし部分的には、この学問の作業方法と目的設定を十分分割していなかったことから、民俗研究の本質について、2つ分裂した見解が発生した。民俗研究の強みは、〈フォルクスゼーレ〉（民衆心霊・民俗心意）の探求を、その（＝民俗心意の）現実に把握可能な多彩な表出形態において目指すところにある。すなわち、ありあらゆる種類の信心・民俗儀礼・民俗行事・歌謡・伝説・書記物・嗜好傾向・工芸品・イデオロギー的見地について、とりわけそれらを厳密な文献学的・歴史学的方法的によって跡づけようとするところにある。実際、フォルクステュームリッヒなすべての物質的な表出形態（思念的なものも含めてよいが）は、その最も単純な萌芽的なモチーフや形態から一歩踏み出した以上は、歴史展開と史的変遷の産物であるのだから、そうした作業工程は自明のことがらと言ってよい。また、その史的変遷の能う限り正確な認識を以ってしてはじめて、心理学的判断は、斟酌と商量を重ねつつ、その結論を引き出すところまで行き着くことができる。かくしてフォルクスクンデは、言葉・行為・生産物のかたちにおける心意（ゼーレ）の現実的な形成（Bildung）と取り組むのである。そのさい、歴史過程の豊かな形象において働く根元力（Grundkräfte）は目的ではあるが、同時に完全に把握することができる最後のものではないことも自覚して、その取り組みに臨むのである。

またシュパーマーが学問をめぐって正常な感覚の持ち主であったことを示すものとして、フォルクスクンデを過大視しなかったことに言及しておきたい。当時、フォルクスクンデは、フォルクに関する学問という一般的な名称

（国民学の意にもなる）による眩惑も手伝って、伝統的な学問区分を超える全体学のように言われることもあったのである。それだけでなく、既存の学知とは質を異にして国民教化の方向において実践性をもつ学問とされることもあった。ナウマンにおいても、全体学や国民教化学の気配が漂っていた。しかし、シュパーマーは、さすがにそれほど乱暴ではなかった[169]。

　　学問的に思考し研究する、とは、時間と折り合うことである。ひとりひとりの人間が得ることができる人生の長さや活力の程度に満足することである。それゆえすべての学問は、一般的な認識の構築に向けての一生をかけての労働であり、また一般的な認識は無限の広がりであるという点では、ここで挙げた学問はいずれも補助的学知でもある。歴史学、文献学、エスノロジー、社会学がそうであるのと同様、フォルクスクンデも、部分領域のひとつ、補助学知のひとつである。……

D. 刺青研究の構想その他に見るアードルフ・シュパーマーの民俗学

　シュパーマーが根強い教養観念の保持者であることを露呈したこと、それゆえ限界があったことに言及した。それ自体は見紛いようがないが、しかしまた伝統的な教養観念の持ち主という言い方から思い浮かべられるほど、その研究の実際は浅薄ではなかった。それにもやはり注意を払っておくべきであろう。因みにドイツ文化の教養観念の権化と言ってもよい学究としては、社会学者のマックス・ヴェーバーを挙げることができるが、その研究の実際はドイツの教養層の思索と研究が高レベルであったことを知らしめて充分である。マックス・ウェーバーと並べようとは思わないが、アドルフ・シュパーマーもまたその研究活動には教養知識人のレッテルでは括りきれない深みをみせているところがある。その事情を具体例で取り上げておきたい。今注目するのは、『ドイツの港湾都市における刺青慣習――その諸形式と図案に関する考察』（1933年）である[170]。『低地ドイツ民俗学報』の1933年号（刊行は翌年）に発表され、時期的にナウマン批判に接続しており、またそれはナチ

スが政権を獲得する過程とも重なっていた。100ページ余りで、分量的には大部ではないが、シュパーマーにしては珍しくまとまっている。それを言うのは、シュパーマーは、個別の課題との取り組みでは完成に至らなかった場合が多いのである。枝別れや細部の検討を重ねるうちに、当初の課題設定とは不釣り合いなまでに考察の範囲が広がり、中断してしまうというタイプであったらしい。この刺青の研究は詳述ではなく、大きな構想のスケッチといった性格にあって、それだけにシュパーマーが民俗学の個別研究はどのように進めるべきものと考えていたかが分かるのである。

＊

　刺青を彫る風習は地球上に広く分布しているが、高度な文化社会においては概ね下層の人々に限られる。そして研究史を概観すると、これまで調査がなされてきたのは先ず刑務所に収容された犯罪者たちを対象にした医師たちの観察記録がある。また娼婦のあいだの風習としての刺青についても多少の研究が蓄積されてきた。しかしなお未着手の2つの対象があるという。ひとつは、遍歴の職能者（fahrende Leute）で、〈歳の市の的屋や綱渡りをしたり刀を飲んで見せたり力自慢で金をとる力士などの旅芸人〉、さらにぽん引きなどは〈10人に9人は刺青をしている〉。そしてもうひとつが船員の世界で、それを北ドイツの港町において観察するのがテーマである。

　次に彫師に視点を移し、20世紀に入る頃までは技能に優れプライドの高い専門家がいたことを概観している。代表的な人物の一例を挙げれば、ロンドンのピカデリー・サーカスに居を構えて〈刺青のミケランジェロ〉の異名をとったサザランド・マクドナルド（Sutherland Macdonald）は、英国王エドワード7世や皇太子時代のロシア皇帝ニコライ2世をも顧客とするほどであった。そのはか同時代のイギリスとアメリカの著名な彫師たちに言及した後、西ヨーロッパとアメリカにおける刺青の歴史を整理した。特に17世紀から20世紀までドイツ各地の歳の市では身体に刺青をほどこした人物が見世物として好評を博したことにふれ、また刺青で名前を挙げた人物たちのエピソードを紹介する。

近代に入って刺青が一種のファッションとなった事例にも注目し、特にイギリスでブーア戦争（1899~1902）に出征する兵士を送り出すにあたって恋人の女性たちのあいだに別れの日付を顔に彫り込むことが流行したのが、一般の女性のあいだでの刺青の近代における原点であるとしている。その後1920年代初めにニューヨークの高級娼婦が脚に刺青をほどこしたことが歓迎されて、西ヨーロッパ各国の娼婦たちもその風習に染まっていったと言う。
　以上のような概観のあと、本論に入り、ドイツの港湾都市であるハンブルク、ブレーメン、その外港ブレーマーハーフェン、キール、エムデン、リューベックにおける刺青の実態を彫師を中心に取り上げている。つまりそれらの港町で刺青を専門職とする人々20人ほどのライフ・ヒストリーを手短かにまとめ、また営業の実態では、ショーウィンドウのディスプレイ、価格、客の種類などを挙げるのである。またそれらの多くは著者のフィールドワークに基づいていたようである。
　論考の後半は刺青の図案に当てられている。データとしては、人体上の実例の他、彫師が所蔵する図案帳などから約4000点の図柄を調査して分類し、類型ごとに生成経路、意味、その図柄を採用するときの客の動機などについて考察を加えた。図柄の類型は、船員に相応しく航海や海員の生活に因んだモチーフから始まり、さまざまなパターンが挙げられる。男女の愛、愛国的なモチーフ、エロティシズム、復讐の誓い、政治的モチーフ、歳の市・安キャバレー・サーカスなど盛り場のモチーフ、ボクシングや馬術などのスポーツのモチーフ、メメント・モーリなどの死のモチーフ、HISやゴルゴタの丘などキリスト教のモチーフ、日本の刺青に倣った図柄、龍など中国趣味の図柄、アメリカインディアン・カウボーイ・バッファローなどアメリカ的な図柄、インドやアフリカや南島の風物、大工・石工・鉱夫など職業ツンフトの伝統的な紋章や標識をもとにした図柄など、約50種類である。
　最後にまとめの項目がある。それによると、刺青の図柄は大別して2つに分けることができると言う。第一は、類型的・シンボル的、かつ紋切り型で、概して小型であり、アンブレムの性格を備え、概ね因習的でもある。第二は、

高次の芸術作品の模倣である。後者において割合頻繁にみられるものではロマン派の画家たち（たとえばフランツ・デフレッガー）の原画に溯るもので、時代精神を移している度合いが高い。しかし刺青を特徴慣習の最も重要な特徴は、大別された２種類の両方に共通でもある。すなわち刺青の図柄はオリジナルではなく、精々幾つかの見本を組み合わせたもので、典型的な再生産であり、それゆえ民俗工芸なのである。しかしまた次の点も看過できない。すなわち〈腕のある彫師が手がけた刺青は、その針使いに個人的な特徴が表れており、専門的な知識があれば、その彫りがなされたのが、ハンブルクか、キールか、ロンドンか、ニューヨークか、東京か、アレクサンドリアか、コロンボかが分かるだけではなく、彫師が誰であったかも特定することができる。〉 その点では、〈今日、民俗学と民俗工芸研究において一般的に言われる問いを刺青に当てはめるなら、それらはどの程度まで共同体工芸（Gemeinschaftskunst）、つまりプリミティヴな共同体の産物であり、また逆にどの程度まで文化的時代様式の度合いがそこに見られるのという問いになる。しかしそうした両極の概念のどちらかに弁別することが基本的には無意味であることも分かってくる。〉

　こうしてシュパーマーは、民俗文化は再生産されたものという論点を確認し、ナウマンが重んじた二分法を実際に即して否定したのである。現実の社会での人間はそれほど単純に区分けできるものではなく、またどの人間の区分においても〈図像形成の奥に息づき形態を発現させる力〉が働いており、〈それを認識する手段としてみることによって初めて人間のあらゆる表出形態は民俗学の考察に活かされる〉というのである。この論考ではは海員というそれはそれで特殊な人間のグループのあいだの心理的様態を解明する上で本質的な寄与をなし得ると言うのである。──　以上がシュパーマーの刺青研究の輪郭である。

＊

　この刺青研究のスケッチから知られるシュパーマーの民俗学は、抽象的な理論から割り出した大きな区分によって民衆生活を分けるのではなく、個別

の局面ごとにそこでの表出のあり方を追跡して、そこにはたらく心理状態の特質を解明するという行き方であった[171]。

　　フォルクスクンデを形而上学的構成とは異なったものとする所以は、フォルクスクンデにおいては、最も微細なものへの丹念な取り組みがいつか普遍的な心理学的結論につながってゆき、またゲマインシャフトやゲゼルシャフトといった人間の精神生活の複雑な様相も、篤実な個別作業（それも精神面に意を用いながらも決して図式的に物質放棄をしないような個別作業）を積み重ねることによって射程に入ってくるはずとの信念である。

　なお敷衍すれば、シュパーマーが次に取り組み、大部にまでなりながら未完に終ったのは、『念持画片』（kleines Andachtsbild）の研究であった[172]。この研究にはシュパーマーをベルリン大学教授に推したアルトゥール・ヒュープナー（Arthur Hübner 1885-1937）の関心と重なるところがあり、また共に正統的なイコノグラフィーではほとんど注目されていなかった分野への進出であった[173]。事実、これまた本格的な芸術作品の外にある二次的で複製的な工芸であり、その点では一見ささいな現象であるが、それをヨーロッパ文化史の射程のなかに置いて解明を試みたのである。

　また同じく未完に終ったものに、第二次大戦後、社会主義を標榜した東ドイツに残ってからの研究である『信心深い女中さん』がある[174]。キリスト教会の周辺で16世紀から知られてきた説話で、また前身と思われる親近な話類も14世紀に溯るが、以後19世紀の社会主義思想の広まりの時代まで何度か波動を作って定着してきた。また図像と組み合わせになって広まった点では、念持画片とも通じている。シュパーマーは、19世紀にそれが人気を博したことに強く注目しつつ、現存する各国語の写本や初期の印刷形態の諸本を文献学の観点から批判的に検討し、この説話を伝承させ発展させてきた心理的メカニズムをヨーロッパ文化史のなかに位置づけようとした。もっとも、完成

にまでいたらなかったために、刊行は、死後、その薫陶を受けた女流の民俗学者マチルデ・ハイン（フランクフルト a. M. 大学教授）によって1970年に実現した。

　この研究はそれ自体としても重要であるが、付随的にも注目すべきものがある。というのは、〈信心深い女中さん〉の説話と〈シンデレラ〉との親近性にシュパーマーが言及しているからである。またさらに進めてシンデレラ譚の源流のひとつをそこにもとめたハインの説も、もっと注目されてよいであろう[175]。昔話研究の分野でこれが余り知られていないのは、グリム兄弟の昔話を古いゲルマン時代に溯らようとの志向がはたらいてきたからである[176]。また日本のような圏外での受容の場合には、キリスト教文化の民衆的な形態は一般には馴染みにくいことも影響しているのであろう。〈信心深い女中さん〉は、無教養で身分も低い下婢が台所仕事をはじめ一挙手一投足をキリストの事蹟と関連づけるという内容で、それをロザリオ祈禱（連禱）を思わせる形式で詩歌につづっている場合もある。したがって機知の要素が混じってはいるものの、その面白味を味わうには、キリスト教の教化文芸の伝統のなかに置いてみる必要があることになり、文化圏をまたぐとすぐには伝わり難い。

10. ユーリウス・シュヴィーテリングとヴィクトル・フォン・ゲラムプ

ユーリウス・シュヴィーテリング

　ハンス・ナウマンとアードルフ・シュパーマーを取り上げたが、関連する動きにもう少し目配りをしておきたい。ユーリウス・シュヴィーテリングとヴィクトル・フォン・ゲラムプである。因みにこの4人は、年齢的には、論争が始まったときの中心人物たちよりも20年前後若い同世代人であった。

　ユーリウス・シュヴィーテリング（Julius Schwietering 1884-1962）が、ハンス・ナウマンの後任としてフランフルト大学でゲルマニスティクを担当し

たことは先にふれたが、当時はライプツィヒ大学の講師であった。民俗学史の上では、シュヴィーテリングは2つの指標によって知られている。ひとつは、民俗学のなかでも、〈社会学的方法〉と呼ばれる行き方を追求したこと、もうひとつは、民俗学の対象を農民に限定する主張をおこなったことである。しかしその論理はやや入り組んでいる。それを説いた方法論考は1927年にゲルマニスティクの研究誌に発表された『ドイツ民俗学の本質と課題』であるが[177]、これまた一連のフォルク論争の一環として執筆されたことは、ハンス・ナウマンとアードルフ・シュパーマーへの反撥のモチーフがそこにはたらいていることからも明らかである。それは、次のように書き出される[178]。

　ドイツ・フォルクスクンデ（民俗学）を概観しようとして何らかのハンドブックの類を開けると、そこにシステマティックが欠如していることは、外面的にも見てとることができる。そこには、ばらばらな項目が章立てとして並んでいる。家屋と屋敷、衣装と道具、儀礼と行事、年間祭礼と迷信、民間伝説と民間歌謡、昔話、諺、等々である。すでにこれだけからも、この新しい学問が締まりのない状態にあることが判明する。個々の部分を纏めた成果も、多様な研究領域に散らばっている。かくしてこれら幾つもの〈フォルクスクンデ（民俗学）〉は、研究に資するよりも、ポピュラーであることにより多く作用している。……
　このフォルクスクンデには、学問としての背骨が欠けている。学問的な作業核、つまり文献学で言えば文献伝承の解釈において文献学が具えているもの、文献学のすべての部分課題がまとまるところの核である。

文献学（Philologie）と較べた場合の独自の原理が欠けているとの言及は、言い換えれば、フォルクスクンデ（民俗学）は文献学とは別種ものという主張でもある。またその対象設定については、次のように述べる[179]。

　フォルクステュームリヒな集住、家屋、衣装、農耕祭事、野外の儀礼と

行事、これらは農民に収斂する。これらの項目から私たちが知るのは農民の物質文化であるが、その多くはただ記述という形態を通してであるにすぎない。儀礼と行事（Sitte und Brauch）は一般的には、めぼしいもの、古風なもの、珍奇なものを明るみに出そうとの都会文化の観点から記述される。描写された習俗がなおも農民のなかに生きている度合いはどうか、死滅した形態をただひきずるばかりで今日の農民（それは農民の今日の全体の断面として捉えられるべきだが）には意味のないものとなっているかどうか、こうした問はまったく立てられない。

フォルクスクンデの主要な研究対象として農民を想定するのは一般的でもあるが、シュヴィーテリングから見れば、従来のそれは現実の農民ではなかった。農民の実態は、もっと多彩なのである[180]。

　農民がある種の迷信的な行事をかたくなに伝えていること、農民の心霊生活には……プリミテイヴな複合体が存在すること、そうしたことはもちろん否定はできない。しかし最高度に目的意識を具え、目的に向かって志向し勤しむ農民は、都市のいわゆる上層とは何ら区別できないのである。
　誰が、プリミテイヴな文芸の担い手であろうか。農民は昔話を語ったりしない。提供者が農民あるいは農耕者ではなく、なによりも漁民・水夫・遍歴人であることを、昔話の収集者は充分認識してきた。民話や笑い話に大きな関心をもってきたのは、田舎でよりも、都会においてであった。プリミテイヴな共同体歌謡とは一線を画した〈民衆歌謡〉（Volkslied）は、プリミテイヴなジャンルに属するのではなく、また農村でよりも他の社会的階層のあいだで生きているのである。
　一口に言えば、プリミテイヴな文芸の担い手と公然と指称されたり暗黙のうちにそう受けとめられたりしているドイツ農民（つまり田舎の村落住民）は、そういうものではない。

フォルクスクンデが農民を主要な対象してきたとしても、それはむしろ固定観念の故であり、それはまたフォルクスクンデの発達の経緯に原因があると言う。同時に、ハンス・ナウマンにおいて表面化した〈プリミティヴィテート〉(Primitivität) の概念を歴史を振り返って過誤の原因を検討する。またそのエポックは、リールがイギリスのフォークロア（シュヴィーテリングによればこれは民族学と言ってよいが）を〈フォルクスクンデ〉と訳したときであるという[181]。

　ルソーは、教養や文化が欠如した状態という黄金時代が農民の田舎の生活に実際に満ち溢れているのを発見して、プリミティヴィテートと農民存在の宿命的な同一視（これがあらゆるフォルクスクンデの研究を以後も規定している）の芽を作り出した。たしかにドイツ・フォルクスクンデの父たるオスナブリュックの行政者ユストゥス・メーザーは、歴史家かつ社会政策家としてルソーのユートピアを足が地に付いたものにしはしたが、それにもかかわらず、18世紀の牧人仮面劇において燃え上がった理想化の幻光は、歌い踊り民俗衣装をまとう〈プリミテイヴな〉農民のイメージとなって、フォルクスクンデになお残存している。
　このプリミテイヴィテートと農民存在のユートピア的同致は、民族学に傾いていたイギリスの〈folklore〉（それは 1846 年に William John Thoms が用いた語である）をリールが 1858 年に〈Volkskunde〉と訳したときに固定されてしまった。……フォークロアは、農民存在を理解しようとするのではない。文化国民の下層という没歴史的なプリミテイヴィテートを解明しようとするのであり、全地球上の人間的なプリミテイヴィテート（それは文化国民にもあるとされるが）を把握することをめざしており、それゆえフォークロアは民族学の特殊領域に他ならない。

　この文章に注目してよいのは、シュヴィーテリングが、リールを批判的に

見ていることである。とりわけ、リールが描いた農民像がリアルな実態から遊離したものと見ていたのは、当時にあっては鑑識眼と言ってよいであろう。しかし、ここでの論旨は、プリミティヴィテートの概念への注目を手がかりにして、フォークロアとフォルクスクンデの間に切り込みを入れたことにある。すなわち、プリミティヴィテートは地球上の各地の自然民族の特質であり、それを文化国民（Kulturnaion）の下層にも適用するのは、後者をも民族学の対象としてしまうことになるという。またそれに無頓着であったために、フォルクスクンデは視点の分裂を抱えこむことになったのであり、一連の議論は、その側面からも批判的に整理することができる、とも述べている[182]。

> （フォークロアをフォルクスクンデとしたとき）、〈フォルク〉の語は〈ポプルス〉と解されたのか、それとも〈ヴルグス〉とされたのであろうか。リールとヴァインホルトは、一も二もなく、全ドイツ国民という前者の立場をとった。しかし一般的には、それ以後の研究では、ホフマン＝クライヤーが定式化した〈ヴルグス・イン・ポプロー〉が浸透している。そうなると、回り道をたどってイギリス・フォークロアの〈common people〉に戻ってしまったことになる。しかしフォルクスクンデは、フォルク（Volk）をめぐる知識（Kunde）である：農民の物質文化、また服飾や家屋や集住をめぐる多彩な章を放棄しようとしたわけではない。プリミティヴィテートと農民存在という二重の視点が続いている。

フォークロアとフォルクスクンデの間に隙間を見て、そこに拡大鏡を当てるような論法である。妙な理屈でもあるが、これまでの議論の盲点を突いたという面もないではない。

要するに、プリミティヴィテートは自然民族を含むすべての民族に認められるが、文化国民のなかの農民と〈プリミテイヴな〉存在を同一視することの無理を指摘しているのである。そこで、〈ヴルグス〉が〈プリミテイヴ〉であるとするのであればホフマン＝クライヤーの見解も矛盾をかかえているこ

とになる。またそれ以上に不整合が目立つのは、〈プリミテイヴな共同体文化〉を掲げたハンス・ナウマンということになる[183]。

> （プリミテイヴなものをもとめて、）精神的な生命表出を追跡するや、否応無く一つの問いが立ちはだかる。誰が、迷信あるいは〈プリミティヴな共同体精神〉の担い手なのか、と。日曜の行楽や休暇を田舎で過ごすときにしか農民と接しない人々ですら、ドイツの農民が南海の島民や中央アフリカの諸部民族のメンタリティをもっているなどとは信じてはいまい。

さらに〈プリミテイヴな共同体文化〉（primitive Gemeinschaftskulur）なる合成語のもうひとつの構成素である〈共同体〉（ゲマインシャフト）にも疑問を投げかける[184]。

> 農民の共同体精神でも、労働に根ざすものは、古くから宗教に土台をもってきた共同体の精神とは根本的に異なっている。人は、ゲマインシャフトという幻惑的な光の虜になって、この重要な術語のフォルクスクンデにとっての意味を明らかにしようとしない。

そしてハンス・ナウマンの名前と書名を挙げて、こうも言う[185]。

> フォルクスクンデの本質を、フォルク・ゲマインシャフトの上層と下層のあいだの相互作用を明らかにすること（ハンス・ナウマン『民俗学概説』1922）にもとめるなどは、許されない。

それは、畢竟、農民のあいだには悠遠なものを想定するからであるが、そうしたとき、何が起きているかに言及する[186]。

> ドイツ農民と自然民族の両者を接近させてみよう。そこで何が起きる

か。たとえば農民自然主義を、本来ロココに胚胎する農民の今日の装飾から推測することになるが、それは（そうした手法の行き着く先は）必然的に当て推量とならざるを得ない。

なおここで農民自然主義（bäuerlicher Naturalismus）と言われるのは、芸術思潮における自然主義のひとつの側面で、農民の様態に理想的な自然状態を見ようとする志向を指す。文芸伝統を遠く遡れば古代ギリシアにまで延びてはゆくが、19世紀後半からのそれは〈農耕ロマン主義〉（Agrarromantik）とも称されるネオ・ロマン主義の一側面で、先行する潮流とのかかわりでは、ジャン・ジャック・ルソーやアレクサンダー・ポウプあたりが遠源になる。そうした文芸思潮の形をもとった時代精神が、実態とは掛けはなれた農村像を流布させ、民俗学もまたそれに単に対応することから抜け出さなかったというのである。またそこへ、民族学のプリミティヴィテートの概念が重なって混迷に拍車をかけた、とシュヴィーテリングは批判する。フォルクスクンデへの民族学へのすり替わりだけではなく、民族心理学との重なりももそうであるとするが、それは、アードルフ・シュパーマーを念頭においた批判でもあった[187]。

　フォルクスクンデのなかの民族学的方法によって、心理学的設問がますます重みをもつようになり、今日ではフォルクスクンデの論考のどれもが、民族心霊（Volksseele）の究明を究極の目的と掲げるようになっている。このフォルクスゼーレは、原動力とされるプリミテイヴな心霊と考えられるが、また文化国民のなかでは、上層のデカダンや大都市のなかの反社会的な者たちにおいて認められるとされる。逆に言えば、合理的に思考し働く農民は、かかるフォルクスゼーレの解明にとっては、適切な対象ではない。今日、フォルクスクンデが立っているのがこの点であることにおいて、フォルクスクンデは民族学と民族心理学のなかに溶解したのである。

ここでの理解は、シュパーマーの言うプリミティヴィテートとはややずれがありはするが、批判の矛先がそこに向けられていることは見紛いようがない。シュパーマーの行き方は、先に見たように、プリミティヴィテートの概念を人間の普遍的で共通な基層（ただし克服すべきマイナスとしてであるが）と解し、その残存の度合いと上層文化とのからみ合いを分析するというものであった[188]。

 （フォルクスクンデの概説書において）農民文化に関する章は、膨大な規模であるにもかかわらず、心理学的フォルクスクンデの非有機的な部分になってしまったのである。しかも、それを正当化して、農民の物質文化もまた心理学的に読み解けるとの言い方がなされている。しかし実際にそうした試みも、実行するところまで行った例があるだろうか、また形をとったものにまでなっているであろうか。

ではフォルクスクンデはいかにあるべきか、その根幹の問題へシュヴィーテリングは移ってゆく。しかし、フォルクスクンデの全体をめぐる考察には鋭敏なものがあるにせよ、課題の解決方法自体はやや平板でもある[189]。

 フォルクスクンデが可能になったのは、フォルク・ゲマインシャフトの統一的な仕組が進展する上層の知性によって破壊され、諸等族（身分）の乖離がナショナルな難問となったときであった。18世紀には、上層と下層の緊張は最高に達し、その根無しとなった支配層社会の自然への憧憬によってドイツ・フォルクスクンデは誕生したのである。それゆえフォルクスクンデは、初めから社会学的であり、何時なりともプラクティカルな社会政策に転換できるはずのものである。

18世紀末頃までは、フォルク・ゲマインシャフトという統一体が存続していたとの見解であれば、ハンス・ナウマンのゲマインシャフトの概念を根本

的には批判できないはずである。ハンス・ナウマンは、分裂の素地はルネサンスであったとしていたのである。

またシュヴィーテリングにおいて、やや奇異な観があるのは、概して合理的な思考を見せているにしては、アルブレヒト・ディーテリヒを肯定的に評価していることである[190]。

　ドイツ・フォルクスクンデの深甚にして総合的な定義はアルブレヒト・ディーテリヒがフォルクの母なる大地を唱え〈歴史的文化が生長したところでは、それはフォルクの母なる大地から成長した〉と述べたときに、なされたのである。

またシュヴィーテリングが農民の実態を重視するとして、マックス・ウェーバーの理解に尺度をもとめているのも問題のあるところである。周知のように、マックス・ウェーバーは大著『経済と社会』のなかで、中世農民のキリスト教信仰に言及した。この箇所はキリスト教信仰を文書的理解による信仰とみなす立場からは指針となった面がある[191]。しかしまた、ロマン派以来、農民のあいだの儀礼や行事がキリスト教以前のものをとどめているとの見解が横行し、それがフレイザーにおいて拡大したのと較べると、シュヴィーテリングの指摘は歪を払拭しているとも言える[192]。

　私たちのフォルクスクンデのなかで拾い上げられた習俗は、キリスト教の浸透力に較べると、副次的である。その基本になっているのは、聖書と教会の教説である。そこで決定的な設問が立つ。すなわち、農民はキリスト教信仰の何を自分のものにしたのか、何を拒んだのか、キリスト教信仰をどの程度まで変化させたのか。またカトリック教会地域とプロテスタント教会地域では、農民信仰はいかなる差異をみせるのか。今日も農民信仰のなかに見られる個々の名残は、教会諸派のいかなる相乗に由来するのか。

シュヴィーテリングは〈歴史的形成体〉としての農民存在に強く留意するのであるが、その場合歴史的には18世紀に重点をおいていることが特色である。なおこの方法論考において多くの頁を占めるのは、農民の家屋や衣装などをめぐる実態の指摘である。すなわち、フォルクスクンデの形成過程が必然的とした先入観を払拭して、現実を直視することを説くのである。1927年の方法論考自体はそれ以上には進んでいないが、1930年代を通じてシュヴィーテリングの学派は〈歴史的・社会学的〉観点からフィールドワークを推進したことに特徴的で、特にドイツ中部地域を対象にした農村研究が知られている[193]。またその方法論に言及した後の学史解説には、シュヴィーテリングが民俗学に〈参与観察〉(participant observation) を導入したことに言及している[194]。そうした方法論と密接に関係して、シュヴィーテリングは民俗学の対象を農民に限定したのである[195]。

　　最後に、私の見解を一言でまとめよう。私が考えるフォルクスクンデは、国民の生業活動の面からみたドイツ農民の研究であり、歴史家と社会学者の課題である。

　シュヴィーテリングが師表と仰いだのは、ユストゥス・メーザーであった。現実の農民の直視と社会政策への関与にメーザーの特質を見る限りでは、シュヴィーテリングの論説はよく符号するのである。

ヴィクトル・フォン・ゲラムプ
　次にヴィクトル・フォン・ゲラムプ（Viktor von Geramb 1884-1958）である。オーストリアのシュタイアマルク州の世襲貴族の出身で、研究拠点はグラーツ大学であった。その論考『ドイツ・フォルクスクンデの境界・課題・方法について』は1928年に発表されたが、シュヴィーテリングへの反論という性格にある[196]。シュヴィーテリングがハンス・ナウマンやアードルフ・シュ

パーマーといった同世代の俊秀に反撥したのとは対照的で、彼らの業績を多とする論旨である。

参考までに言い添えれば、民俗学におけるゲラムプの初期の研究で注目すべきは、農民家屋研究である。因みにシュヴィーテリングもまた農民家屋研究を手がけた人である。ゲラムプのそれは、出身地域の家屋形態でもあり、またドイツ系の家屋の原型のひとつとして知られるいわゆる〈煙部屋家屋〉（Rauchstubenhaus）の研究であった[197]。それは1920年代の末に、オーストリア民俗博物館の主宰者アルトゥール・ハーバーラントとの間で〈煙部屋家屋論争〉に発展した[198]。煙部屋とは、厨房でもあり居間でもある一室を中心にした農民家屋の形式で、必ずしも粗末な施設ばかりではなく、大きな屋敷となることもある。またドイツ人のあいだの食卓の配置の基本はこの種の居室において形成されたともみなされている。問題になったのは、煙部屋の起源で、それがゲルマン人の発案にかかるのか、それとも近隣の他の民族からの移入かという点であった。ゲラムプは、スラヴ人起源とする説の代表者であった。ドイツ人には東方進出の歴史があり、またその第一次大戦の結果、歴史的な成果を喪失したとのわだかまりがあったが、シュタイアマルク州のようなドイツ人とスラヴ人の並存地域では、長い歴史のなかで蓄積された智恵もなくはなく、とりわけその支配層の家系に属する者のなかには、優越感と共に偏頗な民族主義に対しては抑制がはたらく場合があったようである。

ナチス・ドイツとの関わりでは、ゲラムプは、ナチスがオーストリアを併合したいわゆる〈併合〉（Anschluß）には積極的な推進者であった。しかしナチスの進駐と社会の要所への人員の配置が進んでその実態に接するや、新体制の粗暴と浅薄に呆れると共に軽蔑もして、数か月後には社会活動のすべてのポストを棄てて、祖先の居館に引退し、僅かにグラーツ大学へ出講するだけとなった。それゆえナチ体制への抵抗者とは言えないが、保守的な良識者であった。また戦後、ドイツ系の民俗学が壊滅の危機に直面したときには、リールを指標として再建を構想する代表者となった。リールの克明な伝記は、戦後の大きな業績である[199]。さらに晩年には、青年期から手がけてきた家屋

研究を基礎に野外博物館の実現に尽力し、それが後に、今日のオーストリア野外民俗博物館に結実した[200]。

ヴィクトル・フォン・ゲラムプの経歴を多少挙げたのは、その論争へ関わり方への対比のためである。一口に言えば、ゲラムプの議論はそれ自体としては積極的な意味がほとんど認められない。それは一連の論争が終盤となった指標と見ることもできる。しかも、理論課題の面では遂に解決を見ずに終わることになる論争の終盤である。

なお論旨を取り上げる前に枝葉末節の事項にふれると、先のシュヴィーテリングの議論のなかでは、論争術もからんでのことであろうが、ドイツ語のVolkskundeが英語のfolkloreの訳語であるとされていた。これについて、ゲラムプはVolkskundeは1858年にリールが英語から翻訳したものではなく、既に〈リールが生まれる前の1812年にオーストリアにその例があり、また1822年からは帝国ドイツでも使用例がある〉こと、のみならずそのときのフォルクスクンデの意味は後世の民俗学とほぼ重なることを指摘した[201]。因みに前者は、国民経済学が未だ内帑学の色合いを残していた時代のオーストリアの財務官僚ヨーハン・フェーリックス・クナッフルによる実地調査と統計記録を指し、今日では民俗学史にとってエポックを画するものとして知られているが、それを一般知識にしたのはゲラムプ自身であった[202]。さらに言い添えれば、Volkskundeの用例はその後も遡及がなされており、目下は1782年の事例が報告されている[203]。

そこで本論であるが、フォン・ゲラムプの議論は、特に先鋭なものではない。むしろシュヴィーテリングがことさら事を荒立てているかのようにみなし、抑えようとする姿勢で顕著である[204]。

　　地理学に対して〈背骨の欠如〉が非難されたことがあった。〈自然科学の危機〉や〈心理学の危機〉が叫ばれたことも一再ではなかった。他の多くのディシプリンにおいては、発達のなかで研究システムは、何度も、はげしく変化してきた。いかで、ひとりフォルクスクンデの永劫の非難に

あたるべき。否、全ての学問の全体の生命の中で、それは日程にのぼっている。シュヴィーテリングは、フォルクスクンデが〈学問的な背骨〉を欠いているとし、それに対比して〈文献学が書記伝承の解釈において〉具える〈堅固な作業核〉に言及した。その文章の当否はもとより文献学徒の議論に委ねるほかない。しかし私が思うに、そこにはフォルクスクンデとは相対的に異なった事情がある。例えば、ヤーコプ・グリムの〈作業核〉とカール・ラッハマンのそれが同じであったとは見えないのである。

ヤーコプ・グリムとカール・ラッハマン、両者ともに歴史に残る文献学者であるが、両者それぞれに〈作業核〉を持っていたとの文脈は、シュヴィーテリングが民俗学のディシプリンである所以を問うたことを、正面から受けとめてもいず、急迫感を共有してもいないのである。そこで、それぞれの〈作業核〉を列挙するところへ話題は進められていった[205]。

　フォルクスクンデの学問的な〈作業核〉を、駆け足でたどってみよう。18世紀と19世紀の初めが知っていた諸概念は〈commune natura delle nazioni〉(1725)[訳注1]、〈ésprit national〉(1750年頃)[訳注2]、〈Seele des Volkes〉(1780年頃)[訳注3]、〈Volksseele〉と〈Volksgeist〉(1800年頃)[訳注4]、〈Idee der Nation〉[訳注5]。カール・ヴァインホルトとシュタインタールは〈Volksbewußtsein〉と言い、ホフマン＝クライヤーは〈vulgus in populo〉と言い、またそれをアルブレヒト・ディーテリヒはドイツ語で〈Mutterboden der Kulturnaition〉と言い直した。さらに、ハンス・ナウマンの作業核については、シュヴィーテリング自身が美しくも巧みに〈フォルク・ゲマインシャフトのなかの上層と下層の力の相互作用〉と言い表した。もっとも、シュヴィーテリングはそれを自分自身の研究領域の限定する上での定式である〈国民の生業のなかでのドイツ農民の研究〉に対立するものとして挙げたのであったが。

［訳注：術語と関連した人物］
1：ジャンバッティスタ・ヴィーコ
2：ジャン・ジャック・ルソー
3：ゴットフリート・ヘルダー
4：初期ロマン派からグリム兄弟、ヘーゲル、ヴィルヘルム・フォン・フンボルト
5：特定はできないが、ユストゥス・メーザー等

ここに挙げられた術語のうち、特に後半のそれは、それぞれの論者が論争のなかで提唱し、他とは相容れないことを説くことに力点を置いたものであった。またそれらは、前半の早い時期の術語の問題性とそれが及ぼす重圧を意識するところに、後続の世代が反発した所以があったのである。しかしゲラムプは、それぞれの術語の間の緊張した関係には無頓着であった。ただ、大まかな内容の違いだけで区分するのである[206]。

フォルクスクンデの作業核として上に挙げた名称はいかにも多様ながら、それらのすべての間には深いところで共通性がある。それは改めて通読するだけでも、見てとることができる。先ず初めに、最初のグループ（ésprit naitonal, Volksgeist, Idee der Nation, Volksewußtsein）と第二のグループ（vulgus in populo, Mutterschicht der Kulturnation, Wechselspiel zwischen Ober-und Unterschicht, deutsches Bauerntum im Haushalt der Nation）の間には亀裂があるが、やがて2グループのどちらにも内的な親近性があることが明かになる。そこで、この二つの物の見方のジュンテーゼを見出せるかどうかとの問が立てられる。言い換えれば、ヴルグスとその活動ならびにその娘層から〈フォルクストゥームの核心〉、〈フォルクスゼーレ〉に学問的にいたることは可能であろうか。

また他の論者がその内容をめぐって角を突きあわせた〈プリミテイヴ〉は〈プリミティヴィテート〉についても、論者たちがそれにこめた意味の違いを重く見ようとはしない[207]。

問題となっている文化物象が〈プリミテイヴ〉になればなるほど、〈ナショナルな特性〉が認識される度合いがより少なくなることは疑えない。〈文物〉のプリミティヴィテートであれ、〈精神的表出〉のプリミティヴィテートであれ、〈プリミティヴィテート〉のなかに深くもぐってゆけば行くほど、〈古ヨーロッパ〉の共通性に到達し、またさらに深く突き入るなら、遂にかの――エスノジー、民族心理学、そして（もっともそれらが文化国民のヴルグスのなかになお生きつづけている限りだが）フォルクスクンデにもたっぷり頭をしばらせた〈エレメンタール〉で全人間的な現象に到達する。

同じことがらは、逆の方向から見れば、次のようになる[208]。

　これは何人も否定し得ないであろうが、自然な仕方で、また論理的に、この事実に対置できることがらがある。〈プリミティヴィテート〉の深みから個々人が差異をなす〈より高次の文化〉へ上昇すればするほど、あの霊妙な共通性は後退して特殊性に譲ることになる。その区分をなぞるなら、初めは諸民族のグループという特殊性が（例えばインドゲルマン民族）、次いでフォルク、さらに部族、そしてふるさとになり、最後は個々の人間になる。この図式では、片や、原始人間のプリミティヴィテート、他方、最高度に発達した個性文化という両極ができることになる。

　要するに、基底に向かって下ってゆくと、プリミティヴィテートの度合いが強まり、最後は、国民でも民族でもない人間の共通の元素的な様相の局面になる。逆に上昇の道をたどると、個別性は細分化に向かい、最後は個性に行き着くという図式である。そうなると、そのプリミティヴィテート（プリミティヴィティ）と個性の二つの極のあいだには広大な中間領域が介在することになる。それをゲラムプは〈中間全域〉（Zwwischenganzes）と呼ぶと共に、それへの接近が二通りあると言う[209]。

この〈中間全域〉のいずれの部分も、学問的には二つの側面から観察しなければならない。すなわち、上からと下からである。上からの観察をおこなうのは、歴史学、文献学、文化史、宗教史、等々である。しかし、フォルクスクンデの課題は、下からの学問的考察である。

　下から接近する場合、どのような光景が見えるのであろうか。因みに、上から下へと見る場合には、個体や人格を基準にして観察であるために、それは勢い、個体や人格の痕跡を追跡することになる[210]。

　下からの局面が何にも増して示すのは、——既にアルブレヒト・ディーテリヒが大変美しい言い方をしていたが——どこでどのように〈歴史的文化がフォルクの母層から生成する〉かである。言い換えれば、その局面は、〈フォルク・ゲマインシャフトのなかの母層と娘層のあいだの相互作用〉の運動の場を示すのである。先に描いた図式から明かになるように、この運動場は、上層の中間全域とは反対に、個体文化の諸現象としてよりも、むしろゲマインシャフトの諸現象として保持されている。そこで、後者（＝個体文化の諸現象）は、ただ〈浸透現象〉として、すなわち〈沈降文化物象〉としてのみ、また母層のゲマインシャフトに形をあたえるという仕方においてのみ意味をもつことになる。なぜなら、ここでは、個体の特殊性は全体性とは対照的に著しく萎んでしまっているからである。それに対して——再び下からの力として——悠遠・太古の全体性を宿した共通のもの、すなわちインドゲルマン、〈古ヨーロッパ〉、それどころか対立する極域の〈プリミテイヴな領域〉の全体性もまたその力の波動をおくってくるからである。……

　もっとも、プリミティヴィテートが自然民族の概念であるか、文化民族のなかにも措定し得るかとの問題に対しては、ゲラムプは用心を怠っていず、

基底である〈母層〉(Mutterschicht)と、そこから中間域に向けて発達した〈娘層〉(Tochterschicht)というアルブレヒト・ディーテリヒの術語を用いながら、次のような説明を加えている[211]。

> 文化国民に着地したヴルグスは、それ（＝ヴルグス自身）の娘層からの千年にも及ぶ影響によって、〈自然民族〉——これは娘層を作らない——の絶対的にプリミテイヴな人間集団とはまるで違ったものになってしまった。そうした上層をもたないプリミテイヴ・ヴルグスには、〈母層〉の名称をあたえることは決してできない。そこには、フォルクスクンデにとって主要なもの、言い換えればそれによってフォルクスクンデが民族学や民族心理学から相対的にだけでなく絶対的に区分されるものが欠けている。それは、母と娘の関係、すなわち〈相互作用の運動の場〉である。

これらによって知られるように、ゲラムプは、論争を戦わせた論者の基本的な術語をほぼ満遍なく取り上げて、それを図式のなかに配置している。民俗学が取り組むべき領域として、上下両極のあいだの広大な中間域を特定し、しかも自然民族のプリミティヴィテートを排除する理論も用意している。まことに整合性に富んだ図式である。となると、遂に問題が解決されたのであろうか。それとも、論争は、先行する論者たちがここまで大局を見ずことをせず、細部に拘ったが故の踏み迷いであっただろうか。

実際には、その図式は無理をおかしているのである。無理解、あるいはすり替えと言ってもよい。すべてが整合的に配置できた秘密は、基層として〈霊妙な共通性〉を想定したことにあった。そもそも論争は、Volksseele や Volksgeist といった概念が成り立たないしの疑念からはじまったのであった。それゆえ、ヴルグスへの着目に進んだのであるが、下層を意味するヴルグスは、安定した基層ではなく、不安定で受動的一方の集合と考えられたのである。ましてや、それは生成因ではなかった。生成は、上層の特質であった。

これに対して、Volksseele や Volksgeist の後進ないしは言い換えとも見え

るような基層の想定が繰り返し行なわれた。ゲマインシャフト、あるいはプリミテイヴなゲマインシャフトといったものである。しかしそうした論が出ると、たとえばプリミティヴィテートの術語に隙があったりして、反対論者の分解の対象となった。そうして議論は進んできたのである。ところが、フォン・ゲラムプは、下層に位置づけられるものを押しなべて安定的な土台で、生成因でもあるように位置づけた。そのトリックの際立ったものを特定するとすれば、ホフマン＝クライヤーの〈ヴルグス〉をアルブレヒト・ディーテリヒの〈母なる大地〉(培養土)と同致させたときになるであろう。今、引用したパラグラフの締めくくりは次のような表明である。

　　この点で、〈ヴルグス・イン・ポプロー〉を〈文化国民の母なる大地〉と訳して、学問全体に美と深みをもたらしたのはアルブレヒト・ディーテリヒであった。

　元来相容れない二つのものを重ねるトリックを弄しているとの意識は、ゲラムプにはなかったであろう。とすれば、論争の発端の動機が怪しくなり、初期の緊迫感が持続しなくなっていたということでもある。論理に巧みな者や、良心的な論者のあいだですら、〈霊妙な〉母層を想定してそこに安らぐことに拒否を覚えない風潮が見える事態も、それを証している。終盤の様相であった。

11. ホフマン＝クライヤーの1930年の介入

　ハンス・ナウマンの登場を機に、論争の発端を担った人々よりも若い世代が関わってきた様子をたどった。初期の設問が解決されたわけではなかったが、論調は変質していた。かつて論争者たちに共通であった問題意識も、必ずしもそうは受けとめられなくなっていた。サイクルが終りに近づいていた

ことになるが、もし締めくくりに相応しい人物がいるとすれば、それは口火を切ったエードゥアルト・ホフマン＝クライヤーその人であろう。果たして、老雄は、再度、口を開いた。論争の世代を継いだ中心的存在となっていたハンス・ナウマンに対してである[212]。

すでに見たように、ナウマンはホフマン＝クライヤーの二層論、とりわけ上層で創出された文化物象の下層への流下の理論を極力受け入れることを自説の骨子としていた。しかし、ホフマン＝クライヤー自身にはそう映らなかったらしい。もとより、不満は、他の後進たちにも向かっていたであろうが、論は、ハンス・ナウマンに絞って行なわれた。その一世を風靡した、しかし問題をはらんだ概念〈プリミティヴな共同体文化〉に対してである。そうした概念を差し挟むこと自体が、すべての文化物象の発生を創造的な個体にもとめ、個性から非個性への流れ下りに民俗現象をみたその主唱者には許容できなかったようである。

ちなみにホフマン＝クライヤーの介入の状況を的確に再現し、評価したのは、インゲボルク・ヴェーバー＝ケラーマンであった。そのよく読まれてきた簡便な学史解説には「ハンス・ナウマンと〈沈降した文化物象〉論」の一章が設けられている。全体で10章の解説書であるから、ハンス・ナウマンをめぐる動向が民俗学史に占める比重のほどをうかがわせる。しかしヴェーバー＝ケラーマンはハンス・ナウマンを肯定的に評価するのではない。その過誤を明るみに出す立場から叙述したのである。またそこで対照的に高い評価を受けたのは、ヨーン・マイヤーであり、ホフマン＝クライヤーであった。その箇所を以下に引用する[213]。

　　（ハンス・ナウマンの『民俗学概論』は）、学問的な武装という面では、ありふれた文献一覧表をそなえているにすぎず、きわめて一般的な読み物であったが、その簡潔な記述は、ネオロマン派や神話学派の解釈原理を一掃するエネルギーを秘めているかの観を呈した。殊に文化の相対性という歴史的現実を踏まえた視点は、何人にも啓発の光を投げかけた。上

層に起きたいかなる変化も、民俗現象に変化を惹起するとの表現も、まことに魅力的で、革命的な作用を及ぼした。しかし民俗学の専門家たちのあいだからは、ナウマンの理論への反駁の声が一斉に挙がった。とりわけ激しい批判が向けられたのは、下方への動きというスローガンじみた、文化メカニズムについての一方方向の見解に対してであった。

　高低二極論へのナウマンのアンチテーゼは、先行するヨーン・マイヤーとエードゥアルト・ホフマン＝クライヤーの業績を除いては考えられない。しかし他ならぬそのホフマン＝クライヤーが、30年に及ぶ偏見なき民俗研究の後、今、ナウマンの粗削りな二層分割論に攻撃を加えた。〈上層〉と〈下層〉に代えて、ホフマン＝クライヤーは、分立性・独立性の強い個体が創り出す集団という名指し方を選び、さらにまたあらゆる集団形成、延いては民俗性とは、要するに適応進展の結果であるとして、民俗衣装を例にとって論証した。個体と大衆とのあいだの相互作用の具体的な様相を、彼は3種類の段階に区分した。第一は、文化的事象が個体によって案出される段階、第2は所与の民俗現象を個体が担い受ける段階、第3は所与の民俗現象を個体が改変する段階である。したがってホフマン＝クライヤーの論説では、民俗事象においても個体が代表者となっている構図に力点が置かれた。またその観点に立つなら、〈プリミティヴな共同体文化〉と〈沈降した文化物象〉の区分は重要ではない、とも敷衍した。〈個々の人格による個体的な創造の産物が幅広い民衆層に浸透してゆくことは、夥しい事例において見ることができる〉と記して、その論考をしめくった。〈如上の摂取が起きる度合いはさまざまである。オリジナルな所産と寸分違わぬ形態が維持されることもあれば、より頻繁にみられることだが、変形が起きることもある。この変形は、下層の嗜好に照応して起きることもあれば、あるいは他の既存の民俗事象との混合によって起きることもある。しかしいずれの変形も、それはいずれかの個体が代表者として介入した結果に他ならない。そこでは、個体性の貧弱な大衆が、卓越した個体に合わせて行なう適応が、殊のほか明瞭にあらわれている。しかしそ

うした推移は、高次の文化事象がより低次の層に沈殿する動きにおいてだけみられるのではない。いわゆる上層の内部、同じくいわゆる下層の内部でも起きるのである。それを理解する上で釈然としないものが残るのは、その個体が具体的に何処の誰というようには知られていないからである。〉……

　かくしてホフマン＝クライヤーは、民俗学の根本命題をめぐる議論において、２度までも決定的な介入をおこなった。今世紀の初頭には、フォルクスゼーレの社会的な力は改変力にあるとする教説をたずさえて、無名のフォルクに宿る想像力という観念をつつんでいたロマン派のヴェールを引き裂き、同時にまた自然科学に由来する機械論的な思考の重圧をも疑問に付した。30年後、ハンス・ナウマンが他ならぬその教説を極度に単純化し、文化メカニズムを上から下への動きに限定するに及んで、それを厳しくたしなめた。……

　このように、ナウマンの粗雑な、しかし世間受けのした理論に老雄が鉄槌を下した様子を、ヴェーバー＝ケラーマンは共感をこめて描写した。たしかにナウマンの言説が単純で浮薄なものであるだけに、この解説には説得性がある。しかし、ヴェーバー＝ケラーマンの解説にとどまることなく、当のホフマン＝クライヤーの論考そのものを読み、さらにそのいずれをも突き放して観察すると、意外な実態が見えてくる。ここに引用した文章は、ホフマン＝クライヤーの論説もヴェーバー＝ケラーマンの解説も、抽象的な表現であり、一般理論の体裁をとっている。どんな思惑や材料であれ、理論的な表現になると、いかにも尤もに聞こえることがあるが、この場合が正にそうである。ホフマン＝クライヤーは、複雑な民俗現象に走る創造性のある個体と、それへの大勢の者の順応を口を酸くして説いた。理論の形態で言われる限りでは、それもまた一理がある。しかし、その具体例としてホフマン＝クライヤーが挙げている実例はどうであろうか。先に、リトアニアの農民たちの生態についてのナウマンの文章を引用した。それは正に噴飯物であったが、ホ

フマン＝クライヤーもまたその箇所に注目して切り込んだ。そして次のように言う[214]。

　〈リトアニアの村の農民たちが最寄りの町に立つ市へ出かける様子は、さながら蟻の行列である。誰が誰であるかは、他所者にはまるで区別がつかない。……市のなかを巡り歩くのも群れをつくってであり、全員が単一の動きに包摂されている。意図や思念といった心の動きまで同一である。一人笑えば全員が一緒に笑う。一人が罵ると、誰もがそれに続く……彼らは群れで思念し、群れで行動するのである。〉　正にその通り。《一人が笑う！》、《一人が罵る！》、すなわち、一人が笑い始めなければならないのだ。一人が罵り始めなければならないのだ。この一人が個体である。ともかくも傑出した個体なのであり、他の人々はこの一人に順応するのである。

　先の一般理論を開陳する上で、ホフマン＝クライヤーが思い描いていた具体的な状況とは、こういうものだったのである。大勢のなかの一人がはじめた言動が波及することと、個人主義（Individualismus）とは、何の関係があるのであろうか。妄執と言うべきか、ここまで無理をして個体にこだわり、さらにそれを一般理論に置き替え、学術論文のスタイルに直してゆく様子は、いささか滑稽でもある。だからとて、ホフマン＝クライヤーが耄碌していたわけでもないであろう。この10ページ余りの分量の論考「フォルクスレーベンにおける個体の推進力」も、なかなか力がこもっており、時に鋭利な論調をみせている。この最後のシミュレーションの設定は、論者が馬脚をあらわしたことには違いないが、それはまた個人主義というヨーロッパ思想の原理がどれほど強迫観念となっていたかを示すものと言うべきであろう。

12. 論争の評価

　民俗学とは何かをめぐって20世紀初めの数十年にわたって交わされた議論の主要部分を検討した。もっとも、このフォルク論争の実際は、これにさらに何本もの枝が伸び葉が付くなど、話題やエピソードには事欠かないが、それらを余さず追跡しているとテーマが拡散してしまいかねない。むしろ根幹を把握することが大事なのである。ホフマン＝クライヤーが口火を切ったところから始め、30年近く後に再びホフマン＝クライヤーが関わったところまでを枠組みにしたのは、そのためである。またその限りでは、かなり詳細に検討を加えることになった。事実、それだけの手間をかけるだけの意味はあったであろう。ドイツ語圏の民俗学の展開における本質的かつ本格的な論争だったからである。しかし論争の全体をどう評価するかとなると、また別の問題になる。これまでの検討のなかでも何度か指摘したように、その論争は生産的でもレベルの高いものではなかった。当時の一流の知識人が力を傾けてかかわったにも拘わらず、である。その理由もこれまでの検討のなかで指摘しておいたが、あらためて概括的に述べれば、次の諸側面を挙げることができる。

　もともとこの論争は、ロマン派が指定した〈フォルクスゼーレ〉や〈フォルクスガイスト〉といった全一的な概念の呪縛を打破しようとするところから始まった。しかしフォルクスクンデ（これを今日の民俗学に限定することには留保を要するが）は、本来、多数者の思念や行動にかかわる専門的な理解である。しかもその現象は、一般に文化的と称される諸現象に比べて因習的な性格を示し、それゆえ低次元と受けとめられ勝らであった。具体例を言えば、詩歌に対する歌謡であり、芸術的な絵画や彫刻とは異なる民家の柱の装飾であったり畜舎の壁の呪術的な画像であった。それを無理なく把握する理論が必要であったわけであるが、そこには幾つもの障碍が横たわっていた。しかも障碍にぶつかったのは、論争にかかわっていた人々の立脚点の故でも

あった。論争者たちは、いずれもドイツ社会の教養人士であり、土俗的な文物に興味は持ちえても、共感に行き着くには距離の意識が抜けなかった。もっとも、彼らも、時代の然らしめるところとして教養に対して呪詛を投げかけてはいたが、それを棄てて他に立地をもとめるには至らなかった。

　ロマン派の世界観の特異な性格も、問題を正面からとらえることに妨げとなった。ロマン派の民俗学は、現行の民間習俗をキリスト教の彼方に接続するものと考えた。それは、長くヨーロッパ文化のバックボーンとなってきたキリスト教会を一旦横におき、そのとき見えてくる幽かな脈絡をさぐる方法上の冒険であり実験のはずであったが、それを冒険や実験として理解するだけの忍耐が持続しなかった[215]。そのため、仮説が定説にすり替わり、推測が定言的な命題として機能した。この歪みを正す道のひとつは、ロマン派が方法的に捨象したキリスト教文化を民俗学に組み入れることであったが、その課題はいずれの論争者にも大きすぎた。論者たちを圧迫した逼迫感もその必要性を痛感する方向には向かわなかった。つまり機が熟していなかった。それゆえロマン派の全一的な概念の空疎であることは認識しても、それを捨て去れば立脚点が失われ、守れば現実から遊離するというジレンマが生じたのである。勢い論争は、ロマン派に立ち返るのと、ロマン派の呪縛を逃れて立脚点を喪失することの堂々巡りとなっていった。

　これらの諸点はいずれも民俗学の拠って立つ所以を問うものであり、正面から取り上げるなら、それはそれで得るところがあったであろう。ところが議論は、それらを直視するかたちで進んだのではなかった。民俗的な諸現象が精神文化財である以上、それがどこに胚胎するかという起源問題に議論は集中した。それゆえ、ロマンティカーたちが根源的で全一的な概念を措定したことを百八十度覆す対抗的な主張が力をもった。ヨーロッパ文化の根本としての個性原理という自己認識に立脚した主張であった。すなわち創造は個性のわざであり、個性は創造者であるがゆえに尊いのである。しかし民俗的な諸現象はどう見ても、創造されたものの輝きをもたなかった。使いふるされ、模倣され、出自は曖昧であった。生成から程遠く、色褪せており、創造

者たる人間の尊厳の落魄する姿と見えたのである。ヨーン・マイヤーの〈民衆歌謡は芸術歌謡の難破船である〉との命題は、歌謡の分野だけのことではなく、民俗文化が本質的に創造物のなれの果てであるとの認識に他ならなかった。そうした言い方自体が、ロマン派の世界観からの脱出行が必死の決意を要したことを証していたことは明らかであり、冷静な把握と見えながら、その実、情動が勝っていたのである。見ようによれば、個性原理という文化伝統の根幹が強迫観念となっていたがゆえの事態であった。

　それもあって民間の伝承財が個性的でない故の指弾の度が過ぎると、次には一転して伝承財が掛け替えのない価値をもつとする見方が擡頭した。それまた熱病的な様相を帯び、民衆性への闇雲な跪拝となっていった。論争は、畢竟、その両極のあいだを揺れ動いたのである。

　しかもドイツ語は、〈民衆的・土俗的〉という様態を適切に言い表す術語に恵まれず、19世紀になってからの造語である〈volkstümlich〉が跋扈するのを許してきた。もっとも、それは親の悪行が子供に祟ったという体のもので、元を質せば〈Volk〉という得体の知れない集合名詞の問題性から生じたのである。〈フォルクスクンデとは何かという議論に疲れると、要するにフォルクに関する学であると言えば、分かったような気になるのであった〉とは、後世から見た批判で、言い得て妙である。しかしその後世の論者にしても、問題を過不足なく捉えたかとなると、それまた疑問である[216]。むしろ、こうした難問は部分的には、その後のナチス・ドイツの支配とその瓦解、そして民主主義社会の進展のなかで解消していったとみることができる。社会的な動向から言えば、その間に市民社会が成熟したということであろう。理論的な整理が遂になされないままに問題の迫真性が薄れていったという意味では、時が解決したのであって、必ずしも学問が解決したのではなかったのである。

　そして今日、私たちがこの論争を振り返るには、幾つかの意味がある。第一には、この論争を巡るこれまでの紹介が正確ではなかったことである。部分的な情報不足をきたしていたことでなく、頭から読み違えていたのである。

　第二は、論争の推移を見ると、それは、ヨーロッパ文化のなかでしか起こ

らない種類の議論であったことが分かることである。さらに言えば、ドイツ文化に特殊な要素が表に出ているとしても、基本はさらに広く西ヨーロッパの知識人に特有の思考によってそれは推移した。西ヨーロッパの外からみると、設問のあり方も手順も、果たして課題に照応しているであろうかとの疑問が避けられないが、その形以外にはあり得ないところにヨーロッパ文化の特質があるわけである。因みに、以後の民俗学の理論作業にも、それは継続されていった。直線的な延長線上ではないにせよ、ドイツ語圏の民俗学がもう一度理論的な洗い直しを必要とした第二次世界大戦の直後から約四半世紀の時期にも、ここでの議論の成果(いうより挫折)が土台になったのである。その点では、この論争に目配りをしておくことは、以後の学史を知る上でもほとんど不可欠と言ってもよい。

　意味の第三は正にその点に関わっている。すなわち、民俗学の理論作業が負っている宿命である。民俗学は、言い方は多様ながら、ともかくも〈下層〉の文化、〈低次〉の文化、あるいは〈ありふれたできごと〉あるいは〈日常文化〉[217]を相手にする。しかもそれを内在的なところに立脚点をもとめておこなおうとする。ところが対象が〈ありふれたできごと〉であり〈日常〉であるとは、何らかの特定の契機による展開ではあり得ないということである。因みに、文化とは通常は高次文化の謂であるが、それは特定の領域において展開を遂げた形態である。ところが〈ありふれたできごと〉は、諸契機が選択されることなく並存し、いずれも展開し得ないのである。かかる位相において文化を観察する課題を、民俗学は負っている。しかもそれを内在的に観察するのである。しかし内部から始めると、内部にはたらく脈絡に観察者が囚われてしまう。ミイラ取りがミイラになるのである。仮に外部に立脚点をとれば、客観的な把握に近くなり、またその表現は普遍的であるかも知れない。それはしばしば民俗研究者がもとめたものであった。本稿で取り上げたホフマン＝クライヤーの〈血統民俗学〉に対する〈一般民俗学〉は、そのあたりの事情を示す素朴な事例でもある。古代ギリシア人の間の風をめぐる俗信を理論化することを説いているが、大事なのは俗信に走る内部論理なので

あって、航海術の合理的把握の前段階などと言ってしまえば、何の意味もない。それは究極のものへの還元ではなく、他の領域への平凡な移し変え以上ではない。因みに、文化人類学は、元々、西洋文化が地球上の多くの異文化を観察し、それら西洋文化の論理で整理することを目的として始められたところから、外部からの観察には秀でている。またその表現は普遍的でもある。ブラジル先住民の文化もアジアの諸民族の文化にも、同じ基準と術語を用いて比較することができる。ところがいずれ文化圏も、他の文化圏には対応するものが見当たらないような脈絡をそなえている。日本で言えば、ハレとケとケガレなどは（この三組の概念が民俗や伝統を正しく言い当てているかどうかは別として）、よほど図式化するのでない限り、また部分的に強調するのでない限り、それと照応するものは他の文化には見出すべくもない。そうした民衆文化や日常文化における微妙で他所に類例のない脈絡を問うところに民俗学の特質がある。それは、起源の点では西ヨーロッパから見た場合の種々の異文化を普遍的な術語で理解し、それゆえ複数の異文化を対比することもできる文化人類学とのディシプリンとしての差異でもある。別の面から言えば、それゆえ、民俗学にはナショナリズムや大小様々なパトリオティズムに呑みこまれたり独り善がりに埋没する危険がある。他方、文化人類学には西ヨーロッパ文化の外部の諸文化を十把一絡げにして論じてしまう単純化や、クイズやゲームさながらのモデル設定を弄ぶ危険があることになる。とは言え、両学の特質を比較するのは、ここでの主眼ではない。ドイツ語圏の民俗学が、専門学として形成されたとき以来の最大の理論題にぶつかり、その突破に苦しみ、遂に突破し得なかった様子をつぶさに振り返ることが、ここでのテーマであった。それを見た後でなら、やがてナチスムが時代を席巻するに至ったとき、そこで起きた事態の大まかな構図を予想することは困難ではないであろう。しかもその推移は、決して過去のことがらばかりではなく、また特殊な文化圏の特殊な時期の出来事であるにもかかわらず、間接的には私たちにも設問を投げかけている。文字通り、他山の石なのである。

注

1) この論争を構成する主なドキュメントは次に収録されている。"*Volkskunde. Ein Handbuch zur Geschichte ihrer Probleme*", hrsg. von Gerhard Lutz. Berlin [Erich Schmidt] 1958.

2) 数種類の言及のなかで、関敬吾氏が次の論考のなかで「民俗学における本質論争1900-1920年代」として紹介されたのはその最もまとまったものであり、資料面でも充実している。参照「独・墺の民俗学の歴史と現状」(民俗学体系第1巻『民俗学の歴史と方法』平凡社1960年所収、p. 81-116, 特に p. 82-94)。もっとも、その記述は分かり難いが、それは、論争全体を「(2) 記述・歴史的および比較歴史的方法」「(3) 文献学的傾向」「(4) 諸方法の統合」というように民俗資料の取り扱い方の種類や差異と理解しておられること、またオイゲーン・モーク以後の展開を統合とみなして問題が解決されていったかのように理解しておられることによると思われる。この論争はロマン派を克服しようとする新しい世代の試みであり、またその挫折でもあったという観点を欠いては理解し辛くなるところがある。

3) 経歴そのものを詳細にあつかっているのではないが、ホフマン＝クライヤーが逝去した年に、その民俗学への貢献を回顧したハンス・ベヒトルト＝シュトイブリの追悼文が『スイス民俗学アルヒーフ』に掲載された。参照、"*Eduard Hoffmann-Krayer (5. XII. 1864-28. XI. 1936). Erinnerung an meinen Lehrer und Freund*", von Hanns Bächtold-Stäubli. In: Archives suisses des traditions populaires. Tome 35 (1936), I-XV. (after p. 240).

4) リールのこの講演も (注1) の文献に収録されている。他にもこの論考は数種類の復刻がなされている。

5) Eduard Hoffmann-Krayer, *Volkskunde als Wissenschaft*. In: Volkskunde. Ein Handbuch zur Geschichte ihrer Probleme, S. 43.

6) Eduard Hoffmann-Krayer, a. a. O. S. 45.

7) Eduard Hoffmann-Krayer, a. a. O. S. 46.

8) Eduard Hoffmann-Krayer, a. a. O. S. 47.

9) ヴィルヘルム・マンハルトは、上古の宗教事情を復元するにあたって、高次文化の所産である〈高い神話〉(Höhere Mythen) と伝承に根ざす〈低い神話〉(Niedere Mythen) の区分を導入した。術語の作り方の面では、中世抒情詩の基本概念〈高いミンネ〉と〈低いミンネ〉にヒントを得ており、ゲルマニストらしい着想である。参照、Wilhelm Mannhardt, *Wald- und Feldkulte*. 1870-72.; またヨーン・マイヤー

については、本稿の第 5 節をを参照。

10) Eduard Hoffmann-Krayer, a. a. O. S. 49.
11) これについては、次の事典の拙文を参照、項目「世界民俗学文献目録 *International Folklore and Folklife Bibliography*」(『日本民俗学大事典(上)』吉川弘文館 1999 年, p. 999)
12) Eduard Hoffmann-Krayer, a. a. O. S. 59-60.
13) Eduard Hoffmann-Krayer, a. a. O. S. 54.
14) Eduard Hoffmann-Krayer, a. a. O. S. 56. ; なお引用された文言は、ゲーテの著名なエッセー『ビンゲンの聖ローフス祭』(*St. Rochus bei Bingen*) からである。1814 年に執筆され 1817 年に『ライン・マイン河畔における芸術と古跡について』の第 3 冊として発表された『ラインガウの秋の日々』(*Im Rheingau Herbsttage*) の「補遺」である。ゲーテの散文の頂点として、エーミール・シュタイガーは〈ドイツ語のすべての文章が消滅したとしても、この一篇から復元することができよう〉とまで評している。またゲーテとキリスト教との関係ではしばしば話題になる作品でもある。翻訳には改造社版ゲーテ全集(實吉捷郎訳)所収や潮出版社版ゲーテ全集第 12 巻所収がある。
15) Eduard Hoffmann-Krayer, a. a. O. S. 58.
16) Adolf Strack, *E. Hoffmann-Krayer, Die Volkskunde als Wissenschft*. In: Hessische Blätter für Volkskunde. 1(1902), S. 160-166.
17) Die Volkskunde als Wissenschaft. Von E. Hoffmann-Krayer. Zürich 1902. *Review* by Alfred Nutt. In: Folk-Lore. Vol. XV. London 1904, p. 116-117. この評者は J. G. フレイザーへの疑問を同誌に何度か載せている。ホフマン=クライヤーの紹介も適切であるが、イギリスでは特に反響を呼ばなかったようである。
18) Adolf Strack, a. a. O. S. 61.
19) かつてはフォルクという均質な集団形成があり、そこにルネサンスによって教養という区分原理が成立したというのは、ロマン派の美学理論家フリードリヒ・テードオル・フィッシャー(1807-1887)がすでにその『美学』において力説していた。すなわちフォルクスリート(民謡)の場合の〈フォルク〉とは何かについて、次のように論じている。〈それは、諸々の身分を、富や権力や権利や生業や品位だけでなく、意識のすべての形式においてまで区分してしまう、かの教養(ビルドゥング)なるものが立ち現れるまでは、国民総休のことであった。詩歌にたいする見方にも差違はなかった。農民も手職者も貴族も聖職者も王侯も、同じ歌謡に魅了

された。ところが区分が浸透した今日、フォルクは、国民のなかの精神的手段
―― 自己自身と世界の意識的・媒介的な把握としての教養が培われるのはこの精
神的手段を通じてであるが ―― から排除された部分のことである。しかもかつ
ては、この部分がすべてであった。それは実体にして母なる大地（die Substanz
und der mütterliche Boden）であった。教養ある諸身分も、その上で生長し、やが
てこれを後にしたのである。〉（Friedrich Theodor Vischer, *Ästhetik oder Wissenschaft
des Schö-nen.* 3 Tle. 1846 - 57, § 891）

20) Adolf Strack, a. a. O. S. 61-62.

21) 日本でも、民俗学の対象としての人間の種類を特定することが課題として意識され
ながら、必ずしも明確な結論には達しなかったという経緯がある。それは特に柳
田国男の〈常民〉の概念をめぐる論議が紆余曲折したことによく現れている。柳
田国男自身がこの問題には苦慮したらしく、多くは〈常民即ちごく普通の百姓〉
あるいは同義語を重ねて〈凡人常民〉とか〈常民大衆〉などと表現していたが、
概念の境界を問われた場合には〈皇室の方々〉も含まれると拡大した説明をほど
こすなどの揺れ動きがあった。参照、福田アジオ『日本民俗学方法序説 ―― 柳田
国男と民俗学 ―― 』（弘文堂、昭和59年）p. 202-235（第4章「常民概念と民俗
学」）、杉本仁『"柳田学"における「常民」概念の位相』（後藤総一郎編『柳田国男
の学問形成』白鯨社1975年所収）、梶木剛『柳田国男の思想』第IV章「常民とい
う概念」（勁草書房 1989）

22) Adolf Strack, a. a. O. S. 63-64.

23) Ferdinand Tönnnies, *Gemeinschaft und Gesellschaft.* 1887. なおテンニエスの著作の邦
訳は次を参照、テンニエス『ゲマインシャフトとゲゼルシャフト』重松俊明訳な
らびに解題 ―― 『ドイツの社会思想』（河出書房新社 昭和41年）所収。; なお初
めはこの両語が対立的なものではなかったことは、グリムのドイツ語辞典によっ
ても知り得るが、これについては次の社会学事典を参照、R. König, *Fischerlexikon
Soziologie.* S. 92. またテンニエスのこの対立図式がポピュラーになったのは 1918
年以後で、その後さらにイデオロギー的に先鋭になっていったことは意味深い。
これについてテーオドル・ガイガーによる次の解説に注目しておきたい。〈ゲマイ
ンシャフトは善なるもの、また神の直接の創造物であり、これに対してゲゼル
シャフトは悪にして、人間によって構成された作り物で、そのなかでは諸個人は
結びつきをもたず、たがいに対置しているのである。この有機的で自生的なゲマ
インシャフトは、細胞としての家族から、紐帯的な結合体を経て、最高に位置する

フォルク全体にまで実現されている。ゲマインシャフトはその形態はさまざまながら、ヴァイマル共和国に欠けているもの全て、すなわち統一性、力強さ、安全性を約束しているように見えた。フォルクにゲマインシャフトを見ようとする叫びは、巨大ゲゼルシャフトの実感のある反発であり、ゲゼルシャフトのこの形態に耐えられないという個体の不能の表現であった〉（Theodor Geiger, *Demokratie ohne Dogma*. München 1963, S. 18 ）。

24) Adolf Strack, a. a. O. S. 63-64.
25) Adolf Strack, a. a. O. S. 63.
26) Adolf Strack, a. a. O. S. 64.
27) Adolf Strack, a. a. O. S. 65.
28) Adolf Strack, a. a. O. S. 66-67.
29) ロマン派と総称される思潮のなかでも関係者の見解には差違があり、たとえばアヒム・フォン・アルニム（Achim von Arnim 1781-1831）は、グリム兄弟とは違って、民謡においても個性や個体の表現意志の要素を重視した。これについては（注74）で言及した。
30) Eduard Hoffmann-Krayer, a. a. O. S. *Naturgesetz im Volksleben?* In: Hessishe Blätter für Volkskunde. 2（1903）S. 57-64.
31) Eduard Hoffmann-Krayer, a. a. O. S. 68.
32) Eduard Hoffmann-Krayer, a. a. O. S. 69.
33) Eduard Hoffmann-Krayer, a. a. O. S. 69-70.
34) グリム兄弟の詩歌論や言語論には植物の生成の比喩が多いことについては、次の論考を参照、Karl-Eugen Gass, *Die Idee der Volksdichtung und die Geschichtsphilosophie der Romantik. Zur Interpretation des Briefwechsels zwischen den Brüdern Grimm und Achim von Arnim*. Wien 1940. S. 38. またこれと並んで、養ったり水をあたえたりする比喩のグループも注目してよい。
35) Eduard Hoffmann-Krayer, a. a. O. S. 70.
36) Eduard Hoffmann-Krayer, a. a. O. S. 70.
37) Eduard Hoffmann-Krayer, a. a. O. S. 70.
38) Eduard Hoffmann-Krayer, a. a. O. S. 71.
39) Adolf Strack, *Der Einzelne und das Volk*. In: Hessishe Blätter für Volkskunde. 2（1903）S. 64-76.
40) Adolf Strack, a. a. O. S. 73.

41）Adolf Strack, a. a. O. S. 73.
42）Jacob Grimm, *Kleinere Schriften*. Bd. 8, S. 304. またこれと同種の発言としては、次のような言い方が一再ならずなされている。〈真正の、それ自体で生産的な均衡は、たゆむことのない創造的言語精神の力のなかにある。その言語精神は、巣にこもる鳥のように、卵を生み落としたあと再び新たに孵化をする。その不可視の支配力を詩人や文筆家は、高揚と感動によって感得するのである。〉(J. Grimm, *Kleinere Schriften*. Bd. 8, S. 36f.)
43）Adolf Strack, a. a. O. S. 75-76.
44）Adolf Strack, a. a. O. S. 76.
45）1902年以来、ドイツ民俗学会の機関誌にはその報告がなされている。参照、*Aus den Sitzungs-Protokollen des Vereins für Volkskunde,* von J. Bolte und O. Ebermann. In: Zs. D. Vereins f. Vkde. Jg. 13. Berlin 1903. S. 126-128, 255-256, 351-352.)
46）民俗学関係の諸団体の成立経緯については、次の学史文献がいずれも部分的に取り上げている。参照、Wolf Krönenkamp, *Die Entwicklung der Ethnologie und die frühe Volkskunde*. In: Ethnologia Europaea. Bd.18（1988）, S.25-52.; Ingeborg Weber-Kellermann u. Andreas C. Bimmer, *Einfünrung in die Volkskunde / Europäische Ethnologie*. Stuttgart 1985（2. erw. u. erg. Aufl.), S. 66f.
47）ドイツ全域を統一的に運営する民俗学の組識が難航し、幻に終った計画もあったことについては、次の文献を参照、Wolf Krönenkamp, *Gescheitert und vergessen:Folgendes aus der Geschichte der Volkskunde*. In Beiträge zur Wissenschaftsgeschichte der Volkskunde im 19. Und 20. Jahrhundert, herausgegeben von Kai Detlev Sievers. Neumünster 1991, S. 171-192
48）諸団体をまとめる頂上組織が1904年に成立したことについては、本節の後続の個所（b以下）を参照。
49）カール・ヴァインホルについては（注52）に挙げた著作の初めに収録された解説が経歴を詳しく紹介している。
50）Karl Weinhold, *Mittelhochdeutsche Grammatik*.1877, Nachdruck:1967 u. a.
51）グラーツ時代にヴァインホルトから影響を受けた人物には中高ドイツ語辞書で知られるマティーアス・レクサー（Matthias Lexer 1830-1892）がおり、レクサー自身も初めケルンテン州のクリスマス歌謡とクリスマス劇の収集など民俗学の調査をおこなった。参照、レーオポルト・シュミット著（拙訳）『オーストリア民俗学の歴史』(名著出版 1992) p. 157.

52) Karl Weinhold, *Altnordisches Leben*.1856. ; 復刊版 : K. W., *Altnord. L.* Bearbeitet und neu herausgegeben von Georg Siefert. Stuttgart 1944[Kröners Taschenausgabe, Band 135] これには編者の詳しい解説が付いている。
53) 参照、定期誌『民族心理学と言語学』: *Zeitschrift für Völkerpsychologie und Sprachwissenschaft*, hrsg. von Heymann Steintahl und Moritz Lazarus. 1860-1888.
54) Karl Weinhold, *Zur Einleitung*. In:Zeitschrift des Vereins für Volkskunde. Jg. 1（1891）, S. 1-10.
55) Karl Weinhold, a. a. O. S. 2.
56) Karl Weinhold, a. a. O. S. 4-5.
57) *Handwörterbuch des deutschen Aberglaubens*. hrsg. von bes. Mitwirkung von E. Hoffmann-Krayer u. Mitarbeit zahlr. Fachgenossen von Hanns Bächtold-Stäubli. 10 Bde. 1927-1936. この事典のタイトルにおいて注目すべきは、〈Volksglaube〉（民間俗信）ではなく、〈Aberglaube〉（迷信）が選ばれたことである。これについて編者が序文において説明を付けているが、そこではまた厳密な解説は第一巻の〈Aberglaube〉の項目（Bd. 1, Sp. 64-87）を参照すべしとの指示がなされている。その項目の執筆者はホフマン＝クライヤーであり、そこからも事典の構想においてホフマン＝クライヤーのイニシアティヴがはたらいていたことが分かる。編者の巻頭での説明も〈迷信〉項目も基本的には重なっているが、その要点は、ホフマン＝クライヤーがほどこした次の定義にある。すなわち〈Aberglaube とは、自然科学によって解明されていない諸力への信仰で、しかもそれが宗教教義のなかに位置づけられていない限りのものを指す〉とされる（Bd. 1, Sp. 66）。他方、〈Volksglaube〕は、〈キリスト教の構成要素を幅広く包含する〉（'Vorwort'）ために雑多な心理的現象を漠然と指すとされる。要するに、〈Aberglaube〉は、自然の諸力と人間の反応のキリスト教という高次宗教のなかで意味付けをなされる前の生のままのあり方と考え方られるのであり、それゆえそのいかにも奇怪で異次元的な相貌にもかかわらず、法則的なものにより近い形態とみられたのである。
58) これについてヴァインホルトの記伝者（注52）は、〈通常ならリタイアする年齢であったが、しかし青年のように旺盛な研究に取り組んだ〉とのコメントを付けている。
59) 例えば最終号に掲載された次の論説がある。Karl Weinhold, *Was soll die Volkskunde leisten?* In: Zs. f. Völkerpsychologie u. Sprachwissenschaft Bd. 20, S. 1-5.
60)〈民族心理学〉の概念については、次の文献を参照、Willy Hellpach, *Einführung in die*

Völkerpsychologie. Stuttgart ［Fer. Enke］1938, 1954（3. Aufl）. またヴィルヘルム・ヴントがやはりこの学問名称を提唱したことに注意したい。Wilhelm Wundt, *Völkerpsychologie. Eine Untersuchung der Entwicklungsgesetze von Sprache, Mythos und Sitte.* 10 Bde. 1900 - 20.）

61）フンボルトの言語論については、比較的最近の解説で、概ね標準的と思われる次のトラバントの著作を参照、ユルゲン・トラバント著／村井則夫訳『フンボルトの言語思想』(平凡社 2001 年、Originalausgabe: Jürgen Trabant, *Apeliotes oder der Sinn der Sprache: Wilhelm von Humboldts Sprach-Bild.* München 1986.）因みに第一の点については次の解説文がある。〈フンボルトの初期著作における中心的主題である詩的次元と政治的次元の交錯点において、いまや個々の歴史的言語の多様性という主題が現われる。諸々の言語は、いわば政治的個体たる諸民族の詩的想像力、つまり《特質》(天才)である。〉(p. 38) また第二の点については、次の評言がある、〈フンボルトはきわめて明確なある認識をもっていた。それは、ルネサンスにおいて切り拓かれ、十七世紀の合理主義という空白期間を経た後、十八世紀に再びようやく広がり始めた認識、つまり、個々の言葉の意義は、個別言語において主観的に形成された内実であり、表示から自立して存在するどころかむしろそれと不可分の統一体を成しているとする認識である。〉(p. 79)、また個々の言語がそれぞれ世界観という内容と結びついていることについて、フンボルトの言葉を引用しながら、次のように解説される、〈《精神の労働》は、人間の多様な共同体の内で、歴史的に実にさまざまな仕方で実現されている。言語および思考は複数的に、つまり諸々の言語として自らを産み出すが、そのそれぞれはただそれだけで十分なのである。言葉は音と思考、表示と意味との綜合的統一である以上、異なった言語において用いられる言葉は、普遍的に同じ意味を表しながら質料的な記号としては異なっているというわけではなく、すでにその意味において異なっている。個々の言語は、異なった世界なのであり、フンボルトの表現を使えば、異なった《世界観》なのである。〉(p. 66/67)

62）これについては、(注 60）に挙げたヘルパッハの解説を参照。

63）H. Steinthal, *An den Lesern* In:Zeitschrift d. Vere. f. Vkde. Bd. 1 (1891), S. 10-17.

64）このコメントについて、Ｉ・ヴェーバー＝ケラーマンは、それまでになかった新視点による指針との評価を行なっている。Ingeborg Weber-Kellermann u. Andreas C. Bimmer, *Einfünrung in die Volkskunde / Europäische Ethnologie.* Stuttgart 1985 (2. erw. u. erg. Aufl.）, S. 57.

65) H. Steinthal, a. a. O. S. 10f.
66) シェーラーによるグリム兄弟への批判については、その伝記を参照、Wilhelm Scherer, *Jacob Grimm*. Berlin 1865. 2. Aufl. 1885. Nadruck: mit Vorwort von Ludwig Erich Schmitt, Hildesheim u. a. 1985. 当時23歳であったシェーラーが全力を傾けて偉大な先人の検証を試みた著作であり、今日から見ても慧眼を首肯させられる論点が少なくない。そこでは、グリム兄弟の基本概念が神秘的に過ぎることへの明確な指摘や、その昔話の収集が早くから世評が高かったのとは裏腹に兄弟自身の昔話の理解には疑問が拭えないこと、さらに兄弟の過剰なナショナリズムに対する危惧の表明などが認められる。しかしグリム兄弟の圧倒的な声価は、シェーラーの存在をもってしてすら、ドイツの諸学界で兄弟の業績への批判的視点が育つことを妨げた。
67) カール・ヴァインホルトの著作の序文としてその略歴を記したジーフェルトは、ヴァインホルトが〈グリム兄弟のオプティミズムを〉脱却したという表現を挟んでいる。参照、(注52)の文献。
68) ヨーン・マイヤーの略歴は主に次の文献から拾った。Anka Oesterle, *John Meier. - Eine Biographie im Schatten des Nationalsozialismus*. Masch. -Schr. Tübingen. 1988.；また次の記念論集にも僅かながら経歴に触れた個所がある。参照, *Angebinde. John Meier zum 85. Geburtstag am 14. Juni 1949*, dargeboten von Basler und Freiburger Feunden und Kollegen, hrsg. Friedrich Maurer. Lahr 1949.
69) John Meier, *Kunstlied und Volkslied in Deutschland.* Halle a. S. [Max Niemeyer] 1906.；Derselbe, *Kunstlieder im Volkskunde. Materialien und Untersuchungen*. Halle a. S. [Max Niemeyer] 1906.
70) Jakob Grimm, *Über den altdeutschen Meistergesang*. 1811. S. 5f.
71) Wilhlem Grimm, *Kleinere Schriften,* Bd. 2, S, 121
72) こうした二つのポエジーの対比と比喩的な表現は、ヤーコプ・グリムの論文集からもかなり多数拾い出すことができる。ここでは数例を挙げたにすぎないが、それぞれの出典は次である。参照、Jacob Grimm, *Kleinere Schfriften,* hrsg. von Karl Müllenhoff und E. Ippel. 8 Bde., Berlin und Gütersloh 1864-1890.；〈昔の伝説（alte Sagen）が……緑の樹木、みずみずしい水流、純粋な音響〉(Bd. 8, S. 13) であるのに対して、〈現今とその詩歌は……無味乾燥で、煮え切らず、混迷のなかにある〉(Bd. 6, S. 402) とされ、あるいは〈古典文芸という砂糖菓子〉(Bd 1, S 168) や〈凝りすぎた料理〉(Bd. 8, S. 13) とも言い表わされる。

73) Wilhelm Grimm, *Kleinere Schriften*.Bd. 2., S. 93.
74) アルニムとグリム兄弟との見解の相違はドイツ文学史上のテーマのひとつで、古くは次の研究がある。Reinhold Steig, *Achim von Arnim und die ihm nahestehenden*.Bd. III（Brüder Grimm）. Berlin 1904. ; Karl- Eugen Gass, *Die Idee der Volksdichtung und die Geschichtsphilosophie der Romantik. Zur Interpretation des Briefwechsels zwischen den Brüdern Grimm und Achim von Arnim*. Wien 1940. ; 近年ではヘルマン・バウジンガーが〈フォルクスポエジー〉というドイツ思想上の観念のタイトルとして、口承文芸の諸類型を取り上げた。参照、Hermann Bausinger, Formen der "Volkspoesie". Berlin 1968. また邦語文献では次を参照、坂井葉子「ドイツ民謡収集の起源―― 啓蒙主義とロマン主義の接点としての『少年の魔法の角笛』」（日本独文学会編『ドイツ文学』99号、1997年、p.60-70）、同著「民謡における〈口承性〉」（日本アイヒェンドルフ協会編『あうろーら』第17号、1999年、p.6-19.）；なおここではグリム兄弟の見解を図式的に把握することを主眼としたが、微妙な点まで追跡すると、グリム兄弟と同時代人たちとの立場や見解の相違は注目すべきものが幾らもある。また細かくみれば、グリム兄弟の間でも昔話や歌謡の扱いについて見解が完全には一致していなかったことは、『少年の魔法の角笛』（*Des Knaben Wunderhorn*）におけるアルニムとブレンターノの改変にヴィルヘルムが理解を示したのに対して、ヤーコプが資料の改竄として非難したことによっても知られる。参照, Jakobs Brief an Wilhelm vom 17. Mai 1809. In: Brüder Grimm, *Briefwechsel aus der Jungendzeit*, S. 98. さらに、たとえば、ジャン・パウル（Jean Paul）がグリム兄弟のメルヒェン収集に刺激され、口承文芸に接近しながら、やがてそこから離れていった過程などは、メルヒェン研究の分野で取り上げられてもよいもののはずである。
75) John Meier, *Kunstlied und Volkslied*. S. 14-15.
76) John Meier, a. a. O. S. 17-18.
77) John Meier, *Kunstlieder im Volksmunde*.S. V.
78) John Meier, *Kunstlied und Volkslied*. S. 14.
79) John Meier, a. a. O. S. 14.
80) John Meier, *Kunstlieder im Volksmunde. Materialien und Untersuchungen*. Halle a. S. [Max Niemeyer] 1906, S. X.
81) John Meier, a. a. O. S. II.
82) John Meier, a. a. O. S. XIII.

83) John Meier, a. a. O. S. XIII.
84) John Meier, a. a. O. S. XIII.
85) John Meier, a. a. O. S. XIII.
86) John Meier, a. a. O. S. XIV.
87) John Meier, a. a. O. S. XIII-XIV.
88) John Meier, a. a. O. S. XIV-XV.
89) Albrecht Dieterich, *Abraxas. Studien zur Religionsgeschichte des spätern Altertums.*Leipzig 1891 (Fs. f. Hermann Usener) なおアブラクサスは、元はヘレニズム時代に溯る〈時の神〉ないしは〈歳神〉で、ヨーロッパの中世まで時間と結びついた呪文となった。数字7と縁が深く、"abra"がヘブライ語の数字4に由来するなどとされるが、明確な語源は不祥。鶏頭蛇脚の人物像で表されることもある。参照、*Handwörterbuch des deutschen Aberglaubens.*Bd. 1, Sp. 99 "*Abraxas*".; *Meyers enzyklopädisches Lexikon.* Bd. 1, S. 157 "*Abraxas*".
90) アルブレヒト・ディーテリヒの門下からオイゲーン・フェーレ（Eugen Fehrle）とフリードリヒ・プフィスター（Friedrich Pfister）が出た。オイゲーン・フェーレについては、次の拙論（本書所収）を参照、「ナチズムに同調した民俗研究者の再検討——オイゲーン・フェーレの場合」
91) フォルクスクンデは一般的な語であり、特定の人物を名づけ親とする特定の分野ではなかった。それゆえ互いに連絡のない人物やグループがそれぞれフォルクスクンデを名乗り、そのなかには民俗学という訳語が合わないようなフォルクスクンデが幾らもあったのである。グリム兄弟の弟子たちを中心とした系統のフォルクスクンデは神話研究を基本とし、これがドイツ民俗学会に発展していったが、他方、19世紀後半にリールが標榜したフォルクスクンデはグリム兄弟の系統とは繋がりがなく、リール自身は広義での〈国家学〉であると解説していた。オーストリアのヨーハン大公（Erzherzog Johann）のフォルクスクンデも啓蒙主義以来の国土学・統計学など独自の系譜に根ざしていた。さらに20世紀には民族体運動（Völkische Bewegung）のなかからもフォルクスクンデを名乗る者が現われたが、ルーゲ（Arnold Ruge）やM・H・ベーム（Max Hildebert Boehm）のフォルクスクンデは右翼的な政治思想・運動であった。
92) Albrecht Dieterich, *Über Wesen und Ziele der Volkskunde.* In: Hessische Blätter für Volkskunde. 1 (1902), S. 169 - 194. ここでは次のアンソロジーを用いる。In: Volkskunde. Ein Handbuch zur Geschichte ihrer Probleme, S. 78-88.

93) Albrecht Dieterich, a. a. O. S. 79.
94) Albrecht Dieterich, a. a. O. S. 80-81.
95) Albrecht Dieterich, a. a. O. S. 81.
96) Friedrich Theodor Vischer(1807-87) の『美学』の、〈実体にして母なる大地〉(die Substanz und der mutterliche Boden) の文言を含む個所は、本章の（注19）に挙げておいた。なおその箇所について、後世から顧みて、フィッシャーの〈頭に血が上った言い方〉と評したのはヘルマン・バウジンガーである。参照、Hermann Bausinger, *Volkskultur in der technischen Welt.* 1961, 2.Aufl.1985, S.135.
97) この個所は抜粋版には取られていないところから、従来あまり重視されていなかった。ここに注目したのは、先年早世したアシオン教授（マールブルク大学民俗学科）で、オイゲーン・フェーレの研究の過程でその背景の思想という角度から、ここにナチズムと重なるものを指摘したのである。Peter Assion, "*Was Mythos unseres Volkes ist*". *Zum Werden und Wirken des NS-Volkkundlers Eugen Fehrle.* In: Zeitschr. f. Vkde. 81（1985), S. 220-244.
98) 人口の大半は都市民衆であり、それゆえ工業や商業に従事しているという現実と、存在の根元が農村にあるという理論的要請の乖離や矛盾を、強引な道徳律によって解決しようとする風潮が後年に発生した。すなわち、都会人も、自己が本来農村に由来することを自覚して、心理的安定に到達べしというのであった。たとえば、大部の概説書で影響力の大きかったペスラー編『ドイツ民俗学ハンドブック』には、そうした教説が随所に認められる。*Handbuch der Deutschen Volkskude*, 3 Bde., hrsg. Von Wilhelm Pessler, Potsdam 1934-1938.；特にペスラー自身の序文とヨーゼフ・クラッパーの大都市論を参照、Joseph Klapper, *Volkskunde der Großstadt*. In: Handbuch der deutschen Volkskunde, hrsg. von Wilhelm Peßler. Bd. I. Potsdam. 1934., S. 103-119.
99) ディーテリヒのゲルマニスティクにおける弟子オイゲーン・フェーレは、ディーテリヒの後継者であることを売り物にしていたにもかかわらず、この側面を受け継がず、ゲルマン民族至上論へ走っていった。これについては（注90）に挙げた拙論を参照。
100) Alberecht Dieterich, *Mutter Erde. Ein Versuch über Volksreligion.* Leipzig u. Berlin 1913 (2. Aufl.); 3. Aufl., hrsg. von Eugen Fehrlé. Leipzig u. Berlin 1925. ディーテリヒの民俗学への関わりとしては、そのフォルク論争における〈Mutterboden〉の術語は学史文献では必ずと言ってよいほど注目されてきたが、後年の「大地母神」論に言

及したものは見当たらない。しかしディーテリヒ自身は、論争時の着想を一般理論にまで伸ばすことを意図したのである。

101）カール・ヴァインホルトの没後は、昔話の実証的な研究家であるボルテ（Johannes Bolte 1858-1937）が学会誌を編集した。掲載された寄稿は神話学の傾向にはあるものの、学術的には概して遺漏がなかった。

102）オイゲーン・モークの後、1911年からはヨーン・マイヤー（John Meier 1864-1953）がそのポストにあり、やがて到来したナチ時代の難局に対処した。これについては、未刊ながら次の研究がある（チュービンゲン大学に提出された修士論文），Anka Oesterle, *John Meier. Eine Biographie im Schatten des Nationalsazialismus.* Masch. -Schr. Tübingen 1988.

103）オイゲーン・モークの会長就任については、次の報告記事を参照、*Aus den Sitzungs-Protokollen des Vereins für Volkskunde,* von J. Bolte und O. Ebermann. In Zeitschrift des Vereins für Volkskunde. Jg. 18. Berlin 1908. S. 126-128, 255-256, 351-352.）

104）オイゲーン・モークについては、次の記念論集に詳しい著作目録が付けられている。参照, *Festschrift, Eugen Mogk zum 70. Geburtstag, 19. Juli 1924.* Halle a. d. S. [M. Niemyer] 1924.

105）Eugen Mogk, *Norwegisch-isländische Literatur.* 1889（Nordische Literaturen A, in Pauls Grundriß d. Germ. Phil., Bd. II., 1. Abt., S. 71-142., 2. Aufl. unter dem Titel: *Geschichte der Norwegisch-isländische Literatur.* Straßburg 1904.; Derselbe, *Germanische Mythologie.* 1891, 2. Aufl. 1897.; Derselbe, *Germanische Religionsgeschichte und Mythologie.* 1906., 2. umgearbeitete Aufl. Berlin u. Leipzig[de Gruyter] 1921. なおこのうち『ゲルマン宗教史と神話学』は何度も版を重ねたが、論証の手続きを伴った学術論考のスタイルではなく、簡便な解説書である。

106）ハンス・マイヤーの編集による『ドイツ・フォルクストゥーム』は、20世紀前半に相次いで編まれたフォルク関係の大部で豪華な作りの概説書の走りのような性格をもっている。編者のH・マイヤーはライプツィヒ在住の民俗愛好家だったらしく、ライプツィッヒ大学のドイツ文学の教授ヤーコプ・ヴィクラム（Jacob Wyckram）など数人の大学教授や法制民俗に関心のある裁判官などを協力者としてドイツ人の民族文化の総合的な解説書を企画した。編者の問題意識が学問的にレベルの高いものではなかったことは、中心的なテーマとして〈ドイツ的とは何か〉（Was ist deutsch）を掲げ、またフォルクストゥームの語をひたすら称揚していることからもうかがえる。モークはそのなかで「ドイツの儀礼と行事」と「上古

のドイツの異教」の2章を担当した。参照 , Eugen Mogk, *Die deutschen Sitten und Bräuche u. Die altdeutsche heidnische Religion*. In: Das deutsche Volkstum, hrsg. von Hans Meyer. Leipzig und Wien 1899, S. 261-316 u. 317-334. また本書は1908年に第2版が刊行された。

107) Eugen Mogk, *Die Menschenopfer bei den Germanen*.1909. In: Abh. d. Kgl. Sächs. Ges. d. Wissl, Phil. hist. . Kl. XXVII（Nr. 17）, S. 601‐643. Leipzig 1909; Derselbe, *Ein Nachwort zu den Menschenopfer bei den Germanen*. In: Achiv f. Religionswissenschaft. hrsg. von Richard Wünsch. Bd. XV, S. 422‐434. この2篇は、多数の文献史料を挙げた論考として執筆されている。なお人身供犠は日本民俗学の草創期の話題のひとつであったが、モークの研究は知られずにいたようである。高木俊雄（明治9-大正11）が大正2年から『郷土研究』などで人身御供犠を論じ（今日では没後50年を記念した髙木俊雄著・山田野理夫編集『人身御供論』宝文館出版、昭和48年にまとめられている）、また南方熊楠も「人柱の話」（大正14年9月に雑誌『変態心理』に掲載）以来、このテーマを論じたが（現在は『南方熊楠文集2』平凡社1979, 東洋文庫354所収）、当時としては致し方がなかったものの、フレイザーを除けば、ベアリング・グールドなどの通俗的な解説書が用いられているに過ぎない。

108) Eugen Mogk, *Wesen und Aufgaben der Volkskunde*. I：Mitteilungen des Verbandes detuscher Vereine für Volkskunde. Nr. 6（1907）, S. 1-9. ここでは次のアンソロジーを用いる。In: Volkskunde. Ein Handbuch zur Geschichte ihrer Probleme, S. 89-101. ここは S. 89.

109) Eugen Mogk, a. a. O. S. 93.

110) Eugen Mogk, a. a. O. S. 93.

111) Eugen Mogk, a. a. O. S. 93-94.

112) Eugen Mogk, a. a. O. S. 94.

113) Eugen Mogk, a. a. O. S. 94-95.

114) リュシアン・レヴィ＝ブリュール Lucien Lévy-Bruhl の主著（1910年、ドイツ語訳が1927年）については本章の（注145）を参照。また簡単な紹介では次を参照、M・S・ガーバリーノ著／木山英昭・大平祐司訳『文化人類学の歴史 —— 社会思想から文化の科学へ』(原題: M. S. Garbarino, *Sociocultural Theory in Anthropology*. 1977) p. 149.

115) バスチアン（Adolf Bastian 1826-1905）は次の2著によって、ドイツでの人類学の方向に大きな影響をあたえた。特に、異なった自然民族が同じ発展過程を示した

り、類似の文明物象（道具や観念）に到達することについて、伝播論を斥けて、人間心理の基本的な同意性から説明した。Adolf Bastian, *Völkerglaube im Aufbau einer Wissenschaft vom Menschen*.1881. Derselbe, *Ehtnische Elementargedanden in der Lehre vom Menschen*. ただしモークがバスチアンの基本的な術語である〈原基思念〉（Elementargedanken）などを用いていないので、影響は間接的のように思われる。

116) ハンス・ナウマンについては、本書の次節（7-8）において、やや詳しく取り上げた。

117)'Volkstum'は、フリードリヒ・ヤーン（Friedrich Jahn 1778-1852）の著作『ドイツ民俗体』(Friedrich Ludwig Jahn, *Das deutsche Volkstum*.1810.)における造語であった。ナポレオンの支配下から脱却することを目指して書かれたが、1世紀間を越えてベストセラーとなり、1944年までに16刷以上を数えた。

118) リールが、フォルクストゥームが男性よりも女性において強力であるとしたこと、またそこでの語法については、「ドイツ思想史におけるフォルクストゥームの概念について」(本書所収)のリールの項目を参照。

119)〈フォルク〉に代表されるような基本概念を定義することに失敗し、その論理性の弱さの故に民俗学が歪曲に陥り、延いては危機を招いたとの理解は、第二次世界大戦後の民俗学における学派の違いを超えた共通の反省点であった。これについては、例えばレーオポルト・シュミットやヘルマン・バウジンガーの方法論考を参照, Leopold Schmidt, *Volkskunde als Geisteswissenschaft*. 1947.（次の拙訳がある、レーオポルト・シュミット「精神科学としての民俗学」愛知大学国際問題研究所「紀要」89号、1989年所収）; Hermann Bausinger, *Kritik der Tradition. Anmerkungen zur Situation der Volkskunde*. In: Zschr. t. Vkde. 65 (1969), S. 232-250. またバウジンガーは、フォルク（Volk）に限定的な形容詞を冠することによって（einfaches Volk, kleines Volk など）、フォルクの意味内容が今も曖昧であることと、言い換えがきかない普通の日常語であることとのジレンマを切り抜けることを試みた。参照, Hermann Bausinger, Volkskultur in der technischen Welt. 1961（拙訳『科学技術世界のなかの民俗文化』の著者序文と訳者解説を参照）。

120) 例えば次の文献を参照、エーリッヒ・アイク著・救仁郷繁訳『ワイマル共和国史』4冊（ぺりかん社、1983〜89；原著 Erich Eyck; *Geschichte der Weimarer Republik*.2 Bde. Zürich 1954〜56)

121) シュペングラーが歴史の転換を予感したのは第二次モロッコ事件（1911年）あたりとされ、その『西洋の没落』は1918年に刊行された。シュペングラーの意義は、

文明論という新たな分野を切り拓いた点にあった。結果的に見れば、没落の危機を自覚し、それを遂に克服したところに、西洋文化の底力があったと言える。参照、O・シュペングラー著・村松正俊訳『西洋の没落——世界史の形態学の素描』2冊(五月書房、昭和46年;改訂版昭和52年;原著 Oswald Spengler, *Der Untergang des Abendlandes. Umrisse einer Morphologie der Weltgeschichte*.2Bde. 1918-22.);ヴェーゲナーが大陸移動説の着想を得たのは1910年のこととされており、その初版は1915年に刊行された。今日ではその後の改訂版が一般に知られている。参照、アルフレッド・ウェーゲナー著・竹内均訳『大陸と海洋の起源』(講談社、昭和50年, 原著 Alfred Wegener, *Entstehung der Kontinente und Ozeane*.4. Aufl. 1929).

122)〈黄金の二〇年代〉については次を参照、クルト・トロホルスキー著・野村彰訳・平井正解説『ドイツ世界に冠たるドイツ:「黄金」の二〇年代・ワイマール文化の鏡像』(ありな書房、1982);平井正他著『現代文化の原型——1920年代』(有斐閣、1983);平井正著『ベルリン 1918-1922 悲劇と幻影の時代』(せりか書房、1980)他。

123) ハンス・ナウマンの経歴は、次の文献による: Reinhard Schmook: "*Gesunkenes Kulturgut —— primitive Gemeinschaft*" *Der Germanist Hans Naumann* (*1886-1951*). Wien [Helmut-P. -Fielhauer-Freundeskreis-Gesellschaft für Volkskunde und Kuturanalyse, c/o Institut für Volkskunde der Universität Wien] 1993.; Derselbe, *Der Germanist Hans Naumann* (*1886-1951*) *in seiner Bedeutung für die Volkskunde. Ein Beitrag zum kritischen Erinnern an eine umstrittee Wissenschaftlerpersönlichkeit.* In: Brigitte Böisch-Brednich, Rolf W. Brednich, Helge Gerndt (Hrsg.): Erinnern und Vergessen. Vorträge des 27. Deutschen Volskundekongress Götingen 1989. Götingen: Schmerse 1991. S. 535-542. ; Derselbe, *Zu den Quellen der volkskundlichen Sichtweise Hans Naumanns und zu den Reaktionenn der Fachwelt auf dessen Grundzüe der deutschen Volkskunde"* *in den 20er und 30er Jahren.* In: Kai Detlev Sievers (Hrsg.), Beiträge zur Wissenschafts-geschichte der Volkskunde im 19. und 20. Jahrhundert. Neumünster [Karl Wachholtz] 1991 (Studien zur Volkskunde und Kulturgeschichte Schleswig-Holsteins, Hrsg. vom Seminar für Volkskunde der Christian-Albrechts-Universität Kiel, Bd. 26), S. 73-90.

124) Hans Naumann, *Primitive Gemeinschaftskultur.* Jena [Eugen Dieterich] 1921.

125) Hans Naumann, *Grundzüge der deutschen Volkskunde.* Leipzig [Quelle & Meyer] 1922. 邦訳には第2版を底本とした次があり、ここでも依拠した箇所がある。ハンス・

ナウマン著・川端豊彦訳『ドイツ民俗学』(岩崎美術社、1981 年 〈民俗民芸双書 86〉)

126) シュトローバッハによれば、これは、1918 年 11 月のドイツ革命の挫折とその後の階級闘争の尖鋭化を背景しているという。Hermann Strobach, Positionen und Grenzen der kritischen Volkskunde" in der BRD. Bemerkungen zu Wolfgang Emmerichs Faschismuskritik. In: Jahrbuch für Volkskunde und Kulturgeschichte 1.(1973), S. 45-91.

127) ナウマンの各地の講演を集成したものとして、次の論集がある。Hans Naumann, *Wandlung und Erfüllung. Reden und Aufsätze zur germanisch-deutschen Geistesgeschichte*. 2. vermehrte Auflage. Stuttgart [J. B. Metzler] 1934.

128) Hans Naumann, *Deutsche Nation in Gerahr*. Stuttgart [Metzler]1932. 注目すべきは、ナウマンがキイワードとして〈フォルクストゥーム〉に絶対的な意義を付与したことである。フォルクストゥームをヤーンが造語するにあたって述べた有名な表現、＜名づけようもない何ものか＞をむしろ肯定してさえいる。論説の最初の見出しは〈Der göttliche Volkstumsbegriff〉(神的なフォルクストゥーム概念) となっており、その定義しようもなく深遠であることに注意をうながし、それを受け入れることを説くのである。そしてゲルマン性をその属性として強調した。全体に理屈っぽいものであるが、そこに入っている "Nornagest" の例話を挙げておく。〈Norne, Norma〉は運命の女神で、それゆえ〈運命の女神の客〉という意味であるが、そのギリシア神話と北欧神話の対比である。ギリシアの英雄メラグロス (Melagros) が誕生したとき、3 人のパルカ (運命の女神 Parze, Moira) が母親のアタイア (Ataia) の前に現れて、新生児に勇気や度量に加えて、竈を指してその薪が燃える限り命は尽きないと宣言した。母親は薪を大切にしまいこんだ。子供は長じて狩猟好きの青年となったが、ある狩猟のさいに怒りに任せて叔父たちを殺してしまった。アタイアが、兄弟への親愛に耐えきれず、薪を取り出して燃やしたところ、青年は死んだ。これに対して、ゲルマン系のヴァージョンは原理が異なるとナウマンは言う。新生児が揺り籠にいた頃、父親が 3 人のノルネを屋敷へ招いて祝福を乞うたところ、そのひとりが揺り籠に燃える蝋燭を指して、その燃え尽きぬ限り子供の命は永遠であると告げた。母親は急いで消してしまいこみ、子供が成長したときにあたえた。青年は長い遍歴で 300 歳になったとき、ノルウェーの宮廷でその蝋燭を取り出し、国王にそれを灯させ、その燃え尽きると共に亡くなった。──この両譚を比較して、ナウマンはこう言う。〈メレアグロスの運命を律するのは、外的なもの、すなわち母親の意思である。彼は、宿命のおも

ちゃに過ぎない。できごとの中心に立つのは、主人公その者ではなく、母親である。……他方、(ゲルマンの類話では) 主人公は、自分の運命を自分の手ににぎっている。母親は、背後に退く。かくて英雄の気高い生涯が余すところなくに展開される。最後に主人公は自己の運命を自分で処断する。彼は、自己の分を知っており、たじろぐことなく自己の意思で運命を全うするのである。〉これは、神話の一類型「運命の女神」の解釈としても、人種や民族の要素を適用していることによって恣意的であるが、それを20世紀の混迷期に指針として持ち出すのは一層の不見識であったであろう

129) この種類の見解をまとめたものとして、後年ナウマンは論集を『古ドイツのフォルク王ゲルマンの伝承連関』を刊行した。Hans Naumann, *Altdeutsches Volkskönigstum. Reden und Aufsätze zum germanischen Überlieferungszusammenhang.*Stuttgart [J. B. Metzler] 1940. すでにそのサブタイトルが古ゲルマンと中世との連続性、延いては現代との連続性の要請を謳っているが、そこではオーディンを始めとする神々からフランク王国の王たち、またザクセン朝の王たちに因んで、〈予見者としての王〉、〈詩人としての王〉、〈演説者としての王〉、〈信仰の転換における王の役割〉(異教からキリスト教への転換を指す) といったテーマがあつかわれており、それはしばしばビスマルクやヒトラーと重ねあわせられた。

130) Ernst Robert Curtius, *Deutscher Geist in Gefahr.* Stuttgart/Berlin[Deutsche Verlags-Anstalt] 1932, 2.Aufl.1932. クルツィウスは、論調でも論旨でもナウマンと正反対と言ってよい。そこでは、イギリスやフランスのと較べた場合のドイツ社会の未成熟とそこに由来する文化伝統の特質を教養観念に絞って考察がなされる。そして、ドイツの危機を、経済的危機と精神的危機が重なったものと見て、それを打開するには、いかに風化・劣化をきたしたとは言え、教養 (Bildung) の質の向上とその一般社会への拡大が肝要であるとした。そこから、失業した知識人がその強いられた閑暇をその課題に振り向けると共に、またそれを促す経済面での支援体制が急務であると説いた。それと共に、教養の組織的な機関である大学の自覚と自己改革が急務であることをも力説した。この論は、人文系の学者が経世に関わるような組織づくりに触れた点では空論の面もないではないが、教養を放棄せず、その美質を社会に還元するという地道な正論であり、またナチスの跳梁を念頭において乱暴な価値転換への誘惑を批判している点では見識であった。

131) *"Völkischer Beobachter"* von 1. Juli 1932. これは比較的よく知られた出来事であるが、改めて紙面を見ると、第一面に掲載されてはいるものの、その扱いは意外に小さ

い。ナチ党にとっては、大学教員たちの賛同は必ずしも大々的に宣伝するというようなものではなかったらしい。

132) シュモークから重引。参照、R. Schmok, in: Erinnern und Vergessen, S. 540.

133) 同上、R. Schmok, in: Erinnern und Vergessen, S. 542

134) 実際に『ナチス月報』において検閲まがいの論評をおこなったのは同誌の主幹マテス・ツィークラーで、特に〈沈降した文化物象〉の概念を知識人の偏見として非難した。参照、Matthes Ziegler, *Volkskunde auf rassischer Grundlage*. In: Nazionalsozialistische Monatshefte 5, Heft 53（1934）S. 712; Derselbe: *Kirche oder religiöse Volkskunde?*, In: Nationalsozialistische Monatshefte 6, Heft 53（1953）S. 675.；またナウマンはナチスに接近した観点から 1935 年に大幅な改訂を加えた（第 3 版）が、その迎合にもかかわらずマテス・ツィークラーは攻撃を緩めなかった。参照、Matthes Ziegler, In: Nazionsoalistische Monatshefte 8, Heft 88（Juni 1937）, S. 632.

135) Hans Naumann, *Grundzüge der deutschen Volkskunde*. Leipzig [Quelle & Meyer] 1922, Einleitung.

136) Hans Naumann, a. a. O. Einleitung.

137) Hans Naumann, a. a. O. Einleitung.

138) Hans Naumann, a. a. O. Einleitung.

139) デパートや通信販売や工業製品の普及、また新聞やラジオなどの現代の情報手段、さらに学校教育や近代スポーツの普及などを民俗学が対象とするための方法がまとまったかたちで提起されるのは、リヒャルト・ヴァイスの『スイスの民俗学』（1946 年）まで待たねばならなかった。次の拙論（本書の第二部第 7 章）、「第二次世界大戦の民俗学の展開」のリヒャルト・ヴァイスの項を参照。

140) Hans Naumann, a. a. O. Kap IV.

141) Hans Ingeborg Weber-Kellermann, *Einführung in die Europäische Ethnologie / Detsche Volkskunde*.Stuttgart [Sammlung Metzler M72] 1985.

142) Hans Naumann, a. a. O. Kap IV.

143) James George Frazer, *The Golden Bough*. 1st ed. London 1890, 邦訳：『金枝篇第 1 版序文』（1890 年）永橋卓介訳（岩波文庫 1951 年、1966 年改版、1977 年第 16 刷）p. 7-8.；またフレイザーへの批判については、次の拙論（本書の第二部第 7 章）「スウェーデン学派の導入」と「インゲボルク・ヴェーバー＝ケラーマン」の項を参照。

144) Hans Naumann, a. a. O. Kap IV.

145) Lucien Lévy-Bruhl, *Les fonctions mentales dans les sociétés inférieures.* Paris 1910.；ドイツ語訳は次を参照、*Das Denken der Naturvölker.* 1921, Kap IV. 次の邦訳がある。参照、レヴィ＝ブリュール著／山田吉彦訳『未開社会の思惟』上・下（岩波文庫 昭和28年）

146) Hans Naumann, a. a. O. Kap IV.

147) Adolf Spamer, *Um die Prinzipien der Volkskunde. Anmerkungen zu Hans Naumanns Grundzüge der deutsche Volkskunde.* In：Hess. Bl. f. Vkde. 23 (1924), S. 67-108. 次のアンソロジーに収録されており、ここでもそれを用いた。In:Volkskunde / Ein Handbuch zur Geschichte ihrer Probleme, hrsg. von Gerhard Lutz. Berlin [Erich Schmidt] 1958. S. 126-143.

148) Hans Naumann, *Grundzüge der deutschen Volkskunde.*2. Aufl. Leipzig [Quelle & Meyer] 1929, "Vorwort"..

149) Adolf Spamer, a. a. O. S. 127f.

150) Adolf Spamer, a. a. O. S. 131.

151) Hans Naumann, a. a. O. S. 132.

152) Adolf Spamer, a. a. O. S. 132

153) Adolf Spamer, a. a. O. S. 133.

154) Adolf Spamer, a. a. O. S. 133.

155) Adolf Spamer, a. a. O. S. 131.

156) 現代では〈プリミティヴ〉の語が西洋の域外に単純に適用されることはないが、その延長線上に位置する教説は後を絶たない。たとえばその亜種としてはロラン・バルト（Roland Barthes, *L'Empire de siegne.*；宗左近訳『虚構の帝国』新潮社 1974年など）がおり、洗練された形態にはクロード・レヴィ＝ストロースの〈野生の思考〉の概念がある（Claude Lévi-Strauss, La Pensee sauvage. Paris 1962: 邦訳：大橋保夫訳『野生の思考』みすず書房1976年）因みに、近年、アメリカのいわゆる 'reflective ethnology' の潮流にレヴィ＝ストロースも含めて西洋の伝統のなかに固定した視点を据えて異文化を対象として図式を操ることへの反発がみられることに注意をしておきたい。例えば、'Tristes tropiques' をパロディ化して一躍知られることになったサーリンズの次の論考は、熟したものではないが、新たな動きとは言えるであろう。参照、Marshall Sahlins, *Goodbye to Tristes Tropes: Ethnography in the Context of Modern World History.* In:Journal of Modern History. 1993, p. 1-25.

157) Adolf Spamer, a. a. O. S. 134-135.

158) Adolf Spamer, a. a. O. S. 139.
159) Adolf Spamer, a. a. O. S. 138.
160) Adolf Spamer, a. a. O. S. 138-139.
161) Adolf Spamer, a. a. O. S. 131.
162) Adolf Spamer, a. a. O. S. 132.
163) Adolf Spamer, a. a. O. S. 163.
164) 先に見た（V.）ヨーン・マイヤーの綱領的な 2 著作によって、こうした表現が方向づけられた。参照, John Meier, *Kunstlieder im Volkskunde. Materialien und Untersuchungen*.Halle a. S. [Max Niemeyer] 1906. Derselbe, *Kunstlied und Volkslied in Deutschland*. Halle a. S. [Max Niemeyer] 1906. ;しかしそれが一般化したのは、ハンス・ナウマンとアードルフ・シュパーマーがそこに力点を置いたことによるところが大きかった。例えば〈歌い崩し〉をタイトルにした次の学位論文はハンス・ナウマンの理論が反響を呼んだ 1920 年代の空気を背景にしていると共に、ヨーン・マイヤーとハンス・ナウマンを一体的な模範とするところに成り立っている。参照、Renate Dessauer, *Das Zersingen. Ein Beitrag zur Psychologie des deutschen Volksliedes*.Berlin 1928.（Germanische Studien 61）.
165) ものごとの本質をもとめることと源初に溯ることを同一視し、それゆえ源初性を尊んだのはロマン派のなかでも特にグリム兄弟の大きな特色であった。それはとりわけ後世の技巧的な"Kunstpoesie"に対する源初の"Volkspoesie"という一対の概念設定において顕著であり、後者こそが"Ursprung"（起源）なのであった。そうした対比はグリム兄弟の著作には至るところに認められるが、特に弟のヴィルヘルムがその単純な鼓吹者という性格を見せている。参照、Wilhelm Grimm, *Kleinere Schriftenn*. Hrsg. von G. Hinrichs. 4 Bde. Berlin 1881-87. 特に Bd. II. にはその種の発言が多く収録されている。なおグリム兄弟自身は接頭語〈ur-〉を用いて造語をおこなうことは少なかったが、後にその風潮が起きる素因を作ったことは否定できない。また接頭語〈ur-〉が起源をあらわし、それゆえ究極の価値を認められるのに対して、歴史を下るなかで進行した退落をグリム兄弟は、接頭語〈ver-〉をもつ語彙で表現した。〈Verfall〉（没落）、〈Verlust〉（喪失）、〈Verderbnis〉（腐敗）などである。ヨーン・マイヤーが接頭語〈zer-〉を用いたこと自体は、グリム兄弟の語法を踏まえているのであろうが、その趣旨はグリム兄弟に代表されるロマン派からの脱出であった。— なお〈ur-〉について黙想史的な面で言い添えれば、それがゲーテに溯ることにも注意しておきたい。ゲーテのモルフォロギー（形態変容論）

における〈原植物〉(Urpflanze) であり、文芸においてバラード（民間の唄いもの）を3ジャンルの〈原卵〉(Ur-Ei) と呼んだことなどである。ゲーテにおけるこうした〈ur-〉の語法と意味はゲルマニスティクの研究課題のひとつであり、真理あるいは原理とする説や、比喩とみる説など幾つかの見解が行なわれている。

166) Adolf Spamer, a. a. O. S. 133-134.

167) トーマス・マンの『トニオ・クレーガー』の次の一節には、作家の重層的な自己省察がイローニッシュに表現されている。これは、小説家トーマス・マンの初期の短編群を貫流するモチーフと見ることができよう。〈トニオは、ピアノとマンドリンの上手な髪の黒い情熱的な母親を愛していた。母親が、子供がやや不評であることにもよくよしないのが嬉しかった。しかし他方で、父親の怒りの方がはるかに正当で尊敬すべきものとも感じていた。たとえ叱られても、心の底では父親と同じ気持ちであって、母親の朗らかな無関心は少々だらしがないと感じるのだった。またトニオはこんな風に思うこともある。(……) 大人たちは、接吻や音楽であやしたりせず、むきになって僕を叱ったりするが、それも尤もと言えなくもない。僕たちは、緑色の車に乗ったジプシーじゃない、きちんとした人間なのだ。領事クレーガー家の人間……それにしても、どうして僕はこうも変っているのだろう。〉 (Thomas Mann, *Tonio Kröger.* 1903. In:Thomas Mann, Sämtliche Erzählungen. Frankfurt a. M. [S. Fischer] 1963, S. 216.)

168) Adolf Spamer, a. a. O. S. 135-136.

169) Adolf Spamer, a. a. O. S. 139.

170) Adolf Spamer, *Die Tätowierung in den deutschen Hafenstädten. Ein Versuch zur Erfassung ihrer Formen und ihres Bildgutes.* In: Niederdeutsche Zeitschrift für Volkskunde. Bd. II. (1933), S. 1-55, 129-182. Nachdruck: A. Spamer, *Tätowierung, von A. Spmer, mit einem Beitrag von Werner Petermann und einem Verzeichnis deutscher Tätowierstudios.*Hrsg. von Markus Eberwein und Werner Petermann. München[Trickstar] 1993. この翻刻はドイツにおける刺青研究の古典であるアードルフ・シュパーマーの論考を中心におき、それに現代の刺青慣習の動向を解説した編者の序文と、現代ドイツの刺青師の工房（Tätowierstudio）を地域別に挙げたリストを付している。

171) Adolf Spamer, a. a. O. S. 139.

172) Adolf Spamer, *Das kleine Andachtsbild vom XIV. bis zum XX. Jahrhundert.* München[Bruckmann] 1930, 2. Aufl. 1980.

173) アードルフ・シュパーマーのベルリン大学教授への就任は、ゲルマニスティクの

主任教授であったアルトゥール・ヒュープナーの推進によるところが大きかったが、それは、ナチ党に親近な側がウィーンの神話研究家カール・フォン・シュピース（Karl von Spieß）を望んだことに敢然と対抗した人事であったというのが、シュパーマーの弟子にあたるインゲボルク・ヴェーバー＝ケラーマンの説である。参照, Ingeborg Weber-Kellermann und Andreas C. Bimmer, *Einführung in die Volkskunde. Europäische Ethnologie.* Stuttgart 1985（Sammlung Metzler: M79）, Kap. VIII. 拙訳、愛知大学『経済論集』第122号（1989）, p. 152-154.；しかし最近では、シュパーマーはナチ政権の初期にはナチスの期待を集めていたとの反論が挙がっている。参照、Hannjost Lixfeld, *Institutionalisierung und Instrumentalisierung der deutschen Volkskunde zu Beginn des Dritten Reichs.* In: W. Jacobeit, H. Lixfeld und O. Bockhorn（Hrsg）, Völkische Wissenschaft. Wien-Köln-Weimar［Böhlau］1994. 139-174. これはナチ政権初期の学術政策のなかで特にアードルフ・シュパーマーがどのように行動し処遇されたかを克明に復元した労作である。；またアルトゥール・ヒュープナーについて付言すると、その今日も評価される研究業績のひとつは、中世後期から末期における〈折檻を受けるキリスト〉の民衆歌謡の成立と展開に関する著作で、ゲルマニストとして民衆歌謡の一類型について成立経路と展開を厳密に把握したものと言ってよい。参照, Arthur Hübner, *Die deutschen Geißlerlieder. Studien zum geistlichen Volksliede des Mittelalters.*Berlin u. Leipzig[W. de Gruyter] 1931. なおドイツ語の民衆歌謡の成立については中世後期にマンネリ化した宮廷詩歌が15世紀から16世紀にかけて民衆歌謡に変質するという筋道が早くから指摘されており、例えば詩人で歌謡研究家のリーリエンクローンが既にその趣旨でいわゆるキュルシュナー編『ドイツ文学集成』の一冊を編んでいる、参照、*Deutsches Leben im Volkslied um 1530*, hrsg. von Rochus Freiherrn von Liliencron. Stuttgart [Union DeutscheVerlag]1884（Deutsche Nationallieteratur, Bd. 13.）。また宗教的な民衆歌謡の成立についても早くフィーリプ・ヴァッカーナーゲルがコントルファクトラ（Kontrafacktur 聖俗転用）の事例を網羅的に収集した（ただしこの大部の歌謡集成は資料的には不滅の価値をもつが、年代の分類は今日では依拠できない場合が少なくない）。参照、Philipp Wackernagel, *Das deutsche Kirchenlied von der ältestern Zeit bis zum Anfang des XVII. Jahrhunderts.* 5 Bde. Leipzig [B. C. Teubner]1864.

174) Adolf Spamer, *Der Bilderbogen von der "Geistlichen Hausmagd". Ein Beitrag zur Geschichte des religiösen Bilderbogens und der Erbauungsliteratur im populären Verlagswesen Mitteleuropas.* Bearbeitet und mit einem Nachwort versehen von Mathilde

Hain. Göttingen [Otto Schwatz] 1970（Veröffentlichungen des Instituts für mitteleuropäische Volksforschung an der Philipps-Universität Marburg-Lahn. A. Allgemeine Reihe, hrsg. von Gerhard Heilfurth und Ingeborg Weber-Kellermann, Bd. 6）．

175) Mathilde Hain, *Aschenputtel und die "Geistliche Hausmagd"*. In: Rheinisches Jahrbuch für Volkskunde. XII.（1961), S. 9-16. このなかでハインは、中世末期の民衆説教家カイザースベルクのガイラー（Geiler von Kaisersberg）にシンデレラ（Cinderella cinder の派生語）のドイツ語名"Aschenputtel"とほとんど同じ"Aschengrübel"（灰まみれの意）と題する説教があることに注意を促した。

176) たとえばカール・フォン・シュピースとエドムント・ムーラックの次の昔話論は、グリム兄弟の昔話をゲルマン世界に接続しようとする志向を体系化したものと言ってよい。この著作をもばねにしながら、その種の趨勢は今も一向に衰えていない。参照、Karl von Spieß und Edmund Mudrak, *Deutsche Märchen —— deutsche Welt*. Berlin[Herbert Stubenrauch]1939., S. 280-290（'Aschenputlel' von Spieß）

177) Julius Schwietring, Wesen und Aufgaben der der deutschen Volkskunde. Aus: DVjs. 5（1927), S. 748-765.

178) J. Schwietring, a. a. O. S. 748.

179) J. Schwietring, a. a. O. S. 749.

180) J. Schwietring, a. a. O. S. 750.

181) J. Schwietring, a. a. O. S. 750f.

182) J. Schwietring, a. a. O. S. 751.

183) J. Schwietring, a. a. O. S. 749.

184) J. Schwietring, a. a. O. S. 749.

185) J. Schwietring, a. a. O. S. 764.

186) J. Schwietring, a. a. O. S. 752.

187) J. Schwietring, a. a. O. S. 752.

188) J. Schwietring, a. a. O. S. 752.

189) J. Schwietring, a. a. O. S. 750.

190) J. Schwietring, a. a. O. S. 752-3.

191) 次のようなコメントが見られる：〈農民は、キリスト教にせよ、他の文化的波動にせよ、それらに影響される最後の存在であった。初期キリスト教時代には、村落人は異教徒、すなわち paganus であった。中世には、農民は最も低位のキリスト者であった。中世を通じて、信仰の拠点は都市であった。後に、都市が宗教面で

も啓蒙主義に見舞われるようになったとき、それとの対比で敬虔な農民というイメージが表面化した〉(Max Weber, *Wirtschaft und Gesellschaft, Grundr. d. Sozialökonomik, III-1,2.* Aufl., 1925, S. 269)。本邦でもマックス・ウェーバーの指摘に依拠して、中世の農民はなおキリスト教徒としては不足があったといった論が立てられることがある。

192) J. Schwietring, a. a. O. S. 753.

193) 参照、*Grundriss der deutschen Volkskunde, Einfuhrung in die Forschungsfelder der Europäischen Ethnologie.* Hrsg. von R. W. Brednich. Berlin 1988, S. 123. またシュヴィーテリング学派のもとで書かれたマティルデ・ハインの次の研究は社会学的なフィールドワークによる服飾研究の秀作として知られている。Mathilde Hain, *Das Lebensbild eines oberhessischen Trachtendorfes. Von bäuerlichen Tracht und Gemeinschaft.* Jena 1936 (Forschungen zur deutschen Volkskunde, 1)

194) 次の拙訳を参照, マティルデ・ハイン「ドイツ民俗学とその方法」(愛知大学『文学論叢』第 86-87 輯、昭和 62-63 年,〈社会学的・機能主義的方法〉の項)。

195) J. Schwietring, a. a. O. S. 765.

196) Viktor von Geramb, *Zur Frage nach den Grenzen, Aufgaben und Methoden der deutschen Volkskunde.* In: Zeitschrift für Vereine der Volkskunde. 37/38 (1927/28), S. 163-181.

197) Viktor von Geramb, *Die Kulturgeschichte der Rauchstuben.* Heidelberg 1924. ; この家屋研究の主著の他にも、地域ごとの煙部屋家屋に関する多数のパンフレットを作成している。)

198) 次の拙訳に付した訳注を参照, レーオポルト・シュミット『オーストリア民俗学の歴史』p. 370-73:「煙部屋家屋をめぐる論争」

199) Viktor von Geramb, *Wilhelm Heinrich Riehl. Leben und Wirken (1823-1897).* Salzburg[Otto Müller]1954.)さらに晩年には、青年期から手がけてきた家屋研究を基礎に野外博物館の実現に尽力し、それが後に、今日のオーストリア野外民俗博物館に結実した。

200) グラーツ郊外シュテュービングのオーストリア野外民俗博物館 (Österreichisches Freilichtmuseum für Volkskunde in Stübing bei Graz)の構想と設立の経緯については、初代館長ペットラーによる次の報告を参照、Viktor Herbert Pöttler, *Erlebte Baukultur. Schriften und Führer des Österreichischen Freilichtmuseums Stübing bei Graz,* Nr. 13. Stübing bei Graz 1989 (2. Aufl.).

201) V. v. Geramb, *Zur Frage nach den Grenzen, Aufgaben und Methoden der deutschen Volkskunde.* S. 171-171.

202) Viktor von Geramb, *Die Knaffl-Handschrift. Eine obersteirische Volkskunde aus dem Jahr 1813.* Berlin und Leipzig 1928.（Quellen zur deutschen Volkskunde. Bd. II））なおクナッフル（Johann Felix Knaffl 1769-1845）のこの統計調査の対象は 'Judenburg' であるが、それは地域（郡）名であって、〈ユダヤ人部落〉（『日本民俗学体系』第1巻［平凡社 1960 年］所収「独・墺の民俗学の歴史と現状」p. 82.）を指すのではない。

203) Uli Kutter, *Volks-Kunde-Ein Beleg von 1782.* In:Zs. f. Vkde. 74（1978）, S. 161-166.

204) Viktor von Geramb, *Zur Frage nach den Grenzen, Aufgaben und Methoden der deutschen Volkskunde.* S. 166.

205) V. v. Geramb, a. a. O. S. 167.

206) V. v. Geramb, a. a. O. S. 167-68.

207) V. v. Geramb, a. a. O. S. 168.

208) V. v. Geramb, a. a. O. S. 168.

209) V. v. Geramb, a. a. O. S. 169.

210) V. v. Geramb, a. a. O. S. 169.

211) V. v. Geramb, a. a. O. S. 169.

212) Eduard Hoffmann-Krayer, *Individuelle Triebkräfte im Volksleben.* In:Schweizerisches Archiv für Volkskunde. 30（1930）, S. 169-182. Neudruck in: Kleine Schriften zur Volkskunde von Eduard Hoffmann-Krayer.（=Schriften der Schweizerischen Gesellschaft für Volkskunde, Bd. 30）, Basel 1946, S. 223-236.；この論考もゲルハルト・ルッツ編の次のアンソロジーに抜粋が収録されており、ここでもそれを用いた。In:Volkskunde / Ein Handbuch zur Geschichte ihrer Probleme, hrsg, von Gerhard Lutz. Berlin [Erich Schmidt] 1958. S. 193-202.

213) Ingeborg Weber-Kellermann und Andreas C. Bimmer, *Einführung ind die Volkskunde. Europäische Ethnologie.* Stuttgart 1985（Sammlung Metzler: M79）, Kap. VIII. 拙訳, 愛知大学『経済論集』第 122 号（1989）, p. 152-154.

214) Eduard Hoffmann-Krayer, *Individuelle Triebkräfte im Volksleben.* S. 194-195.

215) グリム兄弟、特に理論的に秀でていた兄のヤーコプの研究方法のなかにすらその後の過誤の遠因があることを指摘したのはクラウス・ツィークラーの次の論考であった。特にヤーコプ・グリムの上古に価値の基準をもとめる志向と自身のキリ

スト教信仰が無理なく同居し得たパラドックスを指摘している。参照、Klaus Ziegler, *Die weltanschaulichen Grundlagen der Wissenschaft Jacob Grimms*. In: Euphorion. Bd. 46（1952）, S. 241-60.

216）この明快な批判をヘルマン・バウジンガーはその主著『科学技術世界のなかの民俗文化』(Hermann Bausinger, *Volkskultur in der technischen Welt*. 1961.) の（序文）その他でしばしば表明している；これに因んで付言すれば、〈フォルク〉という言葉を用いることの不可避性とその無規定性とを解決することは、第二次世界大戦後の民俗学の再建における懸案のひとつであり、何人もの研究者が術語の面で解決を試みた。バウジンガーは、"kleines Volk"という限定によって民俗学が対象とする〈庶民〉を言い表した。

217）フォルクスクンデをしてフォルクのすべてをあつかうことができる一種の全智学とするような無軌道に過誤の大きな要因があったことを強く主張したのは、レーオポルト・シュミットであった。参照, Leopold Schmidt, *Die Volkskunde als Geisteswissenschaft*. 1947.（拙訳「精神科学としての民俗学」愛知大学国際問題研究所『紀要』89号, 1989年, p. 9-52.）アードルフ・シュパーマーもまたこれと重なる認識を示したことは、シュパーマーの節でふれた。

第2章
ドイツ思想史における
フォルクストゥームの概念について

はじめに　1．フリードリヒ・L・ヤーンにおけるフォルクストゥーム概念の提唱　2．W・H・リールにおけるフォルクストゥームの概念　3．フォルクストゥームの用法　4．オットマル・シュパンによるフォルクストゥームの称揚　5．ナチズム民俗学におけるフォルクストゥームの概念　6．ゲルマニスティク系の民俗研究におけるフォルクストゥーム　7．プロテスタント教会系の民俗学におけるフォルクストゥームの概念　8．カトリック教会系の民俗学におけるフォルクストゥームの概念　結び

はじめに

　ドイツ語圏の民俗学の展開を追っていると、フォルクストゥームとその派生語のもつ問題性に否応なく気づかされる。ドイツの民俗学はナチス・ドイツとの交錯に陥った過誤を負っているが、その逸脱は、今日、フォルクストゥーム・イデオロギーの名称の下に断罪されている。またそのイデオロギーは、民俗学にとどまらず、社会的に大きな広がりがあり、さまざまな方面に関係してきた。それには、今日しばしば民俗学と訳されるドイツ語のフォルクスクンデが、それに限定されず、もっと一般的な意味を帯び、多面的な性格をもっていたことも関係していた。そこで発生した歪みが、フォルクストゥームの名称と重なって回顧されるのである。
　〈フォルクストゥーム〉も〈フォルクスクンデ〉も、〈フォルク〉の派生語であるが、この元の〈フォルク〉がドイツ文化に独特の言葉で、外国語には写しようがないところがある。したがって〈フォルクストゥーム〉も、元の

言葉〈フォルク〉の問題性を引きずっているわけである[1]。それでいながらも強靭な生命力をもつことは、ナチス・ドイツの命名にもかかわらず〈フォルクスワーゲン〉が世界的なブランドでありつづけ、また戦後ドイツの良心の結晶とみなされるヴァイツゼッカー大統領の著名な国会演説「荒れ野の四〇年」(1985年5月8日)においてすら、それを聞くべき相手として、主要にはドイツのフォルクが指定されたことが、それを示している[2]。そうした広がりをもつ問題の一角として、フォルクストゥームの語をとりあげたのである。因みに標準的で簡便なドイツ語の辞書を引くと、フォルクストゥームとその派生語には、次のような語釈がほどこされている[3]。

Volkstum: Inbegriff alles dessen, was die Eigenart eines Volkes ausmacht.（フォルクの独自性をつくるもの全ての内実）

volkstümlich: dem Volk eigen, dem Volk, der Art des Volkes entsprechend; den Wunschen der breiten Masse des Volkes entgegenkommend, allgemein verständllich bekannt od beliebt（フォルクに独自の、またフォルクやフォルクのあり方に対応する様態。フォルクの広範な大衆にみあった、一般的に理解しやすいものとして知られたり愛好されたりする様。）

Volkstümlichkeit: volkstümliches Wesen, volkstümliche Beschaffenheit, allgemein verständlich keit, allgemeine Beliebtheit. フォルクステュームリッヒな存在、フォルクステュームリッヒな性状、一般的に理解しやすく一般に愛好されること。）

　これを見ると、三つの語はどれもドイツ語の普通の単語としか見えない。事実、これらは、この3語は、Volkstumには幾分留保が必要であるものの、日常語そのものと言っても差支えがない。しかしまたそこに深刻な疑義が投げかけられてもきたのである。
　どの言語でもそうであろうが、語彙の多くは自然な使用のなかで受け継がれてきた。しかし注目すべきことに、それと並行して、常に新しい造語がなされているのも、一方の現実である。しかも誰が何時使い始めたかを確かめ

ることができる場合も少なくない。私たちが使っている日本語も、造語者や創用者が明らかな語彙が多い言語と言ってよいであろう。幕末から半世紀ほどにそれが著しいが、西洋文化の移入にあたって概念や文物を指し示すことができる語彙を準備する必要があったからである。もとよりそれは、近代化が意志と意図をもって推進された歴史と照応する。

　ドイツ語の Volkstum, volkstümlich, Volkstümlichkeit に返ると、これらは、その出生の経緯が明瞭であるという意味で身元が確かなのである。今から約200年前、1810年がその誕生の年で、フリードリヒ・ルートヴィヒ・ヤーンが生みの親であった。その造語者の生涯はまことに波乱に富んでいたが、その発明にかかる語彙もまた特異な展開を遂げることになった。

　そこでこの小論の課題であるが、フォルクストゥームの語がどのように生まれ、またどのように使用されてきたかを、民俗学を中心にドイツの諸々の思想のなかに探ろうと思う。それには事情がある。フォルクストゥームが今日では否定的に評価されてはいるが、実際にその語がどのように使われたかは、あまり整理されてはいないからである。この問題と正面から取り組んだ研究の場合も、フォルクストゥームのモットーの下に進行した社会状況や学術面の動向をあつかってはいるが、語そのものの経緯については必ずしも克明ではない。民俗学の分野で言えば、フォルクストゥーム・イデオロギーを批判したヘルマン・バウジンガーの諸論考とその指導下に作成されたヴォルフガング・エメリヒのモノグラフィーがよく知られている。しかしそれらにおいても、やや奇異に思えることであるが、フォルクストゥームという術語の使用例そのものにはほとんど触れられていない[4]。それらの批判研究の重要性は否定できないが、たとえばエメリヒの著作がかなり大部であるにもかかわらず、ヤーンの造語の経緯は簡単にしかふれられず、しかも僅か一行だけ引かれたヤーンの原文も他の解説書からの重引であることが、重点の那辺にあるかを示している[5]のみならず術語の使用例の検討を欠いていることが、その行論に多少の無理をもたらしているとも思われる。既にふれたように、フォルクストゥームとその派生語は、今日ではまったく普通の語彙と言って

よい。それらが指し示す特定の文化現象や世相は、その語彙を使わなければ不自然ですらある。しかし近・現代史を振り返れば、その語を冠した種々の社会的動向には禍々しいものがあった。そこで批判が向けられたのであるが、同じ語であるために、どうしても文脈が取りにくくなる。そこで起きているのは、いわば語の犯罪をめぐる裁判と言ってもよいが、その審理にあたっては原告も被告も同じ術語を使い、その使用をたがいに咎め合うのである。もっとも、そうした構図のもっと大きなものは〈フォルク〉をめぐる悶着であろうが、その点では、このフォルクストゥームの検討は、より大きな一般的な問題を測定するための抽出検査でもある。

　ここでは近・現代のドイツ語圏に起きた特殊なできごとを整理するのであるが、それは一般的な教訓とも無縁ではない。文化や国家のような大きなまとまりにおいても、また個別の学問分野の場合にも、基本的な用語が案外あいまいなままに放置されていることが屡々である。文化、社会、民衆、愛といった極めて一般的な語彙でも、その意味は決して分明ではない。使う人がそれぞれこめたいと思う意味を託しているところがある。日常語としての使用であれば、まったく支障が無いとは言えないにせよ、なお被害は軽微であろう。しかし学術用語となれば、定義の怠慢は誤解を産み、その咎めは延いてはその分野の信用の低下につながる。また政治の世界でそれが起きれば、巨大な自己瞞着が世をおおうことになる。言語はそれ自体は仲介者であり、媒介物に過ぎないが、その梃子さながらの作用の故に、向きを違えると途方もない歪みに発展するのである。

1. フリードリヒ・L・ヤーンにおけるフォルクストゥーム概念の提唱

　フリードリヒ・ルートヴィヒ・ヤーン（Friedrich Ludwig Jahn 1778-1852）がその『ドイツ・フォルクストゥーム』を刊行したのは1810年であった[6]。ヤーンは日本でもかなり知られた存在と言ってよいが、それはヤーンがドイ

ツで〈体育の父〉(Turnvater) と称されてきたからである。ヤーンは、国民教育における体操の意義を説き、近・現代における体育の分野を開拓した一人であった。もっとも、その歴史的な位置は単純ではなく、体育史からみた先駆性と限界の両面に目配りした評価が体育関係者によってなされてきた[7]。それらも踏まえながら、ここではフォルクストゥームとその派生語の造語者としてのヤーンをとりあげる。

ヤーンの略歴[8]

ヤーンは当時のプロイセン王国のマルク・ブランデンブルク、ランツ村 (Lanz bei Lenzen in der Kreise West-Priegnitz, Mark Brandenburg) にプロテスタント教会の牧師の息子として生まれた。1791年にザルツヴェーデルのギュムナジウムに入学し、1794年にベルリンのギュムナジウム・ツー・グラウエン・クロスター (Gymnasium zu Grauen Kloster in Berlin) に転学した。1795年にハレ大学へ入って、父親の教育に沿って神学を学んだ。しかし高等学校・大学とも、教育方法にはなじめず、大学生活も10校ほどを遍歴した。早くから野外での生活に親しむと共に農村を訪れることを好み、また少年時代から旺盛な愛国心を培っていた。最初の著作は、別人の名前で刊行された『プロイセン王国における愛国心の涵養について』[9]であった。1803年にグライフスヴァルト大学で学業を終えたあと、家庭教師となったが、その頃の経験が独自の教育観に役立ったようである。また長い遍歴生活を通じて、民衆諸層の言葉や習慣について詳しい知識を持っており、それは次の著作『類義語の分野における標準ドイツ語の豊富化』[10]に結実した。折からナポレオンのヨーロッパ制覇の時期であり、ヤーンは1806年には軍隊に参加した。同年のイエナの戦闘には居合わせなかったが、その敗北には深刻な衝撃を受け、〈10月14、15日の両日で白髪となった〉と後に回想した程である。その後しばらく生家へ帰り、また友人の間を行き来しながら著作を行ない、1810年に『ドイツ・フォルクストゥームを』を刊行した。こうした経緯からも、それはプロイセンを念頭においた高揚した愛国的心情の結晶であった。同時にまた、

ドイツ民族の統一への希求にも貫かれていた。

　1810年、ヤーンは、かつて学んだベルリンのグラウエス・クロスターの教員になり、しばらくしてペスタロッチの教育方に則ったプラースマン（Dr. Plaßmann）の学校で教鞭をとった。ヤーンにとって終生の協力者となったフリーゼンやハルニッシュも同校の教員であった。そして翌年、これらの人々や教え子たちの協力を得て、ベルリン郊外のハーゼンハイデに最初の体育場を作った。それが軌道に乗ったところから、ヤーンは既に1811年中グラウエス・クロスターのギュムナジウムを辞職した。翌1812年にはさらに施設を拡大したが、彼の体育施設に登録したり、関係を持つ人々は500人に達していた。体育の科目では、最初は水泳とフェンシング、次いで馬術が加わり、さらに鉄棒と平行棒に拡大された[11]。

　また1810年には、フリーゼンやハルニッシュと共に政治団体「ドイツ同盟」（Deutscher Bund）を作り、ナポレオンへの憎悪を呼びかけ、また各地の大学の学生団体にも盛んに働きかけた。それは、やがてドイツ全土に渡る学生同盟ブルシェンシャフトが結成される上で刺激のひとつになった。

　1812年から13年にかけて、ナポレオンのロシア遠征とその失敗があり、プロイセンは対ナポレオン戦争を準備した。1813年1月にリュッツォ将軍の下に義勇軍が募られると、ヤーンは同志の体操家たちと共に参加した。義勇軍は同年末に解散したが、ヤーンはプロイセンの政治指導者シュタイン男爵の特命を受けて、ライン地方をプロイセンに編入するにあたって、現地での宣伝工作に従事した。1813年からはプロイセン首相ハルデンベルクに注目されて戦後処理の会議の開催地であったウィーンへ赴き、次いで再起したナポレオンを打倒した各国の軍隊と共にパリにしばらく滞在した。その間、プロイセン首相ハルデンベルクに体育の意義を説く機会をもった。それもあって、やがてプロイセン王国から支援を得るようになり、物質的にも安定したため、1813年にヘレーネ・コルブルクと結婚してノイブランデンブルクに居を定めた。1816年には体操教育の原理をまとめた『ドイツ体育術、体育場の建設のために』[12]を刊行した。これはヤーンのもうひとつの主著である。ヤーンは

生来言語表現に敏感であり、体育術語の合理的な形成に貢献したとされる。体育の普及も軌道に乗り、1818年には、ドイツ語圏において重要な体育施設は60ヶ所を数えた。またフランス政府も関心を寄せて、パリでも同様の施設が発足した。かくしてヤーンの名前は、その禿頭長髯の風貌と併せて各国でも知られることになった。

　しかし体育運動はヤーンの政治思想と結びついており、またヤーンの愛国表現が過激であったところから、警戒心を招くことになった。ヤーン自身の1817年の『ドイツ・フォルクストゥーム講演集』[13]も扇動的であった故に物議をかもしたが、次いで彼の体操の弟子たちがイエナで開催したトイトブルク記念祭で反愛国的・反ブルシェンシャフト的な書物をあつめて焚書を行なったために騒ぎが拡大した。当時の国際的な政治連合、神聖同盟のかなめであったオーストリア帝国宰相メッテルニヒはかねてから体育運動を危険視していたところから、折から起きたコッツェブー刺殺事件と体育者の関わりをも利用して、プロイセン政府に体育運動の取り締まりを勧告した。これを受けて、プロイセンは1820年に国王勅令によって〈体育運動を全面的に禁止〉することを宣言した。

　これに先立ってヤーンは1819年7月に逮捕され、裁判に付された。因みにその審理に関った判事の一人は、ロマン派の作家として知られるE・Th・Aホフマンであった。判決の結果、ヤーンは有罪とされ、コールベルク要塞に監禁された。その間、1824年に妻ヘレーネが死亡した。ヤーンが釈放されたのは、1825年3月の第二審の判決によってであった。しかし以後も官憲の監視下におかれた。体操教育施設や教育に関することを禁じられ、官憲が指定した居住地である田舎町ケレダ（Kölleda）とヤーンが強く望んだフライブルクに住んだ。その頃、ヤーンの家族は、息子と二番目の妻エミーリエであった。この迫害はプロイセン国王と政府が反動的な政策に転じたことによることには違いないが、ヤーンの自由主義的な思想がどのようであったかは、また別の問題である[14]。

　まったく自由になったのは、1842年にフリードリヒ・ヴィルヘルム4世が

即位してからであった。しかも新国王は一転してヤーンの功績を評価する姿勢を示して、鉄十字勲章を授与し、また体育を奨励した。ヤーンは体育の新たな興隆には表立っては関らなかったが、創業者として遇された。1848年の革命の後、フランクフルト国民議会が開かれれると、ヤーンは代議員に選ばれた。会議において、ヤーンは長年の不遇にもかかわらず、プロイセン国王の熱狂的な支持者として活動した。こうして晩年に再び脚光を浴び、体育が拡大するのを見ながら、ヤーンは1852年10月15日に亡くなった。なおヤーンの事蹟を顕彰して、今日もフライブルクには「ヤーン記念館」がある。

ヤーンにおけるフォルクストゥームの概念

　ヤーンの人生歴から知られるように、フォルクストゥームは、直接にはナポレオン支配下のプロイセンにおける愛国主義、また広くはドイツ語圏が単一の国家ではなかった状況下での統一への希求をこめて提唱された術語であった。

　著作『ドイツ・フォルクストゥーム』について言えば、ドイツ人というフォルクの本質を明らかにしようとしたものと言ってよい。同時にそれは、プロイセン王国への熱烈な帰依感情と重なっていた。ヤーンはその著作を始めるにあたって、先ずドイツ語圏の有力な国家や領邦を列挙して、ドイツ・フォルクストゥームの核となるにはいずれもマイナス面があることを指摘した。たとえばハノーファーはイギリスとの関係が深い上に、地理的に分裂に曝されやすいとし、またオーストリアについては、大国ではあるがドイツ人の人口比率は住民の4分の1に過ぎない点に制約があるとし、同じくバイエルンはオーストリアと隣接する故に活動に限界があるとした、等である[15]。

　　　プロイセンでは、ドイツ人が圧倒的多数を占める。……　私も、プロイセン国家に統治技術の最高の達成を見たわけではない。しかし私は、そこに十全と将来の完成への推進力を発見したのである。私にとって、プロイセンは、引き裂かれたドイツの核であった。それは、古い帝国とい

う根に瞬く間に生い育った最も年若い申し子である。……
　かくて、私は、古くからの偉大なドイツ帝国が現今の若返りをプロイセンに、そして帝国のなかに、人間の歴史の高邁な不滅の路程を歩むであろう偉大なフォルクを感得したのである。

　この著作は、激動の時代の愛国心の吐露であり、またアジテーションでもあったために、その叙述は必ずしも論理的ではない。有史以来の諸民族の興亡や英雄の盛衰など通俗的な歴史知識を手だてにして、民族や国家の意義を連呼する時事的な演説といったものである[16]。

　　怒涛は岩をめぐって起こり、大洋はアルプスに盛り上がり、大地は振動し、しかも存在しつづける。かく、本性は困苦によっても破壊されない。それは苦難から新たな力を獲得する、あたかも萎む花が天の露に洗われるごとくである。日常の生の喧騒のなかにも全き人間の本性が宿るのと等しく、諸民族の世界にはフォルクストゥームがある。フォルクストゥーム、それは守護精神の神聖なる賜物である。不落の砦である。唯一にして自然な境界である。自然は、自然な性状そのものから諸民族のこの差異を建設し、時間を通して間断なく造形を続けてきた。言語を通じて名前を授け、書記において堅固にし、心と精神のなかに永遠なるものとした。日々、太陽は昇っては沈む。火山、砂漠、大洋、地震が時を刻む。かく、諸民族のあいだを荒天が轟音を立て、稲妻を光らせる。……

　感情の先行、表現の飛躍、思考の執着は紛れもなく、それゆえ緻密な論証からは程遠いが、それはそれで一個の文体であり、思想と言えなくもない。事実、それは以後一世紀以上にわたってドイツの思想史に影響することになった。その中心概念であるフォルクストゥームとは何かを述べ、また後世からも決定的な箇所として引用されてきたのは次である[17]。

第2章　ドイツ思想史におけるフォルクストゥームの概念について　　211

歴史は既に数千年の古きに達する。アフリカを除けば、発見の精神をこととするヨーロッパ人がなお突き止め得ない民族が残っているとしても、さほど重要でない民族しかいるまい。地理学と民族学は、いずれ高度な学問的成果を見せてくれるかも知れない。すなわち、人類という絵画の最初の筆遣いまで教えてくれるかも知れない。フォルクとは何か、それを究めるに、石の蒐集や園芸に手を出す程度でよいでなら、種々のフォルクを並べて比較し、そのエピソードを拾えば事足りよう。……しかし研究者の精神はさらに進んで、フォルクをフォルクにしているものとは何かまで問わずにはおれない。すなわち、諸々のフォルクの本質とは何か、生きてあることの証しとは何か、生命の意欲とは何か、諸民族はどのようにその共同精神を発露するのか、といった問であり……いずれのフォルクにも、<u>名づけようもない何ものかがあること</u>を見出していた。すなわち、いかな転覆に遭うも、その名づけ得ぬものは憤怒と苦悩として作用し続け、あるいは良きものとして現われ、あるいは悪しきものとして発現する。まさに諺にいう〈汝、熊手以テ自然［本性］ヲ排スルモ、ソハ常ニ走リテ帰リ来タラン〉は、個人についてだけでなく、諸々のフォルクの総体にもあてはまる。……これまでも十分に認識されてきたわけであるが、それを指す名称を欠いていたのであった。

　……個々の要素をあつめ、大きなまとまりにし、その全体をひとつにつなぎ合わせるもの……最高かつ最大の人間集団、すなわちフォルクにおけるそうした統一力を名づけるとすれば、それはフォルクストゥーム以外にはあり得まい。それはフォルクの共通物であり、その内在物であり、活動力にして生命であり、確証する力であり、持続能力である。それによって、フォルクの全てのメンバーにフォルクステュームリッヒな思念・感情・愛・憎悪・歓喜・嘆き・苦しみ・行為・諦め・楽しみ・希望・憧れ・予感・信仰がはたらくのである。これは、フォルクのすべての一人一人に、その自由と自立性を損なうことなく、むしろそれを強化

しさえしつつ、他の全員と結合させて、無上の紐帯からなる共同体に導くのである。(下線は引用者による)

これがヤーンによるフォルクストゥーム概念の提唱であった。特に文中の〈いずれのフォルクのなかにも夙に見出されていた名づけようもない何ものか〉(Lange schon fand man in jedem Volk ein unnennbares Etwas)という言い方は有名である。またここで問題になるのは、フォルクとフォルクストゥームの関係であるが、これについては次のような説明がなされている[18]。

　最も強き者すら一個の人間たらざるを得ぬ。幾千年を通じて感得し思念し行為し予感するのは、より上にある世界精神である。フォルクのなかで、世代から世代へと途切れなく連続するのは、フォルクストゥームによってである。先行者は去り、瞬時にして後進に交替する。いずれの創始者も偉大である。だが保持者が重要である。生の後世への進展は輩出する若年によって担われる。数千年の後も人間は糸を紡ぎ続け、それを偉人たちがつなぎ合わせる。偉人たち ― フォルクの創始者、言語の発明者、宗教の開祖。ひとつのフォルク、ひとつの言語、ひとつの宗教の全世界を感受せんとするのは、チムール ―― 彼は破壊を事業として幾多の紋章と旗幟の三大陸を領導した ―― のごとき者だけである。

これらによれば、ヤーンのフォルクストゥームの概念は民族の概念と重なることが分かる。事実、それは次のように直截に表明されてもいる[19]。

　名称と事実は、我らの祖先においては一致していた。ドイツ的 (Deutsch) とはフォルクステュームリッヒのことである。我々、新しいドイツ人においては、そうではない。我らのフォルクステュームリッヒカイトあるいはドイツ性 (unsere Volkstümlichkeit oder Deutschheit) は、我らの罪責のために、ますます消滅に向かっている。それゆえ我らは、

第2章　ドイツ思想史におけるフォルクストゥームの概念について　213

命名において、失われた実像の追憶を保持しなければならない。そして目標を設定し、歴史的認識を明らかにし、蒙昧な思念を澄明な光にもとに置き、無数の個物の混雑を一の全体にまとめ、全てを確かな観念に導こうする者は、須らく読者を念頭に置かなければならない。すなわち〈フォルクとドイツ性と祖国〉という気高いな観念がなお死滅していない読者である。

　ドイツ（deutsch）という名称は儀礼的単語として最近の数々の不幸にまで至っている。〈ドイツ男児〉、〈ドイツ語で語った〉、〈ドイツ語の語彙〉、〈ドイツ的握手〉、〈ドイツ的忠節〉、〈ドイツ的勤勉〉、これらすべての表現がめざすのは、外見こそ煌びやかではないが確固たる我らがフォルクストゥームに他ならない。（下線は引用者による）

　しかしまたフォルクストゥームは、ひとりドイツ的なものにとどまらず、他の血族的な大集団、すなわち他の諸々のフォルクの場合にも認められる一般的な性格のものと考えられた[20]。

　　私は、かつて、ドイツ性（Deutschheit）を以って、諸民族のなかで、人間性の有益な根拠として歴史的に検証ししようとし、併せて他のすべてのフォルクストゥーム（複数）に注意を喚起した。なぜならこの地上では、人間は決して純粋無垢に現われるものではないからである。人間性は、フォルクストゥーム（複数）によって観念され代表されるのが常である。フォルクストゥー（複数）において、いずれのフォルクの独自の価値も、その人間性としての邁進という寄与も、フォルクストゥーム（複数）に存するのである。：
　　　モンゴル人からギリシアの予言者まで、
　　　熾天使に伍する者の
　　　不断に上昇せんとす
　　外から規定された国家の絆がフォルクを形づくるのではない。人間は、

鰊を目方で計って塩漬けにするようなものではない。諸民族を圧する者の前に群れとなるのではない —— クセルクセスの数万の戦士のごとき群れではない。真のフォルクをつくるのは、強いられた集団ではない。内的な相互交流、静かにして信頼のある相互の慣れ親しみ、互いに愛をもってなされる生の浸透、それがフォルクを形成するのであり、またその維持と涵養はフォルクストゥームによってである。

『ドイツ・フォルクストゥーム』は、ドイツ語圏が単一の国民国家を形作っていず、それを憾みとする情念がドイツ人のあいだに広く共有されていた時代状況の産物であった。実際、19世紀初めのドイツ語圏は、なお17世紀の三〇年戦争の結果として固定された国民国家形成の遅れが克服されていなかった。加えてナポレオンの支配下に置かれた。その状況との関わりでは、ヤーンの主張は、ややファナティックであるものの、必ずしも行き過ぎとばかりは言えなかった。歴史的な事実としても、ドイツ語圏の統一はプロイセンの主導で実現することになり、その遠い目標への萌芽を予想したのは、一種の洞察力でもある。その見解が反響を呼んだことも、不思議とするには当たらない。問題は、それが1世紀以上も続いたことにある。今日では、フォルクストゥームという名詞は忌避されるものの、その派生語である形容詞フォルクステューム リッ トはまったく普通に用いられる単語となっており、そのさらに名詞形であるフォルクステュームリッヒカイトも決して珍しくはない。

ヤーン自身もこれらの術語がまったく通常の語彙となったことを大層誇りにしていた。1833年にヤーンが自らその主著に解説を加えた『ドイツ・フォルクストゥームへの注解』で次のように述べている[21]。

　　フォルクストゥーム、フォルクステュームリッヒ、フォルクステュームリッヒカイト、これらは新造語にもかかわらず、広く至る所で歓迎された。新聞、雑誌、書物、学術研究、国家的なレベルの公的な弁舌、公文書においても、たちまち用語として定着をみるにいたった。

もっとも、フォルクストゥームという造語に胡散臭いものを感じ取った人々もいないではなかった。その代表はヤーコプ・グリムである。ヤーコプは、その不快感を、造語方法の文法的な不備を指摘するという形で表した。すなわち、抽象名詞を作る語尾 -tum を属格に接続させるのはドイツ語としては変則であり、Königtum, Altertum などと同じ規則に従うべきであって、造語をおこなうなら Volktum となるはずであるというのである[22]。もっとも、このヤーコプ・グリムの指摘には、ヤーン自身が反論を試み、古くオトフリートに "Todestum" の語法があることを反証として挙げた[23]。

　注目すべきは同時代の文筆家エルンスト・モーリッツ・アルント（Ernst Moritz Arndt 1769‐1860）のこれらの語彙への関わり方である。アルントも忌避感を抱いた一人であったが、造語がなされた僅か3年後の1813年には、その評判の著作のなかの、"Nationales" を "Volkstümlich" に、"Nationalität" を "Volkstümlichkeit" に置き換えた[24]。この事実は、ヤーンの造語が当時のドイツ人にどれほど歓迎されたかを証していると共に、その語義がどの辺りにあったかをも教えている。

2．W・H・リールにおけるフォルクストゥームの概念

　ヤーンよる造語の事情とその周辺を見たあと、いかにも飛び石伝いになるが、次にヴィルヘルム・ハインリヒ・リール（Wilhelm Heinrich Riehl 1823‐1897）に注目したい。リールは19世紀の後半のドイツにおいて、〈民衆生活そのものを研究対象にした〉人物として、すこぶる大きな存在である[25]。〈19世紀の精神史の豊かな特色である時代様式と時代精神の交差・交流は、この興味深い最高度に注目に値する人物の人格のなかに多彩なかたちで反映された〉、と現代でも評価されたりする[26]。リールは、3月革命後のドイツの状況のなかで彼が行った主張をバイエルン国王マクシミリアン2世に嘉されて

ミュンヒェン大学教授に招かれ、そこを拠点にして多方面の活動をおこなった[27]。リールは自らの活動をフォルクスクンデを呼び、それは〈国家学〉の性格をもつものと自ら解説した。そのフォルクスクンデが大きな意味をもつのは、グリム兄弟とその弟子たちによるロマン派の神話学とは異なった行き方だったからである。神話の復元を目標とするゲルマニスティク系の民俗学は、上古の痕跡をもとめるあまり珍習奇俗を探索して誇大視する弊害をきたしていた面があり、そうした状況のなかでリールが当代の世相を強く意識した観察をおこなった意義は大きかったのである。その方向の宣言が、1858年のミュンヒェン大学での講演「学問としてのフォルクスクンデ」であった[28]。もとより、この講演に限定されるわけではないが、リールはその文筆にしばしばフォルクストゥームの概念を使用した。そしてそれゆえに、フォルクストゥーム概念の推進者との評価を受けてきた[29]。たとえばその講演のなかで、リールがおこなったのは、次のような用法であった[30]。

> いずれのフォルクもよちよち歩きのときには、それ自身のフォルク個性の概念、すなわち<u>フォルクストゥーム</u>の個別要素のまとまりが何よりも強い、と思われ勝ちである。しかし実際にはそうではない。フォルクの概念は、広範な教養を前提に成り立つ抽象である。ためしに、素朴な農夫に尋ねるとよい。彼は、フォルクの語において、精々その（＝フォルクの）極めて限定された諸集団を思い浮かべるか、あるいは何も思いつかないかどちらかであろう。エスノロジーの概念としてのフォルクは、血族、言語、儀礼、聚住によって結ばれた人間の大きな組織体のなかの自然な分枝であるが、その概念への到達は、発達した教養階梯を待たなければならない。……ヨーロッパの重要な文化フォルクのなかで、ドイツほど、綜合的で統一的なナショナリティの概念に到達するのが遅かった者はあるまい。我々の場合は、〈ドイツ・フォルク〉という言葉と現実を見出すのが難しいが故に、他者に比べて、我らの<u>フォルクストゥーム</u>を後追い的にだが、それだけ徹底的に認識し、情熱を以って大事にし、

培うべき運命にある。

これを見ると、フォルクストゥームはかなり重い意味を付与されてはいることが分かる。ナショナリティの奥にある何物かがそれによって名指されており、その認識に変革の要諦がみとめられている、とさえ言える[31]。

いずれのフォルクにとっても、自己のナショナリティを自覚すると共に、新たな世界が開けてくる。かくて、悲惨な17世紀にはまどろんでいたドイツのナショナリティ意識が近代になって覚醒するや、ドイツの文学・学問の、また政治生活と社会生活のまったく新しい生が将来された。法学は、<u>我らが古きフォルクストゥーム</u>の法生活を究明することにおいて若返った。国民経済学が新たな土台とめざましい拡大を得たのは、あらゆる経済活動の法則はフォルクの歴史的展開という自然法則と重なっていることを認識したが故であった。かくて文化史とフォルクスクンデを基盤にして、今や、ナショナル・エコノミーの新たな体系が打ち樹てられようとしている。国家学は、目下、フォルクの教説のなかに、その根拠の一部を見ており、またその事実によって若返った。死んだ抽象的な法律国家も、社会的でナショナルな法律国家に拡大することによってはじめて生命を得る。……

かくして、あらゆる精神文化全体における強力な前進は、<u>フォルクストゥームの自己認識</u>から生まれるのである。個々の精神は、自己の思考を行うことによって、至高の、すなわち哲学的な教養の段階へ上昇する。しかし、同様の高度の教養が、諸々のフォルクにあっては、自己のナショナリティを自己認識することによって画定される。

また次のような用例もみることができる[32]。

フォルクスクンデの素材の全体を拡大することに、特別の注意が向け

られてよい。なぜなら、フォルクの外面的なあり方に加えて、その内的生を、特徴ある民話・儀礼・行事・に反映された限りにおいてであれ観察するなら、先行するすべての試みと多いに異なったものとなるからである。教会、宗教、芸術、学問、政治にわたる国民のすべての生き様を、フォルクスクンデを軸にして新しい光のもとに考察しよう。その光はまたその届く先でフォルクストゥームの反射光となるのである。

またフォルクストゥームの術語が農民と重なっていることも、リールの思想として注目してよい。そのロングセラーとなった『市民社会』にも、そうした表現を何度もみることができる[33]。

> 農民身分においてのみ、古きドイツのフォルクストゥームの事歴が生きて現代の世界に昇り来る。農民は事歴を覚えなかったが、しかし歴史的なのである。

〈農民は事歴を覚えなかった、しかし農民は歴史的である〉(Der Bauer hat keine Geschichte gelernt, aber er ist historisch.) とは分かり難い言い方だが、農民は、時代推移の雑多な出来事の影響の外に立ってきた存在で、それゆえ、いにしえを今に持ち伝える、といった意味である。興味深いことに、男女の性差にも、フォルクストゥームの概念が重ね合わせられることがある[34]。

> 男性は交流や遍歴のなかで堅固な独自性を失ない勝ちだが、家内で竈を維持する女性は伝承されてきたフォルクストゥームを難なくまもってゆく。

しかしフォルクストゥームはドイツ人にだけ言われるのではない。他の民族においてフォルクストゥームが維持されることも、リールは称え、それを他山の石とすべきとしている。

……ドイツ人のなかにいる少数の非ドイツ人の農民グループが自らのフォルクストゥームを堅固に維持しているのは、注目すべきである。ラウジッツのヴェンド人たちは約２万人で、ドイツ人フォルクのあいだに分散しているが、自分たちの教会行事にまとまっている。彼らは、自分達の学校と教区教会堂をもっている。そこではスラヴ語で授業や説教がなされる。カトリック信徒たちは法王を強く支えとし、プロテスタントたちの少なからぬ人々はルターを中心に考えている。

　しかしまたフォルクストゥームを非常に高度な概念としていたかと言うと、必ずしもそうではない面もあった[35]。

　　フォルクは、そのフォルクストゥームの諸要素を意識的にまとめることによって、フォルク個性（Volkspersonlichkeit）の概念を獲得することができる。……

　ここでは、フォルクストゥームは、伝承文化を一般的に指しているとみられる。それと共に、フォルク個性（Volkspersonlichkeit）という特異な術語が対比的に使われていることにも注目してよい。すなわち、古来の要素が農民などのあいだに不変のままに滞留しているのがフォルクストゥームであり、それは自覚的に現代に甦らせねばならず、そのときフォルクは個体の人格にも比すべき一個の明確な個性を示すことになるが、それはフォルク人格であるというのである。ここにはリールに特有の復古志向が土台になっており、それゆえ伝承的な要素を積極面から考察するという文脈が勝っている。しかしその価値判断を別にすれば、この時期にはフォルクストゥームが〈土俗〉や〈因習〉といった意味で一般に定着していたことが投影されている。この時期にはそうした意味でのフォルクストゥームの使用は決して少なくなく、リールの場合はむしろ後のイデオロギー的な語法を準備した事例として特異

例とも言えるのである。

3. フォルクストゥームの用法

　19世紀半ば以降、〈フォルクストゥーム〉の語はさらに一般に広まり定着していった。そのさい、それが指すのは、必ずしも抽象的な内容や高度な概念ではなく、むしろ〈土俗性〉や〈風土性〉といった感覚的な意味合い、またそうした側面からみた〈民族性〉であることが多かった。因みに19世紀末頃に版を重ねていた用語辞典には次のような解説が見出される[36]。

　　　血族特質は自然の賜物と言ってもよく、各地方や土地の特色がよりあつまっている。すなわちフォルクストゥームの産物である。ローカルなもの、因習的なもの、それに個人の特質も加えてよいが、言い換えれば偏頗で閉鎖的なものの中心にあるのがフォルクストゥームである。

　これは、〈フォルクストゥーム〉をどちらかと言えば卑俗で低次元のものとみなした上で、それもまた無視するわけにはゆかないとして拾い上げるという趣旨である。したがって民族特性を指してはいても、過剰な評価がなされているのではない。
　やがてフォルクストゥームは一般に定着した語として政治の分野の公的な場面でも使われるようになっていったが、そのさいにも主要にはかかる意味内容においてであった。その代表的な事例は、1919年8月11日に制定されたヴァイマル憲法における用例であろう[37]。その第148条には、〈すべての学校において、道徳教育と国家市民としての情操、並びに個人として及び職業面での優秀にむけて、ドイツ・フォルクストゥームの精神及び民族間の融和の精神に立って尽力しなければならない〉と謳われてい。この場合のフォルクストゥームは決して深淵な意味がこめられているのではない。それは同憲法

の第113条に〈外国語を常用する共和国国民の一部の者については、立法及び行政を通じて、これらの者の自由でフォルクステュームリッヒな発展を、特に授業では、その民族内部での行政及び司法におけるその母国語の利用に際し、侵害してはならない〉との使われ方があることによって知ることができる。

　またフォルクストゥームを〈国民国家〉と重ねるような使い方もおこなわれた。そうした用法の端的は事例は、幾つかの民族と言語の合成国家であるスイスにおいて認められる。1933年10月6日にスイス連邦首相がスイス議会において行なった演説では、ゲルマン系、フランス系、イタリア系、その他の人々から成る〈スイス・フォルクストゥーム〉という言い方がなされている[38]。この場合は、国民国家の枠における民族特質との謂であり、穏当な語法と言ってよいであろう。

　これらに注目したのは、事態がそれだけではすまなかったからである。これと並行して、フォルクストゥームを究極の人間集団を指す概念として神秘化する動きも進んでいたのである。それには、ヤーンの『ドイツ・フォルクストゥーム』が刊行以来1世紀にわたって常にドイツ人の間で愛読書でありつづけたことが恒常的な栄養源となっていた。また学校教育や軍隊教育が整備されるにつれて、ヤーンの〈体操の父〉としての功績が偉大とみなされたことも、それを助長した。したがってヤーンがフォルクストゥームにこめた意味に立ち返るような素地は充分だったのである。またそれは、公的な分野や学術界よりも、民間においてより顕著であった。折からのナショナリズムの高まりや、民俗知識の一般化のなかで、アマチュア研究家やセミ・プロの間で、フォルクストゥームは愛用語となっていった。その事情を伝えるものとして、1899年に刊行された『ドイツ・フォルクストゥーム』という書物を挙げておきたい[39]。編者のハンス・マイヤーはライプツィヒ在住の民俗愛好家だったらしく、ライプツィヒ大学のドイツ文学の教授ヤーコプ・ヴィクラム（Jakob Wyckram）やオイゲーン・モーク（Eugen Mogk）など数人の大学教授や法制民俗に関心のある裁判官などを協力者として、ドイツ人の民族文

化の綜合的な解説書を企画したようである。編者の問題意識がイデオロギー的であったことは、中心テーマとして〈ドイツ的とは何か〉(Was ist deutsch？) を掲げていることからも窺える。そしてそのテーマと密接に結びついて称揚されたのが、フォルクストゥームの概念であった。この『ドイツ・フォルクストゥーム』は、20世紀前半に相次いだ通俗的で豪華な作りの民俗学の概説書の早い事例と言ってよい。また1903年には第二刷が刊行された。なお後にドイツ民俗学協会連合の会長となるオイゲーン・モークが「ドイツの儀礼と行事」と「上古ドイツの異教」の2章を担当していることにも注意しておきたい[40]。

もう一例を挙げる。これも近似したできごとながら、思想史的には興味深いものを含んでいるのである。やはり民俗愛好家であったロイシュレ（Karl Reushle）という人物が、同じ時期に次のように述べている[41]。

> ドイツ・フォルクストゥームとは、さまざまな時代を通じて発展してきたフォルクスゼーレの表れに他ならない。

内容面から見れば、これはハンス・マイヤーの編著と同じく民俗愛好家らしい物の言い方である。すなわちドイツ人の〈フォルク〉としての一体性に重々しさを付与しようとするのである。奇怪なのは、それを説明するのに当たって、筆者がロマン派が好んだ〈フォルクスゼーレ〉(Volksseele) を持ち出したことである。それはグリム兄弟が文化の諸現象の発生源として指定した術語でもあった[42]。しかもグリム兄弟は、ヤーンが提起した術語〈フォルクストゥーム〉の流行を嫌ったのである。したがって19世紀末に至って、グリム兄弟とヤーンという2つの陣営が、通俗民俗学のなかで融合したのである。しかしこれらは人文系の世界のできごとであり、社会の現実にたいして直接関与するものとしての社会科学の動向ではなかった。その方面にまで動きが進むと、事態は深刻であるが、それはやがて現実のものとなっていった。

4. オットマル・シュパンによるフォルクストゥームの称揚

　ヴァイマル憲法が制定されたのと同じ時期に、社会科学の方面でも、神秘的なフォルクストゥームの意味付けが進行していた。その際立った人物は、ウィーン大学の経済学と社会学の教授オットマル・シュパン（Otmar Spann 1878-1950）であった。これを取り上げるのは、その著作が広い影響力をもったと考えられるからである。1919年にシュパンがおこなった講演の記録『フォルクストゥームの本質について』（1920年）は、当時のベストセラーとなった。しかもサブタイトルが〈ドイツ的とは何か〉となっており、先のハンス・マイヤーが編んだ民俗学の通俗書と重なり合うのである[43]。シュパンは1910年代から30年代を通じて、普遍主義とか全体主義とか呼ばれるものを掲げて一世を風靡したオピニオン・リーダーで、日本でも同時代に多くの紹介がなされてきた[44]。

　シュパンの諸著作を通観すると、その言説にはナチズムと重なることが多い。もっとも、その理論形成は、ナチスの台頭よりも早いのである。したがってナチズムの迎合者としてだけでなく、むしろ当時のヨーロッパ思想の一側面という面から位置づける必要があるようである[45]。この点で注目すべきは、ヘルマン・バウジンガーのナチズム民俗学に関する論考のなかの言及である。バウジンガーは共同体・フォルクストゥーム社会学（Gemeinschaft-Volkstum-Soziologie）は突き詰めるとヘーゲルから始まるとし、その20世紀における申し子としてシュパンを位置づけ、さらに程なく登場したナチス・ドイツの若手の理論家たちをその後進として配置した。すなわちゲルマン民族による国家形成をもって世界史の完成とみたヘーゲルの見解を、20世紀の状況に合わせて祖述したのがシュパンであったとされる[46]。その思想は、〈全体は個に先行する〉を標語とするように、20世紀前半の混迷期に個人主義やマルクス主義を排斥しつつ、有機的な社会形成をもとめたもので、それゆえ歓迎されたのである。しかしその方向は後退的な性格をもっていた。すなわ

ち、平等、自由、個人主義などを胡散臭いものとして疑問を投げかけ、それに代わって中世のギルドや中・近世の身分性など前近代における集団形成を再評価するなどの姿勢である[47]。

　平等概念の一般的特徴は個人主義である。如何となれば、平等とは、萬人は等しく自由たるべきであり、何人も自由を制限さるべきではない事を意味するからである。併し自由こそ個人主義的根本概念である。
　之に對し、普遍主義的に見れば、個人は個人として考へられず、全體のなかに組織されたものと考へられる。それ故、「平等」が團體、全體の中に於ける平等たる限り、それは普遍主義的側面を有する。
　更に繰り返して個人主義的にみれば、その構成の點に於て、全體の中に各相違するものが平等の位置を占めてゐる。從って全體性の要求（各相違するものが分に應じた地位を占める）は根本的に無視されている。全體性は不平等を要求する。……普遍主義的立場から見れば、平等は協同社會化の法則に違反する。
　……平等は、必然的に、下降的要素を含み、この意味に於てマキャベリズムである。……即ち平等は中等者の支配であり、最善ならざる者の支配である。蓋し弱者は自分の所まで引き上げ、強者を引き下ろすからである。その際、一樣に、大衆が高級なものを引き下して支配し、然もその大衆の中で賤民がしようとするならば、結局平等はルムペン・プロレタリアの支配になつてしまふ。かかる點から見て、平等の原則は高級者に對する下級者の支配であると稱することが出来る。……

今日から見て、これにマイナスの評価を下すことはたやすいが、同時に立場が異なる『大衆と権力』におけるエリーアス・カネッティの大衆権力への不安とも共通項があり、同じ時代の気圏が窺える[48]。またこれに続いて、次のような一文もある[49]。

国家の総ての構成要素を原子化することは、中央集権化、即ち唯一の中央権力を齎す。……不平等者がその時々の相対的平等に応じて有機的な（互いに相違した）団体に加入してゐる場合には、之等の団体は（例へばツンフト、封建的職能分協同体、教会）それぞれ別の本部を戴き、かくして各種の、即ち分権された支配権が成立する。此事は総ての職分的国家にみられるし、或はまた、人間といふ有機体に見られる。そこでは骨格組織、神経系統がそれぞれに互に自己の生活領域、「器官系統」を形成してゐる。然るに総てが平等者として従属する場合には、それ等の平等者はただ一つの中央権力に従属し得るのみである。

　論法には詭弁じみたところがあるが、普遍的な趨勢としての個体の自立にたいする不信感の理論化と言ってよい。おそらく、20世紀の前半のドイツ社会が個人主義の順調な発展には距離があったことが、背景であったと思われる。
　講演記録『フォルクストゥームの本質について』は、〈フォルクストゥームの社会学的研究〉といった学術性な装いであるものの、実態はアジテーションである。またそれは時代が求めたものを言い当てたという性格にもあったのであろう。その書き出しはこうである[50]。

　皆さんは、私が能うかぎりの雄弁をふるってフォルクストゥーム意識とフォルクストゥーム的な感動を諸君に呼び覚ますことをもって本日の課題とみなしているわけではないとしても、それに反対はされないでしょう。なぜならそうした意識や感動こそが、皆さんを本日この場所に導いたのであって、したがって皆さんにとっては自明のことがらだかです。私は、私の所説を学校流の手引きのかたちにして、皆さんに示そうとおもうのです。私の説くところは、次の3つの部分からできています。
　1. フォルクストゥームの社会学的研究
　2. ドイツ的なるものとは何か？

3. ドイツ的本質、ドイツ的教養を普及するために私たちは何をなすべきか？

〈社会学的研究〉のなかでは、〈社会学的意味におけるフォルクストゥームの本質〉をもとめて、言語、国家、人種の〈3つの標識〉を検討し、それらは〈フォルクストゥームの重要な要件であり、他の見地からすればその表現でもあるが、しかし決してフォルクストゥームそれ自体ではない〉と言う[51]。

国家、人種、言語、これらはいずれもそれ自身直接的にはフォルクストゥームではないとすれば……、すなわちこの3者がただフォルクストゥームの本質的な生活型ないしは条件に過ぎないとなれば、自ずから次の疑問が起るでしょう。どこに、直接的にフォルクストゥームの本質はあるのか、と。答えはこうです。
フォルクストゥームは何らかの精神的なものなのです。フォルクストゥームは精神的共同体に依拠するのです。

因みに〈ゲマインシャフト〉もまた、単語としては古くから存在したものの、19世紀末にテンニエスによって着目され、特に20世紀に入ってから急速に一般化した語で、新造語に近い性格をもっていた[52]。のみならず、提唱者がそれにこめた意味から微妙にはずれて、後退的な方向での有機的な社会を指す術語として愛好されるようになった。シュパンがフォルクストゥームを〈精神的協同体〉(geistige Gemeinschaft) としたのは、その典型的な事例と言ってもよいであろう。それゆえ、フォルクストゥームとゲマインシャフトはほぼ同義になったのである[53]。

倫理、宗教、世界観（哲学）、学問、芸術……フォルク・ゲマインシャフトの独自性を規定するのは、これらだけである。精神的なゲマインシャフト、すなわちフォルクストゥームの核心と本質と価値を決定する

のは、これらだけである。

　言わんとするところは、フォルクストゥームとは共同体の奥にあるもの、人間の集団形成の究極にあるものへの指称ということであろう。顧みれば、ヤーンが述べた〈名づけようもない何ものか〉である。
　かかる思考が所詮は情念の勝ったナショナリズムに走るのは不思議ではない。それに比べると、同じく個人主義への反発を骨子として含みながらも、かのシュペングラーは客観性を維持していた。これを言うのは、シュパンがシュペングラーへのアンチテーゼでもあったからである。因みに両者に関しては、興味深い対比がみとめられる。オスヴァルト・シュペングラーの『西洋の没落』が刊行されたのは1918年であったが、そのなかでシュペングラーは、〈ブランデンブルク（ベルリン周辺の地域名）の農民とベルリンの都市民よりも、シチリアの農民とブランデンブルクの農民の方がはるかに近しい〉と述べている[54]。なおシュパンはこれを意識しつつ、次のようなアンチテーゼを表明した[55]。

　　　ドイツの農民は、スラブの農民とは異なった精神をもっている。

　シュペングラーは農民を都市民や教養人とは異なった人間種とみなし、シュパンは農民を先ずドイツ人と見たわけである。なお、シュパンの著作を通じてみられる特徴として、シュペングラーをライヴァル視していたことと、マックス・ウェーバーへの対抗心があったことを言い添えておく[56]。

5. ナチズム民俗学におけるフォルクストゥームの概念

　以上を取り上げたのは、フォルクストゥームの概念が必ずしもナチズムに限定されるものではなく、ナチズムの土台となった一般的な時代思潮の一部

であったことを確認しておきたかったのである。その上で、ナチズムにおけるフォルクストゥームを瞥見する。もっとも、ナチズムにおいても、その術語の使い方は一様ではなかった面もある。たとえば1934年にナチスの政治家のひとりが次のような発言を残しているが、これはどちらかと言えば、抑制した使い方と言ってよい[57]。

> ドイツ人とは、ドイツ・フォルクストゥームを出自とする人間を言う。同じくデンマーク人とはデンマーク・フォルクストゥームを出自とする。物質的な利益を求めて二つのフォルクストゥームの間を行ったりきたりする人間を、私たちは軽蔑する。かれらはドイツ・フォルクストゥームに参加するに値しない。逆に意識的なデンマーク人に、私たちは敬意を払う。そうした人々に、そのフォルクストゥームを放棄してドイツ人になることを要求することはできない。

それと同時にナチス・ドイツにおけるフォルクストゥームとなれば、政権発足の直後から、この語を冠した組織が活動し始めたことを取り上げなければならない。〈フォルクストゥーム〉は、ナチ政権の当初からスローガンのひとつでもあったのである。その指標となるできごと挙げれば、ナチス労働戦線の指導者ローベルト・ライが率いた国民教化の組織「歓喜力行」（Kraft duruch Freude）が、内部に新しい部署として1934年2月11日に「フォルクストゥームとハイマート」を設置した。そこからはまた機関誌として同名の月刊誌『フォルクストゥームとハイマート』（Volkstum und Heimat「民族体とふるさと）がその年の4月から刊行され始めた[58]。ナチス・ドイツとフォルクストゥームの語の結びつきが明瞭になった点で注目すべきできごとであるが、これはこれで経緯があったのである。この月刊誌はまったくの創刊ではなく、半世紀近い歴史をもつ著名な月刊誌の新装版という触れ込みで刊行されたのである。その年季の入った月刊誌とは『ラント』（Das Land）に他ならない。すなわちハインリヒ・ゾーンライ（Heinrich Sohnrey 1859-1948）が1893

年に創刊し、一貫して編集してきた農村向けの教化雑誌である。ゾーンライはヴィルヘルム・ハインリヒ・リールの農民観を受け継いで実践した人物と言ってよく、農村の文化的伝統の認識とその振興に向けて、復古的、懐古的、また民俗学の色彩を帯びた、そしてイデオロギー的にはナショナリズムの雑誌をたゆみなく編集してきたのであった[59]。ナチスはその定評と読者層を受け継いだのである。実は、このゾーンライの機関誌のサブタイトルにフォルクストゥームの語が入っていたのである。すなわち〈ラント ― 農村における社会的・フォルクストゥーム的な諸事象の定期誌〉である。ナチスはそれを受け継いだのであって、『フォルクストゥームとハイマート』第１号の誌面は、前身誌の第43年号にあたることを強調していた。また同誌はその後も折にふれてゾーンライとの接続を謳う記事を載せた[60]。なおこの定期誌を実質的に運営し第１号から主幹をつとめたのはヴェルナー・ハーヴァーベックという若手活動家のナチ・エリートであったが、まだ大学生であった[61]。雑誌は、毎月50ページほどで、郷土の文化や文物などに留意しつつ、国民のあいだにナチ・イデオロギーを浸透させることを図ったのである。ハーヴァーベックは創刊にあたって次のように記した[62]。

　……本誌は、分裂している多数のアマチュア文化運動を「国家団体フォルクストゥームとハイマート」（Reichsbund Volkstum und Heimat）のもとに統一することを課題とする。

　ナチズム運動における多彩な実践的フォルクストゥーム活動、また歌と楽器によるフォルク音楽、地元の舞踊・祭り、レクリエーションとハイキング、故郷の風土や民俗工芸に関する生業、行事とフォルクストゥーム知識、その学問的な研究などの報告を掲載する。本誌はまた、造型芸術、演劇、映画、ラジオ放送などの文化的営為の総体を豊かにする可能性がナチス・ドイツのアマチュア文化運動から育まれることをも示すのである。その運動がスローガンとし、また本誌の根底にあるもの、それはこうである；

フォルクストゥームとハイマート

　雑誌の創刊号には、伝統的な民家を背景に民俗衣装をまとってポーズをとるヒトラーの写真が掲載され、その後も折りにふれてナチ党幹部たちがドイツ各地で郷土文物に接する様子を写真入りで報告した[63]。もっとも、キイワードのフォルクストゥームについて言えば、必ずしもナチ党の幹部が満遍なくそれを用いたわけではなかった。たとえば創刊号には、「芸能とフォルクストゥームについて、ゲッベルス博士はこう語る」（Dr.Goebels spricht über Kunst und Volkstum）という見出しの囲み記事があって、宣伝相の次の見解が引用されている[64]。

　　芸能（Kunst）とフォルク大地（Volksboden）は不即不離である。フォルク大地は母であり、芸能は子供である。芸能はフォルク大地に根を伸ばして栄養を吸収し、創造の行為に力をあたえる。まことに、最後に世界を征服し、ドイツ精神とドイツ情念とドイツ思考の証しとなるのは、フォルクと結びついた芸能だけである。

　内容に対応するものとしてその見出しがつけられたのは不思議ではないが、ゲッベルスの言葉のなかにはフォルクストゥームの語そのものは用いられていないのである。
　次にもう少し時間が先に進んだ頃の事例を挙げておきたい。1938年に、ナチ党幹部で文化政策の重鎮であったアルフレート・ローゼンベルクが、ドイツ民俗学会の機関誌に対抗して、別の定期誌を創刊した。これにいたる経緯の一筋は、こうである。ドイツ民俗学会が、1938年の大会をコンスタンツあるいはフライブルクで開催しようとしたところ、ナチ党が介入してブラウンシュヴァイクで、同党の色彩を強めたかたちで開くことを働きかけた。会長のヨーン・マイヤーはそれに従わず、結局スイスのバーゼルで開催したが、民俗学会のなかのナチ党に親近な人々はブラウンシュヴァイクで〈第一回ナ

チズム民俗学大会〉を開いた[65]。まもなくその大会記録が刊行され、またその人々が核になって新しく民俗学の研究誌『ドイチェ・フォルクスクンデ』が刊行された。そうした一連の推移を策動したのは、ローゼンベルクの腹心にして『ナチス月報』主幹のマテス・ツィークラーであった。ナチ政権成立直後から活躍をはじめた若手のナチ・エリートのひとりで、学生時代にはナチス系の少壮教授として人気のあったルッツ・マッケンゼンのもとで民俗学を専攻した人物である。そのマテス・ツィークラーが『ドイチェ・フォルクスクンデ』の創刊号の冒頭で指針を表明した[66]。

　　〈ドイツ・フォルクスクンデのための作業班〉はその活動の始めから、学問と実践的フォルクストゥーム活動（praktische Volkstumsarbeit）の結合を培うことを目的としてきました。……
　　リベラルなフォルクスクンデの時代は、ひたすら収集活動をそれ自体のために行うなかに埋没していました。その時代は、グリム兄弟とその学派の幅広い世界観的をまるで理解せず、フォルクスクンデが教育と政治にかかわって目標を設定することを恐れ回避したものでした。しかしそれこそが、かつてエルンスト・モーリッツ・アルント、ルートヴィヒ・ヤーン、ヴィルヘルム・ハインリヒ・リールといった人々が行なった業績なのです。……

グリム兄弟、E・M・アルント、ヤーン、W・H・リール、これら思想史的には系譜が異なり、肌合いも違った先人たちが、押し並べて先行者とされたのである。そうした荒っぽい仰ぎ方は、19世紀末以来、通俗的にはおこなわれてきた。マテス・ツィークラーが粗雑な見解を大上段に振りかざしているのも、その延長線上に位置している。のみならず、ブラウンシュヴァイクでの民俗学大会の報告論集でも、ローゼンベルクの挨拶文に続いて、同趣旨の発言で論集をかざったのである[67]。

6. ゲルマニスティク系の民俗研究におけるフォルクストゥーム

ナチ体制に積極的に加担する民俗学の関係者たちが〈フォルクストゥーム〉の意義を力説し称揚したことを見た。それは、民族の根源に宿って作動する根源的な特質を指していた。ヴァイマル憲法における〈フォルクストゥーム〉が比較的中性的な概念で、国民性や民族性を指していたのとは異なり、その術語の使用は強度の情動に裏打ちされていた。そのナショナリズム的にして神秘的な性格の故に、敢えて訳語を当てるとすれば〈民族体〉といったことになるであろう。

ところがここに注目すべきことがらがある。中立的と評価され、客観性を重んじ、また後世から概して中立的であったと評価された研究者たちもまた好んで〈フォルクストゥーム〉を使用したことである。さしずめその代表はヨーン・マイヤーである。1911年から1947年までドイツ民俗学協会の会長を務め、ナチ体制から研究組織を守ったと評価される人物である[68]。それをよく表すのは、ヨーン・マイヤーが1930年代後半に編集した民俗学の叢書で、シリーズ名自体が「ドイツ・フォルクストゥーム」(Deutsches Volkstum) となっている。参考にその全体を、刊行順に並べるとは次のような執筆者とタイトルである[69]。

> 第4巻:フリードリヒ・プフィスター『信仰と迷信に見るドイツ・フォルクストゥーム』(1936年)
> 第5巻:パウル・ガイガー『儀礼と行事におけるドイツ・フォルクストゥーム』(1936年)
> 第6巻:アードルフ・ヘルボーク「過去から現在までの家屋と集落」とハインリヒ・マルツェル「庭園と植物」の合本(1937年)
> 第1巻:オットー・レーマン『民俗工芸と民俗衣装にみるドイツ・フォルクストゥーム』(1938年)

第 2 巻：ヴィル＝エーリヒ・ポイカート『昔話・伝説・笑話・謎々にみるドイツ・フォルクストゥーム』(1938 年)

第 3 巻：ハンス・モーザー／ライムント・ツォーダー『民衆劇と音楽にみるドイツ・フォルクストゥーム』(1938 年、モーザー：民衆劇／ツォーダー：音楽)

　このリストからだけでも、当時の状況が透けて見えるところがある。興味深いのは、執筆者の顔ぶれであって、名うてのナチストから、ナチスの迫害にさらされた人物にまで及んでいる。数人について言えば、フリードリヒ・プフィスターは客観的な研究姿勢を保った一人に数えることはできよう。それは次のような事情である。先に、マテス・ツィークラーに言及したが、元は民俗学を専攻しただけあって、当人はその方面の見識を自負していた。そこで、主幹を務めていた『ナチス月報』にしばしば民俗研究者たちの成績評価を載せた。その 1934 年の号で、フリードリヒ・ランケ (Friedrich Ranke) やゲオルク・コッホ (Georg Koch) と並べて、フリードリヒ・フィスターを〈偏向した世界観〉の持ち主のなかに分類したのである[70]。
　これに対して、アードルフ・ヘルボークは、ナチス賛美の代表者格と言ってよく、オイゲーン・フェーレと共に、ナチス体制のなかで最も羽振りがよかった。エピソードを挙げると、早く 1926 年にオイゲーン・フェーレやヴィルヘルム・ペスラーと共に『フォルクと人種』の編集者のひとりとなっていた。因みにこの雑誌は、タイトルからもフェルキッシュ思想が明らかであるが、他面で、内部ではまた微妙な差異があり、関係者がこぞってナチストというわけでもなかった。ナチスが政権を獲得して間もない 1933 年に、雑誌の記念会合にナチスの幹部アルフレート・ローゼンベルクが招かれて講演したが、アルチュール・ハーバーラントなど、ほとんどの編集担当理事は政治的な演出に不快感をいだいて、退席した。そこでオイゲーン・フェーレとアードルフ・ヘルボークの二人だけが残って、ナチ党の幹部を迎えたと言う[71]。その逸話からも、ヘルボークは自他共に認めるナチス支持者であった。しか

も、戦後なってもナチスの正当性を説いて止まない数少ない一人であった。

またオットー・レーマンはハンブルク大学のオットー・ラウファーの弟子にあたり、当時はハンブルクのアルトナの博物館長で、特に民俗工芸の専門家であった。またカトリック教会のゲオルク・シュライバーともつながりがあった。

W・E・ポイカートは、元は社会民主党に親近で、1931年には『プロレタリアートの民俗学』という著作を刊行した。ナチスの時代にはさすがに言動は控えていたが、また時流にも阿ることもなかった。そのためナチ時代の民俗学の企画などには参加をもとめられることもなく、不自由な条件で研究を続けた。その成果は数冊の研究書として刊行されたが、その程度の活動はナチ政権下でも可能であったらしい。そして戦後は、民俗学の再建にあたっての最初の旗手となった[72]。

ハンス・モーザーもイデオロギーには距離をおいた、客観性を重んじた研究者で、特に1931年から刊行が始まった『ドイツ民俗地図』の実地調査における中心人物のひとりであった。

このように見ると、ヨーン・マイヤーが参加を求めたのは、概して政治には中立的で客観的な研究姿勢の人々であったとは言えよう。ヘルボークを参加させたのは、ナチ政権下でオイゲーン・フェーレと並んで重きをなし、一般の人気も高かったからであろう。因みにヨーン・マイヤーは、オイゲーン・フェーレを学会の理事に選任したが、学界の中心人物として時流との摩擦を避けながら当該分野の安定を図ったのであろう。したがって妥協の要素がはたらいたことは確かであるが、ナチズムの本質を看破していたわけでもなかったらしい。

それをよく示すのが、ナチスと同じ用語を用いたことである。もっとも、フォルクストゥームについては、〈民族性〉、〈国民性〉、〈土俗性〉といった意味で使ったのではあろう。しかしすぐ隣でナチスがその用語を好み、喧伝していたことは紛れもない事実であったから、術語の使用にあまり敏感ではなかったようである。あるいは、時代の流行語を学術分野に採用するにあたっ

て、概念の定義を行なう必要があるとのと認識を欠いていたのである。

7. プロテスタント教会系の民俗学におけるフォルクストゥームの概念

　今ひとつ注目すべき潮流として、キリスト教会にふれておかなければならない。キリスト教会においてもまた、フォルクストゥームの語が1920年代から意義をもつようになったのである。主要には民俗学に着目した人々によるが、かなり幅広い動きであり、フリードリヒ・ゴーガルテン（Friedrich Gogarten 1887-1967）のような、カール・バルトと共に19世紀以来の歴史主義あるいは人間中心観の克服をめざした純然たる神学領域の関係者もまじっていた[73]。またそれからも知られるように、フォルクストゥームをキイワードとする動向は、プロテスタント教会、カトリック教会に両方においてみとめられた。

　プロテスタント教会の場合は20世紀の始め以来、いわゆる〈村の教会〉運動（Dorfkirche）が提唱され、折からの民俗知識を活用した司牧活動が目立った動きとなっていた。直訳すると〈宗教民俗学〉となる〈religiöse Volkskunde〉の術語が登場したのも、その運動の過程においてであった。背景には、ドイツ民俗学会などの全国的な組織が、グリム兄弟の衣鉢を継ぐ人々が中心となったこともあり、宗派の区分という観点から言えばプロテスタント系の研究者が優勢であったことが影響したところがある。

　プロテスタント教会の民俗学は、一般に司牧のための手段として着目されたという性格が強いが、それは1930年代終わり頃でも同様であった。当時、この方面での論客として活躍したのは、ハンブルクのザンクト・ミヒァエリス教会堂の牧師アルブレヒト・ヨープスト（Albrecht Jobst）であった。ところがその代表作を見ると、表題がすでに『福音教会とフォルクストゥーム』となっている。そこでの問題意識を、著者は次のように解説している[74]。

フォルクストゥームとフォルクスクンデについてどのように理解すべきか。1920年代から、フォルクの魂や魂性（Selle und Seelentum des Volkes）といった不明瞭な概念が入ってきたものの、そこには血族認識やフォルクステュームリヒな物象 ─ これらもフォルクストゥームを構成するものであるにもかかわらず ─ は含まれていないことから、それを補う必要があるが、そうであればこう言うことができよう。フォルクストゥームと言えば、ドイツ的な共同体のあり方（deutsche Gemeinschaftsart）、すなわち共同体が血から生まれ、歴史の変遷を通じて形成され、部族の多様性によって内的な区分を発展させもしたことを併せて考察することができる。ドイツ・フォルクスクンデとは、かかる共同体のあり方に関する現代学に他ならない。

ここでヨープストが力説していることがらのひとつとして、プロテスタント教会が、集団としての宗教心意をこれまで以上に重視すべきであるとの見解がみられる[75]。

　　カトリック教会は、永遠にプリミティヴなものをその容量のすべてにおいて取り上げてきた。……カトリック教会の〈宗教民俗学〉は、フォルクストゥームへのカトリック教会の関係に重きをおいてきた。それに対して、プロテスタント教会は大きく遅れをとってしまった。しかしプロテスタント教会においても、フォルクストゥームへの積極的な関与が決して欠けていたわけではない ……

そして特にプロテスタント教会の土台としてのルターの教説と活動に注目し、ルターにおいてはいかに信仰における個性原理一辺倒ではなく、民衆性と集団性が重んじられているかを事細かに説いた[76]。

　　ルターは、民間語源学における信仰を発見した最初の人であった。聖

者ファーレンティーン（Valentin バレンタイン）は熱が下がる（fallen ファレン）ための守護聖者であり、同じく聖ツェーノ（Zeno）は歯（Zahn ツァーン）の痛みを和らげてくれる聖者であった。ルターは、ゴータ（Gotha ドイツの都市名）を神（Gott）と関係づけてこうも述べた。〈ゴータ、ここは神の町である〉。

ルターの業績としてより整ったものである母国語による説教や教会歌謡の意義にはもちろん注目しているが、民間語源学のような片々たる現象まで追いかけて称揚しているところなどは、民衆性への跪拝の観がある。教会人をそうした急迫した状況に追いこんだのは、ナチス・ドイツとして形をとるにいたった民衆性が勝った集団形成という現実であったであろう。次の認識は、それを端的に表している[77]。

　　　ナチス革命が進行するようになって以来、フォルクストゥームへの傾倒は強まるばかりであるが、それだけに教会はフォルクストゥームにいかなる姿勢を取るのかとの問いが、いよいよ退引きならぬものとなってきた。

8. カトリック教会系の民俗学におけるフォルクストゥームの概念

次に見るのは、カトリック教会系の事情である。アルブレヒト・ヨープストの言説のなかで、カトリック教会に対してプロテスタント教会系が遅れをとっているとの焦燥が表明されていたが、両宗派は、先になったり後になったりしながら類似の方向に向かっていたところがあった。カトリック教会系の民俗学では、フォルクストゥームの概念を根幹に据えたのは、その分野の大成者であるゲオルク・シュライバーであったが、また広く他の諸系統の隣接する関係者とも動きが重なった。その節目となったできごとがある。1929

年4月27日にウィーンで開催された「ドイツ＝オーストリア・フォルクストゥーム大会」(deusch-österreichischer Volkstumskongreß)である。これを準備したのは、当時のドイツ学術振興会（Deutsche Forschungsgemeinschaft）の民俗学部門に集まる人々であった。ドイツ民俗学会（正確には民俗学関係の諸団体の頂上組織）の会長ヨーン・マイヤー（フライブルク大学教授）、ベルリン大学のゲルマニスティクの教授アルトゥール・ヒュープナー、そしてミュンスター大学（ヴェストファーレン）カトリック神学部の教会史学の教授ゲオルク・シュライバーであった。特に大きな役割を果したのはゲオルク・シュライバーであったが、社会的活動でも際立っており、すでに1920年から中央党の国会議員として同党の文化行政面での代表的な論客でもあった。その頃、学術振興会の事業のひとつとして「ドイツ民俗地図」（Atlas der deutschen Volkskunde）の企画が進んでいた。これは人員や金額の点だけでなく、考古学や地理学の分野の企画と並んで学術振興会の性格づけの面でも中心的な事業のひとつで、ドイツ全国に支部を設けて調査員を配置する大掛かりなものであった。その企画については幾つかの構想があり、シュライバーも民俗地図の調査内容として教会民俗に重点を置くいわゆるシュライバー案を提案したが、それ自体はドイツ民俗学会の主流に押し切られて、実現しなかった[78]。しかしまた在外ドイツ人も含めた民俗研究という主張は他の中心人物たちとも共通であり、それが、ウィーンでの大会に行き着いたのである。なおそのあたりのシュライバーの構想に関する文章をあつめたものとして、『ナショナルな民俗学とインターナショナルな民俗学』の著作がある[79]。

大会には、学術振興会の会長シュミット＝オット（Friedrich Schmidtt-Ott 1860-1956）も列席した。シュミット＝オットについては、ヴァイマル共和国の末期の時期には政界では中央党と親近であったが、それには、勢いを増すナチスと組んで学術行政に存在感を強めていたヨハネス・シュタルク（Johannes Stark 1874-1957、1919年にノーベル物理学賞受賞）への対抗という側面もあったようである。またナチスの政権獲得と共に、シュタルクがその地位についたことによって、失脚した。その経歴を見ても、個々の人物とナ

チスとの距離を計るのは容易ではないわけである[80]。ともあれそのシュミット＝オットを行政面での代表とし、それにヨーン・マイヤーなど民俗学界の中心人物たち、そしてザンクト・ラムプレヒト修道院の神父ブラムベルガー（Romuald Bramberger）を始めとするオーストリアのカトリック教会の指導者たちを集めて開催されたのが、この「ドイツ＝オーストリア・フォルクストゥーム大会」であった。そのさい関係者が〈フォルクストゥーム〉というスローガンにこめた意味はさまざまであったろうが、最も意識的であったゲオルク・シュライバーに注目をする。シュライバーは、フォルクストゥームの術語を頻繁に用いたが、その端的な表明として、たとえば、ナチ政権もかなり進んだ時期の次のような言説がある[81]。

　民俗儀礼、民俗行事、歌謡、演劇、俚諺、舞踊、なぞなぞ、方言、食物、身体涵養、家、村落、家具、武具、家畜、家政、民話、衣装、慣習、宗教的観念、信仰、俗信、芸術、学問、家族、同僚、仲間、隣人組織、すなわちフォルク的な存在と生成の豊穣な領域にわたって慣わしと生命のなかに浸透し独自の形成をもたらすものがある。これらのすべては、フォルクストゥームの表われである。

これは、綱領的な著作のひとつ『民俗学からみたドイツの農民信仰』（1937年）のなかの一節である。一見したところ雑駁で模糊とした文章であるが、ゲオルク・シュライバーの同種の発言のなかに置いてみると、むしろ思想的に行き着いた形態という性格を示している。また早い事例では、1929年の大会に接近した時期のものにも注目してよい。ゲオルク・シュライバーは、ナチスの政権獲得の直前まで時事問題の叢書『ドイツの政治』と『アッシェンドルフ時事問題シリーズ』を編んでいたが、それらのなかにも〈フォルクストゥーム〉を冠した彼自身の著作が入っている。前者では『ドイツ・フォルクストゥームと教会』、後者では『大都市とフォルクストゥーム』などである[82]。またカトリック教会系の民俗研究では組織者としての手腕を発揮して研

究誌を編集したが、すでにその誌名に問題の語が冠せられた。すなわち『フォルクとフォルクストゥーム』である[83]。ナチスの不興を買って3号で終ったが、その学史上の重みは、ゲオルク・シュライバーが編んだ叢書『民俗学研究』とならんで無視し得ないものがある[84]。

とりわけ『フォルクとフォルクストゥーム』の創刊号(1936年号)には、フォルクストゥームの概念を解説する論考が巻頭に置かれているが、それはゲオルク・シュライバーが、近しい研究者に解説執筆を指示したという性格をもっている。その趣旨は、フリードリヒ・ヤーンがそれにこめた意味を正しく継承し発展させることを重要とするところにあると共に、その術語の意義の大きさを飽くことなく説くところにあった。それゆえ、ヴァイマル憲法における語法をその限定性の故に否定し、逆にナチズムがその概念を、国家を超えるものとしたことを評価して、ヒトラーに賛意を寄せるような表現が入ってもいる[85]。

> 政治の領域で言えば、国家に傾斜したフォルクストゥーム概念を決然と否定したのがナチズムであったことは、フューラー（総統）を始め指導的な人々によって、数多くの機会に表明されていることからも明らかである。……まことに、国家観念との緊張した関係にあることこそ、フォルクストゥーム概念の根本である。

これを見ると、フォルクストゥーム概念の評価は、ナチズムとキリスト教会の濃厚な接近を示す指標というところがある。その点では、戦後の批判者たちが、フォルクストゥームの概念に焦点を当てて不信感を表明したのは必ずしも無理なものではなかった[86]。

> ゲオルク・シュライバーがナチズムに対して敢然と批判を行なったことは強調しておきたい。しかしその理論は本質的に、フォルクストゥーム・イデオロギーと重なっていた。

第2章　ドイツ思想史におけるフォルクストゥームの概念について　　241

それは、「フォルクとフォルクストゥーム」が、既にヴァイマル時代の前期に、当時の名うてのナショナリストで人種偏重の論客が掲げたタイトルと同じである事実を突き合わせれば、なおさらであろう[87]。またその方向での批判を敷衍すれば、それは、ナチズムへの抵抗者にまであてはまるところがあった。抵抗運動の故に処刑されたカトリック教会に親近であった歌謡研究家クルト・フーバーがその端的な例であった[88]。

　　抵抗という傑出した行為にもかかわらず、クルト・フーバーの著作には、フォルクストゥームの術語が頻出する。

　しかし他方で、その術語の故にナチズムとの同致を結論としてよいかどうかとなると、やはり問題は残るのである。ゲオルク・シュライバーが中心的な役割を果した先のドイツ＝オーストリア・フォルクストゥーム大会は、在外ドイツ人の民俗を射程に置くべきことを主張しており、その点ではやがてオーストリアを併合し、さらに東欧地域に野望を逞しくしたナチス・ドイツの政策と重なるような視点が見える。しかし在外ドイツ人に焦点を当ててフォルクストゥームを説いた『ナショナルな民俗学とインターナショナルな民俗学』には、別の要素も認められる。フォルクストゥームを解明するとなれば、欠かすべからざる要素でありながら、それまで等閑に付されていた分野としてイベリア半島とドイツ文化の関係を強く説いていることである。それはやがてゲオルク・シュライバーによって編集されるもうひとつの叢書『ドイツとスペイン』につながってゆく。またゲオルク・シュライバー自身も同名の著作によって、そのテーマの開拓者となっていった[89]。ドイツ地域において中世社会が崩壊し近代初期に新たに社会形成が進むにあたって、スペインとポルトガルの要素が大きく影響したことは今日では一般的に認められている。そのルートに注目した言い方では、リュブリャナ（独名：ライバッハ）からマーリボル（ドラヴァ川畔／独名：マールブルク）、そしてグラーツを結ぶ

幹線を通じた文化伝播に決定的な意義を認めるいわゆる〈南東研究〉である[90]。そうした面を見ると、ゲオルク・シュライバーのフォルクストゥームは、ドイツ人の民族性ばかりを称揚するものではなかった。他方、ゲオルク・シュライバーの論説はしばしば大味であって、フォルクストゥームの積極的な意義を説くという面から、ユーリウス・シュヴィーテリング（Julius Schwietering）をもアードルフ・ヘルボークをも評価したりするのである[91]。ゲオルク・シュライバーの周りにあつまった研究者たちが、ヴィルヘルム・ペスラーに誘われていったのも[92]、先に見たようにヒトラーの積極面に言及したりしたのも、それを引き止めるような気圏がなかったのであろう。総じて、引き締まった観に乏しいのである。しかしまたそのレパートリーの大きさと文献史料を忽せにせず飽くことなく精査を心がけたことは、さすがに一代の学究であった。文献史料の種類で言えば、それまで見向きもされなかった霊験記録（Mirakelbuch）の活用に道を開いたことなどは、斬新な視点であった[93]。

フォルクストゥームの概念に戻ると、プロテスタント教会のアルブレヒト・ヨープストにおいては民衆性をめぐって一種の焦燥感が表に出ていたのとは、ゲオルク・シュライバーの場合はやや趣が異なっていた。しかしまた大局的に見れば、民衆の動向への教会の関与という大きな課題がその主要な動機であったであろう。

その事情をよくうかがうことができるものとして、もう一人、ハンス・コーレン（Hanns Koren 1906-1985）に注目しておきたい。オーストリアのシュタイアマルク州出身の神学系の民俗研究者で、同州の行政にも関与した人物である。またその活動が当時のカトリック教会の組織的な動きと密接に関係していた点でも注目に値する。当時、時代状況に適した高等教育のあり方に教会が関与するという問題意識から、〈カトリック大学〉構想が推進され、特にザルツブルク大司教イグナティウス・リーダー（Ignatius Rieder）がそれを支援したことから、ザルツブルクでの夏季講座として実現をみた。それが1931年のことである[94]。ハンス・コーレンはその企画の推進者にして教授陣

のひとりであった。またそれに因んで構想を表明したものに、『信仰的学知としてのフォルクスクンデ』がある[95]。そこに収録された3篇の論文の最初のものは、「フォルクストゥームとカトリック大学」と題されている。その論説の核心は次のような表明にある[96]。

> ゲマインシャフトへの性向をもつものである人間の、〈自然で〉大きなゲマインシャフト（共同体）、それがフォルクである。教会の外に立つキリスト者がいないのと同じく、フォルクの外に人間は存在し得ない。いかなる被造物も神の命の似姿であるゆえ、フォルクは、神的な人間共同体（これが教会だが）の実像である。

それを踏まえて、フォルクストゥームについては、次のような見解がほどこされる。

> 文化を担うのは、人間そのままではない。人間は、本質的にゲマインシャフト（共同体）のなかにある。このゲマインシャフトは、フォルク存在という根源事実によって既に最古にも歴史的に確認される諸々の時代の分割され特徴付けられる人間諸集団から顕現し、やがて、遂にフォルクとして認識における最高意識に達したものなのである。ここにおいて、文化の担い手は、かの精神的・心霊的な生命活動のなかに存することになる
>
> ゲマインシャフトの領域のなかに力をもつ特質に発し、歴史的運命の変転を通じ、また異質なものの影響と自己の前進によって形成されたものであり、それを私たちはフォルクストゥームと呼ぶのである。

ここではナチズムやその先行者（たとえばオットマル・シュパン）を含めた論客たちと共通の言葉遣いが顕著であるが、教会人という要素を加味すると、明らかな特徴が見えてくる。微妙な点こそ違え、要は共同体としての人

間に重点を置いているのである。なお注目すべきことに、この論説のなかでハンス・コーレンは、ヴィルヘルム・ハインリヒ・リールを師表のように挙げている。リールの躍動的な人間描写が、個体の行動ではなく集団の修正をよくとらえたが故の成果であったことを考えれば、時空を超えて呼応するところがあったわけである。

結び

　フォルクストゥームの語に焦点を当てて、その窓から歴史を覗く試みは、これで一先ず終える。その趣旨は始めに記したが、一言で言えば、言葉の犯罪という面から歴史を振り返ったのである。またその要点を挙げれば、次の3点になる。
　第一は、ナチズム批判の諸理論を追うなかで抱いた疑問に関わっている。ここでは、主要に民俗学の分野であるが、1930年代から40年代にかけては、ナチズムとの相乗に陥った。それを言い表すには、〈フォルクストゥーム・イデオロギー〉との合流という言い方がなされてきた。かく、フォルクストゥームは、最後はナチス・ドイツに行き着くドイツ思想の暗流であったことが今日では認識されている。そこで、その実態をこの術語に注目として観察したのである。それによって、その術語が多くの場合、明確な定義をほどこされることなく、しかも非常に広い範囲で用いられていたことが判明したのである。とりわけ学術界に関係した場所でも、さまざまな局面で用いられていたことが判明したのである。
　第二に、その術語を歴史に遡って観察を試みた。すなわち、それが体育教育家フリードリヒ・ヤーンによって創始された事情とその後の変遷である。ヤーンが提唱した当時は、少々粗雑な文脈ではあれ、ナショナリズムの昂揚に資するような言語表現も無理からぬ状況があったであろう。しかし、それが一時的な現象では終わらなかった。もともと、その語は民俗存在における

〈名づけようもない何ものか〉をその深奥として指示するものであったが、その神秘性は時と共に薄まることなく、むしろ曖昧でありながら現実味と富む流行語という特異な言語現象へ延びていった。その事情を飛び石伝いにたどったのである。またそこでの注目点のひとつは、幾つかの異なった意味で使われていたこの術語によって、本来は異なった思想潮流、すなわちヤーン、グリム兄弟、リールなどを一連のものとみなす連結項のような役割を果たしたことである。専門知識の空洞化を助長したと言ってもよく、ナチズムとナチ時代の思想状況の一側面を観察することになった。

第三は、〈フォルクストゥーム〉をキイワードとした学術潮流のなかで、特にキリスト教会と結びついた民俗学に注目した。ナチス・ドイツとキリスト教会の関係は微妙な問題であるが、両者が共に標榜したキイワードに注目することは、必然的に両者の関係（あるいは関係の一側面）を具体例によって検証することにつながる。すなわち、プロテスタント教会、カトリック教会が、それぞれ固有の運動の論理をもちながら、ナチスと同じ標語を掲げることによって、時流との歪んだ絡み合いをきたした現場であり、逆に言えば、ナチスとは微妙を差異を含みながらそれを明瞭には意識化できずにいた限界の現場でもあったのである。

注

1) ドイツ語の単語"Volk"が"nation"、"population"、"populace"、"common people"、"masses"などの他国語では代替できず、独特の内容と歴史をもつことについてはドイツ民俗学の多くの概説書が多少ともふれている。例えば次を参照、*Grundriß der Volkskunde. Einführung in die Forschungsfelder der Europäischen Ethnologie,* hrsg. von Rolf W.Brednich. Berlin [Dietrich Reimer]1988, S.67f.; またこの語が19世紀始めには既に多面的で複雑な意味と語法をもっていたことは、グリムの国語辞典が多数の紙数を費やしていることからもうかがえる。参照、*Grimms Deutsche Wörterbuch,* bearbeitet von Rudolf Meiszner, Bd. XII., Abt.2. Leipzig 1951, Sp. 454-512.; またフォルクの定義をめぐっておこなわれてドイツ民俗学界での論争については、次の拙論（本書所収）を参照、「民俗学における個と共同体——20世紀始めのフォルク論争

を読み直す」．
2) Richard von Weizsäcker, Vierzig Jahre in der Wuste. 8.V.1985. 邦訳は岩波ブックレット No.55.（1986年）
3) Gerhard Wahrig, *Deutsches Worterbuch*. Gütersloh ［Bertelsmann］Sp.3888.
4) Hermann Bausinger, *Volksideologie und Volksforschung. Zur nationalsozialistischen Volkskunde*. In: ZfVkde.61（1965），S.177-204.: Wolfgang Emmerich, *Germanische Volkstumsideologie. Genese und Kritik der Volksforschung im Dritten Reich*. Tübingen 1968. (Volksleben. Bd.3)．
5) Emmerich,a.a.O.S.98.
6) Friedrich Ludwig Jahn, *Deutsches Volkstum*. Hrsg. von Franz Brümmer. Leipzig [Philipp Reclam] o.J.; Originalausgabe: Lübeck 1810.
7) ヤーンに関する邦語文献は次を参照、岸野雄三著『体育史』(大修館書店 昭和63年) p.2-3,155-156, 他。ヤーンの「ドイツ体育術」に因んで〈体育の概念をTurnenのドイツ語に置き換え、それをもとにして各種の派生語を造った。しかし彼の功績はそれだけでない。たとえば、器械に対する身体の「対面」(－lings) は vorlings とか rücklings とかの表記で、身体の動く「方向」(－wärts) に対しては vorwärts とか rückwarts とかの表記で規定するなど、ヤーンは運動術語における既定詞の問題に対しても、先駆的な研究を試みた〉とある (p.3)。; D.B.ダン・ヴァーレン／B.L.ベネット著・加藤橘夫訳『新版 体育の世界史』(ベースボール・マガジン社 昭和51年) p.232-233. 216-217, 他。次の記述がある:〈ヤーンはまずもってドイツ国家主義者であり、自由主義の闘士で、かつ民衆の守護者でもあった。彼は精力的にドイツ統一のために働きかけ、外国のものはどんなものでも激しい憎悪を感じていた。彼はまたドイツ体操および体操協会の父としての名誉を与えられているが、実際には専門的意味から眺めると、完全な体育家ではなかった。……ヤーンにとって"体育が目的ではなく、むしろ国家目標のための手段であった"。〉; 水野忠文／木下秀明／渡辺融／木村吉次著『体育史概説 － 西洋・日本』(体育の科学社 昭和41年) p.157-164 に「ヤーンとドイツ体育の形成」の節が設けられ、①ヤーンの生涯、②ヤーンの体育思想、③ツルネンの普及、の3項目に分けて詳しい記述がなされ、p.159 には、ヤーンが設立したハーゼンハイデの体育場のスケッチも収録されている。; 日本体育協会監修『最新スポーツ大事典』(大修館書店 昭和63年) p.168「学校体育施設の歴史」の項目、他。; 今村壽雄／宮畑虎彦著『新版 体育大辞典』(不昧堂出版 昭和51年) p.1056 (ヤーンの事蹟の他、ヤーン博物館へ

の言及がある), p.1251 (「東ドイツ・スポーツ界」の項目にヤーン・メダルへの言及がある)。

8) 注6) の編者による伝記的解説の他、次の人名事典の記述を参考にした, *Allgemeine Deutsche Biographie.* Bd.13. 1881, Nachdruck: Berlin 1969.S.663f.

9) Friedrich Ludwig Jahn, *Über die Beförderung des Patriotismus im Preussischen Reiche.* Halle 1800)

10) Friedrich Ludwig Jahn, Bereicherung des hochdeutschen Sprachschatzes, versucht im Gebiet der Sinnverwandtschaft, ein Nachtrag zu Adelungs und eine Nachlese zu Eberhards Wörterbuch. Leipzig 1806.

11) ヤーンが導入した体育科目については上記『体育史概説』に詳しい。

12) Friedrich Ludwig Jahn, *Deutsche Turnkunst, zur Errichtung der Turnplatze.* Berlin 1816.

13) Friedrich Ludwig Jahn, *Vorträge über deutsches Volkstum.*1817.

14) *Meyers Enzyklopädisches Lexikon,* Bd.13 (1975), S.27. は、〈ヤーンの曖昧な自由思想〉と評している。

15) Friedrich Ludwig Jahn, *Deutsches Volkstum.*S.20-22.

16) Friedrich Ludwig Jahn, a.a.O.S.44

17) Friedrich Ludwig Jahn, a.a.O.S.28-29.; なお諺の原文は《naturam expellas furca, tamen usque recurret》、出典はホラーティウスの詩句 (Horatius, *Epistolae* I.10.24.) であるが、ヤーンがそれにこめた意味は〈三つ子の魂百まで〉といったところであろう。

18) Friedrich Ludwig Jahn, a.a.O.S.45.

19) Friedrich Ludwig Jahn, a.a.O.S.31.

20) Friedrich Ludwig Jahn, a.a.O.S.34-35.

21) Friedrich Ludwig Jahn, *Merke zum deutschen Volkstum.* Hildburghausen 1833, S.12.

22) Jacob Grimm, *Deutsche Grammatik.* 4 Bde.1819-37. Neue Ausgabe 1870-98. Bd. II., S. 530 ff.

23) Friedrich Ludwig Jahn,*Merke zum deutschen Volkstum.* Hildburghausen 1833,S.16.

24) Ernst Moritz Arndt, *Geist der Zeit. I.*, erste Auflage 1805, dritte Auflage 1813.) アルントは後世にはフォルクストゥーム概念を積極的に受け入れた先人とみられるようになった。

25) リールの生涯と著作については、次のゲラムプの研究が詳しい, Viktor von Geramb, *Wilhelm Heinrich Riehl. Leben und Wirken(1823-1897).* Salzburg [Otto Müller] 1954. なおゲラムプはその大著のなかで、リールにおける〈フォルクストゥーム〉の概念

の意義をまったくとりあげていないが、それ自体が第二次大戦後の風潮を映したものとして注目に値しよう。特に1930年代に、リールがフォルクストゥーム概念の推進者として評価されたのとは、著しい対照をなしている。

26) Ingeborg Weber-Kellermann u. Andreas C.Bimmer,*Einführung in die Volkskunde. Europäishce Ethnologie.* [Sammlung Metzler, M.79] Stuttgart 1985, S.42ff. この簡便な民俗学史の著者たちは、リールを否定的に評価しているが、それでもその意義の大きさには再三言い及んでいる。

27) 君主制の強烈な擁護に加えて、バイエルン王が特に喜んだのは、ドイツ語圏がフォルクスクンデの観点から三分されるのが自然なあり方であるとしたリールの主張であった。それはバイエルン王国の存在を新たな観点から正当化するものと受けとめられたのである。リールのドイツ語圏3区分論は、その著作『国土と人々』のなかの「ドイツ民俗の3区分」の章に詳しい。それを含む主要著作3点をリール自身が編んだ『ドイツ・フォルクの自然史』を参照。Wilhelm Heinrich Riehl, *Die Naturgeschichte des deutschen Volkes. In Auswahl.* Hrsg. und eingeleitet von Hans Naumann u. Rolf Haller. Leipzig [Philipp Reclam] 1934, S.12-166 : Land und Leute. bes.S.80-103 'Dreiteilung in der deutschen Volkskunde'.

28) Wilhelm Heinrich Riehl, *Volkskunde als Wissenschaft.*In: W.H.Riehl, Culturstudien aus drei Jahrhunderten. Stuttgart 1859. S.205-229.; 何度も復刻されたが、今日では次のアンソロジーに収録されているのが便利である ; *Volkskunde. Ein Handbuch zur Geschichte ihrer Probleme,* hrsg. Von Gerhard Lutz. Berlin [Erich Scmidt] 1958, S.23-37.

29) Theodor Grentrup,*Vom Begriff Volkstum.*In: Volk und Volkstum. Jahrbuch für Volkskunde. Bd.1., hrsg.von Georg Schreiber, Müchen [Josef Kosel u. Friedrich Pustet] 1936, S.13-32. ナチズムにも一定の批判的立場を貫いた編者の著名な研究誌が、その創刊号の巻頭論文として、フォルクストゥームの概念の考察を据えたことに注目したい。これは本稿のテーマと関連しており、後半で検討することになる。

30) Wilhelm Heinrich Riehl, *Volkskunde als Wissenschaft.* S.213-214.

31) Wilhelm Heinrich Riehl, a.a.O.S.214

32) Wilhelm Heinrich Riehl, a.a.O.S.227.

33) Wilhelm Heinrich Riehl,*Die bürgerliche Gesellschaft.* In: Wilhelm Heinrich Riehl, Naturgeschichte des Volkes.S.173.

34) Wilhelm Heinrich Riehl, aa. O.S.175.

35) Wilhelm Heinrich Riehl, *Volkskunde als Wissenschaft.*S.227.

36) *Staats-Lexikon,* Bd.X. 次の文献から引用：Theodor Grentrup, *Zum Begriff Volkstum.* In: Volk und Volktum.Bd.I.（1936）, S.1-32., hier S.22. この論考については本稿の第8節でとりあげる。

37) "Weimarer Verfassung" の訳文については、問題の 'Volkstum' と 'volkstümlich' の語を除いては、次の著作の付録となっているヴァイマル憲法の翻訳を参考にした。参照、Ch. グズィ著／原田武夫訳『ヴァイマール憲法　全体像と現実』(風行社 2002年) p.406, 411.

38) *Kongreß der Schweizerichen Volkerbund. Protokolle.* 次の文献から引用：Theodor Grentrup, Zum Begriff Volkstum. In: Volk und Volktum.Bd.I.（1936）, S.1-32., hier S.22.

39) *Das Deutsche Volkstum,* hrsg. von Hans Meyer. Leipzig und Wien 1899, 2.Aufl. 1903.

40) Eugen Mogk, *"Die deutschen Sitten und Bräuche"* u. *"Die altdeutsche heidnische Religion"* S.261-316 u. 317-334.

41) Karl Reushle, *Volkskundliche Streifzüge.* Dresden u. Leipzig 1903, S.6.

42) 'Volksseele' や 'Volksgeist' は、'Volkspoesie' ，'Volkslied'，'Volksmarchen' と共に1770年から1790年に至る時期に提唱された概念であった。その点ではシュトルム・ウント・ドラング時代に胚胎するが、やがてロマン派によって一般化した。ロマン派のなかでも、'Volkspoesie' や 'Volksselle' はグリム兄弟によって好まれ、ヘーゲルやヴィルヘルム・フンボルトは 'Volksgeist' を用いたといった差異がある。これについては次の2つの文献を参照、Hermann Bausinger, *Formen der 'Volkspoesie'* S. 11f.；Elisabeth Blochmann, *Die deutsche Volksdichtungsbewegung in Sturm und Drang und Romantik.* In: DVjs.1（1923）, S.419-452. bes.S.429f. またヤーコプ・グリム論文集の次の箇所などを参照, Jacob Grimm,*Kleinere Schriften,* hrsg.von K. Müllenhoff und E.Ippel. Berlin und Gütersloh 1864-1890.Bd.7,S.562.（Nachdruck: G.Olms）

43) Othmar Spann, *Vom Wesen des Volkstums. Was ist deutsch? Ein Vortrag.* Die erste Auflage（1.-6.Tausend）, Eger [Böhmerland Verlag] 1920, 2.Aufl.（7.-15.Tausend）1922., 3.Neuerdings durchgesehene Auflage（16.-20.Tausend）Berlin [Widerstands-Verlag] 1929.; 邦訳には第3版による次がある, オトマル・シュパン著 小島軍造訳・友枝高彦校訂『民族性の本質に就て：獨逸的なるものとは何ぞ？』(日獨文化協會 昭和8年 [1933] 10月)；なお友枝高彦は日獨文化協會の代表。またシュパン『眞正國家論』にはシュパンの主要著作への一般の反応が訳者によって解説されているが、それによると『フォルクストゥームの本質に就いて』の原書は、〈第3版までに2萬部賣れた〉とのことである。

44) シュパンの著作は、戦前の日本ではかなり多数が翻訳紹介された。不透明な時代状況のなかで指針の可能性があるとみられたのであろう。参照、オットマール・シュパン著／鷲野隼太郎譯『經濟學説史』(資文堂 昭和5年、原著: Die Haupttheorien der Volkswirtschaftslehre. Leipzig 1911)、シュパン著／向井鎚一譯『經濟と社會；社會科學方法論』(春秋社「世界大思想全集60」所収, 昭和6年, 原著：前者は *Wirtschaft und Gesellschaft*. Dresden 1907.; 後者は *Gesellschaftslehre*. 2. Aufl.Leipzig 1923 の第5篇 "Verfahrenslehre".)、オトマル・シュパン著／阿部源一・三澤弘次譯『眞正國家論』(章華社 昭和9年；原著：*Der wahre Staat*.3.Aufl.1931)、シュパン著／秋澤修二譯『全體主義の原理』(白揚社 昭和13年；原著 :*Kämpfende Wissens-chaft*.1934. の内 "Soziologie" と "Philosophie" の2章)、シュパン著／秋澤修二譯『社會哲學』(白揚社 昭和18年、原著 :*Gesellschaftsphilosophie*.1928.)；これらを見ると、シュパンは多方面の関心と才能の持ち主で、また初期には複雑な諸学説を平易に解説することができる怜悧な文筆家として歓迎されたらしく、特に初期の『経済学説史』の原書は1933年までに20版を重ね、10万部が印刷されたという (「真正国家論」の訳者の解説による、参照 p.418)。しかし今日から見ると、そのポピュラーな側面は時流に合わせる軽薄さでもあったようである。フィヒテ、シェリング、ヘーゲルの古典哲学を主要な背景としていたが、時代の風潮に合わせて、個人主義や民主主義を排斥して普遍主義（全体主義）を標榜し、またネオロマンティシズムとの重なりがあって、復古的でもあった。1934年にナチス・ドイツの政権獲得の翌年に早くも前年に行なわれた焚書を賛美した文章には、その特徴が現われている。天才の教示に俟つのでなく、師弟関係を中心として構築された教育システムにより意義をみとめる論の箇所である。〈教育において帥弟関係が有効なものなればなる程、その教育はますます眞正であり、歴史的にもまたそれはますます健全である。これに反して、天才の神聖なひらめきが決定的であればある程、その教育は危険である！　成程この天才のひらめきはより高きものへの方向を意味し、混沌を避け得るかも知れぬが、然しそれはまた悪魔的なるものを起させる危険がある。／この悪魔的なるものが歴史上において如何なるはたらきをしているかを自覺することは重要である。この悪魔の力は実生活におけるよりも教育においてはるかに危険である。何故ならば、悪魔的なるものは天才的なるものの仮面を必要とするからである。青年は強力な天才的なるものを探し求める、然しそのうちにおける悪性的なるものの区別が出来ない。フロイドの學説は、マルクス的學説と同様に、非常に生き生きした特徴をもっている。(だがそれは悪魔的なものであること

は云うまでもない)。ここにおいて刑事裁判上の処罰以上の処刑が行なはれねばならぬ。人々が悪魔主義の書物(1933年5月10日)を公然と火中に投じたことは、國民社會主義的変革の名譽ある一ページであり、ドイツ的本質の勝利である。〉(邦訳『全體主義の原理』p.110/111);また民族主義、ナショナリズム、復古主義や退嬰性は次のような主張において顕著である。〈外国語を避けることが重要だ。外国語は明確な思惟にとつて危険なものであり、この意味において、それは不道徳なものである。外国語に対する闘争は言語的混血の危険に対する闘争であり、普通の正常な自己表現(Ebenbildlichkeit)のための闘争である。……フィヒテは云つた。ドイツ人は世界の支えである、何故ならば彼等は一つの根源語(古代語)をもっているのであるからと。我々はこの根源語を再び混合語に引き下げてしまっていいであろうか。……〉(p.102)。また技術機器時代に対して忌避感があつたことは、次のような行論にうかがえる:〈読書のために注意が外らされるといふ危険もあり得る。だから、手当たり次第にそれからそれへの濫読をしてはならぬ。多読濫読は禁物だ!就中、新聞は出来る限り一切読まぬ方がよい。新聞を読むことによって現代文化の受けた損害は限りなく大きいものがある。新聞は今日の人間の力の大部分を奪ひとってしまふ場合が屢々あるからだ。新聞は元来「ラヂオ」や「映画」と同じようなもので、文化にとって危険な一つの施設である。既にゲーテは「交通通信の便利となったこと」を嘆いている。ゲーテが嘆いたのは、多様なもの、不消化なものはすべて危険であるという意味からである。……〉(p.80/81)

45) 森岡清美・塩原勉・本間康平編『新社会学辞典』(有斐閣1993) p. 717は、〈ナチズムとの関係の詳細についてはいまだに不明な点が多い〉としている。しかしナチズムと相い携える思想として当時一般に迎えられたことは、邦訳『民族性の本質に就いて』(昭和8年)に付された友枝高彦(日獨文化協會代表)の序文によってもあきらかである。〈現時歐州といはず世界の驚嘆と疑惧との的となつて居るのはナチス獨逸である。ナチス獨逸を理解するにはヒットラー一派の民族主義の根柢を闡明することが第一要件である。而してこの民族主義の理論を知らうとしたならばオトマル、シュパンの社會學經濟學を研究することが捷徑である。ヒットラーもシュパンも共に獨逸血統に属する墺太利人であつてヒットラーの中心思想はシュパンの學説によつて理論づけれられていると居るといつてよい。〉(同書、p.1)

46) Hermann Bausinger,*Volksideologie und Volksforschung*. 拙訳 p.164. バウジンガーはその見解を支持するものとして、次のダーレンドルフを挙げている。 Rolf

Darendorf, *Gesellschaft und Freiheit. München.*1961, S.287; また社会学のエルンスト・トーピチュもヘーゲルからナチス・ドイツに至る脈絡に注意を喚起した。参照, Ernst Topitsch,*Hegel und das Dritte Reich.* In: Der Monat. Nr.213. S.48f. また、トーピチュは、次の『体制擁護理論と支配イデオロギーとしてのヘーゲルの社会哲学』において問題の考察を深めた。参照, Derselbe, *Die Sozialphilosophie Helgels als Heilslehre und Herrschaftsideologie.* 1967.

47) シュパン『眞正國家論』p.89.

48) エリアス・カネッティ／岩田行一訳『群集と権力』(上)(下)(法政大学出版局 1971年);エリーアス・カネッティ(Elias Canetti)はドイツ的教養を身に付けたとは言え、スペイン系ユダヤ人という出自からも、シュパンとは異質であるが、また大衆や大衆社会に対しては必ずしも共感を寄せたのではなく、むしろそれへの反撥・懐疑・警戒がエリートとしての自意識と重なっているところがある。

49) シュパン『眞正國家論』p.93.

50) Othmar Spann, *Vom Wesen des Volkstums.* 1929. S.1.

51) Othmar Spann, *Vom Wesen des Volkstums.* 1929. S.5.

52) テンニエスによるゲマインシャフトの概念の提唱は 1887 年であったが(Ferdinand Tönnies,*Gemeinschaft und Gesellschaft.*1887)、この語が一般化したのは 1918 年以降とされ、提唱者の意図とは微妙にずれた用法となったほか、ナショナリズムのイデオロギーが重なることが多かった。参照、*Fischerlexikon der Soziologie,* hrsg. von Rene König.S.92.

53) Othmar Spann, Vom Wesen des Volkstums. 1929. S.7.

54) Oswalt Spengler, *Untergang des Abendlandes. Umirisse einer Morphologie der Weltgeschichte.* Bd.II. 1923, S.107. (Neuausgabe: München u.a.: Beck'sche Sonderausgabe. 1980) 邦訳：O・シュペングラー／松村正俊訳『西洋の没落』第 2 巻 (五月書房 1989 年) p.76.

55) Othmar Spann, *Gesellschaftslehre.*Leipzig 1930, S. 469.; なおシュパンのシュペングラーへの反発は次の箇所を参照、シュパン著／秋澤修二譯『全體主義の原理』(白揚社 昭和 13 年) p.253‐257. その箇所には例えば次のような言表がある；〈シュペングラーの「文化平行」という全く混乱した妄想……〉;〈シュペングラーの学説があらわれたのは、……今日の人間が……謂わば世界の滅亡という気持ちにとらわれてゐる〉からであるが、それに対しては〈ただひとつの回答しか存在しない。その回答とは即ち、歴史は精神である、精神は老いることがない、といふので

ある〉。

56）シュパンはマックス・ヴェーバーをその〈合理主義〉の概念および個人主義の評価の故に攻撃し、また近代資本主義の発生に関するヴェーバーの理論にも反発した。それらは"Der wahre Staat."（3.Aufl.1931）の主要な一項目となっている。次の邦訳を参照、オトマル・シュパン著／阿部源一・三澤弘次譯『眞正國家論』（章華社 昭和9年 p.120 以下，p.146 以下。：

57）Grentrup S.23 より重引、ナチズムのフォルクストゥーム観として引用されたフレンスブルク市長の発言、元の出典は Nordschleswigische Zeitung vom 20.April 1934。

58）*Volkstum und Heimat. Blätter für nationalsozialistische Volkstumsarbeit und Lebensgestaltung,* hrsg. von Werner Haverbeck, Leiter des Reichsbundes Volkstum und Heimat und des Amtes Volkstum und Heimat der NS. = Gemeinschaft "Kraft durch Freude". Berlin［Herbert Stubenrauch］Jg.1（1934）.

59）ゾーンライについては次を参照、Klaus Bergmann, *Heinrich Sohnrey und der Beginn des Kamfes gegen die 'Landflucht'*. In: K.Bergmann, Agrarromantik und Grosstadtfeindschft. Meisenheim am Glan 1970（Marburger Abhandlungen zur Politischen Wissenschaft.Bd.20.）, S.63-70.；ゾーンライが刊行していた雑誌は次である。*Das Land. Zeitschrift für die sozialen und volkstümlichen Angelegenheiten auf dem Lande,* hrsg. von Heinrich Sohnrey, ab 1893.

60）たとえば同誌の第4年目（1937年）の1月号にゾーンライが新年の挨拶もかねて回顧的な記事を書いた。参照, Heinrich Sohnrey,*Aufruf vom Jahre 1893*. In: Volkstum und Heimat. Jg.4, Heft 1:Januar（Eismond）, 1937, S.1f.

61）ハーヴァーベックはこの雑誌の編集者として活動しながら、ベルリン大学民俗学科の教授アドルフ・シュパーマー（Adolf Spamer）のもとで博士課程に入ったが、はかばかしい評価が得られなかったため、次いでハイデルベルク大学の教授オイゲーン・フェーレ（Eugen Fehrle）のもとに学籍登録をして民俗学で博士号を得た。参照、Hannjost Lexfeld, *Kuturpolitische Institutionen Rosenbergs. Ein Überblick*. In: Völkische Wissenschaft. Gestalten und Tendenzen der deutschen und österrei-chischen Volkskunde in der ersten Hälfte des 20.Jahrhunderts, hrsg. W.Jacobeit, H. Lixfeld und O. Bockhorn in Zusammenarbeit mit J.R.Dow. Wien u. a.［Böhlau］1994. S. 190-192.

62）Haverbeck, *Zum Geleit.*In: Volkstum und Heimat. Jg. 1, April（1934）, S.1.

63）ヒトラーが革の半ズボンなどのアルプス地方の移牧者の服装をまとっているのは、

これはこれで興味深い。20世紀に入って郷土文化の保全の運動が推進され、また伝統的な文物を愛好する風潮が起きたが、それは必ずしも地元の文物を正確に保存することにはつながらなかった。民俗衣装については言えば、アルプス地方の服装が各地のさまざま種類の民俗衣装を圧倒してドイツ全土を被う典型的なイメージとなっていったとされている。これについては多くの指摘があるが、たとえば次の文献を参照、Rudolf Kriß, *Fremdenverkehr und Folklorismus im Berchtesgadener Land.* In: Volkskultur und Geschichte. Festgabe für Josef Dünninger zum 65. Geburtstag. Berlin 1970. S.200-209.

64) 'Dr.Goebbels spricht über Kunst und Volkstum'. In: Volkstum und Heimat.Jg. 1, April (1934), S.5.

65) この経緯については A. エスターレの次の研究に詳しい, Angelika Oesterle, *John Meier-Eine Biographie im Schatten des Nationalsozialismus.* MA, Universität Tübingen, 1988.

66) Matthes Ziegler, *Einführung.* In: Deutsche Volkskunde. Vierteljahresschrift der Arbeitsgemeinschaft für Deutsche Volkskunde. Jg.1（1939）, S.5.

67) Matthes Ziegler,*Die Aufgaben der Arbeitsgemeinschaft für Deutsche Volkskunde.* In: Das germanische Erbe in der deutschen Volkskultur. Die Vorträge des 1. Deutschen Volkskundetages zu Braunschweig, Herbst 1938, bearbeitet von Ernst Otto Thiele. München [Hohenreichen] 1939, S. 5, 7-10.

68) Ingeborg Weber-Kellermann /Andreas C. Bimmer, *Einführung in die Volk skunde. Europäische Ethnologie.* Stuttgart [Metzler, Sammlung Metzler,M79] 1985, S.109f. 抄訳は次を参照、インゲボルク・ヴェーバー＝ケラーマン『ドイツ民俗学――ゲルマニスティクと社会科学のあいだで』(愛知大学「経済論集」に連載、1989-1990)

69) "Deutsches Volkstum", hrsg.von John Meier.
Bd.1: Otto Lehmann, *Deutsches Volkstum in Volkskunst und Volkstracht.* Berlin 1938.
Bd.2: Will-Erich Peuckert, *Deutsches Volkstum in Märchen und Sage, Schwank und Rätsel.* Berlin 1938.
Bd.3: Hans Moser und Raimund Zoder, *Deutsches Volkstum in Volksschauspiel* [Moser] *und Volkstanz* [Zoder]. Berlin 1938.
Bd.4: Friedrich Pfister, *Deutsches Volkstum in Glauben und Aberglauben.* Berlin 1936.
Bd.5: Paul Geiger, *Deutsches Volkstum in Sitte und Brauch.* Berlin und Leipzig 1936.
Bd.6: Adolf Helbok, *Haus und Siedlung im Wandel der Jahrtausende*; und Heinrich

Marzell, *Garten und Pflanzen*. Berlin 1937.

70) Matthes Ziegler, *Deutsche Volkskunde. [Sammelrezension]* In: Nationaosozialistische Monatshefte. 5, Hefte 57 (1934), p.1165-1168.

71) このエピソードについては、本書第4章「ナチス・ドイツに同調した民俗研究者の再検討——オイゲーン・フェーレの場合」を参照

72) ポイカートについては、本書第7章「過去の克服の始まりとスイス=オーストリアの民俗学」第2節を参照。

73) Friedrich Gogarten, *Einheit von Evangelium und Volkstum?* Hamburg 1933, S.22.

74) Albrecht Jobst, *Evangelische Kirche und Volkstum. Ein Beitrag zur Geschichte der Volkskunde.* Stuttgart [Kroner] 1938, S.3.

75) Albrecht Jobst,a.a.O.S.2.

76) Albrecht Jobst,a.a.O.S.16.

77) Albrecht Jobst,a.a.O.S.1.

78) シュライバーの案については、次注の著作を参照、またゲオルク・シュライバーの構想の個別事例をモデル・ケースとして実現したものとしては、その編集になる『民俗学研究叢書』のなかの幾つかの研究がある。特に聖アンナ崇敬や聖ニコラウスをめぐる崇敬と習俗は、地図上の詳細な表示をひとつの特色としており、またそれが「ドイツ民俗地図」を射程に置いたものであることも、その最初の巻号にゲオルク・シュライバーが寄せた序文において表明されている。参照、Beda Kleinschmidt, *Die heilige Anna. Ihre Verehrung in Geschichte, Kunst und Volkstum.* Düsseldorf 1930.（Forschungen zur Volkskunde, hrsg.von Georg Schreiber,Heft 1-3.）．

79) Georg Schreiber, *Nationale und internationale Volkskunde.* Düsseldorf 1930.（Forschungen zur Volkskunde, hrsg.von Georg Schreiber,Heft 4-5.）

80) ヨハネス・シュタルク（Johannes Stark 1874-1957）は、ナチスがまだ小さな政治団体であったミュンヒェン一揆の頃から期待と支持を公言してきた学術界の大立者で、やがてナチ政権が成立すると学術行政を牛耳ることになった。それに対して、ナチの政権獲得と共に、シュミット=オットはヒトラーへの屈辱的な嘆願も空しくポストを追われた。学術行政めぐる関係者の動きについては、次の研究を参照、Michael Kater, *Das "Ahnenerbe" der SS 1933-1945. Ein Beitrag zur Kulturpalitik des Dritlen Reiches.* Stutgart 1974.

81) Georg Schreiber, *Deutsche Bauernfrömmigkeit in volkskundlicher Sicht.* 1937.（Forschunge zur Volkskunde, Heft 29）, S. 17.

82) Georg Schreiber, *Das deutsche Volkstum und Kirche. Ein Beitrag zum Ethos der Minderheiten*. Köln[Gilde] 1932.（Schriften zur deutschen Politik,hrsg.von G.Schreiber, Heft 1-2）; Georg Schreiber, *Großstadt und Volkstum*. Münster i.W.[Aschendorff]1933, （Aschendorffsche zeitgemäße Schriften 22）.

83) *Volk und Volkstum. Zeitschrift für Volkkunde*, hrsg.von Georg Schreiber, 1936-1938. この研究誌が3号で刊行が終わった事情については、ゲオルク・シュライバーの次の回想に詳しい。Georg Schreiber, *Volkskunde einst und jetzt. Zur literalischen Widerstandsbewegung*. In: FS.f.Alois Fuchs, hrsg.von Wilhelm Tack. Paderborn 1947, S.275-317. 今日も継続しているが、学史的にも広く社会的にも大きな意義があったのは1930年代であった。上記の『民俗学からみたドイツの農民信仰』もこのシリーズに属し、ゲオルク・シュライバーが自ら執筆した数冊のひとつである。

84) ゲオルク・シュライバーが編んだ叢書『民俗学研究』(Forschunge zur Volkskunde) の全体の構成については、次の拙論に付録として紹介した。参照、「ドイツ民俗学におけるローマ・カトリック教会とナチズム (2)」(愛知大学国際コミュニケーション学会『文明21』第5号, 2000年, 所収)

85) Theodor Grentrup, *Zum Begriff vom Volkstum*. In: Volk und Volkstum. Bd.1（1936）,S.1-32; Derselbe, *Vom Sein und Wert des Volkstums*.Bd.2（1937）, S.9-36.

86) Hermann Bausinger, *Volksideologie und Volksforschung. Zur nationalsozialistischen Volkskunde*. In: Zs.f.Vkde.61.Jg.（1965）, S. 177-204, hier S. 194-195.

87) Wilhelm Stapel, *Volk und Volkstum*. In: Die Neue Front. Berlin 1922, S.81-89.

88) Hermann Bausinger, a.a.O.S. 200-201.

89) Georg Schreiber, *Deutschland und Spanien. Volkskundliche und kultur kundliche Beziehun-gen. Zusammenhang abendländischer Sakralkultur*.（Forschungen zur Volkskunde Heft 22-24, 本書は叢書『ドイツとスペイン』の第一巻でもある。

90) 南東研究 (Südost-Forschung) は、近代初期（近世）の社会形成において、いわゆる反宗教改革の要素を重視する観点に立ち、第二次世界大戦後はクレッツェンバッハー (Leopold Kretzenbacher) の学派（ミュンヒェン大学）が中心となったが、対象とする時代を広げ過ぎており、ゲオルク・シュライバーよりも後退した面がある。

91) Georg Schreiber, *Nationale und internationale Volkskunde*. Düsseldorf 1930.（Forschungen zur Volkskunde, hrsg.von Georg Schreiber,Heft 4-5.）, S. 100ff.

92) ペスラーの概説書に大都市論を執筆したヨーゼフ・クラッパーは、ブレスラウ大

学のラテン語の教師で、傍らシレジアの民俗学を手掛けたセミ・プロであるが、ゲオルク・シュライバーのグループにも属した。その大都市論もゲオルク・シュライバーを下敷きにしたものであるが、フォルクストゥーム概念の粗雑な理論によって時流に受け入れられた。参照、Joseph Klapper, *Volkskunde der Großstadt*. In: Handbuch der deutschen Volkskunde, hrsg. von Wilhelm Peßler. Bd. I. Potsdam. 1933., S. 103-119. bes. S. 103 u.119.

93) より早く着目し活用した研究者がいないわけではないが、ゲオルク・シュライバーの編集による次の文献によって霊験記録の分野が一般的に開拓された。参照, Georg Schreiber（Hrsg.）, *Deutsche Mirakelbücher zur Quellenkunde und Sinngebung*. Düsseldorf 1938.（Forschungen zur Volkskunde, hrsg.von Georg Schreiber, Heft 31-32）.

94) カトリック大学の構想については文献は多いが、当時のドキュメントしては、次を参照、Alois Mager O. S. B., *Die ersten Salzburger Hochshulwochen, 3. bis 22. August 1931*. Salzburg [Pustet] 1931.; またその構想を収録した論集を見ると、フォルクストゥームが当時のカトリック教会においてキイワードであったことが判明する。例えば次を参照, Thomas Michels O.S.B., *Die katholische deutsche Universität Salzburg*. In: Katholische Glaube und Deutsches Volkstum in Österreich. Salzburg [Pustet] 1933. S.234ff.

95) 参照, Hanns Koren, *Volkskunde als gläubige Wissenschaft*. Salzburg [Pustet] 1936.

96) Hanns Koren, *Volkstum, Volkskunde und katholische Universität*. In: H.Koren, Volkskunde als gläubige Wissenschaft.S.13-26.

第3章

ゲオルク・シュライバーの宗教民俗学

1. 設問 2. ゲオルク・シュライバーの活動とその背景 3. ゲオルク・シュライバーにおける宗教民俗学の構想 4. 評価

〔補記1〕シュライバーはドイツ人に多い姓であるため、通常、ファースト・ネームが併記される。ここでは、段落の始めごとにゲオルク・シュライバーと記した。

〔補記2〕以下ではゲオルク・シュライバーの叙述の実際を含むが、それらは原注を伴っていることが多い。そのため＊（アスタリスク）によって、ゲオルク・シュライバーが挙げている文献のうち注目すべきものを載録したことを示し、†（ダカット）によって筆者による語彙の説明であることを表示する。

1. 設問

a. ヨーロッパ文化のダイナミズム

　ドイツ語圏における民俗学の展開を取り上げるとき、特に評価が難しいものに、宗教民俗学の位置づけがある。日本では宗教民俗学と言えば主要には仏教民俗学になるが、民俗学の定礎者にして最大の学究かつ組織者でもあった柳田國男が仏教に対して距離をとっていたとされる。それもあって仏教民俗を正面から取りあげるのが遅れたというのが大方の見方であろう。ちょうどそれに当たるような動きであり、ドイツ語圏（あるいはこの場合はヨーロッパ全体と言ってもよいが）でも宗教民俗学は遅れて導入された分野であった。もとよりその原因は日本の場合と重なるわけではなく、特殊な条件

がはたらいていたのである。

　大局的な言い方をすると、ヨーロッパ文化は独特のダイナミズムを持った運動体であるが、それにはいつの時代にもキリスト教会が一方の主役であった。古代において然り、中世は言わずもがな、そして中世から近世への転換期、あるいは啓蒙主義時代といった歴史の曲がり角においても、キリスト教会の存在が歴史に特色あるエポックを現出させてきた。キリスト教会がヨーロッパ文化のバックボーンである以上、それは当然のなりゆきであったろう。然らば、それらに潜んでいた因由は、現代に近い時期にも程度はともあれ作動したと考えてよいのではなかろうか。ここで問題にするのは、ナチズムが台頭し支配的な勢力となった時代である。事実、やや単純化して言うなら、ナチスが強権を揮い、それに対抗できたやも知れぬ諸勢力（社会民主主義、労働者組織、伝統的な保守層、軍隊、大学）が次々に潰え、あるいは抵抗力を削がれていった1930年代のドイツにおいて、辛うじて残ったのはキリスト教会であった。しかし教会は政治権力そのものではない。政治権力と等しい政治的効果を期待することは、事態を見誤ることになる。その留保を付した上でであるが、やはりキリスト教会は一定の現実的な力であった。しかし同時に、第三帝国の出現を歴史的必然とした時代状況を、教会もまた免れていなかったであろう。それゆえ、教会もまた、時にナチズムとの非を謳いながら似ているところがあった。しかしまた似ていながら、非なるものでもあった。宗教民俗学はそうしたダイナミズムの産物に他ならなかったのである。この小論が、その事情を理解する上で多少役立つとすれば、目的を果たしたことになる。

b. ヘルマン・バウジンガーの批判

　ここで取り上げるのは、ゲオルク・シュライバーである。ドイツ民俗学の歴史に屹立する学究と言ってよく、また象牙の塔の外においても大立者でもあった。1920年以来、ナチ党の政権獲得まで、カトリック政党である中央党の国会議員として影響力があったのである。授権法には賛成をしたものの、

第三帝国時代を通じての抵抗者の部類に入るであろう。

　ここでは、ヘルマン・バウジンガーの見解を聴くことから始めようと思う。バウジンガーは1960年代以降、今日にいたるまで、ドイツの民俗学界を代表する人物として国際的にも知られている。伝統文化に拘泥していた民俗学を、ドイツにおいてはバウジンガーが現代社会の研究に転換させたからであり、その転換の方法に新機軸があったからである[1]。そのことはここでは措くが、注目すべきは、その土台に、ナチズム問題が横たわっていたことである。ドイツの民俗学の場合、民俗学がナチズムと関与したことが致命的な過去となっており、それゆえ第二次世界大戦後は一から出発したと言ってもよいところがあった。

　民俗学という学問分野の再建者は、いずれもこの問題と対決しており、またその対決の仕方の差異が、再建の方向の違いにつながったところすらあった。なかでも、ナチズムと民俗学の関係について、最も厳しく関与を問い、果敢に過去の清算を主張したのがバウジンガーであった。そのバウジンガーのナチズム論は、当然にもカトリック教会系の民俗学への評価を含んでいる。またカトリック教会系の民俗研究を代表する人物であるゲオルク・シュライバーへの言及も欠けてはいなかった。1965年に書かれた論考『フォルク・イデオロギーとフォルク研究』の一節「キリスト教会とナチズム民俗学」である[2]。

　……これらの事情を明らかにするには、教会とナチズムの関係という一般的な問題に否応なく入りこむことなるが、さりとてホッホフートが提起したかの難問[*1]の全てにこの小論で答えようとするのは、それまた無責任な仕業であろう。とは言え、ナチズムとキリスト教会の両陣営のあいだで、思想的に先鋭な衝突にまで発展せず、明確なかたちをとることもなく終わったのは何故であったか、という差し迫った問いに答える程度の部分的な対応なら許されもしよう。事実、これは、大局的な見渡しにおいて誤らなければ、回答が可能な問いなのである。

ヒトラーが、1933年5月23日の演説において、宗教は〈我らが民族体（フォルクストゥーム）を維持する上で、最も重要なファクターである〉と述べたことはよく知られている。もっとも、これが戦術的なポーズに過ぎないことは、まもなく実際の政策によって明らかになった。しかしすでにこの発言のなかに、宗教を取り込む上での原理が非常に明瞭にあらわれている。すなわち、より大きな目標は、宗教ではなく、民族体（フォルクストゥーム）の維持におかれていたということである。しかしそれにもかかわらず、この命題は、民俗学に造詣の深い神学者には、魅惑的に映り、また通じ合うものがあるように感じられたのであった。……神学となれば、その中心人物は、何と言ってもミュンスターの偉大な神学者、ゲオルク・シュライバーということになろう。シュライバーは、宗教民俗学の構築に向けて膨大な論考をものした人物である。またナチズムの政策に対して公然と反対を言明して憚らなかった。そして第三帝国時代を通じて絶えず迫害にさらされ、その活動も妨害に遭った。ところが彼の著作には、民族体（フォルクストゥーム）イデオロギーの本質的な要素が走っているのである。1930年に刊行された著作『ナショナルな民俗学とインターナショナルな民俗学』において、彼は、オットマル・シュパンの集団的共同体社会学を斥けて、フォルクストゥームを〈すべての時代を通じて、自立した行為者たるフォルクから流れ出た生命の充実〉、また〈巨大な大家族〉と呼んで、〈変わらない、持続するもの、固い部分〉をこれに帰せしめると共に、個体をフォルクストゥーム（民衆体・民族体）という大地のなかに〉しっかりと根づかせることが大事であると力説した[*2]。また1936年の著作『ドイツとスペイン』では、民衆宗教性（フォルクスレリギオジテート）へのスペインの強力な影響を研究したが、そこでも〈固有のあり方〉（アルトアイゲネス）が常に作用していたことに注意を喚起した[*3]。さらに1937年には、『民俗学から視角からみたドイツの農民的信仰』を書いて、〈敬神の念篤い農民性にこもる宗教的思念世界〉を叙述したが、そこではまた、ゲルマン性のもつ高度の文化力と驚くべき生命力を強調している。そしてこう述べる。〈福音と

フォルクストゥーム（民衆体）は、互いに手を携え、互いに支えあっている*4、と。シュライバーは1947年に、第三帝国時代におこなった民俗学の側からの抵抗を擁護する文章を書いた。そのなかで彼は、宗教民俗学の活動を次のようにまとめている。すなわち宗教民俗学は、〈強権化しゆく国家観念に対抗して、フォルクストゥーム（民衆体）の尋常ならざる活力を表に出した。フォルクストゥーム（民衆体）、それは、人的紐帯と宗教という源泉から流れ出て、顕著で射程の大きい形態を作ってきた。〉そしてこの文章の最後では、こんな期待を表明する。いずれは〈宗教を活力とするフォルクストゥーム（民衆体）が力強く名指されて〉前面に立ち現れ、〈古臭い諸々のリベラリズムは、骨董品として片隅におかれる〉ことになるであろう*5。

こんな引用を続けるのは、仮面を剥ぎ、暴露を事とするセンセーション・マニアと紙一重の危険な仕業であろう。それゆえ、ゲオルク・シュライバーがナチズムの宣伝家たちの迫害にさらされたことには、改めて注意を促したい。しかし宗教民俗学のかかる書きものにおいてフォルクストゥームが力説されたのは、それこそが司牧神学の対象と考えられたからではなかった。力点は、フォルクストゥームの自立した固有性におかれていたのである。この点では、シュライバーを、カトリック教会のハンス・コーレンやプロテスタント教会のアルブレヒト・ヨープストと同列に並べても差し支えあるまい。またその限りにおいては、たとえばヘルベルト・グラーベルトが〈固有文物と借用文物〉を峻別し、農民性とキリスト教を〈二つの異なった世界〉とする見解に立ったのとは、アクセントの置き方こそ違え、その違いは相対的でしかないであろう。それもごく僅かな差異である（たしかにグラーベルトと、他の教会民俗学者たちのあいだには、大きな距離があることを認めなければならないとしても）。またそうしたテーゼが、人種観に組みこまれることも少なくなかった。たとえばカール・フォン・シュピースは、こう言明したものである。〈古アーリア人の遺産を覆っているのは、前部アジア*6の神殿の魔霊に他ならない〉。こんな理論を土台にしておこなわれる推論が、有益な脈絡の発見につながるはずはない。〈後世

の歪曲〉に剪定を加え、いにしえの遺産を純粋な形で再び提示するところ
へ延びてゆくは、むしろ必然の勢いであった。

† 1　作家ロルフ・ホッホフート（Rolf Hochhuth）は、ローマ法王庁がナチスに
　　　よるユダヤ人大量虐殺の情報を得ながら黙認していたとの骨子による戯曲
　　　『神の代理人』(Der Stellvertreter)を1963年に発表して、大きな問題提起を行っ
　　　た。
＊ 2　Georg Schreiber, *Nationale und internationale Volkskunde*. 1930. S. 141f.
＊ 3　Georg Schreiber, *Deutschland und Spanien*. 1936 S. 449f., S. 453.
＊ 4　Georg Schreiber, *Deutsche Bauernfrömmigkeit in volkskundlicher Sicht*. 1937, S.
　　　13, 18, 16.
＊ 5　Georg Schreiber, *Volkskunde einst und jetzt. Zur literarischen Widerstands-
　　　bewegung*. In: Festgabe für Alois Fuchs zum 70. Geburtstag, hrsg. von Wilhelm
　　　Tack. Paderborn 1950. S. 275 u. S. 313f.
† 6　前部アジア（Vordere Asien）は、地域的には、ほぼオリエント全域を指す呼
　　　称。

　一読して知られるように、まことに挑発的な論評である。ハンス・コーレ
ンがゲオルク・シュライバーに通じるものを持っていたというのは無理では
ないが、アルブレヒト・ヨープスト、さらにヘルベルト・グラーベルトとも
同質であるというのは、喧嘩を売っている観がある。グラーベルトはナチズ
ムの宗教民俗観のひとりで、ナチスの幹部アルフレート・ローセンベルグや
リヒアルト・ヴァルター・ダレーに近かった人物である。もっとも、論難の
一方で、バウジンガーはゲオルク・シュライバーの抵抗者としての実績にも
一再ならず言い及んでいる。それにもかかわらず、カトリック教会の民俗学
とナチズムの同質性を説くことは止めない。これによってバウジンガーが何
を構想していたのか、今日ではこれも、あながち無意味な設問ではないので
ある。
　ところで角度を変えてみると、もうひとつ注目すべきことがらがある。バ

ウジンガーのナチズム論は、これと同趣旨の他の数篇ともども、一般にも割合よく知られている。ドイツの民俗学界となれば、発表当時から、これを重視してきた。しかもその説くところは強烈である。問題は、それにもかかわらず、カトリック教会からは反応がなかったと思われることである（これを筆者は、バウジンガーその人から聴いたことがある）。この教会側からの無反応は、これはこれで念頭にとめておいてよいであろう。応答が皆無であったかどうかはともかく、話題になるような動きは起きなかったのである。

2. ゲオルク・シュライバーの活動とその背景

a. 初期の経歴[3]

ゲオルク・シュライバー（Georg Schreiber 5. Jan. 1882 Rudershausen bei Duderstadt-24. Feb. 1963 Müster）は、ヴェストファーレン州アイヒスシュタット地方の田舎町ドゥーダーシュタットに森林管理官の息子として生まれた。学齢に達した後、1895年から1901年まで通った司教都市ヒルデスハイムのギュムナジウムは、中世の大聖堂付属学校に遡り、1595年にイエズス会の人文学学院に改組された経緯を有するなど一貫して司教の影響下にあった高等学校であった。その校長が教会史家であったことも関係して、その頃から歴史研究に関心を寄せるようになり、卒業とともに1901年にミュンスター大学のカトリック神学部に入学した。ミュンスター大学は、1818年にプロイセンの政策によって哲学・神学アカデミーとして設立された学校で、シュライバーが入学した直後の1902年にさらに法学部が加わって入学（ツーヴェルジテート）となった。シュライバーは、1904年に神学部を終了して、司祭になるためのヒルデスハイムでの研修を経て、1905年4月に聖職者となった。そしてヒルデスハイムのギュムナジウム「ヨゼフィーヌム」で短期間教職に就いたが、1906年にはベルリン大学に再入学した。

ベルリンには8年間滞在して、歴史学とゲルマニスティクの研究を進めた

が、関心の比重は教会史にあって、その分野では歴史学のミヒャエル・タンクル（Michael Tangl 1861-1921）に就いた。タンクルは、折から進行していた中世資料の総合的な編纂である MGH の編者の一人でカロリング朝時代を担当していたが、シュライバーにはウルリッヒ・シュトゥッツ（Ulrich Stutz 1868-1938 ボン大学）が開拓した分野である教会法制史、とりわけ私有教会制のテーマを手がけることを勧めた。それはシュライバーの最初の大部な著作『12世紀の教皇庁と修道院——フランシスコ会以前の修道会への特権発給と修道会会則ならびに特に修道会による私有教会制に関するパスカリス2世からルキウス3世（1099-1181）に至る教皇文書にもとづいた研究』[3-a] に結実した。これは1909年にベルリン大学の哲学の学位論文として受理され、翌年にはシュトゥッツが編集する「教会法叢書」のひとつとして刊行された。またその副産物として成立した『中世における聖体奉献儀礼の用語の研究』[3-b] によって1913年にフライブルク大学で神学の学位を得た。1913年にミュンスター大学で私講師となり、そのさい上記の『12世紀の教皇庁と修道院』が教授資格論文に該当すると認められたが、なお別個のテーマとの取り組みを求められたことから、教壇に立つにあたっての記念講演として「グラティアヌス時代の教皇の僧院政策の目的」を講義した[3-c]。グラティアヌスは12世紀に『グラティアヌス法令集』（1140年、'Concordia discordanti-num canonum'、通称は 'Decretum Gratiani'）を編んだイタリアのカマルドール会士で教会法学の定礎者である。その講義の原稿は残っていないようであるが、シュライバーが教会の立場から政治や国家の政策に強い関心をもつことを鮮明にした最初の出来事と言えるであろう。

　1914年にミュンスター大学において折から空席となった慈善学とキリスト教文化史の教授となることを望んだが成功せず、1515年4月にレーゲンスブルク大学へ移って員外教授として教会法とバイエルン国家法・行政法を担当した。レーゲンスブルクで過ごしたのは5セメスターで、その期間にバイエルン地方の宗教事情に接したことが、宗教民俗学、特にバロック以来の近世の民俗文化への関心につながったとされる[3-d]。1917年にミュンスター大

学神学部の教授ポストに欠員が生じ、特に神学のポストの増設もあったことから、同年7月に正教授に就任した。それにあたってはタンクルとシュトゥッツが推薦をおこなった。これ以後、シュライバーはミュンスター大学を拠点として旺盛な学術活動に入っていった。やがて1919年に第一次世界大戦が終り、ドイツは次代の国家構想が模索される時代に移った。そのなかでカトリック教会でも、中央党が新憲法への対応（特に国家と教会の関係の諸条文）を練るなどの動きがあった。またそれをヴァイマル国民会議（1919-20）のメンバーとして中心になって担当したヨーゼフ・マウスバッハ（Joseph Mausbach 1861-1931）の後を継ぐ教会行政に明るい学識者を政界に補充する必要が生じ、中央党は、シュライバーを〈ヴェストファーレン北部〉の選挙区から立候補させた。1920年のことで、これ以後、シュライバーは1933年まで13年に渡って国会に議席をもつことになった。

　以上はゲオルク・シュライバーの初期の経歴の概略にふれたのであるが、これから知られるように、その研究活動の基礎は中世を中心にした教会史と広い意味での法制史であった。これが同時代の他の民俗研究者に比べてシュライバーが資料批判において優っていた所以である。研究における視点の独自性も欠けてはいなかった。しかしその背景には複雑なものがあった。というのは、ドイツの民俗研究のなかでは、シュライバーの存在も広くカトリック教会の民俗学も、必ずしも主流ではなかったからである。そこに宗教民俗学ないしは教会民俗学が標榜された理由もあったのであるが、そうした民俗学の他の潮流との関係などを含めて幾つかの脈絡をほぐすことが、宗教民俗という分野の特質と時代状況を知ることにつながるであろう。

b．アードルフ・フランツの典礼史研究

　ゲオルク・シュライバーは宗教民俗学の確立者であるが、先人がまったくいなかったわけではない。ここでは注目したいのは教会史家アードルフ・フランツである。典礼史の専門家で、主著には『ドイツ中世のミサ』(1902年)があり、また『ドイツ中世の祝禱』2巻（1909年）がある。とりわけ後者は注

目すべき研究である[4]。ゲオルク・シュライバーは、宗教民俗学の定礎者としてしばしばこのフランツの名前を挙げている[5]。フランツの研究はシュライバーがひとつの学問伝統の起点と名差したくらいに画期的なものを含んでいたが、その要点は典礼史研究の視野を教会堂の外に拡大したことにあった。すなわち正統的な儀礼である狭義の典礼の影で看過され勝ちであった副次的な儀礼である祝禱（Benediktion）がヨーロッパ文化の形成に果たした役割に着目したのであった。

　典礼は、原理的には、カトリック教会に属するヨーロッパのすべての地域、すべの教会堂を通じて統一的であるところに意義がある。それゆえ、歴史的には何度も典礼の統一が図られ、逸脱がとがめられてきた。そしてその引き締めが教会に活力をもたらした。それに対して、日常生活の諸相は多様であり、それにかかわるのが祝禱である。それはしばしば、民衆典礼（Volksliturgie）の様相を呈する。歴史的にみると、キリスト教社会では、古くから祝禱がかなりきめこまく行われており、それによって教会堂のなかとは趣の異なる宗教性が広く社会をおおっていたのであった。フランツの研究は、それを歴史資料にもとづいて詳細に掘り起こしたものであった。すなわちその著作を主な項目について見れば、聖水と水の聖別およびそれをおこなう機縁、塩・パン・葡萄酒・油・野菜・果物・薬草への聖別、祝禱のカレンダー上の節目（御公現・マリアの聖燭祭・聖ブラジウスの祝日など）、四旬節と復活節の聖別、家屋と家畜小屋への祝禱、僧院に対する祝禱、自然現象（嵐・旱魃など）に対する祝禱、家畜の祝禱、婚姻および母親と小児への祝禱、危険に対する祝禱（戦争・巡礼、また種々の神の裁断すなわち決闘や熱した鉄をつかむことによる決着などのさいの祝禱）、病気や憑きもの、また調伏のさいの祝禱と護符、といった内容である。フランツの記述は、教会資料を丹念に追跡しており、個々の事例への詳細な記述となっている。たとえば、大根の栽培に因んだ祝禱といったものまで拾われている。ここでは、その特徴を知るために、耕地巡回の箇所を引用する[6]。

これらのミサの他に、他の種類の公式の信奉行事が行われた。それは、行列ないしは祈願行である。ローマではすでにグレゴリオ時代以前に、聖マルコの日である4月25日には、祈願行列が行われ、〈大連祷〉(litania major)と呼ばれていた。しかしそれは聖マルコとは関係のないものであった。それは、古代の異教時代のローマにおいてロガリア祭の荘厳な巡回行事がなされ、熟してゆく穀粒が神々の加護に委ねられたのと同じ日に行われた。キリスト教の行列は、グレゴリオ・ミサからも知られるように、まっく同じ過程をたどった。また目的も同じで、穀物の成育とその危険からの守りが祈られた。ガリアでは、511年のオルレアン公会議以来、ヴィエンナの司教マメルトゥスによって導入されたキリストの昇天の前の3日間にわたって祈願の行列が行われていた。……

　ガリア人やゲルマン人のあいだでは異教時代にも耕地巡回がおこなわれていたが、祈願行列のフランク王国への導入はそれを上回って歓迎された。ガリア人は、彼らの神々を白い布で覆って耕地のあいだを巡回する習慣をもっていた。またゲルマン人も同様の慣行をもっていたことは、「迷信一覧表」†1に、偶像を担いで耕地を歩むことへの言及があることによっても知られる。▷ネルトゥス神の巡幸、またその他の春の行事は、いずれにせよ豊作の達成を目指す宗教儀礼とかかわっていた。◁これらの古くからの習俗のキリスト教化を、宣教師たちは試みた。9世紀からは祈願祭行列と聖マルコの行列がドイツへも導入された。これは、異教の耕地巡遊の代替であった。それらがキリスト教の行列に転換したことは、ビーレフェルトのシルデシェ尼僧院の院長マルクヴィートが940年に宣布した規定が如実に示している。それ以降、僧院の下僕たちは、聖霊降臨節の月曜に巡回を行わねばならなくなったが、その時には教会堂守護聖を崇敬して、すなわちその聖遺物を奉じておこわれるのであった。またそれに先立って家々の御祓、すなわち聖水の振り掛けおこうべきこととされた。これによって異教の巡遊における無秩序の代わりに、改悛と喜捨をおこなうべきことを尼僧院長は促した。尼僧院の中庭で、歌と祈りで夜を過ごしたあとで、始めて

翌朝から巡回が始められ、その行列は、僧院教会堂において尼僧院長が種の成育と天候の被害が防がれることを祈って終わるのであった。

 †1 "Indiculus superstitionum" は、高地オーストリアのラームバッハ僧院（Lambach）に伝わっている15世紀初めと推測される手書きの文書を指す。

　この箇所を引用したのは、特に本書のなかで際立っているからというわけではない。しかしいずれの部分も全体の構造を映しているというという見方をすれば、たまさかの一節からだけでも、フランツの研究の特徴が窺うことができる。大きな枠組との関連で言えば、ドイツ民俗学史とカトリック教会の宗教民俗学の展開のなかでのフランツの位置である。先ず第一は、フランツの視点に、ロマン派の民俗学に接続するものが認められることである。ゲルマン人の耕地巡幸の行事、それを映したとおもわれるタキトゥスが伝えるネルトゥス神の巡幸が言及され、またそれに注目したマンハルトの記述が引証される（▷◁の箇所）。その点ではロマン派の神話研究の系譜とのあいだで亀裂が起きていない。これはカトリック教会の民俗研究がこの時期には初期の段階にあったことを示している。もうひとつは、ここでのテーマである耕地巡回という行事のあつかい方である。その大著のなかのこの部分が、耕地巡回や行列行事に関する最もまとまった、またほぼ唯一のものである。と言うことは、野外で多数の民衆の参加によって挙行されるカトリック教会の行事としてひときわ際立った種々の行列行事に、フランツは余り関心を寄せていなかったのである。後になると、たとえば最も盛大な行列行事である聖体大行列をはじめとする種々の行事について、研究者たちは詳細な歴史的・民俗学的な観察を心がけるようになってゆく[7]。またそれを教会組織がもとめたところもあったのである（これについては、後に取りあげる）。そうした要素があまり表立っていないという点でも、その当時は、教会民俗学は開始期であった。

　なおこの時期にキリスト教会にちなむ現象に着目して民俗学に接近するよ

うな仕事をしていたのはアードルフ・フランツだけではなかった。グラーツ大学の教授であったゲルマニストのアントーン・シェーンバッハも（Anton E. Schöbach 1848-1911）も開拓者のひとりであった。しかもフランツの『ドイツ中世の祝禱』の序文には、両者の関係を窺わせるエピソードが書きとめられている。それによると、『ドイツ中世のミサ』を完成した直後、フランツのその著作についてシェーンバッハが『ドイツ民俗学誌』上に書評を寄せた。そのなかで、フランツには今後の研究の方向として正統的な教会儀礼の外縁部にあたるような領域を手がけてはどうかとの期待を表明すると共に、シェーンバッハ自身は迷信・呪文、また民間行事や民間習俗をあつかうつもりであるとの一種の役割分担を提案した[8]。これが、それ以後、フランツに祝禱に的を絞った研究に向かわせることになったというのである。因みに、シェーンバッハはすでに19世紀の80年代からグラーツの年代記や説教記録にみえる民間習俗について研究を始めており、やがてライフワークとして中世末期の民衆説教で知られるレーゲンスブルクのベルトルトの研究に進んでいった[9]。したがって、民衆説教を研究分野として開拓した人物でもあった。なおシェーンバッハはゲルマニスティク系の民俗研究家であるが、民俗学の学問性に留意し、この分野が素人判断に傾き勝ちな傾向に警告の文章を発表したりもしている[10]。こうして20世紀に入った頃から、カトリック教会とゲルマニスティクの両方から教会とその周辺を対象とした民俗研究が進みはじめたのである。

c. カトリック教会における民衆信仰への関心の高まり

　こうした先人の活動を背景に、カトリック教会の民俗研究は次第に拡大し、やがて1920年代後半から、ゲオルク・シュライバーが本格的にその宗教民俗学を展開していった。しかし注意すべきことに、これまた孤立した現象ではなかった。この時期には、それはカトリック教会の趨勢ともなっていた。事実、1930年前後には、この分野は活況を呈していた。宗教民俗の研究にたずさわった人々の多くはシュライバーの影響を受け、またシュライバーが次々

に企画した宗教民俗学の叢書を核にして集った。同時に、独自に宗教民俗学に進んだ人々も少なかった。数例を挙げると、マインツ大学の教会史の教授であったルートヴィヒ・アンドレーアス・ファイト（Ludwig Andreas Veit）[11]、ミュンヒェンのベネディクト会僧院ザンクト・ボニファーツの修道士ロムアルト・バウアライス（Romuald Bauerreiss）[12]、バイエルン州の小さな町トラウンシュタインの司祭であったルードルフ・ヒンドリンガー（Rudolf Hindringer）[13] などである。

また教会人ではない人々のあいだでも、カトリック教会をめぐる民俗への関心の高まりが起きた。その口火を切った存在としては、アンドレー夫妻（Richard Andree、Marie Andree-Eysen）[14] を挙げることができる。夫妻の研究は、特に物質文化の面からのアプローチに特色があった。やがてこの方向は夫妻に私淑したルードルフ・クリスによって巡礼研究が発展し、さらにクリスの養子レンツ・クリス＝レッテンベックによってカトリック教会をめぐる民俗工芸の研究にまで展開して今日にいたるのである。さらにオーストリアのウィーンでは、都市民の歴史研究から始めたグスタフ・グーギッツ（Gustav Gugitz）がオーストリアの民衆研究の伝統の上に独自の宗教民俗の研究を進めていた。

またカトリック教会の行政面で指導的な地位にある人々からも宗教民俗（教会民俗）を重視する動きが促された。マイセン司教クリスチアン・シュライバー（Christan Schreiber 1872-1933）[15] やレーゲンスブルク司教ミヒァエル・ブーフベルガー（Michael Buchberger 1874-1961）などである。前者はドイツ全土の巡礼地を網羅した事典を編集しており、後者は今日においても指標的な位置にある大部なレキシコン『神学・教会事典』の提唱者で編集責任者でもあった（1830-38年の間に全10巻が刊行された）[16]。

ここで看過してはならないのは、これらの動きの底流にはたらいていた要素である。当時は民間習俗への愛好が高まりをみせていた。それゆえ、その風潮に惹かれた人々が教会関係者のあいだにも少なくなかったと考えるのは、間違いではない。しかしもっと根深いものがあった。キリスト教会が組織的

な活動として、この動向と関わっていたことである。その様子は、この時期のカトリック教会の指導者であったブーフベルガーの報告が示している[17]。

　フォルクストゥーム（土俗性）と民俗行事（Volksbrauch）に潜む価値に注目したのは、個々の聖職者だけではなかった。教会官庁もそうであった。教会官庁は、繰り返し通知や指示を出して、聖職者たちを、民俗研究・郷土研究へと促した。すでに1912年にミュンヒェン大司教区庁の教区司祭団司牧会議の担当局は、〈個々の司祭教区においていかなる宗教民俗がおこなわれ、またそれらは司牧の観点ならびに社会的見地からどのように評価すべきかをまとめること〉という通達を出していた。これに応じて多数の優れた報告がなされたが、なかでもヴァーギンガー・ゼーの助任司祭であった故マティーアス・エルトルの仕事は傑出していた。彼は、その地域の多種多様な習俗を蜜蜂の如く熱心に収集しただけでなく、高度な知識を駆使して歴史的ならびに宗教的に解明を行ったのあった。彼の名前をここで挙げるのは、私の喜びである。

　ミュンヒェン大司教区庁は、宗教的な民間習俗への注目とその保存を重視して、1929年にも改めて、各首席司祭教区の司祭からなる司牧会議に対して、次のように課題を指示した。〈大司教区において教会民俗学（kirchliche Volkskunde）を樹立するために、教会暦ならびに人生暦において繰り返しおこなわれる民間習俗をまとめること。そのために、今なお行われている民間習俗ならびに習俗の名残を集計し、また可能ならば、バイエルンでの布教の歴史と民衆自身の理解について基準に則しつつ把握し、またバイエルンの習俗について宗教学的な注解をほどこすべきこと。〉

　さらにレーゲンスブルク司教区公会議（1927／28年）は、その決定事項の第57条において、次のように定めた。〈聖職者は、民俗学・郷土学の育成に特に留意すべきである。それは、私たちの郷土文化が、その教会堂・巡礼地・僧院・慣行習俗・民間口承・聖者と根深く結びついて発展してきたからである。カトリック教会の司祭は、幾世紀を通じて、他の身分の者

よりもはるかに民衆の生き方およびその永遠の価値と内的な関係を保ってきたのであるから、それはなおさらであろう。司祭は、職掌的にも真正の歴史記述者であり郷土文化の保護者である。まことに宗教的な民間習俗は能う限り維持されなければならない。それらが湮滅する前に、すべての教区において収集されることが切望される。〉

またこの条文について、レーゲンスブルク司教区庁は1931年に次のような解釈をほどこした。〈宗教民俗（religiöse Bräuche）は、さまざまな意味で意義深く尊いものである。それらは、古い時代から教会生活に伴って歩み、多くの場合、教会暦（教会の祭礼、キリストの受苦や聖者への崇敬、死者の追憶）に依拠してきたが、急速に行われなくなくなる傾向にあり、過去のものと化しつつある。それらと共に、私たちの教会生活と民俗（フォルクスレーベン）の重要な部分が墓場へ向かうことになる。これらが全く消滅することを防ぐために、司牧者は、これらの宗教民俗に最大の注意を払い、少なくともそれらのなかの最も尊いもの、また最も意義深いものを保存するように努めなければならない。特に宗教教育の授業や説教や、（諸々の団体での）講演などのさいに、司牧者がそれらに注意を促し、また解説することを通じてである。これらの習俗がひとつまたひとつと行われなくなってゆくときに、それらを記録し、収集し、少なくとも記憶に留めることは、教会生活の歴史にとっても意義深い。

それゆえ、各教区の責任者は、1931年5月1日までに、教区資料館と司教区庁資料館に対して、それぞれの教区においていかなる宗教民俗がなお行われているか、また併せて最近行われなくなった民俗でなお記憶されているものについても、報告していただきたい。特に注意を促したいのは、家庭での宗教的民俗（家屋の祝祷、家の守護聖人、家畜守護者、宗教画・額の類、聖別される物品、燻し行事[1]）、さらに耕地にたいする祝祷（耕地行列、収穫民俗、畑地の十字架、畑地のチャペル、聖母像柱）、秘蹟にちなむ民俗（洗礼、婚姻、初ミサ[2]）、死者の回向（死者祷、埋葬、墓、追憶の行事）などである。

また収集がなされれば特に有意義となるのは、特定の地域で歌われる宗教歌謡である。そのさいには、できる限りメロディーも（伴奏楽器の種類）も併せて、司教区庁に送付していただきたい。〉

　特に意義が大きく感謝すべきは、フルダでの司教会議（1928年）において次の公示がなされたことである。〈当会議は、ドイツ学術緊急支援会（Notgemeinschaft der Deutschen Wissenschaft）が強く勧めている『ドイツ民俗地図』への協力を拍手を以て承認した。各司教区の首長たちは、教会民俗の深い研究のための作業に一般の関心を向けることを心掛けるとともに、カトリックの教会民俗学の営為を、それに適した教区聖職者（そういう人材がいる場合には）に委ねることができること望んでいる。〉

　以上が資料解説とドキュメントであるが、これらはドイツ・フォルクストゥームに学問的な基礎をあたえている「村の教会」のリュプケ・グループやその他の民俗識者の関心にも応えることになろう[3]。

　またゲレス協会が1934年に、独自に「宗教民俗学のセクション」をトリーアに設置し、本巻の編者[4]にその運営を委ねたことも、ここでお知らせしておきたい……

　[1]　燻し習俗は、香炉による聖別・祝祷のこと。
　[2]　〈初ミサ Primiz〉とは叙任を受けた司祭が初めての司式を言う。
　[3]　Hans von Lüke はこの時期のプロテスタント教会で影響力の大きかった「村の教会」（Dorfkirche）運動の指導者で、また同名の機関誌（1907年創刊）の編集者。
　[4]　ゲオルク・シュライバーを指す。

　ブーフベルガーのこの報告に按すると、当時のカトリック教会への関心をかき立てられないわけにはいかない。民俗調査や民俗研究、また民間行事の保存運動は、当時のカトリック教会にとっては、その分野に関心をもつ者の愛好心やたまさかの趣味などではなかったことが分かるからである。ミュンヒェン大司教区にみられるような教会組織の高レベルでの決議、司教区公会

議といった教義にかかわるような重要機関の関与、またその決議や注解のいかにも切迫した語調、これらは、民間習俗がカトリック教会にとって緊要の課題であったことを窺わせる。〈カトリックの教会民俗学〉(katholische kirchliche Volkskunde) やそれと同義の表現が繰り返されるだけではない。収集対象を細部まで指示するなど、その切望ぶりはまるで喉から手が出るほどと形容してもよい位である。ヨーロッパ諸国のローマ・カトリック教会の全体のあり方はともかく、少なくともドイツではかかる情勢にあったために、多くの教会人が民俗学やそれと重なる分野に進出していったと言えるであろう。またここでも、具体的な項目を挙げて祝禱の調査への指示がなされているが、1930年前後のこの様相をみると、先行する時期のアードルフ・フランツの祝禱研究も、やがて高まる教会をめぐる切実な状況とつながっていたことが知られよう。歴史研究には常に現代の投影という側面があるが、中世の祝禱研究は、20世紀初めの現実が必要としたものに他ならなかった。数世紀を隔てて歯車は噛み合っていたのである。

d. ゲオルク・シュライバーによる景観（風土）の三層論

　ゲオルク・シュライバーは、1920、30年代に多数の出現をみた宗教（＝教会）民俗の研究者のなかでも擢た存在であった。それは彼があつかったテーマが多様であり、膨大な執筆量に上ることによるが、またそれは研究における独自の視点とも重なっていた。それに対応して、方法論に関する書きものも少なくない。そのなかで、はじめに手掛かりとして注目したいのは、その独自の術語 'Sakrallandschaft' である。形容詞 sakral は中世ラテン語の sacer (heilig, holy) に由来する。sacer は教会の意味での〈神聖な〉を意味している。sacer fons は洗礼であり。sacrum は秘蹟 (Sakrament)、sacrorum は聖所 (Heiligtüer 教会堂や巡礼地など) ないしは聖物 (gottesdienstliche Geräe 典礼に用いる器具類) である。また縁語には、sacerdos (Priester 司祭)、sacrator (Heiliger 聖者)、sacerdotium (Priesteramt 司祭職)、sacramentalium (geweihte Gegenstäde 聖別された品物) sacrificium (Meßopfer 聖体〔＝ミサのときのパ

ン、あるいは Messe ミサ〕)、sacrarium（Sakristei 聖物室）など多くの教会用語がある。合成語も非常に多く、たとえば sacrificium vespertinum は〈主の晩餐〉(heiliges Abendmahl) である。要するに sakral はキリスト教会の意味での〈神聖な、霊的な〉である。また Landschaft は country、province あるいは landscape、scenery で、後者は絵画に描きとめられた風景など、何らかのまとまりの意識をもって把握された風景のことである。したがって景観ないしは風土と訳すことができる。ここでは、Sakrallandschaft に〈霊的景観（霊的風土)〉の訳語をあてることにする（教会的景観や福音的景観でもよい）。これは特に重要なキイワードのひとつと言ってよく、この霊的景観（あるいは教会的景観または福音的景観)を飽くことなき探究心でゲオルク・シュライバーは掘り起こし、解明していったのである。

ところでその観点からすると、一種の綱領的なタイトルによって耳目を欹てさせるひとつの論考がある。1937 年に書かれた『霊的景観としてのヨーロッパ』(Sakrallandschaft des Abendlandes) である[18]。これはゲオルク・シュライバーの多数の方法論考のなかでも短いもので、またその書き出しの部分が著しく文学的であり、一種のオマージュとなっているのが印象的である。その高揚した文体で、シュライバーは、霊的景観を、他の 2 種類の景観と対比させつつ語っている。自然的景観（Naturlandschaft) と文化的景観 (Kulturlandschaft) である。

　歴史学と民俗学のなかで、徐々にではあるが霊的景観という概念が育ってきている。インドや中国や日本やその他の東方の国々の宗教の歴史は夙にこれに親しんできた。しかしヨーロッパでも諸々の集団によってそれは存在したのである。モンテ・カッシノ、クリュニー、アッシジ、モンセラート[19]がそれを示している。しかしこの霊性という問題設定が言葉として現れたのは、まだ最近のことである。それを概観し、学問的に把握する作業となれば、ようやく緒についたに過ぎない。

　この霊的景観が展開するのは、聖性と畏敬が、かなり密度が高く緊密な

人間集団の空間に現れる場合に限られよう。村落、郷土、庶民、民衆生活、血族、主従関係、仲間団体といった世界である。したがってそれは、不断に活動しつづける民衆的信奉に強く彩られた歴史的景観でもある。それは正に、時の流れを感知せしめるほどにまで歴史的である。オーバーバイエルンのマリーア・ドルフェン[2]のごときは、輝かしい伝統も過去のものに移り変わっていった。また実願礼拝堂[3]をめざして山巓への登攀がなされ、森の静謐が嘉されるに及んでは、霊的景観は自然景観と重なってゆく。素朴、簡潔、謙譲は、民衆的信奉の魅力的な特徴であるが、霊的景観はそれらへの感受性を含んでいる。霊的景観は、またエット谷[4]でのように、僧院を中心にまとまりをみせることもある。あるいはシェーネ・マリーア[5]の居所であるレーゲンスブルクの如く交通の要衝にして帝国都市である地点に聳立することもある。かかる場所においては、霊的景観は文化的景観と重なりあう。さらに言おう。水源の流出力も時には低下し、地下の伏流となって他所の信奉地や信仰上の他のモチーフに吸収されることもないではなかった。しかし伏流水は、場所を変えて湧出する。スウェーデン人のモチーフ、トルコ人のモチーフ、フランス人のモチーフ[6]、それに世界大戦、これらは民衆の魂を震撼させずにおかなかった。苦難という幽霊女が国土をよぎるや、水流は場所を移しつつ出現した。まことに地下の水脈が養われたのは、民衆を襲う苦しみという暴風雨によるのであった。宗教的英雄、民間の救難者、色彩豊かな祭礼、神秘や信仰上の事件といった民衆のまっただ中での体験、それに願像と巡礼地、行列と祈願祭、霊的景観が出現するのは、これらのなかにおいてである。

　それらにおいて聖性（Heiltum 聖所）は民衆体（Volkstum）へ移ってゆく。聖性は、大小の差異はあれ、支配圏をかたちづくる。それは特定の空間の相貌を形成する。それは、際立った力の場を組織する。その射程がどのようであるかを何にも増して記録しているのは霊験記[7]である。霊験記には、地名がひとつまたひとつと書きとどめられ、ひよわな存在がその姿を現出する。もとより、ほんの僅かな数の農民集落や散村の動きしか伝えていな

いこともしばしばである。ところがそれが、信奉の中心地の所在を如実に物語る。しかもたまさかではない。ケフェラール[8]がそうである。トリーア[9]もそうである。そしてマリーア・ツェル[10]。これらの聖所は帰依の行脚という一大行進を形成した。そのとき巡礼規則は行進規則にまで発展した。聖所はまた多くの民衆的な記念品を産んできた。念持画片がそれを伝えている。メダルもそうである。農民のつくる陶器類がある。アルトエッティングでは、かの黒色の嵐の蠟燭にまでなっていった[11]。音楽も波をなして高鳴った。教会歌謡から民俗歌謡が生成した。順巡礼者が喜んで歌う聖ヤコブの歌[12]と、かの有名なカタラニアのヴィロライ・デ・マリアが呼応して響きわたった。……

†1 スペインにある聖母マリアの大きな巡礼地で、奇岩絶壁の風景でも知られる。

†2 バイエルンの聖母マリアの巡礼地

†3 実願礼拝堂（Gnadenkapelle）は、奇跡の伝承などをもつ信奉対象の図像などを擁したチャペル。宗教民俗（教会民俗）の用語でのGnadeは本来は贖宥が認められることを言う。

†4 オーストリアにあるマリア巡礼地

†5 16世紀にレーゲンスブルクで奇跡を起こした聖母像で、同時代の優れた銅板画（Albrecht Glockendon筆）によって広く知られた。

†6 17世紀の三十年戦争のときにスウェーデン軍とフランス軍がドイツ地域に侵入・破壊を行ったことを指す。またイスラーム教徒のトルコ人も15世紀から18世紀まで長く脅威の印象をあたえていた。それらの記憶は長く持続し、さまざまな災厄がこれらに起因するものとの伝承が生まれた。

†7 霊験記はMirakelbuchへの筆者の訳語。巡礼地で発現した奇跡や神秘的な治癒などが、独特の様式で記録されている。これを資料として活用することはゲオルク・シュライバーによって開拓された。

†8 北ドイツの巡礼地。

†9 巡礼地で聖母マリアの着衣が崇敬をあつめている。

†10　オーストリアの巡礼地。
†11　アルトエッティンゲンはドイツのバイエルン州にあるドイツ最大の巡礼地。
　　　嵐の蠟燭は、嵐の時にその鎮静を願って灯すもので、巡礼地で授けられる。
†12　スペイン北部の巡礼地サンチャゴ・デ・コムポステーラに因む歌謡。

　自然的景観（Naturlandschaft）とは、気候や地理的条件など所与の自然条件による限定を受けた場面である。〈文化的景観〉（Kulturlandschaft）は、芸術活動や諸個人の行動などで、これは文化における表層である。そしてその間にあって厚い層をなしているのが〈霊的景観〉（Sakrallandschaft）である。それは文化圏を特色づける母層であって、集団形成もまたこの層においてなされるのである。では霊的景観はどのようにして把握することができ、またその独特の対象とは何であろうか、これが次のテーマである。

3．ゲオルク・シュライバーにおける宗教民俗学の構想

a.〈宗教民俗学〉の術語をめぐって

　ゲオルク・シュライバーの宗教民俗学を検討する上で、背景や周辺の事情にもふれておきたい。そのさい、先ず注目すべきは、〈宗教民俗学〉（religiöse Volkskunde）という術語である。カトリック教会では20世紀の始め頃からアードルフ・フランツが典礼史の研究に独自に民俗学と重なる視点を取り入れるなどの動きが進んでいたが[19]、教会関係者による民俗学への注目としては、その他にプロテスタント系の人々の活動があった。〈宗教民俗学〉（religiöse Volkskunde）という言葉はそのなかで創られたのである[20]。すなわちギーセン大学の実践神学の教授であったパウル・ドレーフス（Paul Drews）が1901年にその司牧活動の方針を説明したときに始めて用い、それを翌年の1902年に『教会実践月報』創刊号に3ページの長さのプログラム的な論説「宗教民俗学――実践神学の課題」として発表したことによって一般に知られ

たのであった[21]。またドレーフスをはじめ、その実践神学の運動を始めた人々は、ドイツ民俗学会とつながりがあり、民俗学の知識を教会活動に取り入れることを意図していた。さらにそれは折から始まった〈村の教会〉運動とも重なっていった。それゆえ〈宗教民俗学〉は、初期においてはプロテスタント系の人々の活動と結びついた術語であり、それが時間をおいて一般化し、カトリック教会でも使われるようなったのは1920年代の終わり頃からであった[22]。

なお〈宗教民俗学〉(religiöse Volkskunde) というときの〈宗教〉(Religion) は〈キリスト教〉を指している。ドイツ語の場合は、キリスト教以外の宗教にこの言葉を用いることが躊躇されるところがあったようである[23]。また民俗学の分野では、ヨーロッパ以外の地域の宗教が本格的に意識されることはほとんどなく、他の宗教と言えば、キリスト教が定着する以前のヨーロッパ地域を対象としていた。それらに対しては 'Heidentum'（異教）や、さらにグリム兄弟以後はポジティヴな意味をこめて 'Mythologie'（神話）が使われてきた[24]。またヨーロッパ域内の信仰心意でもキリスト教とは異質な性格にあると考えられる場合は 'Aberglaube'（迷信）が用いられる。この 'Aberglaube' は一般的にはネガティヴなイメージがつきまとうが、その非キリスト教的な性格に価値を見る場合には挑発的にプラスの意味をもたせることがあった。それに対して同じく民衆の信仰心意でもキリスト教文化のなかで形成されたと見られる場合には 'Volksglaube'（俗信）が用いられる[25]。なお〈宗教民俗学〉(religiöse Volkskunde) と近似した意味の用語には 'Volksreligiösität' や 'Volksreligion'（これは比較的少ない語法）があり、やはり民衆のあいだでのキリスト教のあり方を指している。これらは、キリスト教のなかの俗信の位相への関心が高まり、俗信もまたキリスト教の一部であるという観点から言われるようなった学術語である。この点にかわわって付言すれば、それゆえ〈宗教民俗学〉(religiöse Volkskunde) は、言い換えれば、〈キリスト教民俗学〉(christliche Volkskunde) ないしは〈教会民俗学〉(kirchliche Volkskunde) のことでもある。なおゲオルク・シュライバーが宗教民俗学の構想を体系的な体

裁で提示した最初は1930年の『ナショナルな民俗学とインターナショナルな民俗学』であるが、そこではまだ〈宗教民俗学〉(religiöse Volkskunde) いう表現は見られず、テーマとして掲げられたのは〈教会民俗学〉(kirchliche Volkskunde) であった[26]。そして補助的に〈キリスト教民俗学〉(christliche Volkskunde) が用いられた。また以後も宗教民俗学 (religiöse Volkskunde) の語とならんで、'Volksreligiösität'（民衆宗教性）などを用いているが、1930年代にはさすがに熟した呼称として両宗派にまたがって用いられるようになった[27]。

　また別の観点からの問題であるが、西ヨーロッパのキリスト教がローマ・カトリック教会とプロテスタント教会のいずれかに区分されることを加味すれば、〈宗教民俗学〉は〈宗派民俗学〉(konfessionelle Volkskunde) ということにもなる。ただしこれは宗教民俗学に対して距離をおく立場の人々が、当事者たちの護教的姿勢（言い換えれば純然たる学問的客観性からの逸脱）への批判や隔意をこめて使うことが多く、どちらかと言えばマイナスの方向の概念である[28]。今日ではさすがに〈宗教民俗学〉(religiöse Volkskunde) は、キリスト教以外の宗教にたいしても適用されるが、その今日的な言葉の使い方の土台には、キリスト教の俗信に対応する民衆の独特の宗教性が他の宗教にも見出されるという見方が成立してからであって、ルードルフ・クリスによるイスラーム教やエチオピア正教のなかの俗信への関心あたりからである[29]。以上は、混乱や誤解を防ぐために、〈宗教民俗学〉とその周辺の語を整理しておくのである。

　ゲオルク・シュライバーは宗教民俗学という術語の創始者ではなかったが、カトリック教会系の民俗学の推進者であり、また大成者であった。宗教民俗学とはどういう学問分野で、何が課題であり、何を材料にして進めるのかという基本的な問題は、シュライバーによって確立されたのであり、また今日にいたるまでその分野の最大の人物と言うことができる。最大と言うのは、本人の研究成果が膨大であることと、その分野の傑出したオルガナイザーであったという二つの意味においてである[30]。しかし日本では、シュライバーについてはほとんど知られていない。これはドイツの民俗学の発達史が、グ

リム兄弟の業績のある面を除けば、情報の空白となっていることの一部であり、ことさら看過されてきた訳でもない。もっとも、ドイツ人による民俗学史においても大きく扱われているとは言えず、学史をカヴァーする標準的な入門書などでも、同時代のウィーン学派やスウェーデン学派の人々、あるいはハンス・ナウマンなどと較べると、その扱いはおざなりである[31]。これはドイツの民俗学が伝統的に、課題においても人脈においてもゲルマニスティクと重なるところに重心があり、それゆえ教会人による宗教民俗学は学界の主流とはやや異なった系統と見られてきたためである。しかし事情はどうであれ、そうした状況である以上、論評のためには先立ってその内容を紹介をしなければならない。以下において、ゲオルク・シュライバーの宗教民俗学の輪郭をなぞるのは、そのためである。

　先に『霊的風土としてのヨーロッパ』の書き出しの部分を紹介したが、ゲオルク・シュライバーは、他にもその研究分野に指針をあたえる論考を幾つも執筆している[32]。というより一分野の定礎者の特徴として、どの書き物にも指針を提示するかのごとき行論が大なり小なり混じっている。そのなかから、ここでは、比較的簡便にそれがまとめられている『ドイツ人の生活圏における民衆宗教性 ── 研究課題と資料問題』(1936年)[33]を主要に見てゆき、それに併せて『ドイツの農民信仰』[34]を用いようと思う。前者は、シュライバーがその学問分野の結集軸となることを企図して刊行した研究誌『フォルクとフォルクストゥーム』の第一号に掲載されたもので、綱領的な体裁をとっている。ちなみにこの研究誌は3号まで出たところでナチスによって刊行を禁じられたが、その経緯はシュライバーの戦後の論考「民俗学の過去と現在 ── 文筆の抵抗運動のために」(1947年)で触れられている[35]。また『ドイツの農民信仰』はその宗教民俗学の構想を特に民俗の担い手をテーマにして展開した点で重要である。さらにこの著作については、先に引用したように、戦後になってヘルマン・バウジンガーが主にそこでの立論や表現をとらえて、ナチズムに同調した民俗学との同質性を指摘したという経緯がある。またこれらの一連の方法論考の基本になっているのは、先に挙げた『ナショ

ナルな民俗学とインターナショナルな民俗学』(1930) であった。そこには宗教民俗学の形成当時の方法論的課題の他、ドイツ民俗学会との関わりやドイツ人の民俗をめぐる政治の分野の動向など現実の諸条件への言及が含まれている[36]。

これらをもとにゲオルク・シュライバーの民俗学について理解を得た後に、改めてヘルマン・バウジンガーの指摘の当否も含めて検討を加えてみたい。またそのさいには、シュライバーの政治の分野での活動にも多少なりとも注目しなければならない。というのは、ゲオルク・シュライバーの活動は政治の分野でも活発だったからである。国会議員となった直後から編集を始めた「ドイツの政治」と「ドイツ人と外国」の２つの叢書があり、特に後者は自ら執筆したものも含めて62集まで数えた[37]。その中央党の政治家としての活動は、もとは文化行政が中心で、聖職にある教会人として理念的・学問的な方面からの理論付けに健筆を揮っていたが[38]、社会的情勢が緊迫の度を増し、政治的な混迷が深まるなかで、発言は多岐にわたるようになった。特にナチスの政権掌握の前夜において、その言論は際立った。なかでも知られているのは1932年六月の『ブリューニングとヒットラーとシュライヒァー』[39]であるが、その他にも『ドイツ・フォルクストゥームと教会』[40]、『教会と軍縮』[41]、『大都市とフォルクストゥーム』[42]など中央党の政策にかかわる見解を、ヴァイマル共和国の最後の時期にゲオルク・シュライバーは矢継ぎ早に世に問うていった。そして並行して、宗教民俗学が本格的に構築に向かっていった。宗教民俗学は、当時の状況への学問的な関与でもあったのである。

b. ゲオルク・シュライバーの宗教民俗学の実際

『ドイツ人の生活圏における民衆宗教性研究課題と資料問題』は、自らが構想する民俗学の研究誌を創刊するにあたってゲオルク・シュライバーが、今後の方向を明示するために執筆した論考で、綱領的な性格をもっている。そこでは課題や問題点や重点項目が13項目にまとめられている。以下にそれを3分の1ほどに抜粋して、その輪郭を紹介する。

もっとも、ここで扱われる13種類の項目について言えば、それ自体は、確固たる分類原理に則ったものではない。もっと少なくても、さらに追加されてもよかったのであって、ラフな措定である。ゲオルク・シュライバーは、宗教民俗学と同時代の文化政策について無数と言ってもよいほどの個別テーマを手がけ、それらをその時々の機会を活用して発表していったが、それは方法論を標榜した論説でも例外ではなかったのである。それゆえ、ここでも最初の半数ほどは綱領的な書き物の項目として必要不可欠であるが、後半の半数は、その場所を活かして盛り込んだという性格にある。むしろここで注目すべきは、論述の実際である。その視点、考察の手法、歴史的事象や同時代の動向への姿勢などである。またそれは、どの箇所でも同じ構図を見せていると言ってもよい。さらに敷衍すれば、大部な著作、たとえば聖者崇敬の幾つかの個別研究や、巡礼史や、鉱山民俗や、葡萄栽培の文化史や、ドイツ語圏とイベリア半島の宗教民俗上の関係や、コンスタンツ公会議の宗教民俗への意義の解明などにおいても同様である。その点では、以下は、1930年代におけるドイツ・カトリック教会系の宗教民俗学の見本でもある。

[１] 民俗学の部分と核心としての宗教民俗学

　宗教民俗学は孤立した空間に立っているのではない。とは言え、特権的な位置を目指してはいない。学問における分離主義の動きをしているわけでない。宗教民俗学は、自己の部分的課題を自覚している。それは民俗研究の全体と極めて密接に結びついている。ある意味では、その心臓部でもある。

　民俗学（フォルクスクンデ）は、一方では宗教学と、他方では心理学と接している。習俗（Brauchtum）は、民衆心理が意味と形態を獲得したものに他ならないが、そこに走っているのは、敬愛、畏怖、超越的な守護者、神性、救済などとの結びつきの心情である。そこから、世俗の活動と信仰の奉仕、一般的な帰依と個別の利益希求、労働日と祭日、原始の慣習と教会信仰の感性といった二つの極を一体化する動きが生成する。棕櫚の祝別、巡回騎行、教会堂献堂、献堂記念祭、ヨハネの日の葡萄酒（Johannesminne）、ウルバン

の騎馬行列†1、十字架道†2、路傍十字架、これらはいずれもそうした二極の架け渡しである。

　キリスト教の歴史を貫流するこれらの混合は、ギリシア・ローマと教父神学のかかわりや、ゲルマン文化とキリスト教の激しい葛藤を想い起こせば不思議ではない。因みに、キリスト教は、決してメロヴィング朝のフランク王国において最終的な形態に行き着いたのではない。キリスト教は、いつの時代にもドイツ・フォルクストゥームの歴史を貫通し、そこに緊張と対立を惹き起こし、また適応と融和を実現してきた。

　そのさい常に問題になるのは、基準的な信仰形式に対する民衆信心の関係である。教会の基準は決して固定したものではなく、魅力を湛え、多彩な形態をもっていた。たしかに教会的信奉には恒常性があり静的な側面がありはしたが、それ自体も低く評価すべきではない。むしろそうであったればこそ、民衆信仰への強力な支柱となることができたのである。教会が規則を立て明晰と直線をもとめ、禁止や廃絶に踏み切ることがあったとしても、そこに抑圧と介入だけを見るのは一面的である。それと同時に、教会は民衆信仰の広大な空間を容認してきた。それは巡礼慣習やウルリッヒ十字架†3に注目するだけでも明らかであり、また万霊節の信奉において〈練獄にあって迷える魂のための泉〉といった民衆的な理解をも許容してきた。しかもそうした井泉に特権が認められることさえあったのである。

†1　5月25日に葡萄栽培にちなんでフランケン地方で行われる行事が有名
†2　イエススの受難の道行を模倣した道路
†3　10世紀のアウクスブルク司教ウルリッヒが霊視したとされる形状の十字架で、ドイツ人のあいだでは耕地の守護力があるとして人気がある。

[2] 宗教民俗学の資料問題

　宗教的な民俗慣習の資料をどのように考えるかについては従来ほとんど一般的な基準がなく、マックス・ルムプフの『宗教民俗学』(1933) *1のような

大きな著作でも、この分野で当然注目されてよい種類の多くの領域が見過ごされている。

　先ず教会の規範があり、それを知る資料としては、司教区会議録、聴罪指導書その他の聖職者用の教本と規則集、典礼儀式書、ミサ典書、教会儀礼の信者用便覧、規則通知パンフレットなどが挙げられる。また規範のなかでも民衆色の強いものとして、祈禱章句、教会歌謡、連禱、随意ミサ、贖宥がある。

　文字に書き記されされない民衆的な資料として、俚諺、天候規則[†2]、祭礼暦、聖遺物一覧（パーダーボルンのリボリウスの例祭のように[†3]、これが刺激源となって民衆祭礼が成立した場合もある）などがあり、それらの記録には、年代記や教区活動記録や説教記録がある。新聞記事も役立つことがある。民間行事や兄弟団や巡礼などの百年毎の大きな節目などの報道に接することができるからである。

　次に聖者伝説（Legende）がある。これらは、伝記的な性格の他、イエススの御受難、殉教、聖者遺骨の奉遷や移動などを、その類型性の問題も含めて検討する必要がある。さらにそれらを素材にした小説のような創作があり、さらに民話やメルヒェンなどの口承文芸がある。加えて、それを題材にしたゴシックやバロックのフレスコ画がある。それらの意義は、たとえば聖ニコラウスやスペイン系のヤコブ伝説（例えばローテンブルク・オプ・デア・タウバー）、シュヴァーベン地方や古バイエルン地方でのレーオンハルト礼拝堂を見ればよい。

　信心書の類、また祭壇画・彫像・献額などの工芸作品も源流となっている場合がある。例えばローヌ川沿いに分布するいわゆるヴルト礼拝堂（Vultkapelle）によってヴォルト・リント崇敬を知ることができ[†4]、またデルブリュックの奇跡の十字架などによって、民衆のあいだでの十字架に対する独特の信奉を知ることができる。事実、十字架に対する崇敬の種類（十字架道、生命の樹、イエススの五つの傷、聖血汁、イエススの肩傷、聖心など）を見てゆくだけでも、民衆信仰の展開を知る上で大きな意味がある。因みに、

十字架への帰依とのかかわりにおいてバロック時代に形成された概念に〈美しき魂〉があることを挙げておこう†5。

また種々の崇敬がカレンダーの上にどのように配置されているかにも注意しなければならない。

霊性の分布についての地理学や図像学、またそれに植物や自然物の知識を組み合わせてゆくことも必要である。それは特に、農民に限定せず、鉱山や水運における民衆信仰を射程におくときに役立つことになる。それはまた民衆信仰が職業との関係で展開する様子を知るときに意味をもつ。たとえば水運者は聖ニコラウス、鉱山者は聖女バルバラ、軍人は聖ミヒァエルや聖ゼバスティアンや聖ゲオルゲを信奉するといったぐあいである。

民衆信仰につながる源流のなかで、特殊な考察を要するのは、結衆のあり方（Genossenschaftswesen）である。宗教的、あるいは救難にかかわる集団、すなわち祈禱結社、兄弟団、葬送団体、巡礼組織、第三会†6などである。また修道会のなかの結衆のあり方は、各方面に大きな影響を及ぼした。それは会則をはじめ種々の規則があり、また典礼や多彩な勤行形態や行事がおこなわれてきたからであり、それらのなかにはアウグスチノ会やベネディクト会の慣習の構成素のように非常に古い歴史をもつ要素もある。これらについては、従来も研究が蓄積されてきたが、特にクリュニー修道院に関するトメックの研究が注目される*7。修道院の慣習は細かく枝分かれしており、しかも文献資料によって確認することができるが、それを用いる歴史民俗学（historische Volkskunde）は、歴史的確認の沃野である。

結衆の活動のリズムは、書き記された規則によって形成されるのではなく、民衆信仰という習俗に結実する。シュヴァーベンやバイエルンを訪ねると、多くの場所で祈禱組織に出会うが、例えばミンデルハイムの例を挙げると、その組織の人々は、午後に墓地礼拝堂と聖母礼拝堂、そしてイギリスの乙女たちの礼拝堂†8に詣でて、ロザリオを繰るのである。この帰依の場合は、聖職者が一緒のこともあれば、付かないこともあり、むしろロザリオが紐帯となっていると言ってもよいくらいである。最近の例をさらに挙げれば、世界

大戦中の死者を悼むさまざまな集まりや習俗が成立している。正に'populus chritianus'（キリスト教民衆）が存在するのであり、その信心行為は最広義で理解するのが正しい。すなわち公式のこともあればプライヴェートな場合もあり、教会の指導が顕著である場合もあれば、黙許の場合もある。しかもそうした'piae organisationes'（信仰の組織）を教会法は認めてきた＊⁹。またそうした緩やかな信心組織が、歴史的にも重要な役割を果たしてきた。たとえば17世紀にイエズス会が促進した帰依団体がそうであり、聖イグナシオにちなむ'pietas Ignatiana'、ザビエルにちなむ'devotio Xaveriana'、聖アロイシウス†¹⁰にちなむ'devotio Aloysiana'などで、それらは現在まで及んでいる。

　大切なのは、帰依の源流を生活の面から見てゆくことである。しかし民俗研究者のアンケート調査では肝心なものが逃げてしまうこともある＊¹¹。心の深奥の領域は、それに共鳴する観察によって始めて把握できる。論争や諧謔に走って開き盲となったニコライやブーハーの流儀では成功しないのである†¹²。

＊1　Max Rumpf, *Religiöse Volkskunde.* Stuttgart 1933.

†2　'Wetterregel'は気象に関する諺を指し、いわゆる〈生活の知恵〉(Lebensweisheit) の主要なものでもある。

†3　St. Liboriusは古代の殉教者で、聖遺骨蒐集がブームとなった時代の836年にその遺骨がフランスのル・マンからドイツのパーダーボルンに移された。

†4　ヴォルト・サント (Volto santo) はイタリアのルッカの大聖堂のキリスト像で、ドイツ地域で広まった特異な聖者であるキュマニスの原型になったと考えられている。

†5　'Schöne Seele'は18世紀始め頃から信心書 (Andachtsbuch) のキイ・ワードとして愛好され、それに着目したヴィーラントとゲーテによって文芸の世界に取り入れられた。

†6　修道会の俗人組織で、在俗フランシスコ第三会 (13世紀前半に成立) や在俗ドミニコ第三会 (15世紀始めに成立) など、多くの種類がある。

* 7　E. Tomek, *Studien zur Reform der deutschen Klöster im 11. Jahrhundert.* T. 1. (Studien und Mitteilungen aus dem kirchengeschichtlichen Seminar der theologischen Fakultät der Universität in Wien, Heft 4), Wien 1910. ;Georg Schreiber, *Mönchtum und Wallfahrt in ihren Beziehungen zur mittelalterlichen Einheitskultur.* In:Historisches Jahrbuch, 55(1935), S. 160ff.

† 8　聖女ウルズラと110人（あるいは1100人や11000人）の乙女のチャペルのことと思われる。

* 9　Joseph Braun, *Liturgisches Handlexikon.* Regensburg 1924(2. Aufl.), S. 52, S. 364f.

† 10　イエスス会士ゴンザガの聖アロイシウス（1568-1591）を指す。

* 11　Georg Schreiber, *Religiöse Volkskunde und Fragebogentechnik.* In: Mitteilunge des Deutschen Instituts für Volkskunde. Heft 1. Düsseldorf 1933, S. 1ff.

† 12　ニコライ、ブーハーは共に啓蒙主義の文筆家。ニコライ（1733-1811）は世相観察に重点をおいた多数の旅行記によって民俗学の先駆者ともされるが、啓蒙主義のジャーナリストの例に漏れず、宗教民俗に攻撃と嘲笑を浴びせた。参照、Georg Pfeilschifter, *Friedrich Nicolais Briefwechsel mit St. Blasien. Ein Beitrag zu seiner Beurteilung des Katholizismus auf Grund seiner süddeutschen Reise von 1781.* (Sitzungsberichte der Bayerischen Akademie der Wiss. Phil-hist. Abt. Jg. 1935, Heft 2)München 1935. ; またブーハー（1746-1817）はミュンヒェンの聖職者で、啓蒙主義者。参照、Anton von Buchers *sämmtliche Werke,* hrsg. von Joseph von Klessing. 6 Bde. München 1819ff.

［3］信奉のダイナミズム

　どの種類の信奉にもエネルギーの流動があり、成長を遂げ移動する。ほんの数例をとるだけでもそれは明らかである。サラゴサの聖ヴィンセンティウス[†1]への崇敬がオーダー川畔やサロナやコンスタンティノープルにまで広がったこと、聖ウィルゲフォルティス伝説[†2]がフランドル地方からライン河上流域やドナウ河畔にまで普及をみたこと、さらにスペインの国民的な守護聖人である聖ヤコブが中・南米にまで行き渡り、チリでは国家の聖者となっているといった顕著な事例を挙げるだけでも充分である。

聖者崇敬については、その隆盛だけでなく、衰微や交替の面からも見てゆく必要がある。その早い事例は聖ドニ（デニス）と聖ディオニュシウスで、トゥールの聖マルタンへの崇敬を圧倒したが、やがて聖マルタン崇敬が勢いを盛り返してフランク王国の最も有力な聖者になっていった。また9、10、11世紀には救世主としてのキリスト（Salvator）への信奉が高まり、他の教会堂守護聖に取って代わったり、共同の守護聖となって、その時代の特徴を形作っている。また聖ヴィンセンティウス・フェレリウス[†3]やシエナの聖ベルナルディヌス[†4]への崇敬は中世末期から近代初頭に限定される。

　聖アンナ崇敬と同じく、キュマニス崇敬をめぐる習俗も、17、18世紀にはドイツ地域では後退した。これはマリア崇敬に取って代わられたのである。しかし農民文化には保守的な面もあり、今日でもチロールには少なくとも70体のキュマニスの図象が残っており、その写し絵は夫婦の寝室に好んで懸けられる。

　聖者崇敬の種類が盛衰をたどるのと同じく、祝日・祭礼も変遷した。祭礼が'festa fori'（公式の祭礼）と'festa chori'（民衆の祭礼）に区分された。後者の場合はミサへの参列や使用人の労働を止めさせるといったことは規則にはなっていなかった。

　聖者崇敬の変遷のなかでも、特に大きな転換となったのは啓蒙主義で、前代のバロックの多くの種類がこの時期に衰微・消滅した。これだけによるものではないが、地方ごと、年ごとに、崇敬のあり方に特色がある。たとえば北ドイツにおいては、牢獄のキリスト、休息のキリスト、御母との別れ、イエススの肩傷への崇敬は今日ではほとんど認められない。また北ドイツでは、セバスティアン、ローフス、ドナトゥス、マグダレーナ、マルガレータ、アガータ、ドロテーアといったバロック時代に隆盛した聖者は衰退している。それらは、今日、各司教区で使用されている聖歌集・祈禱本を照合することによっても知ることができる。またかつては聖霊降臨節の後の日曜の呼称には、めぼしい聖者の名前が用いられていたが（ペテロとパウロ、ラウレンティウス、聖ミヒャエルなど）、その習慣も消滅した。南ドイツでも、ヴェンデリ

ン、フィトゥス、ウィルゲフォルティス、オディーリエへの崇敬は多くの場所で衰退している。さらに南バイエルンにおいて注目すべき現象として、幼児イエススの聖女テレジア（テレーズ）の図像が消え、代わってコンラート・フォン・パルツァムへの崇敬が急速に高まっている[†5]。

　こうした信心の分布・定着・流動は信奉地理として地図上に表示することができる[†6]。その横糸は、教会行政の単位としての司教区ならびに世俗的な行政区画（基本的には今日の国や州など）であり、縦糸は、血統（部族）や民族である。そして教区教会堂だけでなく、礼拝堂、祭壇、教会禄、兄弟団のレベルまで調査を重ねてゆく必要がある。また兄弟団について言えば、救世主としてのキリスト、聖三位一体、聖血汁といった特定の神秘的概念、あるいは特定の聖者崇敬を核にして成り立っている。そのさい守護聖が歴史的に変化する要素であることを見落としてはならない。それゆえ兄弟団の名称とともに、祭壇に注目することが必要である。祭壇は比較的変化が少なく、兄弟団の元の形態を伝えている可能性がある。

　信奉地理には祭礼暦や種々の奉賛儀礼がからんでいるが、それらはまた歴史的には法的な性格に裏付けられていた場合もある。たとえば洗礼者ヨハネを守護聖とする教会堂の場合は古い時代の特権と結合しており、聖ヨドクスは順礼者への救難教会堂としての資格であり、また近世になって登場した聖フランシスコ・ザビエルは大学付属教会堂（一例としてパーダーボルン）の意義と結びついている。

　また聖者崇敬の地域的な分布は布教の歴史から理解できる場合が少なくない。フランケン地方の聖キリアン、上部ライン地方の聖ピルミン、バイエルンの聖ルーペルトなどである。したがって布教地図は、霊性地図であり、それは同時に民間習俗地図の性格を併せもつ。ファースト・ネームの分布も多少は関連するが、際立った地域的差異は認められない。むしろ領邦の区分が、民衆信仰の地域的差異の形成に一定の影響をあたえたと言える。

　国民的な布教者である聖ボニファティウスにちなむ聖跡（今日では極めて少ないが）から、地方的な布教者（たとえばヴェストファーレンのミュンス

ター市周辺の聖ルートガー）などに至るまで、さらに弘布に携わった集団とのかかわりが大きな意味をもつものなど、種々の要素を地図上に明示することは歴史的・空間的に問題の配置を理解する上で図り知れない意義をもつ。

† 1 Vincentius, ヴァレンシアのヴィンセンティウスとも称される。サラゴサはその成長した土地とされる。古代ローマのディオクレィアヌス帝時代の殉教者と言われ、古くは既にアウグスティヌスがその崇敬を記録しているが、後に特にドイツ人のあいだで親しまれてきた。例祭日は 1 月 22 日。

† 2 ウィルゲフォルティスないしはキュマニスは、女性にしてキリストの姿という特異な民衆聖者で、1930 年代にはナチスに流れた民俗研究者たちが盛んに注目した。これに対抗する意味もあって、ゲオルク・シュライバーは随所でこの聖者を取り上げており、また共同研究者たちに学問的な探究を促した。cf. Gustav Schnürer und Josef M. Ritz, *Sankt Kümmernis und Volto santo.* 1934(Forschungen zur Volkskunde, Heft 13/15).

† 3 Vincentius Ferrerius 1350-1419、ドミニコ会士でヴァレンシアに生まれたとされ、説教家としてスペイン、フランス、北イタリアで活動した。

† 4 Bernardinus Senensis 1380-1444、フランシスコ会士、イタリアに生まれて活躍したルネサンス期における説教家の代表者。早くから民衆のあいだに親しまれ、多くの伝説に彩られている。

† 5 いずれも近・現代の聖者、Theresia ab Infante Jesu(1873-1897) はフランスのリジューの女子跣足修道会修練長、小テレジアの愛称がある。Konrad von Parzham(1818-1894) はドイツの巡礼地アルトエッティングの聖アンナ修道院の門番として生涯を終えたカプチン会助修士で、無欲で親しみの湧く人柄で慕われ、1934 年に列聖された。この列聖の時期も関係していたであろうが、ゲオルク・シュライバーはコンラートへの崇敬を現代の趨勢を計る上での指標として重視した。

† 6 信奉の地図上への表示はゲオルク・シュライバーが強く推進したもので、その実例としては、叢書「民俗学研究」の一冊としてカール・マイゼンがおこなったニコラスウス崇敬の研究に添付された詳細な地図がある。*cf. Karl Meisen,*

Nikolauskult und Nikolausbrauch im Abendlande. Eine kultgeographische volkskundliche Untersuchung. 1933. (Forschungen zur Volkskunde, Heft 9-12). なお宗教民俗を中心にした地図を整備するというのが、国家事業として『ドイツ民俗地図』が企画されたときのシュライバー案であった。これについては次を参照、cf. Georg Schreiber, *Nationale und internationale Volkskunde.* 1930. (Forschungen zur Volkskunde, Heft 4/5). S. 29-36: 'Aufgabe des Atlas'. この事業のためにゲオルク・シュライバーが立案したアンケート用紙は同書に付録として収録されている。cf. S. 171-188, 'Anhang 5:Fragebogen der Kommission für den Atlas der deutschen Volkskunde'.

［4］聖性

　聖所や聖物などをその生成と運動の脈絡において正しく位置づけて、それを土台にして推論を重ねてゆくことが重要である。それら聖性を帯びたものごと、またそれらを伝える媒介物はまことに多様で、それぞれの特質を理解しなければならない。

　たとえば聖遺物（聖者の遺体ならびに遺品）の移動変遷の経緯とその伝説、また近年聖遺物のミニアチュアは頓に敬愛をあつめているが、そうした品物をめぐる人々の心理などである。

　最近の大きな出来事を挙げれば、1934年にトリーアにおいて〈聖着衣〉[†1]が公開されたとき、参集した巡礼者は120万人に達した。これを歴史的ならびに現今の状況のなかで正しく位置づけることも、指標のひとつになるであろう。

　また特に注目すべきものに、霊験記（Mirakelbuch）がある[†2]。なぜなら、それは従来、歴史資料としてはまったく見過ごされてきたからである。実際には、宗教民俗の歴史的な実態を復元する上での最も基礎的で有力な資料となる可能性を秘めている。なおそれが軽視されてきたのは、その記述の強い様式性のためであるが、種々の霊験記を比較検討したり、その記述を統計化することによって、民衆信仰の実態に迫ることができる。時代的には、霊験への希求が高まるのは中世末期で、以後16、17世紀に高揚期があり、さらに

イエズス会による組織立った霊験の記録は18世紀に重心がある。したがってバロックの民衆信仰を如実に反映する記録資料であり、また信仰の歴史に消長した巡礼地の記録でもある。

　霊験への愛好が文芸化した作品類も、資料として注目してよい。たとえばバロック文化の一環でもあるイエズス会士による学校劇である。一例を挙げると、パーダーボルンでは、ギムナジウムの修辞学の教師たちが中心になって、フランシスコ・ザビエルの八日祭において、この聖者にまつわる奇跡を演劇にしたことがあった。ザビエルの遺体がゴアの墓所で数年間包まれていた絹布にまつわる話で、筋立てはまったく〈メロドラマ〉であった。その絹布はポルトガル王妃マリア・ソフィー・エリザベスによってパーダーボルンに贈られたのであるが、それをギリシア神話におけるイヤーソンの金羊毛皮の位置に置いてドラマに仕立てたのである[*3]。

　霊験が軍事的な効験と結びついて波動を形成したことも系統的に解明する必要がある。すなわちトルコ人やフランス人やスウェーデン人の侵攻はドイツ地域においては長く脅威の記憶として生き続け、それぞれに効能のある民衆信仰が成立した。中にはサラゴサの聖ヴィンセンティウスのようにメロヴィング朝時代に崇敬された聖者が近世に突如見直された例もある。

　願像（Gnadenbild）が霊的風土の形成に果たした役割も重要である。たとえば中部ライン地方のヴァルデュルンの聖血汁にまつわるキリスト像や、フランケン地方におけるフィアツェーンハイリゲンの十四聖人像などは、それらの地域の風土的特質を成り立たせる上で大きな意義があった。またそれを文献的に把握することも大切で、たとえば1598年にフランシスコ会士で神父あったアムブロシウス・ゲッツェルマンが刊行した聖血汁の奇跡を記したパンフレット[*4]のような文献を歴史的・地域的に位置づけてゆく作業がもとめられる。

---

†1　聖母のマタニティー・グッズなどで、1512年の最初の公開以来、基本的には7年に毎に公開され、今日も多数の巡礼者が訪れる。

†2　霊験記はゲオルク・シュライバーによって歴史的な文献資料として評価された。cf. Georg Schreiber(Hrsg.), *Deutsche Mirakelbücher zure Quellenkunde und Sinngebung.* 1938. (Forschungen zur Volkskunde, Heft 31/32).

＊3　A. Schüller, *Franz Xaverius in Volksglaube und Volksbrauch des Rheinlandes und Westfalens.* In:Zeitschrift für Vereins für rheinische und westfälische Volkskunde. 29(1932), S. 12ff. hier S. 16.

＊4　P. Ambrosius Götzelmann, *Speculum illustrium miraculorum SS. Eucharistiae, das ist Historischer Spiegel oder Bestimmung vieler gedenckwürdiger Miraculn……zu Mainz, anno 1598.*

［5］近代の民衆信仰

　キリスト教信仰と言えば、従来は中世を基本にして考える傾向がみられたが、実際には現今を含む近代における信仰の実態は大変ダイナミックである。それどころか、そうした変動の最中にあるという認識のもとに目下の状況を考えてみなくてはならない。その土台になるものとして第一番に挙げるべきものは近代初期(近世)の変動である。その時期には、例えば葡萄搾取のキリスト像のようなゴシックに遡るものが衰えずに受け継がれた面もあるが、全体としては新しい潮流が起きたと言ってよい。その動向は中世末期に始まり、バロックとロココを通じて展開した。顕著な出来事としては、地元にあるやや距離が隔たった霊地への巡礼がさかんになったことである。その他にも多種多様な宗教民俗が近代初期に生成した。

　近代における二番目の重要な出来事は啓蒙主義である。これによって教会をめぐる民俗慣習は大きな転換を経験した。なかには〈イエススの七度のお倒れ〉や〈イエススの肩傷〉への崇敬のように啓蒙主義に屈することなく力強く生き延びたものもあるが、総じて民衆信仰は極度に衰微した。それは民衆のあいだに行きわたった信心書を比較してみれば一目瞭然であって、バロックやロココの時代に較べると、聖者崇敬は著しく後退し、それまで崇敬されてきた聖者の多くが姿を消していった。その影響は19世紀前半を通じ

て持続する。しかしその間に新たな動向が始まっていた。たしかに、聖ドナトゥスの水[*1]やヒエロニモの聖フランシスコの水[*2]のような聖水の習俗は衰微した。リームブルクでも、伝統的に3月12日の聖グレゴリウスの日におこなわれていた泉の祝禱は1823年に途絶えてしまった。しかしロマン派の運動が高まり、また教会内で典礼運動が起きるとともに、新たな覚醒が進行した。それはまた知識人のレベルで言えば、ヘルダー、コーゼガルテン、ゲーテ、フリードリヒ・シュレーゲル、さらにフリードリヒ・ジルヒァーへとつながる潮流とも軌を一にしていた。19世紀後半は民衆信仰が啓蒙主義を克服して上昇に転じた時代であって、その動向は今も続いている。その端的な現れは巡礼慣習が再び盛んになったことである。さらに第一次世界大戦の後は、死者への追悼を軸とする信仰の種々の形態が浸透し、総じて典礼と民衆生活の結びつきは深まる傾向にある。

　個別的な崇敬においても、新たな動きが認められる。目ざましいのはイエススの心臓への帰依、すなわち聖心崇敬が18世紀から高まりをみせたことである。これはモチーフとしては中世に遡るが、その規模においては新しい種類の崇敬と言ってもよい。

　最近の大きな研究成果は何と言ってもアードルフ・フランツの『ドイツ中世のミサ』と『ドイツ中世の祝禱』で、主題となっている中世だけでなく、古代ギリシア・ローマとの関係、また近代の動向への目配りもなされている。

　それにもかかわらず、一般的には、近代の民衆信仰への注目は希薄である。主の御受難、受難劇、聖者崇敬、マリア崇敬の実態についても研究は立ち遅れている。近代のドイツにおいて特に高揚した崇敬の種類である聖三位一体（その高揚振りは、念持画像、巡礼地の例祭、兄弟団、修道院での立願慣習などの指標において知られる）についても、詳しい研究はなされていない。なおマリア崇敬についてはバイセルが研究を重ねているが[*3]、それは主に美術史と文化史の面からであり、宗教史的な側面は脆弱である。その結果、バイセルにおいては、巡礼慣習の展開における重要な構造変化であるキリストや聖者の墓所への巡礼から、墓所を伴わないマリア崇敬へという基本的な推移

が問題意識に上っていず、さらに近代のマリア崇敬がかなり高い割合で樹木信奉とからんだ形態を示していることにも注意が払われていない。

† 1　Donatus von Münstereifel を指す。ローマのカタコンベに葬られていた聖者とされるが、17世紀半ばに遺骨がイエズス会によってドイツのミュンスターアイフェルに請来されて始めて知られるようになった。イエズス会の熱心な弘布にドイツ語の Donner（雷）との語呂合わせが重なって、天候に効験のある聖者として農民のあいだに崇敬がひろまった。

† 2　Franciscus de Hieronymo(di Girolamo)1642-1716、イエズス会士、ナポリで生まれ、その地で民衆布教に挺身した。聖水は、特にバロック・ロココ時代のイエズス会において活用された。

† 3　イエズス会士、今日の聖母マリア研究のドイツでの開拓者のひとりで次の著作が重要、cf. Stephan Beissel, *Geschichte der Verehrung Marias in Deutschland während des Mittelalters.* Freiburg[Herder]1909. ; Derselbe, *Geschchte der Verehrung Marias im 16. und 17. Jahrhundet.* Freiburg[Herder]1910.; Derselbe, *Wallfarhten zu Unserer Lieben Frau in Legende und Geschichte.* Freiburg[Herder]1913.

［6］ヨーロッパ諸国

　ヨーロッパの各国、さらに一部ではヨーロッパの外の地域も含めて、民衆信仰においては、特定の国と結びついて成立したり興隆した脈絡が多彩に関係しあっている。決して一国の内部で完結するわけではなく、(フォルク)の意識のなかでは多地域・多国間の多彩な交流が生きつづけている。たとえばイギリスは、ドイツの(フォルク)によって崇敬されてきた多くの聖者の故土であった。聖エドムント、聖エドヴァルト、また聖オスヴァルトは吟遊詩人の文芸を通じてアルプス地方に広まり、その名残は今もトラウンシュタイン（オーバーバイエルン）の教区聖堂において認めることができる。また広い崇敬を集めている聖女ウルズラは、イギリスを後にしてローマとバーゼルを経てケルンに到来したのであった。さらに例を挙げれば、イギリス王リチャード

は、伝説の次元では聖ヴィリバルトと聖ウニバルトと聖ヴァルブルガの父親であり、それゆえドイツの都市アイヒシュテットはイギリスの申し子と言ってもよいくらいである。また史実として、聖ベケットの墓所への巡礼は、ドイツ人にとっても魅力のある帰依の形態であった。こうした民衆信仰の次元でのイギリスとの交流については、ルードルフ・カップの研究がある[*1]。

スペインもまたドイツの民衆信仰に大きな影響力があった。サラゴサの聖ヴィンセンティウスと巡礼地コンポステーラに眠る使徒ヤコブに始まり、聖ヨドクス、後世では聖ヴィンセンティウス・フェレリウス、イエズス会の聖イグナティウスと聖フランシスコ・ザビエル、また聖フランシスコ・ボルジア、聖女テレジアを挙げるだけでも、それは明らかである[*2]。ポルトガルについては、南ドイツ地域に崇敬が厚く分布する民衆色の強い聖者であるウィルゲフォルティス、すなわち聖女キュマニスはポルトガルの王女であったと伝説は語っている。

イタリアとなれば、主要な都市の守護聖者はいずれもヨーロッパの広い地域に影響をあたえてきた。フィレンツェ、シエナ、ミラノ、ナポリ、パドヴァ、パレルモなどである。ルッカの特異な十字架キリスト像〈ヴォルト・サント〉は、イギリスの征服王ウィリアムの帰依を受けた。またマントヴァに伝えられた聖血汁も数奇な運命を経てドイツの各地へ受け継がれていった。ローマはカタコンベに残された遺骨がドイツにも奉遷されて祭壇に納められたことに始まり、使徒ペテロの墓所に立つ教皇庁のサン・ピエトロ大聖堂は言わずもがな、ローマを起点としてヨーロッパ全域に広まった宗教的な波動は数え切れないほどである。

ヨーロッパ域外では、エジプトが特殊な位置を占めている[†3]。その他パレスティナはそれぞれの時代にキリスト教ヨーロッパ諸国と強い結びつきがあり、そこから持ち帰ったとされる植物や石や聖遺物などの霊的な品物はドイツの田舎の教会堂にも数多く伝えられている。さらに巡礼教会堂に多く設けられている橄欖山がエルサレム郊外の原型に倣っていることは言うまでもない。

＊1 Rudolf Kapp, *Heilige und Heiligenlegenden in England. Studien zum 16. und 17. Jahrhundert.* 1. Bd. Halle a. d. S. 1934)

＊2 Georg Schreiber, *Spanische Motive in der deutschen Volksrelligiösität.* In:Spanische Forschungen, Reihe 1, Bd. 5. Münster 1935. S. 1ff.

†3 ゲオルク・シュライバーが指示しているA. L. ファイトのカレンダーの研究によれば、中世以来18世紀に至るまでカレンダーには〈エジプトの日〉が表示されており、たいていは木曜がそれに比定されて、占いの日あるいは不幸が起きる日とされ、また近世以降は瀉血をおこなう日とされて、農民には便利であった。1880年代にフルダにおいてカレンダーからこれを消去したところ、農民が反発してボイコットをし、表示を残しているプロテスタント系のカレンダーを購入したという出来事があったという。cf. Andreas Ludwig Veit, *Antik-Sakrales Brauchtum im merowingischen Gallien.* In:Volk und Volkstum, Bd. 1, S. 121-137, bes. S. 136/137.

[7] ドイツ的な色合いと土の力

　多種多様な信仰のモチーフがドイツの外部からもたらされたが、それらはまたドイツ的な色合いと音調を帯びている。大天使ミヒャエルへの崇敬がイタリアのモンテ・ガルガーノとローマのサンタンジェロ城、そしてフランスのモン・サン・ミシェルを引き継いでいることは言うまでもないが、事実として聖ミヒャエルはドイツ人のあいだで国民的な聖者となった。それは古くはレッヒフェルトの戦い（955年）にまで遡る。

　イタリアもまたドイツの民衆信仰の源流であった。特にパドヴァの聖アントニウスはドイツにおいても特別の崇敬を集めた。それが高まりをみせたのはサラセン人との戦いにおいてであり、とりわけオスマン・トルコとの長期の抗争において、バーデン公ルートヴィヒやサヴォイのオイゲーン公が率いた戦闘において顕著な効験があったことも手伝って、村落の次元にまで崇敬が定着している。上部オーストリアやザルツブルク地域では今日にいたるまで、火災やペストや魔法を防止するための聖アントニウスの祝禱が行われて

いる*¹。それはしばしば三聖王の祝禱とも結びついている。この三人のマギにちなんでドイツ地域では、星の歌や星の旋回などの独特の習俗が成り立っている。それはまた十二燻夜やペルヒテ巡回とも重なり、さらに三聖王の水や三聖王のクッキーなどの習俗も派生させている*²。もちろん三聖王の崇敬自体も根強く、1935年にも、ケルン大聖堂の三聖王の柩には、ライン地方やザールラントからの順礼者だけでなく、オランダに近いリームブルクからも鉱山労働者が参詣した。

　隠棲者聖アントニウスも民衆色の強い聖者として親しまれてきた。多彩な効験のひとつとして特に丹毒から豚をまもる効能が知られ、中世末期以来、悪魔と豚はこの聖者のイコノグラフィーの面での標識となっているが、事実、ミュンヒェンでは19世紀始めまで豚を用いた習俗が行なわれていた。

　聖者崇敬は特にドイツの各地方で独特の色合いを発展させた。聖女ヘレナがモーゼル川流域では諸聖人の連禱に取り入れられ、聖ヴェンデリンは特にトリーアでの崇敬が著しい。これらはいずれも郷土感情の涵養に役立っている。それはまた聖血汁がヴァルデュルン、ヴルツバッハ、シュタームス、ヴァインガルテンの諸地方にどれほど溶け込んでいるかをみるだけでも明らかである。キリストの聖性のさまざまなタイトルも、地方色を作りだしている。マリーア・ドルフェン（オーバーベイルン）やマリーア・シュタインバッハ（シュヴァーベン）の肩傷のキリスト像がそうであり、さらに折檻柱の彫像で知られるヴィースのキリスト（シュタインガーデン）は近代にはいってからの成立である。またマリア崇敬がその多岐にわたる展開によってその趨勢を一層促進した。一例を挙げると、穀穂文様の衣裳をまとった乙女のマリアは、原点であるミラノを除けば、ドイツ人のアルプス地域の特色となっている。この動向は、また中世の遠隔順礼が衰微したのち、近世になって地方ごとの巡礼網が緊密化していったこととも関係している。

　職業と民衆信仰の結びつきにも注目しなければならない。職業の守護聖の場合は、ヨーロッパのカトリック教会圏で共通であることが多いが、同時に国によって、また地方によって特色のある展開を遂げている。

民衆信仰の分布を理解する場合、それぞれの時代に生起した布教活動に注目する必要がある。すると崇敬の種類によっては、特定の都市が波動の中心点になっている場合が少なくないことが分かってくる。古いところでは、ウルリッヒ十字架はアウクスブルクであり、三聖王はケルンの大聖堂である。また聖ウィルゲフォルティスはマインツの大聖堂であり、聖フラシスコ・ザビエルと聖イグナシウス・デ・ロヨラはミュンヒェンのザンクト・ミヒァエル教会堂であり、ロレートの幼子はザルツブルクの大聖堂である。

　個別の崇敬を調査すると、ヨーロッパ共通か各国別かといった区分では片付けられないような事例も少なくない。たとえばアーロイス・トーマスの最近の研究で判明したことだが、刑死者像から派生したものとしての葡萄搾取者のキリスト像は、ドイツとフランスにおいてしか確認されないのである[*3]。

＊1　'Antonius von Padua', bei Lexikon für Theologie und Kirche, hrsg. v. M. Buchberger, Bd. 1. Sp. 519.; Beda Kleinschmidt, *Antonius von Padua in leben und Kunst, Kult und Volkstum.* 1931. (Forschungen zur Volkskunde, hrsg. v. G. Schreiber, Heft 6-8).

＊2　Rudolf Hindringer, 'drei Könige' bei Lexikon für Theologie und Kirche, hrsg. v. M. Buchberger, Bd. 3, Sp. 453f.; A. Stonnner, *Die deutsche Volksseele im christlichen-deutschen Volksbrauch.* München 1935. S. 187f.

＊3　Alois Thomas, *Die Darstellung Christi in der Kelter. Eine theologische und kulturhistorische Studie. Zu-gleich ein Beitrag zur Geschichte und Volkskunde des Weinbaus.* Forschungen zur Volkskunde. H. 20/21 1936.

[8] 霊性の世俗性への転換と涜聖

　教会をめぐる文化の一要素としての世俗化（涜聖）を様々な角度から取り上げ、それを文化史と民衆信仰史に位置づけることが必要である。願像のなかには涜聖の伝承を伴うものが数多く知られている。巡礼地マリーア・ブーヘンの願像にはユダヤ人による聖餅冒涜の伝説がまつわり、ヴァーレンドル

フの願像は盗人の害に遭った伝承を伴っている。さらにディールシュタインのベネディクト会尼僧院の教会堂の場合は、そこで殺人が起きたとされている。すなわちシルリンゲンの騎士が、追跡してきリームブルクの人々によって教会堂のなかで殺され、その罪を償うために、リームブルクの市民は毎年の精霊降臨節にディールシュタインへ巡礼をおこなって、蠟燭を奉納するとの立願をおこなったと言うのである*1。

洗礼水や聖油を盗み出して民間療法に用いるという逸脱を、教会会議は繰り返し咎めてきた。アードルフ・フランツは中世のミサの研究なかで、ミサの構成素が冒涜される事例を幾つも挙げている。ミサの叙唱を茶化したり、ミサの司式者のおどけた物真似や、ミサそのものを道化調でおこなったりというもので、早く中世盛期のパリでは、ミサの行列を面白可笑しく再現するイヴェントが、無垢の児童の日におこなわれていた*2。さらに興味深いのは、12月28日のにベツレヘムでの嬰児殺害の日に尼僧院で行われる娯楽で、その日には最も年の若い尼僧が1日だけ院長をつとめるという行事が今日も行われている場合がある。

舞踏や輪舞も、種々の教会会議によって繰り返し咎められてきた歴史をもっている。他方、復活祭劇が本来信仰の儀式でありながら、世俗的要素が増大していったことについては、従来も研究がなされてきた。

また古い時代に教会堂がアジールの性格をもっていたという側面からも、涜聖が検討されて然るべきである。ラーン谷地方の郷土史研究によれば、1114年にナッサウの伯ウルリッヒ・フォン・イードシュタインの配下の者たちが、農民たちの激怒を買って、リームブルクのザンクト・ゲオルゲン教会堂のなかで殺害された。この償いが終わるまで、教会堂の正面玄関は閉鎖されたという*3。

教会が汚された場合の聖性の回復（Rekonziliation）について言えば、かつてはその方法は今日よりもはるかに多様であった。教皇インノケンティウス3世は、サンチャゴ・デ・コンポステラの大司教ペドロ・ムニツに、葡萄酒と聖水と灰によって大聖堂を清めることを許した。結果は、順礼者たちのあ

いだでの殴り合いの喧嘩であった。今日でも巡礼地では寝ないで夜を明かす風習がみられるが、その場合は、どの国からの順礼者が聖ヤコブの墓所で不寝番をするかという、国別の対抗心を刺激してしまったのである。これは中世盛期においてもすでに国民性が衝突することがあった事例でもある[*4]。

これら教会的聖性に対する多種多様な世俗化(涜聖)は、教会文化をめぐって展開した民衆心意の振幅を教えている。

* 1 Katharina Schweitzer, *Geschichte und Beschreibung des Lahnthals*. Wiesbaden 1855, S. 233.
* 2 Fritz Bünger, *Geschichte der Neujahrsfeier in der Kirche*. Göttingen 1911, S. 90ff.
* 3 Katharina Schweitzer, a. a. O. S. 185.
* 4 Konrad Häbler, *Das Wallfahrtsbuch der Deutschen nach Santiago de Compostela*. Straßburg 1899, S. 14. ; 聖所での参詣者の不寝番については cf. Andreas Ludwig Veit, Antik-Sakrales Brauchtum im merowin-gischen Gallien. In:Volk und Volkstum. Bd. 1. S. 121-137, bes. 125-130.

[9] 教区司祭職と司祭館

教区司祭職と司祭館は、司祭の存在と共に、民衆信仰と民間習俗に重要な役割を果たしてきた。ただしそれらに関する包括的な研究はまだなされていない。司祭は毎回ミサを司るが、信徒すなわち教区民の側から見た場合に殊のほか節目と意識されるものに堅信礼がある。それは特定の司祭が信仰親となることを意味している。司祭から信心書がプレゼントされる他、司祭館において人々は礼服に着替えたりするので、司祭との接触が緊密になり、堅信礼の記憶は一生消えないのである。また以前はいわゆる〈肩帯料〉があったが[†1]、今日は衰微したり、消滅したりしている。しかし結婚式の司式の謝礼として司祭にハンカチを贈る風習のなかに古形を残している。また司祭が臨終の信徒にスープを与えるという風習を伝えている地方もある。ともあれ人生の節目における教区司祭の役割は人々に強い印象を与えてきた。しかもそ

れは法的な意味を伴っていることが少なくなかった。このため教区司祭が始めておこなうミサは特別の重みをもって受け止められてきた。また司祭が長年努めて司祭職の銀寿や金寿を迎えるときにも人々は贈り物をして祝ってきた。

　こうした事情が背景になって、司祭の失敗や不徳も民間伝承の一部となった。司祭がミサにおける聖餅の教義に迷いをもったエピソードなどが言い伝えられ、またそれは司祭館の怪異現象の伝承につながっていった。聖体制定の逡巡だけでなく、民衆が歓迎する天候規則に沿った祝禱を拒否したり怠ったりしたために、司祭が死後もさまよい、司祭館の床にはその幽霊の足跡がついているといった種類である。ちなみに大聖堂にまつわる言い伝えは比較的注目されているが、それぞれの地方の司祭館や牧師館の伝承は、それ以上に民衆の心意を映しているところがあり、今後の収集が望まれる。ちなみにプロテスタント教会の分野で、オルデンブルクの牧師シュトラッカーヤーンにまつわる伝承が収集されたのがモデルとなるであろう*2。また司祭には、民衆笑話のなかで笑いの対象にされるという面もあり、そこにも様式化をみることができる。

　教区司祭の存在は、要するに教区の重みと重なっている。それは教区聖堂も同様である。注目すべきは、教区聖堂（教会堂）と礼拝堂（チャペル）との関係である。巡礼地の起源伝説は、しばしば教区聖堂と礼拝堂との葛藤を伝えている。礼拝堂は、自由で躍動的で、民衆信心にたいして開放的である。これは逆に言うと、教区が厳格な制度であったこと、またそれゆえキリスト教会の組織的な骨格であったことを示している。教区聖堂や教区司祭にたいする民衆の多様な反応は、そうした法的なものにたいする姿勢でもあったのである。

† 1　Stolgebühren、堅信礼や特別のミサのさいに司祭に渡す謝礼のことで、聖職者の地位や資格を表す祭服の頸垂帯 stola に因む。

* 2　*Aberglauben und Sagen aus dem Herzogtum Oldenburg.* Hrsg. von K. Willoh. 2 Bde.

Oldenburg 1908, Bd. 1, S. 307ff.

[10] 修道会の慣習

　民間習俗の起源をたどってゆくと、修道院の存在が大きいことが分かってくる。修道院は、それ自体が独自の慣習の場であるだけでなく、ヨーロッパに広く張り渡された支院の網の目や修道士の広範囲の活動によって宗教民俗の形成を促した。初期の修道院は囲壁によって外界から隔てられた空間であったが、そこには年間を通じて祭礼暦がとりおこなわれ、また一日の経過も種々の勤行に彩られていた。行列行事ひとつをとっても、それは修道院のなかで基本的な形態が整えられていった面がある。また葬送儀礼の各項目については、修道院が秩序だった形態を発展させた。死者の鐘を打つことや、ミサの式次第、死後の30日間の服喪、墓碑などである。この分野では、特にザンクト・ガレンとライヒェナウの2か所の大修道院の影響が大きかった。修道士団やそのなかでの結衆の形態は、世俗者の集団形成のモデルにもなっていった。世俗者による兄弟団を挙げるだけでも、それは理解できよう。

　信仰の個別的な現象においても、〈天上への梯子〉は大変愛好されている図像であるが、もとはベネディクト会において、その創始者ヌルシアの聖ベネディクトが昇天する様を絵画にしたものであった。

　フランシスコ会を起点にした習俗も多彩である。十字架、クリッペ[†1]、また鳥や動物への親近、これらは聖フランシスコの事蹟に遡ることが多い。さらにパドヴァの聖アントニウスが民衆に親しい聖者となったことによって多くの民間習俗が成立した。またカプチン会[†2]は宗教改革後の民衆布教に多大の役割を果たし、その過程で多種多様なの民間習俗の成立を促し、多くの民衆説教家を輩出させた。なお民衆説教においてその後の源流となったのは、17世紀に現れた巨大な存在であるサンクタ・クラーラのアーブラハムで[†3]、その旺盛な説教と文筆は、民衆的卑俗と諧謔にあふれている。

　イエスス会もまた多彩な習俗の源流になった。特に聖フランシスコ・ザビエルが広東の沖の上川島で亡くなる様子を描いた臨終の図柄はドイツの民俗

に今日にいたるまで影響を及ぼしている。南ドイツの幹線道路に沿った教会堂や民家のなかには、その図柄を壁面に描いている事例を見ることができる。元は17、18世紀にドイツのイエズス会士たちが臨終のさいにザビエルの絵姿を手にしたのが、やがて民間にも広まったのである。

慣行や習俗の形成における修道会各派の影響を系統立って解明する作業は今後の課題と言ってよい。なお民間の団体形成の場合は特にバロック期が大きな意味をもっている。ただし現実にその時期の活動をになった修道士たちの意識について言えば、中世以来の伝統に再び活力を与えるとの理解が強かった。その代表的な人物としては、インゴルシュタットの神学者ヤーコプ・グレーツァー†4とその後継者たちを挙げることができる。

† 1 　イエススの誕生の場面の組人形
† 2 　フランシスコ会の独立的分派。
† 3 　Abraham a Sancta Clara, 1644-1709, アウグスチノ会士で、ウィーンで活躍し、多数の説教、小説、戯曲を執筆した。
† 4 　Jakob Gretser 1562-1625, イエズス会士、神学者、また戯曲も手がけた。

[11] キリスト教の2つの会派（カトリック教会とプロテスタント教会）

民衆信仰のレベルに注目すると、キリスト教の両会派も公式的な区分とは異なった様相を呈することがある。カトリック教会、プロテスタント教会とも、絶えず教義の引き締めをおこなってきたが、末端ではしばしば混乱や融合が起きた。民衆信仰とはそういうものでもある。特にプロテスタント教会の教区民が聖者崇敬やマリア崇敬や巡礼慣習を維持している例が多数に上る。メクレンブルクでは、葡萄栽培にちなんで、聖ウルバンの日である5月25日が祝日となってきた*1。またプロテスタント教会圏においても、カトリック教会のアヴェ・マリアの鐘が鳴らされる場合が今世紀になっても認められたが、これは時の鐘の意味をもって継続していたのである。

民衆信仰のモチーフのひとつは具体的な病治しであるが、その面では種々

の聖水の慣習がプロテスタント教会の民衆のあいだでもおこなわれてきた。シュヴァーベン・アルプスのプロテスタント教会の信徒は、今も、〈聖霊降臨節の洗礼〉(Pfingsttauf) や〈復活節の洗礼〉(Ostertauf) と称して、カトリック信徒と同じように聖霊降臨節の聖水や復活節の聖水を畑に撒く。1730年におこなわれたトリーアの教区巡察のさいには、ハダマル地区に対して12フーダー（1フーダーは1キロリットル弱）のザビエルの聖水を用意したところ、プロテスタント教会の人々も争ってその水を求めたと言う[*2]。また南ドイツでは、家畜の病気のときには、どちらの宗派の聖職者に来てもらってもよいという状況が報告されている。プロテスタント教会の人々が、本来カトリック教会の慣習である巡礼をおこなうという事例も散見される。シュヴァーベン・ハルのムルハルトの村民が、灰の金曜に隠棲者ヴァルデリッヒにちなむヴァルデリッヒ礼拝堂に詣でる習慣はそのひとつである。またバイエルンのレーオンハルト崇敬がプファルツのプロテスタント教会民に受容されていることを、アルベルト・ベッカーが指摘している。さらに、世界大戦に出征する兵士たちが、宗派に関係なく移動の途中にあるクリストフォルスの像に願いごとをしたのは、最近のできごとであった。同じく、戦場に赴くプロテスタント信徒のなかには、カトリック信徒と同じくロザリオを携える者が少なくなかった。

　聖者崇敬のなかで特筆すべきは、聖フランシスコ・ザビエルのドイツでの高まりであり、近代の一時期、宗派にかかわりなく広まりをみせた。またプロテスタント系の説教のなかに、カトリック教会の聖者崇敬の余波がみとめられることがある。代表的な事例として、イエズス会の聖者であるフランシスコ・ザビエルの像がカルヴァン派の牧師館に立てられた例があること、また説教の教本にも〈プロテスタントの真正の説教師〉という解説がついている場合があったことを、同時代のザビエル信奉者が伝えている[*3]。

　一方で、プロテスタント系に転換した教会堂では本来存在した柱や壁面のマリア像や聖者が漆喰で塗りこめられるといった動きあったが、他方では多様な交流が民衆信仰の次元では起きていたのである。

*1　Alois Thomas, *Die Darstellung Christi in der Kelter.* 1936.

*2　A. Schüller, *Franz Xaverius in Volksglaube und Volksbrauch des Rheinlandes und Westfalens.* In: Zeitschrift für Vereins für rheinische und westfälische Volkskunde. 29(1932), S. 12ff. hier S. 27.

*3　Anton Crammer, *Der heilige Franciscus Xaverius Indianer und Japoneser Apostel, nach seinem Tode sonderheitlich in der Hauptstadt München glorwürdigst verherrlichet, nun zu größerer Gottes, und seiner Ehre in ein helleres Licht gestellt. Gedruckt bey Franz Joseph Thuille. 1780.* S. 38.

[12] 聖者の組み合わせ

　聖者崇敬のあり方のひとつとして、聖者を2人、ときには3人と組み合わせる傾向がある。元は6月26日をヨハネとパウロの日とすることについて「ローマ・ミサ典書」が〈同じ信仰と同じ殉教は真の兄弟を作る〉と謳っているのに由来するが、民間において聖者の組み合わせは多彩な展開を遂げた。伝染病をはじめとする疾病からの防衛には聖ゼバスチアンと聖ローフスを、あるいは聖ゼバスチアンと聖ファビアン、あるいは聖ゼバスチアンと聖女ロザーリアも組み合わせられた。またスペインにおける際立った聖者崇敬である聖ラウレンティウスとサラゴサの聖ヴィンセンティウスの組み合わせは、ドイツでも民衆のあいだに浸透している。それは19世紀末に採集され今日も耳にすることがある天候規則に〈偉大な寒気のヴィンセンティウス、偉大な暑気のラウレンティウス〉という表現があることによっても知られるよう。ちなみにスペインの民衆のあいだでは、両聖人は兄弟あるいは叔父と甥の間柄と受けとめられている（1605年にマラガで刊行されたフランシスコ・デ・パディリァの「スペイン教会史」にその記述がある）*1。イタリアではアシジの聖フランシスコとパドヴァの聖アントニウスのペア（いわゆる〈天使的兄弟〉）がある。イエズス会を中心に崇敬された聖イグナティウスと聖ザビエルのペアもその伝統に沿っている。こうしたそれぞれの国を代表するペアの

他に、地方的なものや短期的に人気を集めたものもある。聖スタニスラウス・コストカ[†2]と聖女バルバラのペアは、前者を輩出させたイエズス会の関与によって形成されたと思われるが、古くからの臨終の保護者に、新しい聖者を組合わせたもので、18世紀から19世紀初頭にかけてその帰依を勧める祈禱パンフレットが広まった。こうした組み合わせによる聖者崇敬は村の小さな教会堂の祭壇画まで普及していることから、それらを丹念に調査することによって民衆信仰の展開の過程を解明することができる。

3人の聖者の組み合わせでは、大司祭（Erzdiakone）を列挙した聖ヴィンセンティウス、聖ラウレンティウス、聖ステファヌスがあり、また聖祖母アンナを中心にした聖家族がある。中世以来兄弟団や結衆の発展と共に霊的な次元での紐帯がもとめられたのである。それはさらに連禱が公的な性格をもつ数種類の他にも、しばしば新たに作られるという動きにつながっていた。

* 1　Franciscus de Padilla, *Historia ecclesiastica de España.* 2 t. Malaga 1605, t. 1, p. 114. 'San Vincente Martir Español sobrino de S. Lorenzo.'.
† 2　スタニスラウス・コストカ（Stanislaus Kostka）はポーランド人で、1550に生まれたイエズス会士、1670年列福、1726年列聖

[13] 在外ドイツ人

在外ドイツ人問題は今日の大きなテーマであるが、それを考える上で、民俗は重要な意味をもつ。そのひとつとして、民衆信仰は、移住の歴史を反映している場合がある。特に古くからの移住地域（南東ヨーロッパなど）と元の故郷との関係が注目に値する。たとえばバナート[†1]のドイツ人地域では、聖レーオンハルト崇敬が欠如し、聖ヴェンデリンへの信奉は顕著であるという特異な現象が認められる。民衆歌謡や教会歌謡も、在外者の場合は相互の紐帯の意味を強く帯びていることがある[*2]。

またドイツ人の団体の作り方、とりわけ信仰上の独特の紐帯が在外イツ人のあいだに認められる場合がある。兄弟団や求難施設（病院など）や墓地、

その他の習俗である。歴史的な性格のものでは、ドイツ騎士団は常に往時の文化的中心であるイタリアのパドヴァ、アッシジ、ロレート、ローマなどの諸都市と連絡を保ちつつ活動を展開したが、その名残は今日もドイツ人の居住地域の周縁地域において認められる。すなわち国境地帯の文化風土における民衆信仰のあり方であるが、それらは理解すべき事実であると共に、難問を突きつけてもいる。その中で特にズデーテン地方に関しては、アウグスト・ザウアー、グスタフ・ユングバウアー、ブルーノ・シール、ヴァルター・クーン、オイゲーン・レームベルクが活発に関心を寄せている。なおこうした文化国境の研究では、最近、ヨーゼフ・クラウスがアルザス地方の聖者崇敬に関するモノグラフィーが著したが、そこでは資料を充分に活用することにずっと力点が置かれている[*3]。それによれば、アルザスは、ガリア・クリスティアニアの信仰の特色を濃厚に宿しているが、また非常に古い層に属するアイルンド・スコットランド系の布教の名残もあり、さらにバルセロナの聖ククフアテへの崇敬が伝承されている他、独自の霊場としてオディーリエンベルクを擁しているなど、信仰文化の上で独特の様相を呈している。

しかしフォルク・ドイツの領域においては、生存（Leben）の観点からの学問への方向がとみに強まっている。この方向において、アードルフ・ヒットラーがフォルクストゥームを声高に顕称しているのが、やはり堅固な出発点で、そうした近年の新しい刺激も手伝ってフォルクストゥームの意識の強まりがどれほど一般化してきたかを学問的にあきらかにする上での有力な土台となっており、フォルクストゥームの学問的な研究を促進する喜ばしい事象である[*4]。

---

† 1　現在のルーマニアにあったドイツ人の入植地

* 2　K. G. Fellerer, *Das deutsche Kirchenlied im Ausland*. Münster 1935(Deutschtum und Ausland, H. 59/60).

* 3　Josepf M. G. Clauß, *Die Heiligen des Elsaß in ihrem Leben, ihrer Verehrung und ihrer Darstellung in der Kunst*. 1935. (Forschungen zur Volkskunde, H. 18/19)

* 4　Georg Schreiber, *Ethos und Kultur des Auslanddeutschtums.* In:Zeitschrift für den Katholischen Religionsunterricht an höhen Lehranstalten. 12(1935), S. 106ff.

4．評価

　以上のように、ゲオルク・シュライバーの宗教民俗学をその実際に就いて瞥見した。また背景の事情ついても、先に幾らか見ておいた。その上で、この小論のきっかけとしたヘルマン・バウジンガーの批判を突き合わせると、事態はどのように理解できるであろうか。批判を補強するような材料も、もとより少なくない。しかし双手を挙げて批判に与するわけにも参らぬような要素も見え隠れする。事は単純ではなく、相当の機微をはらんでいる。そこで、これまでの材料をもとにして、そこから読み取れる限りで、輪郭を描いてみる。要点は、互いに関連しあう3つの項目である。
　第一は、宗教民俗学が、すぐれて現実的な要請を背後にもって形成されたことである。この点はについては、1920年代末から30年代にはじめの教会行政者の問題意識に注意を払ったが、そこでは民衆信仰（Volksfrömmigkeit）への強度の関心が動いていた。それは、現代社会の進展につれて、それに照応する司牧形態が求められるという長期的な観点だけではなかった。むしろ、緊急の課題という趣を見せていた。またそこでの問題意識は、工業化や民主主義や自由主義という大きな趨勢への対応という方向よりは、民間で伝統となってきた前代からの宗教習俗を把握しようとの意図が表立っていた。この小論は、教会と他の勢力との社会的な関係にまでは進まないが（それは民俗研究の枠外に出てしまうことになろうから）、そうした事態を見ると、そこに民衆を基盤にした現実的な幾つかの動向への強い危惧がはたらいていたと考えるのは、むしろ自然であろう。すなわち、社会主義や社会民主主義や国家社会主義（ナチズム）である。ゲオルク・シュライバーがその総選挙に向けたパンフレットにおいて、ヒトラーへの警戒心を説きながらも、そこに的を

絞れ切れなかったのは、ソ連社会主義への強い危惧が同時にはたらいたからであった。二つの社会主義に挟撃されるという危機認識であるが、それもまた故無いことではなかった。カール・マルクスの『共産党宣言』におけるスローガン〈宗教は阿片である〉の大垂れ幕がモスクワの官庁街にかかっている様子が、写真報道によって一般的に知られていた時代であった。またロシア革命の一環として始まったキリスト教会への弾圧も、東ヨーロッパ諸国の社会主義圏へ囲い込みが進められた第二次世界大戦後まで続いたのである。大局的に見れば、ソ連社会主義や国家社会主義（ナチズム）── 両者を同列におくことはできまいが ── といった民衆を基盤とした強権的な政治システムが有力であった時代に、キリスト教会にとっても民衆を吸引できるかどうかが課題だったのである。1930年前後からの宗教民俗学の本格的な形成には、その時代の特異な政治的・社会的状況が大きく関わっていたと言ってよいであろう。

　第二は、ゲオルク・シュライバーの宗教民俗学とナチズムとの重なりである。ヘルマン・バウジンガーは、ナチズムの構成要素のひとつであるフォルクストゥーム・イデオロギーを宗教民俗学が共有していたことを指摘した。もっとも、そこではアルブレヒト・ヨープスト（ハンブルクのミヒァエリス教会堂の牧師）が併せて挙げられているように、それはプロテスタント教会に立つ民俗研究も例外ではなかった。なお言い添えれば、このバウジンガーの指摘は、タブーを破るような意義をもっていた。それだけに、一旦突破されると、それを支持するような材料はいくらも見つかるのであった。シュライバーの方法論考『ドイツ人の生活圏における民衆宗教性』の最後におかれた「在外ドイツ人」の項目が、アードルフ・ヒトラーを頼もしい存在と見るような言辞で締めくくられているのは、その見易い実例である。ここでは詳しくは取り上げなかったが、ヨープストもまたその著作のなかで、〈ナチス革命〉を〈フォルクストゥーム〉への寄与の故に評価するのに躊躇しなかった。

　しかし、そうであるからとて、当時の教会人がナチズムに易々と重なっていったかとなると、問題は別である。もっとも、それには、ものごとを丁寧

に調べることが必要になる。たとえば、キイワードの〈フォルクストゥーム〉である。それはナチスがその拠って立つところを指すものとして好んで用いた表現であった。同時に、カトリック教会系の宗教民俗学もプロテスタント教会系の宗教民俗学もそれによって根底的なものを望見した。宗教民俗学に限らず、民俗学の主流であるゲルマニスティク系においてもそうであった。さらにそれは時代の流行語であった。となると、それらに共通したものがあることは、疑えない。しかしまったく同じ内容が指し示されていたかとなると、そこには多少の留保が必要であろう。端的に言えば、その内容は微妙に違っていたと見るのが実相であったであろう。その微妙な差異がつくる僅かな隙間から、社会と思潮の構図、ひいては歴史のダイナミズムが観察できるのではなかろうか。もとより、そこを注視せず、細部を捨象して語の共通のゆえに諸勢力・諸潮流をひとしみなみにみなすことも、それはそれで意義なしとはしない。過去に対して批判の大鉈を振るうのがそれである。ヘルマン・バウジンガーの批判にも、そういう節がないではない。事実、さまざまな勢力や組織や潮流が、それぞれに異なった背景を負いながら、世の流行に合わせたのは自己放棄であり、その結果したマイナスは重大であった。独自の内容は、他にはない独自の表現によらなくてはならない。それゆえ、同じ術語が使用された影には、最後の妥協によって不発となった独自性の横死体が延びている。目下の事態は、そのような視点から観察してもよいではなかろうか。ここで（また本書を通じて）、同じ〈フォルクストゥーム〉を、ナチスの使用においては〈民族体〉、それから距離をおいた使用においては〈民衆体〉と訳し変えたのは、その故である。しかし元のドイツ語は、同じなのであるから、過去すなわちナチ時代においても、現代すなわちナチズム研究においても、関係者は同じ語をもって議論を繰り返している。これは、ナチス研究（ここでは意味を広くとってその周縁部に位置する民俗学史であるが）における意外な迷路なのである。

　第三は、この小論において、ゲオルク・シュライバーの叙述の実際を紹介したことと関係している。実例を多少長く引いたのは、これまで本邦ではほ

とんど話題にならなかった空白への充塡であるが、それに加えて、その文体に注目する必要を覚えたからでもあった。そこで一読して目を奪われるのは、民間習俗を中心に、ありとあらゆる現象に向かう果てしの無い探求心である。霊験記（Mirakelbuch）のような従来は等閑に付されていた文献資料への着目や、カトリック教会とプロテスタント教会の接点における民間習俗といった死角への突き入りがあり、さらに聖水慣習を追ってハンガリーの聖王シュテファンを調べたかと思うと、一転してアルトエッティングの助修士であった現代の聖者コンラート・フォン・パルツァムを論じたりする。あるいは労働運動に言い及んだり、東欧地域のドイツ人問題へも情熱をもってかかわってゆく。旺盛な探究心と、それと手を携えての該博な知識がどのページにも躍動している。

　しかしその叙述のスタイルには、無比の学問的規模を割り引いてしまいかねないマイナス面をも伴っている。ひとつひとつの事例の仕組を問うという点から言えば、決して構造化された運筆ではないからである。おびただしい出来事が分節されることなく、ひたすら羅列されるかの観を呈している。むしろ力点は、ある種の歴史的な事象と現在の様相を余すところなくなぞることに置かれているかのようである。おそらく、それは外観だけのことではあるまい。そういう視点に論者は立っていたのである。

　それは民俗研究としても、やや特異なものでもある。なぜなら、民衆存在と世界宗教とのあいだにいかなる亀裂も想定しない行き方だからである。民衆は、その存在と本性の赴くところ、ヨーロッパの地ではキリスト教において自己を表出する、とされるのである。すなわち、民衆存在とキリスト教の重なりであり、それは〈Volkstum〉と〈Christentum〉の矛盾なき相互関係である。これは、民俗学のなかでも、必ずしも一般的な見方ではない。因みに、ヤーコプ・グリムは、異教とキリスト教のあいだに深い亀裂を想定して、むしろヨーロッパ文化史をその面から二元的であるとした。エードアルト・ホフマン＝クライヤーが一般に〈迷信〉を指す〈Aberglaube〉に根源的な意義をあたえたのも、民衆存在とキリスト教との容易に架橋し得ない溝をみとめ

たからに他ならなかった。そうした思考は、ヨーロッパの知識人のあいだでは分野にかかわりなく、むしろ一般的であった。たとえばマックス・ウェーバーは民衆にキリスト教性を認めることを潔しとせず、その点では伝統的な視点に立つ代表者にして、極論者ですらあった。それらと比べると、ゲオルク・シュライバーは、民俗研究者として習俗に関心を向けるのは当然ながら、そのなかですら、民衆存在とキリスト教を連なりあうものと見たことにおいて、一般の傾向と著しく対照的であった。しかしそれはそれで思想的な系譜に背景にしていた。宗教民俗学に関するこの小論がスケッチであるとしたのは、その問題にまでは踏みこむのを避けたためでもある。避けた理由は、それが、ナチズム問題よりも、はるかに射程を大きくとる必要のある問題圏にかかわるからである。

　一般的な背景を言えば、19世紀の初めから20世紀に入るころまでのドイツ・カトリック教会を貫流する特徴のひとつに、二つの路線の対立があった。啓蒙主義者ならびにその後進と、それへの批判者たち、特に19世紀の第二四半世紀からはヨーハン・ミヒァエル・ザイラー（Johann Michael Sailer 1751-1832）の理論に拠り所を見出した司牧者たちとの葛藤である。ザイラー自身は新たな方向への原理を提示したにとどまったが、それは民衆のあいだでの信仰の実際を重視する（あるいは軽視しない）動きを司牧においても学問研究においても促した。すなわち民衆信仰（Volkfrömmigkeit）という問題意識である。ゲオルク・シュライバーはそれが主流となった時代においてはじめて出現し得た人材に他ならなかった。ゲオルク・シュライバーの立脚点を突き詰めてゆくと、ザイラーの神学に行き着くことは見易いところで、またゲオルク・シュライバー自身もそれを明言している。しかしまたそれは、ナチズム問題と言うより、むしろ近代世界における人間の宗教性というより大きな問題圏である。

　そこで改めて、小論のはじめで見た方法論考『ヨーロッパの霊的風土』に立ち返りたい。そこでは、自然的風土（景観）と文化的風土（景観）の間の中間帯に視点は向けられていた。すなわち〈霊的風土〉ないしは〈霊的景観〉

と訳した〈Sakrallandschaft〉である。次いで縮めて紹介した論考も、それを課題としていた。つまり、自然的条件と、高次文化や個性主導の文化的営為の中間にひろがる領域である。それは広い意味で習俗（Bräuche）の世界でもある。それが宗教民俗学、あるいはゲオルク・シュライバーがより多く用いた用語では、〈教会民俗学〉ないしは〈キリスト教民俗学〉が担当すべき分野であった。ヨーロッパ文化がキリスト教を軸にして展開を遂げたことからすれば、一見したところ教会色を帯びないかに見える習俗でも、どこかでそれに関わることは必然である。グリム兄弟が、キリスト教会の要素を取り払ってヨーロッパ文化をたどろうとしたのは、近代の思潮が一旦は通過する他ない思考の実験であったろうが、同時にそれは不自然でもあり無理を冒してもいた。もとよりグリム兄弟だけの責任ではないが、そこにも弾みを得て、やがてゲルマン性の過大評価がとめどなく増殖していった。その点では、ほとんどの習俗にキリスト教性あるいは教会的要素を指摘すること自体は、必要な修正であった。しかしそこに思潮と時代状況が重なった。おそらく、近代の宗教性から見た人間観の過去への投影であったろうが、民衆の営為は歴史の黎明から現代にいたるまで、その本性の赴くところ、常にキリスト教的であった、とされたのである。そうであれば、残る課題は、それに正面から光をあてること、またそれを人々の意識に上げることであった。ゲオルク・シュライバーの文体は、そうした志向と一体であったように思われる。そこで言われるVolkstumはVolksreligiosität（民衆宗教性、あるいはVolksfrömmigkeitとほぼ同義）に同一であるか、限りなく近いのであった。また民衆の根底をそのように理解し、それを〈フォルクストゥーム〉の語で呼んだとなれば、同じ術語の他の唱導者は、本質を認識するには至らない途上の存在と見えたのであろう。ナウマンですら、その観点から見られていた節すらある。かくして、本質的にキリスト教的以外ではありえない民間習俗をその正当な姿において描写することが課題となり、それはありとあらゆる習俗をなぞり、塗りつぶしてゆく営為となっていったのである。

注

1) 拙論「バウジンガーを読む ――〈科学技術世界のなかの民俗文化〉への案内」愛知大学国際コミュニケーション学部紀要「文明21」第2号、1998年。

2) Hermann Bausinger, *Volksideologie und Volksforschung. Zur nationalsozialistischen Volkskunde.* In: ZfVKde. 61. Jg. 1965, , S. 177ff.

3) ゲオルク・シュライバーの経歴については、Historisches Jahrbuch (1964) の次の2つの追悼文（特に後者）を参照。*Georg Schreiber (1882-1963). Gedenkansprachen in Trient 1963.*; 'Begegnung mit Georg Schreiber', von Johannes Spörl, S. 246-252; 'Georg Schreibers Wissenschaftsweg und wissenschaftliches Werk', von Eduard Hegel, S. 253-270.

3-a) Georg Schreiber, *Kurie und Kloster im 12. Jahrhundert. Studien zur Privilegierung, Verfassung und besonders zum Eigenkirchenwesen der vorfranziskanischen Orden, vornehmlich auf Grund der Papsturkunden von Paschalis II.. bis auf Lucius III.* (1099-1181). Bd. 1. 2. Stuttgart 1910（Kirchenrechtliche Abhandlungen, H. 65-68）.

3-b) Georg Schreiber, *Untersuchungen zum Sprachgebrauch des mittelalterlichen Oblationswesens.*

3-c) Georg Schreiber, *Ziele der päpstlichen Klosterpolitik im Zeitalter Gratians.* (Antrittsvorlesung, 29. November 1913).

3-d) Rudolf Morsey, *Aus westfälischer Wissenschaft und Politik. Landschaftliches und Universales im Lebenswerk von Georg Schreiber.* In: Westfälische Forschungen. 10 (1957), S. 6-25, hier S. 9.

4) フォルクスクンデ（Volkskunde）をめぐる問題性は古くから議論されており、その主要な論考をまとめたものには次のものがある。cf. *Volkskunde. Ein Handbuch zur Geschichte ihrer Probleme*, hrsg. von Gerhard Lutz mit einem Geleitwort von Josef Dünninger. Berlin[Erich Schmidt]1958.

5) たとえば次の箇所を参照、Georg Schreiber, *Gemeinschaft des Mittelalters. Recht und Verfassung, Kult und Frömmigkeit.* Regensburg/Münster 1948 S. XI.

6) Adolph Franz, *Die kirchlichen Benediktionen im deutschen Mittelalter.* Bd. 2. S. 8f.

7) cf. Alois Mitterwieser, *Geschichte der Fronleichnamsprozession in Bayern.* München [Knorr & Hirth] 1930; Xaver Haimerl, *Das Prozessionswesen des Bistums Bamberg im Mittelalter.* München [Kosel-Pustet] 1937. （Münchener Studien zur historischen Theologie, H 14）

8) フランツへのシェーンバッハの書評は、In: Zeitschrift des Vereins für Volkskunde. XII (1902).

9) cf. Anton E. Schönbach, *Über eine Grazer Handschrift lateinisch-deutscher Predigten.* Graz 1890.; Derselbe, *Eine Auslese altdeutscher Segensformeln in Analecta Graecensia.* Graz 1893.; Derselbe, *Zeugnisse Bertholds von Regensburg zur Volkskunde.* Wien 1900.; Derselbe, *Über Leben, Bildung und Persönlichkeit von Berthold von Regensburg.* I. u. II. Wien 1906/1907. なおグラーツのシェーンバッハが民俗研究を手懸けた背景として、カール・ヴァインホルトが1851年から1861年までグラーツ大学のゲルマニスティクの教授として、大学での民俗研究の最初の人物のひとりとなったことが関係していると思われる。グラーツ大学でヴァインホルトは1852年に「ドイツの神話」(Deutsche Mythologie)の講義をおこなったことが判明しており、そのタイトルからもグリム兄弟の流れを汲むものであったことが知られる。

10) Anton E. Schönbach, *Offener Brief an Eduard Richter über den wissenschaftlichen Betrieb in den Alpen.* In: Zeitschrift des Deutschen und Österreichischen Alpenvereins. Bd31. 1900. S15ff.

11) ファイトの研究は、典礼と民衆の関係を歴史的に追跡していることによって、フランツの延長上にある。特に中世末期の多様な民衆典礼(Volksliturgie)が、宗教改革を隔てて再び正統な儀礼に編成されてゆく過程を追い、これによって民衆がキリスト教信仰の面で上昇するとともに、教会文化の幅が拡大していったとの見解を示している。参照、Ludwig Andreas Veit: *Kirchliche Reformbestrebungen im ehemaligen Erzstifte Mainz unter Erzbischof Johann Philipp von Schönborn (1647-1673).* (Studien und Darstellungen aus dem Gebiet der Geschichte, VII, H. 3) Freiburg i. Br. 1910.; L. A. Veit: *Kirche und Kirchenreform in der Diözese Mainz im Zeitalter der Glaubensspaltung und der beginnenden tridentinischen Reform 1517 bis 1618* (Erl. u. Erg. z. Janssens Geschichte des deutschen Volkes, Bd. X, H. 3) Freiburg i. Br. 1920. L. A. Veit: *Volksfrommes Brauchtum und Kirche im deutschen Mittelalter.* Freiburg i. Br. [Herder]1936.；また遺稿をもとにマインツ大学の教会史の教授ルートヴィヒ・レンハルトが完成させたものに次がある、L. A. Veit u. Ludwig Lenhart: *Kirche und Volksfrömmigkeit im Zeitalter des Barock.* Freiburg i. Br. [Herder]1956.

12) バウアライスは第二次世界大戦後はライフワークとして『バイエルン教会史』の執筆に没頭するようになるが、青年期の1930年代には、教会民俗学のなかでもその着想の独創的であることにおいて特異な存在であった。その頃の中心的な成果

として次がある。Romuald Bauerreiss: *SEPULCRUM DOMINI. Studien zur Entstehung der christlichen Wallfahrt auf deutschem Boden.* München [Selbstverlag der Bayerischen Benediktinerakademie]1936.

13) ヒンドリンガーは早い時期に出身地に帰って司祭となり、その郷土の民俗行事である聖ゲオルクの日に教会堂を起点におこなわれる騎馬行列の研究をおこない、それを聖レーオンハルト騎馬巡回などのより広い民間行事にまで展開した。しかしその所論は、ゲルマニスティク系の神話学の思考の枠組を受けいれている点で、ゲオルク・シュライバーを中心とした宗教民俗学の行き方とは差異をみせている。その視点は、その著作のタイトル「聖馬と馬聖」(太陽神の乗り代として本質的に神聖な生き物であった馬が、キリスト教のなかで、儀礼を受けることによってはじめて霊的な保護を得られるものなってしまったという脈絡) に端的にあらわれている。参照、 Rudolf Hindringer, *Weiheroß und Roßweihe. Eine religionsgeschichtlich-volkskundliche Darstellung der Umritte, Pferdesegnungen und Leonhardifahrten im germanischen Kulturkreis.* München [Ernst K. Stahl: Lentner]1932.

14) リヒァルト・アンドレーの著作は、奉納物や献額についての最初のまとまった研究である。参照、 Richard Andree, *Votive und Weihegaben des katholischen Volkes in Süddeutschland.* Braunschweig 1904. マリー・アンドレー＝アイゼンの研究は、カトリック教会の民俗の他、民家の垣根の形状やその工程などもあつかっている。また特徴ある奉納品など宗教文物について収集を手がけたが、その多くは第二次大戦で失われた。参照、 Marie Aandree-Eysen, *Volkskundliches aus dem bayerischösterreichischen Alpengebiet.* Braunschweig 1910.

15) *Wallfahrten durchs Deutschland. Eine Pilgerfahrt zu Deutschlands heiligen Stätten.*, hrsg. von Christian Schreiber. Berlin 1928. クリスチアン・シュライバー (Christan Schreiber 1872-1933) は、フルダの神学の教授を経て、1921年にマイセン司教、1930年に初代のベルリン司教となった。

16) *Lexikon für Theologie und Kirche.* なおこの事典は今日も頻繁に使用され、ペーパーバック版も刊行されているが、改訂の度に民俗学に関係した記述は縮小される傾向にある (現行のものは第3版)。それは'Frömmigkeit'の扱いに端的に現れている。1957年から刊行されたヨーゼフ・ヘーファーとカール・ラーナーの編集による全面的な改訂版 (*Lexikon für Theologie und Kirche*, 2. völlig bearbeitete Auflage, hrsg. von Josef Höfer und Karl Rahner) では、この項目はまったく書き変えられ、初版では小見出しとなっていた'Volksfrömmigkeit'の一節も消滅した。また第2

版以降では〈民衆信仰〉(Volksfrömmigkeit) という概念そのものを避けているようである。

17) Michael Buchberger, *Kirche und religiöse Volkskunde*. In: Volk und Volkstum, hrsg. von. G. Schreiber. Bd. 1. München 1936. S. 32-26. hier S. 33f.
18) Georg Schreiber, *Die Sakrallandschaft des Abendlandes. Mit besonderer Berücksichtigung von Pyrenäen, Rhein und Donau*. Düsseldorf 1937.
19) Adolpf Franz, *Die Messe im deutschen Mittelalter*, Freiburg i. Br. [Herder]1902; Derselbe, *Die kirchlichen Benediktionen im deutschen Mittelalter*, Freiburg i. Br. [Herder]1909. ゲオルク・シュライバーはフランツとの交際を次の論考において回想している。cf. Georg Schreiber, *Heilige Wasser in Segnungen und Volksbrauch*. In: Festgabe für Otto Lehmann, Berlin 1935 S. 198-209. この論考の冒頭で、ゲオルク・シュライバーは1913年にバーデン＝バーデンにアードルフ・フランツを訪ねたが、そのときフランツは〈数年前から政治を離れて再び研究生活に戻ることができ、第二の学問的青春を生きることが嬉しい〉と語ったという。これを執筆した当時、シュライバーはナチスによって政治活動を封じられており、そのなかで専ら民俗学の著述に向かっていったが、その自らの変転を重ね合わせていたようである。なお迫害の内容については、カトリック教会の大立者であったため、ナチスも決定的な手段を取るまでに至らず、1935年に活動拠点のミュンスター大学の教授からブレスラウ大学への転任を命じ、同時に〈赴任するには及ばない〉として軟禁状態においた。しかし彼の傍らで研究を助けた助手たちは、その後次々に姿を消してゆき(数人は徴兵によって)、中には拉致された疑いがある者もいたらしい。これについては、ゲオルク・シュライバー自身の次の回想録を参照、Georg Schreiber, *Volkskunde einst und jetzt. Zur literarischen Widerstandsbewegung*. In Festgabe für Alois Fuchs zum 70. Geburtstag, hrsg. von Wilhelm Tack. Paderborn 1947. S. 275-317, s. S. 299/300. また出版物に対する迫害の具体的な状況の一部が次の文献にふれられている、cf. Wolfgang Jakobeit/Hannjost Lexfeld/Olaf Bockhorn (Hrsg.), *Vöskische Wissenschaft. Gestalten und Tendenzen der deutschen und österreichischen Volkskunde in der ersten Hälfte des 20. Jahrhunderts*. Wien. u. a. [Böhlau]1994, S. 287/288.
20) Martin Scharfe, *Prolegomena zu einer Geschichte der Rligiösen Volkskunde*. In:Wolfgang Brückner/Gottfried Korff/Martin Scharfe, *Volksfrömmigkeit*', Würzburg/München 1986, 76ff.
21) Paul Drews, *Religiöse Volkskunde, eine Aufgabe für die praktische Theologie*. In：

Hessische Blätter für Volkskunde. 1 (1902), S. 27-29.

22) プロテスタント系では1902年からドレーフスが編集して刊行が始まった叢書『プロテスタントの教会学』("Evangelische Kirchenkunde")においてキイ・ワードとして'Religiöse Volkskunde'が用いられている。それにたいしてカトリック教会系の場合は、1920年代については散見される程度である。しかし1930年代には、カトリック教会の人々によっても'Religiöse Volkskunde'が用いられるようになっていった。その事例は(注27)を参照。

23) マックス・ウェーバーは、その〈宗教社会学〉において、儒教・道教、仏教・ヒンズー教などに'Religion'を用いている。それはそれぞれの宗教が体系的な教義を整えているか、それに近接した合理的な生活規範をそなえているかかどうかの基準から、キリスト教と同じ概念のなかに置いたものであり、またその上で種々の宗教に等級をつけてキリスト教の下位に位置づけたのであった。なおウェーバーは世界宗教がその内部に俗信の層を持つことには関心を払っていず、それはキリスト教を対象にした場合も同じであり、教義を理解している人々や階層をもってその宗教の担い手とみなした。そうした視点は、教義とその担い手を精緻に分析した『プロテスタンティズムの倫理と資本主義の精神』において特に際立っている。

24) グリム兄弟によって、ドイツ神話とそれを信奉したされる上古人の評価は高められた。またヤーコプ・グリムの『ドイツの神話』(Deutche Mythologie. 3 Bde.)は、以後、上古ゲルマンを称揚する人々によって聖典視されていった。

25) 'Aberglaube'('abegunst','Aberwitze'などとほぼ同義で'Mißglaube'の意味)は中世末期の15世紀から確認されており、また'Volksglaube'は18世紀末から頻繁に用いられてきた。民俗学において民衆存在の性格や民衆信意の種類を区分し定義すべきことを説いた人に、ホフマン=クライヤーがおり、ここでの理解はそれにしたがった。しかし'Aberglaube'や'Volksglaube'の意味は研究者によって微妙に異なっている。cf. Eduard Hoffmann-Krayer, *Volksglaube und Volksbrauch.* Heidelberg 1934. ;*Handwötrterbuch des deutschen Aberglaubens,* hrsg. von H. Bächtold-Stäubli mit E. Hoffmann-Krayer, Bd. 1, Sp. 'Aberglaube' Bd. 9. Sp. 'Volksglaube'.; *Wörterbuch des deutschen Volkskunde,* hrsg. O. A. Erich u. R. Beitl, 3. neubearb. Aufl. v. R. Beitl untner Mitarbeti v. K. Beilt. Stuttgart[Kröner]1974, S. 2 'Aberglaube' u. S. 871f. 'Volksglaube'.

26) この時点では、〈教会民俗学〉(die kirchliche Volkskunde)の主要テーマのもとに、

次の諸項目が検討されている。a) 概念規定、b) 典礼とフォルクストゥーム、c) 教会暦、d) 典礼の自然的基盤、e) 法制史と典礼史、f) フランスの聖バーソロミューの蝋燭、g) 研究の対象領域、h) 聖者、i) 修道会と信心会の民俗、k) 民族気質、l) 世俗化されたフォルクストゥーム、cf. Georg Schreiber, *Nationale und internationale Volkskunde*. Düsseldorf[L. Schwannn]1930, S. 54-92（Forschungen zur Volkskunde, Heft 4/5）.

27) cf. Max Rumpf, *Religiöse Volkskunde*. Stuttgart 1933.；しかし同年に出た民俗研究者アルベルト・ベッカーは〈教会民俗学〉を用いている、cf. Albert Becker, *Kirche und Volkstum. Zur kirchlichen Volkskunde der Pfalz*. Erste Reihe. Zweibrücken 1933（Beiträge zur Heimatkunde der Pfalz, 14）.；さらに1936年に刊行されたペスラー編『ドイツ民俗学ハンドブック』に、カトリック教会とプロテスタント教会の両方から、それぞれの宗派の民衆信仰を論じた寄稿があったが、そのときにカトリック教会側の論考タイトルは「カトリック教会系の民衆宗教性」（Katholische Volksreligiösität）であった。執筆者ペーター・シュテッフェスは、ゲオルク・シュライバーベルリン大学時代からの友人で、またその推薦でミュンスター大学教授に就任にした経緯があり、ゲオルク・シュライバーを中心としたグループの見解がそこに表明されていると見てよいであろう。参照、Peter Steffes, *Katholische Volksreligiösitat*. In:Handbuch der Deutschen Volkskunde, hrsg. von Wilhelm Peßler, Bd. 1. Leipzig [Akademie Verlagsgesellschaft Athenäion m. b. H. Potsdam]1936, S. 237-253; なお同じ論集のプロテスタント教会の論考は次である、Ernst Rollfs, *Evangelische Volksfrömmigkeit*.（a. a. o. S. 254-270）. また同じ年にカトリック教会の民俗学を進めていたルードルフ・クリスはレーオポルト・シュミットと共同で『ドイツ宗教民俗学の文物案内』を刊行しており、その術語がすでに熟していたことを示している。参照、Rudolf Kriss u. Leopold Schmidt, *Führer durch die Sammlulng für deutsche religiöse Vollkskunde*. Wien 1936.；同年にやはりレーオポルト・シュミットが刊行した叢書「宗教民俗学のテキストと解説」もこの術語を用いている事例であり、たとえば宗教劇の慣習に関する次の一冊を参照、Karl Andrian und Leopold Schmidt, *Geistliches Volksschauspiel im Lande Salzurg*. Salzburg 1936（Texte und Arbeiten zur religiösen Volkskunde）.

28) 以下の（注29）で言及したヴェーバー＝ケラーマンの場合にもそうした口吻が認められる。

29) cf. Rudolf Kriß mit Hubert Kriß-Heinrich, *Volksglaube im Bereich des Islam*. 2 Bde.

Wiesbadden[Harrassowitz]1960/62. ;Dieselben, *Volkskundliche Anteile in Kult und Legende athiöpischer Heiligen*. Wiesbadden[Harrassowitz]1975. ルードルフ・クリスは現代のドイツでの巡礼研究の定礎者のひとりであるが、キリスト教の巡礼慣習について独自の思想をもっており、そこから他の宗教の俗信の研究にも進んでいった。これについては、次の紹介に付した拙論を参照、ルードルフ・クリス「ドイツの巡礼地 2」愛知大学「文学論叢」第 84 輯、昭和 62 年 pp. 167-206

30) 民俗学の分野でゲオルク・シュライバーが編集した叢書「民俗学研究」('*Forschugen zur Volkskunde*, Düsseldorf[L. Schwann]) は、宗教民俗学の一大集成と言ってよい。その最初ものとしてベーダ・クラインシュミット『聖アンナ歴史と美術とフォルクストゥームにおけるその崇敬』(第 1 ～ 3 集、Beda Kleinschmidt, *Die heilige Anna. Ihre Verehrung in Geschichte, Kunst und Volkstum*. 1930) 以来、カトリック教会系の宗教民俗学の秀れた担い手のほとんどがここに結集した。やや距離を置いていたのはロムアルト・バウアライスくらいであるが、これはこれで興味深いものがある。なお叢書「民俗学研究」は今日も刊行されており、貴重な研究も収録されることがあるが、一般への刺激の点では往時ほどではない。またゲオルク・シュライバーは、この他に叢書「ドイツとスペイン」を編集して、ドイツとイベリア半島との宗教文化の面での関係の解明を進めた。その構想は1930年頃にはすでに固まっていたらしく、『ナショナルな民俗学とインターナショナルな民俗学』の付録には「スペインの民俗学のために」の見出しで基本文献の整理がなされている。cf. Georg Schreiber, *Nationale und internationale Volkskunde*. Düsseldorf[L. Schwannn]1930. (Forschungen zur Volkskunde, Heft 4/5) S. 195-201. またドイツへのスペイン文化の影響も終生のテーマで、その輪郭を提示したものには次がある。参照、Georg Schreiber, *Spanische Motive in der deutschen Volksreligiösitat*. In: Spanische Forschungen, Reihe 1, Bd. 5, Münster 1935, S. 1ff.

31) たとえばインゲボルク・ヴェーバー=ケラーマンの入門的な学史解説では、ハンス・ナウマンには一章が当てられているのに対して、ゲオルク・シュライバーについては、「ナチス時代の民俗学」の章の補注において民俗学の分野でナチスの迫害に遇った人々を列挙するなかで、〈宗派的な民俗学についても言及しなければなるまい。その頂点に立っていたのはミュンスターの高僧ゲオルク・シュライバーで、1935 年に強制的に大学の研究室から立ち退かせられた〉とだけ記されている。参照、Ingeborg Weber-Kellermann u. Andreas C. Bimmer, *Einführung in die Volkskunde/ Europäische Ethnolögie*. 2. Aufl. Stuttgart 1985[Sammlung Metzler 79], S. 108.

32) ゲオルク・シュライバーは、1930年代前半には、その学問分野を教会の内外に知らせることに力点がおいているものまで合わせると、多数の方法論考を執筆した。参照、Georg Schreiber, *Religiöse Volkskunde in Westdeutschland.* In: Sammelwerk:Volk und Kirche, hrsg. von Karl Hoeber.; Derselbe, *Religiöse Volkskunde* In: Theologische Revue 34. 1935. S. 1ff.

33) Georg Schreiber, *Volksreligiösität im deutschen Lebensraum —— Zur Arbeitsaufgabe und Quellenkunde.* In:Volk und Volkstum, Jahrbuch für Volkskunde. I, München〔Josef Kösel & Friedrich Pustet〕, S. 36-68.

34) Georg Schreiber, *Deutsche Volksfrömmigkeit in völkskundlicher Sicht.* Düsseldorf〔L.Schwannn〕1937.（Forschungen zur Volkskunde, Heft 29.）

35) Georg Schreiber, *Volkskunde einst und jetzt. Zur literarischen Widerstandsbewegung.* In:Festgabe für Alois Fuchs zum 70. Geburtstag, hrsg. von Wilhelm Tack. Paderborn 1947. S. 275-317, s. S. 299/300.

36) Georg Schreiber, *Nationale und internationale Volkskunde.* Düsseldorf〔L. Schwannn〕1930.（Forschungen zur Volkskunde, Heft 4/5.）

37) 叢書「ドイツの政治」は1922年に自らの「ドイツの文化行政とカトリシズム」で始まった。当初はフライブルクのヘルダー社から刊行されていたが、途中でケルンのギルデ社に移った。また叢書「ドイツ人と外国」は1926年から刊行がはじまった。参照、'*Deutschtum und Ausland*', hrsg. von G. Schreiber, Schriftenreihe des Deutschen Intstituts für Auslandkunde E. V. Münster i. W.

38) 文化行政に関する最初の著作としては次がある、Georg Schreiber, *Deutsche Kulturpölitik und der Katholizismus.* Freiburg i. Br.〔Herder〕1922,（Schriften zur deutschen Politik, hrsg. von G. Schreiber, Heft 1/2）

39) Georg Schreiber, *Brüning-Hitler-Schleicher, Das Zetrum in der Oppositiön.* Köln〔Görreshaus〕1932. この有名なパンフレットは、6月12日に中央党のヴェストファーレン本部の会議で口頭で発表され、6月21日に約60ページの冊子の分量にまで加筆されて印刷に送られた。そして7月31日の総選挙までの間に少なくとも10刷を数えたようである。

40) Georg Schreiber, *Das deutsche Volkstum und die Kirche. Ein Beitrag zum Ethos der Minderheiten.* Köln〔Gilde〕1932（Schriften zur deutschen Politik, hrsg. von G. Schreiber, Zweite Reihe, Heft 27）

41) Georg Schreiber, *Christentum und Abrüstung.* Köln〔Gilde〕1932（Schriften zur deutschen

Politik, hrsg. von G. Schreiber, Zweite Reihe, Heft 32）

42）Georg Schreiber, *Großstadt und Volkstum.* Münster in Westfalen[Aschendorff]1933,
　　（Aschendorffsche zeitgemäße Schriften 22）

第4章

ナチス・ドイツに同調した民俗研究者の再検討
―― オイゲーン・フェーレの場合

1. オイゲーン・フェーレの経歴 2. オイゲーン・フェーレの民俗学 3. 映像資料の魔術 4. オイゲーン・フェーレのハーケンクロイツ(鉤十字）論文 5. ハーケンクロイツ論に見るフェーレの逸脱とその背景 6. フォルク思想の実践としての民俗儀礼・行事の再現 7. ハインリヒ・ヴィンターとオーデンヴァルト地方の〈ニッケル〉 8. ハインリヒ・ヴィンターと収穫における〈車刈り〉の習俗 9.『上部ドイツ民俗学誌』に見るオイゲーン・フェーレの関係者の広がり

　ドイツの民俗学がナチス・ドイツと交叉した過誤の歴史をもつこと、またそれが第二次世界大戦後の民俗学のあり方に大きく影響したことについては、これまでも折りにふれて取り上げてきた[1]。それは案外複雑で、多方面にひろがりを見せる問題圏である。それゆえ先ず心掛けたのは、大まかな輪郭をなぞり全体の構図を把握することであった。同時にそれと並行して、事態の具体的な諸相を確かめることにも意をもちいた。すなわち特定の事件について推移を追い、関係する人々のプロフィールをたずね足跡をたどるのである。前者については、ナチス・ドイツの国家的祭儀であった収穫感謝祭に注意を向けた[2]。そして今回は人物に焦点を合わせた検討である。題材は、1930、40年代にハイデルベルク大学教授として民俗学の講座を担当し、また大学行政でも一時期同大学の副学長をつとめるなどの経歴をもつオイゲーン・フェーレ（Eugen Fehrle 1880-1957）という人物である。そこに的を絞ったのには、理由がある。ナチス・ドイツの時代を生きた民俗研究者として今日もその理論や事績を振り返るのが有意義ということなら、他にそれをもとめね

ばなるまい。その方向では、第二次世界大戦後の民俗学の再建者のひとりレーオポルト・シュミットや、カトリック教会系の民俗学の碩学ゲオルク・シュライバーなどに注目したことがある[3]。それらの人々は、疑いもなく偉人たちであり、ポジティヴな方向で検討すべき指針であった。今回はそれとは異なり、理論や業績が今日をも潤す存在ではない。まったく逆と言ってよく、その活動は過誤や歪みや弱点や不足に満ちている。しかしネガティヴな方向にもかかわらず、一時期は一定の力を発揮した。しかもドイツの民俗研究の流れから遊離した存在ではなかった。それゆえ、ドイツの民俗学の宿命的な暗部と言うべきところがあった。それは、フェーレがアカデミズムの世界で成長し経歴を重ねた人物であっただけになおさらであった。この点で比較すれば、ゲッティンゲン大学哲学部ではナチ時代の一時期に、経歴においても知識の面でもまったくの素人が教壇に立ってフォルクスクンデ（民俗学）を講義したことがあったが、それなどは異常な時代の変則的なエピソードではあっても、フォークロアの学問史に後まで尾を引く深刻さとまではゆかない[4]。しかしフェーレとなると、その歪みはドイツ民俗学の学問的な限界と一体のところがあったのである。

　なお言い添えれば、一般に個々の人物を洗い直す作業は、経歴についても評価においても微妙な問題を含んでいる。しかしフェーレに関して言えば、比較的分かりやすい部類に属している。その思想も行動も単純だったからである。もっとも、機微を含む問題が皆無ではない。それは特に、第二次世界大戦後にこの人物に対してなされたた非ナチ化裁判において著しい。因みに、この小論の表題に〈同調〉の語を用いたのは、オイゲーン・フェーレに対して非ナチ化裁判所が用いた〈ナチズムの同調者〉という判決文の表現を踏まえたのである[5]。

　なおここでの材料にふれておきたい。フェーレへの言及は、この人物がナチス・ドイツの時代にも、また戦後において一種の話題であったために、決して少なくはない。さりながら、系統だった研究となると、比較的最近のペーター・アシオン氏の幾つかの論考が中心になる。ここでも、経歴に関す

る限り、それらを主要に用いたことを断っておきたい[6]。

　さらにもう幾つか言い及ぶべきことがらがある。オイゲーン・フェーレの民俗学は今日読んで参考になるわけではないことを上に述べた。そうであれば、ドイツ以外の外国人にはなおさらプラスの意味での刺激は期待できない。しかし他方で、フェーレの著作は、日本では、ドイツ語圏の民俗、またさらに広くヨーロッパの民俗に関する一般に流布している新書版で活用されたりしている。主に初期の著作であるが、その民俗観に問題があることは免れ得ず、扱いには慎重を期すことがもとめられる。もっとも、ドイツ語圏でも、ナチス・ドイツとの交流が問題視されるような過去の文献が改めて一般に供せられることがないではない。そうした場合、釈明であるか韜晦であるかは別として、何らかの解説が付され、またその不備や不都合を突くような関係者の反応も起きる[7]。それ自体は日本の諸学界と対比しても分明であるが、外国の文献をもちいる場合は、それらを学史のなかに位置づける手続きが大事であることへの実例も兼ねて、フェーレに注目したのである。

1. オイゲーン・フェーレの経歴

　はじめに略歴である。フェーレは1880年にドイツの南バーデン地方の村シュテッテンに小学校教師の息子として生まれた。そしてハイデルベルク大学の哲学部へ進んで古典文献学とゲルマニスティクを学んだ。フェーレの学問に決定的な影響をあたえたのは、1903年にハイデルベルク大学へ赴任したゲルマニスト、アルブレヒト・ディーテリヒ（Albrecht Dieterich 1855-1908）であった。ディーテリヒに心酔したフェーレは、その指導の下に1907年に『上古における信奉的貞節について』を書いて学位を得た[8]。内容的には民俗学であるが、当時、民俗学は分野としてはゲルマニスティクに含まれるのが普通であった。フェーレの経歴もそれに沿っており、1913年に教授資格を得たのは古典文献学においてであった。第一次世界大戦が始まると、フェーレ

は1914年に志願して義勇軍に入隊した。学術活動では1916年に『ドイツの祭りと民俗行事』を刊行し[9]、1919年にはハイデルベルク大学の〈助手〉(wissenschaftlicher Hilfsarbeiter)、1924年に古典文献学の講師（Lektor）となった。ナチスの政権獲得までの10年近い期間フェーレが研究者として占めることができたポストはここまでで、そのためアカデミズムの世界での不遇には鬱憤があったらしい[10]。1924年には『バーデンの民俗』を刊行し、1926年からはハイデルベルク大学のなかでフォルクスクンデの講座を兼任して、週2時間の講義を担当することになった。この民俗学（Volkskunde）の講座は、1917年まで存在し第一次大戦後は補充されなくなっていた民族学（Völkerkunde）を転用したもので、1926年に哲学部がバーデンの教育省にはたらきかけて認可を得た上で、フェーレが科目を担当したのである。また1929年にタキトゥスの『ゲルマニア』の翻訳と注解をレクラム文庫の一冊として刊行した[11]。

　フェーレは1931年にハイデルベルクでナチ党に入党し、以後特にナチ党のバーデン大管区の積極的な活動家であった[12]。因みにナチスが社会的に大きく進出した1930年前後の時期、ハイデルベルク大学の内部はナチズムには否定的な空気が一般的で、1933年3月3日に300人の大学教員がナチ党機関紙『フェルキッシァ・ベオバハター』紙上で連名でヒトラー支持を表明したときにも、名前を載せたのは3人にすぎなかった。そのひとりがフェーレであった。

ナチ時代

　1933年のナチス政権の成立はフェーレにとって、すこぶる有利に作用した。早くも同年7月には、ハイデルベルク大学哲学部と大学の執行部は、バーデン教育省に対して、フォルクスクンデ講座を正教授講座に格上げする旨の変更を申請した。〈フォルクスクンデの教育ポストが今後ますます意義をもつ〉ことに備えるというのが趣旨であった。1934年1月には教育省から哲学部宛てに認可が下り、それを哲学部教授会は確認した[13]　この措置は、実際には

フェーレ自身によって推進されたのである。フェーレは1933年3月以来バーデン教育省の大学部門審査員になっており、そのポストを拠り所にして、バーデンの諸大学において反ナチあるいは非ナチ人士の排除を意味する〈浄化〉（Säuberung）や、種々の団体の組織的なナチ党への参画、すなわち〈翼賛〉（Gleichschaltung）を推進していたのである。フェルカークンデ（民族学）のフォルクスクンデ（民俗学）への転換も、フェーレの行政活動の一環で、特にアカデミズムのなかに自分自身の活動場所を確保するための布石であった。こうして正教授講座の設置とともに、その主任教授となり、同時にハイデルベルク大学の民族体教育部門「ドイツ・ゼミナール」の副責任者にも任命された。しかしその後しばらく、折角の正教授講座も、講義、演習とも、1週1回担当するにとどまった。フェーレはカールスルーエの教員養成大学において運営部門アカデミーの責任者にしてフォルクスクンデの担当者でもあり、加えてフライブルク大学でもフォルクスクンデを講義していたからである。これらのポストをフェーレは精力的にこなし、まさにフェーレなくしては、バーデンにおいてはフォルクスクンデは成り立たない観があった。

フェーレの多忙振りには、学術面で惜しむ人もあったらしく、特にハイデルベルク大学の言語学の教授で哲学部長でもあったヘルマン・ギュンタート（Hermann Güntert）が友人かつ同じナチ党員として、1935年にフェーレに対して、その〈自ら設立した〉正教授講座を担当するするように忠告した[14]。フェーレはこれに応えて、〈政権の成立以来、誰もが知るように卓越した仕事ぶりをみせた〉ことへの感謝を受けながら、1936年10月1日に、カールスルーエのバーデン教育省を辞し、ハイデルベルク大学の教授職を主管とした。また担当する講座に国家レベルでの格式を与えるために、それに先立つ1935年7月1日付けでハイデルベルク大学の〈新設講座フォルクスクンデ・インスティトゥート〉の正式教授にして所長に任命され、その措置はまた1936年5月6日に、学問・教育・国民教化省の帝国大臣によって認可されていた。

かくしてフェーレは、栄光と得意の時期を迎えた。その教授ポストには、独自の予算と複数の助手がついた。また多能で活動力があったところから、

隣接学で、設置場所の面でも隣どうしの民族体教育部門「ドイツ・ゼミナール」をも切りもりし、1938年には自ら申請してその責任者を兼任した。宗教学の講座にも発言力があり、1942年にはそこでも授業をおこなった。大学の役職の面でも進出し、1937年から拡大評議会のメンバー、1942年から43年にかけて哲学部長、1943年から45年までは副学長であった。フェーレに与えられる役職と権力と名誉は高まる一方で、それは1945年3月に彼が大学を去るまで、あるいは1945年5月30日付けでなされた占領軍によるハイデルベルク大学の閉鎖までつづいた[15]。またナチスとの重なりにおいて社会的にも華々しく活動し、ハイデルベルク市議会でナチ党員として議席を占めた。さらにナチスの教員組織でも従来通り活動するほか、〈SA〉すなわち突撃隊（1933-38）、その後は〈SS〉すなわち親衛隊（1939年から）に属し、1944年には突進隊将校（Sturmbannführer）にまで昇った。のみならずフェーレは、大学でも社会活動でも、突撃隊や親衛隊の制服を着用するのが常であった。

　学術団体との関わりでは、ハイデルベルク学術アカデミーの会員、バーデン歴史学会の会員、地域文物保存会「ふるさとバーデン」の会員（1934年からは副会長）、ドイツ民俗学会常任理事（1933年から）、ヴィルヘルム・リール賞基金会員（1934年から）、ミュンヒェン・ドイツ・アカデミー会員（1944年からはフォルクスクンデ部門の責任者）などで、さらに1937年からは学術試験・国家法律試験機構の座長でもあった。したがって民俗学の一研究者にしては、めざましいキャリアであったことになる。その晴れ舞台として特筆すべきは、1942年の総統の誕生日に祝賀演説を委嘱されたことである。ハイデルベルク市庁舎の広間で、党と大学と市の代表者を前にフェーレがおこなった演説のタイトルは、「ドイツの歴史と、アードルフ・ヒトラーの人格におけるその完成」と言うのであった。

2. オイゲーン・フェーレの民俗学

思想的背景 —— アルブレヒト・ディーテリヒ

　フェーレがハイデルベルク大学において学生の頃から敬慕したのは、ゲルマニストで民俗学に進出していたアルブレヒト・ディーテリヒであった。ディーテリヒは20世紀初めにホフマン＝クライヤーの講演『学問としてのフォルクスクンデ』を皮切りに起きた民俗学の課題をめぐる論争、いわゆるフォルク論争にさいして「フォルクスクンデの本質と目的」の論考をたずさえて参画した人物でもある[16]。

　その論争の要点のひとつは、社会を〈上層〉と〈下層〉の二層からなるものと考えることの当否、ならびにその内容の特定にあった。二層区分の基準として議論されたのは、ドイツ思想に独特の観念、〈教養〉（Bildung）であった。教養ある人々が上層であり、乏しいのが下層である。また知性の有無、知的職業かどうか、さらに身分も重なった。大雑把に言えば、上層は上流の諸階層や知識人であり、下層は農民を主体とする庶民であった。ホフマン＝クライヤーは、文化は上層で作られ下層へ流れてゆくという果敢な図式を呈示したが、これに反撥した一人がディーテリヒであった。ディーテリヒは論争相手の二層論を基本的な図式として受け入れながらも、その中身については、〈下層〉を重く見て、それを語義に分解すれば2種の意味にとることができるドイツ語の熟語を用いて〈Mutterboden〉と表現した。Mutterは母の意であり、Bodenは大地ないしは土である。したがって〈母なる大地〉になるが、同時にそれは農業や園芸における〈培養土〉を指すことがある。この言葉によってディーテリヒは、直接的で非歴史的なフォルクの生き方[17]を説き、すべての文化事象はそこに胚胎すると称揚した。それゆえどんな種類の上層も、その〈母なる大地〉ないしは〈培養土〉たる〈下層〉なしには存在できないとしたのである。またその〈Mutterboden〉をどこで把握することができるかと言えば、上古であり神話であった。すなわち上古学と宗教学にフォルクス

ンデは重なったのである。それが、フェーレがディーテリヒのもとでゲルマン上古を研究課題とした背景でもあった。しかし師のディーテリヒに比べて、その視野と思考は狭まった。ディーテリヒは〈下層〉の絶大な意義を説きながらも、下層はドイツ人だけでなく、さまざま民族がそれぞれに伴っていると考えた。しかしフェーレはそこに別の視点を併せてきた。

人種論

　フェーレに影響をあたえた第二の人物は、同じバーデンの出身者で、もともと自然科学を学んだ人種理論家ハンス・F・K・ギュンターであった。主著は1922年に刊行された『ドイツ・フォルクの人種学』で、そこでギュンターは、北方・ゲルマン人種の優越性を説き、またそれが血の結合（Blutgebundenheit）と一体であることを強調した[18]。血は単なる生物学的な特質にとどまらず、精神的・心理的な形質の基礎でもあった。フェーレはそれを民俗学に導入した。アシオンによれば、そのさいフェーレの民俗観には、当時影響力があった文化人類学の原質思念論や伝播理論の影響もあったらしい[19]。それらが特定の人種を優越者とする見方と重なったことにより、文化の拡大や発展は優れた集団から劣った集団への受け渡しによると考えるにいたったのであろうと言うのである。因みに、文化の多様性やレヴェルの差異を人種のファクターによって説明しようとするのは、1920年代には一般的にも一定の説得力を発揮していた。人種論者たちは総じてナショナリズムの傾向と重なっており、フェーレは1926年に創刊された『フォルクと人種』の編集者のひとりになった。この定期誌の目的は、人種とフォルクストゥームの関係を研究し、精神科学としてのフォルクスクンデと自然科学としての人種学の接近を図りつつ、〈心意的な人種特性〉（seelische Rasseneigenshaften）の解明をめざすものであった[20]。

農民存在の重視

　ディーテリヒの〈母なる大地〉は、人間存在や社会の土台として没歴史的

な層序を想定した。それは歴史的に確認されるものとしてはゲルマン上古やその文化的所産であるが、また現実の農民がそれに比定された。つまり農民は古来不変の存在であり、そこでの諸現象は上古の史料と等しい位置を占めるのである。恒常的な人間のあり方としての農民という考え方はドイツ思想のなかでは19世紀後半のW・H・リールが際立っており、その後に多大の影響を及ぼした。もっとも、リールは〈国家学〉としてのフォルクスクンデを標榜した人で、農民存在の理想化には現実の政治的状況を射程においての社会諸階層の力学を計算したところがあった[21]。しかし政治的な思惑とは直接つながらない人文系の一分野としての民俗学の場合でも、農民の存在様式を上古そのままとする見方には根強いものがあった。むしろネオロマン派の世界像の根幹ですらあった。それゆえ、ドイツだけに見られた傾向でもなかった。イギリスのJ・G・フレイザーの『金枝篇』を始めとする諸論考も、同様の思考によって推進された[22]。フェーレの民俗観における農民世界の重視は、時代思潮と接していたのである。

反キリスト教会の傾向

現実の農村の生活やそこでの文物に資料をもとめるにせよ、農民存在を現実以上のものとする観点のために、農村は歴史の黎明と重ねあわせられることになった。すなわちゲルマン的上古に人間存在ないしはドイツ人の集団的存在の原形をみるという視点は、必然的にキリスト教が広まる以前の社会に価値基準をさだめることにつながった。ヨーロッパの文化史を正確に把握しようとすれば、キリスト教会の要素は避けて通れるはずがないが、それを射程においた民俗研究は容易ではない。そもそもドイツの民俗学の主流は、ロマン派以来、キリスト教文化の要素を捨象ないしは軽視して文化史を読み直すことを基本にして発展してきたところがあった[23]。しかしそれは、19世紀前半あたりでは、必ずしもマイナス面とばかりは言えなかった。キリスト教会は、ヨーロッパ文化の自己理解において千年以上にわたって自明にして最重要の要素であり、ありとあらゆる問題において考察と価値評価の基準で

あった。したがってそこに敢えて比重を置かない行き方は、伝統への挑戦だったのである。逆に言うと、方法的な冒険であるとの自覚と緊張が後退すると、欠落が障害に変わってしまう危険性をはらんでいた。しかも 19 世紀後半からは、キリスト教の要素を無視して伝承文化を理解することが、認知された手続きとなっていった[24]。その状況のなかで、改めてキリスト教の要素を組み入れるには、方法論上の考察や対象への柔軟な感性や広い視野が欠かせなかった。それをフェーレにもとめるのはそもそも無理であった。フェーレは必ずしも、キリスト教文化に対する狭猾な敵対者ではなかったが、方法論の欠陥に加えて粗雑で猛進に傾き勝ちな性格も手伝って、ひたすらキリスト教以前の上古という呪縛に陥っていった。フェーレが、同じバーデンにおける篤実な民俗研究家で特にキリスト教文化をあつかっていたヨハネス・キュンツィヒを白眼視したとされるのも、そうした事情の故であったろう[25]。

都会文化への反発

　人間存在の恒常的なあり方としての農民を称揚する視点は、必然的に都会の文化への反感や対立につながった。都会文化は、多くの場合、文化における最新の趨勢でもある。したがって、転変暇無き流行や次々と現れて人々を眩惑させる新製品の氾濫に対する反発や敵視であった。しかしそれは、フェーレのようなナショナリストに限られた傾向でもなかった。もともと復古志向や懐古趣味は民俗学の基本的特徴でもある。蓋し、止まることを知らず進展する近・現代が必然的に発生させた疲労感や休息志向に、民俗学が 19 世紀に各国で成立した要因をもとめるのは無理からぬ論であろう[26]。また、ナチスとは無縁な民俗研究の潮流のなかでも、都会文化を異分子と見る視点は稀ではなかった。例えばローマ・カトリック教会系の民俗学は一般にナショナリズムが希薄で、広くヨーロッパ文化を射程において歴史的変遷を重視するところに特質があったが、そうしたグループのなかでも、都会文化への反撥は案外強かったのである[27]。フェーレが都会文化を〈何にでも手を出すノン・カルチャー〉と見ていたのは、無理解の型として決して珍しいもの

ではなかった。しかし他の要素と連結することによって、それは歪みや逸脱の度合いを強めていった。

本然のものと異質なもの

　ゲルマン的上古、神話、血、大地、農民存在、非都会性、これらをつないでフェーレが持ったと思われる世界像は、スローガンめいた評価基準と重なった。〈Arteigenes und Artfremdes〉である。〈Arteigenes〉とは〈あり方が固有のもの〉であり、〈Artfremdes〉とは〈あり方が異質なもの〉である。すなわち本然と疎遠、根生いとよそ者である。しかしこれまた、フェーレに独特のものではなく、その当時、広義のフォルクスクンデや、さらに一般社会においても、そこに込められる意味に多少の違いはあれ、頻繁に用いられる弁別の標識であった[28]。フェーレの場合は、その最も安易で恣意的な適用の事例と言ってよく、都合の悪いものや、馴染みの薄いものや、不慣れなものすべてを、これによって否定した。世界経済、労働運動、デモクラシー、キリスト教といったインターナショナルな性格の諸動向、またユダヤ的や非アーリア的といった人種性、これらはいずれも〈異質なもの〉であった。またそれはユダヤ人の活動の様態についてのイメージと重なって、〈根無し草〉との蔑称ともなった。特にギュンターの影響による人種論と結合したことは悪質で、〈我らの血のなかにある本性、すなわち我らの存在における人種性〉の称揚に至り、それは取りも直さず〈本性に疎遠なものを遠ざけるべし〉という要請ともなった[29]。

　前代から尾を引いてきた民俗学に特有の問題設定との関係では、教養（Bildung）が異質なものに分類されたことに注目してよい。すなわち〈本然のもの〉はフォルク存在（das Volkhafte）から生成したが、その生成の脈絡は教養人士にあっては失われてしまったというのである。それらの者たちの教養は、非本然的な源泉から養分をとって〈ユダヤ化〉してしまった。すなわちユダヤ人という〈非本然的な寄生民族〉の影響をつよく受けた〈インターナショナルな全方向的な教養〉であるであるという[30]。発言が専門分野に関

わる対象についてであるだけに、研究者には相応しくない粗暴な思考であった。

アカデミズムが、その存在理由でもある堅実な推論の手続きや検証方法を放棄したような現象であるが、同時にまたそれは程度の差は別にすれば、フェーレにのみ起きた事態でもなく、民俗学にのみ発生したことがらでもなかった。同様の事態は、ゲルマニスティク（ドイツ語学・文学研究）はもちろん、文化人類学、考古学、地理学、美学、さらに医学や物理学においてすら起きていたのである[31]。学術の諸分野の少なくとも一角ではそれが趨勢となっていたことは、取りも直さず一般社会に照応する条件があったということでもある。その点から大きな背景を推せば、民衆が社会や国家において主導的な役割を担うべき時代に入りながらも、そうしたシステムが機能するには社会の各部門がなお未熟であったドイツ社会の病根が見えてくる。教養層・知識層が旧態然として上層・支配層を占めながら、政治も経済も昏迷を続けることへの反感や、知識層への広範なルサンチマンは、ナチズムの栄用源でもあったのである。

ハイデルベルク大学の民俗学

以上は主な要素を挙げたのであるが、これらの諸要素によって形成される観念複合とは、要するにフォルク・イデオロギーであった。それが民俗学の分野で実現すると、いわゆるナチズム民俗学になったのである[32]。しかしナチズム民俗学は、今日では絶対的なマイナスのイメージにもかかわらず、構成要素に分解すれば判明するように、決して一般から遊離したものではなかった。民俗学の行き方としては学問伝統のなかに根を張り、ものの見方としては時代思潮の広い裾野に伸びていたのである。もとよりそのなかに浸かり、押し流されながらも、迷いや逡巡を見せた人々も少なくなかったであろう[33]。それに比べてフェーレが絵に描いたようなナチストであったのは、時代の風潮と一体となることにためらいがなく、同時代の気圏を闊歩したがためである。研究者にもとめられる批判精神の欠如に他ならないが、特異な義

務感と自信にあふれた明快な姿勢によって人気のある大学教師だったこともまた一方の事実であった[34]。

　しかし時代風潮を率先して体現することは、そこまで程度が過ぎない場合には避けられたやも知れぬ逸脱につながった。もっとも、それはフェーレにだけ見られた過誤ではないが、そうした過誤を共有していたのはおおむねアマチュアであった。そしてこれまたドイツ語圏の民俗学の特異な様相と重なっていた。因みに、民俗学は多数のアマチュアや愛好家と共に維持されるという特徴をもつが、そうした他ではあまりみられないその長所や利点がドイツ語圏では逆にマイナスに作用した面があったのである。突き詰めれば、それも、学問のディシプリンとしての原理や基本理念の考察が不十分であったことに起因するが、事実としてドイツ語圏の民俗学は大きな歪みをかかえた学問分野であった[35]。逆に言えば、フェーレは民俗学の研究誌を主宰するなどアカデミズム有力なひとりであっただけに、検証する上で適切なサンプルなのである。次にそれを具体例に即して検討を試みる。話題としては、3種類を拾ってみた。第一は映像資料をめぐる問題性、第二はフェーレのハーケンクロイツ（鉤十字）論とそこから見えてくるもの、第三はフェーレとアマチュアの民俗研究家をめぐる関係である。それらを時代思潮や民俗学の発展の脈絡のなかに位置づけようと思う。

3. 映像資料の魔術

　ハイデルベルク大学哲学部の倉庫には、民俗資料と称する山のようなガラクタが埃をかぶって残っている。フェーレが収集した民俗文物と写真類である。その大部分は無価値な厄介物であるが、ナチスの関係資料という負の方向において現代史の証人であり、また中には意図せざる資料価値の可能性も否定できないところから、捨てるに捨てられないのである[36]。それらの収集資料は次のような顔立ちをもっている。

フェーレは、いわゆる〈都会文化〉の新現象に反発したのとは裏腹に、写真にはたいそう関心を示した。一般にナチスは、社会発展と物質文化の進歩に対する不安や反発、また形をとらないままにわだかまる忌避の感情をすくいあげて政治的結集を図ったところがあるが、他方ではラジオや自動車や電気冷蔵庫などの技術機器の活用において巧妙であった。もっとも、それは矛盾した現象でもナチスに限った行動でもないが、フェーレにおいてもそうしたパターンがみとめられる。しかも写真をフォトグラフィーと呼ばずに、意識的にドイツ語でリヒトビルダー（Lichtbilder）と呼んだが、それはこの科学技術に神話的な雰囲気をあたえることになった。

　写真の活用そのものについて言えば、1920年代末頃からその傾向が高まっていた。民俗儀礼や行事、家屋、民具、民俗衣装、さらに労働の様子まで、民俗学には写真によって実態を確認できる場合が多く、それゆえ多くの研究者が論考に写真を活用する度合いが増えていった[37]。因みに、写真を中心とした映像資料が簡便に使えることになったことと、民俗関係の博物館が増えてきたのが、民俗学において、昔話などの口承に重心をおく行き方に変化が出てきた要因のひとつであろう。それはともかく、ここで起きた事態は、写真を資料とすることの効用と限界へ認識が欠けていたためがゆえの混迷であった。かくしてフェーレのハイデルベルクの研究室には、ドイツ各地の民俗的な年中行事、近世の木骨家屋（ファッハヴェルクハウス）、現代の民俗工芸、北欧の岩壁画やルーン文字などの映像が集まってきた。映像だけでなく、民俗衣装や、農村の伝統行事にもちいられる藁人形などの実物も入ってきた。それらは、研究室での資料であるに止まらず、ナチスのプロパガンダを兼ねた一般への展示企画にも活用された。当時の流行語でいう〈視角教材〉（Lehrshau）である[38]。ナチスは新しいメディアの可能性を開拓し活用することに長けた組織であり、フェーレもそれに連なっていた面があるが、たしかに実物や映像は、展示設営されるだけでも、言葉や文字では達成できない圧倒的な説得力を発揮した。フェーレは中年まではともかくも学術的な研究をめざした人物であったために、当時の民俗研究の一般的水準を下回っているわけではなかったが、理論

自体が集団形成における〈フォルク〉を異常に重んじるもので、ナチスのイデオロギーに奉仕するものとならざるをえなかった。その様子を次に2つの材料について具体的に検討する。

4. オイゲーン・フェーレのハーケンクロイツ（鉤十字）論文

ナチスとハーケンクロイツ（鉤十字）

　ハーケンクロイツは今日では専らナチス・ドイツの徽章としてすこぶる評判が悪いが、歴史的、また空間的に広く射程をとると、古くから各地でおこなわれていた。ナチス・ドイツの用いた4本の腕が斜めに交差し鉤が右曲がりの形状に限定せず、類似のデザインをたどるなら、それらは古代オリエントにも古代ギリシアにも、キリスト教芸術に認められる。また空間的には、インドにも中国にも日本にも存在した。垂直と水平の腕が交差し先の鉤が左曲がりの符号（卍）は則天武后によって〈萬〉の異体字とされたと言われるが、また日本では稲荷の標識となってきたことは周知の通りである[39]。

　そのハーケンクロイツは20世紀のドイツで特別の意味をもつことになった。しかしそれもナチスの独創ではなかった。ナチスは使えそうなものは何であれ利用することに躊躇しなかったが、このシンボル・マークも例外でなかった。先行例をたずねれば、20世紀始め頃に半可通たちの民俗知識のなかで浮かびあがり意味付けされることになったデザインのひとつであった。特に1905年にウィーンで結成されたグイード・フォン・リスト協会（Guid-von-List-Gesellschaft）はハーケンクロイツを徽章のひとつとして採用し、また挨拶に"Heil!"の呼号をとり入れたことによって、後のナチスと照心するところがある。このリスト協会は、町の民俗学者にして素人政客のリストの周りに集ったマニアックなナショナリストたちの団体であった。その評価も、政治史よりは、民俗学史のなかに位置づけられる[40]。ハーケンクロイツについてなお敷衍すれば、ナチスがそれを採用したのは、そのデザインが第一次世

界大戦の最中に大流行をみたことが直接の刺激であったであろう。特に手紙の便箋やシールのマークとしてブームを呈したのである[41]。

オイゲーン・フェーレのハーケンクロイツ（鉤十字）論

『上部ドイツ民俗学誌』はオイゲーン・フェーレが主宰した研究誌であるが、そこにフェーレは毎号指針的な文章を載せた。その多くはフェーレが多忙であったこともあり、短いものであるが、中にはかなりの分量になるものも混じっている。1934年号の「ハーケンクロイツ（鉤十字）論」はその代表的なものと言ってよい。それは次のように書き出される[42]。

　忠誠（Treue）が古来ゲルマン・ドイツ存在の主要な微標であることは、ゲルマン民族体とは無縁な観察者によっても認識されてきた。ゲルマン人に関する最古にして集約的な叙述であるタキトゥスの『ゲルマニア』が書かれたのが紀元98年であったが、そこにすでに頭領と扈従との間の忠誠が特筆されている。忠誠はドイツの英雄文学と言い伝えにおいて筋立ての根幹となってきた。人間と神的存在との関係も忠誠の上に成り立っている。また多くの民衆本にも現れる。私たちが冬至の時節に冬も緑のままの樅の樹を部屋や野外に設置するとき、私たちは　生命の再生と永続への信頼を表現する。私たちの間でおこなわれている次のような歌は、この信頼と希望を忠誠の概念と結び合わせている。

　　おお、樅の樹よ、樅の樹よ
　　お前の葉には心がある
　　夏だけ緑なのじゃない
　　冬だって、雪が降ったって
　　おお、樅の樹よ、樅の樹よ
　　お前の葉には心がある

そしてこれに五月樹（マイバウム）と太陽の表徴が接続され、また生命の再生と永続を願う心意が重ねあわされた。

　五月樹は私たちの歴史の最古の時代から知られてきた。ゲルマンの青銅時代から数世紀にわたって繰り返されてきたスカンジナヴィアの岸壁壁画には、すでにそれがあらわれている。五月樹が橇や舟に載せられて巡回することもあった。それはまた生命の樹とも同義であった。生命の樹とは、いつの時代にも私たちの祖先の宗教的観念の前景に立つと共に、今日もまたそうであり続け、ほとんどそれとは分からないまでに様式化されて民俗工芸となっていたりする。

　冬至に設営されるゲルマンの冬の緑樹はキリスト教時代となって聖夜の樹ないしはキリストの樹となった。……

　五月樹とならんでもうひとつの標識（Sinnbild）がドイツの民俗行事のなかで生命の永遠の更新への信頼が表現される。すでに紀元前からゲルマン人たちは太陽の絵姿を描いてきた。またその図像を担ぐなどして、人間や種籾が太陽という一点から照らされるさまを再現してきた。それらは金色に塗った盤状のものや輪や木板を金色に彩色して火をつけ、山の斜面を落下させたり、あるいは燃える火そのものを高いところから境界の標識めがけて投げるのである。そのとき人は、その行為をモデルにして、夏の太陽が熱をもたらし人間と耕地の上に祝福がひろがることを願うのである。

　そうした太陽の図像は、家屋、またその他の祝福や救済の印を表示するさまざまな場所に取り付けられた。そのさい運行する太陽は、常に新しく目覚める生命の徴となるべく、渦巻きや曲線や折れ線の光として表わされた。光線の数は任意のこともあれば、4本あるいは3本の腕のこともあった。

　太陽のかかる表出がランプの木製の装飾支柱の装飾となっている場合は、太陽を意識することから単なる装飾への移行と言ってよいであろう。

　またしばしば図像は単なる装飾でもある。静止した太陽は、垂直と水平

の２つの直径をもつ円盤として描かれることが多い。中央から４本の光線が放射するハーケンクロイツ（鉤十字）が運行する太陽の表出となったのは、かかる経路によってであった。……

このようにハーケンクロイツ（鉤十字）が太陽の表出に由来することを導いたあと、フェーレは、その標識の普遍的にして歴史の始原に溯ること、また現今におけるその自覚の重要性を説いた。とは言え、その論考の中心は53点の図版で、それらをつなぎ合わせ、またそこに簡単に解説をほどこすといったスタイルである。たとえばキリスト教会との関係については次のように言う。

> キリスト教会の芸術には、カタコンベの昔から今日にいたるまでハーケンクロイツ（鉤十字）が現われる。……キリスト教徒は、ハーケンクロイツ（鉤十字）を描くにあたって何を意識したのであろうか。もとよりその原義を知ってはいなかった。……しかしカタコンベにおける最初のキリスト教徒たちは、アーリア人の文化圏に属していた父祖たちの持ち伝えていた救済の標識を受けついで――その意味を知らないままに――護符としたのである。

またハーケンクロイツ（鉤十字）がさまざまな文化や民族のあいだに見出されることについては、各地での個別発生か伝播かという二つの見方の選択を要することに言及した上で、次のように言う。

> 太陽の表徴としてのハーケンクロイツ（鉤十字）はばらばらの観念ではなく、それによって祝福を得ることと結びついた観念の流れを前提とする。この表徴は非常に早くから知られるが、特にそれが深奥にまで入っているのはヨーロッパのアーリア系諸民族においてである。そえゆえハーケンクロイツ（鉤十字）がこれらの民族群のなかで成立し、やがて世界中に広まったと考えることには十分な理由がある。……ハーケンクロイツ（鉤十字）

の歴史は、黎明期のアーリア諸民族の偉大な意義に向けた価値高い寄与となる。人類の黎明期のそうした宗教的表徴の探求は、宗教学にも、黎明期歴史学にも、民俗学（フォルクスクンデ）にとっても、重要な課題である。
　……ハーケンクロイツ（鉤十字）は、インド人のあいだにも東アジアにも分布している。特にインド人のあいだでは救いの徴である。ブッダの像には、それを胸や足裏に伴っていることが多い。仏教には、アーリア的観念が強く脈打っている。その仏教を通じてハーケンクロイツ（鉤十字）は東アジアに伝播していったと考えることができよう。

　この解説を証明するために、フェーレは多数の図像を載録した。北欧の洞窟壁画、古代ギリシアの陶器にみえる幾何学文様、ケルト人のバックル（帯鉤）の文様、初期キリスト教のカタコンベに彫り付けられた太陽をあらわすとおぼしき紋章、中世の教会堂の祭壇彫刻、中世の写本のなかのミンネ詩人の肖像、さらに村落で使われてきた木製のランプ台の支柱に彫られた太陽とみえなくもない連続文、菓子型の伝統的なデザイン、日本の『蒙古襲来絵詞』に描かれたモンゴル人の盾の文様、アメリカ・インディアンの器皿の絵付け等である。
　それらのどれもがハーケンクロイツ（鉤十字）と同じあるいは親近なデザインであることは事実であろう。それをどう見るかについては、さまざまな考え方があり得ようが、フェーレはそれをアーリア人の太陽信奉の伝承と読み、ナチスに接続させたのである。

5. ハーケンクロイツ論に見るフェーレの逸脱とその背景

　ではこのハーケンクロイツ（鉤十字）論は、どこに問題があり、それは広い背景とどう関係しているのであろうか。
　フェーレの間違いは、一口に言えば、ナチス・ドイツの徽章を特別視して

取り上げた事実そのものにある。分解して言えば、次のような諸側面を指摘することができる。また以下のように分解すると、そのあきらかな逸脱も決してフェーレ一人に終るものではなく、時代と思想史につながっていることが分かってくる。そこには、学問史上の金字塔を樹立したとされる学究からマニアや狂人の存在までが重なってくるのである。

ハーケンクロイツの歴史と意味

　ハーケンクロイツ（鉤十字）が、古代世界で幾らも行なわれていたことに関しては、フェーレが指摘する通りと言ってもよい。しかし間違いは、古来普通に行われてきた多くのデザインのひとつであった点を見ずに、それがことさら重い意味をもったものとして特別したことである。

　ハーケンクロイツ（鉤十字）が詳述に値するのなら、他の多くのデザインもそれに劣らず重い意味をもつものとされなければならない。そうした配慮を欠き、多くのなかのひとつを特別したことによって、全体の配置が見失われのである。

　ハーケンクロイツ（鉤十字）の意味については、太陽を象ったという説も完全に否定はできない。しかしまた単なる遊戯や面白いデザインとして愛用されたこともあったであろう。そのなかで太陽を象ったという意味に限定し、そこに特別の意味を追い求めていったのは偏見であった。意味解釈の幅の広さを否定し限定したことによって、客観性を喪失することになったのである。

キリスト教とハーケンクロイツ

　キリスト教会とハーケンクロイツ（鉤十字）の関係について言えば、それはもともとキリスト教会の成立以前から存在したデザインで、古代教会によって採用されたことは美術史においてもキリスト教史においても常識と言ってよいものであった。すなわち、ギリシア文字のガンマ（Γ）の組み合わせの意で〈crux gammata〉（ガンマ十字）の名称で分類されてきた変形十字架である。それゆえキリスト教芸術にハーケンクロイツ（鉤十字）が登場す

るのは少しも不思議ではない[43]。しかしそれをもって、キリスト教会に始源の心意がなお生き残る姿を見るのは先入観が過ぎた論であった。

　しかしそうした先入観もひとりオイゲーン・フェーレの孤立した現象であったわけではない。ハーケンクロイツに直接関係するのではなく、一般論としてであるが、その種の見方を支える有力な見解が存在したのである。他ならぬヤーコプ・グリムのキリスト教観である。ヤーコプ・グリムは、ヨーロッパの源初に古ゲルマンの神々を措定し、それらがキリスト教会のなかで、形をかえ、貶められ、奇形化しながらも生き続け、時に固有の力を発揮することを指摘した[44]。

　　キリスト教徒たちは、彼らの先人が持っていた神々への信仰を、たちまち放棄したのでも、完全に捨てたのでもなかった。したがって、異教の神々は、一挙に彼らの記憶から消えてしまったわけではない。それらは、一部の頑な人々の前に、場所を変え、しかも後退した場所で姿を現した。それらは、信頼されるような性格や、親しみやすい特徴を失い、黒い恐ろしい力へと変貌し、またそのようにして、ある種の影響力を永く保持することになった。

　これは、大変よく知られた論説であるが、それだけに、注意を要する点がある。この論説にヤーコプ・グリムがどの程度まで仮説の意識をもっていたかどうかは問題であるが、ともかく、これはその後は、民俗事象を理解するにあたっての公理や憲法のように受けとめられ、ありとあらゆる現象について無批判に適用されることになった。その影響力の大きさは、同様の趣旨を説いたハインリヒ・ハイネの『流刑の神々』の比ではなかった[45]。しかしまた興味深いのは、ヤーコプ・グリム自身は、こうした理解の尺度を持ち、またそれ故の歪みを冒すこともありはしたものの、個別事象の解明にあたっては、驚くほど実証を心掛けていたことである。ヤーコプ・グリムの実証性が受け継がれずに、判断のおおまかな尺度の方がより影響力を持ったのは、ド

イツ社会のなかにその因由があったのであろうし、また広くみれば近代化の進展のなかにその一般的な素地があったも言えるであろう。また、そうした弊害がより強く現れたのは、すでにグリム兄弟の晩年から多数あらわれたアマチュアの民俗愛好家においてであった。ドイツの民俗学史の特異な一潮流、いわゆる〈通俗民俗学〉である[46]。実際、その種の書物は当時から100年を閲した今も巷にあふれて、しばしば災いをもたらしているいる[47]。しかしまた、それはアカデミズムの世界にも忍び込んで、学問性を損なわせることになった。そうした相互作用は決して僅かな数人の研究者だけの責任ではなかったが、フェーレはその種の動きの最終段階の時期に活動して、そこに疑念を抱かなかった一人であった。もとよりキリスト教文化のなかに時に古い異教の要素が生き続けるという観点自体は、概ね無理な論であるにせよ、まったく否定することはできない面がある。しかしそれは個々の現象ごとに検証しなければならないのである。それを怠ったフェーレは、素人のような過ちをおかしたのである。それを臆面もなくなさしめたのは、ハーケンクロイツ（鉤十字）という題材が、当時世間で評判だったからであり、権力の喜ぶところだったからである。要するに、御用学者であった。

民俗学・文化人類学の一般的傾向との関連

　しかし大きな背景までさぐると、フェーレの過誤は、ヨーロッパの学問が当時なお脱却していなかった固定観念ともつながっていることが分かってくる。それは、源初の思考、特に上古においてアーリア人がもっていた信仰心意は、遥かな後世、さらに現今にまで及んでいるという見方である。すなわち、数千年も昔のアーリア人の信仰や習俗が今日においても何ら変ることなく続けているというのである。正に妄想であるが、それを代表し、また妄想の自覚を微塵ももたず、臆面もなくそれを公言したのは、イギリスのジェームズ・ジョージ・フレイザーであった。『金枝篇』は今日なお名著と評されることがあるが、その序文はこの大著の方法論と言ってもよい性格にある。そこには注目すべき論説が繰り広げられている。すなわち、農民のあいだで行

なわれている習俗は、ヨーロッパ人の祖先がアーリア人として活動していた頃の姿が何ら変ることなく続いているとの見方が縷々と綴られるのである[48]。その理由は何かというと、農民は文字を知らなかったからであり、それ故あらゆる文化的変動の外に立ってきたからというのであった。そうした方法論による著作が全体として荒唐無稽になるのは当然であった。しかしそれが今日なお多少の信頼をもってみられているのも一方の事実である。フェーレが、ハーケンクロイツ（鉤十字）が源初や上古において帯びていた意味を想定し、それを1930年代まで生き続けるとしたのも、題材の特殊性を別にすれば、当時の思考の型と重なっていたのである。

図像研究という袋小路 —— K・Th・ヴァイゲルとの重なり

　さらに今ひとつ、一般的な特徴がある。フェーレの時代には、図像の解読が流行ったことである。もともと図像や映像は、文字や文章に比べて、意味を限定しにくいところがある。自制をもって臨まなければ、絵解きは際限なく進行し、恣意に傾いてゆく。とりわけ対象に限定的にかかわると、袋小路に入り込んで観察者としての自己の位置を見失い、フェティシズムや呪術性に陥ってゆく。

　因みに、そうした逸脱も、当時、学術面での流行とでも言うべきものになっていた。一例を挙げると、ゲッティンゲン大学で民俗学を担当した人物に、カール・テーオドア・ヴァイゲルがいた。アカデミズムのなかで育った人ではなく、町の学者であったが、民俗学の講座が設置されはじめた時期とナチス・ドイツの支配という状況のなかで、そうした一齣が出現したのである[49]。その主な活動は、他ならぬ図像の絵解きであった。この人物の著作の多くは、要するにさまざまなデザインを追いかけて、それを中世や上古や古代との連続性において解読するというものであった。農家の柱や鴨居に刻まれた文様や、道具にほどこされた記号めいた装飾などである。それを、このハーケンクロイツ（鉤十字）論文のような手法で追って行くと、嘱目するところ、おどろおどろしい古層が次々と浮かび上がることになる。〈村道を歩

む〉とのサブタイトルが付いた著作などは、それを謳って憚らない。その表題に曰く、『右にも左にも上古が生きる』[50]。このヴァイゲルが学問の府に入り込んだことを、ゲッティンゲン大学の教授たちは腹に据えかねたのであろう。ドイツの敗戦の後、ゲッティンゲン大学哲学部は、ヴァイゲルを告訴した。その結果、彼は〈資格もなく大学の教壇に立った〉として罰金刑に処せられた。もっとも、それは、哲学部の教授たちが望んだよりも遥かに軽微な処分であったらしい。そしてヴァイゲルは、その後も町の民俗学者として、懲りもせず同じような著作を書いて余生を送った。

なお言い添えれば、そのゲッティンゲン大学の民俗学講座の経緯を振り返った近年の論考にも、事実を確かめる資料に留まらない問題性が見え隠れする。すなわち、ゲッティンゲン大学がナチス・ドイツによって素人を教授陣の一人として押し付けられた被害を強調しているものの、哲学部がナチス・ドイツの威勢のよい頃には不当を難じることもなくその人事を受け入れた迎合・事大の体質、また時勢が変ると一転してその素人を官憲に突き出した変わり身には一言もふれないのである。執筆したのは、1980年代から90年代にかけて長期にわたってドイツ民俗学会の会長をつとめたロルフ・ブレードニヒであった。

資料批判の限界 —— ヘルマン・ヴィルトとの重なり

最後に、フェーレによるハーケンクロイツの意味づけにおいて、アメリカ・インディアンの事例が挙げられていることにちなんで、そこから見えてくるものに触れておきたい。図像およびそのもつ意味については、伝播か独自発生かについて考え方が分かれることにはフェーレも言及しているが、ハーケンクロイツ（鉤十字）については、北アメリカの先住民族のあいだで鷲が象られ、その心臓あたりに配置されていることから、ユーラシア諸地方の古い事例と同じく、新大陸でも太陽のシンボルであったと見るのである。これが実証的に正しいかどうかはともかく、そうしたものの見方である。それは、当時おこなわれたひとつの思考脈絡と重なってくる。人間の最初の表現行為

の産物としての図像をとらえるという行き方であり、したがって図像は人間にとって普遍的な意味を帯びるという考え方である。さしずめそれを代表的する人物は、ゲッティンゲン大学の民俗学科の最初の教授となったヘルマン・ヴィルト（Herman Wirth）であった[51]。

　ナチス・ドイツの強い後援によってそのポストに就いたのであるが、ヴィルトは、後任のヴァイゲルとは違い、正規のアカデミズムのなかで教育を受けて研究に従事した人物であった。しかもその師にあたる人物は偉人であった。ヴァイマル時代末期からナチス・ドイツ時代にかけてドイツ民俗学協会の会長であった碩学ヨーン・マイヤーで、今日の評価でも高潔な人柄であったとされている。ヴィルトは、そのマイヤーの下で学位も得たのである。しかしヴィルト自身は早くからフェルキッシュ思想に傾き、それゆえナチスに重んじられたのであった。ヴィルトは、親衛隊長官ハインリヒ・ヒムラーが組識した文化政策の推進機関「祖先の遺産」の初代の会長であった。ナチ党幹部からも厚遇を受け、その豪華な装丁の著作『人類の神聖な始原文字』は、ナチ政権の前半の数年間には、ヒトラーが誕生日の贈り物を受けたときに返礼として好んで用いた品物でもあった[52]。なかなかの大著であるが、それが主要にあつかっているのは先史時代に溯る図像の類である。スカンディナヴィアの洞窟やアフリカのサハラ砂漠の岩壁に残る先史時代の絵画や記号、またアメリカ先住民族の遺跡から報告される記号類を収集し、そこから人類の最初の文字を推定し、また太陽を表わすとみなした多くの標識を元に太陽信奉にはじまる〈すべての宗教の元になった始原宗教〉の復元を試みるというものであった。ヴィルトはそれをゲッティンゲン大学で講義するだけでなく、各地で企画展を開催し、またドイツの幾つかの先史遺跡で記念大会を開いたりして羽振りがよかった。しかし、やがてその狂人であることがナチス幹部たちにも察知されて追放された。それでもナチス・ドイツの崩壊までは、ヒムラーが生活の援助をしていたようである。戦後も1960年頃まで、人類の始原宗教なるものを標榜し、また生もの主体の献立による〈古ゲルマン食〉で暮らす小グループの中心となるなど、一種のカルト集団を作っていた[53]。

このヴィルトほど極端ではないが、オイゲーン・フェーレの場合も、ユーラシアに分布する図像伝統とはいかなる関係もあるべくもないアメリカ大陸の例を挙げることを躊躇しなかった点で、人類に普遍的な表現類型という考え方を受け入れているのである。またそれは、ジェームズ・ジョージ・フレイザーにも共通していた。『金枝篇』もまた、ヨーロッパの古層の宗教や信仰生活を復元するとして、いかなる連絡もないアメリカ大陸の事例を証明材料に挙げて憚らない奇書という側面がある。その復元した宗教の中身は、方法論の欠陥からも荒唐無稽であるが、それを第三者として復元したフレイザーは文化人類学の一時期を画する学者であり、他方、復元したものを信奉したヴィルトは狂人であった。そうした19世紀末から20世紀前半におよぶ思潮のなかに、オイゲーン・フェーレもまた位置づけることができるのである。

6. フォルク思想の実践としての民俗儀礼・行事の再現

写真をはじめとする視角資料が説得力において発揮した魔術的な効果も、理論に歪みがなければ弊害を生まなかったであろうが、背景の理論に欠陥がありすぎた。いわゆるフォルク・イデオロギーである。そのため、実際の活動において奇妙な逸脱が発生した。それは、民俗行事の実践をめぐってであった。民俗行事を復興・再現しようとする動きはすでに19世紀後半から始まっていたが[54]、特に第一次世界大戦の前後からは〈ふるさと保全〉や〈ふるさと護持〉を合い言葉とする郷土文化の運動が起き、さらに1930年代に入ると折からのフォルク思想の高まりに煽られて、各地で古ゲルマンなど上古の信奉儀礼や行事を再現する動きが盛んになった[55]。しかし、古ゲルマン時代から連綿と続いてきた民俗儀礼・行事は実際には皆無と言ってよく、その復興は勢い創作にならざるを得なかった。そのさい、19世紀以来民俗学者が蓄積してきた上古研究が、その復興運動に知識を提供することになった。言いかえれば、民俗学の研究成果が民俗の担い手に還流したのである。それゆ

え再現された行事は、民俗知識を活用した新しいイヴェントととでも言うべきものであったが、それはしばしば古くから伝承された民俗そのものと受けとめられた。かかる視点が、民俗行事の真贋の弁別に対する無頓着へと伸びてゆくのは必然的であった。

7. ハインリヒ・ヴィンターとオーデンヴァルト地方の〈ニッケル〉

かくしてフェーレのもとに集る民俗資料には、篤実な報告もありはしたが、偽ものも混じることになった。そのなかで特にフェーレと関係をもつことになったのが、バーデンのヘッペンハイムの民俗愛好家で、郷土文物の保存に熱心であったハインリヒ・ヴィンター（Heinrich Winter 1898-1964）であった。ダルムシュタット工科大学から建築学で学位を得て、当時は実科学校の教員であった。郷土の民俗の収集に熱中したが、その関心は、現行の民俗に上古の信仰や神話の痕跡を見出すことにあった。たとえば、幼子キリストの巡遊行事に用いられる編み細工の篩に、ゲルマン時代の太陽信奉を読みとるといったものであった。そしてその民俗調査の報告を郷土誌に寄稿していたが、評判がよかったところから、ナチ党親衛隊の文化関係の雑誌『ゲルマニア』や、党機関紙『フェルキッシァ・ベオバハター』の編集長アルトゥール・ローゼンベルクが関わって発刊された民俗学研究誌『ドイチェ・フォルクスクンデ（ドイツ民俗学）』にまで関わるようになった[56]。

そうした報告のなかから、ハインリヒ・ヴィンターが特に情熱を傾けて追跡したオーデンヴァルトの真冬の行事を取り上げる。それによると、オーデンヴァルトやネッカー川上流域の山地、またそれと隣接するシュペッサルト地方には、クリスマスからファストナハトにおよぶ真冬の期間に、さまざまな機縁に注目すべき変装者が行事に登場するのであった。それらを指す名称も多彩であった。便宜上、頻出する語彙を尺度にすれば〈Nickel〉や〈Benzenickel〉であるが、実際の呼称は多彩で、ヴィンターは変装者を指すそうした

民俗語彙の実態についても調査を行ない、その分布を地図上に表示して報告文に添えた（Nickel は Nikolaus, Benze は Pelz［獣の皮革］の方言）。また写真を多用して行事を詳細に記録することを心掛けた。そこに報告されたのは、皮衣をまとって杖や鞭を手にする人物の他、特に注目すべきものとしては、木綿の白いシャツやベッドのシーツで身体をおおった人物たちであった。それらは背中に詰め物をして四つ這いに近い格好で現われて、家々で跳び回ったり、よろけながら歩いたりするのである。また街路を練りあるいたり、家々を訪れて窓から覗くしぐさをする変装者もあった。他にも特徴的な登場者としては、牧草用の木製の熊手を背中につけて背丈を高くし、全体に白いシーツを被せて先端に粗いタッチで顔を描いた異形者などがあった。それらを数人が引きつれて村を歩いたりするのであるが、また物ねだりの習俗（Heischebrauch）と一体になっている場合もあった。ヴィンターはそうした変装者の出たちの手順や登場のしぐさ、そして村での振る舞いを詳細に記録した。

　写真と地図によって補強されたその報告類は民俗学の貴重な資料として注目された。特に、白いシャツやシーツで全身を包んだり、あるいは顔の一部だけを残して被う変装者はそれまで知られていなかっただけに、新発見として歓迎された。すなわち〈それまで専門誌でも一度も取り上げられたことない形姿であり、それらは諸誌に掲載されて驚愕を惹きおこした。それらは木製の熊手にぎらぎらするほど白い亜麻布を垂らして作った亡霊や動物の顔で、粗いタッチで描いた目や鼻や口は、いかにも死霊らしいおどろおどろしさを湛えていた〉[57]。そして幾つかの研究機関に、ヴィンターは、行事の推移をつぶさに記録した写真を納めた。それらの機関では、詳細な説明を付して保存された。途中からヴィンターの後援者となってオイゲーン・フェーレはもちろん喜んだ。ただハインリヒ・ヴィンターがそうした儀礼・行事のすべてを上古の太陽信奉に関係づける説明をつけることに対しては、方向は間違っていないにしてもやや短絡であるとして自制を促した。またヴィンターの報告に時には疑問を抱きもしたが、フォルクの〈本質的なものが含まれる〉とい

う理解のもとにおおむね受け入れて、提供された写真を引き伸ばしては、種々の企画に活用した[58]。

ところが1960年代になって、ハインリヒ・ヴィンターの調査報告への疑問が起きた。そして洗い直しがなされた結果、オーデンヴァルト地方の真冬の変装者はすべてヴィンターの創作であることが明らかになったのである。この地方にもともと行なわれていた行事で、おそらくヴィンターの創作に刺激を与えたと思われるのは、クリスマスの延長の期間に催される幼児キリストの行列であり、とりわけそこに登場する馬の作り物であった。ヴィンターは馬の作りものの拙い風情に却って上古の信仰の痕跡を読んでしまったらしい。また幼児キリストの行列行事やそこで使われる馬の仮装そのものは、ヴィンターが活動する以前から民俗学の分野では記録がなされていたのである[59]。

注目すべきは、ヴィンターが捏造の意識を持っていなかったことである。今日からはやや奇異な印象があろうが、それには当時の時代思潮がかかわっていた。ヴィンターは、他の多くの民俗愛好家と同様、生活のなかに点滅する古風な事象が古ゲルマンに溯ると確信しており、それを情熱的に追跡するなかで、より本質的な形態、すなわちあるべき姿をもとめたのである。それが、木製の熊手のような小道具に死霊の顔を読むことに進み、また被写体に衣装やポーズの注文をつけたのである。そこにはドイツ語圏の民俗学に特有の思考が見られ、また背景には近代ヨーロッパの思想潮流のうねりが認められる[60]。——しかし視野を広くとると、これと類似した動きは、他の文化圏でも、したがって私たちのあいだでも起きていないわけではない。ヨーロッパ文化に特有の脈絡と共に、伝統文化との関わりという点では、近・現代社会に一般的な趨勢もまたそこにははたらいているからである[61]。

ともあれ幾つもの民俗学の研究機関が一時期それを受け入れたのであるから、ハインリヒ・ヴィンターの活動を見破ることができなかったのはオイゲーン・フェーレだけではなかった。またフェーレも多少の疑問をいだいていた節がないではない。しかしフェーレ自身も、民衆（フォルク）のあいだには今なお上古の魂が息づいているという理論的要請を根本的に検証しようと

するほどの学者ではなかった。上古と後世のキリスト教文化の関係についてのヤーコプ・グリムの見解を個々の事例ごとに検討し直すような姿勢の持ち主ではなく、〈ヤーコプ・グリムのエピゴーネン〉[62]である点では、膨大な数のアマチュアと変らなかったのである。

そこには当時の思潮のもうひとつの側面が加わった。それは、ドイツ国民のフォルクとしての自覚がなによりも大事であるとの実践重視の視点であった。後者はナチ時代に特に顕著になったもので、その時代の論客であるフェーレが好んで説いたのは、そうしたフォルクとしての自覚と実践であった。事実、フォルクのなかから湧き起こってきた運動については、〈とやかく洗い立てて、混乱を起こしたり、神経を煩わせるような手続きこそ敵である〉と断言したりもしている[63]。フェーレがハインリヒ・ヴィンターの操作にどこまで気づいたかはともかく、民衆の民俗行事との関わりにナチ・イデオロギーに傾いたフェーレが求めたのは、客観的な批判でも文化財への経緯でもなく、フォルクとしての自覚と結集であった。

8. ハインリヒ・ヴィンターと収穫における〈車刈り〉の習俗

ハインリヒ・ヴィンターにちなんで話題をもうひとつ拾っておきたい。アマチュアの報告に批判眼がはたらかなかったのは、ひとりフェーレだけではなかったことを、別の側面で知る材料がある。ヴィンターは、同じくオーデンヴァルト地方において、収穫作業において、ひとつの観察をおこなった。今度の事例は、捏造ではなく、それ自体は事実なのである。麦類など穀物、あるいは牧草の刈り取りにおいて、穀穂や牧草を束ね、それを車輪状に並べるという風習である。それは、刈り取った穀穂や牧草のすべてではなく、多くの場合、刈り取り作業の開始にあたって行われる。それゆえ、儀式や合図やシンボルの性格をもっていると言える。また学術的には、その上から見た何重もの大きな同心円や渦巻きの形状のゆえに、〈Radmähen〉（車刈り）や

〈Spiralmähen〉（渦巻き刈り）の分類名称が行なわれている。ヴィンターはこの習俗に接して、各誌で報告をおこなった。民俗学誌のなかにはフェーレが主宰する『上部ドイツ民俗学誌』ももちろん入っていた[64]。そのさいヴィンターは、その習俗に、上古のゲルマン人の太陽信奉に由来するとの見解をほどこした。すなわち円環と太陽との形態上の類似性、ならびに農民の最大の関心事が太陽の順調な運行にあることに注目したのである。しかもそれを実際に行なっている土地の農民自身の口から、ヴィンターはそれらしき回答を得てもいた。

この〈車刈り〉なる刈り干しの形態は、今もドイツ語圏では散見される風習である。しかしそれが何を意味し、また何時頃から行なわれてきたかを知るための資料はなお確認されていないとみる人もいる[65]。注目すべきは、ヴィンターとまったく同じ解釈を、当時アカデミズムに属していた民俗研究者が行っていたという事実である。リヒャルト・ヴォルフラム（Richard Wolfram）である。しかもそれはナチ党の文化政策の重点的な活動のなかにおいてであった。その点では、ヴィンター以上に逸脱であった[66]。

それに関連して、ここでナチス・ドイツの文化政策の一こまを挙げておきたい。1935年に親衛隊（SS）の長官ハインリヒ・ヒムラーは文化政策を推進する機関として「祖先の遺産」（Ahnenerbe）を発足させ、先に挙げたヘルマン・ヴィルトを会長に据えた。民俗学はこの機関の主要な活動分野と言ってもよく、ドイツ人の国家政策のもとへの結集を学問的に支援することが課題であった。そこでは、教育・研究部門（Lehr-und Forschungsstätte）や保全部門（Pflegestätte）の名称の下に、「書記・標識研究」（Schrift-und Sinnbildkunde）、「ゲルマン研究」（Germanenkunde）、「言語研究」（Wortkunde）、「昔話・伝説研究」（Märchen-und Sagenkunde）、「インドゲルマン・フィンランド研究」（Indogermanisch-finnische Kuturbeziehungen）、「気象研究」（Wetterkunde）などの部門に分かれて運営された[67]。もっとも、それらの部門のすべてが充分な活動をしたわけではなく、取りあえず名称が掲げられたに過ぎない項目もあり、またそれも手伝って何度か組み替えや名称の変更がなされた。そのなかで1938

年にザルツブルクに設けられた「ゲルマン＝ドイツ・フォルクスクンデ教育研究部門」の代表者になったのがナチ党の熱心な支持者で若手の民俗学者のリヒァルト・ヴォルフラムであった。ヴォルフラムが中心になって行った民俗学のフィールドワークのひとつに、1940年1942年の2度にわたって行なわれた南チロールの総合的な調査があった。そこでは写真による資料収集も精力的に推進されたが、穀物などを円環状に刈り取る習俗も重点項目であった。そこでヴォルフラムは、やはり〈車刈り〉や〈渦巻き刈り〉を〈ゲルマンの太陽信奉〉の伝統に根差す風習であるとの解釈をほどこした。しかもヴォルフラムが、戦後になってもそれを改めず、同じ見解を表明していたところ見ると、それが学術的との意識を持ち続けていたようである。

　このヴィンターからヴォルフラムへと発展した民俗学の観察と解釈について、それらが怪しいことを指摘したのは、オーストリアを主なフィールドとしながら戦後のドイツ民俗学界を再建した碩学レーオポルト・シュミットであった。収穫をめぐる民俗を、博物館人らしく刈り取り道具に焦点をあてて考察した1952年の『農民の労働神話における形態聖性』においてである。実に、これをめぐって、レーオポルト・シュミットがほどこしたコメントは問題の本質を言い尽くしている観がある[68]。

　　　ハインリヒ・ヴィンターがオーデンヴァルトで通常の列状ではなく、円環状ないしは渦巻き状の刈り取りを確認して以来、この種の刈り取り習俗の報告が急に増えてきた。なかでもリヒァルト・ヴォルフラムは、第二次大戦中の南チロールでの採集活動を皮切りに大層熱心に調査を進め、またそれを収集すべきことを力説した。ところでその習俗が最も多く行われるのは、刈り取りの最初においてである。ザルツブルク州ルーンガウのレーザッハでは、円のなかに十字架を置くという形状で刈り始める。またガーラ谷（[補注]南チロール）の最も標高の高い土地であるラディン語系のコルヴァラ・コルフシュクでは、刈り取りを始めるにあたって、さまざまな文様に刈ってゆく。たしかにヴォルフラムも4種類の異なった文様を挙げて

いる。円のなかに十字架、円のなかに渦巻き、円のなかに線を4回引いて描いた花模様の十字架、円のなかに六稜星である。これと同様のものは、上部シレジアでも認められ、またそこでは、〈若い農夫は、刈り取りをはじめる前に、大鎌で地面に3つの十字架をしるした〉という報告もなされている。さらにスイスでも、刈り取り競争の言い伝えのなかに、こんな要素が入っている。〈マディスヴィルの左ききの刈り取り人には、決まった時間内に大きな十字架に刈り取るとの課題が課せられ、それが出来ると憧れている娘と結婚ができるのであった。しかし男は刈り取りの最中に倒れて死んでしまう。〉アンゲルン地方でも、刈り取り競争の伝説がそこにからんでいる。……そこでは、悪魔が下男と牧草の刈り取りを競争する。しかし悪魔はうまく刈れず、土塊ばかり削り、挙句の果てに死んでしまう。下男の方は、〈麦刈り人のやり方に倣って、中央に小さな円を刈り取ったので、心おきなく仕事仕進めることができた、とされる。これは、ハインリヒ・ヴィンターよりも100年も前の採録であって、これを見ると、刈り取り人の習俗が伝統ゆたかな農村社会に深く根付いていたことが分かる。カール・ミュレンホフのこの記録には、〈麦刈り人のやり方〉という以上には深入りしていないが、まことにもっともである。……リヒャルト・ヴォルフラムは、刈り取り習俗を特に〈車刈り〉あるいは〈渦巻き刈り〉に特定して、その文様の伝承的な意味合いを追いもとめた。ヴォルフラムは渦巻き文様やトロイの城（[補注] 迷宮文様の名称）やその類似物の意味を重視するが、刈り取り習俗にその脈絡があるかどうかは疑わしい。……文様そのものよりも、文様につながってゆく行為、つまり大鎌でしるしををつけること、つまり〈記す〉ことが、その始まりを神聖なものに、延いては牧草の刈り取りの全体を神聖にするように思われる。しるされる文様が多様であるとも、特定の文様に民間俗信の上でシンボル的な深い意味がこもっているとは言えないことを示している。また十字架をしるすことが強調されていることが多く──たとえ何が何でも異教を発見せずにはおかず、十字架についてもキリスト教以前に聖性の記号であったとみる解読者がいるとし

ても —— 大鎌はキリスト教の脈絡のなかに位置づけられよう。……これから見ると、太陽神話という時代思潮とからみあった読み解きは、研究にとってはまったく無意味と言ってよい。たしかにヴィンターは、シュペッサルトにおいて、車刈りをしている老人から〈わしは、太陽を刈り出しておるんじゃ〉との回答を得はしたものの、それを一般化することはできまい。特定の空間と時間のなかの意味付けも、一般的なもののなかに置いてみる必要がある。と言うより、私の考えでは、そもそもこのインフォーマントの回答はフォルクのなかの一人の思念と言えるかどうか怪しい。むしろ、特殊な状況あるいは影響の下におかれた者が戸惑いながら表明したもののように思われる。つまり質問者が太陽神話の立場に立っていたところから、それが刺激になってその答えが飛び出した可能性である。その点では、現代の採録活動にさいして〈沈降した文化物象〉が起きたことも考慮しておかなくてはならない。つまり民俗学の知識を応用した民衆教化がめざましい成果につながったという脈絡である。因みに、その老人の言葉についてヴォルフラムは次のようなコメントをつけた。老人が口にした答えは、〈私たちなら渦巻きと太陽の運行が関連することを知っているだけに、なおさら驚きであった。季節の移り変わりによって天空をゆるやかに旋回しながら上下する太陽の運行が、正しく渦巻きとして表されたのである。〉この理解は、必ずしも目標に向かって引っ張った解釈とばかりは言えない。むしろ一時代前のエルンスト・クラウゼの活動などが既に沈降していて、それが改めて浮上した可能性も見えてくるのである。……

ここでの術語を補足をすると、〈沈降した文化物象〉とは、文化的な諸形態は、知的上層（それはしばしば社会に上位に位置する階層と重なるが）のあいだで生み出され、それが〈下層〉に流れ下って伝承文化になってゆくという、民俗文化の生成経路に関するハンス・ナウマンの図式である。フィールドワークは知的関心を動機として設定されたに研究者とインフォーマントとの関係に他ならないが、そこにこの術語を用いたのは、誘導尋問への疑いを

にじませたのである。それと共に注目すべきは、レーオポルト・シュミットがそれに止まらず、民俗学の歴史からも事態を検討していることである。キリスト教のさらに古層に太陽信奉を想定すること自体は古代世界に関する宗教史の知識であったことは否めない[69]。また太陽の神話、あるいは月の神話を強調するのも、まったく学問的でなかったわけではないが、同時にそれは、現行の民俗に太陽や月への信奉の名残を読みとって過大な意味を付与する通俗民俗学として広まりもした[70]。レーオポルト・シュミットは、その当時出回った通俗的な雑多な民俗解説書に盛りこまれた種々の当て推量が民俗の現場とも言える農村地域にも早くから浸透していた可能性を指摘したわけである。ヴォルフラムの見解が必ずしもフィールドワークの時点での作為とばかりは言えないとしているのは、民間への民俗理論の浸透にいささかも思いを致さなかったことへの批判でもある。こうして見ると、ヴィンターの報告を手もなく受け入れ、政治体制にも歓迎される方向の解釈に突進したリヒァルト・ヴォルフラムや、同じくヴィンターの採集を喜んだオイゲーン・フェーレなどとは、研究者としてのレベルの違いを感じさせる。ナチ時代の歪んだ民俗採集や意味付けが進行したのと同時に、ハンス・モーザーやレーオポルト・シュミットのような客観性に徹してそれを糺す人々もまた存在したのである。

　ところで、この話題については、別の角度から言い添えるべきことがらがある。それは、車刈りと近似した民俗が日本でも見出され、そこへヨーロッパの事例が伝えられたところから、両者の関連を推測する動きが見られることである。そのさい、ヨーロッパの事例の紹介では、太陽信奉の可能性にも言及されたりする。ドイツ語圏、特にオーストリアの文化人類学を背景にしているようであるが、情報は文化人類学に偏っており、民俗学界の議論は、その地の出身者にも知られていないようである。それもあって、そこからも刺激を得て、日本の研究者のなかには、ヨーロッパからインド、そして日本へと、かつてユーラシアに覆って共通の儀礼が存在したといった雄大な想定を口にする人すらいる。ロマンに満ちた着想と言えるかも知れないが、ロマ

ンに走る前に、しばし立ち止まって、レーオポルト・シュミットの手堅い考察に留意するのが安全であろう[71]。

9.『上部ドイツ民俗学誌』に見るオイゲーン・フェーレの関係者の広がり

　ところで最後に注意をしておくべきは、以上のような事情があったからとて、オイゲーン・フェーレが決して孤立した存在ではなかったことである。それはフェーレが1927年に創刊した『上部ドイツ民俗学誌』の執筆者の顔ぶれによって知ることができる。つまりフェーレにおいて極端化したものの、そこに含まれる要素の多くは当時の一般の思潮そのものという面もあったのである。すなわち、戦後の研究者からフォルク・イデオロギーと呼ばれることになる社会全体を覆った観念複合、また民俗学で言えば〈フォルクストゥーム民俗学〉と称されたりする行き方である[72]。そうした一般の状況もあって、少なくとも1933年までは、フェーレの民俗学の年誌は、かなり幅広く寄稿者を得ていたのである。それは、フェーレがともかくも専門分野のまとめ役となるだけのものを具えていたということでもあろう。ともあれ研究年誌への寄稿者のなかで今日もよく挙がる名前を拾うと、先ずフェーレと同じくナチストあるいはナチスの賛同者が名前を見せている。ゲルマニストのルッツ・マッケンゼン、当時ザルツブルクにおり戦後ウィーン大学で民俗学を主宰することになるリヒァルト・ヴォルフラム、ウィーン出身でオスロで活躍したリリー・ヴァイザー＝オールなどであり、またナショナリズムの博物館人ヴィルヘルム・ペスラーもそれに近い位置づけをあたえることができる[73]。しかし意外と思えるような人物も混じっている。ナチ時代にその風潮とは一線を画していたとして高い評価を受けているハンブルク大学教授オットー・ラウファーや、バーデンにおけるキリスト教文化の民俗研究を手がけ、フェーレが排斥を画策した相手されるヨハネス・キュンツィヒもしばらく寄稿者であった[74]。また『ドイツ民俗学辞典』の編者オスヴァルト・エーリヒ、

在外ドイツ人研究のアルフレート・カラゼク゠ランガーとアルフォンス・ペルリーク、高地オーストリア州の郷土史家ハインリヒ・ユングヴィールト、宗教民俗学のフリードリヒ・プフィスターなども顔を見せている[75]。しかし特に注目すべきは、カトリック教会系の民俗研究者がフェーレの研究誌への寄稿を躊躇しなかったと思われることである。マインツ大学カトリック神学部の教授で教会史の大御所であったアンドレーアス・ルートヴィヒ・ファイト、教会芸術の美術史家ヨーゼフ・マリーア・リッツ、巡礼研究に造詣の深かった司祭カール・ホッペ、さらに後にナチス・ドイツの迫害によって死線をさまようことになるウィーン大学講師ルードルフ・クリスまでが名前を見せている。しかも（一例を挙げるなら）、リッツが扱ったのは、この時代にしばしばイデオロギー的な解釈がほどこされたキリスト教芸術の代表とも言える〈聖女キュマニス〉（St.Kümmernis）に関するものであるが、ここでの寄稿は流石にそうした逸脱をおかしていない。クリスの寄稿も、その得意とする霊験記（Mirakelbuch）の掘り起こしである[76]。またトラウンシュタイン（高地バイエルン）の司祭ルードルフ・ヒンドリンガーの場合は、本人が寄稿しただけでなく、その死亡に際してフェーレは気持のこもった追悼文を執筆した[77]。またウィーン学派のルードルフ・ムーフともフェーレは人脈を保っていたようである[78]。

　もっとも、カトリック教会系との関係を、さらに細かく見ると、当時すでに民俗研究の中心人物であったミュンスター大学神学部のゲオルク・シュライバーや、教会関係者の民俗研究への進出の必要性を説いていたレーゲンスブルク司教ミヒャエル・ブーフベルガーのもとに集まっていた人々の名前は、皆無ではないにせよ、目立ったものではない。カトリック教会系とは言っても、一世代前の研究者、あるいは教会組織とは直接には関係をもたずに民俗研究にたずさわっていた人々が主である。またフェーレがヒンドリンガーと通じ合うところがあったのは、どちらもゲルマニスティク系・神話学系の民俗理論の信奉者という共通項があったからであろう。因みに、ヒンドリンガーのライフワークはトラウンシュタインの教会行事〈ゲオルクの騎行〉

(Georgsritt) を中心とした馬匹祝祷 (Pferdesegnung) の研究で、その主著のタイトル『聖馬と馬聖』(Weiheroß und Roßweihe) がすでにその視点のとり方を端的に表している。つまり上古においては馬はそれ自体が神聖で霊性をそなえた生き物であったが、キリスト教のなかで教会儀礼を通じてはじめて祝福される受動的な存在に貶められていったという構図である[79]。そうした理解は、フェーレがハーケンクロイツ論で古い太陽信奉の貶められながら生き長らえた形態を説いたのと同種類の通俗的な理解の図式であった。

☆

ナチ時代の民俗学の担い手のひとり、ハイデルベルク大学教授オイゲーン・フェーレの輪郭をなぞった。はじめにも記したように、この小論は、その人物がすぐれているが故の話題の選定ではない。その観察を通じて、ドイツの民俗学の幾つかの局面について学史的な理解を得んがための試料であり、その限りでのケース・スタディである。

なおここでの話題に続くフェーレのその後のライフ・ヒストリーについて言えば、彼は、ナチス・ドイツの敗北と共にハイデルベルク大学を去った。そして同大学哲学部の訴えによって収監されると共に非ナチ化裁判所の審査を受けた。その推移は、当時の西ドイツにおけるナチスの清算をめぐる振幅をうかがわせて別種の関心をそそる、それについては別稿において取り上げた。

注

1) 次の拙論((本書の第二部として所収)を参照、「第二次世界大戦のドイツ民俗学の展開とナチズム問題」。
2) 次の拙論((本書所収)を参照、「ナチス・ドイツの収穫感謝祭 —— ナチスのプロパガンダに民俗イヴェントの源流をさぐる」。
3) レーオポルト・シュミットについては、その著作『オーストリア民俗学の歴史』の拙訳(名著出版 1991 年) に付した解説を参照、ゲオルク・シュライバーについては、次の拙論((本書所収)を参照、「ゲオルク・シュライバーの宗教民俗学」。
4) ナチ時代のゲッティンゲン大学の民俗学については、次の論考を参照。Rolf Wilhelm Breddnich, *Die Volkskunde der Universität Göttingen 1938-945*. In: Volkskunde

und Nationalsozialismus. Referate und Diskussion einer Tagung der Deutschen Gesellschaft für Volkskunde. München 23. bis 25. Oktober 1986, hrsg. von Helge Gerndt. Münchner Vereinigung für Volkskunde. München 1987, S.109-118. このブレードニヒの論考では、ゲッティンゲン大学哲学部がアマチュアによってアカデミズムを侵害された被害者であったとの側面が強調され、権力に強いられたとはいえ、それを受け入れた大学組織の問題性にはメスを入れていない。; なおゲッティンゲン大学哲学部の民俗学講座の動向に関して、次の拙論では、主に現代史の研究成果を踏まえて、フォルク狂信者ヘルマン・ヴィルトが最初に哲学部に配属された事情に言及した。「ナチズムと学術政策 ―― 特に〈親衛隊―祖先の遺産〉の成立事情について」愛知大学経済学会「経済論集」第143号（1997）p. 147-236.

5) 〈Der Mitläufer〉は、非ナチ化裁判における他の分類項目、〈罪責者〉(Der/Ie Belastete) や〈甘い汁の吸い手〉(Nutznießer) などに比べると、軽い犯罪者類別であった。その認定自体が1950年前後の西ドイツ（当時）におけるナチズムへの関与問題に対する評価の揺れ動きを示している。

6) ペーター・アシオンにはオイゲーン・フェーレについて次の研究論文がある。Peter Assion, *Eugen Fehrle*. In: Badische Biographien. Neue Folge, hrsg.von Bernd Ottnand. Stuttgart 1982, S.112-114.; Derselbe, *Volkskunde in Baden. Versuch einer Standortbestimmung,* in: Badische Heimat. 64 (1984), S.463-490.; Derselbe, "*Was Mythos unseres Volkes ist*". Zum Werden und Wirken des NS-Volkskundlers Eugen Fehrle. In: ZfVkde. 81 (1985), S.220-244. アシオン氏には筆者も面識があったが、マールブルク大学の民俗学科の教授となってまもなく1994年に早世した。

7) フェーレの『バーデンの民俗』(Eugen Fehrle, *Badische Volkskunde*. 1924) は1979年にペッツォルト（インスブルック大学教授）の序文をつけて復刊された。参照、*Badische Volkskunde,* mit einem Vorwort von Leander Petzoldt. Frankfurt a.M. 1979. [Weidlich]

8) Eugen Fehrle, *Kultische Keuschheit im Altertum*. 1907.

9) Eugen Fehrle, *Deutsche Feste und Volksbräuche*. Leipzig und Berlin 1916 (Aus Natur und Geisteswelt, 518)

10) P・アシオンはフェーレが1934年に書いた次の履歴書に注目した。*Lebenslauf von Eugen Fehrle vom 6.10.1934* (Universitätsarchiv Heidelberg, Akten Volkskunde 1919-1951, B7594) またこれは次の著作にも大半が収録されている。Wolfgang Treutlein, *Eugen Fehrle als Forscher und Kämpfer*, In: Brauch und Sinnbild. Eugen Fehrle zum

60.Geburtstag, Karlsruhe 1940,S.1-12. によると、イタリアに滞在してイタリア・ファシストの活動を見聞していた 1923 年、折しもミュンヒェン一揆の報道を得て急遽ボローニャからドイツへ引き返したが一揆には間に合わなかったという（この事実であったかどうかは怪しいようである）。

11) Tacitus, *Germania,* hrsg.von Eugen Ferle mit Übersetzungen und Anmerkungen. Stuttgart [Philipp Reclam]1929.

12) Peter Assion, "*Was Mythos unseres Volkes ist*". *Zum Werden und Wirken des NS-Volkskundlers Eugen Fehrle.* In: ZfVkde. 81（1985), S.220-244. Bes. Anm.43.

13) AaoS.229, Anm.49.

14) AaoS.230, Anm.51.

15) AaoS.233, Anm.53.

16) 次の拙論（(本書所収)）を参照、「民俗学における個と共同体——二十世紀はじめのフォルク論争を読み直す」第〇項；なおディーテリヒの弟子では、宗教史家となったフリードリヒ・プフィスター（Friedrich Pfister）が知られている。

17) Albrecht Dieterich, *Über Wesen und Ziele der Volkskund.* In: Hessische Blätter für Volkskunde. 1（1902), S.169-194. なおフォルク論争の他の文献と共に次のアンソロジーに抄録されている。参照, Volkskunde. Ein Handbuch zur Geschichte ihrer Probleme, hrsg. von Gerhard Lutz mit einem Geleitwort von Josef Dünninger. Berlin 1958. ディーテリヒは二層論において〈下層〉を"das unmittelbare, ungeschichtliche Leben"とみなしたが、その意味と学史上の位置については、次の拙論（(本書所収)）を参照、「民俗学における個と共同体——二十世紀はじめのフォルク論争を読み直す」第 6 項。

18) Hans F.K.Günter, *Rassenkunde des deutschen Volkes..* München 1922. ギュンター（Hans Friedrich Karl Günter 16.Feb.1891‐25.Sept.1968）はフライブルク（Freiburg in Breisgau）の出身。そのファナティックな人種論は必ずしもナチスだけのものでなかったことは、すでに 1932 年にギュンターのためのポストがイエナ大学に設けられ、人種論の教授に就任していたことから知られる。以後、ベルリン大学とフライブルク大学の教授を歴任した。

19) アシオンはこれ以上には具体的に説明していないが、前者の原質思念（Grundgedanke）は 19 世紀末に民族心理学者バスチアン（Adolf Bastian 1826-1905）が提唱した見解であり、後者の伝播理論はリュングマン（Waldemar Liungman）に代表される視点である。

20) 定期誌"Volk und Rasse"の構想については、同誌の主幹となったハンブルク大学の人類学の私講師シャイトが創刊号に載せた綱領的な論考を参照、Walter Scheidt, *Einführung in den Arbeitsplan der Zeitschrift*. In: Volk und Rasse. 1 (1926), S.1-6. この巻頭論文の論旨は、要約すると次のようである。— これまで、"Volk"と"Rasse"は、次元の違った概念とみなされることが多かった。なぜなら〈フォルク〉は言語と文化において共通性のある人間集団であり、〈人種〉は身体的特徴による区分であるために、両者を重ね合わせるのは、自然科学と社会科学の混同として戒められるが常であった。しかしそうした圧迫を受けつつも、両者の間の連関を想定する見解もなかったわけではない。それは哲学者イマーヌエール・カントに始まり、ティーリー(Thierry)、エドワーヅ(Edwarrds)、ゴビノー(Gobineau)、チェンバレン(Chamberlain)、ヴォルトマン(Woltmann)、ラプージュ(Lapouge)、アモン(Ammon)といった系譜で、なかでもカントとゴビノーが大きな存在である。しかし彼らの時代には、それを裏付ける学問的な手段が十分ではなかった。ところが1900頃に、グレーゴル・メンデル(Gregor Johann Mendel 1822-84)の先駆的な業績が見直され、多くの自然科学者たちがその基礎の上に遺伝の研究を行った結果、理論的にも幾多の進展が見られた。そうであれば、フォルクは精神的な共通性による人間の集団、人種は身体的な特徴による区分として両者を峻別することは適切ではなくなっている。むしろ、フォルクの精神的活動に、遺伝の要素がどのように作用しているか検証しながら、フォルクと人種の相互作用を解明することが急務となっており、それがこの研究誌の課題である。またそうであるからには、この定期誌が目指すのは、ヤーンの提唱した言葉を用いて〈民族体学〉(Volkstumskunde)と呼ぶこともできよう。—— 以上のような論旨であるが、ここでは参考までに哲学者のカントが特筆されることに触れておきたい。カントは近代ヒューマニズムや国際平和の理論的な定礎者であると同時に、(今日からみると人種や社会的弱者への偏見と言わざるを得ないような) 種々の差別を正当化する論評も残しているからである。もとより、カントの批判哲学を措いて、その種の言説にだけ注目するのは非生産的であるが、ドイツ文化のなかで種々の差別論者が好んでカントを引き合いに出してきたのも一方の事実であった。また定期誌『フォルクと人種』についてなお付言すると、その編集陣の顔ぶれもまた興味をそそるところがある。編集者の多くは民俗学の関係者であるが、右寄りから中立的な人々まで多彩な人士が顔を連ねている。バーゼル大学教授で『ドイツ迷信事典』の編者でもあるベヒトルト(Bächtold)もその一人で、よほど批判精神の旺盛な者

でなければ、この種の企画に警戒心をもたなかった様子がうかがえる。

21) リールが恒常的な身分として農民存在を重視したのは、伝統的な支配形態がプロレタリアートの台頭によって転覆されることを押しとどめる最後の拠り所を農民層に見出したという面がある。参照, Wilhelm Heinrich Riehl, *Die bürgerliche Gesellschaft.* 1851.

22) J・G・フレイザー『金枝篇』の序文は基本的視点と方法論にふれている。参照、『金枝篇』「第1版序文」1890年、永橋卓介訳　岩波文庫1951年、1966年改版、1977年第16刷所収、p.7／8）またその箇所は、次の拙論（本書所収）で引用した。参照、「民俗学における個と共同体」第8節。

23) そうした方向を確立したのは、グリム兄弟であった。グリムは、上古の信仰や神話がキリスト教文化のなかで変形や歪みを受けながらも生き続けているとして、その原形を感得することに重みをおいた。その点では、後世の逸脱した路線を敷いたところがあった。しかし他方で、グリムは実際の研究においては、キリスト教の要素にも丹念に目配りしていた。グリムの後継者たちやエピゴーネンはそうした徹底して実証的な姿勢を受け継がず、グリムの概括的な発言を綱領的な指針としてしまったところがあった。これについては、後述の（注47）を参照。

24) 19世紀半ばから、郷土の民俗を古ゲルマンやアーリア的上古に遡らせて理解する風潮が一般化した。民俗学の研究者や愛好家の団体が多数成立したのには、その単純な文化理解が刺激的なパラダイムであったことも関係していた。こうした半可通の氾濫については、次の学史研究を参照、L・シュミット「オーストリア民俗学の歴史」（原書1951年、拙訳は1991年 名著出版）第7章：ネオロマンティシズムとナショナリズム。；またその方向をもつ事例は、19世紀末に成立して、以後広範な広まりを見せた青少年運動（Jugendbewegung）であろう。そこでは民間の細々とした伝承にヒントを得た種々の儀礼や行事が案出されたが、それらはただちに上古の習俗であるとの自己理解を受けることになった。その一例として、待降節の飾り輪（Adventkranz）を挙げておく。緑葉と炎という原初的で人間の自然性に訴える諸要素の組み合わせにもかかわらず、近代的な演出である。これについては、次の研究を参照、Hermann Bausinger, *Adventskranz. Ein methodisches Beispiel.* In: Württembergisches Jb. f. Vkde. 1970.

25) この Johannes Künzig をめぐる経緯は、アシオンの次の論考に詳しい。Peter Assion, *Volkskunde in Baden. Versuch einer Standortbestimmung,* In: Badische Heimat. 64 (1984), S. 463-490.

26) 例えば、ヘルマン・バウジンガーの次の論考はその事情を鋭く指摘している。すなわち、民俗学が全体としては、19世紀の近代化の進展のなかでの一種の後退（Regression）への衝動に支えられて形成され、またそれゆえに幅広い人気を得ることになったとしている。また、社会学においてはその分野が〈新時代にたいする進歩的な処方箋であった〉との自己理解があることと対比して、民俗学はさしずめ〈保守的な処方箋であった〉と述べ、そうした〈悲痛な学問史〉への自覚の上に、これからの民俗学が樹立されなければならないと説いている。参照、Hermann Bausinger, *Kritik der Tradition. Anmerkungen zur Situation der Volkskunde.* In: ZfVkde, 65（1969）, S.232-250.

27) たとえばシレジアのブレスラウ大学のラテン語の教師であったヨーゼフ・クラッパーは、郷土文化の愛好家でもあった。活動の初期にあたる1930年代前半にはローマ・カトリック教会系の民俗学に加わってシレジアの民俗事情を執筆していたが、時と共にフォルク・イデオロギーに傾斜し、それと比例して当時の有力な企画に参加をもとめられるようになった。そして1934年にペスラーが編集刊行した大部の『ドイツ民俗学ハンドブック』では、有力な執筆者のひとりにまでなった。そこに掲載された大都会を論じた一篇などは、学問と言うよりは、都会文化にたいする呪詛であり、都会人が自己の内なる〈民族体〉（フォルクストゥーム）に想いを致すことによって自己を救済することができると主張した。参照、Joseph Klapper, *Vollkskunde der Großstadt,* In: Handbuch der deutschen Volkskunde, hrsg. von Wilhelm Peßler, Bd.1. Leipzig 19394 S.103-119.; そうした主張が、高度な工業国家でありながらそれに対応するシステムがなお未熟であっ当時の社会に合っていたことは疑えないが、それは必ずしもナチス・ドイツにのみ特殊な問題性でもなかったであろう。

28) 〈固有のもの〉(arteigenes) という表現につながる早い事例としては、既に20世紀に初めにフリードリヒ・ランゲが〈固有な一体性〉(Arteinheit) という言い方をしており、しかも人種を基準にしている点で次の時代への宿命的な先行例である。参照、Friedrich Lange, *Reines Deutschtum. Grundzüge einer nationalen Weltaschauung.* 3. Aufl. Berlin 1904, S. 32, 99ff. 245.：それに較べると、ベルリン大学の教員35人の戦時講演を集めた次の叢書では、〈固有からの逸脱〉(Entartung) も、敵国フランスを念頭に置いて言われている。参照 ,Gusav Rothe, *Wir Deutschen und der Krieg.* In: Deutsche Reden in schwerer Zeit, hrsg. von der Zentralstelle für Volkswohlfahrt und dem Verein für volkstümliche Kurse von Berliner Hochschullehrern. 35 Reden in 7 Bden.

Berlin 1914-17, Bd. I, S. 8 u. 18.；さらにヴァイマル共和国が混迷を深める過程で、この種類の表現は、人種性やユダヤ人敵視と結びつく度合いを強めていったが、その里程標としては、ナショナリストで文筆家であったヴィルヘルム・シュターペルを挙げることができる。参照、 Wilhelm Stapel, *Antisemitismus und Antigermanismus. Über das seelische Problem der Symbiose des deutschen und des jüdischen Volkes.* Hamburg-Berlin-Leipzig 1928, S. 22 u. a.；さらに 1930 年前後からは学派の違いを超えて用いられており、ローマ・カトリック、プロテスタントを問わず教会系の民俗研究者ですら使用していた。ヘルマン・バウジンガーは、それゆえに教会系の民俗研究がナチズム民俗学と同質であった面があるとしているが、この術語にこめられた意味についてはさらに詳しく検討する必要があろう。ゲオルク・シュライバーの 1930 年の方法論考「ナショナルな民俗学とインターナショナルな民俗学」(Georg Schreiber, *Nationale und internationale Volkskunde.* 1930) と、名うてのナチズム系の宗教学者ヘルベルト・グラーベルト (Herbert Grabert, *Der Glaube der deutschen Bauerntums. Bd.1: Bauerntum.* 1939) が同じ術語をキイワードに用いているのは事実だが、脈絡には根本的に違いがあると見るべきであろう。しかしまた、流行語であることに凭れて概念規定を怠った使用のゆえに、正確な意思表示を誤らせることになり、その点ではナチズムと結びついた語彙の犯罪の一こまであった。

29) フェーレが〈我らに固有のもの、我らの血に宿るもの、すなわち我らが存在における人種性である〉(das uns Arteigene, das was uns im Blute liegt, das Rassenhafte unseres Wesens) といった尺度をすでにナチスの政権獲得以前から表明していたことについては、この語句を含む次を参照、Eugen Fehrle, *Bemerkungen über Ziele und Grenzen der Volkskunde.* In: Oberdeutsche Zeitschrift für Volkskunde. 6（1932), S.85-92.

30) これらの表現は、フェーレが 1936 年 1 月 30 日にハイデルベルク大学で行なった講演を載録した次の文書による。Eugen Fehrle, *Volkstum und Staat.* In: Oberdeutsche Zeitschrift für Volkskunde. 10（1936), S.1-10. Anm.29.

31) ゲルマニスティクの分野ではナチス支持者は非常に多かったが、ここでは戦後も長く活躍していた人物のなかから、特にナチ党の若手幹部たちを育てたルッツ・マッケンゼン（Lutz Mackensen 当時はグライフスヴァルト大学教授）を挙げておく。またインド・ゲルマニスティクではヴァルター・ヴュスト（Walter Wüst ミュンヒェン大学教授）、考古学ではアレクサンダー・ラングスドルフ（Alexander Langsdorf）、ハンス・シュライフ（Hans Schleif）、ハンス・ライネルト（Hans Reinert）

が互いにライヴァルながら、ナチストとしては共通していた。美学ではヴォルフガング・シュルツ（Wolfgang Schultz ミュンヒェン大学教授）がおり、またオーストリアのハンス・ゼードルマイヤー（Hans Sedlmayr ウィーン大学教授）もナチス支持者として派手な行動があった。法学のラインハルト・ヘーン（Reinhard Höhn 憲法学）や化学のルードルフ・メンツェル（Rudolf Mentzel）などもナチス関係の組織で活躍した。なおナチ政権の初期については、ナチス支持の学者の頂点に立っていたのはノーベル物理学賞受賞者にしてアインシュタインの相対性理論に対して異なった見解を示したドイツ派の中心人物ヨハネス・シュタルク（Johannes Stark）で、その名声とドイツ学術振興会会長としての組織運営能力の両面でナチ党にとって頼もしい存在であった。これらについては、次の文献を参照、Michael Kater, *Das Ahnenerbe" der SS 1935 - 1945. Ein Beitrag zur Kulturpolitk des Dritten Reiches*. Stuttgart 1974.; Reinhard Bollmus, *Das Amt Rosenberg und seine Gegner. Studien zum Machtkampf im nationalsozialistischen Herrschaftssystem*. Stuttgart 1970.; また次の拙論を参照、「ナチズムと学術政策 ―― 特に〈親衛隊―祖先の遺産〉の成立事情について」愛知大学経済学会「経済論集」第 143 号（1997）p. 147-236.

32) ナチズム民俗学の概念については次の基準的な論考を参照、Hermann Bausinger,*Volksideologie und Volksforschung. Zur nationalsozialistscihen Volkskunde*. In: Zeitschrift für Volkskunde.61.Jg.（1965） これへの拙訳はヘルマン・バウジンガー「フォルク・イデオロギーとフォルク研究 ―― ナチズム民俗学をめぐって」（愛知大学「経済論集」133 ［1993］所収。

33) 民俗研究者で時代の風潮への同調を逡巡した人は少なくないが、学生団体「白薔薇」の抵抗運動を支援して死刑になったミュンヒェン大学講師で民衆歌謡研究者、クルト・フーバー（Kurt Huber 1893-1943）もそのひとりであった。次の邦語文献はクルト・フーバーの事蹟にも詳細に言及している。参照、山下公子『ミュンヒェンの白いばら ―― ヒトラーに抗した若者たち』（筑摩書房 1988）p.217-322. またクルト・フーバーの〈抵抗〉の質をどう評価するかという民俗学界でのテーマについては次を参照、Eva Gilch, *'Volkskunde' an der Ludwig-Maximilians-Universität in den Jahren 1933-1945*. In: Eva Gilch, Carmen Schramka und Hildegarde Prütting, Volkskunde an der Münchner Universität 1933-1945. München 1986（Münchner Beiträge zur Volkskunde, Bd. 6）, S. 11-39, bes. S. 27.

34) アシオンはフェールの教育姿勢を〈空疎な自信によるアジテーション〉と決めつけているが、それは後世の見方という点では正しいであろうが、時代の風潮がそ

れをもとめたのも事実であったろう。参照、Peter Assion, "Was Mythos unseres Volkes ist". Zum Werden und Wirken des NS-Volkskundlers Eugen Fehrle. In: ZfVkde. 81 (1985), S.220-244. なおフェーレが自分の身近な範囲で、時には弱者に寛大であったことは、外個人留学生を保護支援した事実を後に非ナチ化裁判所が認めたことからもうかがえる。本書に収録した次の拙論を参照、「ドイツ民俗学と非ナチ化裁判 ― オイゲーン・フェーレの裁判記録にみる民俗学とナチズム問題」。

35) 本書に収録した次の拙論を参照，「民俗学における個と共同体」。

36) Peter Assion, "Was Mythos unseres Volkes ist". Zum Werden und Wirken des NS-Volkskundlers Eugen Fehrle. In: ZfVkde.81 (1985), S.220-244.

37) ドイツ民俗学の中心的な機関誌"Zeitschrift für Volkskunde"において、この時期から添付される写真資料が増える傾向が認められる。また1930年代に成立した2つの大部な概説書であるペスラー編『民俗学ハンドブック』3巻とシュパーマー編『ドイツ民俗学』はいずれも、豊富な参考写真を盛り込んでいる。cf. Wilhelm Peßler, *Handbuch der deutschen Volkskunde.3Bde.Potsdam 1934-1938.*; Adolf Spamer (Hrsg.), *Die deutsche Volkskunde. Bd.1-2.*1. Aufl.Leipzig und Berlin 1934-35., 2.Aufl.: *Das deutsche Volk.Bd.3-4.* Leipzig und Berlin 1934-35.

38) ハイデルベルク大学に 'Lehrschau' と銘打って教材を収集したことについては、フェーレが自ら解説をほどこしている。参照，Eugen Fehrle, *Die volkskundliche Lehrschau der Universität Heidelberg.* In: Oberdeutsche Zeitschrift für Volkskunde. 11 (1937), S. 113f. なお博物館人の立場からイデオロギーに傾斜した視覚教材として早くから 'Lehrschau' を説いていたのは、後にハノーファーの「祖国博物館」(Vaterländisches Museum)を主宰することになるヴィルヘルム・ペスラーであった。参照、Wilhelm Peßler, *Das Heimat-Museum im deutschen Sprachgebiet als Spiegel deutscher Kultur.* München 1927. また 'Lehrschau' のキイワード語については、これを重視した機関「ナチス親衛隊 ――《祖先の遺産》」に関する次の研究を参照、Michael Kater, *Das "Ahnenerbe" der SS 1933-1945.Ein Beitrag zur Kulturpolitik des Dritten Reiches. Stuttgart 1974.*

39) 中国における萬字の歴史と意味については次を参照、諸橋轍次『大漢和辞典』巻2（大修館書店, 昭和31年）p.551.; 王敏・梅本重一『中国イメージ・シンボル図典』(東京堂出版, 2003年) p.199-200.; 周燕麗・片野孝志『中国文様事典』河出書房新社1991年p.116-118.

40) リストについては、レーオポルト・シュミットがその『オーストリア民俗学の歴

史』のなかで、ゲルマン主義の政治活動家ゲオルク・シェーネラーと音楽家ヴァーグナーを座標軸にしながら、次のように解説している。〈民俗学におけるネオロマンティシズムとナショナリズムの〉〈時期区分は19世紀の最後の10年単位である1890年代に始まったが、その出発点から、その頃の精神的・政治的状況が密接に関係していた。ゲオルク・シェーネラー（Georg Schönerer 1842-1921）のような政治家が標榜するナショナリズムの諸理念が、すでに一般に受け入れられるような状態になっていた。そのなかでリヒャルト・ヴァーグナー（1813-1883）の諸作品を強力な後盾にしながら、古代性を帯びたどんな断片の背後にもエッダに登場する神々の世界を透かし見ようとする「民族体的」半可通（'völkische' Dilettanten）の悲喜劇が、低地オーストリアでも繰り広げられることになった。その種の人間のプロトタイプは、さしずめグイード・リスト（Guido List 1848-1919）で、その著作『ドイツ神話からみた風土像』(Deutsche-Mythologische Landschaftsbilder.1891)が一般の人々に及ぼした影響は甚大であり、大災厄であった。リストは、オーストリアの民間俗信の研究分野で、数多くの魅力的な材料を見つけだした。なかでも巡礼慣習は、好個の素材であった。ジーフェリングのアグネスの泉や民衆聖者コローナなどであるが、グリムのエピゴーネンである彼のそうした解釈は、まともな人間の物の見方に対する非常な妨害であった。〉(Leopold Schmidt, *Geschichte der österreichischen Volkskunde*. 1951. 拙訳『オーストリア民俗学の歴史』名著出版 1992, p.211. なおアグネスの泉と聖者コローナについては、同書に付した訳注を参照、p.374-376.

41) ハーケンクロイツを身の回りの品物にほどこすのが、第一次世界大戦中にブームになったことについては、筆者の手元に1917年に出まわった広告紙がある。そこには、ハーケンクロイツの入った便箋（14×22cm）は1ブロック1.20マルク、それに合わせて裏の折り返しにやはりハーケンクロイツを印刷した封筒は100部2.25マルク、80部1.95マルク、50部1.25マルク、さらに貼付用のハーケンクロイツの小さな紙片が250枚1.25マルク、1000枚3マルク、5000枚9マルクとなっている。これを製造していた会社が学者に依頼して作成したパンフレットには、ハーケンクロイツが上古のゲルマン人の太陽信奉をあらわすものであると解説されている。参照、Ludwig Wilser, *Das Hakenkreuz, nach Ursprung, Vorkommen und Bedeutung*. Zeitz[Eis]1917.

42) Eugen Fehrle, *Das Hakenkreuz*. In: Oberdeutsche Zeitschrift für Volkskude, hrsg.von Eugen Fehrle.8.Jg.（1934）,S.5-38.

43) ハーケンクロイツ（鉤十字）と類似のデザインとしての十字架については次を参照 ,Lexikon für Theologie und Kirche.2.Aufl. Freiburg [Herder]1986,Bd.6: "Kreuz".

44) Jacob Grimm, *Deutsche Mythologie*. 1835, Bd. II. , Kap. XXXI. "gespenster", bes. 765f. reprog. Nachdruck: Graz [Ad. Druck-u.Verlagsanstalt] 1968.

45) ハインリヒ・ハイネ『流刑の神々』(Heinrich Heine, Götter im Exil.1853) は柳田國男がそれに注目し（「不幸なる藝術」で回顧的に言及される）、また今日でも日本語訳が刊行されているが、ドイツ語圏の民俗学史のなかで特筆するほどの影響力をもったかどうかは疑問である。ハイネの論そのものも、民俗事象の理解の形態としては独創ではなく、むしろグリム兄弟の上古研究を通じて流布した考え方を文化論に転用したという性格にあったと見るべきであろう。参照, ハインリヒ・ハイネ・小沢俊夫（訳）『流刑の神々・精霊物語』(岩波文庫 1980)

46) 19世紀後半から末期に通俗民俗学が時代の風潮となったことについてはレーオポルト・シュミットの民俗学史に詳しいことは、先に（注24）に言及した。

47) 一例を挙げると、ドイツ人の間でかなり頻繁に見られる男性名である〈ヴォルフガング〉(Wolfgang) について、日本の代表的な新書シリーズの一冊では、それが〈ゲルマン人が戦争などにさいして狼の姿を見ると縁起がよいとしたことによる〉と言った解説がほどこされている。近代や現代のドイツ文化におけるゲルマン以来の思考の流れに注意を促すと言う趣旨である。こうした物の見方は、ゲルマン神話を土台にドイツ文化を解明しようとしたヤーコプ・グリムの図式に合っているように見える。しかしヤーコプ・グリムは、男性名〈ヴォルフガング〉が、古ゲルマンの伝統によるとは記していず、むしろ10世紀のレーゲンスブルク司教ヴォルフガングが後世に聖者として人気を博し、その崇敬が盛んになった14世紀からの趨勢であることを認識していた。ところが、通俗民俗学の雑書になると、グリムを読まずに、グリムの図式を安易に適用して裁断することに走っていった。またそれを民俗学史を踏まえない日本の学者が受け入れた結果が、その新書の記述である。これはシンボル的な事例で、今日、日本でおこなわれているドイツ系の民俗学の案内にはこの種の誤謬がかなり見られる。

48) J・G・フレイザー著／永橋卓介訳『金枝篇』（岩波文庫）第1巻の序文を参照、なお当該個所は次の拙論（本書所収）において引用した。「民俗学における個と共同体」第8節、p.105-106.

49) ゲッティンゲン大学とヴァイゲルの関係については、次を参照, Rolf W. Brednich, *Die Weigelsche Sinnbildarchiv in Gottingen. Ein Beitrag zur Geschichte und*

Ideologiekritik der nationalsozialistischen Volkskunde. In; Zs.f.Vkde.81（1985）, S.22-29.
50) Karl Theodor Weigel, *Lebendige Vorzeit rechts und links der Landstraße.* Berlin 1934. ヴァイゲルの著作は、一見して原初的な様相を見せるものを手当たり次第に上古の延命と決め付ける体のもので、学術的な性格をまったくそなえていない。したがって本来は検討の対象外にあるべきものながら、ゲッティンゲン大学において講義を担当したという事実が時代の問題性を浮かび上がらせるものとなっている。ヴァイゲルの刊行書には他には次がある。参照、Derselbe, *Germanisches Glaubensgut in Runen und Sinnbildern.* München 1939. Derselbe, *Sinnbilder in Niedersachsen.* Hildesheim 1941. Derselbe, *Beiträge zur Sinnbildforschung.* Berlin 1943. また『ゲルマニア』をはじめとするナチ党の文化雑誌にも寄稿がある。
51) 次の著作には「祖先の遺産」の成立期におけるヴィルトの活動暦が詳しい。Michael H.Kater, *Das Ahnenerbe der SS 1933-1945. Ein Beitrag zur Kulturpolitik des Dritten Reiches.* Stuttgart [Deutsche Verlags-Anstalt]1974.
52) Herman Wirth, *Die Heilige Urschrift der Menschheit.* Bd.1. Leipzig 1931, Bd.2.Leipzig 1936.
53) 死後かなり経過してもなおヴィルトの著作が刊行されたことに注目したい。Herman Wirth, *Europäische Urereligion und Externsteine.* Wien [Volkstum Verlag] 1980.
54) 19世紀末から、民俗行事への注目や、その復活や新たな行事の創始の動きが各方面で起きたが、そのなかでナショナリズムと結びついたものとしては、青少年運動（Jugendbewegung）がある。参照，ウォルター・ラカー著／西村稔訳『ドイツ青年運動 —— ワンダーフォーゲルからナチズムへ』（人文書院 1985年）
55) 1920年代からは、〈ふるさと保全〉(Heimatschutz) や〈ふるさと護持〉(Heimatpflege) を合い言葉とした種々の〈民俗文化応用〉(angewandte Volkskunde) が風潮になったことは、レーオポルト・シュミットがしばしば批判的に回顧している。参照、『オーストリアの民俗学の歴史』拙訳 p. 220-222.
56) Heinrich Winter, *Winterliche Schreckgestalten. Ein Versuch zu ihrer Deutung aus dem Brauchtum des Odenwaldes.* In: Volk und Scholle. 14（1936）, S.6-10（9 Abb.）; Derselbe, *Dämonie oder Sinnbild. Ein volkskundlicher Versuch zur Wertung des Mittwinterbrauches im Odenwald.* In: Oberdeutsche Zeitschrift für Volkskunde.12（1938）, S.145-164.（33.Abb.）; Derselbe, *Mitwintergestalten in Odenwald, Neckarbergland, Spessart und Rhön.* In: Deutsche Volkskunde. Vierteljahrsschrift der Arbeitsgemeinschaft für Deutsche Volkskunde. 2. Jg.（1940）, S.184-199.

57) この説明は（注59）のハンス・モーザーによる。
58) Eugen Fehrle, *Die Volkskunde im neuen Deutschland*. In: Oberdt.Zs.f.Vkde.7.Jg.(1933), S.1-2.
59) Hans Moser, *Der Folklorismus als Forschungsproblem der Volkskunde*. In: Hessische Blätter für Volkskunde.55（1964）, S.9-57, hier S,35-37. なお次の拙訳がある、ハンス・モーザー「民俗学の研究課題としてのフォークロリスムス」愛知大学国際問題研究所「紀要」90/91号（1990年）これにはハンス・モーザーの略歴とフォークロリズム概念の成立の経緯について解説を付した。この論考には、問題の行事について、次のような言及がある。〈1930年代の半ばのことだが、オーデンヴァルトの真冬のファスナハト行事において、これまで専門誌上で一度も取り上げられなかったことがなかった形姿が諸誌に掲載されて、驚愕をもって受け止められた。それらは、木の股のあいだにきらぎらするほど白い亜麻布を垂らして作った亡霊や動物の顔で、粗いタッチで描いた眼や鼻や口は、いかにも死霊らしいおどろおどろしさを湛えていた。これを発見したのは若い技術者で、その人物は、また地元の熱心な民俗研究家でもあった。またずっと後には、家屋研究の分野で大変手堅い仕事をおこなって注目された人でもあった。その人物が、折からの《象徴研究》の風潮の虜になって、民俗行事の研究においても、源初の象徴を透し見ることも別段支障はないと思いこむようになった。その象徴は、キリスト教時代を経るなかで、はじめてデーモンと化したと言うのである。民俗儀礼保存の新たな動きは、古い自然信奉の諸形態をさまざまな形で甦らせたものの、《啓蒙主義的な考え方や即物的な考え方から出発したため、それらの高度の象徴内容を認識するには至らなかった。》そして言う、多くの謎をきわめて明快に解決することのできるような認識への到達は、ごく最近の儀礼研究を俟ってはじめて可能になったというのである。ともあれ真冬の形姿はどれも、元をただせば太陽の象徴と関連を有するというのであった。もっともこのなぞ解きには、さすがのオイゲーン・フェーレも懸念を抱いて、ひとこと言わねばならないと考えた。とはいえ、このフェーレ自身、ハイデルベルクの教壇では《儀礼の原意に突き入る》志向に与していたのではあった。かかる経緯のなかで、程なく、《儀礼の層序の段階性》という理論が組み立てられ、その層序の最古の第一段階は、《象徴的な思考や行事の登場者》を特質とするとされた。こうしたオーデンヴァルトの象徴的な形姿は、その階梯の残存物の生きて活動する姿になった。〉（拙訳、p.35.）
60) 19世紀を通じて進行したナショナリズムの昂進は、復古的な心理と提携していた

ところがあり、またそのとき復古の目標となったのは無時代的な原初性であり、それはまたドイツ語圏では、キリスト教以前のゲルマン時代をレッテルとすることとなった。かかる趨勢については、ヘルマン・バウジンガーの考察を参照, Hermann Bausinger, *Volkskunde. Von der Altertumsforschung zur Kulturanalyse.* Berlin/Darmstadt [Carl Habel]1971, 2.Aulfl.[Tübinger Vere.f.Vkde]1979.

61) 民間習俗はいつの時代にも変転のなかにあるが、今日のそれは種々の目的を目指した演出性をひとつの特色とする。たとえば〈町起こし・村起こし〉のための演出といったものである。これについては、次の拙論を参照,「フォークロリズムからみた今日の民俗文化」(『三河民俗』[1992] 所収)。

62) 〈グリム兄弟のエピゴーネン〉という言い方は、レーオポルト・シュミットが民俗学史のなかで用いた。参照, 拙訳『オーストリア民俗学の歴史』p. 211.

63) Eugen Fehrle, *Die Volkskunde im neuen Deutschland.* In; Oberdt.Zs.f.Vkde.7.Jg.(1933), S.2.

64) Heinrich Winter, *Das Radmähen.* In: Volk und Scholle. 1935. S.313f. Derselbe, *Das Radmähen.* In: Germanien. 1940.S.291ff. 1942,S.77ff.

65) リヒァルト・ヴォルフラムが恐らく1940年に撮影した〈渦巻き刈り〉の写真は「民族体の標識研究」として整理され、現在はウィーン大学民俗学講座の映像資料室に保存されている。またそれは、ヴォルラムのイデオロギー的偏向を如実に示すものとして、最近のナチズム研究書のカヴァーのデザインに使用された。参照、"Völkische Sinnbildforschung" — *Spiralmähen in Lichtenberg. Südtirol, Aufnahame: Richard Wolfram, um 1940.* Bildarchiv des Instituts für Volkskunde der Universität Wien. Umschlagbild von Völkischer Wissenschaft, hrsg.von W.Jacobeit, H.Lixfeld und O.Bockhorn. Wien-Köln-Weimar[Böhlau] 1994.

66) Richard Wolfram, *Das Radmähen, ein unscheinbarer Volksbrauch und eine Fülle von Fragen.* In: Schweizerisches Archiv für Volkskunde, Bd.XLIV,1947,S.270ff.; Derselbe, *Das Radmähen.* In: Der Schlern. 21.Jg.,Bozen 1947, S.237ff.; Derselbe, *Das Radmähen, Antworten.* In: Schweizer Volkskunde. Bd.38, Basel 1948, H.4 S.62ff.

67) 「祖先の遺産」の全体をあつかったものでは次の大部の研究がある、この機関の部立てについても説明がなされている。Michael H. Kater, *Das ?Ahnenerbe" der SS 1935-1945. Ein Beitrag zur Kulturpolitik des Dritten Reiches.* Stuttgart 1974. またカーターの研究成果に依拠しながら、特に民俗学に関係した幾つかの問題を取り上げたものには次がある。Gisela Lixfeld, *Das "Ahnenerbe" Heinrich Himmlers un die*

ideologisch-politische Funktion seiner Volkskunde. In:Völkische Wissenschaft. Gestalten und Tendenzen der deutschen und österreichischen Volkskunde in der ersten Hälfte des 20.Jahrhunderts, hrsg. von W.Jacobeit, H.Lixfeld und O.Bockhorn in Zusammenarb.mit J.R.Dow.Wien-Köln-Weimar Böhlau 1994.S.217-254. リックスフェルトはリヒァルト・ヴォルフラムが「祖先の遺産」の一環として南チロルで行なったフィールドワークについても解説をつけている。

68) Leopold Schmidt, *Gestaltheiligkeit im bäuerlichen Arbeitsmythos. Studien zu den Ernteschnittgeräten und ihrer Stellung im europäischen Volksglauben und Volksbrauch.* Wien [Österr.Museum f.Vkde.]1952.S.36-42.'Anfangsbräuche'.

69) 太陽信奉については、次の民俗学事典のほか、詳しくは『ドイツ迷信事典』の当該項目を参照。*Wörterbuch der deutschen Volkskunde,* hrsg.von Oswald A.Erich und Richard Beitl, 3.Aufl.Stuttgart [Kröner]1974, S.745-746 'Sonne'.; *Handwörterbuch des deutschen Aberglaubens,*hrsg.von Hans Bächtold-Steubli, Bd.7. Berlin[de Gruyter] 1935/36, Sp. 171-179 "Planet : Sonne", Bd.8, 1936/37, Sp.37-71 "Sonne"

70) いわゆるウィーン学派では、20世紀初頭前後から、当初は古代文化を特に太陽信奉に焦点を当てて論じる〈Sonnenmythologie〉が盛り上がった。これらは部分的には学問的な重要性をもっているが、そのテーマに限定しすぎたところから歪みを生み、またそこで得られた知見を折からのアーリア人優越思想の支援材料とするなどのイデオロギー性を帯びることになった。これらについては、レーオポルト・シュミットの学史において批判的に回顧されている。参照、レーオポルト・シュミット『オーストリア民俗学の歴史』(拙訳) p. 218-220.

71) ヨーゼフ・クライナー「車田雑考 —— A.スラヴィックの研究紹介」(『隼人文化』第10号 [1982年] p.1-7) ; 小島櫻禮『太陽と稲の神殿』(白水社 1999年) p.297-298.; 下野敏見「稲と森の問題」(比較民俗学会報 p.1-9.)

72) Hermann Bausinger, *Volksideologie und Volksforschung. Zur nationalsozialistischen Volkskunde.* In: Zeitschrift fur Volkskunde, 61 (1965). S.177-204. 拙訳：ヘルマン・バウジンガー「フォルク・イデオロギーとフォルク研究 — ナチズム民俗学へのスケッチ」(愛知大学「経済論集」133号 [1993] 所収)

73) Lutz Mackensen, *Die Ballade von der Rabenmutter.* In:Obdeut.Z.f.Vkde.5.Jg.(1931),S.28-47.; Richard Wolfram,*Fragen zur musikalischen Volkskunde.*In:Obdeut.Z.f.Vkde.7.Jg.(1933), S.64-81.;. Lily Weiser-Aalt ,*Waren die Chattenkrieger ein religioser Bund?* In: Obdeut.Z.f.Vkde.6.Jg. (1932), S.47-49.; Wilhelm Pessler, *der Atlas der deutschen*

Volkskunde. 3.Jg.（1929）,S.105-111

74) Otto Lauffer, *Volkskundliches von Zwillingen.* In: Obdeut. Z. f. Vkde. 5. Jg.（1931）, S.122-125.; J.Künzig, *Die Legende von den 3 Jungfrauen am Oberrhein.* In: Obdeut. Z. f. Vkde.4.Jg.（1930), S.192-116. Derselbe, *Das ältere Volkslied im deutschsprechenden Lothringen.* In: Obdeut. Z. f. Vkde. 3Jg.（1929), S.127-133.

75) O. A. Erich, *Gesichtspunkte für eine Bildgeschichte des figurlichen Gebäckes.* In: Obdeut. Z. f. Vkde. 6. Jg.(1932),153-167.; Alfred Karasek-Langer, *Die Bindelweih in Wolhynien.* In: Obdeut. Z. f. Vkde. 3. Jg.(1929), S.102-105.; Alfons Perlik, *Die Wanderdeutschrecke im deutschen Aberglauben.* In: Obdeut. Z. f. Vkde. 6. Jg.（1932), 123-131.; Friedrich Pfister, *Tabu.* In: Obdeut. Z. f. Vkde. 6. Jg.（1932), 131-139.; Heinrich Jungwirth, *Die Zeche des oberösterreichischen Innviertels, ein Burschenaltersklasse.* In: Obdeut. Z. f. Vkde. 6. Jg.（1932), 28-38.

76) Andreas L.Veit, *Der kultur-und volkskundliche Wert des tridentinischen Pfarrbuchs.* In: Obdeut. Z. f. Vkde. 7. Jg.（1933), S. 137-147.; J.M.Ritz, *Ein Gedicht zu Ehren von St. Kümmernis.* In: Obdeut. Z. f. Vkde.7. Jg.（1933), S.152-155.; K,.Hoppe, *Jahresbräuche aus Bobstadt im badischen Frankenlande.* In: Obdeut. Z. f. Vkde. 4Jg.（1930), S.64-66. Derselbe, *Feuersegen und Kugelsegen aus Bobstadt.* In: Obdeut. Z. f. Vkde. 5. Jg.（1931), S. 47-50.; Rud.Kriß,*Volkskundliches aus den Mirakelbüchern von Maria Eck, Traunwalchen, Kößlarn und Halbmeile.* In: Obdeut. Z. f. Vkde. 5. Jg.（1931), S.134-150. Derselbe, *Grundsätzliche Betrachtungen zum 2. Merseburger Zauberspruch.* In: Obdeut. Z. f. Vkde. 6. Jg.（1932), S. 114-119.

77) Rud. Hindringer, *Der Schimmel als Heiligen-Attribut.* In: Obdeut. Z. f. Vkde. 5. Jg.（1931), S.9-14., Derselbe, *Das takiteische Weiheroß von damals und heute.* In: Obdeut. Z. f. Vkde. 6. Jg.（1932), S. 1-13.; Eugen Fehrle, *Rudolf Hindringer gestorben.* In: Obdeut. Z. f. Vkde. 6. Jg.（1932), S.168.

78) Eugen Fehrle, *Rudolf Much 70Jahre alt.* In:Obdeut. Z. f. Vkde. 6. Jg.（1932), S. 168.

79) Rudolf Hindringer, *Weiheroß und Roßweihe. Eine religionsgeschichtlich-volkskundliche Darstellung der Umritte, Pfedesegnungen und Leonhardifahrten im germanischen Kulturkreis.* München [Ernst K.Stahl: Lentner] 1932. 同じような理解は、ゲオルク・シュライバーでも個別事例の解釈では時に見られなくはないが、民俗慣習と人間の教会性（宗教性）についての思索によって裏付けられている。

第5章

民俗学と非ナチ化裁判
——ハイデルベルク大学教授オイゲーン・フェーレへの裁判の判決文にちなんで

はじめに　1. オイゲーン・フェーレに対する非ナチ化裁判の経緯　2. 判決文の評価
資料：第二回判決文の全文

はじめに

　第二次世界大戦の後、ドイツの民俗学がナチズムに加担した過誤を咎められて、専門分野として存亡の危機に直面したこと、またその難局を克服することによって専門学として再建を果たしたことについては、これまでに様々な角度から扱ってきた。実際この問題は案外大きな広がりをもっているが、その一環として一度取り上げたいと考えていた項目がある。ナチズムに加担したとされる研究者への法的な措置もふくめた清算の経緯である。

　古来、戦争処理においては、戦勝国が敗戦国に報復や制裁や賠償を課すのが常であったが、近現代においてはさすがに戦勝国のあからさまな利害ではなくなり、むしろ戦争犯罪を繰り替えさせないための対策という性格をもつようになった。そのため社会制度の是正の他、個々人を対象にした措置では、政治家、軍人、一定のポスト以上の行政官、経済人などに対する評定が普通である。知識人や大学の研究者まで対象となるのは一般的ではない。しかしそのあたりまで清算のメスが入ったのが、ドイツの場合であった。

　連合国はドイツの無条件降伏の直後に、ドイツの研究・教育の中心的組織

である大学についても、洗い直しを行なった。占領軍は1945年5月から6月にかけてドイツのすべての大学に、閉鎖すなわち活動停止を命じた。次いで大学の非ナチ化に向けた調査と清算のための運営組織を設置した。すなわち連合国は、自国の文部行政の専門家や学術研究者に委嘱して占領地域の大学に配属将校の資格で監督者（university officer）を送った。また各大学のなかで予てナチスへの批判的な姿勢が明らかであったり、リベラルな立場を貫いていた学者を学長に専任した。そして両者の主導のもとに大学のすべての教職員を対象に、ナチ政権下での経歴や言動の調査が実施された。それは、所定の項目に各人が回答を記入し、その調書にもとづいて以後の勤務の適不適を裁定したのである[1]。この清算が終わると共に、大学の活動を再開することを順次許可していった。戦後、西ドイツの諸大学が行事日としてきた大学再開記念日がこれである。

またこれと並行して、戦後まもない時期には大学のなかでもナチズム関係者を排除する動きが起き、ナチストとして目立った活動をおこなっていた教職員が占領軍に告発された。それらが裁判に付されたのであるが、それは通常の裁判所ではなく、非ナチ化のために設けられた特別法廷であった[2]。ここで取り上げるハイデルベルク大学哲学部の教授オイゲーン・フェーレが裁判を受けることになった背景は、以上のようなものである。

フェーレはドイツの敗戦の直前にはハイデルベルク大学の副学長で、またそれ以前は哲学部長であった。そして大学の閉鎖の直前、自ら退職した。しかし哲学部はそれでは不充分とみなし、非ナチ化裁判に付すべきことを大学を通じて要請し、これを受けて占領軍の司令部は、フェーレを拘置所に収監した。以後、拘留は約2年に及び、それと並行して裁判が進行した。

以下では、オイゲーン・フェーレ非ナチ化裁判の過程での幾つかの判決のうち、判決理由が最も詳細に記されている第二回目の判決文（1942年11月2日）を取り上げた。もっとも、それは最終判決とはならず、量刑の点では僅かに変更が加えられることになるが、判決理由自体はここで取り上げたものに基づいている。それを見ると、非ナチ化裁判は通常の裁判とはやや性格

が異なり、手続き的には幾らかラフな面があったようである。

　しかしまた、それも含めて、非ナチ化裁判の実際は必ずしも一般には知られていない。特に本邦では、それを取り上げた先例が少数である上、現代史の一項目として留意される場合でも、ナチスの犯罪への追及を怠らなかった戦後ドイツの潔癖性が強調されがちである。非ナチ化裁判という名称に引きずられて印象を固めてしまったところもあるように思われる。しかし多くの現実がそうであるように、概念的な理解では見逃してしまうような脈絡がそこには走っている。しかしまた、それは必ずしも複雑なものではなく、具体例に接してなお疑問が百出する程でもない。要は、事実を確かめる手間を惜しまなければ得られるものが重要なのである。

　なお本稿について付言すると、内容面では、第4章「ナチス・ドイツに同調した民俗学者の再検討 —— オイゲーン・フェーレの場合」への付論の性格にある。これを一章の扱いにしたのは、本稿への注記を分割しないためであった。また、本書への収録にあたっては初出誌に載せていたフェーレの経歴は前章との重複を避けて削除した[3]。

1. オイゲーン・フェーレに対する非ナチ化裁判の経緯

　オイゲーン・フェーレはドイツの敗色が決定的となるなか、1945年3月に自発的に副学長を自任し、大学を退職した。5月7日には臨時政府が無条件降伏に応じ、4ヶ国によるドイツの分割占領が始まった。ハイデルベルク地域はフランスの管轄下に入り、また5月中にドイツ全土の大学に一時閉鎖の処置がとられた。翌1946年3月5日にアメリカ、イギリス、フランスの3ヶ国の占領軍は「ナチズムと軍国主義からの解放のための法令」を発布し、これによって戦争責任やナチスに加担した嫌疑のある者の逮捕・拘留がおこなわれた。フェーレも1946年から48年まで政治犯として収容所に収監された。そしてハイデルベルクの非ナチ化裁判所（Spruchkammer）で審理がなされ、次

いでカールスルーエの上級審で裁判が継続した。そのため判決とそれに対する上告ならびに控訴がくりかえされ、最終判決が下されたのは1949年7月11日であった。ただし判決理由として詳細な事実認定が作成されたのは、それに先立つ1948年10月2日の判決においてであり、最終判決は事実認定を訂正しないままに、量刑に僅かに変更が加えられただけであった。その推移を簡単に整理すると次のようである。ただし、非ナチ化裁判は、通常の裁判とは性格が手続きにおいても幾らか異なっており、その推移は必ずしも三審制として整理ができない面がある。

第一回判決（1948年3月3日）：オイゲーン・フェーレをナチズムに加担した〈罪責者〉(der Belastete) に分類し、財産の30％、少なくとも2,000ライヒスマルクを没収し、200日間の特別労働を課すこととした。

　この判決に対して、ハイデルベルク大学哲学部は判決が軽すぎるとして上告した。理由はフェーレが、少なくとも1935年までは、大学内部の良心的な人々のキャリアを妨害したことである。

第二回判決（1948年11月2日、カールスルーエ、非ナチ化裁判所、控訴（上訴）審第9法廷）：上告を棄却すると共に、オイゲーン・フェーレからの控訴も退けて、フェーレをナチズムへの〈同調者〉(Mitläufer) として、罰金刑を課した。これは第一回の判決に較べると大幅な軽減であった。

　これに対して、ハイデルベルク大学哲学部が再び上告を行なった。

最終判決（1949年7月11日、カールスルーエ、非ナチ化上級裁判所第三法廷（Berufungskammer III in Karlsruhe）：オイゲーン・フェーレをナチ政権下での〈積極的活動者（Aktivist）かつ甘い汁を吸った者（Nutznießer）〉の範疇に分類した。これに対してフェーレが、〈戦争中に、多数の外国の学生に支援をあたえた〉ことを証明する証人を挙げたために、判決が保留され、数週間後に〈軽い有罪者〉(der Minderbelastete) に分類するものとされた。（手元の資料からは期日が確定できない。）

2. 判決文の評価

　判決文を今日読んでみると、幾つかの特色がある。第一は、大学の研究者が思想あるいはイデオロギー、ならびにそれと結びついた行動の故に法的に責任が問われたことである。第二は、大学の機関、特にハイデルベルクの哲学部が、かつての同僚であり学部長であった人物をナチストとして告発した上、有罪ならびに重い量刑に向けて執拗に上告を行なったことである。もっとも、ナチ政権の時代にナチストがキャリアを進めることに、哲学部が組織として異論を唱えた形跡がみられないという点では、戦後の告発自体は良心的なのであろうが、そこに時流に迎合することを恥としない体質が重なってはいよう。第三は、判決内容である。量刑が適切であるかどうかはともかく、判決理由に記されたフェーレの行動とその評価は、非常に甘く、事実を歪めているところが少なくない。たとえばフェーレが意識的なナチストでもナチスの支持者でもなかったとし、フェーレの一連の言動を世間に疎い学者に有り勝ちな〈典型的な政治的錯誤〉とみなしたのは、過度の擁護である。実際には、フェーレはナチスの御用学者であった。それは次の2点だけからも知ることができる。先ず、ナチスの党章である鍵十字（ハーケンクロイツ）と類似の図柄や記号を古今東西の文物に探求し、その偉大な世界史的意義を説いたかなり長文の論考を発表したことは[4]、学問的な良心も批判力も欠いていたことになろう。もうひとつは、1942年の総統誕生日に祝賀演説を委嘱され、ハイデルベルク市庁舎の大広間で各界の代表者を前に「ドイツの歴史と、アドルフ・ヒトラーの人格におけるその完成」のタイトルで講演を行なったことである[5]。さらに、大学内でも、ナチス突撃隊、次いで親衛隊の制服で活動していた。もっとも、これはフェーレの前任者の哲学部長を始め大学の幹部にも見られた行動でもあった。見方によれば、度は過ぎてはいるものの当時のファッションであった言えなくもないが、一般に威圧感を与えたであろう。服装の件はともかく、「ハーケンクロイツ」論文と、祝賀演説は、フェー

レが筋金入りのナチストであったことを示している。それを法的に罰することが妥当かどうかはともかく、判決文が再現したフェーレの言動は、戦後の価値基準に合うように、ナチストの色合いを除去しようとしたものと言わなければならない。

これには世界の政治情勢の変化も影響していたであろう。ちなみに英首相チャーチルがアメリカのフルトンにおいて有名な「鉄のカーテン」の演説をおこなったのは、ドイツの降伏から1年も経過しない1946年3月であった。1948年の時点となれば東西冷戦は更に深刻化しており、それに比例してナチス犯罪への追求は緩んでいたのである。フェーレへの擁護が、ナチ色を故意に薄めるという方法となったのは戦後ならではであるが、他方、言い逃れの方法が社会的に共有されていたことをも判決文は示している。それゆえ判決文は、過去の事実を正しく確認することに成功した文書というよりは、そこから歴史的事実を垣間みることができる材料であり、またナチスへの関与をめぐっては評価が揺れ動いていた社会の断面と言ってよいであろう。

ただし資料価値としては、高いものがある。例えば、ハイデルベルク大学哲学部から、フェーレの在任中の活動を非難する訴えがなされたはずであるが、被害者の人名を挙げて作成されたはずのその文書はハイデルベルク大学の大学資料室には存在しないか、あるいは所在が不明であるように思われる。しかしこの判決文によって、その内容もある程度明らかになるのである[6]。

資料：第二回判決文の全文

判　　決

公文書
上訴（控訴）審理第9法廷
文書番号　59／1／17838
　　　　　B　1789／48

オイゲーン・フェーレ（博士、ハイデルベルク市ヴェール小路7番地）に関わる非ナチ化裁判所判決（1948年3月3日）への同人の控訴ならびに公的上訴に対して、控訴（上訴）審第9法廷は、1948年10月2日付けで文書によって以下の判決を行なう。

　　弁護士　シューベルト　（ハイデルベルク、主査）
　　　　　　ハインリヒ・ケーゲル　（カールスルーエ、副査）
　　　　　　ハインリヒ・ベルクゲッツ（ケー・ドゥーラッハ、副査）

原告の上訴は不十分のゆえに却下する。被告人の控訴に関しては、一審の判決を棄却し、被告人は同調者のグループに属するものとし、被告人は、1500マルクの罰金を支払うべきものとする。支払能力を欠く時には1日につき50マルクとして労働を行なうべきこととする。また一審の費用は被告人の負担とし、上訴の費用は国庫において負担すべきものとする。

　　　　　　　　　　　シューベルト　ケーゲル　ベルクゲッツ

判決理由

被告人は、古典文献学を研究し、1908年にハイデルベルクにおいて教職に就いた。同年、被告人は学位論文『上古における信奉的貞節』によって学位を得た。1931年にハイデルベルク大学において古典文献学の私講師となった。第一次世界大戦の後、被告人は員外教授として専任職に就いた。なお被告人は1926年にフォルクスクンデの教育職に就いており、また1933年にバーデン教育省の高等教育視学官に任じられ、1933年5月1日より同省の行政官を兼ねた。またこの期間を通じて、被告人はバーデン州の諸大学において非常勤講師として講義を担当した。バーデン教育省の勤務に関しては、被告人は1935／36年に辞任した。その時期に、被告人は専任教授に任命され、フォルクスクンデの主任教授となり、負託された講座を担当することとなった。この間、被告人はハイデルベルク学術アカデミーの会員、またハイデルベルク大学ドイツ・ゼミナールの委員長、バーデン州運営アカデ

ミーの座長、ドイツ・ミッションの座長、国家法学試験局の委員を勤めた。1941年以来、通称ポルトハイム財団に属し、また1942年以降ハイデルベルク大学評議員となった。1943年から1945年の期間は、ハイデルベルク大学において副学長を勤めた。さらに1944年にはミュンヒェンのドイツ・アカデミーのフォルクスクンデ部門の主任となった。

　被告人は、文筆及び学術面において広く活動をおこない、定期誌『上部ドイツ・フォルクスクンデ誌』を主宰した。被告人の文筆は、民俗行事、祭礼、婚姻習俗を細部までとりあげて、エルザス地方のフォルクストゥーム[*1]、また広く宗教学上の諸問題をあつかうものであった。被告人はまたタキトゥスの『ゲルマニア』の翻訳をおこなった。さらに『ドイツ民俗地図』の事業に深く関与し[*2]、特にバーデン州の耕地名の研究に携わった。被告人の収入は平均すると、課税対象額としては最高で15,000ライヒス・マルクであった。財産税は収めていない。被告人は、1945年7月3日から1947年5月23日まで収容所に収監された。

　被告人は1931年12月1日以来、職責とは関係なくナチ党の党員であり[*3]、また1933年から1938年まで突撃隊に属して、最後は突撃隊長であった。さらに1939年には親衛隊に入隊し、突進隊次長、次いで突進隊長となり、1944年末の時点では突進隊特別隊長に任命された。被告人は10年にわたってナチ党で高いポストにあり、また秘密情報機関（SD）の求めに応じて情報を提供していたことを、被告人は認めている。

　公訴人は、被告人の個人調書ならびに被告人の執筆した文書類を点検し、それらを綜合的ならびに政治的角度から判断して、重大な罪責者（Hauptshuldiger）であるとして告発した。すなわち、被告人はナチスの確信的な協同者であり、行政省庁と大学におけるナチズムの権力支配に際立った協力をおこない、また利益を享受したとしている。とりわけ注目すべきは、被告人が大学教員としてナチズムのプロパガンダをおこなった、とされた。

　これに対して被告人が主張したところでは、被告人は初めフリードリヒ・ナウマンを通じて[*4]、そのナショナリズムと社会的な見解を知ったという。

またその後、ヒトラーの文筆を通じて、ナチ党が、正に被告がその学術的活動によって理解した意味でのフォルクストゥームの強化に寄与するものであることを信じるに至ったという。

視学官の職務に関しては、被告人は心ならずも引き受けたのであって、また被告人が就任することによって、ファナティックなナチストがその職を占めないようにとの考慮もあったという。さらにローゼンベルクの見解とは鋭く対立したばかりか[*5]、それを公然と表明もしたという。教授活動においてもナチズムのプロパガンダと見えるようなことは一切行なわず、逆にナチズムの諸テーゼの非学問性、とりわけ人種に関する設問の非学門性を強調したという。突撃隊においても親衛隊においても、被告人は指揮官としては活動していず、特に親衛隊への入隊は、それによってより控えめになることができると信じたがゆえのものであったという。

口頭での審査を経て、1948年3月3日に[*6]、被告人はハイデルベルクの非ナチ化裁判所によって有罪者（der Berlastete）分類され、財産の30％、少なくとも2,000ライヒスマルクを没収し、200日間の特別労働を課すものとされた。非ナチ化裁判所がその決定をおこなったのは、被告人が視学官のひとりとして、少なからぬ有能な教育者の就任を妨げ、その一部を劣った人員に委ねることになったからであるとした。被告人が主要な罪責者ではなく、幾つかの点では過激な動きを抑えたのであったとしても、被告人が不適切な決定に関与したことは明らかであり、また被告人の正教授への就任ならびにフォルクスクンデ正教授講座の設置は、ナチズムの一連の施策によるものであった。また被告人は、大学の教授陣メンバーの政治的な信頼度に関する情報を秘密諜報局に提供していた。被告人に多くの職権が負託されたことも、その活動の活発であったことを示唆している。それは、少なくとも、年季の入った党員である被告人に栄光を付与しようとの動きがなされたことを意味している。被告人が甘い汁を吸う者（Nutzniesser）であったとは言えない。しかし被告人によって執筆された論文類からは、ナチズムへの強い支持と賞賛が認められる。被告人はまた1943年にゲッベルスに対する博士号が更新さ

れたことにも責任を負っている。さらに被告人が宗教学の教授職を得たのも、ナチ党の繋がりによったのであって、十分な学問的能力によるのでなかったことは明らかであるという。被告人から提出された無罪を証明する材料は、被告人が、無私にして活発かつ公正な人間であることを知らしめるが、政治的な責任を免れるには十分ではない。

　この1948年3月13日の判決に対して、被告人は、被告人を同調者（der Mitläufer）の範疇に分類すべきことをもとめて控訴した。1948年4月28日、公的原告は上告し、被告人を主要な罪責者にするべき旨の追加訴追をおこなった。この公的原告の上告は、不適切として却下された。

　当該法の第46条によれば、裁判所の判決に対して、公的原告、何らかの申請申し立て人、被告人、また法的な代理人は、上訴することができる。上訴は、判決の送達から一月以内に文書による理由書を添えてなされなければならない。この規定は法の根本であって、手続き法においても、公的原告の上告猶予期間については、時間的に一層の猶予が伴うような追加訴追の慣習を生じさせるようなことは許容されない。拘束性のある手続き法を変更することが可能なのは、これに代わる法律が制定される場合のみである。これに言及するのは、法から逸脱した規定によって、被告人の法的立場が不利益となるからである。当該法の46条の拘束規定は、公的原告に対しても適用される。公的原告の追加上訴が、同46条に定められている上訴期間が終了した後になされたことを以って、同上訴は不十分であるとして却下されなければならない。

　期日的に遺漏なくなされた被告人の控訴には正当性が認められなければならない。

　争論となった判決は、被告人の政治的責任については正しいものではなかった。なぜなら判決は、被告人の人格は人格全体および姿勢全体を正当に評価していないからである。被告人は、主要に（専らとは言えないにせよ）学問的な関心に適した人格である。被告人は古典文献学を学んだ後、「上古における信奉的貞節」によって学位を取得したが、既にそれは純粋に文献学的

な研究ではなく、宗教学的なテーマであった。被告人はその当時から既に隣接学であるフォルクスクンデに関心を向けており、それに携わっていた。また被告人はハイデルベルク大学の教員組織に属している人間であり、それは講師であった時期についても妥当する。次いで被告は、正講師となり、また第一次世界大戦後はフォルクスクンデの員外正教授となった。

　被告人の政治への関心は、本来、フリードリヒ・ナウマンの著作を読んだことに起因する。それは、社会的諸問題と活動へと発展した。被告人は、ヒトラーの講演や著作に、このナウマンの理念の継続を読み取ることができると考えたのであった。特に被告人がナチズム図に接近したのは、ヒトラーの『我が闘争』に、被告人が生涯を捧げた分野であるフォルクストゥームとフォルクスクンデへの多くの示唆を見出したためであった。実際生活および政治生活の経験に乏しいまま、被告人は、このナチズム運動が、広く政治的領域において、またとりわけ社会的領域において、そして特に自らの学問において追求に値するものを満たしてくれと信じたのであった。そのため被告人は、ナチ党に入党し、自分に求められた視学官の役職と省参事官を引き受けたのであった。それにさいしては、被告人が、権力あるポストであれ、研究者としての地位であれ、何らかの上昇を意図して行動したのではなく、逆に行政の専門職には不向きであることを憂慮して、その職に就くことに逡巡したことについては、確実な証拠がある。被告人が最終的にその職を引き受けたのは、二百パーセントのナチストがその職を占めることを避けたいとの気持ちがはたらいたからであった。

　非ナチ化裁判所は、被告人が視学官としての活動の期間に有能な教員を大学から排除し、劣った者を以って代替したことについては、確定をなし得ない。幾つかの措置の内、教育職員に専門行政職者の評定方法を適用したことについては、被告人のイニシアティヴによるのではなく、上部の指示によるものであることを示す証拠が存在する。逆に被告人は、その措置によって金銭的状況が悪化するケースについては、その措置を緩和させ、あるいはその措置をとりやめさせるように努力した。被告人が、不適切な決定にさいして、

しばしば旅行をおこなって責任をのがれたとの非難は当たらない。被告人の勤務記録によれば、被告は、省参事官の職務の他に、二三の大学において講義を担当していたため、省庁を終日不在にしなければならなかったことから、当非ナチ化裁判所の判断としては、被告人の不在が、被告人の同意なく重大な決定をおこない、被告人の帰着時には措置を終了している状況に被告人を置くことに利用されたとの可能性を支持する。また被告人は、省の職務にはあまり満足していなかったところから、その職務を辞めて、大学での経歴に完全に復帰したのであった。

　さらに、被告人が早い時期にナチ党に入党したことが、被告人の大学でのキャリアの上昇を早めたことについても、それを確定することはできない。また被告人が講座正教授に任命されたこと、ならびにフォルクスクンデ正教授講座が設置されたことが個人的な性格を帯びていたことについても、異常なものは認められない。フォルクスクンデ（民俗学）は、他の諸大学、特に諸外国の大学においては、早くから正教授講座となっている。被告人が、50年前には芸術史や地理学が学部からは完全なものとはみなされず、正規の教職に値するとはみなされていず、それに比べて外国では地理学等の意義が早くから認識され、然るべき措置がとられていたとしているのは、正当な指摘である。かかる事情は被告人が担当した専門分野にも妥当する。

　被告人が後年に宗教学の専門を担当したことに関して、ナチ党によるえこひいきであったとの点は、正当な言い方ではない。なお被告人は、1944年に候補者であったボーヘン女史をそれに就任させるために努力したと言及した。同女史は、被告のもとで専攻したのではない。同女史の試験成績は、専門学については、〈秀〉と〈優〉であったが、世界観[*7]の評点が合格ではなかったため、政府は綜合評価を不合格とすることを要請した。当該試験委員会にあった被告人は、この政府代表者たちのその要請を支持したのではなく、まったく試験結果に即して評価をおこなったのである。

　この証拠によって一般的に知られるところでは、被告人はいわゆる世界観の試験を基本的に排斥したのであり、それが行なわれたときには、それに

まったく重みをおかなかった。

　被告人が突撃隊（SA）に入隊したのも、被告人のかかる立場から説明できよう。被告人は、それによって、一般的にはフォルクストゥームとの結びつき、とりわけ学生との結びつきを表明しようとしたのである。被告人は、実際の行動としては、突撃隊においても親衛隊においてもほとんど行なわなかった。なお後者については、被告人は、1940年に入隊し、その位階が市民生活における被告人の立場に照応したものとして、上級突撃隊長、後には突進隊将校となったが、これは当該組織への一般的なメンバーであることに伴う以上のものではなかった(*8)。全体状況ならびに被告人の職業から見ると、被告人が、これらの組織の犯罪的性格については知っていず、また同組織の非道な行為に被告人はほとんど関与しなかったことが認められる。被告人がSSに入隊したのは、被告人の表明によれば、後盾を得んがためであった。被告人に対しては、この他、エルンスト教授の助手を軍管区司令部に通報したとの非難がなされた。これについて上告判決が、密告の形跡は認められないとしたのは妥当である。証拠材料の示すところでは、当該の助手は重度の心臓病のために、軍務に耐え得なかったのである。このことを被告人は、他の休暇を得た学生や負傷後に除隊した学生と同じく知ってはいなかった。それらの学生たちは、当該の若い助手は大学での勤務を続けているのに対して、相当の高齢者たち、ならびに家父長たちが軍管区に招集されていることについて、苦情を述べた。被告人はこの苦情を容れて、軍管区司令部にその事実を指摘したのであった。これは密告にはあたらず、ナチズムの権力支配へのいかなる協力にもならない。被告人が非難されるべき点があるとするなら、それは唯一、被告人が当該助手の招集を免れていた理由について知らなかったことである。

　証拠材料の全体が示すところでは、被告人はナチズムの強権支配への反対者であった。その見地から、被告人は、戦争中に外国人学生たちに重要な支援をおこない、とりわけ親衛隊の見張りを受けていた者たちを安全にしてやったのであった。政治的あるいは人種論的な理由から迫害を受けていた大

学教員に多大の支援をおこなったのも、同様の動機からであった。さらに被告人が、一般的に親切で心優しいことも付言されてよい。被告人は、高い地位にある者としてセレモニーに参加することがあったが、ナチズムの強権支配を補強するようなことは一度もなかった。被告人は決してナチズムの確信的なシンパではなく、大学教授シュタイン博士が証人として表明し、また上告審判決が適切に指摘するように、〈フリードリヒ・ナウマンの意味でドイツ的であり、ナショナルであり、社会主義的〉なのであった。また同人がナチズムの人種理論を肯定していたと確定することはできない。逆に被告人は、特にローゼンベルク機関が代表的であった当該理論に対して、鋭く批判を行なった。同様に、被告人がナチズムとの協力を行なうことによって、自己自身ないしはその専門分野に利益を図ったり、あるいはその職業上で利得を得たと言うこともできない。被告人は、既に1933年以前に、注目に値する業績によってキャリアを進めていたのであり、その上でナチスナの時代にも当然享受し得る待遇を得たのであった。

　これによって、非ナチ化法第7条から第8条との関わりでは、被告人を責務者の部類に区分することに導く他ない如何なる理由も認められない。本件は典型的な政治的錯誤であるが、それは被告人が、ナチズムに現実とは異なったものを見てしまい、また求めたという言う意味においてである。かかる事実性に則れば、上訴判決は棄却されるべきであり、被告人は同調者（der Mitläufer）の部類に入れられるべきである。

　被告人が長期に渡ってナチ党に属したこと、ならびに高位の公職にあった点からは、贖罪金は妥当であると考えられる。被告人の給与及び財産状態との関わりでは、上記の金額は必要にして適切である。被告人が控訴を行なったことについては、控訴審の経費は国庫が負担すべきものとする。

シューベルト

本判決は1948年10月2日より効力をもつものとする
カールスルーエ　1948年12月29日
第9控訴（上訴）法廷事務局　（印）

注

1) 非ナチ化措置の全般的な経緯、ならびにアメリカ占領下のバイエルンに関するやや詳しい研究には次の文献があるが、いずれも大学にたいする政策への言及は少ない。参 照、J. Fürstenau, Entnazifizierung. Ein Kapitel detutscher Nachkriegspolitik. Neuwied 1969.; L. Niethammer, Entnazifizierung in Bayern, Säuberung und Rehabilitierung unter amerikanischer Besatzung. Frankfurt1972.;またドイツの大学への措置を比較的最近に生存者からの聞き書きをもとに復元・記録したものでは次の企画があり、その内イギリス占領地区については次の文献がある、Hochshuloffiziere und Wiederbau des Hochshulwesens in Westdeutschland 1945-1952. Teil 1 Die Britische Zone. Hrsg. Von Manfred Heinemann, bearbeitet von David Phillips. Hildesheim 1990.

2) 非ナチ化裁判所(Spruchkammer)を含む一連の法令については、次の便覧を参照、G. Reihhold und Friedrich Schmidt, Die Entnazi-fizierung. Ein Wegweiser durch das Entnazifizierungsgesetz und die sonstige einshlägigen Bestimmungen. Lübeck 1949.

3) 参照、本書巻末の初出誌一覧。

4) 参照、本書 p.。

5) 参照、本書 p.。

6) この哲学部の要請文については、筆者もハイデルベルク大学の大学資料室で検索したが、フェーレ関係の資料の束からは漏れていた。また目録の上では存在するはずの文書で、今日にいたるまで裁判所から返却されず行方不明ものも少なくない。なおフェーレの経歴を批判的に調査したのはペーター・アシオン（マールブルク大学教授、故人）であるが、細かな文書まで探索したにもかかわらず、やはり哲学部から提出された文書を発見することができなかったようである。

判決文への語注

(＊1) フォルクストゥーム（Volkstum）は Volk の派生語。フォルクは、民衆、民族、国民、など多様で漠然としたな意味ながら、ドイツ人の一体性を指して実感を与えることができる語である。フォルクストゥームはフォルクの精髄や基盤を指す語で、起源的にはナポレオン戦争期の愛国思想家で体操家のフリードリヒ・ヤーンに溯る。造語形態としては変則的であるが(造語語尾-s の当否)、次第に一般化し、特に 20 世紀の 20 年代からはプラス・イメージの一般語彙であった。この戦後の判決文でも、肯定的な意味で用いられている。今日では、ここから更に派生した形容詞 volkstümlich（またその名詞形 Volkstümlichkeit）が、民族的、民俗的、大衆的、通俗的といった意味で普通に使われる。

(＊2) 『ドイツ民俗地図』(Atlas der Deutschen Volkskunde)：ヴァイマル時代の末期にドイツ学術振興会のプロジェクトとして始められ、多くの民俗学関係者が関わって、ナチス時代に作業が大きく進んだ。各地方の良心的な研究者も多数参加したが、編集の功績と名誉は、ナチストの民俗学者で文部行政の実力者でもあったハル

ミャンツ（Heinrich Harmyanz ケーニヒスベルク大学教授）が簒奪して名乗った。
（＊3）職責とは関係なく……：1933年5月1日以後は、公務員を始め、公共性の強い組織の上級職員はナチ党員となることが要請された。フェーレがそれ以前からの自発的なナチ党員であったことを指している。
（＊4）フリードリヒ・ナウマン（Friedrich Naumann1860-1919）は、元はプロテスタント教会の牧師で、キリスト教会を基盤にした政治家となった。始めステッカー（A. Stoecker）の福音社会運動に参画したが、やがて帝政のもとで教会関係者を保守系でまとめ、ドイツの帝国主義主義的膨張を促進する方向に転換した。またその過程で、一時期、社会学者マックス・ウェーバーとも歩調を共にした。1896年に国家社会主義会（National-sozialer Verein）を結成したが、政治運動としてはあまり成功せず、1903年に解散した。後のナチスとはナショナリズムとしての重なりに加えて、名称が親近であり、そのため第二次大戦後ナチズムへの関与を追求された多くの者が、これを引き合いに出し、またそれが許容された場合があって、言い逃れのパターンであった。
（＊5）ローゼンベルク（Alfred Rosenberg 1893-1946）はナチスの幹部。党機関誌「ナチス月報」の編集者。また『二〇世紀の神話』(1930)を著してシェフ・イデオロークなどとも称され、特に文化行政に力を揮った。後にロシアの占領地の担当者にもなり、ニュルンベルク裁判によって絞首刑になった。
（＊6）原文は、原判決は間接話法で引用しているが、読解の便のために明朝体で表示した。後続の明朝体も同様である。
（＊7）世界観（Weltanschauung）は、本来、哲学などで用いられる語であるが、特にナチスが好んで多用した。ナチス・イデオロギーの確認や公布にあたって〈世界観教育〉などの言い方がなされ、またそれを推進するさまざまな組織が作られた。
（＊8）上級突撃隊長は Sturmführer、突進隊将校は Sturmbannführer.

第6章

ナチス・ドイツの収穫感謝祭 —— ナチスのプロパガンダに民俗イヴェントの源流を探る

1. ナチス・ドイツのプロパガンダ　2. 1933年の収穫感謝祭をナチ党機関紙に読む
3. ナチス・ドイツの収穫感謝祭の構造・背景・注目すべき諸点

1. ナチス・ドイツのプロパガンダ

[1] フォークロリズムの観点からイヴェントを振り返る

　穀物をはじめとする農作物の収穫は、直接的には社会的・経済的なできごとである。またその定期的な波動が社会制度の契機となっているという点からみれば、政治的な事象とも重なって行く。作物を育て収穫することが生命と生業の神秘にふれる点では、宗教も密接である。さらにその行為が民俗的な儀礼と行事、すなわちドイツ語の Sitte und Brauch の一項目であるという側面からみると、文化人類学や民俗学の対象でもある。こういう大仰な言い方をするのは、収穫行事が西洋社会において示してきた特異な性格に注目したかったからである。因に日本でも西洋の民俗が紹介されることがあるが、収穫行事の特別の意味に注意を払っているものはほとんど見当たらない。実際には、この行事は西洋社会では独特の位置を占めてきた。しかしその特異性は、行事そのものが伝統の性格を持つことに尽きるのではない。むしろ近代になって民俗行事の知識が高まるなかで特別な意味付与がなされ、ことさら脚光を浴びるようになったという屈折した経緯にある。

民俗学については、一般には伝統的な生活スタイルや行事をあつかうというイメージが流布している。それはあながち間違いではないが、それと並んで今日しばしば問題になるものに、民俗知識の逆流という現象がある。すなわち民俗学が解明した筋道や、時には仮説までが、民俗行事の担い手に還流し、それが原因になって現実の民俗のあり方に影響が出るという事態である。しかもそれは、今日、決して珍しいものではない。民俗行事が、(日本で言えば) 頭屋や寄り合いや各種の講といった伝統的な組織から今日一般的にみられる保存会や奉賛会といった名称の組織に変化したことなども、その変化を映しているところがある。すなわち、古くからのしきたりをひたすら持ち伝えるという脈絡に終始するのでなく、伝統行事の文化財としての意味が意識されるのであり、その意識に裏付けられて実行されるのである。

　現代の民俗学は、そうした逆流現象を把握することに注意を払ってきた。アメリカのリチャード・R・ドーソンが〈フェイクロア〉(fakelore) の術語を作って、伝統を踏襲した民俗のあり方とは異なる、人為的に構成された偽物の民俗を指摘したのは、そこに留意した第一段階であった[1]。次いでドイツの民俗学界において、〈フォークロリズム〉(Folklorismusus) の概念が提唱された。1960年代の西ドイツにおいて現代の民俗現象を理解するにあたって案出された幾つかの概念装置のひとつである[2]。その要点は、民俗行事や民俗事象が〈本来それが定着していた場所の外で、新しい機能を持ち、また新しい目的のために演出されること〉を指している。別の言い方をすると、〈民俗文化の第二次的な (セカンド・ハンドによる) 受け継ぎと演出〉である。当時、提唱者たちが見本として挙げた例で言えば、〈最新のオートクチュールに古い荷車の車輪をとりあわせてショーウィンドに飾る〉のがそれであり、また〈革新政党がそのデモ隊の先頭に民俗衣装の一団を歩ませて、その政党が伝統を大切にすることを訴える〉のもそうである。要するに今日ではほとんど日常化してしまった観さえある文化的パフォーマンスの一形態に他ならない。しかも注目すべきことに、そうした趨勢が問題になるときには、その原点として決まって顧られてきた現代史のエポックがあった。ナチス・ドイ

ツの文化政策である。なかでも巨大なマスターピースとして長く風評が絶えなかったのが、ビュッケベルクの収穫感謝祭であった。事実、ドイツ中北部のニーダーザクセン州の丘で繰り広げられたその民俗イヴェントは、ナチス・ドイツが挙行した数々の祭儀のなかでも群を抜いていた。規模に限っても、その一日の行事への参加者の数は、初年度は50万人に上ったとも70万人に達したとも見積もられている。のみならず、中央集会場での祭典に加えて、首都ベルリンをはじめドイツの多くの都市で同じ時刻に規模の大きな祭典が祝われたのであった。

　今日、伝統行事を取り入れた種々のイヴェントが世界の各地で企画され、時に人気を呼んでいるが、そうした民俗的要素がもたらす効果に早い時期に着目し、絶大な成果を得たのがナチス・ドイツであった。なるほど民衆祭（Volksfest）の大規模な先行例をもとめれば、今日もドイツで最大の参加者を誇るミュンヒェンのオクトーバーフェスト、同じくシュトゥットガルトのカンシュタット祭などが挙がってはこよう[3]。どちらも、起源を問えば、そのときどきの社会的状況を背景にした企画・演出として創出されたものであり、政治的な意図も含まれていないわけではなかった。蓋し、民俗行事は、時代の違いや規模の大小にかかわらず、多かれ少なかれ演出の要素を併せもつのである。その点では、すでに同質の要素はすでに19世紀初めの2つの祭典にも現れていたのであるが、ナチスの祭典は、規模の大きさに加えて、民俗的要素の効用への計算の姿勢において、やはり特別のものであった。善悪や価値判断を度外視して言えば、ナチス・ドイツは、民俗行事をイヴェントとして演出する現代の趨勢にとって、開拓者の位置に立っている。それどころか、その後のどんな演出者も、少なくとも単一の行事としては、ナチス・ドイツほど大きな成功を手にしていないと思えるほどである。

　なお敷衍すれば、ナチス・ドイツの手懸けたもののなかには、今日につながっている行事も少なくない。その分かりやすい例は町の広場などに立てられる巨大なクリスマス・ツリーであろう。因みにクリスマス・ツリーは、冬季の節目に常緑樹に飾り付けをすることから、樹木、火、光といった自然要

素の組み合わせの故に、いかにも原初的で、悠遠な習俗のように受けとめられ勝ちであるが、実際には18世紀後半から徐々に行なわれるようになり、特に19世紀を通じて市民社会の進展とともに定着した風俗である[4]。つまりクリスマス・ツリーのような自然へと途切れなくつながってゆく演出に安堵や温もりを感じるのは近代の感覚なのである。それはともかく、屋外の広場に大きなクリスマス・ツリーを立てるのはずっと遅く、1912年にニューヨークのマジソン・スクエアにヘレスホーファー夫人（Mrs. J.B.Herreshofer）という、名前からはドイツ系の可能性が考えられる人物が設けたのが始まりとされている[5]。ややあってヨーロッパに輸入されたわけであるが、それに特別の注意を向けたのがナチスであった。ナチ党は、毎年クリスマスの時期には、年ごとに異なった地方を順番に指定した。指定された地方は、森から一樹の大木を切り出して首都のベルリンへ搬送した。その大木は〈生命の樹〉と称されて、クリスマス・ツリーと類似の飾り付けをほどこされ、宣伝省前の広場に立てられた。今日、ドイツだけでなく、ヨーロッパの各地、さらに世界各国で広場に巨きなクリスマス・ツリーを立てるのは、ここで推進力を得たのである[6]。

　ナチス・ドイツが宣伝活動において異常な才覚を発揮したことは、よく知られている。出回りはじめて程なかったラジオを通じての政治活動にいちはやく進出したことは伝説的になっており、〈ラジオなくしてヒトラーなし〉と評されたりする。同じく映画の活用にも目端が利き、その余波は最近もレニ・リーフェンシュタールの数奇な生涯と重なってマスコミを賑わわせている。さらに国民に平均年収の購買力の範囲で手が届く大衆車の開発を約束して〈フォルクスワーゲン〉の名称を冠したが、巧みな命名の故というべきか、ナチスの発案という汚点も意に介さず、そのブランド名は世界中を駆け巡っている[7]。〈黄金の20年代〉にクローズアップされるようになった〈余暇〉というキイワードを国民生活の指針として大きく取り上げたり[8]、電器冷蔵庫の日常生活への定着を図ったのも、ナチス政権の初期にみられた民生政策であった。もちろんそこには政権と党利への巧妙な計算もはたらいてはいた。

実際、電器冷蔵庫は自動車の場合のような空約束では終わらず、飛躍的に広まったが、その普及促進に向けたスローガンはなかなかのものであった。日く、〈腐敗とのたたかい〉[9]。

[2] ナチス・ドイツにおける収穫感謝祭の位置

　ナチス・ドイツのイヴェントと言えば、よく話題になるのはニュルンベルクでの党大会である[10]。しかしそれに勝るとも劣らない規模のイヴェントとして収穫感謝祭がおこなわれていたことは、日本のナチズム研究においてはあまり知られていないようである。両者は基本的な性格において共通している。しかし同時に多少の差違もあった。共通点としては、どちらも祭礼国家としてのナチス・ドイツのイヴェントであり、そのなかでも特に規模の大きいものであった。演出の実際においても共通性が濃厚である。たしかに党大会がはるかに知られているが、実際にはナチス・ドイツは、党大会とおなじ位の熱意で他にも幾つかの儀式をおこなっていた。しかもそれらのなかには国家の祝祭という意味では、いわば身内の儀式である党大会よりも、ランクが上のものすらあった。5月1日の国民の労働祝日がそうであり、またこれからとりあげる収穫感謝祭がそうであった。もっとも、ナチス・ドイツにおいては政権政党と公権力との混同がありはしたが、それでも収穫感謝祭は国家行事であり、党大会は政党の行事という区分は存在した。それは1939年の第二次世界大戦の勃発の後は、党大会が下火になったのに対して、収穫感謝祭の方は継続されたことによくあらわれている。それどころか戦局が深刻化し非常時の様相が強まるにつれて、国家行事は放棄すべからざる意義を帯びていった。規模の点ではさすがに当初の盛儀を維持するべくもなかったが、この行事へのナチ党幹部の執着には相当なものがあった。事実、ほとんどの儀式が実行不能になった政権の崩壊直前の1944年秋にも、空襲下のベルリンにおいて収穫感謝祭の行事はなお挙行されたのである[11]。

　またその儀式はヒトラーが主催する中央の式典だけでなく、同時に各地方でも挙行することが推奨された。そのための手引き書が作成されて大量に配

布されたことも、党大会とは性格の異なるところであった。もっとも、そうは言っても、収穫感謝祭については、もうひとつ詳らかになしえないところがある。おそらくこの行事に最も関心を寄せてきたのはドイツの民俗学界であろう。しかしその分野においても、頻繁に言及されるわりには本格的な研究はなお果たされていない[12]。またそれへの言及も必ずしもナチズム研究と言えるような性格ではない。さらにドイツの民俗文化の流れのなかに位置づけるという作業もなお未着手で、当時の資料だけが孤立して放置されており、またそれがなお最大の情報源という程度である。しかしともかくもそうした状況に刺激されて本稿は成ったのである。

　今回の紹介で主に使用するのは、ナチスの党機関紙「フェルキッシャー・ベオバハター」の記事である。また補足的にはナチ党の関係機関から発行された民俗行事の宣伝ならびに演出指導のパンフレット類にも目を通した。資料への着目としては簡便に過ぎるかも知れないが、実際に読んでみると、この現代史の一齣に関する限り、当事者であったナチスの機関紙は、他の解説よりも当時の様子をまざまざと伝えており、また出来事の意味を解き明かす鍵に満ちているように思われた。今回は、主にこのイヴェントの最初のものである1933年10月1日の模様に焦点を合わせ、特徴を考えてみようと思う。

　イヴェントが集中的に報道されたのは、ナチ党機関紙「フェルキッシャー・ベオバハター」1933年10月3日号で、それは本紙に加えて特集にあたる2面の付録面を伴っている。なおここでは「フェルキッシャー・ベオバハター」の版のなかで、基準誌面である首都の「北ドイツ版」（後のベルリン版）で見てゆくことにする。またイヴェントの経緯を追う趣旨から、コラムの順序は並べかえた。

2. 1933年の収穫感謝祭をナチ党機関紙に読む

ナチ党機関紙「フェルキッシャー・ベオバハター」("Völkischer Beobachter")の

報道から（1933年10月3日付、北ドイツ版、本紙面および特集紙面）

[本紙第1面]
首都の収穫感謝祭／ベルリンでの祭りの様子／どこでも大群集が麦穂のしるし／ベルリン／10月2日

　日曜日に50万人のドイツ農民がビュッケベルクに到着したことを告げるトランペットが鳴り渡ったころ、ベルリンでも市内の多数の会場に何千・何万の人々が集まった。親衛隊、突撃隊、ヒットラー・ユーゲント、学生団体、職業団体、各種の協会と団体が、ベルリン市内の14の会場に向けて行進を開始した。

　首都の大いなる一日は、農民を乗せた15機の飛行機がテンペルホーフ空港に到着したことによって始まった。農民代表団は、各省庁の代表者や首都ならびに各地区宣伝担当者に迎えられた後、花で飾った自動車に載って、総統の歓迎を受けるために首相官邸に向かった。歓迎会は昼食会を含んでおこなわれ、その後、正午前に客たちは、ふたたび飛行機でベルリンを離れて、ビュッケベルクの会場へ飛んだ。

　午前中にはこれ以外にも、ベルリンにとって特別の来客としてブランデンブルクから多数の農民代表団が訪れた。彼らは市役所で迎えられ、同じく昼食会に招かれた後、車でルストガルテンに向かい、そこで国家農民指導者ダレーと国家宣伝相ゲッベルス博士から名誉表彰状を授与された。このルストガルテンでの催しは、同じ時刻にベルリンのもう13個所でおこなわれた行事のなかで最大であった。

　これらすべての集会会場では、先にミサが執り行なわれ、次いで農民代表団が迎え入れられた。そして都市民と農民のあいだで会話が交された後、この日の偉大な意義についての解説が行われた。続いて、ビュッケベルクから総統の演説のラジオでの中継放送があった。同時刻にはまたベルリンの多くの場所での集会の中心として、グリューネヴァルト・シュタディオンで大規

模な集会がおこなわれた。参加者は夜遅くまでシュタディオンの大きな円形会場に集まって、演説に耳を傾けた。最後は祝祭劇「パンと鉄」が上演されたが、これはベルリン地区宣伝隊の組織能力の精華であった。

都市と農村は結びついた

　次いで、総統が農民の代表者に感謝の演説をおこなった。

　《ドイツ農民の代表者が今日ここに集まり、代表団を組んでここに来られたという事実が、ドイツにおいて運命の転換が起きたことを、農民諸賢に知らしめている。農民諸賢には、今日の国家政府を支配している精神が過去15年の政府の思想とは異なることは、明瞭であろう。我々は根無し草ではなく、フォルクに疎遠な存在でもない。逆であり、我々はドイツの土地に結びついており、それを感得している。我々は、ドイツの土地に依拠している。それはすなわちドイツの農民に依拠していることである。ドイツ農民は、ひとつの身分(シュタント)ではない。ドイツの生命力の代表であり、それゆえドイツの未来の代表である。我々は、ドイツ農民にナショナルな豊饒力の源を見る。我々のナショナルな生き方の土台を見る。難局において、正に難局なればこそ、我々がドイツ農民に与することを、ドイツの農民諸賢には確信していただきたい。私は諸賢に感謝する。諸賢が村にありながら、都市が多大の困難にあることに思いを致しくれることに感謝する。

　これによって都市民と農民の絆は一層強められるであろう。両者は団結して活力ある共同体(ゲマインシャフト)を築かねばならない。真正の民俗共同体(フォルクスゲマインシャフト)は行動の上にしか樹立され得ない。それゆえ都市民諸賢には犠牲をいとわぬことをもとめたい。また農民諸賢には都市民の苦難と心痛を理解することを願いたい。諸賢が、我々の困窮を解決するために自発的に助力をさしのべたことに、お礼を申し上げる。我々は、自力によって、自己の資産によって、正に我らが民俗(フォルク)自身のなかから、そして外部の助けを借りることなく、他人に依存することなく、困難を乗り越えつつある。これは我々の誇りである。我々が困難を打破するために我らの総力を結集するなら、必ずや幸いが到来する。それはド

イツの都市民にだけではない。苦しみに直面している者だけにではない。困難の除去に助力する人々、ドイツ農民の上にも幸いは来るのである。》

　次に国家農業大臣ダレーが各地方の農民代表を紹介し、彼らはまたそれぞれの団体を総統に紹介した。その一人々々と総統は握手を交し、一人々々とまなざしを交した、誰もが総統の姿を注視した。彼らは、自分たちがドイツ農民であることを誇りに感じ、総統の前に立つことができたことを誇りにしている。次に農学士団体の議長クマー博士から、ビスマルクが使用した鵞鳥羽のペンが総統に贈呈された。そのペンは、ザクセンの森から切り出した樫材で作った高さ70cmの装飾付きの時代箪笥に収められている。このペンをドイツ帝国の建国者は、〈我らドイツ人は神を畏れる、さもなくば世界は無である〉の言葉を発したときに用いたのであった。

　やがて3人の少女が進み出た。ブロンド髪のシレジアの乙女で、彼女たちは、ドイツの国家首相に、収穫の冠を差し出した。感動しつつ彼女たちは、つつましく言葉を紡ぐ。〈収穫の冠をこの度ほど熱い感謝と満腔の愛をもって編んだことはありません。それが今年のこの冠です。総統殿、貴方は、非常な困難から私たちを救って導いて下さっています。ローテンブルクの青年農民同盟の少女として、私はシレジアの農民団体からこの冠を贈ります。〉総統の前に立っているのはいかつい農夫たち、すなわち仕事に生きる男たちである。しかし男たちのなかには、この少女の言葉を聴いて、目に涙をうかべている者もいた。さらにもう一人の少女が収穫の冠を差し出し、古くから伝わる農民の格言を述べた。〈農民は主なる神を信ず！　土地がその手にやすらうとき、農民たることは気高き恵みなり。水が襲うとも、嵐が騒ぐとも、土地は下にあり、空は上に存す。〉

　農民の救い手にして、フォルクの総統かつ首相である人物に向けてハイルの呼号を挙げつつ、代表団は退席した。その後、総統を囲んで50台の自動車がベルリン市民の歓呼を浴びながら空港に向かった。そこから10機の飛行機がハノーファーへ飛び、そこから祭典の会場に進むのである。すなわちビュッケベルクの会場へである。

第6章　ナチス・ドイツの収穫感謝祭　　405

ハーメルンへ出発
　ベルリンで数百万人の市民が市内の各地で正午の祭典に集まってしている頃、総統は、ゲッベルス博士、ダレーなどの閣僚や国家新聞主任ディートリヒ博士その他の来賓と共に首相官邸で昼食をとった。ここで出されたのは、ドイツ全国の集会で出されたのとまったく同じ簡素な煮込み鍋（アイントプフ）である。
　この後、総統は空港へ向かった。会場のビュッケベルクへ行くために、特別機でハノーファーの空港へ行くのである。テンペルホーフ空港でも数千人の人々が総統を歓呼で見送った。こうして総統は副首相フォン・パーペン副首相、閣僚のゲッベルス博士とダレー、そしてフォン・ブロムベルク国防相を従えて空港に到着した。

ポツダムの祭典　　　　　　　　　　　　　　　　　ポツダム　10月2日
　ポツダムとその近郊の夥しい人々が参加して「収穫の日」が祝われた。これは都市と農村の団結の強い表示であった。すべての教会堂でミサがおこなわれた後、バシン広場を出発した行列は何キロもの長さで街を行進した。

［本紙第2面］
若きドイツ収穫感謝祭を祝う／血と土から新たな国家が育つ／ドイツ全土が収穫感謝の日一色に／世界最大の農民集会／ビュッケベルクの感動的光景／70万人が結集したマンモス集会　　　　　　　ビュッケベルク　10月1日

　ビュッケベルク山をヴェーザー谷が取り巻いている。山と丘がなだらかな起伏を描いて波を打ち、遠くに平和な村々の赤い屋根が喜ばしく輝き、鼠取り男の町の教会堂の塔が誇らしげに聳えている。広い谷には畑と果樹園と牧草地が色とりどりに配置され、草花が赤・青・黄・白と秋の日に季節の最後の輝きを放っている。

ビュッケベルク

　午前7時半に最初の参加者が、まだ朝靄のかかったビュッケベルクに到着した。さらにそれより数時間も前に屋台で商売をする人々が準備に取りかかっていた。国有地オーフェンで夜営した突撃隊員と親衛隊員と鉄兜団員併せて3万4千人、それにヒットラー・ユーゲント6千人がそれぞれの持ち場についたが、雛壇の前の草原が会場に変わったのはようやく昼食後であった。オールベルクが次第に靄のなかから姿をあらわした。見渡す限り、大勢の人々が行進路を隊列を組んで集まってきた。なかには鼓笛隊やブラスバンドと一緒の団体もあり、それぞれ旗を掲げている。デンデルン駅からは、行進曲が巨大なスピーカーで何キロも遠くまで響いている。午後1時になると、演壇がしつらえられた麓までの広い空間には、歩兵部隊、突撃隊、親衛隊、鉄兜団の儀杖隊が陣取った。しかし行進行列はまだ見えない。

全国から集まった民俗衣装のグループ

　軍隊がアトラクションを繰り広げることになる緑の草地を横切って2万人の突撃隊員がハーメルンからビュッケベルクまで人垣を作った。また総統がビュッケベルクの演壇へ上る土手の近くでは、道の両側にシャウムブルク、デトモルト、ビュッケベルク、ヴェストファーレンの人々が民俗衣装をまとい、ゼンゼ（草刈り用の大鎌）、ハルケ（土や草をならす熊手）、さらに穀物と果実でこしらえた飾り輪や飾り紐を携えて居並んだ。長さ150メートルの広い雛壇の前には、ドイツ各地からやってきた民俗衣装の男や女や子供が労働奉仕隊よりも前に出て勢揃いした。色とりどりの衣装のなかには高価な仕立てのものも混じっている。会場の中央には、麦藁の束、穀物、果樹を盛ったテーブルがしつらえられた。午後3時から、来賓を乗せた自動車が次々に到着した。会場の前列には、総統とその随員、それに政府の高官のためのベンチが並んでいる。それに続いて各州の政府要人と農民代表、各国外交官と来賓が居並んだ。また会場中央の左右でも、前列には農民代表が座を占め、その後ろに内外の報道関係者が座った。

あでやかな色彩の祭典

　一大パレードがおこなわれたテンペルホーフやニュルンベルクとは対照的に、ビュッケベルクでひときわ目立ったのは多数の女性たちであった。各地の軍人会も昔の旗を掲げて現れた。その人々の中央にはやはり民俗衣装を着た夥しい数の男女が陣取り、あでやかな色彩のモザイクを作っている。そして莫蓙や折り畳み椅子にくつろいで座りながらも、周囲の偉観に目を丸くしたり、間断なく響く行進曲に聞き耳を立てたり、あるいは戦闘機の高度な編隊飛行や単独飛行に見とれている。戦闘機は、小さな落下傘のついた花束を投げて、人々を驚かせたのだった。

生命の山／天気にはいささか恵まれ過ぎた

　気温は日陰でも29度に上り、猛烈な人いきれのために、ビュッケベルクのすぐ近くで14張のテントで待機していた衛生班がたびたび出動しなけければならなかった。飲料水の売り子のビンは奪い合うばかりであり、会場の周囲にタンク車が廻って来ると常に数百人の人だかりができた。山腹が人波に埋め尽くされて一寸の余地もなかっただけでなく、行進路までが空き地どころか雑踏の観を呈した。さらに4千条の旗がたなびき、途方もない人の山であった。ビュッケベルク全山が生きて呼吸していたのである。

　午後4時には、会場は立錐の余地もなかった。それでも押し寄せる人波は増える一方だった。概算ながら、少なくと70万人が集まったであろう。会場の様子は正に圧巻であった。会場を取り巻いて林立する旗のあいだを、標旗の列が雛壇に向かって行進した。同時に、陽光に輝くヴェーザー川の水面には、オール、パドレ、モーターボートの3種類の水上スポーツ団体がそれぞれ列を作って登場した。

外交官たちの入場

　4時を数分過ぎた頃、外交官の列が麓に到着した。その列は、総統を迎え

るために作られた道の中央のステージの傍で止まり、左右に突撃隊の隊列が護衛についた。

外交官団は保安警察に伴われ、式典長フォン・バフゼヴィッツ伯、ならびに宣伝省送迎局参事官ムムと大臣官房長官オットが先導した。広場中央の土手がその通路であった。同時にフリースラント、ダンツィヒ、シュヴァルツヴァルト、バイエルン、シレジア、ライン地方（葡萄農家）などドイツ各地からの農民代表が色とりどりのお国自慢の衣装を着けて入場した。

政府参事官グッテラーによる／ベルリン＝ブランデンブルク突撃隊の祝辞の朗読

12万7千人の突撃隊の名前でドイツ農民に挨拶が送られた。祝賀文は第32旅団（ベルリン）指揮官より上級指揮官フィードラーに伝えられた。

《ドイツの土に立つ農民諸氏への挨拶

ビュッケベルクに参集したドイツの農民にたいして信義ある紐帯による戦友の挨拶をおくる。我らベルリン・ブランデンブルク突撃隊グループ、すなわち褐色の軍隊は、ドイツの自由の戦士としてドイツ農民と分かち難く結ばれており、また大地の上に成りたつ職種の再興を強く願っている。貴地に派遣された上級指揮官リヒャルト・フィードラー指揮下の突撃隊は今回の任務の名誉を認識しており、12万7千人の突撃隊の代表者としてドイツ農民の誉れの日にこれを全うすることを願うものである。》

（声明はグループ指揮官にしてプロイセン国家参事官エルンストに署名によって署名された）

総統来る

5時を過ぎた直後、スピーカが、総統が交差点に到着したことを告げた。号令が轟き、騎兵連隊がかざすサーベルが輝いた。その向こうに総統と随員を乗せた自動車がゆっくりと走行する。第13騎兵連隊が土煙を上げてビュッケベルクに向かって下ってきた。

ビュッケベルクの麓で総統は自動車を下りた。総統が、儀杖隊、近衛歩兵、保安警察、突撃隊、親衛隊、鉄兜団、労働奉仕隊の前列に沿って歩むと、これら閲兵隊列のあいだに大歓声が湧き起こった。続いてハイルの斉が轟いた。総統は、どの方向にもおもむろにドイツ式の敬礼を送ったのち、ゆっくりと谷から山頂へ上った。するとそれに合わせて大歓声が沸き起こった。総統の後を、外務大臣ノイラート、法務大臣ギュルトナーまで含んだ国家閣僚全員が続いた。最前列は食料農業大臣ダレー、国防大臣フォン・ブロムベルク、宣伝大臣ゲッベルス博士、各州の大臣、国家政務大臣のほとんど全員、国家官房長の面々、突撃隊と親衛隊の上級幹部、官房長官のなかでは、ヒールが、古い農民帽に倣って労働奉仕隊のために最近作られた新しい帽子をかぶっているのが人目を惹いた。

　やがて国家首相が演壇に姿をあらわすと、それを迎えて、全山を揺るがす高波のごときハイルの呼号が湧き起こり、山腹にこだました。各国の外交官と来賓（そのなかにはアウグスト・ヴィルヘルム公や国立劇場の劇作家ハンス・ヨーストもいたが）が挨拶を述べているあいだに、早くもファンファーレが５回鳴りわたって大砲が一列に並べられ、21発の祝砲が轟いた。

　開始が約45分遅れたために、ヴェーザー谷にはすでに夕霞が薄くただよっていたが、それでもオーフェン国有地に陣取っていた第13騎兵連隊の騎馬行列は予定通りに進行した。蹄鉄の轟きが山頂にまでひびきわたった。騎兵中隊は速足ギャロップで方向を変えながら、ハーケンクロイツの形を作った。

　この演技は盛大な拍手で迎えられた。締めくくりはやはり速足ギャロップでのパレードで、これにもまた盛んな拍手がおくられた。その後、すべての楽団によって古くからの歌「人皆神に感謝せよ」が演奏され、それに合わせて参加者全員が帽子をとり、起立してこの歌を合唱した。

炎の山

　バーデンヴァイルの人々の行進が行われるなか、総統は随行員と各大臣と

共に演壇を下り、各国外交官と来賓に挨拶をした後、中央の道を歩んだ。ふたたび会場の全体から大歓声が起きた。

ややあって演壇の傍からサーチライトの灯が照射され、まるで炎の舌でなめるように、大きな塔の赤い側壁を夕空に浮き上がった。野原を囲んで林立する旗が光りを浴び、無数の旗が作りなす森が血のように紅く燃えている。

不可思議な光に浮かびあがった無数の旗の広葉樹林はさながら魔法にかかったメルヒェンの森であった。遠くにはハーメルンの町の明り、そして村々のともし火が瞬いている。夜の帳はなお下り切っていない。ここで

国家食料農業大臣ダレーが演壇に立ち、本紙に収録したような声明をおこなった。それは何度も嵐のような歓呼で中断を余儀なくされた。

総統の演説

そしていよいよ総統がマイクロフォンの前に進むと、改めて大歓呼の嵐が湧き起こった。しかもその嵐は国家首相が手を振るや水を打ったように静寂に変わり、そのなかで本紙に収録した演説がなされた。

首相の演説が進むや、それは人々の絶えざる歓呼を誘わずにはおかなかった。そして「ホルスト・ヴェッセル・リーベ」の演奏とそれに合わせ全員の唱和による中断を経て、最後には軍隊トランペットの荘重な音色の伴奏が響くなか何十万という人々による「ドイツ国歌」の合唱に移っていった。

余韻

ビュッケベルクからハーメルンまでの道筋には突撃隊員によって松明が点された。夜を貫いて光の帯がどこまでも延びている。筆舌に尽くせない昂揚のなかを総統はビュッケベルクを後にした。さまざまな色彩のマグネシウム電球がまばゆく輝き、地平の彼方まで光の海がひろがり、そのまんなかに雷鳴が轟くビュッケベルクにファイアストームの炎が燃えていた。オールベルクは背後から照明を受けて、次第に濃くなってきた霧のなかにシルエットの

ような姿をみせている。集まった大群集のなかには、10時間あるいはそれ以上を、この古きゲルマン人の信奉の地で待機した者も少なくない。自分たちの指導者に会い、感謝し、崇めるためである。こうして魅力あふれる一日の終りは、すべての者に忘れがたい体験を得させたのである。

[特集第１面]
総統と共にビュッケベルクへ／偉大な一日を回顧／総統の旅程に同行した本紙南ドイツ支局記者の報告　　　　　　　　　　　　ベルリン　10月２日

ドイツの村々の上空

テンペルホーフ空港の中央滑走路に２機の飛行が、総統と帝国大臣らならびに同行をハノーファーへ送るために待機していた。昼の１時過ぎに最初の自動車数台が到着した。ドイツ農民の名誉の日に参加する国家の首脳陣である。

私たち同行記者の飛行機は、総統の飛行機よりも少し前に離陸した。眼下には陽光を浴びたベルリンの屋根屋根とハーケンクロイツ（鉤十字）旗の輝きが見えた。この首都の印象を最後に私たちは目的地へ向かった。すなわちドイツ農民の祭儀へである。眼下に広が農地や村や畑や森は、私たちがその記念日を祝うことになるドイツの力とドイツの目覚めのシンフォニーになった。飛行は順調で、きちんと１時間25分で、秋の雲間の下にハノーファーの町が浮かび上がった。そこから先は自動車である。

総統を待ち受けるハノーファー

ハノーファーでは、無数の人々が総統を待ち受けていた。私たちは、総統の車よりも30分早く出発して、60キロメートル離れたハーメルンへ向かった。

ニーダーザクセンの村々が総統を迎える熱狂ぶり

どの村でも家々には飾りがなされている。戸口や窓には、収穫感謝のしるしに畑の作物が積み上げられている。

玄関前には村々の老人が立っている――若者たちは全員ビュッケベルクに集まっている。

勤労と生活によって鍛えられた人間を目にするところではどこででも、彼らが、苦難と失墜を克服して真の意味で彼らのふるさとを救い出した人間を、彼らがどれほど誇りと希望にみちた喜びをもって待ち受けているかが分かる。

いくらか大きい村なら必ず沿道の両側に幾百人、幾千人という人々が迎えに出ている。目的地に近づけば近づくほど、出迎えの人波は増してゆく。彼らはすでに数時間も総統を待っている。これらの人々が総統を迎えるにあたっての畏敬と興奮は想像を絶するものがある。それが求めていた通りの勝利であることは疑いを容れない。

総統、ハノーファーで歓迎を受ける／総統　百歳の老女をねぎらう

午後3時にハノーファーの空港に降り立った総統への歓迎は特に心のこもったものだった。州長官ルッツと市長のメンゲ博士が出迎え、多数の親衛隊員と突撃隊員が特別隊としてこれに参加した。

なお総統が到着した直後、3人のヒトラー青年隊員が感激して警戒線を破って総統に花束を手渡すという出来事があった。総統はにこやかに微笑みつつ礼を言って受け取った。

総統の到着にわずかに先立って、歴史的な衣装をまとった大勢の農民からなる幾つかの代表団がやはり飛行機で到着した。そのなかにはダンツィヒから来た農民もまじっていたが、これらの代表団たちは感激して総統を表敬した。空港には14機の飛行機が整然と並び、そのうちの3機は大型機であった。現代的な飛行機の前で昔ながらの衣装をまとった農民たちが整列する様はまことに興味深い光景であった。古い時代と新しい時代の出会いであった。

見物人のなかに、新しいドイツの指導者に一目会いたいと願ってやってきたハノーファーの102歳の老女がいた。そこで第102オートバイ隊の隊長

シェーリング党員が彼女を総統に紹介した。総統は、心身ともに驚くほど丈夫なこの民衆同胞とちょっと言葉を交した。感激する老婆を、親衛隊員たちが自宅まで送った。彼女の望みは叶えられたのである。あまたの政権が成っては潰えてゆくさまを見てきた彼女は、老境において、ドイツを新生させた人物と握手を交し、その目をみつめることができたのである。

ハノーファーからビュッケベルクまでの60キロメートルの沿道には、親衛隊員と突撃隊員が列を組んで、通り過ぎる総統の車にたいして手を挙げ、ハイルを歓呼した。

ビュッケベルク

ヴェーザー連峰の鋭い輪郭は遠目にも明らかであるが、やがてビュッケベルクが見えてくる。おびただしい旗の巨大な長方形が波を打ち、気高い丘がそそり立つ。さらに近づくと、秋の陽のなかでその長方形が膨大な数の人間から成ることが分かってくる。遠くからでも音楽隊の演奏が響いてくる。沿道には何キロメートルにもわたって親衛隊員が列を作り、その列の向こうには総統を何千もの人々が待ち受けている。

陽が沈みはじめ、夕陽に赤々と映えるヴェーザー連峰が雄大な景観をみせるなかを、総統の車は歓呼する人垣のあいだをおもむろに進んでゆく。

総統は儀杖兵を閲兵したあと、中央に広くあけられた通路をゆっくり歩む。歩みが丘を登るごとに、眺望の広がりは増してゆく。遥かな景観は、沈みゆく夕陽の光線を受けて黄金に燃え、メルヒェンさながらのたたずまいを足下にひろげている。どんな言葉でも言い表わせない感銘深い光景、ふるさとへの愛、土への愛、この清らかな時間を共にして感動にふるえている人々への愛の正にシンボルである。

ここで騎馬者の演技があった後、総統は再びゆっくりと丘を下りて、ビュッケベルクの麓に設けられた演説台に立った。夕闇は濃くなり、明りが点された。人々山の上揺れて丘の輪郭をなぞって浮かび上がる旗の列は、この世のものならぬたたずまいである。

最初に農民指導者ダレーが、そして次に総統自身が演説をおこなった。数万人の心臓を嵐のなかにつかまえるその演説のあいだに、ビュッケベルクの黒い尾根の彼方に月が昇り、ドイツ農民をあらたな生命にうながす力強い告知に魔法の光を注いでいた。

　総統は語りつづけ、民族の運命と農民の運命との決して解けない結びつきを強調すると、その言葉は感動の谺を解き放った。それはドイツ農民が総統に返した感謝にほかならない。なぜなら総統は間一髪のところで舵を握って、農民とドイツを没落から救い出したのだから。

　ドイツ国歌が夜の空に響きわたった。それはドイツの国土の谷や山を越えゆき、またすべてのドイツ人の心に高鳴りを立てた。そこには都市民か農民かといった区分はない。頭脳労働者と肉体労働者の違いもない。ドイツはひとつである。これが、かのニーダーザクセンの農村地域でのファンタスティックなひとときの信条である。

閉幕

　ビュッケベルクへの行進路に参集した大群集のあいだを自動車は進んでゆく。夜の闇のいたるところに、挨拶を交わす農民の姿がある。私たちの背後では、ビュッケベルクに光の列が浮かんでいる。私たちはヴェーザー川を渡っているのに合わせて、数百艘の舟がゆっくりと、光の海さながらに近づいてくる。そうこうする間に、ビュッケベルクの頂では、幾つもの巨大な焚き火が燃え上がった。地平線に一塊の山の輪郭が浮かびあがり、その灯火は空を真昼のように照らし出している。新たに昂揚するドイツの未来ののろしとして、雄大な自然が、ドイツの歴史がかつて目にした最も偉大な一日を締めくくる。

総統（ヒトラー）のビュッケベルクでの演説（全文）

　ドイツ民族同胞の男性諸君！民族同胞の女性の方々！
　そして我が農民諸君！

過ぐる年、収穫と共に、ドイツでは歴史的規模の転換が起きた。

政党国家が瓦解し、民族(フォルク)国家が成立したのである。

過去8か月の大展開は、あるいは後世のそれを賞賛するところともなろう。我ら全てが、この驀進の時代的気圏のなかに立つ今、その前進の程は何ものを以っても喩えようがない。

僅か数年前にはあり得ぬことと見えたものが、今、可能となっている。何百万人もが見込みが無いとして見放したことがらが、今日、現実のものとなっている。この力に立ちはだかった者たちは挫折した。ひとつの体制は破産し、我らが民族(フォルク)は、その内奥の核心部まで沸き立ったのである。この強力な流動に最も強く反応したのが、我らが民族(フォルク)の土台であり担い手たる身分(シュタント)であったことは、何ら不思議ではない。なぜなら、国家社会主義が、その考察と視点と決断を負うのは、個人でもなく、人類でもないからである。国家社会主義が、その思想全体の中心に据えるのは、民族(フォルク)に他ならない。

この民族(フォルク)こそ、国家社会主義にとって、血によって結ばれた現存である。

この現存に、国家社会主義は、人間社会の神の望んだ礎石を見るのである。

まことに、一人一人の個体は滅びゆくも、民族(フォルク)は存続する。

リベラルな世界観が個々の個体を吸引して民族(フォルク)の破却に動くとき、国家社会主義は、民族(フォルク)そのものの保全を目指し、必要なら個々人を犠牲とすることを厭わない。この一見厳しい教説を人々に理解させるには、また個々人の鍛錬において重要なのは全体の祝福であり、それが延いては個々人の祝福となることを知らしめるには、強力な教育事業がもとめられる。それだけではない。個々人が体得しゆくべき認識を言わんか、それはこうである。民族(フォルク)の全体存在の前には一人一人の自己は無意味である。

すなわち、これら一人一人の存立も民族(フォルク)全体の利害によって条件づけられざるを得ず、個々人の自尊・自大・自負は嘲うべきものであるどころか、民族共同体(フォルクスゲマインシャフト)の存立にとっては有害でもある。一国民の精神と意志が一体であることは、個々人の精神と意志の自由に勝るのであり、それゆえ全体の高邁な生存利害は、個々人の利害に限界を設け、むしろ義務を課すのでなけ

ればならない。それゆえ国家社会主義は、あらゆる階層分裂と身分間相反への情熱的にして断固たる敵となろう。それゆえ、一国民が一体として活動することを妨げるあらゆる思念、あらゆる策動と戦うであろう。我らが公的生活において、民族共同体(フォルクスゲマインシャフト)に害をなすあらゆる現象を駆逐するべく、教育に力を尽くすであろう。されば、二者の一方の高慢・尊大を決して赦しはせず、他の一方の高慢・尊大も許容することはない。

すなわち、精神労働と肉体労働は等しく培われ、共に民族共同体(フォルクスゲマインシャフト)に資するのでなければならない。

かかる信条によって国家社会主義革命が目指すのは、働くことは輝かしきものと認めることであり、それに止まらず、労働によって民族(フォルク)を養っている人々を護ることにある。リベラリズムが個体を称揚し、マルクス主義が人類を指向して民族(フォルク)を犠牲にするとき、国家社会主義は決然と民族(フォルク)に与するのである。

まことに、民族の最初にして深奥なる代表者とは、大地の実りから人々を養う者たち、家族の豊穣をもって国民を存続させる者たちである。

リベラリズムが、またデモクラシーを掲げてマルクス主義が、農民を排斥するとき、この現代の担い手にして未来への唯一の保障者たる農民の側に立つのは、ナチス革命だけである。

我らは知っている。ドイツ農民に廃墟がおとずれるなら、それはドイツ民族(フォルク)が廃墟と化すのと同じであることを。我々の政治的な闘争と挑戦の意味は、他の民族(フォルク)の獲得にあるのではなく、ましてや征服にあるのではなく、我々自身の民族(フォルク)の維持と保全にある。それゆえ我々は、決然と、ドイツ農民に与するのである。この点において、妥協はあり得ず、中途半端であることもない。

人口統計が教えるところによっても、今日、国民の将来が挙げて農民の保全に懸かっていることは明らかである。農民の生存は、我らが民族(フォルク)の生存か滅亡かの鍵であり、それゆえこの要素を、いかなる場合にも、いかなる手段によっても確かなものにすることは、国家の指導における責務である。

我々の構想を言おう。壊滅した手仕事は、これを復興しなければならない。中産者は貧困と化しており、これを再び持てるものとしなければならない。破壊された工業を再建しなければならない。人気の失せた都会をやがて活気づけよう。たとえ、将来、思慮の足りぬ国家の指導者たちが、今日を顧て、足りぬところを言い立てるとも、それを恐れるものではない。されば、言わん。都市民なら、職を失うとも、新たな職に向かうことが可能であろう。だが農民は、一旦土地を追われるや、未来永劫、農民(バウアー)ではなくなるのである。

　運命は、我らを辛い境遇に置いた。それだけに、必要となれば、重大な決断を下すことは、神聖な課題でもある。我々は知っている。ドイツ民族(フォルク)の苦難がどれほど大きなものであるかを。我々は決意をしている。人間の精神がなし得るあらゆる手段を尽くして、この苦難と格闘すべきことを。しかし、事が成るか成らぬか、最後の成否を決するのは、我が農民身分を救出できるか否かにかかっている。それは我々自身の救出を約束する道であり、その道を歩むことを我らはすでに決断したのである。過去の年月の結果を学習し、それをもとに過去の施策に必要な評価をおこなうのであり、その施策に問題があれば、より良い方法で改善を図らねばならぬ。過去の考え方や行動を拭い捨て、新たな方法が直ちには正しく理解されずとも、より適った方法をとるに躊躇すべきではない。ドイツ農民身分の救出が民族(フォルク)全体の救出に緊要であること、これはいつの日か必ず理解されるであろう。

　ここでは私は、先の総選挙のさいに民族(フォルク)全体に公的に表明したことがらを、再度、繰り返したい。何十年にわたって過ちがなされた後に、僅か数ヶ月で修復するわけにはゆかない。どの農家(ホーフ)(家)も、長年の不振で荒廃しており、それが正常になるには年月を掛けざるを得ない。いずれの土地(グート)(財物)も、長年の酷使から回復するには、時を要しよう。それどころか、国家もまた、来る年も来る年も民族(フォルク)の毀損に苦しんできたのである。この 8か月、我々は全力を挙げて活動し、そして今日、ひとつのことだけは自信をもって言い得る状態となっている。

　我らは、ドイツの崩壊を食い止めた。我らが民族の活動力あり信頼するに

足る幾百万の力により、下降せんとする動きを受けとめ、上昇へと転じさせたのである。

　我らが民族(フォルク)に最善を尽くさんとの我らの意志は、何人も妨げることはできない。それに必要な決断をなさんとする我らが勇気は、何人もこれを抑えることはできない。我らが未来において成功を得んとせんか、それは、民族(フォルク)全体の協力を得て始めて可能となる。これこそ、私が今日、我が農民同士諸君に再びもとめねばならぬことがらである。諸君が、我らに付いて歩むなら、我が民族(フォルク)の救出、また諸君自信の救出という大事業は成功するであろう。諸君は、食料身分であるが、また同時にドイツの地において意志を有する身分でなければならない。諸君が天候にも降雹にも抗して労働せねばならぬのと同じく、我らは指導部として、また民族(フォルク)として、たじろぐことなく我らの義務を遂行せねばならぬ。運命が、我らの決断と行為の多くを効果無きものとせんとするとて、それだけに、寸暇も無駄にせず、知恵を絞り洞察を尽くして奮闘するであろう。

　我らは、我らが民族(フォルク)の新たな共同体(ゲマインシャフト)を構築するのである。どの身分も、他の身分の理解と助力なしには存在し得ない。

　幾百万という都市民に、我らは、ドイツ農民の深甚なる意義を教示した。ドイツ農民諸君！すでに都市の者たちは、諸君のために献身的たらんとしている。されば、諸君もまた、彼らのために献身的であらねばならない。この冬、我らは、相互の協力という偉大な事業を組織して、シンボルを実現させた。我が急迫せる同胞を救出するために、困窮を軽減せんがために、都市と農村が犠牲を払って協同をなしつつあるということ、これは、将来、すべての者に利潤をもたらす資本である。千言を費やす以上に、この資本があることが、都市と農村、農民と工場労働者の協同を力あるものにするのである。これは摂理であり、この摂理は、逡巡せぬ者、正直な者に最後の報酬をもたらすであろう。

　目下、我らが取り組まねばならぬこの戦いの大きさが分かれば、収穫の乏しい不作の年が来るやも知れぬことには、身体の震える思いがある。

それだけに、我らの畑地に豊かな恵みを与えた者（農民）への感謝は大きい。

どうか、我が民族(フォルク)を機軸とした不撓不屈の労働を平安につづけんとの我らの意志がさらに強からんことを。なぜなら、その者（農民）の不幸は我らが苦しみであり、その者の困窮は我らの困窮であり、その者の自由と幸福は我らの唯一危惧するところだからである。

我らが農民諸君！　諸君は、今ここに来たりて、大いなる告知、かつて地上でなされた最大の告知をなさんとしている。これは、諸君の力のデモンストレーションであるだけであってならない。諸君が生業においていずこに意志を致すかを明らかならしむものでなければならない。

我らは、明確な意図を以って、労働の祭りを通じ、収穫の祭りを通じて、我らを律する精神と我らが選択した航路のドキュメントとする。
この偉大なデモンストレーションから、全てのものの間に相互の敬意が育たんことを、一つの身分はそれだけであるのではなく、すべての身分が共にあることへの確かな意識が育たんことを。都市と農村が結びつき、農民、工場労働者、精神労働者、その結合の感情が、強力な一体性への誇りある意識へと昇りゆくことを願う。

我らはひとつの民族(フォルク)である。我らは、一つの国家(ライヒ)たらんとす。
このひととき、我らは身を低くして、神に祈る。毎日のパンのための労働に将来も恵みを垂れ給え。

ゲッベルスの演説全文（省略）

［写真］（省略）ビュッケベルクでのドイツ農民の祝日／特別演台に立つ総統。総統の右はダレー国家(ライヒ)農民指揮者・国家(ライヒ)農業相、総統の後はフォン・パーペン副首相、総統の左は国防相ブロムベルク元帥、文化相ルスト、宣伝相ゲッベルス博士

ビュッケベルクに列席した各国外交官の顔ぶれ

　ビュッケベルクの収穫感謝祭には以下の23カ国の外交官が、多くは夫人同伴で列席した。

日本帝国	大使	永井
ユーゴスラヴィア王国	公使	バルジッチ
チリ	公使	デ・ポルト＝セグロ
ボリヴィア	公使	D・アンジェ＝ソリア
エジプト王国	公使	ハッサン・ラハト、パシャ
ブルガリア王国	公使	Dr. ポーメナフ
ベルギー王国	公使	ド・ロショヴェ・ド・デンエルゲム
ルーマニア王国	公使	コムネン
チェコスロヴァキア	公使	マストニー
アルゼンチン	公使	Dr. ラヴーグレ
スイス	公使	デニチェール
メキシコ	公使	エアンヘス・メホラーダ
オーストリア	公使	タウシッツ
ギリシア	公使	リソ＝ナウガベ
アイルランド自由連合	公使	ブリー
グアテマラ	代理公使	ディアス
イタリア王国	代理公使	テルッチ
コロンビア	代理公使	Dr. トレス＝ウマナ
ウルグァイ	代理公使	ブエロ
アフガニスタン王国	代理公使	ムハンマド・イズマイール・カーン
ブラジル	代理公使	デ・スセ＝カルテン
オランダ王国	代理公使	Dr. デ・フォス・ヴァン・ステーンミーク
ニカラグア	代理公使	アレンハ・ガルシア

[特集第２面]　国を覆う収穫感謝祭／全ドイツが実況放送に耳を傾けたビュッケベルクの大農民集会

血と土の国家／ビュッケベルク　　　　　　　　　　　　　　　　10月2日

　歴史的意義の一日は終わった。それはドイツ農民の歴史とむすびついた一

日であった。ドイツ農民ははじめて血と土に思いをいたすことを促がされた。ドイツ農民のこの名誉の日は、また新生ドイツの輝かしい告知であり、またその指導者への忠誠宣誓の表明であった。50万人のドイツ農民と約20万人のドイツ全域からの参加者が日曜にビュッケベルクに参集し、総統を囲み、ハイルを歓呼した。それに応えて総統は荘厳にして誇り高い言葉で、ドイツの農民身分を国家の大黒柱にしてドイツ生命の源泉として信奉を表明した。その神聖なひとときは、そこに居合わせることができたすべての者にとって、崇高な忘れがたい体験となった。ビュッケベルクは、この日曜には、ドイツ国家の中心であった。ニーダーザクセンの人々は、幾多の自由の闘士を生み、また忘れがたいホルスト・ヴェッセルも輩出した自分たちの気高いふるさとが大規模な農民集会の会場に選ばれ、それゆえ世界が注目したことを誇りにしている。

　塔という塔からこの日を知らせる鐘が喜ばしくも荘厳に鳴りわたった。ドイツの農民は、喜びと感謝の気持ちで教会堂にあつまった。収穫感謝祭！至るところに色とりどりの収穫の輪が微笑んでいる。黄金色の重い穀穂の束がシンボルとして街路に飾られている。ショーウィンドのケースにも、教会堂の祭壇にも、畑の作物や果樹園でとれた果実が載っている。上古の儀礼と行事がふたたび目覚めた。万物の創造主への感謝が沸き上がる。全能者の賜物への賛辞が喜ばしく響きわたる。それはまたドイツの国土とフォルクの国民を再び護ろうとする深奥の願いとむすびついた。ここ、ヴェーザー地方のまんなか、幾多の伝説とできごとの場所で、何万という人々が、北方のルーン文字を印した赤色旗を見つめる。ハーケンクロイツ、新たな時代の太陽のしるしである。（略）

各地の催し

　ドイツ全土の都市で、午前中から収穫感謝祭が催された。多くの場所で人々は拡声器の周りに集まって、午後にはそれぞれの地域のリーダーの演説に集まり、続いてビュッケベルクの大農民集会からのラジオの中継に耳を傾

けた。

ケルン

ここではかつてないほどの祭りの光景が繰り広げられた。盛大な祭りの行列が街路を行進した。早朝から近隣の職業組合や公務員が制服あるいは民俗衣装を着けて行列を作って町へ入ってきた。行列の先頭にはそれぞれの地域のリーダーが立った。オペラ座の前ではライン左岸の行列隊がパレードが行い、またアーヘン門では数千人が集会を開いた。

アーヘン

前夜の土曜日には地区の農業団体が農産物フェアが開催された。祭り当日のクライマックスとして市街を行列行進が行われ、それに教会堂開基祭が結合した。オイスキルヒェンとデューレンでも同様の催しがおこなわれた。

ボン

ドイツ週間の最終日とも重なって盛大な収穫感謝祭が挙行された。夜にはアイフェルの山々、ライン河とその支流モーゼル川とラーン川に臨む山々にファイアストームの火が燃え上がった。

ハンブルク

農民ならびに農業と直接・間接に関係する各種の職業組合・官庁・団体・親睦会などが参加して盛大な行列が行われた。行列は8キロメートルの長さに及んだ。ダイヒ門で農民と市民が一緒になって感謝のミサがおこなわれた。午後はフェストヴィーゼの動物園広場で大規模な農民集会が開かれ、カウフマン知事が血と土への信奉を表明した。

ポメルン郡

各地で祭儀ミサが執り行われ、地元の昔ながらの収穫感謝の行事が見直されることになった。シュチッティンでは民俗衣装の人々による行列があり、締めくくりはパレード広場での大集会で、それには国防軍と保安警察隊も参加した。祝賀演説は、ポメルンの州同盟議長シェーンベック党員が行なった。

ヴッパータール

集会では、東プロイセンの州長官コッホが演説をした。彼は、始めに、この日、彼自身の父の身分である農民の立場で語ることができる喜びを表明した。次いでコッホ党員はこう述べた。
　《東プロイセンの労働闘争は打ち砕かれた。それは人々が何年にもわたってナチストの教訓を受けた結果として、個別利害を抑え、ヒトラーを信じて全力を尽くすようになったからである。プロイセン的社会主義の東部が歴史の先頭に立つために、また百万人から百五十万人の人々が大移住計画によって東プロイセンへ居を移すことができるために、あらゆる前提条件がととのえられなければならない。ドイツのすべての働き手が２モルゲンから４モルゲンを所有することができるのも必須である。
　国民の代表者のすべての方々の前でこう言わねばならない。ドイツが戦争に向けて軍備を進めているという言い方は虚偽である。ドイツは、その名誉と自由が認められるかぎり、平和の最強の保障である。６千万人に職場とパンの権利をもたらさない限り、中央ヨーロッパにはいかなる平穏もあり得ないことを、外国の経済界の指導者たちは知らなければならない。ドイツは、平和を保障する用意がある。しかしその国土が１平方メートルでも侵されるなら、手厳しく撥ね付けられるであろう。》
　ブレスラウ
　正午にかけてシレジアの農民たちが豪華な収穫の山車を仕立てて城門前広場に向かい、街路を練り歩いた。先頭はトランペット隊で、行列には第７騎兵連隊の第１中隊も加わった。さらに近隣の村の消防団が華やかに飾った車で多数参加した。そこにはドイツの果物や野菜を買うように主婦たちに呼びかける文言が掛っていた。教会堂の鐘の鳴りわたるなか、ニーダーシレジアの農業組合長のシュナイダー＝エッカースドルフが農民に挨拶の言葉を述べた。また州長官ブリュックナーが第２騎兵師団司令長官フォン・クライスト将軍が収穫感謝祭に寄せてシレジアの農民に向ける祝辞を読み上げた。そのなかには、食料生産者と防衛者、全フォルクの破壊されない力の最強の表現として共通である、との文言があった。その後、州長官が演説を行なった。

オーバーシレジア

この地域の国境地帯で祭りがおこなわれた。オーバーシレジアではなお広くおこなわれている民俗衣装を着用して人々は新しい祭りに参集した。なかでも労働者の町であるヒンデンブルクでの祭りは特筆すべきものであった。鉱山組合の大集会には１万５千人の鉱山労働者が参加した。第７歩兵連隊のオートバイ隊が隊列行進を行って、シレジア駐屯軍から、グライヴィッツ郡、ヒンデンブルク郡、ボイテン郡の農民に宛てた祝辞を持参した。祝辞には第２騎兵隊司令部長官フォン・クライスト将軍の署名が記されていた。

ドレスデン

正午に、農民の装いによる大規模は行列が行われた。午後には、アードルフ・ヒトラー広場で大集会が行なわれた。

ケームニッツ

３６万人の住民の２０万人が収穫感謝祭の記念徽章を購入した。午後には町のあちこちで突撃隊と親衛隊があつまった。

ハレ

モーリッツブルクの歴史広間において祝賀会が行われた。参事会員にして管区(ガウ)・リーダーのヨルダンの挨拶のあと、バイエルンの文化大臣シェムが、アードルフ・ヒットラーを種播く人にたとえる講演をおこなった。

ミュンヒェン

バイエルン政府要人の参列のもとで、農民の高齢者を称える式典がおこなわれた。以前に賞状を授けられた１１４人の高齢の農民が見守るなかで、新たに３３人の高齢農民に感謝状がわたされた。

バイエルン首相ジーベルトが、高齢の農民たちを前に、彼らが私たちの民族体(フォルクストゥーム)に与えてくれた賜物を感謝して祝辞をのべた。この日の大きな催し物として、バイエルンのすべての管区(ガウ)から集まった１万９千人の民俗衣装の人々が全長３時間におよぶ行列をおこない、バイエルン政府の要人たちがナショナル・シアタの玄関階段でそれを見守った。またケーニヒスプラッツ（国王広場）の大集会では、大臣のヘルマン・エッサーが、民族体(フォルクストゥーム)と民俗慣習

を称えて演説をした。フェルトヘルンハレでは、参列者が国民運動の犠牲者に花輪を捧げた。午後と夕方には、数万人の人々が今日最終日を迎えたオクトーバーフェスト（十月祭）に集まった。国中からおびただしい人々があつまって収穫感謝の意味をもつフォルクの集いを繰り広げたのである。

シュトゥットガルト

午後、4つの行列が同時に市内からカンシュタットの広場にむけて行進をおこなった。広場では「アドルフ・ヒトラーの闘いの軌跡」という感動的な催しが行われ、国家指導者ムルが演説をおこなった。

[特集第3面］／ライン各地でライン祭りと収穫感謝祭が催される
ドイチェ・エックでは国家指揮官アルフレート・ローゼンベルクが演説

ドイツ文化戦闘団は、収穫感謝祭とむすんでライン各地の町で文化行事をくりひろげた。町や管区(ガウ)の人々がライン河を舟で行き、それはコーブレンツでの盛大な集会となった。そして数万人を前にアルフレート・ローゼンベルクが演説をおこなった。

〈ドイツの皆さん、ドイツの若者たち。新しい国家はすでに多くの真摯で荘厳な祝日を祝ってきました。しかしそのなかで特別の2つの日があります。ひとつは5月1日であり、もうひとつは10月1日であります。──略──
5月1日は過去数十年の歴史のなかでもっとも議論が多かった日のひとつであります。その日をめぐっては多くの国々で闘いが繰り広げられ、我がドイツでもほんの数年前までは激しい戦いの中心に位置していました。数年前まではプロレタリアートと市民がその日に闘っただけではなく、マルクス主義者運動のなかでも血みどろの闘いがなされたものです。

数年前の5月1日にはベルリンの路上でもすさまじい戦いになったものでした。

1933年になってこの日はまったく新しい意味をもつこととなりました。

（略）

世襲農地法／農民はドイツ的、アーリア的、気高くあらねばならない

　　　　　　　　　　　　　　　　　　　　　　　ベルリン　10月2日

　ドイツ法律家大会の審議が行われている間に、国家政府(ライヒ)は新しい世襲農地法を公布した。同法は国家首相(ライヒ)の他、法務大臣と農業大臣によって署名された。

　この法律の解釈にとって重要なのは、法全体の原則を謳っている次の前文である。

　ドイツ政府は、古来のドイツ的相続慣行を確認して、農民をドイツ・フォルクの血の源泉として維持することにつとめる。

　農地は、恒久的に自由農民のあいだで血族(ジッペ)の相続財であるために、抵当や相続分割から保護されなければならない。

　農業経営の規模が健全な大きさを保った分割となることが、その意図するところである。なぜなら圧倒的多数の活動的な中小農民が全国において等しい待遇を受けるべきであり、それはまたフォルクと国家を健全に保つ上での保障にほかならないからである。

世襲農地法の基本思想

　農林業の経営は規模の点では、その農地が仕事の能力をもつ者に属している場合には、最小では1自給農地面積、最大で125ヘクタールを以って世襲農地とされる。

　世襲農地の所有者をもって農民(バウア)と称する。農民はドイツ市民でなければならず、またドイツ人の血によらなければならない。すなわち血統的に不変であり、ドイツ的にして気高くあらねばならない。

　世襲農地は非世襲者に分割されてはならない。

　世襲者の親族の権利は他の財産に限定される。非世襲者とされた子弟は、当該農家の資力に応じた職業訓練と支度を受ける。それらの者が罪なくして困窮する場合には、ふるさとに避難することが許される。

　世襲農地権は死亡によって廃棄されることも制限されることもない。

世襲農地は原則として譲渡は不可であり質入れもしてはならない。

　以上の原則から明らかなように、1933年5月15日のプロイセン世襲農地法が今回のドイツ世襲農地法のモデルとなっている。しかし新しい世襲農地法は、多くの個別問題においてそのモデルと異なってもいる。たとえば新法は、世襲農地が原則として官庁によって世襲農地台帳に記載されるべきことを定めている。他方、プロイセン世襲農地法では、地域の世襲農地相続の慣習に委ねており、記録も農地所有者の申請によるものとしていた。またプロイセン世襲農地法では、所有農地面積について最高限度の規定を設けていなかった。しかし新法では、今後は125ヘクタールを超える例外については国家食料大臣(ライヒ)が特定の条件を満たした場合にのみ認めることになる。特に注目すべきは、次の厳密な規定である。

　《これより先ドイツにおいては、世襲農地の所有者だけが農民(バウアー)と呼ばれる。他の農地あるいは林業に使用されている地所の所有者ないしは占有者は農地主(ラントヴィルト)と称される。》

　農民の出自についても厳しい要請がなされている。《父方あるいは母方のいずれかの祖先にユダヤ人ないしは有色人種の血が入っている者はドイツ人すなわち血統的に一貫した者とはなり得ない。もとよりその調査には基準を設ける必要があり、1800年1月1日を以って起点とする。》

　さらにまた《農民(バウアー)は気高くあらねばならない。すなわち農民はその農地を立派に経営する能力をもたなければならない。そのさい年齢的に成年に達していないという不足のみの場合は障害とはみなされない。しかし農民が気高さに乏しく、あるいは経営の能力を欠き、あるいは借金の返済についてそれが経営的に無理のないものであるにもかかわらず果たされない場合には、世襲権裁判所は土地の農民指揮官の申請にもとづいて、その世襲農地を永久にあるいは一時的に当該農民の妻あるいは当該農民が死亡のさいに継承者となるべき者に委ねることができる。

　正式の妻あるいは後継者が存在しない場合、あるいはこれらの者が農業経営の能力を欠く場合は、世襲権裁判所は、その世襲農地の所有権を、地域農

民指揮官の申請により、農民指揮官が適切と認めた者に委ねることができる。なお適当な親族が存在する場合は、農民指揮官はその者のなかから推薦すべきものとす。

　相続人がすでに世襲農地を持つ場合は、その者は、それにもかかわらず、割り当てられた世襲農地を担当することができる。それゆえ相続人は交替することができる。なお被相続人は、相続人がその名前に加えて農地の名称を名乗るべき旨の指示を常に行うことができる。》

(世襲農地の譲渡あるいは質入れ)

　《これらは、重大な理由が伴い、かつ世襲権裁判所の同意を得た場合にのみ認められる。しかし世襲農地自体はその執行から保護される。世襲農地において収穫された農作物も、それが農地付属物の一部であるか、あるいは農民ないしはその家族が次の収穫までに必要とするものである場合は、強制執行から保護される。

　150ライヒスマルクを超える債権において、地区農業指揮官は国家農業者団体から負託された場合には、債務を国家農業者団体に移管することができ、国家農業者団体が債権者となる。世襲農地の収穫物にたいする強制執行は税金あるいはその他の公的かつ法的な金銭債権に限定される旨の執行規定が公布されており、それゆえ私的な債権者は、世襲農地およびその収穫物を差し押さえることはできない。

　世襲権裁判所の決定に対抗して、判事を議長とする世襲農地裁判所に控訴することは許される。最高審は国家世襲農地裁判所がそれに当たり、これについては規定が定められる運びである。世襲農地台帳および土地台帳への記載は無料である。特に重要なのは、世襲相続人が世襲相続税や地所取得税を払う必要がないことである。

　国家世襲農地法は、1933年10月1日以後に発生するすべての相続案件に対して適用される。同時に、農民法の規定、したがってプロイセン世襲農地も効力を失う。》

第6章　ナチス・ドイツの収穫感謝祭

［ドイツ文学の歴史における農民］省略
［ドイツの植民地作家］省略

3. ナチス・ドイツの収穫感謝祭の構造・背景・注目すべき諸点

　ナチの党機関紙において行事の実際をたしかめた。これを踏まえて、次にこの一大イヴェントの輪郭、すなわち行事の構造・背景および注目すべき諸点について検討を加える。

［1］推進者、および現実の核としての農業政策
　この大規模な儀式を実現させたナチ党政権のなかの推進者が具体的には誰であったか、またどの組織であったかという問題がある。新聞記事の体裁からも推測できるように、中心的な推進者が食料農業大臣リヒァルト・ヴァルター・ダレー（Richard Walter Darré 1895-1953）であったことは疑えない。ナチ党幹部のなかで農業政策にともかくも専門的な知識とヴィジョン（そしてイデオロギー）を持っていたのは、ダレーであった[13]。彼はすでにヴァイマル時代末期にプロイセンと共和国の農業政策に携わったことがあったが、その政策構想やイデオロギーが受け入れられなかったために下野していたところを、ナチ政権によって1933年6月に食料農業相に起用されたのであった。
　ヴァイマル共和国末期の経済的な混迷のなかで農民の窮迫状態は極限にまで達しており、政権獲得直後のナチ党にとっても、事態を早急に改善する必要があった。事実、ダレーの政策によって一時的には問題が解決されたところもあった。担当大臣への就任から3か月足らずで、食料管理機構の設置法（9月13日）と世襲農地法（9月29日）の2法案を成立させて、ナチ党政権前半の国の農業と食料管理の根幹になる制度と組織に向けて大きく舵を切っ

たことをみると、有能なテクノクラートの一人だったのであろう。農民にとっては、前者によって生産物が安定的に国に買い付けられるようになり、また後者によって農地が抵当化して失われる危険が防止され、分割相続による細分化も免れることになった。したがって農地の扱いについては、一種の国有化に向かう側面をもっていた。これらによる農民の地位の（一時的なものであったが）安定は、他方では農民から資本主義的・近代的な意味での自由を奪うことでもあったが、ともかくもそれはひとつの政策であった。1933年の秋はその新しい農業政策が開始したばかりで、農民の期待が非常に大きかった時期である。それを背景にして、ダレーとその周辺が構想したのであろう。主会場をニーダーザクセン州のヴェーザー川流域を選んだこともそれを示している。因みにダレーはその農業政策に関連して、農民集会の他に、実務的な定期行事として全国農民大会をも企画した。その第1回は1934年にヴァイマルで開催されたが、以後、第2回大会（1935年）から最後の第6回大会（1938年）まではいずれもゴスラーが会場となった。それと並行して、ゴスラーには農業政策のシンボルの意味をもつ〈帝国農民都市〉の名誉称号が与えられた。背景としては、1932年7月の総選挙でナチ党が絶対多数を確保したドイツ中部の3都市、ゴスラー、ヴォルフェンビュッテル、ゲッティンゲンが候補として挙がったなかで、最終的にダレーが1934年1月にゴスラーに決定したのである[14]。また後のことであるが、ニュルンベルク裁判での刑期を終えたダレーは3年間の余生をゴスラーで送った。なお農民集会の会場は、地名表記の上では〈ハーメルン近郊ビュッケベルク〉であるが、ゴスラーの近傍に位置するのである。一帯はドイツ中北部の農村地帯の典型と言ってもよく、地勢と土地制度の両面で困難な農業経営を強いられたために、国内ではルール地方への労働力の源泉のひとつとなり、また海外への流出者も多かった。当時の世相とからんだ話題を挙げれば、ハンス・グリム（Hans Grimm 1875-1959）の『土地無き民』の主人公はこの地方の出身者という設定である。〈ナチ文学の聖典〉と呼ばれた小説で、ヴェーザー川流域と南アフリカが舞台となっており、第一次世界大戦によって植民地を失ったドイツ人の

ルサンチマンと照応して多くの読者を得たのであった[15]。

　かくしてビュッケベルクの大農民集会は、明確な政治的意図をもって開催されたのである。因みに一見たわいのない民俗現象であっても、そこには多くの場合何らかの利害関係がからんでおり、さらにそれを掘り下げてゆくと広い意味での法的根拠にぶつかることになる、と説いたのは、法制民俗学のカール＝ジギスムント・クラーマーであった[16]。民俗行事の背後に一国の農業政策が核心となっていたという点では、収穫感謝祭はひとつのモデル・ケースと言えるであろう。

[2] ナチ党の組織と権力関係

　収穫感謝祭は、ダレーの農政が成功のうちに滑り出し、一般の期待も高まるなかで企画された。ナチ党政権にとっても上げ潮の時期であった。またダレーが企画を推進するにあたって、ナチ党の他の有力者と良好な関係を結んでいたことは、ナチ党の主立った実力者がこぞってビュッケベルクの会場に姿をみせるか、あるいはビュッケベルクの行事の写真版を各地で熱演していたことからもうかがえる。すなわち宣伝相ゲッベルス、文化政策の中心人物で党機関紙「フェルキッシャー・ベオバハター」の編集長でもあったアルフレート・ローゼンベルク、親衛隊長官ハインリヒ・ヒムラー、労働戦線議長ローベルト・ライ、国防相フォン・ブロムベルク、文化相ベルンハルト・ルストなどである。

　もっとも、大農民集会の策定過程や実行の具体的な経緯は必ずしも分明ではない。確認できるのは、1933年9月16日付で、ゲッベルスとダレーの名前で集会への呼びかけがなされたことである。そこには〈ハーメルン近郊ビュッケベルクで開催されるドイツ農民の大集会は、すべてのラジオ放送局によって中継され、これによって全国民が共に参加することになり、またすべての都市と村において、ドイツ農民の日は大々的に祝われ、地域全体の催しとして執り行われることになる〉と言うのである[17]。ここから推すと、ダレーが発案してゲッベルスに説き、宣伝省の主導で実現したということであ

ろう。参考になるものを挙げると、これと似た構図は、5月1日の「国民労働日」がローベルト・ライによって企画され、宣伝相のもとで実行されたことに見ることができる[18]。なお1934年以降になれば、民衆の大動員にはダレーの指揮下にある諸機関が重要な役割を果たすようになったが、1933年10月の時点ではそれらはなお形成途上であった「国家食料身分団」(Reichsnährstand)が整備されていったのは、この年の年末以降である。またダレーのその組織は農民を対象にしており、都市民衆に及ぶものではなかったという点では、他の指導者たちの積極的な協力があったことは明らかであった。ローベルト・ライの労働戦線、ハインリヒ・ヒムラーの親衛隊、さらにアルフレート・ローゼンベルクの「ドイツ文化戦闘団」などである。もっとも、ナチ党の国民教化の諸組織も、政権掌握以後の態勢が急速につくられつつある時期で、労働戦線のもとに国民の教化とレクリエーションのための「歓喜力行」(Kraft durch Freude)が発足するのは、ようやく11月である。また、いわゆる「ローゼンベルク機関」(Amt Rosenberg)が成立するのも、ヒトラーが指示を与えた1934年1月24日以後である[19]。これらのナチ党内部の諸組織は、時に交流しながらも激しい主導権争いを演じるようになるが、政権初期においては協力的な関係にあったのであろう。

[3] 民俗思想との関係 ―― 〈農民〉という概念

　この大規模なイヴェントと当時の民俗学との関係はいかなるものであろうか。イヴェントを成り立たせている民俗学のモチーフには2つがある。ひとつは〈農民〉という概念であり、もうひとつは〈収穫感謝祭〉という行事である。前者について言えば、ヒトラーのベルリンでの演説のなかに、〈ドイツ農民は、ひと・つの身分ではない／ドイツの生命力の代表であり、それゆえドイツの未来の代表である／我々はドイツ農民にナショナルな豊饒力の源を見る／我々のナショナルな生き方の土台を見る〉との表現が見える。これは直接的にはダレーの見解であるが、またこの時点ではヒトラーもゲッベルスもローゼンベルクもその見解を受け入れていた。すなわち農民という職業や身

分に社会の原理をみるという行き方である。これは国民経済における農業の意義に力点を置くいわゆる農本主義などではなく、もっと理念的ないしは空想的な性格をもっていた。農民は階層や職業を越えた国民の生き方そのものであり、民族の本質でもあるという過剰な農民観である。ダレーの思想はそのナチズム的形態であった。あるいはナチズムが多様な保守思想のアマルガムであったという意味では、そうした農民観をも合併していたと言うこともできる。

　射程を大きくとると、そうした農民観の遠い大きな背景としては、ヴィルヘルム・ハインリヒ・リール（Wilhelm Heinrich Riehl 1823-1897）を挙げなければならない。リールは19世紀の後半に、同時代の社会を活写して、当時全盛であったグリム兄弟に発する神話学系統の民俗学を修正した人物として重くみられてきた。ドイツの民俗学では、曲がり角に来るごとに、〈リールに帰れ〉が合言葉となった面すらあったのである[20]。事実、リールは、斬新な視角と膨らみのある文体、そして社会構成と歴史を手際よく整理する手腕によって、長く多くの読者をひきつけた。しかしその反面、リールの原点は1848年の民衆蜂起に社会が崩壊する危機を見たことにあり、またリールはそれを隠しもしなかった。因みに、リールが1848年の動乱を描いたのが『ナッサウ年代記』である[21]。そこでは、支配者や軍隊や民衆各層など動乱のなかで刻々変化する人間集団の動きが活写され、また随所に沸騰する現実の情勢を因由に遡ってたずねる考察が入っている。リールが三月革命を最も生産的に克服した一人であったことは疑う余地がないが、その克服の仕方は、例えば同じ動乱に未来社会の予兆を見たカール・マルクスとは正反対の方向であった。すなわち、二度とそうした転覆の危機を許してはならないという信念をリールは培ったのである。リールの次の代表的な著作『市民社会論』（1851年）は、正にそれを踏まえて成り立った[22]。半世紀を経た20世紀に入っていよいよ愛読される度合いが高まった書物でもあるが、その冒頭の文言はこうである。〈ドイツ国民のなかには、決して覆されることのない保守的な力、すなわちいかなる変転にも抗して持続する確固たる核心がある ── それは、

我らが農民である〉。少しく敷衍すると、リールのこの著作は、二部から成っている。第一部は、〈恒常的な力〉と銘打たれ、そこでは二つの身分が扱われる。貴族と農民である。第二部は、〈動く力〉で、それは市民とプロレタリアートに2分される。恒常的な力は、社会の安定に本質的に寄与するが、反面それは停滞を強いる要素でもある。他方、動く力は、社会を前進させる動力であるが、しばしば混乱をもたらす要因ともなる。大事なのは、これらの諸力のバランスである。そのさい、動く力のなかのプロレタリアートをいかにして制御するかが、大きな課題になる。そこでリールはその内部を分析する。無産者たる〈第四身分〉は、その出自をみれば、農民であり、市民であって、生得的に危険な人間種ではない。民生への配慮が十分になされれば、社会の安定に資する可能性をもっている。ところがそれを破局的なまでに〈動く力〉にしているのは、そこに〈プロレタリアート的知識人〉が加わるからである。その〈根無し草〉こそ最も危険なのである。こういう構図の理論であるが、リールの危機感が、恒常的な力のなかの最も恒常的で保守的な力、すなわち農民に依拠する言説を吐かせたのは事実であった。著作の冒頭の命題が、正にそうである。そこを強調して評価すれば、リールは、〈たとえ丸裸にされても最後まで王冠を支えつづける恒常的にして不撓不屈の身分としての農民〉の称揚者に他ならなかった[23]。それもまたリールの本質には違いなく、しかもその要素は、時間と共に広く歓迎される度合いが高まっていった。折から時代思潮はネオロマンティシズムであり、ロマン化された農村はその思潮の構成素となった。かくして農民は、実態とかけはなれた究極の人間集団のイメージへの道を歩みはじめた。同時代の誰よりもリアルに生活者の姿を描くことができたリールは、同時に非現実的な社会構成を夢想する人々の元祖の一人でもあったのである。

　しかしリールとナチズムとのあいだは一直線ではなく、そのあいだに幾らも岐路があり、転轍のチャンスがあった。また連結線を想定した場合でも多彩な媒介項が存在した。リールがナチズムの源流であったと考えるのは、やはり短絡であろう。そして媒介項の中で最も凶々しいものが人種論であった。

さらに言えば、最後はゲルマン人至上主義にいたるその淵源が、共に晩年のリヒァルト・ワーグナーの歓心を買った変わり種のフランス人とイギリス人であったことは歴史の皮肉と言わなければならない。ジョゼフ・アルチュール・ド・ゴビノー伯（Joseph Arthur Comte de Gobineau 1816-1882）とヒューストン・スチュアート・チェンバリン（Houston Stewart Chamberlain 1855- 1927）である。こうした人物が出現したことからも窺えるように、アーリア人種至上論は決してドイツのナショナリズムやナチズムだけのものではなかった。因みに、〈なぜカントとゲーテの国でヒトラーが？〉の設問は言い得て妙であるが[24]、実際にはそうした連結項には事欠かなかった。H・S・チェンバリンにも期せずして、『カント』と『ゲーテ』という大部の著作がある[25]。前者について言えば、カントを大テーマとして掲げ、その主要な諸側面をゲーテ、レオナルド・ダ・ヴィンチ、ジョルダーノ・ブルーノ、デカルト、そしてプラトンとの対比において分析しつつ、インド・ヨーロッパ人種ないしはアーリア人種の精神世界の展開を説くまことに壮大な作品である。見ようによれば、この論者の偉大な舅の楽劇の数々に通じてもいよう。当時の世相風潮と相照らす達意の文章家であり、その行論は頁を繰るごとに人を眩目に誘う展開に富んでいた。その文体を携えて、H・S・チェンバリンは、ゲルマン民族の崇高な使命を縦横に説いて飽かなかった。一世を風靡した『十九世紀の基盤』については、ドイツ皇帝ヴィルヘルム2世をして〈神が貴下の書物をドイツ国民に与え給うた……〉と言わしめたとのエピソードが伝わるほどである[26]。

そしてこれらの異才たちの申し子にして、文才においては劣等生、しかし不思議に時代の寵児となったのが自然科学出身の人種論者ハンス・F・K・ギュンター（Hans Friedrich Karl Günter 1891-1968）であった。その乏しいながらも、時代の嗜好にかなった新奇は、H・S・チェンバリンが手をつけずに残したわずかな空白、自然科学や医学知識の活用であった。一般に科学知識は、自然法則が客観的で不偏不党であるとの先入観がはたらくだけに、その衣でつつんだり味をつけたりすると、荒唐無稽の論や独り善がりの中身であって

も、容易に説得性を発揮することがある²⁷⁾。とは言え、ハンス・F・K・ギュンターは、農村や農民に思い入れの強い質ではなかった。同様に半世紀余り前のW・H・リールは人種論者ではなく、その関心はドイツ語圏の内部に向いていた²⁸⁾。しかし事がそこまで進めば、先は見えていた。農民存在の過剰な称揚とアーリア人種至上論が結合するのは時間の問題であった。ナチストの農政家リヒァルト・ヴァルター・ダレーがその役回りを演じたのである。その謳い文句〈農民という新貴族〉が、ドイツ思想を母体として発現したことは不思議ではなかったのである²⁹⁾。

[4] 背景としての民俗学──収穫行事を特別視してきた系譜

　収穫感謝祭（Erntedankfest）という祭儀はさておいて³⁰⁾、その基礎にあるのは収穫（主に麦類）にちなんで農民のあいだで伝承されてきた民俗行事、すなわち収穫行事（Erntebrauch）である³¹⁾。それは伝承行事の一類型と言ってよいものであるが、問題は、民俗文化における位置と比重の程度である。因みに、〈収穫〉（Ernte）は決して穀物についてだけのものではなく、日常的な語感においても牧草や葡萄などを含む幅広い概念であり、そこにはヨーロッパ文化の特色がからんでいる³²⁾。そうした種々の収穫の行事が一定の重みを有することは当然であるが、さりとて格段に大きな意義がこもっているというものではなかった。問題を突き詰めれば、いずれの文化圏も祭儀の体系を具えており、西ヨーロッパの場合にはその事情はどうであるかということになる。あるいはそこまで問わないまでも、穀物に関係した祭儀の位置はそれはそれで単純ではない。穀物が生存を支える最大の要素であるゆえに、収穫の祭儀はとてつもなく大きな意義を帯びているといった推論はなりたたないのである。ヨーロッパ地域の祭儀の基本はキリスト教会の儀礼であり、それはパンと葡萄酒の神秘を核にしてはいるが、現実の生業のサイクルに直接的に依拠して組み上げられているわけではない。その相関とのずれに、広い意味での行事暦が多彩なものとなる契機があったわけである。

　穀物に関係した行事で言えば、筆頭に挙げるべきものとしては聖体大祝日

(Fronleichnam) がある。すなわちキリストの屍体とパンの一致の神秘を核にした教会の祭儀である。移動祝日ながら小麦の成熟と収穫を目前にした祭儀で、カレンダー上では 6 月に到来する年が多い（聖三位一体の主日の後の木曜）。キリスト教会の重要な祭礼のなかでは、後代になって形成されたものでもある。起源伝承自体も中世半ばの出来事が語られており、実際には特に近世になって大祭礼に発展した[33]。因みに、キリスト教会の祭儀は西ヨーロッパ全域を通じて統一的であることを骨子としている。しかしそれと並行して、その都度その都度の世相動向に教会の側から関与する指向もはたらいてきたため、地域の実情に合わせた教会行事もないではなかった。そうした要素の評価には慎重でなければならないが、地方的なものや一時的な流行に終わったものまで含めれば、慣習的な教会儀礼は多彩であった。主にドイツ語圏でおこなわれている〈三本の穀穂の日〉、あるいは葡萄栽培に因む〈葡萄圧搾者キリストの日〉などは、その比較的大きなものである。

　ところが 19 世紀のロマン派の民俗学においては、キリスト教的な色合いをできるだけ排除して民間習俗を理解しようとする志向が強まった。そしてそのときの最大のテーマが収穫行事であった。それをおこなったのは、グリム兄弟の弟子のひとりで、兄弟の神話研究の流れを民俗学として成立させたヴィルヘルム・マンハルト（Wilhelm Mannhardt 1831-1880）であった。しかも収穫行事はその終生にわたって取り組んだ材料に他ならなかった。マンハルトは原初の神話の復元というグリム兄弟の構想を受け継いで、その具体的な作業の手がかりを収穫行事のさいに農村でおこなわれる特定の行為や文物にみとめたのである。特に収穫の最後に残った麦の穂をめぐる俗信には原初（キリスト教以前の）の宗教がその名残をとどめているとの着想を得て、それを 1865 年に発表するとともに、同年にはヨーロッパ各国に 1 万 5 千通のアンケートを発送して大規模な実態調査を進めていった。また文献的な裏付けにも精力をそそぎ、それをライフワークの『森と畑の信奉』2 巻（1875／77）に結実させた[34]。この著作が 19 世紀のドイツ民俗学の金字塔であることは疑いようがない。膨大な文献資料に注目し、それらをゲルマニストとしての

修練を経た人ならではの良心的で批判的な姿勢を保ちつつこなしていったからである。また神話観や、ドイツ以外の他の民族の文化遺産に対する観点などにおいても見るべきものがあった。しかし収穫行事に原初の宗教や神話的思考をみるというテーマ自体は今日では疑問視されており、事実1930年代以降、各国で批判が起きた[35]。

しかし19世紀末から20世紀にかけてのネオロマン派の思潮のなかでは、マンハルトの理論はヨーロッパの多くの国々で歓迎され、その観点を踏襲した夥しい民俗採集や類似の意味付けを流行させた。いわゆるマンハルディアン（マンハルト流の人々）であり、ドイツでは19世紀の末にウルリッヒ・ヤーンを始め多数がおり、またドイツ以外ではジェームズ・ジョージ・フレイザー（James George Frazer 1854-1941）が大きな存在となった。フレイザーの大著『金枝篇』[36]は今も読書界での人気が高いが、その読まれ方は歴史的な位置や脈絡とは関わりがないようである[37]。学史的には、それはマンハルトの民俗学を土台にし、文化人類学の方向へ向けて〈マンモス的肥大化〉と称されるくらい途方もない規模にふくらませたものであった。

そこではどういう論理や推論がなされたかを、ウルリヒ・ヤーンにおいて瞥見しておきたい。その『ドイツの供犠習俗』はサブタイトルが〈ドイツ神話学と上古学への寄与〉となっており[38]、またカール・ヴァインホルトが監修した「ゲルマニスティク叢書」の一冊として刊行されたという諸点において、グリム兄弟の神話学の系譜に連なり、とりわけマンハルトによって明瞭な形をとるに至った民俗学の路線の上に位置している。その位置は、またフレイザーと同巧でもある。そのなかに、〈収穫感謝祭〉（Erntedankfest）という一節が含まれている。そこには、収穫が終了した節目の時期に動物を屠って食する事例が数多く挙がっている。牛、豚、鶏、鵞鳥その他である。なかでも著者が神経質なまでに追っているのは鵞鳥である。それは無理からぬもので、鵞鳥と言えば常識的にも〈聖マルティーンの鵞鳥〉が思い浮かぶからである。昔も今も西ヨーロッパ各国では冬の始まりは11月11日のマルティーニ、すなわち聖者マルティーンの亡くなった日であり、その日に鵞鳥を料理して食

してきた。起源説話としては、鵞鳥は聖者マルティーン（マルタン）の居所を知らせた鳥とされ、それゆえ聖者の持物として親しまれてきた[39]。ヤーンは、マルティーンの日に鵞鳥を食する習慣を中世にまで遡って文献的に調査した上で、それが必ずしも聖者マルティーンを機縁とするばかりではないことを説き、さりとて他の機縁、たとえば〈教会堂献堂祭の鵞鳥〉（Kirmesgans）に収斂させることもできないとする。また同じ季節には、他の動物をも屠ることから、〈元は異教の収穫感謝供犠に特有のものであった牛や豚の供犠が、後世、キリスト教のマルティーニとなったのであるが、鵞鳥についても同じことが言える〉と結論づけている[40]。推論にあたっては、中世末期の文献資料などを挙げているが、民俗事例の記録ではそのあたりが上限であること自体は致し方がないであろう。さらにそこで得られた結論から当時行なわれていた民俗に進み、各地で行なわれる供犠的な行事をも、その名残であるとする。今日も散見される結婚式などでの家鶏供犠などである。一口に評するなら中世末期の文献資料に目を通していることは良識であるが、中世末期には上古がなお生きつづけ、それが近代にまで延命しているとするのは、神話学系統の民俗学の典型的な推論の型である。注目すべきことに、その推論の定式を作ったのはヤーコプ・グリムであったが、またその推論の適用に慎重であったのもヤーコプ・グリムであった[41]。

　以上からもうかがえるように、収穫感謝祭をいにしえへ遡らせる推論にはかなり無理がある。推論を支える材料は、ひとつは動物を屠ってそれを共に食する儀礼であり、もうひとつはマンハルトが没頭した収穫の終わりに最後の穀穂におこなわれる儀礼である。平たく言えば、肉料理を食べる習慣と、畑地でのちょっとしたしぐさである。もし肉料理に神秘性が付着していず、畑地の儀礼にも深甚な意味が見出せないとすれば、収穫感謝祭は、別段取り立てるには当たらない常識的な習俗でしかないことになる。しかし、マンハルトとウルリヒ・ヤーン以後、収穫にまつわる慣行や行事は非常な熱意で細部まで探求されることになった。またそのさいには、教会儀礼と切り離して理解するのが一般化した。たとえば膨大な民俗事例を盛り込んでいることで

は今日も用いられるパウル・ザルトーリの『儀礼と行事』がそうである[42]。

　しかし他方、重要な民俗記録とされているものでも、マンハルトと同時代人まで遡ると、そうした種類の観察はほとんど見当たらない。たとえば19世紀後半にベーメンの農村部の年中行事を記録したイーダ・フォン・ラインスベルク＝デューリングスフェルトである[43]。また1900年前後でも、マンハルトの説に大きく影響されていない場合は、収穫感謝祭の扱いは過大ではない。たとえば『十九世紀のバーデンの民俗』には〈収穫感謝祭〉の項目が見られ、またその項目を挙げたこと自体がマンハルトの指針を戸惑いながら受け入れたという性格にあるものの、記述そのものは、収穫を終えたことを祝う宴会とダンスといった穏当なものにとどまっている[44]。下って戦後の文献でも、グスタフ・グーギッツの『オーストリアの年中行事と祭礼暦』では、収穫行事はキリスト教会を中心に展開する多様な宗教習俗のなかに分散しており、キリスト教会の外でのまとまった祭儀は挙げられていない[45]。同じくオーストリア民俗に関する比較的新しい解説書でも、〈収穫祭と収穫感謝〉の項目には、収穫物を冠状に編むことが挙げられているが、その冠をしばらく教会堂に置くことに注意が向けられている。また葡萄収穫が済んだことに因んで催される行列行事に葡萄の葉で身体を被った者が登場する事例に言及されるが、〈それが豊穣のデーモンであるかどうかは不明である〉との慎重な注記がほどこされている[46]。かつての熱病を免れた場合や、それを克服した今日においては、当然にも記述はそうならざるを得ないのである。

　なお敷衍すれば、秋季、つまり伝統的な生活暦では夏から冬の2季節の変わり目の時期には、収穫を祝うことをも含めた多くの教会行事や教会性の強い民俗が分布している。そもそも麦類（大別すると小麦・大麦・カラス麦）の収穫は、カレンダー上の節目で言えば（実際には地域の事情や天候によって幅があるが）、洗礼者ヨハネの誕生日（6月24日）に始まり、聖母被昇天（8月15日）に終わるとされてきた。それに続くのがいわゆる〈聖母の三十日間〉（Frauen Dreißiger）であるが、それは巡礼の期間の言い方に他ならない。巡礼においては多彩な教会民俗が繰り広げられるが、農村であれば、穀類・

牧草の豊穣や家畜飼育と結びついていることが非常に多い――ただし、西ヨーロッパの巡礼（Wallfahrt）を日本の巡礼（四国巡礼、西国巡礼、また地方ごとでのその小規模な再現）と重ねて想像しないことが大事である。背景や社会的な仕組みがまるで異なるからである[47]。また9月末から10月には教会堂の開基祭（Kirmes）や献堂祭（Kirchweih）が挙行される。語義から言えば、教会堂ごとに異なっているはずだが、実際にはこの時期に集中し、また季節柄、農事関係の催しが付随することが少なくない。またその間に、今日では衣類の植物繊維がすべて輸入品となったため疾に消滅してしまったが、8月15日から9月半ばまでに亜麻の刈り取りがあり、その終盤には〈亜麻祭り〉（Flachsfest）という行事があった。さらにアルプス地方であれば、同じく8月15日を節目として高原牧場から平地の牧場への家畜をつれての移動（Almfahrt）が始まる。移動の前にはミサや祝禱に与る。アルプスの牧場にも小さな礼拝堂が設けられていて、司牧者が出向いて司式することが多い。また平地への帰還にさいしては決まってミサに参集する。いずれの場合も、キリスト教会の民衆信仰（Volksfrömmigkeit）の範疇にあることは疑うべくもない。そして冬の始まりを画するマルティーニになるが、それは、冬を過ごさせる家畜（すなわち蓄える牧草の量に見合った頭数）を残して他を屠殺し、肉を保存食に加工する、いわゆる〈屠殺祭り〉（Schlachtfest）の節目でもある。新しいソーセージを仕込みながらの一種の宴会である。街の飲食店やホテルにも〈屠殺盛り〉（Schlachtplatte）という新鮮な生肉料理の看板が懸かるなどして、季節感がかもしだされる。肉料理がふんだんに出回ることから、この時期はまた6月と並ぶもうひとつの結婚式の季節でもある。生業と生活の合理的なサイクルであるが、そのひとこまを、ウルリヒ・ヤーンは特別の眼鏡をかけて見てしまったのである。もとよりそれはウルリヒ・ヤーンひとりだけのことではなかった。同種の色眼鏡は、村の仕組みに対しても、鉱山者や樽職人の伝統行事に対しても、輪突き比武（Ringreiten）に対しても、中世の演劇に対しても、それぞれ架ける人たちがいたのである。

[5] ナチスの祭典とキリスト教会との関係

　新聞の報道において注目すべきことのひとつは、そこに、収穫感謝祭とキリスト教会との関係が見え隠れしていることである。すなわちアーヘンやボンでは収穫感謝祭は教会堂献堂祭と合同でおこなわれた。またハンブルクやポツダムでも先ず午前中に教会堂でミサが執り行われ、人々はその後でナチスの企画した収穫感謝祭に参加したと記されている。それどころか、首都ベルリンにおいても〈すべての集会会場では、先にミサが執り行なわれ、次いで農民代表団が迎え入れられた〉、とナチ党機関紙は報道している（本書p.327）。これからもうかがえるように、1933年の時点では、ナチス・ドイツとキリスト教会とはそれほど対立的ではなかった[48]。民衆が教会の祭儀に参加することを党機関紙は制止していず、またそのイヴェントにはキリスト教会の行事に取って代わるという意図はほとんど見られないのである。

　因に、ナチス・ドイツはその後、対外侵略への準備と戦争開始以後の緊張の高まりのなかで、キリスト教会に対抗して一種の宗教性を指向し、またキリスト教会の祭式カレンダーに代わる一連の祭儀を組織するような動きを見せるようなった。もっとも、それはナチ党の統一した方針で推進されたのではなく、党内の有力者がそれぞれ掌握していた組織を土台にその分野へ進出したという性格にあった。すなわち、政権発足まもなくの時期から機能していたローベルト・ライの労働戦線とその民生・文化・レクリエーション部門「歓喜力行」（Kraft durch Freude）、次いで1935年にダレー（帝国食料身分団）とヒムラー（親衛隊）による「精神根源史〈祖先の遺産〉研究会」（やがて主導権をヒムラーが握ったことによって通称「SS-祖先の遺産」）が加わり、やや遅れて1938年からは『ナチス月報』をおさえていたローゼンベルクによる「ドイツ・フォルクスクンデ作業班」（Arbeitsgemeinschaft für deutsche Volkskunde）が発足するというのが、おおまかな構図である。これらは、活動範囲の重なりから互いに交流してはいたが、同時にライヴァル意識や反目によってもからみあってもいた[49]。しかしここでは話題を収穫感謝祭に限定しているので、これらには踏み込まない。

ともあれ教会堂においても収穫感謝祭がおこなわれていたわけであるが、これはどういう性格のものであろうか。実は、収穫感謝祭が伝統的に受け継がれてきたのは、教会においてであった。しかし必ずしもキリスト教会の正式の祭儀ではなかった。教会堂における民衆祭礼という性格をもっていた。したがってミサ典書にも、それぞれの教会堂の付録などを除けば、普通は上ってこない。そういう雑多で地方色も帯びた行事のほとんどは18世紀後半に迷信として払拭されていったが、生活や生業の現実とのつながりのあるものはなお継続していた場合があった。収穫感謝祭もそのひとつである。しかし決してそれは大規模な祭りではなかった。むしろ細々とおこなわれているのを19世紀の民俗学関係者たちが注目したのである。

　今日でも教会堂では収穫感謝祭は行なわれている。9月の下旬から10月上旬の日曜のことが多く、そのときには農産物を色とりどりに祭壇や教会堂の床に盛り付けたり飾ったりしたなかでミサが行なわれるのである。様式化も進んでおり、収穫物を冠状に編んだ〈収穫の冠〉(Erntekrone)を教会堂のなかに吊り下げるのはドイツ各地で頻繁に見られる光景である。また飾り付けの豪華なことで知られ、観光客が集まる教会堂も散見される[50]。しかしそれらが古くからの伝統行事であったどうかについては、少しく注意を要する。と言うのはナチスが大規模に収穫感謝祭をおこなったことに対抗して、1930年代末に逆にキリスト教会の側が〈キリスト教的な収穫感謝祭のあり方〉を工夫するという動きが起こしたからである。その過程では飾り付けや演出の仕方を解説したパンフレットも配布されたりした[51]。今日の教会堂の儀式はその頃の指示を起点にしていたり、そこで改変された場合も少なくないのである。

　なお付言すれば、今日のドイツ語圏では、収穫感謝祭は各地で行なわれているが、注意すべきは、第二次世界大戦後、特に1950年代、さらに1970年代に始まった場合がかなり多いことである。それどころか、この数年間に企画されたものもあり、またその動きは今も止んでいない。それゆえ表面的な観察からの推論は危険であり、個別の事例ごとに形成過程を洗い直すことが

必要になる。また起源や機縁はともあれ、今日目にするのは、生活にアクセントや潤いをあたえてくれる光景である。すなわち教会堂献堂祭において農作物の自然の色彩を生かして種々の模様に飾り付けたり、農産物の品評会が催したり、あるいはパンを飾ったりするのである。しかも後者では、パンをそのときどきの時事的な話題に合わせた形につくることも少なくない[52]。ドイツ統一で新装の成った国会議事堂やスペースシャトルや恐竜などであり、またそこにビタミンの配合に工夫をこらした健康食のパンの披露も取り混ぜるといったものである。

[6] ナチス・ドイツの収穫感謝祭のその後の行方

　このイヴェントがその後どう推移したかについて、簡単にふれておきたいここで取り上げた1933年についてはナチ党機関紙はビュッケンベルクに集結した人員数をやや多めに報道しているであろうが、それでも実数は50万人には達していたようである。そして以後も、ますます規模は拡大した。1934年と1935年は70万人、1936年は100万人、そして1937年には120万人にも上った。そしてこれが頂点であった。

　しかしこうして事態が高揚のうちに推移する陰で、ナチ党の内部では、幹部たちのあいだで力関係が複雑に変化していた。ダレーについて言えば、その地位や影響力は衰えていった。それは、ひとつはダレーの農政のメッキが剥げてきたこと[53]、二つにはその政治姿勢がナチ党の膨張政策と齟齬をきたすようになったためである。ダレーの〈血と土〉のイデオロギーはその人種偏重やユダヤ人排斥によって紛れもなくナチズムであるが、その反面ドイツ人の伝統的な居住地の外に農民を移住させることに対しては慎重な面があった。それもあってナチ党の基本政策が戦争準備に向かうなかで、ダレーとその組織は、飽くなき侵略に突き進むヒムラーなどに圧迫されていった。なおダレーは1942年に農業大臣を解任された。直接的には大量の農産物を闇市に横流ししたのを問われたのである。ダレーがナチ党幹部のなかでは珍しく極刑を免れ、ニュルンベルク裁判でも7年の禁固刑にとどまって、死に至る3

年間は自由を得たのは、ナチ党内部で存在が薄れていたからであろう。ともあれヒムラーとダレーの確執は、ダレーの農政が行き詰まってきた1936年頃から次第に深まり、1938年にはかなり深刻な状況になっていた。そうした内部対立もあって1938年はまともにイヴェントを開催できたかどうか怪しかったとも推測されるが、この年の夏から秋にかけては、それを吹き飛ばすような国際的な係争が持ち上がった。ヒトラーがチェコスロヴァキアのズデーテン地方を武力併合する賭けに出たところ、イギリス首相ネヴィル・チェンバリンが妥協してしまい、ナチス・ドイツは外交において望外の成功を収めたのである。そのミュンヒェン会談と並行して、10月初旬にドイツ軍はズデーテン地方へ進駐した。こうした推移のなかで、すでに農民への感謝というナチス・ドイツ的な意味付けをされていた〈収穫感謝祭〉は、一転して〈総統への感謝〉という一大キャンペーンに切り替えられたのである。

　そして翌1939年の9月1日にドイツ軍はポーランドに進撃し、9月3日にはイギリス船を攻撃して第二次世界大戦が始まった。それゆえその年はイヴェントどころではなくなった。しかし戦争が長期化の様相を見せ、国内の結集と思想統一の必要性が増すなかで、収穫感謝祭はあらためて見直された。この頃になるとアルフレート・ローゼンベルクが率いるいわゆる「ローゼンベルク機関」が民俗学の関係者をかかえることに成功していた[54]。民俗学に進出したナチスの組織には、この他に親衛隊長官ハインリヒ・ヒムラーに属する「祖先の遺産」があり、2つの組織は激しい勢力争いを演じることになる[55]。それらに属する民俗学の関係者たちは、差違や思惑や事情はそれぞれに異りながらも、ナチ政権の国民結集政策に荷担していった。それらによってナチス・ドイツ後半期の民俗学や民俗イヴェントは独特の様相を呈するようになるが、その一環として収穫感謝祭も継続されていった。1940年代に入ると、収穫感謝祭はローゼンベルク機関が推進するようになった。場所もベルリンが中心になり、祭典の当日には全国の農民の功労者を顕彰することが主眼とされた。1943年と1944年のベルリンでの祭典をゲッベルスとローゼンベルクが主に担当したのは、かかる推移の故であった[56]。

最後に、ナチ政権と世代の問題に言及しておきたい。ナチスが政権を掌握した当時からしばらくの動静をみると、善悪は別としてその活力は驚くほどであった。それをよく示すのは、若手の大胆な登用で、枢要のポストの一部には若い民俗学の関係者もまじっていた[57]。『ナチス月報』主幹マテス・ツィークラー（Mathes Ziegler）が1934年にそのポストに就いたときには24歳であった。元はプロテスタント神学生で、民俗学に移った人物である。それまではヒトラーが編集長、ローゼンベルクが主幹であったことから推して、抜擢のほどが知られよう。同じくナチス月報を舞台に論陣を張ったハンス・シュトローベル（Hans Strobel）もほぼ同年であった。「祖先の遺産」の月刊誌『ゲルマーニエン』の編集者プラースマン（Josef Otto Plaßmann）も、1935年にその職務で活動をはじめたときにはまだ大学生であった。これらをみると、ナチスの政権獲得には革命の性格があったようである。とまれ、これらはナチスの興隆期のなかで成長した世代で、政権成立の頃にはまだ二〇歳台であった。同時に、才気煥発でありながら馬車馬のように視野の狭い攻撃的な若者たちでもあった。そこに才能を認めたのは時代潮流であったろうが、見ようによれば、先導者がいなければ、その方向への発育も進まなかったかも知れない。もう少し上の世代に彼らを扇動した者たちがいたことも事実であった。すでに学者として一応の位置にあったハイデルベルク大学のオイゲーン・フェーレ（Eugen Fehre）、ボン大学のハンス・ナウマン（Hans Naumann）、グライフスヴァルト大学のルッツ・マッケンゼン（Lutz Mackensen）とカール・カイザー（Karl Kayser）、ケーニヒスベルク大学のハインリヒ・ハルミャンツ（Heinrich Harmjang）などである。たとえば、マテス・ツィークラーは登場した当初から、ルッツ・マッケンゼンの弟子であることを誇りにしており、事実、ローゼンベルクへの推薦はマッケンゼンによってなされたのである。その桧舞台への登場も、師弟そろっての『ナチス月報』への執筆であった。因みに、マテス・ツィークラーは戦後姿を隠し、やがてプロテスタント教会の牧師となっていたことを暴かれてナチズム研究者たちに見張られることになるが、他方、弟子を時流に駆り立てたマッケンゼンの方は、戦後もゲ

ルマニストとして地位を保った。もっとも、そうした事例は枚挙に遑がないのである。もちろん、良識的な師匠のもとからナチストが輩出した例は幾らもあり、逆にいかがわしい学派から改革者が出現したこともないではなかった。前者は、ヨーン・マイヤーの門下からヘルマン・ヴィルト（Hermann Wirth）が、オットー・ラウファーの教室からヘルベルト・フロイデンタール（Herbert Freudenthal）が出たのがそうであり、後者としてはウィーン学派が最後にその克服者としてレーオポルト・シュミットを送り出したことに見ることができる。

　ともあれ、ナチスが政権を獲得した頃に高等教育を受けていた若い世代のなかには、ナチズムにまったく染まっていった人々が少なくなかった。一般的にもナチ体制の12年間のあいだには、前代を経験している年配の世代が時流に妥協した迎合者であったのに対して、ナチスの上昇過程で成人した世代は熱狂的な体制支持者になっていったと指摘されている。しかもその趨勢はさらに強まり、1940年代に入ると、戦況の不利にもかかわらず、ナチズム的な国民の結集は堅固になった面すらみられるのである[58]。民間習俗の非キリスト教的要素を強調する度合いが強まり、またその方向の行事が一定の定着したのもそのひとつである。ナチス・ドイツを反キリスト教会の側面に過度に引き寄せて解釈するのは問題であるが、政権末期に青少年たちのなかにはその方向への突進がみられたことも事実であった[59]。閉鎖社会のなかの世代問題と言えるであろう。

　ここでは特定の民俗イヴェントに焦点を合わせて、その実際を追い、それを幾つかの面から検討した。十分にふれないままに残した要素も少なくないが、個別のテーマであれば、この程度が限度であろう。テーマを絞ったにせよ、ここに現れ出るものにはそれぞれに重みがあり、尖ったものがある。まことに、ナチス・ドイツという現代史のひとこまは、地球上のわずかな一角でのできごとであることを超えて、今なお観察し分析するに値する多くのデータが埋まっている実験場の跡なのである。

注

1) Richard M.Dorson が〈偽物の民俗〉を指す語として〈fakelore〉の造語を行ない、その後も考察を重ねたことにより、民俗の本物・偽物の区分は1950年代から70年代に至る時期にアメリカ民俗学の重要テーマになった。ドーソンの次の諸論考を参照。Richard M. Dorson, *Folklore and fakelore*. In: American Mercury. 70 (1950), pp.335-343.; Derselbe, *Fakelore*. In :Zeitschrift für Volkskunde.65 (1969), pp.56-64.; Derselbe, *Folklore and Fakelore.* : *Essays toward a Discipline of Folk Studies.* 1976.

2) フォークロリズムについては次の拙論を参照、「フォークロリズムからみた今日の民俗文化」(「三河民俗」3号、平成4年所収)。

3) ミュンヒェンのオクトーバーフェスト (Oktoberfest) は1810年にバイエルン王国の皇太子の婚礼祝賀行事に農業振興の意味から農業祭を兼ねて企画・開催され、農産物や家畜の品評や競馬などが組み合わせられたイヴェントとして発足した。参照, Maria von Welser, *Münchner Oktoberfest*. Müncnen [Eulen] 1992. ; また次のような簡便な案内書も常に作られている、Franz Hormann, *Oktoberfest-Führer*. München [Hormann] 1995. シュトゥットガルトのカンシュタット祭も同様の趣旨であり、ヴュルテムベルク国王ヴィルヘルム1世が戦乱・凶作・封建遺制などによる農民の無気力を払拭払し、農業振興を図って〈民衆祭〉を謳って創始した。参照, Hans Ottto Stroheker u. Günther Willmann, *Cannsatter Volksfest. Das schwäbische Landesfest im Wandel der Zeiten.* Stuttgart u.Aalen [Konrad Theiss] 1978. ; また次のものは19世紀の案内書の復刻版である。*Volksfest zu Cannstatt.* 1844. Faks. Ausg.[Kruger, Klaus] 1984. いずれもその後、芝居小屋やメリーゴーラウンドやそのときどきの新趣向（ツェッペリンの飛行船など）が加わって成長し、今日では毎年それぞれ500万人を集める大規模な催しとなっている。またオクトーバーフェストは国際的なホテル資本の企画によってアメリカでも日本でも他のアジア諸国でも行なわれるようになっている（筆者の手元には、ホテル・チェーン「ホリデー・イン」の日本の豊橋店とマレーシアのクアラルンプール店によるオクトーバーフェストの広告がある）。

4) クリスマス・ツリーの発達については次を参照、Ingeborg Weber-Kellermann, *Das Weihnachtsfest. Ein Kultur-und Sozialgeschichte der Weihnachtszeit.* Luzern und Frankfurt a. M. [Bucher] 1978, S. 104-131 (Kap. V. :Tannenzweig und Weihnachtsbaum). 同書によれば、クリスマス・ツリーは1700年以前に遡る事例は確認されていないとしているが、これは家庭行事に限定した場合であろう。もう少し早く16世紀には、

クリスマス・ツリーに用いたとみられる樹枝の伐採に対する禁令が散見されるなど、その風習が始まっていたことが知られる。Helbert Schwedt / Elke Schwedt, *Schwäbische Bräuche*. Stuttgart u. a.〔Kohlhammer〕1984, S. 28ff.；しかし他方では、1900 年頃のスイスではクリスマス・ツリーは主に都市の風俗であり、農村にはあまり浸透していなかったとの報告がなされている（ホフマン＝クライヤーは、民俗行事も〈上層〉による発明に端を発するとの自説の証明材料にこの分布の差異を挙げた）。参照、Eduard Hoffmann-Krayer, Naturgesetz im Volksleben? In: Hessische Blätter fur Volkskunde. 2（1903）, ここでは次のアンソロジーから引用　In: Volkskunde. Ein Handbuch zur Geschichte ihrer Probleme, hrsg.von Gerhard Lutz. Berlin〔Erich Schmidt〕, S.71. なおこの箇所には、本書の第 1 章でも、そこでの脈絡に沿って注意を向けた（第 1 章、注 38）。

5）これを明らかにしたのはアードルフ・シュパーマーの 1937 年の著作であったが、今日もそれが定説となっている。参照、Adolf Spamer, *Weihnachten in alter und neuer Zeit.* Jena 1937, S. 89.

6）H. und E. Schwedt, a. a. O. S. 28ff. なおこの事項については次の拙訳を参照、「ヘルベルト・シュヴェート『シュヴァーベンの民俗』から——（5）待降節」（『比較民俗学会報』第 11 巻 1 号、琉球大学教育学部気付 1990 年）

7）〈フォルクスワーゲン〉の名称は 1934 年 1 月 17 日付でフェルディナント・ポルシェが首相府に提出した建言書に遡り、またそれは 1933 年 9 月にヒトラーがポルシェを引見して国民車の開発構想を委ねたことを受けたものであったとされる。以後もフォルクスワーゲンの開発は常にナチ党の政策と一体になって進行した。その詳しい経緯は次を参照、大島隆雄「両大戦間のドイツ自動車工業（3）」（愛知大学法経学会『愛知大学経済論集』第 128 号、1992 年）pp. 1-77. また次の文献を参照、Walter Henry Nelson, *Small Wonder: The Amazing Story of the Volkswagen.* Boston/Toronto 1965.; P.Kluke, *Hitler and the Volkswagenprojekt.* In:Vierteljahreshefte für Zeitgeschichte. VIII（1960）. なお作家ホルスト・メンニヒに〈甲虫〉（Käfer）の開発史をあつかったノンフィクション『自動車の町』がある。Horst Mönnich, *Die Autostadt.* 1951.

8）1920 年代からナチ政権初期にかけての余暇をめぐる動向についてはハノーファーの事例を中心にした次の論集を参照、*Wochenend & schöner Schein. Freizeit und modernes Leben in den Zwanziger Jahren.* Hrsg. von Adelheid von Saldern u. a. Berlin〔Elefanten Press〕1991.

9) 〈Kampf dem Verderb!〉のキャッチ・フレーズについては、オーヴン、冷蔵庫、洗濯機をあつかったハンブルク労働博物館の展示企画のカタログを参照、*Das Paradies kommt wieder …… Zur Kulturgeschichte und Ökologie von Herd, Kühlschrank und Waschmaschine*, hrsg. vom Museum der Arbeit. Hamburg 1993.

10) 宮田光雄『ナチ・ドイツの精神構造』(岩波書店1991年) 第2章第3節「ナチ祭儀の政治的特質」(pp. 194-241) に詳しく、また「ニュルンベルクで党大会——ひとつの事例分析」(pp. 216-227) に詳細な分析がなされている。

11) この年は9月30日（日曜）に挙行され、全国から集まった農民代表への表彰式が中心であった。ヨーゼフ・ゲッベルス宣伝相、ヘルベルト・バッケ農業相、そしてアルフレート・ローゼンベルクが表面に出て祭典を取り仕切った。参照、ナチ党機関紙「フェルキッシャー・ベオバハター」1944年10月1日号。

12) このイヴェントに関する主にナチ党関係の文献には次がある。*Deutsches Erntedankfest*, Berlin [Verlag der Deutschen Arbeiter-front] o. J. (Schriftenreihe Feste und Feiern im Jahresring). 他の行事の案内と同じシリーズの一冊で、約60頁で収穫をめぐる民俗行事やナチ党の関わりについての多数の写真が入っている。刊行年次は記されていないが、パンフレットとして毎年その時期には配布されたものとみられる。また次のパンフレットはナチ党が国民の文化・レジャーの組織化のために設けた機関「歓喜力行」協会の民間行事部門から発行されている。*Deutsches Erntedankfest*, hrsg. vom Amt Feierabend der NSG. Kraft durch Freude, Abt. :Volkstum/Brauchtum.；この他、ナチ党の農業部門、すなわち「帝国農民指導者」に直属する人物による、次の案内書もある。*Deutsche Erntebräuche*, von Rolf Elm (Stabsabteilungsleiter im Stabsamt des Reichsbauernfuhrers). Leipzig [Bibliographisches Institut] 1937; さらに、ナチ党の全国紙「フェルキッシャー・ベオバハター」や、地方紙（たとえば南西ドイツの「NSクリアー」）なども、毎年この行事を大きく報道した。また一般的にも、農民習俗の解説では収穫行事が特筆されるのは当然であるが、そのさいには、マンハルトがおこなったような意味づけがなされるのが普通であった。それはナチ時代以前からもそうであり、また必ずしもナチズムに完全に同調しているとは言えない文献においてもみとめられる。後者では、アードルフ・シュパーマーの編集にかかる民俗行事の解説シリーズの一冊として刊行された次がある。Günther Jarosch, *Erntebrauch und Erntedank*. Jena [Eugen Diederichs] 1939 (Volksart und Brauch, hrsg. von Adolf Spamer).；なおビュッケベルクの大農民集会に言及した邦語文献としては次がある。豊永泰子『ドイツ農村に

おけるナチズムへの道』(ミネルヴァ書房　1994 年) p. 219.
13) ダレーを中心としたナチ党の農業政策については、豊永泰子『ドイツ農村におけるナチズムへの道』に詳しく、またそこでナチ政権成立期について頻繁に活用される K. Verhay, *Der Bauernstand und der Mythos von Blut und Boden*. 1966. を参照。
14) 豊永泰子 pp. 219, 2432.
15) 参照、Hans Grimm, *Volk ohne Raum*. 1926. 邦訳：星野慎一訳『土地なき民』(鱒書房 昭和 16 年)
16) 次の方法論考を参照、Karl-Sigismund Kramer, Grundriß einer rechtlichen Volkskunde. Göttingen [Otto Schwartz] 1974.
17) K. Verhay, a. a. O. S. 93 は、この〈呼びかけ〉を、'*Hameln-Pyrmont, Ein Heimatbuch des Kreises*', Magdeburg 1934, S. 102. から引用している。
18) ローベルト・ライについては次の包括的な研究を参照，Ronald Smelser, *Robert Ley. Hitler's Labor Front Leader*. Oxford/New York/Hamburg[Berg]1988(「歓喜力行」協会については pp.155, 160, 171-12,210-13).; また同協会の設立に関するライ自身の見解については労働戦線出版局から刊行された次のドキュメントがある。参照，Robert Ley, *Kraft durch Freude. Rede zur Gründung der NS-Gemeinschaft, Kraft durch Freude' am 27.11.1933*. Berlin [Verlag der DAF] 1935.
19) これらについては、いわゆる「ローゼンベルク機関」に焦点を当ててナチ党内部の諸組織の関係を考察した次の文献を参照，Reinhard Bollmus, *Das Amt Rosenberg und seine Gegner. Zum Machtkampf im nationalsozialistischen Herrschaftssystem. Studien zur Zeitgeschichte*. Stuttgart. 1970, S. 52ff.
20) リールを指標とする動きは、20 世紀には、偏見を持たない篤実な研究者からナチストにまで広く認められた。また第二次大戦後のドイツ民俗学の再建の過程でも、リールを指標とする見方には根強いものがあり、やがてリールの実像を問う〈リール論争〉に発展した。リールを肯定的に評価した代表者はヴィクトル・フォン・ゲランプやギュンター・ヴィーゲルマンであり、否定的に見たのはインゲボルク・ヴェーバー＝ケラーマンやヘルマン・バウジンガーであった。参照, Viktor von Geramb, *Wilhelm Heinrich Riehl. Leben und Wirken* (*1823-1897*). Salzburg[Otto Müller] 1954.; Günter Wiegelmann, *Riehls Stellung in der Wissenschaftsgeschichte der Volkskunde*. In: Jb. f. Vkde. 2, 1979, S. 89-100. ; Ingeborg Weber‐Kellermann u. Andreas C. Bimmer, *Einführung in die Volkskunde. Europäische Ethnologie*. （Kap. V: Wilhelm Heinrich Riehl.） Stuttgart [Mezler: Sammlulng Metzler 79] 1985. ; Hermann

Bausinger, *Von der Altertumsforschug zur Kulturanalyse.* Darmstadt［Carl Habel］1971, Nachdruck: Tübingen 1979, S. 54-60 u. a.

21) Wilhelm Heinrich Riehl, *Die bürgerliche Gesellschaft.* 1951. リールのこの著作は何度も復刻されているが、ここではハンス・ナウマンがレクラム社から刊行した次を挙げる、Wilhelm Heinrich Riehl, *Die Naturgeschichte des deutschen Volkes.* In Auswahl herausgegben und eingeleitet von Prof. Dr. Hans Naumann und Dr. Rolf Haller. Leipzig［Philipp Reclam jun.］1934, S. 165-320.

22) Wilhelm Heinrich Riehl, *Die Nassauische Chronik des Jahres 1848. Das ist: die Geschichte der Erhebung des Nassauischen Volkes.* Wiesbaden［L. Schellenberg'sche Hofbuchhandlung］1949. 今日では当時と同じ書肆から次の復刻版が刊行されている（リールの意図を出来るだけ復元する趣旨から、当時の新聞紙面や騒乱のなかで飛び交った号外、パンフレット、ビラなどの複製 90 点余が付録となっている）。W. H. Riehl, *Die Nassauische Chronik des Jahres 1848.* Mit einem Nachwort und einer Dokumentenbeilage von Winfried Schüler und Guntram Müller-Schellenberg. Wiesbaden 1979.

23) これは、リールに批判的なヴェーバー＝ケラーマンの評言である。参照、Ingeborg Weber‐Kellermann u. Andreas C. Bimmer, *Einführung in die Volkskunde. Europäische Ethnologie.* Stuttgart［Mezler: Sammlulng Metzler 79］1985, Kap. V.

24) 野田宣雄『教養市民層からナチズムへ － 比較宗教社会史のこころみ』（名古屋大学出版会 1988 年）p. 421f.

25) Houston Stewart Chamberlain, *Immanuel Kant.* München［F. Brückmann］1905.; Derselbe, *Goethe.* München［F. Brückmann］1912., 2. Aufl. 1932.

26) W・L・シャイラー著／井上勇訳『第三帝国の興亡』巻 1 （東京創元社 昭和 36 年）p. 170f., なお同書によると、H・S・チェンバリンの『19 世紀の基盤』(H. S. Chaberlain, *die Grundlagen des 19. Jahrhunderts.* 1899.）は、1938 年までに 24 版を数えた大ベストセラーであったと言う。

27) 近代社会の心理的特徴のひとつは、科学知識へのナイーヴな信頼が一般化することにあるとは、ヘルマン・バウジンガーの民俗学理論の要点である。参照, ヘルマン・バウジンガー『科学技術世界のなかの民俗文化』（拙訳は愛知大学国際コミュニケーション学会紀要『文明 21』別冊ディスカッション・ペーパー②、2001 年）第 1 章（原著:Hermann Bausinger, *Volkskultur in der technischen Welt.* 1961.）。

28) W・H・リールの関心は、対外問題にはなく、主にドイツ語圏の内部に向けられて

いた。その主張は、ドイツ人が、地理や地勢だけでなく民衆分布の様態も含んだ広義の自然的条件から見て、プロイセン、オーストリア、バイエルンを中心として3分されることが理にかなっているというところにあった。リールがミュンヒェン大学へ迎えられたのには、その見解がバイエルン国王マクシミリアン2世を喜ばせたという面もあったのである。参照, Viktor v. Geramb, *W. H. Riehl*. Salzburg 1954, S. 235ff.

29) Richard Walther Darré, *Das Bauerntum als Lebensquell der nordischen Rasse.* 1929.; Derselbe, *Neuadel aus Blut und Boden.* 1930. 後者には次の邦訳がある。エル・ワルタア・ダレエ著・黒田禮二訳『地と土による新貴族』(春陽堂書店　昭和16年)。

30) 〈Erntedankfest〉の概略については、ナチズムとの関係も含めて、『ブロックハウス百科事典』のその項目を参照、特に1968年版はハンス・モーザー (Hans Moser) の執筆による。また1978年版にはマティーアス・ツェンダー (Matthias Zender) が解説をつけている。*Brockhaus Lexikon*、Bd. 5, 1968, S. 685.; Bd. 5, 1979, S. 794f.

31) 19世紀収穫行事の実態については次を参照、Ingeborg Wegber-Kellermann, *Erntebrauch in der ländlichen Arbeitswelt des 19. Jahrhuderts.* ［N. G. Elwert］　1965.

32) ヨーロッパ地域を歴史的に見た場合、日本の米を基軸にした主食・副食のような対比関係が成り立たないこと、またそれが麦類の生産性の低さという基礎条件によるものであることには注目したい。参照、鯖田豊之『肉食の思想 － ヨーロッパ精神の再発見』(中公新書 昭和41年)；なお〈収穫〉(Ernte) は、穀類に限定されるものではなく、特に牧草の刈り取り (Heuernte) には穀物収穫と近似した語感があり、穀物の場合と同種の民話など口承文芸が付随してきた。たとえば刈り取り道具の文化をあつかったレーオポルト・シュミットの次の著作からは、その具体例を読み取ることができる。参照、Leopold Schmidt, *Gestaltheiligkeit im bäuerlichen Arbeitsmythos. Studien zu den Ernteschnittgeräten und ihrer Stellung im europäischen Volksglauben und Volksbrauch.* Wien 1952.；また葡萄も、麦類に次ぐ重要産品として実態面・精神面で大きな比重を占めてきた。これについては葡萄栽培をキリスト教文化との関係において考察した次の基準的な研究（カトリック教会系の宗教民俗学の碩学ゲオルク・シュライバーの遺稿）を参照, Georg Schreiber, *Deutsche Weingeschichte. Der Wein in Volksleben, Kult und Wirtschaft.* Köln ［Rheinland］　1980.

33) 例えば次を参照、レーオポルト・クレッツェンバッハー（拙訳）『民衆バロックと郷土』(名古屋大学出版会 1988, 原著: Leopold Kretzenbacher, *Heimat im Volksbarock. Kulturhistorische Wanderungen in den Südostalpenländern.* Klagenfurt 1961) pp. 185 ～

203「御聖体の日の花輪行列」

34) Wilhelm Mannhardt, *Wald und Feldkulte.* 2 Bde. 1875/77.

35) マンハルディアン批判を本格的に行なって、その後のヨーロッパ諸国の民俗学に軌道修正を迫ったのは、北欧の民俗研究者たち、いわゆる〈スウェーデン学派〉であった。これについては、次の拙論にその輪郭を挙げておいた。参照,「ドイツ民俗学とナチズム－第二次大戦後のドイツ民俗学の展開とナチズム問題」(本書の第二部第8章として収録)の「スウェーデン学派の導入－マンハルトとフレイザーへの批判」の項目。

36) James George Frazer, *The Golden Bough.* 初版は1890. 次の簡約版の邦語版を参照、フレイザー『金枝篇』岩波文庫（永橋卓介訳）第1版1951～52.

37) 一昔前に、全国紙の連載企画のなかで『金枝篇』を主題にして、ターナーの油彩「金枝」が取り上げられたのは、一般の受容が那辺にあるかをよく表していた。連載記事を収録した次を参照,『世界名画の旅　朝日新聞日曜版2』朝日新聞社 1986年 pp. 126-131.

38) Ulrich Jahn, *Die deutsche Opferbräuche bei Ackerbau und Viehzucht.* Breslau 1884 (Germanische Abhandlungen, Bd. 3).

39) マルタンは4世紀のトゥールの司教で、またメロヴィング朝フランク王国の守護聖者として早くから崇敬が定着してきた。その墓所が信奉をあつめたことについては、トゥールのグレゴリウスが詳しい記録を残している。邦訳：兼岩正夫・臺幸夫訳注『トゥールのグレゴリウス歴史十巻（フランク史）I』(東海大学出版会昭和50年)、第一巻においてマルティヌスの事跡と死去が扱われ、またその死去が歴史記述の基準年のひとつとされる他、随所に回想と効験が盛りこまれている。；なお後世の起源説話によれば、マルタンが司教職就任を固辞して身を隠したところ、どこに居ても鵞鳥が鳴声によって居所を告げたとされるところから、鵞鳥を連れた姿で表されてきた。すなわちこの聖者を表す数種類の持物（Attribut）のひとつである。参照、Joseph Braun, *Tracht und Attribute der Heiligen in der deutschen Kunst.* Stuttgart [Metzler] 1943, Sp. 509-520. (Nachdruck: München [Druckenmüller] 1974.)；他にも多彩な伝説のまつわる聖者であり、その死亡の日は11月11日とされて、冬の始まりの節目とされてきた。それゆえ民俗も多彩に重畳している。参照、*Wörterbuch der deutschen Volkskunde,* hrsg, von Oswald A. Erich und Richard Beitl. 3. Aufl., Stuttgart [Kröner] 1987, S. 450-455.；因みに、マルティーニは、季節柄、鵞鳥をはじめ肉料理を用いるが、19世紀に入った頃から、本来クッキーなど

が主であったクリスマスに波及した。アンデルセンの「マッチ売りの少女」が、大晦日に鷲鳥の丸焼きの載った食卓の団欒を幻に見るのは、当時、ようやく都会を中心に広まりつつあった風俗だったのである。

40) Ulrich Jahn, a. a. O. S. 223-253（§ 8. Das Erntedankopfer der Gemeinde.）、引用文は S. 234.

41) ヤーコプ・グリムはその影響の大きかった『ドイツ神話学』でそれをほとんど定式と言ってもような表明の仕方をしている。参照、Jacob Grimm, *Deutsche Mythologie.* Bd. II. S. 765f.（§ 50:gespenster）. しかし、個々の問題の考察については、ヤーコプ・グリムは文献資料を能うかぎり精査して慎重に推論を進めていった。そのため時人から〈トリヴィアルなものへの信奉者〉(スルピス・ボワスレがゲーテに宛てた手紙に記したのがこの評言の核となった) と呆られたことはよく知られている。

42) Paul Sartori, *Sitte und Brauch.* Leipzig 1910/1911/1914, Bd. 2 S. 71-110.

43) Ida von Reinsberg-Düringsfeld, *Festkalender aus Böhmen.* S. 350.

44) Elard Hugo Meyer, *Badisches Volksleben im neunzehnten Jahrhundert,* Originalausgabe 1900, Nachdruck: Stuttgart［Theiss］1984, S. 433-434.

45) Gustav Gugitz, *Das Jahr und seine Feste im Volksbrauch Österreichs. Studen zur Volkskunde.* Wien［Brüder Hollinek］1949/ 50.

46) Paul Kaufmann, *Brauchtum in Österreich. Festen, Sitten, Glaube.* Wien. Hamburg［Paul Zsornay］1982, S. 154-156.

47) 次の拙論を参照、「西ヨーロッパの巡礼慣習にたいする基本的視点について―特に日本でおこなわれている通念の修正のために」(愛知大学『文学論叢』第 102 輯 pp. 128-109/104 輯 pp.184-159, 平成 5 年）

48) ナチズムに対するキリスト教会の関係が複雑であり、また微妙とならざるを得なかったことは、政治権力と宗教組織という種類の違ったものであったことからも、また当時の世界情勢からも推測されよう。最近の文献でそうした事情を伝えるものとして次を参照、リヒャルト・グルンベルガー著／池内久光訳『第三帝国の社会史』(彩流社 2000 年) 特に第 29 章「宗教・新異教主義」。

49) ナチスによる年中行事の指導・案内には、幾つかのレベルが見られるが、民俗学関連したところでは、「労働者戦線」出版局から出されたシリーズとして "*Schriftenreihe Feste und Feiern im Jahresring*"（Berlin［Verlag der Deutschen Arbeitsfrontf］o. J.）があり、そこには収穫感謝祭の解説書も含まれている。参照、*Deutsches*

Erntedankfest.；また同じく収穫感謝祭では、国民の文化・レジャーの組織化のための機関「歓喜力行」協会の民間行事部門からも次の解説書が発行された。*Deutsches Erntedankfest*, hrsg. vom Amt Feierabend der NSG. Kraft durch Freude, Abt.: Volkstum/ Brauchtum.；さらに1935年6月1日にハインリヒ・ヒムラーはダレーの協力のもとに、「精神根源史〈ドイツ祖先の遺産〉研究会」(Studiengesellschaft für Geistesur-geschichte 'Deutsches Ahnenerbe') を発足させた。当初はダレーのイデオロギーが優勢であったが、やがてヒムラーが圧倒するようになり、いわゆる「親衛隊・祖先の遺産」("SS-Ahnenerbe") と略称されるようになってゆく。この組織は、発足の数ヶ月後には機関誌として月刊誌『ゲルマーニエン』("Germanien. Monatsheft für Germanenkunde") の刊行を開始した。この『ゲルマーニエン』は一見したところ学術的な論文と、ナチ体制に照応した祭儀の指導・案内が入り混じった体裁である。また「祖先の遺産」からは、民俗学関係のシリーズとして、"Deutsches Ahnenerbe. Reihe C: Volkstümliche Schriften" が刊行された。さらに単独のパンフレットもみられ、特に親衛隊の家族に向けて、ナチズム的な年中行事と家庭祭儀の指南書が作成された。参照、*Die Gestaltung der Feste im Jahres-und Lebenslauf in der SS-Familie*. Verantwortlich für den Inhalt: Fritz Weitzel (Düsseldorf). Wuppertal o. J. なおこの指南書は、SS全体を射程において、準備を整えた上で作成されたものというより、ライン地方の支部で作られたもののように思われる。また時期的には、1937年以後に作成されたと思われる。全体としてキリスト教暦に代えて上古の神話的要素によってカレンダーを構成する意図がきわめて強いものとなっている。例えば〈ヴォーダンの祝日〉が設けられていたり、クリスマス (Weihnachten) では、ヘルマン・ヴィルト (Herman Wirth「祖先の遺産」の初代の会長) が創作した〈生命の樹〉の歌が入っていたりする。；ローゼンベルクの「ドイツ・フォルクスクンデ作業班」を取り仕切ったのは、腹心で『ナチス月報』主幹マテス・ツィークラーであった。マテス・ツィークラーは、元はプロテスタント神学生で民俗学の専攻者であったことから、早くからその方面への進出に執念を燃やしていたが、民俗学諸団体の頂上組織「ドイツ民俗学協会」を1938年に分裂に追い込んで、新しく〈ナチズム民俗学〉を標榜する学術団体としてその作業班を発足させた。同時にナチス的な祭儀の構築と普及にも進出したが、その方面では特にハンス・シュトローベル (Hans Strobel) が精力的な活動家であった。

50) 収穫に関した行事がキリスト教会と結びついている事例は少なくない。例えば、穀

物や野菜や果物で教会堂の床に見事なモザイク画を出現させる〈収穫物の絨毯〉(Ernteteppich)は、特にドイツ南部のシュヴァーベンやバイエルンの一部でよく見られる。参照、Herbert Sdchwedt /Elke Schwedt, *Schwäbische. Bräuche.* Stuttgart u. a. [Kohlhammer] 1984, S. 112-117. またこの種の習俗は他の教会的期日と結びついている場合もあって、同じく農作物を教会堂に飾りつけるのを 聖者レーオンハルトの祝日 (11月6日) の後の日曜に行なう事例では、ウィーンのペルヒトルツドルフ (Perchtoldsdorf bei Wien) が 知 ら れ る。参 照、Paul Kaufmann, *Brauchtum in Österreich. Festen, Sitten, Glaube.* Wien . Hamburg [Paul Zsornay] 1982, S. 154

51) キリスト教会側がナチスに対抗して収穫感謝祭を企画したことについては、当時、民俗学の分野でカトリック教会の代表者として軋轢の渦中にあったゲオルク・シュライバーの次の著作を参照、Georg Schreiber, *Deutsche Bauernfrömmigkeit in volkskundlicher Sicht.* (Forschungen zur Volkskunde, Heft 29) Düsseldorf 1936, S. 85. この個所ではカトリック教会の収穫感謝祭の一環として宗教劇 (Erntefestspiel) も創作されたことへの言及がある。参照、Pfarrer Th. Kluken, *Kirchliches Erntespiel.* Recklinghausen 1935.; またそうしたイヴェントの早い例はナチ時代以前にみることができる。シュレスヴィヒ＝ホルシュタイン州ピンネベルク郡 (ハンブルクの北隣) ボルステル＝ホーエンラーデン (Borstel-Hohenraden, Kreis Pinneberg) では、2年毎に10月最初の日曜に教区聖堂において収穫感謝祭が行なわれるが、2年おきという農事としては変形であるのは、農民たちで作っている地元の歌謡クラブが低地ドイツ語での演劇を催すためである。そして翌週の日曜には同じく低地ドイツ語だけを使ってミサが執り行なわれ、その時に収穫の冠 (Erntekrone) が教会堂に懸架される。この行事の基本は両次大戦間に形作られたようである。また今日の形態に整ったのは1977年である。参照、Kai Detlev Sievers, *Feste in Schleswig-Holstein. Ein lexikalischer Führer durch den Jahreslauf.* Neumünser [Wachholz] 1984, S. 39-42.

52) 以下の数字は次の前掲書による、Klaus Verhey, *Der Bauernstand und der Mythos von Blut und Boden im Nationalsozialismus mit besonderer Berücksichtigung Niedersachsens.* Diss. Göttingen, 1965, S. 93. ; John Fauquharson, *The Plough and the Swatiska. The NSDAP and Agriculture in Germany 1928-45.* London and Beverly Hilles 1976, p. 204.

53) ダレーの農政が1936年にはゆきづまっていたことについては、豊永泰子、前掲書 p. 222. に言及がある。

54) ローゼンベルク機関については次を参照、Reinhard Bollmus, *Das Amt Rosenberg und seine Gegner.* Stuttgart 1970. またローゼンベルクとヒムラーの文化政策をめぐる確執については次を参照、Hannjost Lixfeld, *Rosenbergs "braune" und "schwarze" Volkskunde im Kampf um die Vorherrschft.* In: Völkische Wissenschaft. Gestalten und Tendenzen der deutschen und Österreichischen Volkskunde in der ersten Hälfte des 20. Jahrhunderts, hrsg. von H. Lixfeld u. a. Wien u. a. 1994, S. 255-269.

55) 「祖先の遺産」については次の基準的な研究を参照、Michael H. Kater, *Das "Ahnenerbe" der SS 1933-1945. Ein Beitrag zur Kulturpolitik des Dritten Reiches.* Stuttgart 1974. また次のフォルクスクンデに焦点を合わせた論考を参照、Gisela Lixfeld, *Das "Ahnenerbe" Heinrich Himmlers und die ideologisch-politische Funktion seiner Volkskunde.* In: Völkische Wissenschaft. Gestalten und Tendenzen der deutschen und Österreichischen Volkskunde in der ersten Hälfte des 20. Jahrhunderts, hrsg. von H. Lixfeld u. a. Wien u. a. 1994, S. 217-255

56) Klaus Verhey, a. a. O. S. 93. は1937年を最後に以後は開催されなかったとしているが、ビュッケベルクを会場とする大祭典について述べているのであろう。会場を首都に移し小規模におこなわれたことは、ナチ党機関紙によって知ることができる。

57) マテス・ツィークラーをめぐる一連の動きについては、本書の第2部（第3節）を参照。；シュトローベルは年齢は近かったもののマテス・ツィークラーを上司として勤務し、やがて後者の多忙によってナチ党の民俗関係の中心人物のひとりとなった。その活動は民俗行事が〈本来の〉姿で行なわれるべく指導を行なうことにあったが、またその脈絡の下でたゆみなく執筆を続けた。参照、Hans Strobel, *Volksbrauch und Weltanchauung.* Suttgart [Georg Truckenmüller] 1938 (Forschungen zur deutschen Weltanschauungskunde und Glaubensgeschichte, hrsg. von Herbert Grabert, Heft 2)；プラースマン（Josef Otto Plaßmann）は、ややあってベルリン大学の民俗学の教授アードルフ・シュパーマーのもとで博士課程に入ったが、先に見込みがなかったところから、ナチス信奉者として知られたハイデルベルク大学の民俗学の教授オイゲーン・フェーレのもとへ移って学位を取得した。

58) Wolfgang Brückner, *Die Verehrung des Heiligen Blutes in Walldürn. Volkskundlichsoziologische Untersuchungen zum Strukturwandel barocken Wallfahrtens.* (Veröffentlichungen des Geschichtß und Kunstvereins Aschaffenburg e. V., 3.) Aschaffenburg [In Komm. bei Paul Pattloch] 1958

59) 民俗学の歴史のなかでナチス・ドイツの迫害の事例として知られているのは、ベルヒテスガーデン出身の民俗研究者（ウィーン大学講師を辞任して故郷に引退していた）ルードルフ・クリスが逮捕・死刑宣告・終身禁固刑となり、そして米軍による収容所の解放へと推移したクリス事件であるが、その顛末を記した自伝には、若い世代による狂信的な体制信奉と年長者の良識への呪詛のすさまじさがまざまざと描かれている。参照、Rudolf Kriss, *Im Zeichen des Ungeistes*. München-Rasing［Filser］1948.

第二部

第二次大戦後の
ドイツ民族学の展開とナチズム問題

❖❖❖

第7章
過去の克服の始まりと
スイス＝オーストリアの民俗学

1．はじめに　2．告発と応酬 ── ハインツ・マウスとW-E・ポイカート　3．〈スイス民俗学〉の構想 ── リヒァルト・ヴァイス　4．〈オーストリア民俗学〉という立脚点 ── レーオポルト・シュミット

1．はじめに

　第二次世界大戦のドイツの敗戦でナチ体制が崩壊し、ナチズムが全否定されたことによって、それを構成していた諸要素も咎めを受けた。その大波を民俗学はもろにかぶった。注目すべきは、それに際しては、他の学問分野に較べて、厳しい批判を蒙ったことである。ナチスの支配が12年間にわたって機能していたという事実から推せば、精神科学や社会科学に限っても、社会組織の運営に直接的に関与する諸分野（法学、経済学、経営学、あるいは教育学など）が体制と関係した度合いははるかに大きかったであろう。しかし、それらに伍して、あるいは部分的にはそれら以上に、実学でも実際的でもないマイナーな分野が指弾されたのである。相応の素地があってのことではあったが、そこにはまた特殊な要因もからんでいた。言葉の魔術である。すなわち、民俗学が〈フォルクスクンデ〉という名称をもっていからである。ドイツ人にとっては、他に代替するものがなく、しかも国家の瓦解の直前まで昂揚した意味を付与されていた〈フォルク〉である。それはまた、第三帝国の至るところで人々が目にしたポスターに大書された〈Ein Volk, ein Reich, ein Führer〉(ひとつの民族、一つの国家、一人の指導者)の〈Volk〉であった[1]。それゆえ、新たな時代の現象も、指弾されて然るべき素地に加えて、この言語的側面が交錯しながら推移した。

本章で扱うのは、第二次世界大戦後のドイツ語圏における民俗学をめぐる最初の場面である。もとよりそれは複雑な動きの集合体であるが、ここではできる限り図式的に、ひとつの構図として把握することを心掛けた。すると、そこに見えてくるのは、その種類の状況下での事態としては、まことに必然的な情景である。

最初に起きたのは、過ぎたばかりの過去との関わりをめぐる責任追及であった。それはまた否応無く、告発を受けた側の応急的な対応を促した。応急的と言うのは、問題の深い根を劈開するのは、ただちになし得ることではなかったからである。同時にまた、当面の応酬を通じて、根本問題が仄見えることにもなった。この段階の動きについては、社会学者ハインツ・マウスと民俗学のヴィル=エーリヒ・ポイカートとの論議に焦点を当てることが、事態をよく伝えることになる。

これと並行して、問題の解決につながる動きもみとめられた。しかしそれに際しては、戦争犯罪の清算責任を含めてナチス・ドイツの後継国家たらざるを得なかった西ドイツではなく、それを免れた場所、あるいは責任負担が相対的に軽い場所が担い手になった。スイスのドイツ人部分とオーストリアである。大きく見れば、帝国ドイツからの距離が、同じ研究領域でもそれらの場所で独自の学問伝統が培われることを可能にしていた面があったが、その側面が、危機的状況のなかで意味を強めてきたのである。それを代表するのは、スイス民俗学のリヒァルト・ヴァイスと、オーストリア民俗学のレーオポルト・シュミットである。両者は、民俗学研究者として個人的にも傑出していたが、その特質は、偶然的・孤立的な個性というより、出身地の学問風土から独特の長所を引き出す能力でもあったのである。

2. 告発と応酬——ハインツ・マウスとW-E・ポイカート

　まず取り上げなければならないのは、当時の有力な社会学者であったハインツ・マウスが1946年に民俗学に対しておこなった批判『ドイツ民俗学の現状について』である。戦後早々と創刊された時評・書評の雑誌『ディ・ウムシャウ』の初年号第3冊（11/12月号）の誌上でのことで、マウスは同誌の編集責任者でもあった[2]。

　　ナチズムがその帝国主義的な本質をカムフラージュするために設けた装置は、明確な目的意識をもって、民俗学(フォルクスクンデ)をもそのイデオロギーな目標に利用した。民俗学には、〈党に役立つ〉ことがもとめられ、また〈内側の前線を強化するために全力を動員する〉ことが〈義務〉として課せられ、その過程ではテロが効果を発揮したこともあった。のみならず、批判的な視点からの対象設定までが抑圧された。〈北方的民族体(ノルディッシェ・フォルクストゥーム)の男性的・英雄的な諸法則、すなわち血と鉄の法則こそ、我らの営為をその目標に導く道にほかならない〉というわけである。また民俗学(フォルクスクンデ)とは〈ドイツ民族の全体をにかんする知識〉というM・H・ベームの同語反復にも増して、的はずれな神話学の方がもっともらしく見えたのであった。なぜなら、1935年に表明されたこの血と鉄の法則というプロパガンダ的なテーゼは、一面では、物質的にも精神的にも戦争の準備が進んでいた時代をはっきり映し出しているところがあったが、民俗学(フォルクスクンデ)そのものは、自己についても、高度に工業化された社会のなかにあるという自己のおかれた状況について、まるで自覚していなかったからである。一般的には、むしろ〈民族魂(フォルクスゼーレ)を、その十全にして血と結びついた発露〉においてとりあつかうという考え方が優勢であった。民俗学(フォルクスクンデ)のこの数年間の膨大な出版物と、それがかもし出す違和感は、こうした定義によくあらわれている。実に、民俗学(フォルクスクンデ)が、まるで光を恐れるような目標設定に走っていったのは、かかる偏頗な盲目のゆえであった。しかし民俗学(フォルクスクンデ)の内的かつ独自の歴史もまた、イデオロギー化に向かうような性格を帯びていた。

消えゆこうとする儀礼と行事を中心にした収集作業、そこでの我武者羅までの熱意は、同時にまた、そのときどきの現実を歪め、遂には現実をまったく誤認してしまうところへはまりこんでいったからである。もっとも、民俗学(フォルクスクンデ)が主に相手にしたのは伝承であったことは確かではあるが、そのさいにも、ほとんどのばあいは、ロマン主義的、言い換えれば没歴史的な表出がなされるのであった。実際には、伝承文物が、消滅や変形や崩壊に向かうという趨勢には、歴史の作用が明白にみとめられるにもかかわらずである。かくして、古きものは等しなみに持ち上げられ、現に存在するものは視野の外におかれるのであった。

民俗学(フォルクスクンデ)にこもるかかるイデオロギーの傾向は、ファシズムの政治操作がそれにあたえた役割によって、いっそう顕在化した。奇異な外観の奥にひそんでいたものものも、明るみに出てきた。残忍な暴力という妖怪である。ナチズムと民俗学(フォルクスクンデ)のあいだには、独特の対話的関係が存在したのである。……

〈フォルクスクンデ〉は、多義的で意味の特定に困難をきたすことも稀ではない語であるが、ここでのそれに関しては、概ね伝統文物との関わりを課題とする人文系統の〈民俗学〉を主要に指していることは、その特徴として〈儀礼と行事を中心にした収集作業〉を挙げている点からも知られよう。それだけでなく、〈高度に工業化された社会のなかにあるという自己の置かれた状況を、まるで自覚していなかった〉との論評も、一般的に言う民俗学を想定して、当時それが脱していなかった限界を指摘したものと言えよう。のみならず、それらの基本にある問題性が、〈フォルク〉の語を含む名称にあることをマウスは言い当てており、またそれがロマン派以来の宿命を引きずるものであることも見逃してはいなかった。

またこの批判のなかでは、これから後も大きな論点になってゆく民俗学におけるフォルクの概念の問題性がすでにとり上げられている。

血と土を称揚する似非神話学にいかにも学問的な色合いを付与したのは、民俗学におけるフォルクの概念であった。と言うのは、この概念は独特の曖昧さのなかにあるからである。……民俗学のフォルク概念は、ロマン派の思念に起源を負っている。ロマン派は、この概念を審美的な、そして漠然とした宗教性をも帯びたカテゴリーとして措定したのであった。フォルクとは、素朴で無教養な人間たち、とりわけ万物の良き根底、すなわち人間と自然との分離がまだ生じていなかった始原状態というフィクションと結びついた人間のことであった。（そこから見ると）、現今の世界は、歴史的かつ必然的な事象経過の一過程ではもはやあり得ず、この遠い悠久の、法則による区分を知らない、ただひとつの真実かつ真正世界の頽落したすがたになるのである。……要するに憧れであり、詩心を手懸かりにして充実をもとめ、インドに向かったり、中世に向かったり、素朴な村落に向かったりしながら、ここにこそ失われた始原の痕跡があると思い誤るのである。……

　そして、民俗学の特徴である中世の称揚、アーリア人という次元における伝承文化への傾倒、それを助長し下支えたフォルク観念のあり方、神話学、またそれらが帯びるいたった疑似宗教性に言及した。同時にマウスは、戦時中の自分自身の論考をも引用しつつ、社会学のなかでファシズムに同調した一派にも言及した。このマウスの文章は、ドイツ系の民俗学の歪みを突いて的確であり、しかも民俗学一般への批判ともなっていると言えるくらいである。
　ではこれに対して、いかなる反応がなされたであろうか。
　これにいちはやく反応したのは、戦後まもなくドイツ民俗学界の中心人物となったヴィル＝エーリヒ・ポイカートであった。ポイカートは、青年期には社会民主党の左派に親近で、ナチ政権によって教授資格を剥奪された経歴があるなど、反骨の士として知られていたが、状況が一変するなかで、ゲッティンゲン大学の民俗学の教授に迎えられ、戦後まもない時期の民俗学界を

背負っていた人物であった。したがって、マウスの批判に対して、正面から反論する資格のある数少ない人物のひとりであった。ポイカートはまた、戦後、新しく民俗学の雑誌として『ディ・ナッハバルン』を創刊した。反論の文章『民俗学の現状』を掲載したのも、その創刊号であった。1948 年のことである[3]。

……

　間違った前提から出発していると言ってよい。マウスは〈第三帝国のなかで、民俗学(フォルクスクンデ)は、人間類型としての農民存在、すなわちフォルクの体現者という理想的な農民にもっぱらかかわっていた〉として、E・レーマンの『フォルクの仕組み』(1935 年刊)を引き合いに出すのであるが、そのさいマウスは、レーマンが『中部ドイツ民俗学報』のなかでズデーテン・ドイツ人の民族体運動の先駆けとして讃えられていることを知っていない。また民俗学が〈ヒューマニズムというヨーロッパ文化の概念との接続をまもろうともせず、《アーリア人の》伝承文物の収集にかまけ、さらにまた言葉の収集に精を出しながら、言葉のもつ欺瞞性を暴きもせず、たとえばM・H・ベームがその『民俗学(フォルクスクンデ)』(1935 年、164 頁)で定義したがごとき〈うるわしき絆をもつ集団という民族体〉を称揚していたとも指摘しているのであるが、そこでベームがもとめているのは、〈自己の(＝ドイツ民族の)フォルク〉、またフォルク学なのであって、それは民俗学(フォルクスクンデ)とはほとんど関係がない、否、関係は皆無と言ってもよい。民俗学は、その盲目を利用するようなことはしなかった。〈民俗学の境界は、歴史的世界とは対立するような伝承世界によって取り巻かれている、……民俗学は、歴史的な一回性を評価する視点を欠いている〉とマウスは、K・v・シュピースの『ドイツ文化の開示者としてのドイツ民俗学(フォルクスクンデ)』(1934 年、81 頁)をも引き合いに出して指摘しているが、この著者を、民俗学はかつてまともに相手がしたことがないのである。

ここで目につくのは、〈フォルクスクンデ〉という言葉が多用されていたことを踏まえて文章が組まれていることである。ポイカートが言うように、マックス・ヒルデベルト・ベームは民俗学の研究家ではなく、政治学者である。しかもその著作の表題は〈フォルクスクンデ〉と言うのであった。中味からすれば、民族国家学といったところである。同時に、伝統文化を扱う狭い意味での民俗学もまた〈フォルクスクンデ〉であった。マウスの論説文でも、批判の効果を高めるためにその重なりを意図的に活用しているところがないではなかったが、ポイカートもまた、同じ重なりを逆に使って、本来の民俗学のなかでもマイナス要素の強いものは、排除すべき部類に入れてしまうのである。つまり、両者とも、〈フォルクスクンデ〉と呼ばれたものにばらつきがあったことを、議論を有利に運ぶために活用している向きがある。言い換えれば、〈フォルクスクンデ〉という名称が多義的で曖昧であることが、戦後の批判と応酬のさいの論争術にまで入り込んでいることを、この文章は示している。それゆえ、読むには注意を要しよう。以下の論述でも、ポイカートがM・H・ベームの同類と括って排除しようとしているシュピースやムーラックは狭い意味での民俗学者と見てよいのである。

　……ドイツにおける真摯な民俗研究は、シュピースのような空想家やベームのような似非民俗学者とは、断じて一緒にされてはならない。真摯な民俗研究は、この〈潮流〉を退けただけでなく、ナチズムのポリシーの牽引者になることを拒否したのであった。これについては、1934年のヴァイマルでの民俗学会の大会、ならびにヨーン・マイヤーによる「民俗学協会連合」の運営を挙げるにとどめよう。たしかにイエスマンもいるにはいたが、またイエスマンよりも多かったとは言えないにせよ、拒否した者はいたのである。昔話の研究者で、バーゼルへ移らねばならなかったフリードリヒ・ランケ、〈第三帝国〉が出現するやただちに〈政治的に怪しい人物〉として研究者の資格を剥奪されたポイカート、それにヨーン・マイヤーやフリッツ・ベームといった追放されたり迫害された人物、

等々である。1933年から45年に至る時期の民俗学(フォルクスクンデ)は、ベーム（補注）やムーラックやフォン・シュピースのフォルクスクンデ（民族体学）ではなかった。声高く前面に立っているフォルクスクンデと並行して、真摯かつ孜々としてゆみない学問的な民俗学(フォルクスクンデ)が、外に見えるよりはずっと真剣に、また大きな規模で存在したのである。

……表立った〈第三帝国のフォルクスクンデ〉と並んで、本当の学問的な民俗学(フォルクスクンデ)はつづいていた。続いていただけでなく、前進もあった。状況の然らしめるところとして、狭いグループのなかでの専門家だけの会話となるほかなかったにせよ。

それらは、声高にはならず、一般的に広まりもせず、公的なものにはならなかったが、しかしそれは民俗学者の責任でもなければ、民俗学(フォルクスクンデ)の責任でもない。……

……マウスは見落としているのだが、本当の学問的な民俗学(フォルクスクンデ)という〈地下〉活動があったことを、補足しておかねばならない。

（補注）同姓（Boehm or Böhmと表記）であるが、このベームは政治学のM・H・ベーム、前行のフリッツ・ベームはドイツ民俗学の機関誌の編集者でもあった篤実な研究家。

このように、ポイカートは切り返した。ポイカートの反論の要点は、だいたい3つである。第一は、マウスがその言説を引用しているフォルクスクンデの関係者は（ここで言えば、E・レーマン、M・H・ベーム、カール・フォン・シュピースなど）は、いずれもまともな学者ではなく、それらをもって民俗学(フォルクスクンデ)を論じるのは間違っているという答え方である。たとえば、こんな言い方もしている。〈この引用文の執筆者、ファーバー？　ファーバーて誰ですか。〉第二は、民俗学(フォルクスクンデ)には、その考察の基本であるフォルクの概念がきわめて非学問的で、情緒的なものであったという批判に対してである。第三は、民俗学が現実を無視していたという指摘にちなんでである。

第一の論点についてもそうであるが、第二、第三の論点でも、ポイカートは自己の経歴に誇りをもって依拠しつつ反論した。ポイカートの経歴からすれば、それは故ないことではなかった。彼は、すでに1925年には、当時の民俗学の一般からみると、きわめて斬新な視点をもって『シレジアの民俗学』を書いていた。また民俗学史を通じてひとつの里程標ともなった『プロレタリアートの民俗学』を上梓したのは、1931年であった[4]。これは、ブレスラウの織物労働者を対象にした研究である。すなわち、もとは農民は亜麻を栽培し、家内工業として織物にたずさわっていたが、資本家による工場生産の進展によって伝統的な生業が不可能になり、やがて土地をはなれて日雇労働者になってゆくという大枠のなかで、家内工業時代の生活様式を描き、次いで農民の離農と工業労働者への移行の過程、また工業労働者としての生活をあつかっている。総じて、資本の暴力という観点が強く、農民が土地を追われ、最後の拠り所である家族の崩壊にまでいたる状況を描いている。またそのあいだに、後にポイカートの主要な研究対象となる民俗歌謡や口承文芸の民俗伝承が配置されている。また戦時中の1942年には、『中世後期のドイツの民間俗信』という、これまた注目すべき著作を刊行した。15、16世紀あたりのドイツの俗信の実態をさぐったものであるが、資料の掘り起こしもさることながら、中世と近代という2つの世界が屈折点となっている時代への独自の文化史理解を示している。ポイカートの著作のなかでは、小著ながら特に先鋭なものを感じさせる一書であるが、極限的な状況のなかで獲得されたひらめきであったのであろう[5]。ともあれ、ポイカートの反論は、個人史としては背景を欠いてはいなかったのである。

　　マウスが投げかけた批判は、私たちたちがこの〈フォルクという〉言葉を、ちょうど〈電気〉にように使いながら、それが何者であるかを知らないといった非難ということになろう。民俗学が〈フォルク〉が何であるかを理解していないとして非難することはできまい。この概念を認識することを怠ったという程度である。しかし怠ったと断言することも

できないところがある。『ヘッセン民俗学報』その他での方法論をめぐる考察、あるいはこの問いをめぐるシュパーマーの努力をみれば、〈フォルク〉概念を把握するためにたゆみない試みがあったことは、直ちに分かるはずである。……

……私自身も、〈フォルク〉と〈フォルクスクンデ〉の概念については努力を重ねてきた。……『プロレタリアートの民俗学』の序文では、主要には市民層とプロレタリアートを念頭においている、と記した。……また1925年の『シレジアの民俗学』でも、〈《階級》的な階層分類が、民俗学の内的な区分と重なるとの思いをますます強くしている〉との指摘をおこなった……

同様に、民俗学が現実を把握してこなかったという批判に対しても、ポイカートは、自分の『プロレタリアートの民俗学』や、また〈ペルリークによる上部シレジアの鉱山労働者の民俗学〉などを挙げて、民俗学の歩みのなかにはその種の努力があったことに注意を喚起した[6]。

総じてポイカートの反論は、マウスの批判を根拠がないものとすることに力点をおいてなされている。またポイカート自身は、そういう見解を表明しても、強弁とは聞こえないだけの実績をもっていた。隣接学からの戦争責任の指摘に門前払いを以って応えたことには、学界の防衛という問題的な側面もなくはないが、同時に、当時の民俗学を取り巻く環境は、こういう応酬を一度はおこなっておく必要があったのであろう。実際には、一部では泥沼のような現実もみられたからである。たとえば、こんな証言がある。

　　戦争が終わったあと、2人の民俗学者が、たがいに相手をナチズムに加担したとして非難しあうグロテスクな光景が、私が見聞したかぎりでも、一再ならず繰り広げられたものである。そうした場合、両者とも、第三帝国時代に自分の方は迫害を受けたのであるとして、証人や証拠を挙げるのであった[7]。

しかしマウスの批判が、多くの点で的を射たものであることは、これまたあきらかであった。たしかにポイカートは、先覚者には違いなかった。しかしそれは言い換えれば、少なくとも1945年までは、ポイカートのような観点はとうてい学界の主流ではありえなかったということでもある。またマウスの批判も、少数の先覚者に対してなされたものではなかった。もっとも、マックス・ヒルデベルト・ベームのようなナチ党の御用学者の見解をたびたび引用して、それをドイツの民俗学の全体に敷衍している点は、関係者には納得できないものであったであろう。しかしその指摘は、大筋では当たっていたとみなければならなかった。さればこそ、マウスの批判は、ポイカートの回答によって解決されたとは受けとられず、これ以後も長期にわたって意識されつづけたのである。ちなみに、フォルク概念と民俗学の歩みについて、インゲボルク・ヴェーバー＝ケラーマンは、その学史案内『ドイツ民俗学』の第二版（1985年）の「第二次大戦後のドイツ民俗学」の章の始めの部分に、次のように記している[8]。

> ……古くから尊ばれてきたこの言葉（＝フォルク）は濫用され、ナチズム民俗学というかたちで、国家社会主義のイデオロギー装置のために使い尽くされた。そうである以上、今度は、この専門学の全体を徹底的に洗い直すところまで進まねばならなかったはずである。ところが民俗学は、適応力を失いながらも、旧来のカテゴリーになおしがみついていた。これは、マウスが1946年の概括的な論考において批判したところであった。事実は、その批判の通りだったのである。

3. 〈スイスの民俗学〉の構想 ── リヒァルト・ヴァイス

　ドイツの敗戦と共に民俗学のマイナス面があかるみに出たが、それに対して民俗学の側からの回答がなされないまま長時間が経過したわけではなかった。実際には、敗戦の翌年には、早くも本格的な成果が出現していた。それ

が、スイスの民俗学者リヒァルト・ヴァイスの主著『スイスの民俗学』である[9]。しかもその内容は、従来の民俗学の破産があきらかになるなかで、民俗学がそれを克服する可能性を備えていることを内外に知らしめるような観点と構成を備えていた。インゲボルク・ヴェーバー＝ケラーマンは、その学史案内『ドイツ民俗学』のなかで、次のように回顧している[10]。

> 1946年にスイスのリヒァルト・ヴァイスが、『スイスの民俗学』を刊行した。この書物は、ドイツ民俗学にとっては、この学問の正当性を主張してくれる解放者のごとき作用を及ぼした。

事実これは、かなり大部な、また体系的な構成をもった著作である。しかし、その序文の日付が1945年11月となっていることからも推測されるように、ナチズムの崩壊という事態に直面してはじめて構想・執筆されたものではなかった。かなり前から手懸けられていた研究がこの時点で完成したのであり、時宜を得たものとして表舞台に登場したのであった。ということは、戦後の新しい状況のなかでの必要性に応えることができるような視点と、その視点のもとでのかなり大掛かりな作業を進めることができるような条件が、戦争中にも存在したということでもある。それが、スイスという国の位置であった。ちなみにスイスの国民の約6割は民族的あるいは言語的にはドイツ系で、ヴァイスの場合も主にドイツ系スイス人を対象にした民俗研究である。スイスのドイツ系の民俗学は、いわゆる〈帝国ドイツ〉地域のそれにくらべて必ずしも古くから強力な流れを形成してきたわけではなく[11]、人的な厚みをもっていたのでもないが、独特の視点を培ってきた。特に帝国ドイツ地域の民俗学がロマン派の世界観やナショナリズムにからめとられてきたのにくらべると、比較的冷静な見方を維持してきたと言うことができる。それを代表する人物としては、20世紀初頭にバーゼル大学のゲルマニスティクの教授となったエードゥアルト・ホフマン＝クライヤーを挙げることができよう。またもう少し目をひろげると、古代ギリシアやルネサンスの文化史研究にお

ける際立った個性であったヤーコプ・ブルクハルトや、母権制社会の理論で知られるヨーハン・ヤーコプ・バッハオーフェンなども、スイスの学術風土から出現してきた大きな存在である。ヴァイスにも、スイスの学問伝統に立脚するという自覚がみとめられる。そしてそれに加えて、当時のドイツ語圏の民俗研究のさまざまな流派に目配りしながら客観性を重んじた研究方法を作っていったということができる。先に挙げたヴェーバー＝ケラーマンは、とりわけヴァイスが1930年代にベルリンに滞在してアードルフ・シュパーマーを識ったことが重要であったと述べている[12]。その評価はともかく、帝国ドイツ地域の民俗学が崩壊したときに、ヴァイスによって次代に向けての基礎づくりがすでに進められていたことがもつ意義には大きなものがあった。

ここではヴァイスの民俗学そのものを紹介するには至らないが、目下の課題との関係において、特徴をみておこうとおもう。その序文において、ヴァイスは、民俗学がおかれている危機的な状況とその因由を次のように指摘している。

> 民俗学は、純然たる学問的認識という目標を見失い、時流的学問に堕してしまう危険性にさらされている。民俗学の研究対象、つまりフォルクは、西洋の精神的・政治的葛藤のなかで、ときには訳もなくひたすら排斥され、過小評価されたかと思うと、また逆にロマン派による称揚や偶像化にさらされてきた。最初の場合は、民俗学は、本来は自己主張すべき時代であったにもかかわらず、ひたすら萎縮して自らを貶める危険に陥った。もう一方の場合は、フォルク概念が盛況を呈するなかで、民俗学はその研究対象に光輝を付与し、民俗学〔フォルクスクンデ〕というよりも民俗神秘〔フォルクスミュスティク〕の域にまで自らを煽る誘惑に動かされた。どちらの場合も、民俗学は学問としての性格を失った。

またドイツの敗戦に先立つ数十年間の民俗学の動向については、〈応用民俗学〉（あるいは〈応用民俗〉）や、民俗知識を利用を動力とした過剰な郷土意

識の助長、いわゆるふるさと保全運動を批判しながら、現代科学としての民俗学という方向を説いている。

　実際行動としてのふるさと保全にくらべて、民俗学はどこが違うのか、その境界をはっきりさせることによって、同時にまた、スイスの民俗をあつかう以下の記述にあたっての目標がどこにあるやとの問題も浮上する。広い意味でのふるさと保存運動の擁護者のなかには、古き良き時代を尊ぶ人たち、すなわち古いものなら即座に有りがたがって、収集を心掛け、保全を図ろうとする人々がいる。それゆえ、ふるさと保全と民俗学の重なりというよく見られる事態、つまり古き良き時代の探究と守旧こそが民俗学の主たる課題であると説くことにもなる。民俗学を骨董品の博物館学としてとらえようとする傾向に対して、民俗学の現代科学としての性格をあきらかにすることを、以下の叙述では心掛けた。民俗学の種々の行き方のひとつである歴史的方法も、現代を理解する上で裨益するものなのである。純然たる古物の収集とその目録づくりは、——それ自体は、必要な補助的手段ではあるが——民俗学の目標とは言い難い。フォークロア的な収集熱の底流となってきたのは、近代のなかで古き良き民俗（フォルクスレーベン）がひたすら終焉に向かって動いているというロマン派的な不安であったが、実はこの不安そのものが没歴史的な世界観の一部なのである。しかしアカデミズムの代表者のなかにも、それを棄て切れない人々が少なくない。本当の民俗（フォルクスレーベン）は、博物館や年代記、あるいは農民家屋の漆喰仕上げの土間や、辺鄙な山間や、老婆たちの思いで話のなかにしかあり得ないとして、それらの探究に向かうのは、これはこれで深く根を張った傾向であるが、畢竟それは、伝承、価値、尊厳という緑青を骨董品に付与する伝統の呪縛力のなせる業にすぎない。伝統というこのロマン派的な魔法の輝きに、学問は断じて惑わされてはならない。伝統の作用力は、古い事物にこもっているのではなく、人間がそう見るからそうなのであり、したがってまた人間とともに更新されるのである。か

くして、新しい事物、革命的な事物ですら、ほどなく伝統信仰という光輝を放つ領域に入ってゆき、民俗文化(フォルクスクルトゥア)として保持されるようになる。その生成がどのようであるかを観察することは、既存のものを把握することよりも、事態をあきらかにする上でははるかに裨益するであろう。現今に眼を向けた民俗学が、対象の不足に悩むなどといったことは、起きるはずがないのである。

では民俗学は、どこにその独自性をもち、またそれをどのように実現してゆくのか。古き良きもの、あるいは湮滅に瀕しているものをその本来の意味の故に価値をみとめ、保存を心掛けるという以外に、多種多様な分野をまとめる何らかの原理が成り立つのであろうか。

　外国の民俗学の個別研究に接したことがある人なら、民俗学があつかう研究対象が豊富で多様なことには驚くであろう。聚住、建築、被服、陶磁器、手工業具、民俗歌謡、口承文芸、信仰、迷信、法慣習、習俗的な生活秩序、これらがさまざまに織りなしているのである。とすれば、これらすべてにまたがって、民俗を統一的・有機的にまとめる精神的な書物が希求されるのは、当然のことである。しかし、民俗学を統一性のある学問としてしめすような精神性な裏づけをもった書物は成り立つのであろうか。それとも、民俗学は、さまざまな分野の学問の副産物なのであろうか。つまり、聚住研究、家屋研究、民俗衣装研究、習俗（民俗行事）研究、民俗歌謡研究、昔話・民話研究、法慣習・民俗研究、宗教民俗の研究などである。これらは民俗学の部分領域とはされてきたが、これらすべてを包含した名前などあり得るであろうか。民俗学は、要するに、地理学、文化史、文芸学、法学、宗教学といった他の学問分野の周辺のことなのだろうか。それとも、民俗学は、それらすべてから、生産的で必然的なまとまりをつくることができるのであろうか。

このような認識のもとにヴァイスが選択したのは、一般に機能的方法ないし機能主義的方法と呼ばれるものであった。

> 機能的な観察方法、これはフォルクスレーベン（民俗、民衆生活）を人間とフォルクスクルトゥア（民俗文化、民衆文化）の相互作用と相互の諸関係においてみつめるもので、民俗学すべての研究分肢の学問的な統一を可能にする。それは、さまざまなものごと ―― 家屋、被服、料理、手工業具、歌謡、民間話芸、思念 ―― にまとまった意味をあたえる。それは、民俗生活の生きた有機体のなかで、人間とその相互の連関に対してそれぞれが持つ機能的な意味を示してくれるのである。

民俗学における機能主義と呼ばれるものは、理論としては1927年にゲルマニストで民俗学者であったユーリウス・シュヴィーテリングが最初の方向づけを行ない、やがて文化人類学のマリノフスキーの方法をヨーロッパ域内の民衆研究に応用することへと進んでいった。もっとも、シュヴィーテリング自身は、一面では当時の思潮の影響から脱し切れなかった結果として、他面では諸現象をできるかぎり元素的な段階においてとらえるという志向から、民俗学の対象を農民に限定するという指針をしめしたのであった[13]。しかしこの方法は、ヴァイスの眼から見ると、そのときどきの生活文化の機能的連関の網の目に終始し、歴史的な側面が軽視される傾向があるほか、現代世界の様相において、必ずしも機能的な観点では解明できない現象が見られることを処理できない欠陥を伴っていた。これを解決するために、ヴァイスは、次のような基本的な設定をおこなった。それは、民俗学は、人間のある種の側面に限定した観察方法であるという考え方である。具体的には、伝統と共同体である。これはまた、民俗学の対象としてこれまでとかく物議をかもしてきたフォルクの概念を明確にするという意図とも重なっていた。

もともとスイスには先にみたホフマン＝クライヤーが、民俗学におけるフォルクとは vulgus in populo のことであるという有名な定義をおこなったい

た[14]）。これは、〈民衆のなかの下層〉といったような意味である。こうした背景に立ちながら、しかしまたその定義によって民俗学が特定の社会的階層に限定された研究になってしまうということをも克服することを心掛けながら、ヴィスは、フォルクを、フォルク的（フォルクステュームリッヒ、民俗性）という様式ないしは様態として読み替えるという考え方を表明した。そしてフォルク的（民俗的）とは何かというと、伝統と共同体と結びついたものといての人間のあり方であるというのである。またそれは民俗生活（民衆の生きる様態）である、というのである。

> 本書の第一目標は……ひとくちに言えば、民俗学の精神科学としての立脚点から物質的・精神的民俗文化の種々の対象を人間に関係づけることである。またそのさいには、特定の人間階層ではなく、人間なら誰にでもそなわっている民俗性への関係づけを意図している。

そこで彼は、民俗学を次のように定義した。

> フォルクスクンデ（民俗学）は、フォルクスレーベン（民俗、民衆生活）に関する学問である。フォルクスレーベンは、フォルクとフォルク文化のあいだにはたらく諸々の相互関係（これらの関係が共同体と伝統によって規定されるかぎりにおいて）から成り立っている。

そしてこうした観点からヴィスは、スイスの民俗を広く射程に入れて、総合的な像を呈示することを志向した。それは、『スイスの民俗学』の目次からも知ることができる。全体は、民俗学の原理と研究方法を論じた第一部につづけて、民俗現象の各領域をあつかう第二部を展開させるという体裁である。その第二部の構成は、1. 聚住　2. 建築と住宅　3. 経済生活と物質文化　4. 食物　5. 被服　6. 習俗と祭り　7. 遊び（民俗行事）とスポーツ　8. 民衆劇と舞踊　9. 音楽と歌　10. 言葉と言語文化財　11. 信仰と智恵

12. 国家、法、民衆気質、となっている。さらにそれぞれの章では何があつかわれているかであるが、今その一例として第3章「経済生活と物質文化」の各節と、さらにそのなかの小見出しを挙げる。

　　a. この領域における民俗学の目標と方法 ── ①民俗生活にたいする経済活動の意義、②生業の諸形態、③民俗学からみた労働と労働具、④特定心理の集団しての職業集団、⑤工場労働者、⑥農民
　　b. 農民層、牧畜民、耕地農民 ── ①スイス中部地域とアルプス地域、②牧畜文化、③農耕文化、④アルプス農民とスイス自治同盟、⑤中部地域の農民との相違、⑥身分慣習、⑦中部地域農民、北部アルプス農民、中部アルプス農民、大農層、小農層などの心理的特質
　　c. 手職と工業 ── ①手職と農業のあいだの移行形態、②〈半手工業者〉、③村落組織のなかの手職者、④民俗文物の伝播者としての遍歴生業者、⑤ツンフトを形成している手職者、⑥労働者と企業家、⑦村落内の工業、⑧今日の労働者階層とその生活形式、⑨五月祭の諸形態
　　d. 交通 ── ①交通による均質化効果、②峠越えの交通、③交通労働者の心理的特質、④観光
　　e. 出稼ぎと季節労働 ── ①山村の過疎化現象、②出稼ぎ地域としてのエンガディン地方、③中部スイス地域における労働力の交流、④外国人季節労働者とその影響
　　f. 市（いち）── ①民俗生活にとっての市の意義、②市の政治的・教会的意味、③市の開催場所とその影響範囲、④市の伝統
　　g. 経済活動と暦日 ── ①市の日取り、②農業の諺、③その他の暦日

　もっとも、これらの項目のすべてが委曲を尽くして論じられているわけではない。一頁程度のなかに2つほどの小見出しが詰めこまれている場合もあり、したがってひとつひとつの項目の記述は簡潔であったり簡単であることが多い。それゆえそれぞれの項目についての詳しい情報や分析を期待しても、

必ずしもそれに応えているわけではない。しかしまたヴァイスは、このなかの一項目について、別に詳しいモノグラフィーを書いていることも多いのである。ここに挙げたのは目次であるが、ヴァイスがいかなる問題意識をもって民俗研究に臨んでいたかは知ることができる。またそこからうかがえるのは、19世紀以来のさまざまな先入観を脱却した、現代に通用するような民俗学のあり方であった。その意味では、先に見たインゲボルク・ヴェーバー＝ケラーマンが、この〈大部にして……通常の意味での地域民俗の記述をはるかに越えた〉著作について、次のように言っているのは当然であろう。

　ヴァイスは、『スイス民俗地図』への従事を通じて、スイスの民俗学に実りをもたらし、また多面的な活動によってヨーロッパの民俗研究を著しく豊かなものにした。しかし何と言ってもドイツの専門家たちに圧倒的な影響を及ぼしたのは、著作『スイスの民俗学』であった。感傷性を排除した明晰な語法、啓発力ゆたかな思考の流れ、〈流行服〉や〈流行歌〉といった現代的な概念の積極的な組み入れなどに、ドイツの専門家たちは、この貶められた学術部門が社会復帰を果たすのを見たのであった。

しかしヴェーバー＝ケラーマンは、これにつづいて、次のようにも書いている。

　しかし本書と雖も、専門学の発展上の一階梯なのであって、決してその〈聖書〉ではありえない。ヴァイス自身は、それを自覚していたであろうが、そう理解しようとはしない人々も少なくなかった。そもそも主導概念とされているゲマインシャフト（共同体）は、もはやほとんど使いものにならないような概念であり、〈集団〉のひとつのあり方としてなら辛うじて理解できなくもないといった程度のものである。

ここで、いくらか横道に逸れることにはなるが、ヴァイスがその壮図のひ

とつの柱としていた現代社会の諸相の組入れ、またそれをも解明できるものとしての民俗学の構築がどのようであったのかに注目しておこうと思う。今日の時点から見ると、ヴァイスの構想は、まだ意欲が先立っていて、それを実現するだけの装置が整っていなかったとの観は免れないのである。

　それをよく表しているのは、ヴァイスが現代社会について〈大衆社会〉（Massengesellschaft）というとらえ方をしていることであろう。伝統と共同体によって支えられる民俗文化が基盤にあり、そこへ大衆文化が重なってきているというのが基本的な構図であると言うことができる。しかも、そこには大衆社会とその文化に対する否定的な評価が重なっている。つまり、ヨーロッパ文化の基本的な要素は〈個性〉が躍動していることであるが、大衆文化のなかには、その〈個性〉が欠如しているというのである。これは、近・現代の民衆文化を〈大衆文化〉という概念でくくれば、避けることができない帰結であった。それに対して、民俗文化は、個性が独自の形態で生きている文化の形態であると言うのである。

　　民俗学の意味での民俗生活を特徴づける共同体結合は、ヨーロッパ文化とリベラルな国家観念の基礎である個性（Persönlichkeit）の個体的自由とのあいだで、恒常的で生産的な緊張関係に立っている。しかも共同体結合は、個性を締め出したりはしない。共同体結合は、むしろ個性の必然的な一部でもある。個性に対して相いれない対立関係にあるのは、大衆（マッセ）である。共同体という言葉からただちに大衆を引き出すという誤解が流布してはいるが、民俗学の意味での共同体は、決して大衆と同一ではない。大衆生活と民俗的共同体生活は、たしかに一見したところ、本質的に同じ性格を共有している。両者ともに、人間は、その行動、言説、感情、思考において、非自立的である。ひとりひとりの人間の行動、言説、思考、感情は、個的な動因や個的な責任においてではなく、他者たちに依拠している。こうした個体的な自律性の放棄、すなわち他者たちの権威への依存は、フォルク生活と大衆生活に共通である。そこからあ

きらかになるように、民俗性と大衆性は、個性意識から同じ程度に離れている。しかし民俗生活と大衆生活のあいだには、すなわち民俗的共同体の表出と大衆の表出のあいだには、本質的な差異がある。革命的な大衆デモンストレーションの幻惑的な自由と、フォルクの自己防衛である自由への愛のあいだには、本質的で、決して見方の違いだけではない差異がみとめられる。宗教的・政治的衝動は、大衆表出としての〈大衆の喧騒〉として実現されるものもあれば、民俗的な共同体形式をとるものもある。決まった市場で豚肉を買う農民たち、それも他の人々もそうしているから自分もそうする農民たちと、缶詰の合理性という風聞に煽られて缶詰を購う主婦のあいだには、あきらかな差異がある。同じく、伝統的な頭巾を、他者も被っているからというので自分も頭に被るヴァリス地方の女性たちと、流行の春の帽子を誰かが被っているのを見て自分も欲しがる都会の婦人のあいだにも、差異がある。また私たちは、民俗歌謡を共同体との結びつきとして受けとめ、それに対して流行(モーデ)が大衆的であるとみなす。同じ対比は、民俗歌謡と流行歌、噂と民話のあいだにも成り立つのである。

ヴァイスの民俗学の特徴としてよく指摘されるのは、この引用文にも見られるような民俗文化の項目と現代の大衆文化の項目を対照させるという行き方である。民俗歌謡(民謡)と流行歌、民俗衣装と流行服、ある種の民俗行事とスポーツ、といったものである。そしてヴァイスは、それらが基本的には類似した社会的な機能を果たしていること、同時にまたそれぞれの機能の差異に文化の変遷を探ろうと考えたのであった。しかしその意図は、彼が呈示した民衆文化の体系のある部分については成功しているが、単なる対照に終始し、両者の関係が有機的に説明できないでいることも少なくないのである。しかしそれは、無理からぬことでもあった。ヴァイスの後継者で、民俗学を社会学の方向に向けてさらに発展させたアルノルト・ニーデラーは、次のようなコメントを加えている[15]。

『スイスの民俗学』は、ひとりひとりが自動車をまだもっていず、今日のようにマス・コミが普及してはいず、また現代の栄養学や冷蔵庫や高等教育が、田舎では今日ほど広く行き渡っていなかった時代に構想されたのである。田舎でも都市化が進行するという状況は、当時は、まだ始まったばかりであった。

ヴァイスが『スイス民俗地図』のためにスイスの谷間を調査していたのは1930年代であった。現代のような科学技術の所産としての種々の施設や設備や知識が社会の隅々にまで普及するのはこれよりもずっと後のことであることを考えると、これは無理からぬことであろう。そのなかで、ヴァイスは、その状況のなかではまだ理論面からも解決できるはずがないような事態を組み込もうとしていたところもないではない。一例を挙げれば、民俗的な文物が<u>廃れる</u>という現実についても、〈廃れる〉とはどういうことか、またなぜ<u>すたれ</u>が起きるのか、についての理論なくしては解明できないような事態を相手にしていたのである。

ヴァイスにおけるこうした過度的な性格は、彼を取り巻く人間関係にも見ることができる。ヴァイスの門下からニーデラーが出たことは先にふれたが、他にもハンガリーのエディート・フェルとタマーシ・ホーファーがヴァイスの指針に大きな刺激を受けながら、特にアメリカの文化人類学の方法をヨーロッパ域内の村落研究に活用する道を切り拓いたことに注目しなければならない。ハンガリー北東部の小村『アタニー村』(1972年) で2人が行なったフィールドワークは、第二次大戦後のヨーロッパの村落研究において特筆すべきものであるが、この著作はヴァイスに献呈されている[16]。また今日のスイスの民俗学界において都市民俗をも射程において地域民族誌に成果を挙げているパウル・フッガーも、ヴァイスの系譜に連なる研究者である[17]。

このようによく知られた数人を挙げるだけでも、ヴァイスの存在がその後の研究の促進したことが知られるのであるが、しかしそうした積極的な側面

ばかりではなかった。それを端的にしめしているのは、彼がアルプスをスキーで走破中の事故で早世したとき、『スイス民俗学報』に長文の追悼文を書いたのがカール・モイリだったことであろう[18]。モイリは、経歴的にはヴァイスよりも年長者で、またホフマン＝クライヤー亡きあとのスイス民俗学会の会長をつとめた人物である。ヴァイスも、その『スイスの民俗学』のなかで、支援を得たとして謝辞を呈している。モイリは有力な古代学者で、ギリシアのアゴーン（体育競技）に関する研究などが知られている。死後、大部な著作集が編まれ、近年も国際的な「モイリ・シンポジウム」が開かれたりしている[19]。

しかしモイリの民俗研究となると、現代の評価に耐えるものであるかどうかは疑問と言わなければならない。文献の軽視や無理な意味づけ、またそれと表裏一体であるが、神話研究を基礎にしてはいるものの、空想をたくましくして習俗の原義を主張するようなところがある。大局的に見ると、19世紀のロマン派の民俗観を20世紀の半ばやそれ以降にまで持ち伝えたのである。したがってその所説は、ナチ時代に体制の側にあったドイツの民俗関係者たちが嬉々として迷いこんだ隘路と重なるところすらあると言ってよい。祖霊信奉や供犠慣習の過剰な評価などである。たとえば『ドイツ迷信事典』でモイリが執筆した「仮面」の項目もそのひとつで、仮面慣習を死霊の群行の名残と推定したりしている。またハルレキーン（中世末から近世の演劇の道化役）を古ゲルマンに遡らせて、その衣装伝統に証明材料と見るといった逸脱もおかしている[20]。

ヴァイスの『スイスの民俗学』でも、特に第6章「行事と祭り」では、祭りを中心とした年中行事においては祖霊信奉や、それを基盤としたデーモン信奉を重視するなど、モイリに代表される民俗観を受け入れているところがある。見ようによれば、これはスイスの民俗学のネガティヴな側面ということになる。ドイツでは、前代からの先入観に支配された民俗観念は、ナチズムの崩壊と共にそれが誤謬であることを露呈したのであったが、中立国としてナチス・ドイツの政治動向との実際的なからまりを免れたスイスでは、そ

うした要素が欠陥として意識される度合いが弱く、却って延命したのである。

　しかしまた、別の場所では、ヴァイスは比類がない見事な解明もおこなっている。その際立った事例は、家屋研究である。それは、ヴァイスが、民俗地図の作業にちなんで克明な調査をつづけた分野でもあった。スイスは、国土の面積に比して地形や地勢や気象条件が複雑な土地柄である。またそれに対応して、生活文化が多彩である。そのため、平野部と山地、あるいは北部、中部、南部という区分け、あるいはまた4種類の公用語とその住民分布といった基本的な区分に加えて、ところによっては谷ごとに差異や特徴があると言ってもよいくらいにまで、家屋形態が多彩な発達を遂げたのであった。ヴァイスは、そうしたスイスの多種多様な家屋形態の複雑・微妙な差異に着目し、自然とそのなかに生きる人間との関係において、機能的な側面から考察を加えたのである[21]。

4.〈オーストリア民俗学〉という立脚点 ── レーオポルト・シュミット

1

　次に取り上げなけらばならないのは、レーオポルト・シュミット（1912-1981）が、この時期に本格的に活動を開始したことである。第二次大戦後のドイツ語圏の民俗学の第一世代を代表する人物を挙げるとすれば、レーオポルト・シュミットがその筆頭であるであると言っても過言ではない。しかしその活動は、戦後になって始まったわけではなかった。早熟な人で、すでに二〇歳代に重要な成果を残している。学位論文は、『ヴァイナハテン（クリスマス）劇の形式問題』（1935年、刊行は1937年）で、これは当時始まりつつあった芸能史研究に属している[22]。またこれと並行して、『ウィーン、その都市民俗学』を書き上げたが（1935年脱稿、1940年刊行）[23]、これまた都市民俗学という新しい領域を開拓したものであった。もっとも、他面では、これらは当時の民俗学界において注目が向けられはじめていた領域であった。しかしそこでなされた議論には、当時の時代思潮に沿って、民族主義的な傾向を帯びていた。シュミットの行き方は、それらとは質を異にして、際立って客観

的なものであった。ちなみに都市民俗学を標榜した研究は他の人々によっても手懸けられはいるが、後にシュミットを批判することになるヘルマン・バウジンガーも、この『ウィーン、その都市民俗学』をもって、〈永いあいだ、この方面をあつかった唯一のまとまった書物であった〉と述べている。

シュミットの特質としては、彼が博物館人であったことを挙げなければならない。大学での勉学の面から言えば、ルドルフ・ムーフを総帥とするゲルマニスティクのなかの民俗研究の一方向、すなわちウィーン学派と称される系統に連なり、またその学派が最後に自己の克服者として輩出した大才であるが、すでに学生の頃からウィーンにおける民俗研究のもうひとつの中心であった「オーストリア民俗博物館」とのつながり強く、その館長でありウィーン大学で講義も担当していたアルトゥール・ハーバーラントによって早くから次代をになうことを嘱望されていた。その博物館活動の点でも、シュミットは、第三帝国時代に、すでに基本的な視点を呈示していた。それによると、博物館は、いかなる〈思想〉をも基準にしてはならない、と言うのである。そして彼が説いたのは、三視点論であった[24]。これは、民俗文化財を分類・整理、あるいは展示するには、〈外観（形態）〉、〈歴史〉、それに〈機能〉の3つの視点においておこなうことがもとめられるというのであった。つまり、文化財の種類によって、形態を主要にして整理することが相応しいものもあれば、歴史的変遷をたどることを中心に考察を加えたり配列することが本質にかなっているものもあれば、また機能の面から連関をさぐるのが理解に裨益するもののあり、それぞれの文物によって適切な視点を前面に出せばよいが、他の2つの視点も副次的には考慮することによって、客観的な理解を得ることができると言うのである。これは、今日から見れば、当然すぎるような見方ではあろうし、またあまりに淡白でそれがどの程度の意味のあることであるかが分かりにくいであろうが、当時の状況を対比してみると、非常に醒めたものであった。因みに、ドイツの博物館の展開に重要な位置を占めるものに、1852年にアウフゼス（Hans von und zu Aufsess 1801-1872）によって設立されたニュルンベルクの「ゲルマン・ナショナル・ミュージアム」があ

るが、これは、〈ゲルマン民族の展開とドイツ国民の歩み〉を悟性と視覚において確認させることを目的としていた。もちろんこれは初期の事例であり、博物館運動はその後いくつかの波動を閲してゆくのであるが、第三帝国時代もまた、博物館が国民の思想的教化に資することが標榜された時代であった。そのなかでの立論であること考えると、シュミットの主張は過少評価すべきものではない[25]。

　シュミットは、いくらか断続的ではあったが足かけ5年間の兵役と捕虜生活の空白を経て、戦後まもなくのウィーンに復帰した。そして戦後の荒廃のなかで、学術活動と研究体制の整備の両面で、民俗学の再建に精力的にとり組んでいった。そして、1947年に、方法論考を発表した。それが、『精神科学としての民俗学』である。――なおタイトルについて補足すると、この精神科学は自然科学と対照させたときの言い方で、要するに「学問としての民俗学」という意味と受けとめればよい。しかし『学問としての民俗学』というタイトルでは、学史上に有名なものが数篇あって、それらとの混同を避けるために、精神科学の語が使われたという事情もある[26]。シュミットは、次のような危機感を表明するところから、その論考をはじめた。

　　民俗学（フォルクスクンデ）が精神科学、それどころか精神科学の基礎的専門分野のひとつであると言っても、それがいかなるものであるかは、一般にはまったく知られていない。ロマン派思潮、ないしは似非ロマン派的思潮のなかで、民族教化（フォルクスビルドゥング）とか民族体保全（フォルクストゥームスプフレーゲ）といった、私たちの専門学と親近な響きをもつ諸々の概念が盛況を呈したことを除けば、一般社会の大多数にとっては、民俗学はまったく未知の学問であろう。この傾向は、アカデミズムにおいても例外ではない。民俗学と親近な基礎的専門学の代表者たち、それも特に精神科学を構成する諸学の代表者たちですら、この学問について誤った位置づけをしており、このため民俗学に対しては、それが当然享受してもよいだけの位置をみとめることを潔しとしないのである。

しかし、そうなった原因は、他でもなく、これまでの民俗学の歩みのなかにあったのである、ともシュミットは述べている。とりわけ、民俗学（フォルクスクンデ）という名称を冠しながら、そのフォルクが何であるかについて誤謬があったことを指摘する。

　　前代の民俗学は、みずから培ったフォルク概念を政治的なフォルク概念と同致することに向けて歩みを始めたときに、言い換えればフォルクを言語民族体と同一視して規定したときに、学問としては死滅したのである。同一言語の人間集団としてのフォルクという政治的な定義はロマン主義に胚胎する怪物であり、この怪物のために私たちの人生は、筆舌に尽くせない苦難に見舞われたのである。アカデミズムにおいても、その動きと並行して、上述のフォルクの定義にもとづいて、同一言語、延いては同一の〈人種〉、またその同一の歴史をもとめる論が擡頭して、破壊の進展に拍車を加えたのであった。

　そしてさまざまな弱点を克服するために、シュミットは、民俗学の学問としての基礎をできるだけ単純なかたちで表示することを追求した。そして彼がおこなったのが、〈民俗学とは、伝承的秩序のなかでの人間の生き方に関する学問である〉という有名な定義である。ちなみに、シュミットは『ウィーン、その都市民俗学』の頃から、民俗学を簡潔に定義することによって、イデオロギーの払拭と対象領域の確定をめざしていた。またそこでは〈共同体と結びついたものとしての人間、これ以外のすべての定義はもはや必要ではない〉という言い方をしていたのである。その初期からの考え方を、戦後まもなくのこの時点で改めてまとめたのであった。そして、この定義を、シュミットは、その後の超人的とも言える旺盛な研究活動を通じて修正する必要を覚えなかった。もっとも、この定義は、ドイツ民俗学の流れから離れたところから見れば、もうひとつ要領を得ないといったところはあるであろ

う。また〈伝承〉や〈秩序〉自体が複合的な概念でないかといった疑念も生じることであろう。事実、ドイツ語圏のなかでもこの定義は、その後、批判を受けることになり、またその批判も含めて、戦後の民俗学が展開してゆくのである。それらについても、折にふれてとりあげることになろうが、ここでは補足程度にいくつかの点を挙げておこうとおもう。

たとえば、民俗学がその対象に設定する境界の問題がある。シュミットによれば、民俗現象とは〈伝承的秩序のなかでの人間の生き方〉である以上、そこではこの伝承的秩序以外の一切の境界は、非本質的なものとなってくる。たとえば、国境、言語境界、民族といったものである。シュミットによれば、たいていの民俗現象は〈国境とも民族分布とも重ならない〉のである。また〈言語も伝承的秩序のひとつである〉ということになる。人間が何を材料にして、それをどう料理して食べているか、あるいは農器具や装身具、特定の身振り、こういったものが、さまざまな種類の境界とからみあいながらも、それぞれ独特の区分をつくっていることを把握することが大事であり、その観点からすると、民俗学は特定の民族や国家や国民の特質をあきらかにするものではないということになる。

　　あらゆる種類の伝承的秩序が探究の基準になるのであって、……それぞれの伝承の著しい多様性に立脚して、現象それぞれについて像を構成するのでなければならない[27]。

同じ観点から、シュミットはまた、民俗学が、(日本流に言えば)〈国民学〉や〈国学〉とでも称してよいような広大な可能性と比類ない使命を帯びて登場したという前代の観念をも批判した。こうした観念は、ナチズムには同調しなかった大家たちも、実際にはもっていたものであり、それがナチズムと民俗学の関係をもうひとつ不明瞭なものにすることにつながった面もあったのである。

民俗学は、ロマン派人士たちの唱導が効を奏したところから、従来の諸々の専門学を包含する使命を負って学問史上に出現したとの観をも呈したのであったが、本当は、そんな限界を弁えない似非学問ではない。ここには、むしろ意識的な限定がある[28]。

限定をおこない、それによって特定のひとつの部門を担当するからこそ学問、すなわち専門学になることができるという論旨である。すなわち〈あらゆる種類の伝承的秩序〉という広さではあるものの、どこまでも〈伝承的秩序〉という枠においてものごとを観照することが、それであると言うのである。

2

　レーオポルト・シュミットが民俗学の再建にちなんでおこなった歴史的な把握も、特筆すべきものである。民俗学がナチズムとの同調に進んでゆき、そこにはマウスが指摘したような〈ナチズムと民俗学のあいだには、独特の対話的関係が存在した〉とするなら、またそれがポイカートが言い返したように、民俗学が〈これまでまともに相手にしたことがない〉人物だけのことではなかったとすれば、ドイツ民俗学の歴史とは何であったのか、が問題になるのは必然であった。

　そうした学問史の洗い直しを深刻な危機であった戦後まもなくの時期におこなったのがシュミットであった。しかもそれは、きわめて個性的であった。個性的というのは、その整理には、シュミットの民俗学の構想が色濃く出ているからである。しかし、それはまた、そのなかでの個々の人物や成果の評価においては少なからぬ振幅に見舞われることになったにせよ、その後の民俗学史の理解の土台にもなっていった。その学問史にシュミットは敢えて『オーストリア民俗学の歴史』のタイトルを冠したのであったが、それは次のような緊迫した書き出しでなされている。

オーストリア民俗学、これは長年月の精神的苦闘を経た後に、現今に至って遂に一般にみとめられるだけの重みを獲得した一箇独自の学問である。然してその特質を理解するには、その歴史を見るに如くはない。さりながら、その歴史は無色の歴史ではない。学問の歴史を追求する作業がなされるのは、その学問が展開上の岐路に立っているとの観あるときのみである。研究者が自己の携わる専門学の歴史家となるのは、専ら分析の興味に駆られて個々のデータの整理に進んだ結果ではない。専門学の発展における特殊な地点にたたずむとの思いに打たれたが故である。その特殊な地点たるや、ときには山顛であり、ときには波浪の織りなす谷間である。あるときには前進に向けた橋頭堡であり、あるときには進みもならぬ抑圧の地である。いずれにせよ、自己の正しさを証し、行く手を切り拓かねばならぬとの思いが、人を動かして史家とならしむるのである。

　オーストリアはドイツ人がつくってきたもうひとつの国である。歴史的にはスラヴ系の諸民族やハンガリー人と共に大国を形成したことがあったが、ドイツ人部分はあまり大きくなく、特に第一次大戦後はドイツ人を主体にした比較的小さな国となった（国土の面積、人口ともに北海道と同じくらいである。）現代史においては、1938年三月にヒトラーが率いるナチス・ドイツに併合され、ドイツの敗戦とともにドイツからの再分離と連合国による管理を受けた。そうした荒廃のなかで、ドイツ語圏として、その民俗研究をどのように再建するかという課題をもったのであった。そのさいシュミットが依拠したのは、ドイツ帝国とは相対的に独立して歩んできたオーストリア・ドイツの固有の文化的特質であった。しかしそれは、狭い民族主義や過剰な愛国心に訴えるといったものとはまったく異なり、むしろこれまであまり陽が当たらなかった隠れた文化的伝統に、普遍的なものを見出すという行き方であった。

　諸問題とそれらの解決の方法を共に認識しながらも、声高に喋り散ら

さず、自己の内部に秘めおいて、実践を通じて手懸けてゆくという方法こそ、最良の意味でオーストリア的なのである。

　ドイツ人、ないしはドイツ文化が、理論の構築に長けていることは、自他ともにみとめるところであろう。日本でも、ドイツ文化と言えば、そうしたイメージが定着している。ところが他ならぬその点に、ドイツ民俗学が道を誤った所以がある、とシュミットは考察した。すなわち、一定程度の材料の分析をもとにして何らかの理論を組み立てることに成功すると、たちまちそれが一般理論の水準にまで切り上げられてしまい、そして時流が変わると、同じようにしてできた別の理論について、またもや普遍性が主張されるのである。これは、強みでもあるが、同時にまたドイツ人が学問の次元で繰り返し冒してきた通弊でもあると言う。

　しかしドイツ民俗学、延いてドイツ文化には、そうした派手な理論の交替の陰に隠れて、もうひとつの伝統があり、その伝統が文化を基底において確かで豊かなものにしてきた、とシュミットは説いた。演繹を得意として一の理論から他の理論へ飛び移ってゆく〈帝国ドイツ〉のそのときどきの思想潮流の影響をこうむり、多くの場合その権威に服しながらも、他面では決して事実が何であるかを閑却にせず、事実の重みを感得しながら歩んできたもうひとつの伝統である。そういう顕著な、しかし隠れた個性を育ててきたのが、同じくドイツ人社会ではあるが、少なくとも近代に入ってからはその比較的小さく力の弱いまとまりとみられてきたオーストリア文化にほかならない。そしてこれが、今、未曾有の難局に立っているドイツの民俗研究を救い出すと言うのである。

　　私たちの偉大な収集者や観察者たちが、その労苦を傾注した所以を、予め演繹的に論じていたなら、私たちは理論面での著作をはるかに数多く所有していたではあろうが、その代わり博物館や文書資料館や図書館は、ずっと貧弱なものにとどまらざるを得なかったであろう。……とこ

ろが事実が正反対となるを得たのは、まさしくオーストリア民俗学なるものが存在し、これが歴史をかたちづくってきたがためである。……

　したがって、ここで言われる〈オーストリア的〉とは、政治的・社会的単位としてのオーストリア国家というよりは、ドイツ人のもつ隠れた地味な美質である。それを指摘して、戦禍による荒廃を物心両面で脱していなかった大国ならざる祖国の学問的な再出発をうながしたのであった。したがって、このオーストリア的という言い方には、ちょうど、トーマス・マンが故郷リューベックの市民精神の伝統に、健全な人間性への指針を読んだのと通じあうものがある。

　このような視点で書かれた『オーストリア民俗学の歴史』は、通常の学史解説とは、かなり趣を異にしている。それは、たとえばユストゥス・メーザー、ヘルダー、グリム兄弟、マンハルト、リール、ホフマン＝クライヤー、ハンス・ナウマン、アードルフ・シュパーマーといったドイツ民俗学史という山脈のいわば峰にあたる存在については、名前が言及される程度であることからも知られる。

　これはまた民俗学を成り立たせている人間の基本的な姿勢は何か、またそれは歴史的にはどこまで遡るかという問いにたいするミットの考え方とも重なっている。それ以前にも、民俗学の歴史という試みはいくつかあることはあった。たとえばシュミットの師でもあるアルトゥール・ハーバーラントは、ヨーロッパ各国における国民性の自覚にそれを求めて、13世紀のヴァルター・フォン・デア・フォーゲルヴァイデの詩歌から書き起こした。またマッサリア（マルセイユ）のピュテアスやタキトゥスの地誌記述にそれを求め人たちもいた[29]。これに対して、シュミットは、〈ありふれたことがらへの距離を置いた関心〉が、ほぼ途切れない流れを形成しはじめたとき、と特定し、またそれはルネサンスの精神がこの方向において定着したバロックのなかの合理主義の系譜のなかに見出されると考えたのであった。そして500人に及ぶ人名、1000点を超える文献を挙げながら、それらを社会的・思想的潮流のな

かに位置づけ、また相互の関連を解きほぐしていった。すなわち、レーオポルト・シュミットによれば、無意識のうちに継承されてゆく行動の様態と文物とのかかわり、それが民俗現象であり、そしてそれをに改めて突き放して観察しようとする心の動き、それが民俗学ないしは民俗学に先行する意識である。その〈人間の自己認識のひとつのあり方〉である民俗学が、何世紀もの紆余曲折と伏流としての動きを経て、19 世紀から 20 世紀にかけての時期にアカデミズムの一部門を形成しはじめ、しかもその途端、宿命的な歪曲に陥っていった様子を、丹念に追跡したのであった。

3

　なお、民俗学とナチズムという問題にかんして、シュミットにおいてもうひとつ注目しておかなければならないのは、その人物評価である。シュミットが、過去のドイツ民俗学の成果を評価する場合、先人たちが、そのときどきの権威ある理論に圧倒されながらも、それぞれの資質の赴くところ、地道な観察やたゆみない収集活動を手懸けているときには、それを掬いあげてゆくという見方をとったことは先に記した。その観点は、当然にもナチズム思潮とのかかわりにおいても維持された。と言うより、シュミットを『オーストリア民俗学の歴史』という労作に向かわせたのは、むしろ 20 世紀初頭からナチズムの崩壊までの最も問題的な時代をどのように理解するかという課題であった。それをあつかっているのが最後の二章であるが、これは、当時の時代を相手どる作業でもあった。そこで名前を挙げられている人々の大半は、当時は現存しており、正の方向にせよ負の方向にせよ、第三帝国のなかを生きた直接の先輩たちだったからである。

　　注意を払っていただきたいのは、特に本書の最後の二章である。なぜならその箇所において、私は、現存の研究者について、彼らが学問の一般的な展開に占める位置に限ってではあれ、当然ながら、怒リモ偏愛モナク評価することを試みからである。そのさいには……あれこれの世評

を繰りかえすことは避け、私の独自の観点から批判を表明した。その当否をめぐる検証は、事実性の精神に委ねたい。まことに、事実性の精神こそは、私が本書において加護を願う守護聖女である[30]。

こうした姿勢から、戦後のドイツの民俗研究者たちが簡単に退けたり否定しまった人物についても、一定の意義をみとめていることがある。一例を挙げれば、カール・フォン・シュピースである。先のポイカートの反論のなかでも、シュピースは〈民俗学はまともに相手にしたことはなかった〉などと言われているのであるが、そうした評価を鵜呑みにすることにも問題はある。後に見るようにヨーン・マイヤーも、ミュンヒェン大学がシュピースを教授に採用することを検討したときに、民俗学会の会長としての所見をもとめられるや、哲学部長に酷評を書きおくってその就任を実現させなかった。それを見識としてみとめる見方もないではないが、他方で、ヨーン・マイヤーは、あからさまなナチ党員であるオイゲーン・フェーレを学会の常任理事に迎えるという措置をとっている。一応は、学術組織の防衛を図ったとはされているが、このあたりは、当時の思潮のほかに、利害や打算や好悪の感情までふくめた人間関係もはたらいており、簡単には整理できないものがある。

4

ところでレーオポルト・シュミットの位置を、今話題にしたカール・フォン・シュピースがかかわるところで、もう少し補足しておこうと思う。レーオポルト・シュミットがカール・フォン・シュピースに対して敬意であったか労りであったかはともかく、親近感を寄せたことについては、しばしばレーオポルト・シュミットの限界として批判がなされてきたからである。その先鞭はインゲボルク・ヴェーバー＝ケラーマンであるが、これについては後続の節でふれる。そして今日にいたっても、ナチズム批判者たちは、その脈絡にしばしばふれるのである[31]。それは、カール・フォン・シュピースとの繋がりは、取りも直さずウィーン学派と呼ばれるかつての潮流との関係を

意味するからである。

　文化人類学と民俗学におけるウィーン学派とは、20世紀の初め頃にレーオポルト・フォン・シュレーダー（Leopold von Schröder 1851-1920）によって本格化した研究方向で、それは次いでゲオルク・ヒュージング（Georg Hüsing 1869-1930）とヴォルフガング・シュルツ（Wolfgang von Schultz 1881-1936）に受け継がれ、またゲルマニストとしてはルードルフ・ムーフ（Rudolf Much 1862-1936）とカール・フォン・シュピースが輩出した。この学派の特徴は、広くユーラシア全体ないしはその西半に分布するアーリア人の上古の文化、特にその宗教を重視するところにある。因みに定礎者シュレーダーの学術的な研究としては『リグ・ヴェーダ』を行事の側面から考察した研究があり、さらにそこから得た知見を一般化した『アーリア人の宗教』によって学派的な方向に踏み出した。その特徴はアーリア人の神話を比較することによって、その基本となる宗教を復元することにあった。シュレーダーによれば、インドやラトヴィアやエストニアの神話の奥には、太陽信奉が根幹になっていると言う[32]。因みに太陽信奉は、後にナチズムが疑似宗教的な性格を見せるようになったときに重点を置いた要素であった。ハーケンクロイツ（鈎十字）もその脈絡で理解されたのである[33]。もっとも、シュレーダーの見解は、なおナチズムと言うには適切ではないであろう。それはともあれ、シュレーダーが太陽信奉を前面に押し出したことに刺激されて、次にはそれと一対になるような着想が力を持ち始めた。すなわち、太陽信奉のさらに古層には月への信奉と太陰暦が一般的であったのではないかとの仮説である。それが次のシュルツやヒュージングであった。すなわち〈太陽の神話学〉、またそれに対するに〈月の神話学〉が、ウィーン学派の特徴的なテーマとなったのである。

　しかしこれらの人々が、シュレーダーはインド学、ヒュージングは古代メソポタミアとイラン、シュルツもオリエント学がそれぞれの本来の分野とされているが[34]、必ずしも厳密な研究傾向ではなかったとは、レーオポルト・シュミットの評価である。さらにそれぞれが個別研究を超えて大きな構想を

繰り広げるや、いよいよ憶測や当て推量の度合いが高まっていった。たとえばシュルツの『暦日計算と世界秩序 —— そのインド人、イラン人、古代ギリシア人、原イタリア人、ケルト人、ゲルマン人、リトアニア人、スラヴ人のあいだにおける基本的な一致について』は、一面では面白い着想であり、労作という面もありはするが、やはり大風呂敷と言うほかなく、〈強引な立論という観はまぬがれない〉[35]。

ヒュージングとなればなおさらで、その夫人エンマと共に執筆した民俗学の解説書は、現行民俗がアーリア人の昔に溯るものとする通俗的な解説をふんだんに盛り込むものとなった。しかもヒュージングがドイツ帝国の域内の出身（現在のポーランドのレーグニッツァ）であったことも関係して、折から活発になっていた青少年運動において大いに歓迎された。つまり日本ではその一部がワンダーフォーゲルやボーイスカウトの名称で知られているドイツのナショナリズムの運動であるが、そこでは上古の儀式や行事に溯るとの触れ込みの演出が集会の儀式や交流の雰囲気作りに好んで用いられたのである。学術的に正確であることがもとめられるような場所ではなかったこともあって粗雑な理屈が通用したのであるが、またそこを培養地として社会的にも影響を広めていった。なおシュルツとヒュージングは共同で定期誌『ミトラ』(Mitra)を企画もしたが、それは数号以上には進まなかった。ちょっと目に付くのは、彼らがアーリア人を価値基準として有り難がった反面、農民は非アーリア人の末裔であるといった憶測をたくましくしたことである[36]。当時は人類学が未熟で、同じドイツ語系の人間集団にも民族的出自の違いを推論することが流行ったのであるが、この両者の憶測には、知識人に特有の階層意識がはたらいていたのである。やがてナチズムが、農民をことさら称揚し、農民存在をもって〈貴族的〉と持ち上げるイデオロギーをもつことになるのは皮肉である[37]。ヒュージング、シュルツ共にフェルキッシュ思想の一翼をにない、また前者は形成途上のナチ党の、後者は（やや年齢差があったところから）政権獲得後においてもナチ党の、それぞれ賛同者だったからである。

カール・フォン・シュピースは、そうした気圏のなかから出てきた民俗研究者である。主に昔話と民俗工芸を得意の分野とし、ひとつひとつの素材をアーリア人の上古の神話の中に関連づけるという行き方を示した。その点では問題は決して小さくはないが、しかしその思想は当時の状況のなかにおいてみれば、興味をそそるところがなくもない。シュピースの着想がまとまって表されたのは1925年の『農民工芸 ―― その形態と意味，非個性的芸術の歴史の基本』である[38]。その骨子は、芸術は、個体によって創出されるものと、本来的に非個体的な起源に発するものに区分されるという点にある。またそれぞれの様式特徴としては、前者は写実であり、後者は装飾文様にあるとする。この考え方にいたる着想は、すでに1910年のギムナジウム紀要に発表された「農民芸術の基礎としての神話」にみとめられる。因みにそうした二分法には、1910年出版されたヴィルヘルム・ヴォリンガーの『抽象と感情移入』と触れあうところもないではない[39]。もとより美学の高度な専門知識や哲学的思索において両者は同日の談ではないが、シュピースにはそれはそれで背景があったのである。20世紀に入って間もなく民俗学界で始まった文化物象の起源をめぐる議論、とりわけ文化創造に本質にかかわるのが共同体か個性原理かという議論である[40]。最後はハンス・ナウマンの二元論に行き着きつき、そして破綻するその一連の議論の枝分かれに、シュピースもまたは位置していたのであった。そこに先見性を見るか、隘路への迷い込みと見るかはともかく、独自のものはあったのである。

　そうした点に関して言えば、これまた積極的に評価するほどではないやも知れぬが、シュピースが、やがて時代のシンボルとなってゆくナチ党の党章ハーケンクロイツについて、割合まっとうな見方をしていることを挙げておきたい。先の『農民工芸』には、ハーケンクロイツが数か所か取り上げられているが、いずれも他の同種の抽象文様、すなわち雷文帯（メエンダー）、渦巻き文、波文、二角文などと同列に並べて幾何学文様とした上で、非個性的芸術の特徴に数えている。少なくとも、当時すでに流布していた太陽のシンボルと見るような動きには同調していない。

しかしまた、その理論が大味で雑駁であったことも一方の事実である。しかも一般にはそれが歓迎された。特に昔話の分野においてである。ドイツの昔話を古ゲルマンやアーリア人の信仰の世界に遡らせて一種の体系的な理解を行なったのがそれである。よく知られた一例を挙げれば、〈シンデレラ〉の基本線を〈高貴な素性の者の苦難と復権〉とする解釈は、カール・シュピースにおいて完成したと言ってよいのである[41]。そうした影響を、それとは意識してはいないであろうが、完全に払拭するに至らないのは、日本の読書界も例外ではない。

　以上は、レーオポルト・シュミットへの最近の批判に因んで、そこでしばしば言及される話題に沿ってカール・シュピースまで目を走らせたのである。もっとも、レーオポルト・シュミットの物質文化研究は、この話題に尽きるものではない。むしろ飽くことなき関心の広がりによって、おびただしい種類の文物がその研究の対象となっていった。評価の高いものでは、刃付き木鋤（Spaten）があり、男性イヤリング（Männerohrring）があり、刺青慣習があり、牧羊犬の刺付き首輪（Stachelhalsband）があり、また仮面をはじめとした民俗工芸がある[42]。いずれもその対象を探るにとどまらず、視点の置き方に実験的な要素が添っている。たとえば男性イヤリングでは、仏像にその種のものがあるようにインドでは古くからおこなわれていたが、やがて西洋世界に伝わって、特定の身分や職種を表す装身具として伝統をつくってきたことを追跡するのである。これは文物のインド起源説というかつて流行した思考の見直しであると共に、そこにもまた、民俗的な伝承は、国境とも民族とも言語区分とも重ならないという一貫した主張が通っている。

5

　なお戦後まもなくの活動に限定せず、レーオポルト・シュミットの業績を広く見るなら、見逃せないのが、その現代社会との取り組みである。レーオポルト・シュミットは、その最初期の研究テーマがウィーンを対象とした都市民俗学であり、またクリスマス劇を中心とした芸能史であったことからも

窺えるように、農村に民俗事象の故土を見るという視点に立ってはいなかった。人間が集団として生きる場に広く目を向け、学校や軍隊なども民俗学の対象としてしばしば取り上げた。レーオポルト・シュミットがその主宰するウィーンのオーストリア民俗博物館に「現代民俗学研究所」(Institut für Gegenwartsvolkskunde) を併設したのは 1973 年であったが、これはその時点で国の予算措置を受けることができたということであり、研究自体は早くからなされていたのである。なお現代民俗の研究にあたっては、新聞記事の活用に新境地を見せたことも特筆されよう[43]。この方面での個別の論考も膨大な数に上るが、二三挙げれば、「入学習俗としての菓子袋の定着」(1959 年)、「現代における婚姻習俗の変遷」(1976 年)、「現代における葬送習俗の変遷」(1981 年)などはよく知られている。婚姻習俗について言えば、この論考のなかには、新婚のカップルの通り道に邪魔な丸太が転がされ、それを新婚夫婦が二人して鋸で切り開くといった今日では一定の定着を見ている新風俗について、生成経路の解明が入っている[44]。また葬送に関する考察は最晩年であるが、これはその頃の葬送をめぐる一種のブームに触発されての執筆であった。火葬の普及とその意味付けの変遷がテーマである[45]。火葬は、西ヨーロッパ地域では、伝統的にキリスト教会による煉獄の教義との重なりのゆえに恐怖心をそそるところがあり、忌避の心理が強かった。それに対して(あるいはそれ故に)19 世紀後半に社会主義者たちが既成秩序への挑戦として選択し、次いでヨーロッパ文化の偏見を質すコスモポリタンたちの行動に組み込まれるようになった。ところが、その陰で高まっていたのが、自然観の変化であった。永く人間に対立するものとされてきた自然が、人間をその懐に抱く温かい親近なイメージをもって見られるようになったのである。この近・現代の変化を、フリードリヒ・エンゲルス (Friedrich Engels 1820-1895)、ローベルト・ムージル (Robert Musil 1880-1942)、マリア・カラス (Maria Callas 1923-1977) の三人の火葬に代表させながら論じている。特に不世出のソプラノ歌手の遺志が火葬にロマンを見る一般の風潮に弾みをつけたことに注目しており、故国ギリシアの文化相によって、歌姫の灰がエーゲ海に撒かれる様

を伝える新聞記事もそこには転載されている。

　こうした多岐にわたるレーオポルト・シュミットの現代民俗研究であるが、その中心に位置する方法論考がある。1964年に発表され、1966年に論文集への収録にあたって加筆された「信仰なき習俗 ── 公的シンボル動作をめぐる意味解釈の変遷」である[46]。この〈信仰なき習俗〉(Brauch ohne Glaube) という言い方は、その簡潔な表現もあって、レーオポルト・シュミットの現代民俗学の方法を表すものとして知られている。それは、民俗事象の継続や新たな風習を、伝統的な民俗事象との連関から解明するというものであり、同時に、伝統的な意味合いはもはや継続していないことをも直視するのである。とりわけ、元は伝統社会のあり方と結びついた意味と機能をもっていた習俗が、その本来のあり方を離れ、しかも公的な行事となっていることを、現代社会のなかで観察しようとするのである。つまり、本来の意味はもはや希薄になっていたり、まったく意味が違っていたりするのであるから、〈信仰なき習俗〉ということになる。この方法論考で言及された具体例を挙げると、冬の追い出しの行事が、学校習俗のひとつ〈試験男〉に発展した例などである。試験期間の終了時や、学年末などに、生徒たちが、彼らを苦しめた試験を擬人化して、藁束に襤褸を着せた人形をつくり、それに韻を踏んだ弔辞を読み聴かせて処刑するというお祭りであり、それ自体19世紀には既に事例が確認されるなど、学校習俗となってきたのである。さらにクリスマス・ツリーも、ヨーロッパ地域においてすら必ずしもキリスト教信仰とは結びついていないために、大きく見れば〈信仰なき習俗〉の性格を示している[47]。

　この現代民俗学への視点からも明らかなように、レーオポルト・シュミットの行き方は、民俗研究の正道と言ってもよかった。また青年期に時代風潮に抗して得た学問的な立脚点とも、それは呼応していた。すなわちイデオロギーが跋扈する時代に敢えて〈思想なき博物館〉を唱えたのと類似の語法である[48]。しかしそれはまた、後に限界が指摘されることになる要素をも含んでいることをも意味している[49]。すなわち、考察の力点が、新しい習俗の

構成要素と生成経路に置かれるのである。たとえば、〈母の日〉である。これについて、レーオポルト・シュミットは、カトリック教会の聖母崇敬に対して複雑な心理をひきずってきたプロテスタント教会圏で形成された脈絡を重く見ている。たしかに新しい習俗を構成要素に分解し、それらを伝統との関わりのなかに位置づけるのは、民俗学の専門知識が発揮される作業であり、またその分野の責務でもあろう。しかし、現代民俗の本質がそれによって的確に捉えられるかどうかは別問題である。たとえば、1970年代終わり頃から欧米諸国の若い男性たちのあいだで両耳あるいは片耳にイヤリングを付けることが流行し、日本にも飛び火を見たが、これなどはレーオポルト・シュミットが解明した古くから男性が耳を飾ってきたヨーロッパ文化に流れる細々とした伝統の延長としては説明がつき難い。片耳イヤリングもまた伝統のなかに根をもち、主に特定の職種の表示としての意味を帯びていた。そうした脈絡が解明されたことは貴重であるが、近年の類似の現象が過去の社会的限定を払拭している点では、文化史の手堅い追跡が、却って現実に進行している事態の本質を見落とすことにつながりかねない。因みに、レーオポルト・シュミットがその方法論考のなかで、〈世界の子供の日〉(Weltkindertag) を取り上げ、この名称の語法としての無理を突いて、よもやゲーテの意味での〈Weltkind〉ではあるまい、などと嘯くのは、ドイツ系の知識人らしいユーモアであるが、限界の気配がしないでもない[50]。〈Weltkind〉は〈世俗の人間〉の意であり、若きゲーテの即興詩「ラーヴァターとバーゼドーの間で」には、食卓には目もくれず聖書の新解釈を説きつづける二人の鬼才の間でご馳走を平らげてゆくゲーテ自身を描いて、〈右にも預言者、左にも預言者、真ん中には世俗の子〉とうたわれるのである。

注

1) ヒトラーの肖像にこのスローガンを付したポスターはナチ党のポスターのなかでも特に数が多く、イラストを含む多くのドキュメントで見ることができるが、ここでは便宜的に次のポスター写真集を挙げておく。参照、*Anschläge. Deutsche*

Plakate als Dokumente der Zeit 1900-1960, hrsg. von Friedrich Arnold.Munchen [Langewiesche-Brandt] 1963, Nr.V-17.

2）Heinz Maus, *Zur Situation der deutschen Volkskunde*. In: Die Umschau, 1（1946）, S. 349-359. また今日は次のアンソロジーに収録されている。*Fach und Begriff "Volkskunde" in der Diskussion*, hrsg. von Helge Gerndt. Darmstadt ［Wiss. Buchges.］ 1988, S. 25-40.

3）Will-Erich Peuckert, *Zur Situation der Volkskunde*. In: Die Nachbarn 1 （1948）, S. 130-135. また今日では次のアンソロジーに収録されている。Fach und Begriff "Volkskunde" in der Diskussion, hrsg. von Helge Gerndt. Darmstdt ［Wiss. Buchges.］ 1988, S. 25-40.

4）Will-Erich Peuckert, *Volkskunde des Proletariats. 1. Aufgang der proletarischen Kultur*. Frankfurt a. M. ［Neuer Frankfurter Verlag］ 1931 （Schriften des Volkskundlichen Seminars der Pädagogischen Akadmie Breslau, Bd. 1）なおタイトルは、『プロレタリアートの民俗学、その1』となっており、大きな構想の一部として執筆されたが、後続の刊行は実現しなかった。時代の状況にもよるのであろうし、また著者の関心が変化していった面もあるように思われる。ちなみに、1959年に、バウジンガーは、ポイカートのこの著作の第2巻が出なかったのは、時代状況がそれをゆるさなかったことに加えて、より本質的にはその間に〈プロレタリアートという概念そのものが成り立たなくなったからである〉という指摘をおこなっている。

5）Will-Erich Peuckert, *Deutsche Volksglaube im Spätmittelalter*. Stuttgart ［W. Spemann］ 1942, Nachdruck:Hildesheim/ New York ［Georg Olms］ 1978 （Volkskundliche Quellen, Neudrucke europäischer Texte und Untersuchungen, hrsg. von Hermann Bausinger, Mathilde Hain, Gerhard Heilfurth, Wilhelm Heiske, Will-Erich Peuckert und Kurt Ranke, Reihe II: Aberglaube）この論考で最も注目すべきは、中世末から近代初期の文化史的位置について射程の大きいダイナミックな理解がなされたことである。これについては、次の拙文で話題に取り上げたことがある。参照、「永遠なるグリムのメルヒェン」(『ユリイカ』1999年4月号所収)。

6）ペルリークについては具体的な書名などは挙げられていない。参考までに補足すると、アルフォンス・ペルリーク（Alfons Perlik）は、上部シレジアをフィールドとして第一次大戦の後あたりから、熱心に民俗調査をおこなって、多数の報告文を発表した人で、そのなかにはこの地方の職人や鉱山者の民俗に関するものが少なからず含まれている。また『上部シレジアの工業労働者の民俗』(*Vom Volkstum des oberschlesischen Industriearbeiters.* Oppeln［Verl. Der Oberschlesier］1935) という60頁ほどの著作もあり、ポイカートと共通した問題意識をもっていたらしい。なお鉱山者に関する研究は、戦後、次のかたちでまとめられた。参照、Alfons Perlik, *Oberschlesische Berg-und Hüttenleute Lebensbilder aus dem oberschlesischen Industrieviertel.* Kitzingen [Holzner] 1953. またその著作目録は、「引揚民民俗学年報」の別冊シリーズのひとつとして刊行された次の記念論集に併載されている。参照、*FS. f. Alfons Perlik zum 65. Geburtstag am 13. Juni 1960*, hrsg. von F. Heinz Schmidt-Ebhausen. Dortmund 1960,（Schriftenreihe der Kommission für Volkskunde der Heimatvertriebenen im Verband der Vereine für Volkskunde, Bd. 2）

7) Hermann Bausinger, *Volksideologie und Volksforschung. Zur nationalsozialistischen Volkskunde.* In: Zeitschrift für Volkskunde. 61. Jg.（1965）, S. 202

8) Ingeborg Weber-Kellermann /Andreas C. Bimmer, *Einführung in die Volkunde Europäische Ethnologie.* Stuttgart [Metzler, SammlungMetzler, M79] 1985, インゲボルク・ヴェーバー＝ケラーマン『ドイツ民俗学 － ゲルマニスティクと社会科学のあいだで』拙訳は愛知大学「経済論集」117, 118, 122, 124号（1988-90）。

9) Richard Weiss, *Volkskunde der Schweiz. Ein Grundriß.* Erlenbach-Zürich [Eugen Rentsch] 1946.

10) インゲボルク・ヴェーバー＝ケラーマン『ドイツ民俗学――ゲルマニスティクと社会科学のあいだで』拙訳、第XII章

11) しかしリヒァルト・ヴァイスは、スイス独自の民俗学の伝統をもさぐり、特にバロック時代のルツェルン市の書記官シザート（Renwart Cysat 1545-1614）の民衆観や民俗への関心を重く見て、たびたび言及している。Richard Weiss, *Volkskunde der Schweiz.* S. 4, bes. S. 61f.

12) インゲボルク・ヴェーバー＝ケラーマン『ドイツ民俗学 ―― ゲルマニスティクと社会科学のあいだで』拙訳、第XII章

13) Julius Schwietering, *Wesen und Aufgaben der deutschen Volkskunde.* In: Deutsche Vierteljahrsschrift für Literaturwissenschaft und Geistesgeschichte, 5 (1927), S. 748-765, 今日では次のアンソロジーに収録されている、"*Volkskunde*". *Ein Handbuch zur Geschichte ihrer Probleme*, hrsg. von Gerhard Lutz. Berlin [Erich Schmidt] 1958, S. 143-158. また次を参照。拙論『民俗学における個と共同体』(本書所収) 第9節（シュヴィーテリングの項）。

14) Eduard Hoffmann-Krayer, *Die Volkskunde als Wissenschaft.* Zurich 1902, この方法論考

は、分量的には20頁ほどのもので、1902年に小冊子のかたちで刊行され、その後、1946年にホフマン=クライヤーの論文集に収められた。今日では次のアンソロジーに収録されている。"*Volkskunde*" *Ein Handbuch zur Geschichte ihrer Probleme*, hrsg. von Gerhard Lutz. Berlin［Erich Schmidt］1958, S. 43-61. 参照、本書所収の拙論「民俗学における個と共同体」。

15）『スイスの民俗学』の第2版（1978年）にニーデラーが付した解説。参照、Richard Weiss, *Volkskunde der Schweiz*. 2. Aufl. Erlenbach-Zürich［Eugen Rentsch］1978, S. XVI.

16）Edith Fél und Tamas Hofer, *Bäuerliche Denkweise in Wirtschaft und Haushalt. Eine ethnographische Untersuchung über das ungarische Dorf Atany*. Gottingen［Otto Schwarz］1972. アタニー村はハンガリー中央部に広がる広大な低地地帯の北東辺に位置する小村（1960年の人口は2614人、その所属する郡の郡都はEger）で、そこでの詳細なフィールドワークである。調査が行なわれたのは1950年代で、主たる目標は伝統的な生活様式の把握におかれている。1848年から始まった農奴制の廃止から1950年代に至る期間を対象にして畑作労働と家内での活動の仕組みについて詳細な実態把握がなされている。しかし他方では、調査時期には進行中であったと思われる社会主義体制への移行に伴う変化などは取り上げられていない。総じて社会経済史的視点は希薄であり、支配関係、納税、軍隊、学校、教会などについての情報は余り得ることはできない。それに対して、三圃農法を基本とする畑作、農業経営のあり方、家事労働の実態については微細な現象に至るまで徹底的に調査をしており、村の伝統的な日常生活については百科全書の観がある。しかも神秘的な解釈を入り込ませていない点が文化人類学・民俗学のフィールドワークとしては評価されてきたのである。

17）チューリッヒ大学教授フッガー (Paul Hugger) は、都市を含めた現今の日常文化、また現代の変化を組み込んだ村落体・都市部研究（Gemeinde- und Stadtteilforschung）を多面的に進めていることによって注目してよい。初期の研究には次がある。参照、Paul Hugger, *Werdenberg. Land im Umbruch*. Basel 1964. Derselbe, *Fricktaler Volksleben. Stein- Sisseln- Kaisten- Gansingen. Eine Studie zum Kulturwandel der Gegenwart*. Basel 1977. また方法論考を簡潔に表現したものとしては、次の概説書への寄稿が便利である。参照、Paul Hugger, *Volkskundliche Gemeinde und Stadtteilforschung*. In: Grundriss der Volkskunde, hrsg. Vvon R.W. Brednich. Berlin［Reimer］1988, S.215-234.

18）Karl Meuli, *Nachruf auf Richard Weiss*. In: Schweizer Volkskunde （Korrespondenzblatt der Schweizerischen Gesellschaft für Volkskunde), 58. Jg.（1962）, S. 185-199.

19) 1991年秋にバーゼル大学において開催されたこのシンポジウムの記録として次がある。参照、*Klassische Antike und neue Wege der Kulturwissenschaften. Symposium Karl Meuli（Basel, 11. -13. September 1991）*. Basel［Verlag der Schweizerischen Gesellschaft für Volkskunde］1992.；またモイリ（1891-1968）の業績を概観するには、次の大部の論文集が刊行されている、Karl Meuli, *Gesammelte Schriften*, hrsg. von Th. Gelzer. Basel/Stuttgart 1975. なお私見ながら、モイリの古代研究の代表的な成果とされるアゴーンに関する理論も、果たしてどの程度正しいものであろうかという印象をいだいている。モイリの古代習俗の研究は、民俗研究とつながっており、民俗学の側での問題点を考えあわせると、疑問がわくのである。

20) 仮面に関する項目執筆については次を参照、Karl Meuli, *Maskereien*. In: Handwörterbuch des deutschen Aberglaubenns. Bd. V.（1932-33）, Sp. 1744-1852. なおこれと対応する著作として次を参照、Karl Meuli, *Schweizer Masken*. Zürich 1942. またハルレキーンに関する論考は次がある。Karl Meuli, *Schneggehüsler, Blätzliböög und Federehans*. In: Schweizer Volkskunde. 28（1938）S. 6ff. これらへの批判は、ドイツ民俗学会の特集「連続性問題」において表面化した。参照、*Kontinuität? Geschichtlichkeit und Dauer als volkskundliches Problem*, hrsg. von Hermann Bausinger und Wolfgang Brückner. Berlin［Erich Schmidt］1969. この論集に所収のヘルマン・バウジンガーの論考には次の拙訳がある。参照、ヘルマン・バウジンガー「連続性の代数学」（愛知大学「一般教育論集」第3号、1990年、p. 89-109.）

21) Richard Weiss, *Häuser und Landschaften der Schweiz*. Erlenbach-Zürich［Eugen Rentsch］1959.

22) Leopold Schmidt, *Formprobleme der deutschen Weinachtsspiele*. Emsdetten 1937; なおレーオポルト・シュミットの著作目録には、次の2巻があり、その活動の輪郭をうかがうことができる。Leopold Schmidt, *Bibliographie, Verzeichnis der wissenschaftlichen Veröffentlichungen 1930-1977*. Wien［Verein für Volkskunde in Wien］1977; Leopold Schmidt, *Bibliographie II, 1977 1982*. Wien［Verein für Volkskunde in Wien］1982

23) Leopold Schmidt, Wiener Volkskunde. *Ein Aufriß*. Wien 1940

24) Leopold Schmidt, *Forschungsaufgaben der volkskundlichen Sammlungen*. In: Hessische Blätter für Volkskunde, XXXVIII（Gießen 1940）, S. 36-72

25) 民俗博物館の課題についてはシュミットの著作『オーストリア民俗博物館の歴史』

に詳しい。Leopold Schmidt, *Das Österreichs Museum für Volkskunde. Werden und Wesen eines Wiener Museums.* Wien［Österr. Museum für Volkskunde］1960.

26) Leopold Schmidt, *Die Volkskunde als Geisteswissenschaft.* Wien 1947. 次の拙訳がある、愛知大学国際問題研究所「紀要」89号（1989）所収。また翻訳に付した解説を参照。なお、「学問としての民俗学」(Volkskunde als Wissenschaft) というタイトルの論考でよく知られているものは、リール（Wilhelm Heinrich Riehl）の1859年の講演、ホフマン＝クライヤー（Eduard Homann-Krayer）の1901年の講演、それにゲラムプ（Viktor von Geramb）の1924年の論考、そしてアードルフ・シュパーマーの1929年の講演（刊行は1933年）で（Adolf Spamer, *Die Volkskunde als Wissenschaft. Festvortrag aus Anlaß des 25jährigen Bestehens des Verbandes deutscher Vereine für Volkskunde in der Aula der Berliner Universität 1929.* Stuttgart 1933）で、このうちリール、ホフマン＝クライヤー、ゲラムプのものは今日では次のアンソロジーに収録されている。"*Volkskunde*". *Ein Handbuch zur Geschichte ihrer Probleme*, hrsg. von Gerhard Lutz. . Berlin［Erich Schmidt］1958. また〈精神科学としての民俗学〉という言い方を、前年にリヒァルト・ヴァイスが『スイスの民俗学』において提唱していたことも見逃せない。

27) Leopold Schmidt, *Geschichte der österreichischen Volkskunde.* Wien［Österreichischer Bundesverlag für Unterricht, Wissenschaft und Kunst.］1951, (Buchreihe der österreichischen Zeitschrift für Volkskunde, Neue Serie V, Bd. II). 次の拙訳がある『オーストリア民俗学の歴史』（名著出版1992年）引用箇所はp. 9

28) 『オーストリア民俗学の歴史』p. 8.

29) 『オーストリア民俗学の歴史』の訳者による解説を参照。

30) 『オーストリア民俗学の歴史』p. 9.

31) Olaf Bockhorn, *Von Ritualen, Mythen und Lebenskreisen: Völkskunde im Umfeld der Universität Wien.* In:Völkische Wissenschaft. Gestalten und Tendenzen der deutschen und österreichischen Volkskunde in der ersten Hälfte des 20. Jahrhunderts. Hrsg. von Wolfgang Jacobeit, Hannjost Lixfeld und Olaf Bockhorn im Zusammenarbeit mit James R. Dow. Wien-Köln-Weimar［Böhlau］1994. S. 477-526, hier S. 494.

32) Leopold von Schroeder, *Mysterium und Mimus im Rigveda. Leipzig 1908. Derselbe, Arische Religion. Bd. 1:Einleitung. Der arische Himmelsgott. Das Höchste Gute Wesen.* Leipig 1914. Bd. 2:*Naturverehrung und Lebensfeste.* Leipzig 1916.

33) ナチスの党章ハーケンクロイツ（鉤十字）が太陽の象徴に由来するという意味付

けは、先行する文化人類学や民俗学の分野での通俗理論を援用しながら、同党の御用学者によってしばしば主張された。参照、Eugen Fehrle, *Von der Hakenkreuz.* またこれを取り上げた拙論（本書所収）を参照、「ナチス・ドイツに同調した民俗学者の再検討 － オイゲーン・フェーレの場合」。また同じくハーケンクロイツを太陽のシンボルと解説したパンフレットとして次があるが、おそらくフェーレに依拠したアマチュアの書き物であろう、Wilhelm Scheuermann, *Woher kommt das Hakenkreuz?* Berlin 1934.; またローゼンベルク機関（Amt Rosenberg）の民俗関係の活動家となっていったハンス・シュトローベルもハーケンクロイツ（鉤十字）を太陽のシンボルとみることを当然のこととしていた（シュトローベルは民俗学で学位を得ている）、Hans Strobel, *Bauernbrauch im Jahreslauf.* Leipzig ［Köhler & Amelang］1936, S. 58f.

34) Georg Hüsing, *Beiträge zur Kyrossage.* Berlin 1906. Derselbe, *Die iranische Überlieferung und das arische System.* Leipzig 1909 （Mythologische Bibliothek II. 2）

35) レーオポルト・シュミット『オーストリア民俗学の歴史』p. 218-220. 引用句は p. 220.

36) Wolfgang Schultz, *Zeitrechnung und Weltordnug in ihren übereinstimmenden Grundzügen bei den Indern, Iraniern, Hellenen, Ithalikern, Kelten, Germanen, Litauern, Slawen.* Leipzig 1924 （Manus Bibliothek, Bd. 35）. S. 172. Georg Hüsing, *Die deutschen Hochgezeiten.* Wien 1927, S. 124.

37) ナチ党が農民を異常なまでに持ち上げたのは、ナチ政権の前半に食料農業相となるリヒァルト・ヴァルター・ダレーが党に参加したことが大きな要因であった。それはヴァイマル共和国末期に農民の経済的状況が極度に悪化し、政権をうかがう政党として応急措置であれ農業政策に取り組む必要があったことと密接に関係していた。これらについては、次の拙論（本書所収）を参照、「ナチス・ドイツの収穫感謝祭」

38) Karl Spieß, *Bauernkunst, ihre Art und ihr Sinn. Grundlinien einer Geschichte der unpersönlichen Kunst.* Wien ［Österreichischer Bundesverlag］1925.

39) ヴォリンゲル著／草薙正夫訳『抽象と感情移入』（岩波文庫 昭和28年、原著初版：Wilhelm Worringer, *Abstraktion und Einfühlung.* 1910.）この他、有名な『ゴシック芸術形式論』も含めてヴォリンガーの理論は深遠であるが、同時に、当時の時代風潮とも無縁ではなかったように思われる。たとえば両著における基本概念〈北方的〉（nordisch）は、ゲーテに遡りはするものの、当時すでに擡頭していたフェル

キッシュ思想の合言葉でもあった。

40）本書所収の拙論「民俗学における個と共同体」を参照。
41）Karl von Spieß und Edmund Mudrak, *Deutsche Märchen-Deutsche Welt.*
42）刃付き木鋤（Spaten）については数篇の論考があるが、次のものがまとまっている。参照、Leopold Schmidt, *Spatenforschungen. Zu einigen Arbeitsgeräten des frühen Ackerbaues.* In: Archiv für Volkerkunde, VIII. Wien 1953, S.76-141.; 男性イヤリングの研究は次を参照、Leopold Schmidt, *Der Männerohrring im Volksschmuck und Volksglauben mit besonderer Berücksichtigung Österreichs.* (Österreichische Volkskultur. Forchungen zur Volkskunde.Bd.VIII.) Wien ［Österreichischer Bundesverlag］1947.; 牧羊犬の棘付き首輪については次を参照、Leopold Schmidt, *Das Stachelhalsband des Hirtenhundes.* In: Deutsches Jahrbuch der Volkskunde, VI. Berlin 1960, S.226-235.; また仮面研究には生涯を通じて携わったが、次の著作がよく知られている。Leopold Schmidt, *Masken in Mitteleuropa. Volkskundliche Beiträge zur europäischen Maskenforschung.* (Sonderschriften des Vereins für Volkskunde, Bd.I). Wien ［Verein für Volkskunde］1955.
43）この研究所については、レーオポルト・シュミットによる次の解説がある。参照、Leopold Schmidt, *Gegenwartsvolkskunde. Eine bibliographische Einführung.* (Mitteilungen d. Instituts f.Gegenwartsvolkskunde, Sonderband I.) Wien [Österreichische Akademie der Wissenschaften.] 1976. また次の拙論には、同研究所の活動の見聞をも併せながら、レーオポルト・シュミットが提唱した新聞記事の分類を載せた。参照、「ドイツ語圏における現代民俗研究とマス・メディア資料の活用」（筑波大学歴史人類学系『比較民俗研究』第3号、1991年）所収。
44）Leopold Schmidt, *Hochzeitsbrauchtum im Wandel der Gegenwart.* (Mitteilungen d. Instituts f. Gegenwartsvolkskunde,Nr.4.) Wien ［Österreichische Akademie der Wissenschaften.］1976.
45）Leopold Schmidt, *Totenbrauchtum im Kulturwandel der Gegenwart.* (Mitteilungen d. Instituts f. Gegenwartsvolkskunde, Nr. 10; Anzeiger d.phil.-hist.Klasse d. Österr. Akad. d. Wiss., CXVIII). Wien ［Österr. Akad. d. Wiss.］1981.
46）Leopold Schmidt, *Brauch ohne Glaube. Die öffentlichen Bildgebärden im Wandel der Interpretationen.* In: L.Schmidt, Volksglaube und Volksbrauch. Gestalten, Gebilde, Gebärden. Berlin[Erich Schmidt]1966, S.289-312. これには次の拙訳がある。参照、「信仰なき習俗――公的シンボル動作をめぐる意味解釈の変遷」（愛知大学『一般

教育論集』第 2 号［1989］pp.51-79.)

47) クリスマス・ツリーの機能をめぐって注目すべきは、オットー・ラウファーが著名な先行研究（Otto Lauffer, *Der Weihnachtsbaum im Glauben und Brauch.* Berlin u. Leipzig 1934）において、その意味を除災にあることを強調し、さらに進んで〈妖怪除けの案山子〉としたことに、レーオポルト・シュミットが反撥していることである。オットー・ラウファーにしてなお神話学的な思考が抜け切らないことを指摘したのである。しかしまた、まったくキリスト教的な意味での祝福という理解をも斥け、一般的な世界秩序への願いと見るべきであるとしている（拙訳 p.62-63）。なおこれに対して、ヘルマン・バウジンガーは、クリスマス・ツリーならびに特に待降節の飾り輪（Adventkranz）について、生活を美しく彩る審美性にその今日の普及の主要な要因を見ており、またその背景として宗教要素までが審美性に奉仕する現代社会のセンチメンタリズムの根深さを指摘した。これについては注 49 に挙げた拙訳（p.85）ならびに次の文献を参照、Hermann Bausinger, *Volkskunde.Von der Altertumsforschung zur Kulturanalyse.* 2.Aufl.1979, S.242ff.

48) 本章の注 24,25 を参照。なお〈思想無き〉（ohne Gedanke）という言い方はドイツ語としても、今日ではマイナスの語感があり、おそらく執筆当時も大差がなかったはずであるが、それだけに一般の潮流への批判をこめた言い方であったのであろう。日本でも、第二次世界大戦後のイデオロギーが過剰な時代に、大宅壮一がジャーナリストとして〈無帽、無思想、無宗教〉を宣言したが、その〈無思想〉と一脈通じるところがある。

49) Hermann Bausinger, *Konzepte der Gegenwartsvolkskunde. Vortrag im Institut für Volkskunde der Universitat Wien am 24. Marz 1983.* In: Österreichische Zeitschrift fur Volkskunde. NS.38(1984), S.89-106. 次の拙訳を参照、ヘルマン・バウジンガー「現代民俗学の輪郭」（愛知大学『一般教育論集』創刊号［1988］pp.79-94.; この批判は講演という制約もあり、深い考察とは言えないが、レーオポルト・クレッツェンバッハーとレーオポルト・シュミットと較べたときの、ヘルマン・バウジンガー自身の方法を図式的に解説している点で啓蒙的であり、また聴衆の学派的傾向を意識した挑発を忍ばせている。

50) レーオポルト・シュミット「信仰なき習俗」拙訳 p.56, またその箇所への訳注を参照。

第8章

ドイツ民俗学の諸動向

1. はじめに 2.〈イデオロギーと訣別した民俗学〉と地理学的(地図的)方法 3. 工業社会民俗学 4. 引き揚げ民民俗学 5. スウェーデン学派の導入 —— マンハルトとフレイザーへの批判 6. インゲボルク・ヴェーバー＝ケラーマンによるマンハルトとレーオポルト・シュミットへの批判 7. 歴史民俗学と法制民俗学

1. はじめに

　前章であつかったように、第二次世界大戦後のドイツ民俗学の再建においては、スイスやオーストリアが先行し、西ドイツの学界が停滞するという構図がみとめられた。西ドイツが足踏み状態であったのは、ナチス・ドイツの戦争責任を含めた後継国家たらざるを得ない困難な状況が、各方面にも分有されたという事情がからんでいたであろう。責任問題があり、それが民俗学のディシプリンとしての欠陥につながっているのであるから、早々に心機一転して出直せばよいというわけにはゆかなかったのである。その上、研究者のあいだでも、過去への猜疑が渦巻き、責任のなすり合いのような場面すら稀ではなかったことは、先にふれた。かくして、敗戦から10年余の西ドイツ民俗学界は、後に学史を振り返って〈休　眠　期　間〉(インクバツィオーンスツァイト)と評されるような停滞をきたすことになった[1]。因みに、"Inkbation"は、単なる眠りではなく、夢占いや疾病の治癒などのために霊地とされる洞窟や神殿・教会堂で眠る古代からの風習であり、またそれを指す文化人類学や民俗学の術語でもある。そ

れゆえ未来の望見をも含むのである。かくして、夢のなかの定かならぬ変化が現実となるには、時間を要したのである。しかしまた、時間を措いて、事態を客観的に見ることができるようになると、もともと国の規模が大きく、人的な厚みもあり学問分野自体も長い歴史を誇るだけに、新たな方向への動きは、さすがに力強く多彩であった。

　本章は、そのすべてを網羅的に扱うのではなく、民俗学の個別領域ごとの動向を満遍なく追ったのでもない[2]。過去に根ざす宿命的な欠陥からの脱却という課題に絞り、そこから見たときの幾つかの特徴的な動きに注目したのである。すなわち、イデオロギーからの決別、あるいは工業社会との取り組み、膨大な数の引き揚げ民の発生という現実への対応、さらに厳密な歴史的把握へ向けての方法論などである。とりわけ詳しく取り上げたのは、ロマン主義とネオロマンティシズムの民俗学からの脱却という課題で、それは具体的にはいかなる作業であったかを、主にスウェーデン人たちの挑戦とそのドイツ民俗学への採り入れを整理した。

2.〈イデオロギーと訣別した民俗学〉と地理学的(地図的)方法

　第二次大戦後のドイツ語圏における民俗研究の動き、特にナチズム問題の克服をめぐる問題意識の延長として、イデオロギーとの訣別という指標を取り上げる。既にレーオポルト・シュミットの〈思想をもつべきでない〉という戦時下での大胆な宣言も、要するにイデオロギーの否定であった。したがって戦後かなりの年月を経なければ現れようがなかったものではないが、時間を置いての表明には、初発性はないものの、整理された分かりやすさがある。そこでゲルハルト・ハイルフルト（Gerhard Heilfurt）にふれておこうと思う。もっとも、ハイルフルトは、リヒャルト・ヴァイスやレーオポルト・シュミットほどの強烈な個性ではない。マールブルク大学の最初の民俗学の教授であり、またドイツ民俗学会の会長もつとめるなど、学界のリーダーで

もあった。専門的な研究としては、特に鉱山者の民俗に関する実証的な仕事で知られている。

しかし、ここでとり上げるのは、彼がマールブルク大学の教授に就任するにあたっておこなった講演『イデオロギーと訣別した民俗学』である[3]。1962年のことで、講演の後まもなく詳しい補足をつけて『ヘッセン民俗学報』に発表された。時期から言えば、すでにドイツの敗戦からかなりの時間が経過していた。したがって、緊迫した状況を前にしての発言という性格は薄れている。10年も前にリヒァルト・ヴァイスやレーオポルト・シュミットなどが取り組んだテーマを取り上げているのであるから、問題意識としては後追いである。しかし、それだけに、一種のまとめのような性格がみとめられる。次のような書き出しである。

> 文化史家ヨハネス・シェール（Johannes Scherr）は、その48年運動への参加とスイスへの逃亡によって知られるが、かつて（民主化の過程が果てしない困難と葛藤を伴うことに、ひどく不満をもって）〈フォルク〉というカテゴリーを、〈世界史的な言葉の戯れ〉と呼んだものである。たしかにフォルクは眩めくばかりの複雑錯綜した概念である。内容の面でも重層的で、常にさまざまなニュアンスを帯びることができ、それでいて拘束力と衝撃力をもった概念にして、魔力をもった合言葉でもある。その魅力は、フランス革命を境にして、あらゆる種類の公共の場、あらゆる種類の世論形成、あらゆる宣伝活動に浸透してきた。その意味では、ジョルジュ・ソレルが近代の魔術な用語として指摘した〈進歩〉という言葉と似たところがある。それゆえ〈フォルク〉を定義するのは難しい。それは〈もの〉（Ding）、〈シュタント〉（立場、状況、身分）〉、〈ヴェルト Welt〉（世界、範囲、この世）、〈大地〉（Erde）などと同じく、〈汲み尽くせず、個別の特徴によって特定することもできない〉現実のひとつである。その意味内容は、ポジティヴで、親近感を起こさせ、弾力的であり、政治的・社会的に根底から構造変化が起きているこの時代には、社会的次元の思

考モデルの表現として、キイ・ワードの性格をもってきた。さまざまな行き方が、それぞれの目的のために、この語を活用した。さまざまな世界観の運動がフォルクを絶対視して、至高の質と完全無比を称揚し、またそこに最終審を見出したのであった。私たちのような年配の者は、フォルクというイデオロギーが現実を破壊するのを、嫌というほど味わったものである。この言葉は、広く宣伝や広告においても、散々使われてきた。あるときには国民の意味で、あるときには集団主義的な意味で、あるときにはある種の基体的なものというふうに、この概念のもつさまざまな要素のからみあいのなかのどれかが表面に出るのであった。しかもそれは、そのときどきに人が心に思いえがいているものや、相手に向かって何ごとかを呼び掛ける者がそれにこめたいと思う意味になるのであった。戦争、競争、革命、階級闘争、大衆運動、団体の設立、人材や資本の投下、何らかの拒否表明、それどころ消費拡大の呼び掛けまでという具合である（たとえば「フォルクスバーデヴァンネ」(浴槽の商品名)、「フォルクスエムプフェンガー」(ラジオの商品名)、「フォルクスワーゲン」などを見ても、あきらかであろう)。もちろん、種々のミッション的な運動や、教会の司牧活動、社会教育や社会政策も、そうであった。かくして、そのときどきの現実は、願望と想像と目標がもつれあった分厚い層に覆われ、さらにナショナリズム、社会主義、民主主義といった各時代の夢想までが積み重なるのであった。

　かかる状況のまっただなかで、学問としての民俗学は、人間研究の一分肢としてその歩みを始め、他の諸々の文化科学や社会科学とともに、さまざまな要素や側面からの膨大な個別研究を手懸けていった。しかしそこでとり上げられた現実は、demos、laos、populus、plebs、vulgus、natio、gensなどさまざまな意味が輻輳した視点からとらえられた、抽象化されない事実のからまりと言うべきで、とうてい普遍性をそなえた概念からの把握ではなかったのである。……

そしてハイルフルトは、イデオロギーからの脱却のためには、事実に密着した地道な研究の積み重ねが重要であると説く。たとえば家屋について言えば、前代には、ともすれば〈ドイツ的家屋〉といった、まるでドイツに固有の特殊な家屋の様式がまとまって歴史的に存在してきたかのような先入観が支配していたのに対して、家屋を構成するさまざまな部分について、それぞれの歴史的系譜を洗いなおし、その分布を追跡することが必要であるとしている。また総じて、民俗事象の分布状況を性格に把握することの重要さを説き、そこから、民俗の分布を地図上に表示することが、イデオロギーを脱却する上でも有力な方法になるとしている。ハイルフルト自身は、その鉱山民俗の研究にかならずしもこの方法を活用したわけではなかったが、こうした行き方にみられるような客観性の重視したのである。ちなみに、この〈地理学的方法〉は、この時期の民俗研究者にあいだで好まれた考え方であった[4]。もっとも、これは地図の上に分布を表示するのであるから、地図的方法と呼ぶ方が正確ではあろう[5]。

　この地理学的ないしは地図的方法の推進者には、同じくこの時期の民俗研究のリーダーであったボン大学の教授マティーアス・ツェンダーとミュンスター大学の教授ギュンター・ヴィーゲルマンがいた。当時、『ドイツ民俗地図』の再編集という事業があり、3人はその責任者たちでもあった[6]。

　ここで『ドイツ民俗地図』について言い添えておく。それは元はヴァイマル時代の後半にドイツ学術振興会（Deutsche Forschungsgemeinschaft）が民俗学関係からの提案を容れて財政支援をおこなった事業であった。ドイツ全土に支部組織（Landesstelle）が設けられ、調査地点として約10000か所を目安に1929年から1935年にかけて調査が行なわれた。調査項目は、ドイツ民俗学協会の案によって推進されたが、企画の段階ではカトリック教会系の有力な民俗研究者ゲオルク・シュライバーの案などもあった[7]。また事業の期間からして、ヴァイマル時代では終了せず、ナチ時代に継続された。そのため、調査活動自体はともかく、事業を推進する中央では混乱も起きた。『ドイツ民俗地図』の編集者としてハインリヒ・ハルミャンツ（Heinrich Harmjanz）の

名前が明記されているのもそのひとつである。本邦での二三の言及例においても疑念がさしはさまれないのは致し方がないが、事実はいわゆる〈名誉の泥棒 (Würdernaub)〉であった。ナチス・ドイツは、文献の扱いにも油断のならない時代であるが、ケーニヒスベルク大学 (次いでフランクフルトの大学) の教授ハルミャンツはバリバリのナチ系教員で、また文化省の高官のポストとの間を何度も往復するなど、文化行政の実力者であった。その立場を利用して、大事業に自己の名前を冠したのである。そうした厄介な経緯をもっているが、調査記録の集計と刊行の事業は戦後再開され、ツェンダーがその指揮をとり、そこにヴィーゲルマンが加わったのである。

　ツェンダー自身の研究としては、この地理的方法を中世の聖者崇敬について行なった労作がある。『民俗学から見た中世の聖者崇敬、その空間的分布と社会的層序の研究』である[8]。すなわち、聖者崇敬について、丹念な史料調査にもとづいて、その分布を復元し、地図上に表示したものである。そのさい、個々の聖者崇敬の確定そのものではなく、それを土台にして、特定の地域にはたらくさまざまな力の種類を再構成することに主眼がおかれている。それを言うのは、特定の聖者崇敬を文献史料から洗い出し、それを地図上に克明に表示するという方法であれば、すでに前例があったのである。カール・マイゼンの『ニコラウス信奉とニコラウス習俗』で、ゲオルク・シュライバーの「民俗学研究叢書」の一冊として刊行された[9]。ニコラウスは後のサンタクロースの源流でもあるが、中世においてその崇敬が特に厚かったフランスとドイツ語圏を中心にニコラウス崇敬を、教会堂、僧院、礼拝堂、祭壇、墓地、典礼、聖遺物、施療院、この聖者が守護聖者であったことに由来する地名に分け、各施設の成立時期を1057年から1500年まで5期間に区分して表示したものである。大部の考察もそれに照応して、宗教改革以前のニコラウス信奉を教会文化と民間行事の両者において総合的に把握するものとなっている。すなわち典礼と教会行事を基軸において、次いで聖者伝説の広まり、さらに民俗文化への展開を概観するという構成である。ただしその視点には問題もあった。教会に起点をもつ文化的波動は民間に浸透すると共に、キリ

スト教文化の外にある上古の要素に対して結集核の役割を果たすという考え方をもって取り組んでいたのである。それはゲオルク・シュライバーの教会民俗学の方法でもあり、それ自体の評価もナチズムとの関係の判断にも微妙なものがつきまとう[10]。ツェンダーはそうした先例を意識しつつ、2つの点で特色を見せた。ひとつは、特定の聖者崇敬を広域に渡って追跡するのではなく、特定の地域で特定の時代に機能していた重要なほぼすべての聖者崇敬を洗い出すという試みである。地域史研究の一形態と言ってもよいであろう。もうひとつは、従来の宗教民俗学に付着していたゲルマン性への思い入れや先入観を払拭したことである。それによって歴史のより客観的な復元をめざしたのであるが、それはナチズムへの傾斜を問うてきた戦後の状況がようやく可能にした視点でもあった。

　ミュンスター大学教授ギュンター・ヴィーゲルマンについても、簡単にふれておく。ヴィーゲルマンはヴェストファーレン地方を主なフィールドとして、今日も続く「ヴェストファーレン民俗叢書」を編集したが、自身の研究では、『ドイツ民俗地図』の別冊として編んだ『日常の料理と晴れの料理』で知られている[11]。民俗地図そのものは、調査時期である1930年前後の共時的なデータであるが、それに歴史的な研究を重ねたのである。たとえばヒルゼ（Hirse 稗の一種）の栽培に関しては、地域的な分布や作付けの規模について細かなデータがあり、またヒルゼを食材とする料理がいつどのような機縁で用いられるかについても調査がなされている。それによると、ヒルゼは祝い事の料理となる場合がかなり多いのである。第3章2節では、「ヒルゼ栽培とヒルゼ料理の衰退」として40ページを費やしてデータの分析と歴史的な考察がなされている。たとえば、ヒルゼを用いた料理がなおクリスマスと新年には色濃く残っていること、また祝い事の料理としてはジャガイモ料理よりもはるかに頻繁であることなどが歴史的な背景と共に解説される。因みにヒルゼは、近代においては、より効率のよいジャガイモの栽培に取って代わられた面があったのである。同じく第4章は「コーヒーの週日と祝日への浸透」、第6章は「肉料理の新たな展開」としてカツレツ、グーラシュ、ビフテキな

ど外国の肉料理のドイツ語圏への浸透に関するデータの分析である。

なおヴィーゲルマンに因んで、リール論争と呼ばれる議論があったことを付記しておきたい。ヴィルヘルム・ハインリヒ・リールは、19世紀後半に精彩に富んだ民俗記述をおこなったことによって知られている。また『学問としての民俗学』という有名な講演もあり、〈学問的な民俗学の父〉とも称されることがある。しかしまた他方では、リールの人格や業績への評価は、戦後大きく揺れ動いた。すなわち、現実を直視する方向の民俗学がめざされるときには常に指標となってきた存在ではあるが、他方ではフォルク・イデオロギー、さらにナチズムへ推移する問題的なドイツ思潮のなかで人気を博してきた面もあったからである。戦後、リールに立ち返るところに民俗学の活力をもとめた代表はヴィクトル・フォン・ゲラムプであったが、ヴィーゲルマンもまたその方向を説いたひとりであった。しかし、リールの見方については、その保守的・反動的な本質が指摘される度合いも強まった。戦後の1950年代から1970年代後半まで、リールは指針として振り返られると共に、またその当否をめぐる議論をも促したのである。もっとも、ヴィーゲルマンはリールを評価しはしたが、地理的（地図的）方法を実践したことからもうかがえるように、リールのイデオロギーな側面に惹かれたのではなかった。民衆生活を実地に即して描写した先覚者であることを重くみたのである。それゆえリールの著作のなかでは、『市民社会論』のような政策論よりも、『プファルツの人々』や、多数のジャーナリストをたばねて編んだ『バヴァリア』に盛られた国土学的な成果を評価したのである[12]。

このヴィーゲルマン、それにツェンダー、ハイルフルトの3人が共同で編んだ『民俗学入門』が刊行されたのは、1977年である。この本は、一時期、標準的な民俗学の手引き書として、よく用いられた。3人の活動の期間から言うと、むしろその最後の時期に属するものであるが、その特色がよくあらわれている。ひとくちに言えば、価値付けや意味づけはできるだけ避けて、歴史的な時代についても、今日の状況についても、事実の把握を重んじるという方向の民俗学である[13]。すなわち、〈イデオロギーと訣別した民俗学〉で

ある。

　なおイデオロギーに関する議論で補足しておかなければならないのは、イデオロギーが必ずしもナチズム・イデオロギーには限定されないことである。たしかにナチズムが、そうした反省の起点であった。しかしそこには、いくらか比重は軽いものの、社会主義諸国においてイデオロギーが優先する傾向が見られることへの批判もふくまれている。ハイルフルトの論考がよく知られているのは、そのあたりに触れていることにも一因がある。それどころか、イデオロギーという用語をタイトルにもちいること自体が、社会主義諸国を並行させて念頭においているところがあったのである。

　1965年には、ハイルフルトが主催してマールブルクにおいてドイツ民俗学会の大会が開催された。「労働と民俗生活（フォルクスレーベン）」のテーマでおこなわれたその大会では、生業に関する研究報告がある程度の比重を占めたことが特徴である。今日からふりかえると、道具研究（民具研究）がドイツにおいて優勢になるのもこのあたりからであったと言うことができ、その報告集は、その意味でも興味ふかいものである[14]。

3. 工業社会民俗学

　前代に民俗学が現実から遊離していった大きな要因に、民俗学が農民研究に限定されてきたことがあった。実際には、ナチ時代のドイツは、経済活動人口に占める農業従事者の比率はすでに20パーセント台にまで低下していたとされている[15]。したがってすでに高度な工業国家であったのだが、そのなかで（あるいはそれだからこそ、という面もあったが）農民がその現実の姿とは無関係に、崇高な存在とも、ドイツ人の原像ともみなされたのである。ナチ党の農民最高指導者でナチ政権において農業大臣でもあったリヒァルト・ヴァルター・ダレーの著作『北方的人種の生き方の源泉としての農民存在』（1929年）や『血と土から成る新たなる貴族』（1930年）[16]などは、ナチ・イデオロギーとしての農民存在称揚の代表例であるが、これもナチズム

にだけ特殊なものの見方というわけではなかった。むしろ、一般に流布していた見方の度合いが強まったものという性格をもっていた。また射程を広くとれば、農民存在に異常なまでに比重をおく民俗学のあり方も、それと親近性をもっていたということができる。

そこで戦後の反省のなかで、農民に傾斜しすぎた従来の民俗学からの脱却が目指されたのは当然のなりゆきであった。しかし工業社会の実際にあわせてこの仕事に本格的に着手したのは、民俗学者ではなく、社会学から民俗学に転じたヴィルヘルム・ブレポール（Wilhelm Brepohl 1893-1975）であった。

ブレポールは、ルール地方の小都市ゲルゼンキルヒェンの出身で、始め地元新聞の記者であったが、早くから政治・経済の分野とは違った角度からの民衆生活の体系的な記述に関心をもっており、1935年に、主にヴェストファーレン州政府からの資金援助を得て、ゲルゼンキルヒェンに「ルール地方民衆体研究所」(Forschungsstelle für das Volkstum im Ruhrgebiet)を設立した。このフォルクストゥーム（民衆体）を冠した名称からも、当時のフォルク・イデオロギーのなかでの民衆研究という風潮と重なっていたことが推測されるが、そこでの彼の仕事は、イデオロギー的な側面は希薄で、むしろ社会学的な実地調査を重ねることに精力を注いだと言われている。そして、戦後、1946年にミュンスター大学が、「社会研究所」(Sozialforschungsstelle)をドルトムントに設立すると共に、翌年、その「民俗学とルール地方の諸問題」の部門の主任に採用された。そして、さらに翌年の1948年には、ミュンスター大学のアカデーミッシャー・レーラー（講師の一種）となって、〈ルール地方の社会史〉を担当し、この分野での研究と教育にたずさわりたいという長年の希望を現実のものとした。そして1957年に、長年の功績のゆえに、ノルトライン・ヴェストファーレン州の文部大臣から、ミュンスター大学の法学・国家学部の教授の称号を授与された[17]。

これからも知られるように、ルール工業地帯をフィールドとして、生涯にわたって調査と研究をおこなった人である。主著は『ルール地方の工業民衆』(1957年)がある[18]。この大著をはじめ、彼の研究がその後にあたえた刺激に

は、たいへん大きなものがあった。しかし、私見を言えば、この主著は、ブレポールのライフ・ワークではあるが、同時にその限界をも露呈しているように思われる。たしかに、炭鉱の坑道の名称とか、通勤時間といった計測可能な現象をあつかった場合には、それらをめぐる民衆心理についても、ブレポールの推論は手堅いものがある。しかし計測が困難な種類の現象、たとえばルール工業地帯の人々の日常会話の題材の分類などを相手にした場合には、先入観から来る無理な推論に終わっているところがあったりする[19]。

そうした、いわば意図が先立ち、それに照応すべき手法が追いつかないといった項目がありはするが、全体としては、ブレポールの業績は、同種のものがそれまでにはなかっただけに、高く評価されなければならない。なかでも、ルール工業地帯の住民の出身地域と定着過程に関する研究は、一般的にもよく知られている。『東西移動からみたルール民衆の構成』(1948年)[20] がその代表的な研究であるが、他にも、これと重なる多数のモノグラフィーがある。これらは、全体として、ルール工業地帯の形成過程、とりわけ工業民衆の構成、地元民と流入民との関係、古層としての農業地帯と新興工業地帯の重なり、またルール地方の地区ごとの特質と相互の関係など、工業地帯の全体像に迫るものとなっている。これは、工業地帯研究のひとつのモデルを呈示したと言ってもよいほどの成果であった。こうした実地の研究を土台にして、ブレポールは、〈工業社会民俗学〉(Industrielle Volkskunde) を社会学や民俗学の研究誌において提唱していったのである[21]。

4. 引き揚げ民民俗学

ドイツは、第二次大戦での敗戦の結果、東部地域を中心に領土を大幅に削減されたが、それに伴って、またそれに先立つソ連の東欧制圧の結果、多数のドイツ人が、今日の東欧の各地から、西方へ移動した。大戦末期から戦後の10年ほどのあいだに東欧のスラヴ人との混合地域から追放されたり、避難

移動を強いられたドイツ人の総数は1千万人を越え、特に敗戦直後の移動では、途中で数十万人が死亡するという悲惨なできごとも生じた。そしてそのうち500万人以上が、西ドイツ地域に定着した[22]。

　こうした現実の大きな変動は、当時のドイツの学問界でも、多大の衝撃をもって受けとめられた。また多少とも事態が落ちつくと、研究対象としても関心が寄せられるようになった。こうして、社会学や経済学や民俗学の研究者による引き揚げ民問題との取り組みが始まったのである。社会学や経済学（特に経済政策）の研究者が、こうした現実の動向に敏感であったのは当然であろうが、注目すべきは、民俗学もまたこの方面に強い関心を示したことである。そして1950年頃に、〈引き揚げ民民俗学〉という分野が成立した。これは、ドイツ以外では、あまり類例が見られないようなできごとであろう。それには、幾つかの要因がからんでいる。ひとつは、流入した引き揚げ民の数が膨大で、どの方面からも無視できないものであったという一般的な事情である。もうひとつは、引き揚げ民の性格と関係している。ここでは一括して引き揚げ民と称するが、ドイツ語では、〈逃げてきた人〉という意味のFlüchtlingとか、〈故郷を逐われた人〉という意味のHeimatvertriebenerといった言葉が使われる。後者が特にその性格や、またこの人々にたいする見方をよく映しているが、なかには東欧各地に何百年も定着して、そこが故郷であるドイツ人も少なくなかったのである。しかし他面では、ドイツ人が歴史的に古くから東欧各地に分布してスラヴ系住民との混合地域を形成してきたことが、ナチス・ドイツの東方への野望の足懸かかりになったという事実もあったのである。特に戦前や戦中の民俗学の動向は、この事実と深くかかわったところがあった。すなわち、東欧に散在する国外のドイツ人とその生活様式、さらにその特殊な使命を称揚する方向の民俗研究が、盛んにおこなわれたからである。これは一般に〈言語島の民俗学〉と呼ばれている。言語島（Sprachinsel）とは、主にスラヴ人地域のなかの孤立したドイツ語地区を指し、特に第一次大戦のあと、東欧諸国の成立によって、ドイツ人の支配権が失われて、孤立地域が出現したことによってにわかに注目されるように

なったのである。

　こうした事態のなかで、東欧各地からの引き揚げ民による故郷回復運動の他、種々の結集がみられるようになった。もちろんその性格は一様ではなく、強度の政治性を帯びたものから、回想を交換したり、かつての生活の様子を記録することに主眼をおく穏健なものまでさまざまであった。これらの人々の団体やグループによる旧郷土関係の刊行物もさかんにおこなわれ、たとえば今日ポーランドとチェコにまたがるシレジアからの引き揚げ民が発行した雑誌・定期誌だけでも（数号で廃刊になったものも少なくなかったにせよ）、200種類を超えたとされている。こうした趨勢に、アカデミズムが重なったのである。すでに敗戦直後からその種の研究は始まってはいたが、本格的に態勢が整ったのは、1955年の『引き揚げ民民俗学年報』の刊行によってであった[23]。代表的な研究者としては、アルフレート・カラゼクや、ミュンヒェン大学の教授であったヨーゼフ・ハニカを挙げることができる。もっとも引き揚げ民民俗学の内容そのものも、かなり変遷があったことも事実である。しかし大雑把に言えば、膨大な引き揚げ民の存在という現実の動向と、現実の動向に取り組むような方向の民俗学の追求があり、また言語島民俗学以来の研究対象の継続と、言語島民俗学という偏向から脱却しようとする志向があったということができよう。なお、引き揚げ民という現象が現実の動向であるが故にそれに関心を寄せるというのは、特に若い研究者たちにみられたもので、後にとり上げるヘルマン・バウジンガーも、引き揚げ民民俗学という学界の動向に参画しつつ、そこに独自の視点を樹立するところから、その歩みを始めたのであった[24]。

5．スウェーデン学派の導入 ―― マンハルトとフレイザーへの批判

1

　先にハインツ・マウスの批判にちなんでヴィル＝エーリッヒ・ポイカート

を取り上げたが、ポイカートの仕事として、民俗学の展開の上で見逃すことができないのが、スウェーデン学派の理論をドイツへ紹介したことである。もっとも、この北欧での新しい研究動向に着目したのは、ポイカートだけではなかった。レーオポルト・シュミットも独自にその重要性を認識し、1947年の方法論考には、早くもそれをとり入れている[25]。しかし、一般に広く知られるようになったのは、1951年に刊行されたヴィル＝エーリッヒ・ポイカートとオットー・ラウファーによる民俗学の概説書『民俗学――1930年以降の資料と研究動向』によってであった[26]。これがその後のドイツの民俗研究にあたえた影響には、大きなものがあった。直接的には、スウェーデン人の意図でもあったネオロマンティシズムの克服という脈絡における影響である。しかしまた間接的には、そこからもヒントを得て、バウジンガーの現代民俗学の理論が構築された面あったのである。

　ドイツの民俗研究の流れは、今日からみれば、バロックや啓蒙主義のなかに、民俗学という名称こそまだもってはいないものの、重要な先駆的形態があったとされる。しかし、一般的に民俗学のイメージと結びつき、また〈民俗学の父〉とも称されるのは、グリム兄弟、とりわけヤーコプ・グリムである。もっとも、グリム兄弟のについて、実際にはマティルデ・ハインがその簡便な民俗学史において留保を付しているような事情がありはした。すなわち〈グリム兄弟自身は、新しい学問分野の樹立を意図していたのではなかった。彼らは、むしろ、私たちの国民文化の起源を解明するにあたって、ゲルマン古代学のために、これまで使われてこなかった民俗資料の領域を開拓することを目指した。ヤーコプ・グリムは、《文字に記された文化財の解明のために》、《民間伝統》を役立てるべきであると考えたのである。〉つまり、兄弟の主眼は文献学の確立にあり、そのための補助手段として民俗現象をも活用したのであった[27]。

　事実、ヤーコプ・グリムの民俗学の方面の主著と目される『ドイツ神話学』も、言語学を柱とした労作という性格をもっている。しかしまた、この『ドイツ神話学』が、その後の民俗学の土台になったことも事実であった。すな

わち、ヤーコプ・グリムの学徒のひとり、ヴィルヘルム・マンハルトがこの著作に指針を仰ぎ、同じくヤーコプ・グリムの弟子であるカール・ヴァインホルトも同様の方向を進んだからである。因みに、ドイツ民俗学会の前身であるドイツ民俗学協会連合は、帝国ドイツの各地の民俗学関係の諸団体に頂上組織を置くことを企図したヴァインホルトによって軌道が敷かれ、その死の直後に発足したのである[28]。

ところで、ここで簡単にふれようとするのは、ヴィルヘルム・マンハルトからジェームズ・ジョージ・フレイザーへという流れである。

周知のように、フレイザーの『金枝篇』(The Golden Bough. 初版1890年)は、ネミの火口湖とそのほとりでの古代の儀式を描いたターナーの油彩画を話の枕として、首長殺しの所以と、そこにあらわれる金枝とはそも何ぞやと問いかけるというドラマチックな始まり方をしている。叙述の筆致もまことに感動的で、さながら壮大な文学作品の観がある。しかし基本的なモチーフは意外に単純で、豊穣信奉の観念を基本にすえ、その具体的な形態である供犠慣習を想定し、また習俗の拡大を理解するには、類同（感染）魔術の媒介を想定する。そこでと活用される資料も膨大であり、超人的な博覧強記ぶりを発揮している。しかし問題は、その壮大な展開における資料の用い方である。すなわち、歴史資料、旅行記、現行の民間習俗の報告などが、豊穣信奉の証左という観点から、果てしなく取り上げられ、しかも、その資料は、地球上のあらゆる場所と時代にわたっている。この『金枝篇』は、イギリスの民俗学の金字塔として広く知られている。しかし学問史の面からは、そのモチーフは、19世紀のヴィルヘルム・マンハルトの主著『森と畑の信奉』にほぼ出尽くしており、そのマンモス的な肥大化形態ともみられるのである[29]。それもあわせて、事情を簡単に見ておきたい。

＊

ヴィルヘルム・マンハルト（1831-1880）は、メノー派の牧師の息子としてシュレスヴィッヒのフリードリヒシュタット・アン・デア・アイダーに生まれ、5歳からは父親の転勤とともにダンツィヒ（現在のグダニスク）で育っ

た。ギュムナジウムの学生であった18歳のときにヤーコプ・グリムの『ドイツ神話学』を読んで一生の方向をさだめ、翌年にはヘラ半島を歩いてゲルマン神話の名残りを聴き書きによって収集をはじめた。やがてベルリンとチュービンゲンでゲルマニスティクを勉学した後、1855年からはグリム兄弟と親しく交際し、特にその神話研究の継承者となったが、50歳の声を聴かずに没した。ライフ・ワークは、『森と畑の信奉』(2巻、1875/1877)であるが、その研究の特徴は、それに先立つ小さな論考『麦の狼と麦の犬』(1865)や『穀粒のなかのデーモン』(1868)にはっきりあらわれている[30]。すなわち、現存の農耕儀礼が、ゲルマン時代の信仰の名残であり、上古の神話によって意味の解明もなし得るという理解である。また上古の神話は主要には文献史料によるが、民間習俗もその補助手段、さらにその今に生きるすがたとみなされた。かかる観点に立って、マンハルトは、豊穣信奉を中心に膨大な事例に着目しつつ、上古の信仰世界の復元に邁進した。

このマンハルトの場合は、おおむねドイツを中心とした北ヨーロッパ地域が対象であり、それに一般的な文化史の知識として古代ギリシア・ローマ世界や古代オリエントが射程に入ってくる。しかし意図そのものは、ドイツ人が持ち伝えてきた神話から、さらに広げてゲルマン人の神話世界の復元、最後はユーラシア大陸のひろい部分をおおっていたインド・ゲルマンの神話をよみがえらせるという方向をもっていた。そしてこの構想を受け継ぐかたちになったのが、フレイザーであった。それと共に、フレイザーにおいては、それはさらに大規模のものにふくれあがっていった。結果は、古代ヨーロッパの宗教的な習俗を問いながら、はなはだしい場合は、いかなる連絡もあるべくもないメキシコのアズテク文明やユカタン半島のマヤ文明に関した報告までもちいるというところまで走っていったのである。

ところで、マンハルト、フレイザーともに、特に好んで着目したのが、スカンジナヴィア半島の諸国であった。フレイザーが、アームチェア・スコラーとも称されたりするのに対して、マンハルトはその行動においても、民俗研究におけるひとつの型をつくることになった。マンハルトは、1873年ま

では、ダンツィヒの図書館司書であったが、ベルリン大学のときの師のひとりであるカール・ミュレンホフの推薦で僅かながらも奨学金を得たのを機に職を離れて、自己の理論の証明材料を提供してくれる地域として見当をつけていたスカンジナヴィア諸国の調査に入っていった。そして、そこでおこなわれているさまざまな民間習俗、とりわけ農耕儀礼を、ゲルマン神話の脈絡のもとに解釈していった。これはすでにグリム兄弟においてもはじまっていた方向ではあるが、マンハルトによって民俗研究の大きな筋道となり、さらにイギリスのフレイザー卿の書斎において、大規模な文化論にふくれあがっていった。

2

このマンハルトフレイザーの民俗学は、大局的にはネオロマンティシズムの思潮に属し、またその思潮を支える重要な支柱のひとつともなった。そうしたヨーロッパ規模での思潮と合致していた作業であったからであろうが、彼らの民俗研究は、当のスカンジナヴィア諸国においても、歓迎されたのであった。これが1920年代はじめあたりまでの動きである。マルティーン・P. ニルソンや、ヒルディング・セランダーがその代表的な存在とされている[31]。そしてそれが飽和状態にまで達したとき、一転して疑義が出され、やがてこの地域の研究者たちは、特にフレイザー批判の先頭に立つようになっていった。もっとも、それ以前からも、散発的な批判はあったとされるが[32]、1930年前後からのスウェーデン学派（ないしは新スウェーデン学派）において、それはひとつの趨勢となった。

口火を切ったのはオーケ・カムベル（1924、1925年）で、それにシグフリド・スヴェンソン（1931年）が続いた。ただし両者の論考は、スウェーデン語で発表されたため、北欧の学界のなかにとどまっていたらしい。それを国際的なものにしたのは、ルント大学の教授であったカール・ヴィルヘルム・フォン・シドーと、ウプサラのノルディック・ミュージアムの館長でウプサラ大学の教授でもあったジギュルド・エリクソンであった。さらにアルベル

ト・エスケレードが、その流れを一層発展させたというのが、だいたいの順序である[33]。

　ところでマンハルトがゲルマン神話と現行の習俗の結節点として注目したのは、収穫のときの刈り取り作業、なかでも、最後に残った穀物束をめぐる伝承であった。事実としても、畑に最後にのこった穀穂に、さまざまな注目すべき習俗がまつわっていたのは確からしい。それらをつなぎあわせて、マンハルトは、そこに供犠慣習の名残りを読みとった。またその背景として、豊穣信奉、さらにそれを軸にしてゲルマン神話の世界を想定した。この構想が、フレイザーでは、さらに古代世界の宗教と世界観へとのばされていったことは、言うまでもない。その意味では、その出発点となった刈り取り習俗、特に、そこでの最後の穀穂の束をめぐる意味解釈は、ネオロマンティシズムの民俗観の原点とも言うべき性格をもっている。あるいはフレイザーの大著を歪んだ大粒の真珠にたとえるなら、〈最後の穀穂〉は、その真ん中にひそむ宿命の核である。そうした学史的な流れを当然にも知悉していたスウェーデンの研究者たちは、もっぱら最後の穀穂の問題に取り組んで、それによってフレイザーを克服したのである。

　ただし、マンハルトの仕事そのものは、頭から否定してしまうことはできない。それは、やはり古典的な意義をもっている。当時は、民俗学はもちろん、文化人類学やインドゲルマニスティクもはじまりつつあった時期であり、その頃のさまざまな重要な試みのひとつであることには違いがないからである。たとえば、『パンチャタントラ』の最初の本格的な紹介と研究を基礎にしたテーオドル・ベンフィの口承文芸研究（ヨーロッパの昔話や説話のインド起源説）や、アードルフ・バスチアンによる未開民族の思考方法に関するテーゼや、エドワード・タイラーによるアニミズム概念の措定などと同じく、先駆的な考察のひとつであることは否定できない。これらはいずれも、提唱されたときのままのかたちでは、今日では通用しないものであるが、間違いなくその後の展開への礎石となったのである。

3

　スウェーデン人たちの新しい視点が、最初に国際的な場所にあらわれたのは、1934年のシドーの英語の論考『最後の穀穂束と豊穣デーモンに関するマンハルト派の理論に対する現代の視点からの批判』においてであった。イギリスの『フォーク・ロア』誌への寄稿であった[34]。そのなかで、シドーは、自己の批判作業を次のよう位置づけるところから書き出している。

　　先ず言っておかなければならないのは、マンハルトが仕事をしたのは、今から60年近くも前であり、素材の幅広い収集も、組織だった研究も程遠い時代であったことである。……またマンハルト自身は、学問的な真実が問題にされるときには、批判の声にも常に耳をかたむける姿勢をもっていた。ところが、マンハルト派の人々は、彼の理論を正統的なものとして称揚し、絶対視して、その後の研究が到達した成果をも抹殺しようとしているのである。……

そして次いで、マンハルトの考え方と、その後の影響を、次のように概観した。

　　マンハルトは、その主著『森と畑の信奉』において、超自然的な存在としての森、樹木に宿る力、新緑の樹枝、メイポールなどへの信奉という考え方を縷述した。樹木には、人間とアナロジーの関係にある霊的な存在がこもっていると、民衆（フォーク）はみなしていると言う。いずれの樹木にも、霊力がやどっており、それはまた人間や動物のかたちをとって、樹木から遊離することもあると言うのである。……
　　同様に、マンハルトは、畑地の穀物も、そうした霊的な存在とみなす。穀物のデーモンは、特に穀穂に宿り、ときには人間の姿、ときには動物の姿をとってあらわれ、また老人や老婆のすがたをして子供をこわがらせたり、狼や犬にもなったりする、豊穣霊は、こうして諸々のおそろし

い姿をとるとされる。……

　春や秋におこなわれる農耕儀礼についてのマンハルトの理論のすべては、長期にわたって、神話学者たちにとって、どう判断してよいか、分からない状態がつづいてきた。……そして最後に、ジェームズ・フレイザー卿が、その大著『金枝篇』において、これを全体として受け入れた。しかしフレイザーも、その該博深甚な学識と明晰な知性にもかかわらず、ドイツの神話学者たちよりも、問題をあざやかに解決したわけではなかった。エキゾチックな諸民族に関する膨大な材料を基礎にして、フレイザーがおこなったのは、むしろマンハルトと同じ単純な思考であり、マンハルトの観念のシステムを、その収集した多くの材料にあてはめただけであった。……かくして、マンハルトの理論にふくまれていた契機は、『金枝篇』というかたちで、巨大なマスターピースに変貌したのである。

　シドーは、これと同じ考え方を、スウェーデン語以外では、次いで1939年の2篇のドイツ語による論考で、やや角度を変えて論じている[35]。その中心になっているのは、マンハルトとフレイザーが過去に遡及させて意味解釈をおこなった現象を、人間の一般的な心理現象として読みなおしたことにある。すなわち、マンハルトがあれほどまで固執した特定の穀穂の意義については、民俗事象における〈最初〉と〈最後〉という一般論の観点から、次のような例えをもちいて説明している。

　ごくありふれた現象に対して、人は、特別の意味づけをしないのが普通である。春に渡り鳥が帰ってきて、毎日それを目にするようになると、そこには親しい旧知という以上のものを見ることはない。しかし、春にはじめて目にする渡り鳥となると、事情は違ってくる。それは、外的な作用因（externe Dominante）であり、人は、そこに結婚や死の前触れや、吉凶の予兆を認めることになる。

そしてこの観点から、予兆の強度とその条件などについて類型化を試みた。それと共に、またマンハルトの考察が成り立っている基本的な前提に対しても、すでに1934年の論考のなかで、否定的な判断を下していた。すなわち、始原の状態の人間はアニミズムその他の思考形態によって支配されており、またそれは、歴史時代を通じても、素朴な民衆のあいだに保存されてきたという観点である。

> マンハルト理論のもうひとつの仮説は、民俗伝統（tradition of the folk）は、一種のプリミティヴな思念が展開したものであるというとらえ方で、これはテイラーからとられたのであるが、間違った考え方である。……

むしろ、農耕における刈り取り行事のなかで、最後の穀穂が、・オーディンと呼ばれようと、狼その他の動物の名称をあたえられていようと、それは、穀穂が素朴で始原的な農民の精神に霊的な存在となっていることを意味しない。神話の継続があるわけでもない。それは、無数の文物のなかから、何らかの機会に選びとられた名称で、しかももとは実際的な機能を帯びていたと言う。それをシドーは、特に1941年のルント大学教授への就任記念講演で強調した[36]。それによると、たとえばハーヴァルラントでは敬虔なキリスト教徒たちは12月の正餐には胡椒菓子を焼くとか、一般的にもコウノトリが赤ん坊を運んでくると言われたりしているが、これらが、俗信と言えるようなものでないことはあきらかであろう。どちらにも、ふざけた要素が入っており、またそれを楽しんでもいるのである。つまり、フィクション（fiktiva talesatt あるいは fikte）である。こうした fikte は、穀粒に狼がひそんでいるという観念にもあてはまる。それを信じている農民はいず、また伝説などでも、それを伝えるものは見当たらない。それはむしろ、畑で作業をしている者が、子供たちを、麦畑から追い出すためにおこなう脅しが様式化したものであると言う。

……しかし批判精神を欠いた研究者たちは、鳥の姿に豊穣の神々をみとめるなどの主張をおこなってきた。そうした誤謬は、広く儀式の解釈についても言い得よう。すなわち、純粋に実用的な性格ではない行為の場合は、そのほとんどを儀式とみなすのである。たとえばクリスマス・ミサのあと、家まで競走するという風習があれば、ただちに豊穣を願う儀式とみなされるといったものだが、それは実際には、若者たちが力較べをするという以上のものではない。最後の穀穂の名前も、それを結わえる人間に向けたからかいの呼称という程度のものである。

　しかしそうなると、悽愴感にみち、しばしば霊気漂うといった観を呈してきた一般の民俗観が、ささいな日常的な要素の前に瓦解するのは、明らかであった。このため、ロマン派以来営々として築かれてきた民俗学の成果を無根拠なものにしてしまいかねないシドーの試みに対しては、当然にも、これまで民俗学をになってきた人々が反撥した。とりわけ、シドーの教授就任講演に対しては、同じルント大学の著名な古典文献学者であるマルティーン・ニルソンが、早速、反論を執筆し、それを、シドーの講演が活字にされたのと同じ雑誌の同じ号に掲載した。そこで、次のように言う[37]。

　　シドーは、諸々のことがらを、たいへ自信をもって説いてはいるが、それはいずれも、新しいメソッドのための例示という性格が勝ちすぎており、根本において疑義をいだかせところが少なくない。すなわち、体系のために、重要かつ基本的であるべき視点を犠牲にしているところがある。それは特に、歴史的な視点をめぐってである。

　そして、民間伝承の今日の形態が、いかなる歴史的作用によって形成されたのかという点が、シドーにおいてはあいまいであると言う。

またシドーの重点は、民間伝承の社会的・心理的位相におかれているが、それをもって、古い時代の民俗の意味を論じるということをみると、民衆(フォルクス)のなかのプリミティヴな層序についての特定の見解を前提にしていることになる。すなわち、そうした層は、永遠に同じ思念、ないしは親近な思念をつづけているという前提である。これに対して、古典文献学の研究者にとっては、伝承の起源と生成が、決定的に大事なのである。

　このニルソンの批判的な指摘に対して、シドーは、またもや詳細な反論をおこなった[38]。いくつかの事例によって自己の主張を補強するともに、また次のように述べて、逆に、歴史的な研究を標榜している側の欠陥を指摘した。

　……私に反論している人が、たとえばフィクションである《麦の老婆》や《穀粒の狼》その他を、伝承が破壊され変形された名残りであるとの説明をするのなら、私の方は、こう尋ねたい。では変形される以前の形態は、どこでみつかるというのか。それを発見することが、旧学派のひとびとにできるのであろうか。と言うより、旧学派は、そうした設問を明確におこなったことがなかったのである。それは、答えることができないからである。しかし私の方は、このフィクションという考え方を、遺漏なく説明することができる、断言してもよい。──すなわち、子供を穀物畑から追い出すのは、農民にとって絶対に必要なことなのである。……一般的にも、民衆(フォルク)が農耕のためにおこなう魔法めいた行事は、もっぱら何かを拒否するような性格にあるのであって、豊穣を招来するためのものではないようにおもわれる。私自身も、以前は、新緑の枝(ミィンツヴァイク)や五月樹(マイバウム)について、それらはいわゆる豊穣を畑に転移させるためになされるものであろうと記したことがあった。しかし、実際の民間伝承に則してみると、実態は、そうした理解とは異なっていることが判明する。……

第8章　ドイツ民俗学の諸動向　　535

4

　シドーとニルソンのこうした応酬によって、スウェーデンの新旧両学派の見解の相違と、その前提の違いが次第に明瞭になってきた。そのなかで注目すべきことのひとつに、新学派に対しては、理論的な考察や、モデル・ケースについての言及はあるものの、具体的な民俗現象にそくした大部な研究を欠いているとの指摘がなされたことである。ニルソンやセランダーは、フレイザーと重なる視点から、大部な著述をおこなっていたのである。新しい観点からの体系的な民俗記述への要請が、こういう論争の面からもでてきたのである。そしてこれに応えたのが、アルベルト・エスケレードが1947年に発表した『歳祭りの民俗行事』であった[39]。

　エスケレードはシドーの学徒であるが、同時にシギュルド・エリクソンにも近く、本書も、エリクソンが主宰するウプサラの「ノルディック・ミュージアム」の研究叢書の一冊として刊行された。この著作は、その後の北欧の民俗学にとって、とりわけ民俗行事や俗信の分野では教科書的な位置を占めることになったとされているが、事実、すこぶる体系的な体裁をもっている。すなわち、民俗学の〈方法と資料〉、民俗学の歴史、そして特に農耕儀礼を中心とした民俗現象の分析という3つの大きな部立てがなされている。このうち、民俗学の歴史的展開では、マンハルトからフレイザーへというアニミズム概念に依拠した豊穣信奉の重視から、シドーによるその否定という流れをあらためて整理している。具体的な事例では、論議の的となってきた刈り取り習俗に焦点を当てている。スウェーデンの広い地域を射程に置いて系統的に事例を検討すると共に、既に刊行されていた『ドイツ民俗地図』の刈り取り習俗に関係する成果を独自に分析しているのが特徴的である。この『歳祭りの民俗学』は400ページに及ぶ大著であるが、末尾に約20頁の英文の要約が付いており、それによっても、スウェーデンでの議論とその行き着いた観点をうかがうことができる。

　農業生活には一定のリズムがあるが、それが深く関わるのは、農作物

の成長の季節と暦の二つである。農民の主要な関心は、この周期的サイクル、すなわち種蒔き、刈り取り、クリスマス、新年といった節目の諸段階と密接である。それらの周期における主要な節目は、一定の持続性をもつのが特徴である。しかもそれらは規則的に現れ、その結果、慣習として固定的な性格を帯びることになる。その点では、慣習や信仰を扱うことになるが、それらが何であるかは、本書で解明した理論的な法則に従っている。

　牧草刈りや収穫を開始するのに適した時期に関する慣習は、神秘的と呼べるようなものをほとんど含んでいない。単純な動機に基づく行動があるのみである。穀物の収穫時期を判断するために、農民は農場から一束の茎を家へ持ち帰り、それらを部屋の隅に置くか、あるいは天井から吊すであろうが、その慣習には、古くからの豊穣信奉の痕跡といったものはまったく認められない。

　牧草刈りと収穫は、農耕生活のなかで最も厳しい作業であると共に、最も大事な期間でもある。我々のあいだでも、たとえば疲れや痛みを和らげようとする思念に関連して種々の魔術がみとめられるが、農民もまた —— 加えて儀礼に重みをおく生活慣習のなかにあるだけに —— 作業がうまくゆくことを確信するために何ならかの仕草を行なう。しかしそれが慣習の形をとるに至ったとて、古くからの植物生育の神や悪魔の名残などではあり得ない。

……

（新しい収穫物から作られた粥とパンについて）

　古い時代、僅かな作物の収穫が待望される季節になると、人々は早い収穫に適した農場から僅かな穀粒をまず入手した。その年の収穫作業を進めるにあたって、新しい穀粒を食することが大事であるとの観念がはたらいたのである。そうした食事については、重い儀式の性格を帯びていると見てしまい勝ちだが、それらもまた、豊穣を促す神聖な食儀礼とまではみなされてはいず、豊穣神の力を試すというものでもなかった。

第8章　ドイツ民俗学の諸動向　　537

収穫が終わると――本当の収穫祭が後に控えていたとしても――労働者には収穫のご馳走が振舞われる。そのご馳走には、新しい穀物や、農場で最後に刈り取られた穀物や、あるいは老人や子供が広い集めた穀物などで作った粥やパンが供される。またそのパンは、さまざまな形態に象るのが、祭りにおける一般的な習俗である。それゆえ、最後に刈り取った一束からこしらえたパンを食べる人は、それによって、その最後の一束になかにこもる豊穣の力や神と超自然的な一体化を遂げるための神聖な儀式との推測がかつてはなされたものである。しかし、収穫時に不作であることも稀ではなく、その面からも、上述のような（＝余りのものを使う）方法は、社会慣習として適切であることになる。

　また最後の一束に代表される魔術的な仕草については、証拠を挙げることもままならぬまま、上古の宗教心意や神話の脈絡を想定して関係づけるよりも、むしろ人間心理の一般的な法則から説明する方が適切であろう、とも説いている。

　　最後の僅かな麦藁や穀物束を集めないでおくという習俗も行なわれているが、これについては、別の見方を提示しておきたい。すなわち、〈最後のもの〉まで取り尽くしたり、必要なものはすべて取り尽し何も残さずにおくことに対して人間が示す抵抗の特殊な変形とも言えるであろう。空白憎悪、空虚のタブー、あるいは継続の魔法と呼んでもよいものである。この魔法の形態は、農夫の日常生活のあらゆる局面においてみとめられる。農夫は、干草や穀物の焼け跡、脱穀された穀物や食料の貯蔵庫、肥料置き場、牛の檻や豚小屋のなかを空っぽにすることを避けようとする。羊毛刈りの時期には、僅かな毛の一部分――それは〈生活の小さなかたまり〉（livtotten）と呼ばれている――が羊の体に残される。台所のポット、パンを焼くオーヴンや薪を入れる箱すら、空っぽにしてはならないとされる。よく知られているのは、財布に残った最後の硬貨を使っ

てはいけないという法則である。

　さらに収穫の最後の段階に幾種類かの動物（兎、山羊、豚など）が関係づけられたり、刈り取りが一番遅れた畑や最後の穀束、あるいはそれを刈り取る人に、〈老婆〉、〈古女房〉、〈貧しいお爺さん〉などの呼称が見られることについても、事例検証を行なった上で、豊穣神やその化身の頽落した形態といった神秘的な解釈はまったく斥けられる。動物で注目されるのは、兎狩りとの関係である。畑には野生の兎が棲息しているが、習性上、次第に狭まってゆく刈り残しの畑に追い込まれる。そこで、最後の刈り取りは、兎を一網打尽に捕まえる狩猟にもつながり、獲物の兎の引き受けや始末などの風習が重なることになる。また最後の畑の刈り取り人への呼称は、からかいや茶化しといった労働のサイクルに必然的な息抜きやアミューズメントが伝承の形態をとったものであると言う。したがって男女のめぐり合いや孕みや不能を指す多彩な言い方が点在するのは当然であると共に、それらの身上は正にエロチックな面白みにあるのであって、上古の豊穣信奉の名残りを想定するなどは、ははなはだしい見当違いであるとしている。〈それらの特徴は神秘的であるところにではなく、むしろ家庭的であり、社会的である〉とも言う。そして総論としては、次のような視点を提示する。

　　報告された数々の事例について、古代の宗教形態の名残りと見なくても、伝統の展開や機能は理解できることを、私は示そうとした。それらはむしろ、労働の技術的な要素が基盤となっており、加えて社会的環境と集団の心理的反応とのかかわりにおいて発達してきたと言うべきであろう。たしかに植物の生長とそれをめぐる時間のリズムは、農民の生活の全般にわたる自然の骨格であり、図式であり、それゆえ農民の信仰であり伝統である。……しかし伝統には、さまざまなカテゴリーがあるのであって、言うまでもないことながら、すべてを一まとめにして〈名残り〉とみなすような見方をとってはならない。

かかる観点が民俗研究の一般的な課題として提示されたとなると、この研究成果が、モノグラフィーを超える意味をもつこととなるのは、収穫行事の検討が始まった経緯からもあきらかであった。と言うより、早くから特にエリクソンが提唱していた理論的な指針が、エスケレードの実証研究によって裏づけを得たのであった。その結果、紆余曲折を経ながらではあるものの、スウェーデンでの動向は、刈り取り習俗や農耕儀礼の範疇にとどまらず、その後の民俗研究の根幹に変化を促したのである。

5

　エリクソンは、エスノロジーに傾斜した民俗研究を独自に追求しており、すでに 1930 年代の後半から基本的な観点を表明していた[40]。そのなかで特に重要なのは、民俗現象を資料としてあつかうときの三次元の考え方である。エリクソンは、エスノロジーは、〈素材、ならびにそれと結びついた物質的・心理的な姿勢と機能、またその姿勢と機能の現出・由来・起源の客観的な認識〉を目標とするとしているが、それを実現するにあたっては、資料の取扱いにおいて厳密な基準が要求されると考えた。それを、図式的に言いあらわしたのが、三次元の指標である。すなわち、エスノロジーや民俗学は、その材料をあつかうにあたっては、材料が位置している〈空間〉と〈時間〉、そしてそれをめぐる人間の〈社会的姿勢〉を厳密に特定することが必要であるというのである。言いかえれば、エスノロジーや民俗学の材料を比較検討するときには、材料相互の空間的、時間的、また社会的な位置を確認しながらおこなうことが重要であり、そうした関連を欠いた状態で、親近性や相互関係を想定することは、絶対に避けなければならないと言う。この主張が、フレイザーの『金枝篇』に代表されるネオ・ロマン主義のルーズな資料操作を批判してのものであることは言うまでもない。

　またその点では、この時期になされた、いくつかの方法上の模索や仮説とも、背景を共にしているところがある。たとえば、ヴァルデマール・リュン

グマンによるヨーロッパの基層文化をめぐる伝播理論の見直しなどである。ただし、リュングマンの場合は、同じくネオ・ロマン主義の克服と言っても、フィンランド学派、すなわち「フォークロア・フェローズ」が永年依拠してきた理念のゆきづまりの打開を、よりつよく念頭においてなされているところがある[41]。また、神話学とインド・ゲルマニスティクの流れを受け継ぎながらも、各方面からの問題の指摘を考慮して、古代北欧の宗教事情をできるだけ厳密に解明しようとしたのがヤン・ド・フリースであるが、やはりエリクソンとの接触をもっていた[42]。

　新スウェーデン学派に代表される北欧におけるロマン派思潮を克服しようとする動きは、この頃、海を隔てたドイツではナチ党政権がヨーロッパの国際政治を揺りうごかしはじめ、またナチ・イデオロギーが時代思潮の面でも影響力をつよめていたことを考えると、ヨーロッパの文化・思想にとって、すこぶる大きな意義があったと言わなければならない。因みに、インゲボルク・ヴェーバー＝ケラーマンは、1930年代から40年代にかけての民俗学の動向を概観したとき、一章を「スウェーデン学派とウィーン学派」を並べることにあて、それに〈同時代の両極〉のサブタイトルを付した。

　このスウェーデンでの新しい学問動向の価値がみとめられるのは、第二次大戦の終結とナチス・ドイツの崩壊をまたねばならなかった。ドイツへの紹介も、ナチズム民俗学からの脱却をめざしたヴィル＝エーリヒ・ポイカートとオットー・ラウファーの概説書によって、はじめてその輪郭が伝わったのである。またスウェーデン学派の視点や研究方法が、さらに広くヨーロッパに影響をもつようになったできごととしては、1951年に、エリクソンがストックホルムとウプサラのノルディック・ミュージアムに各国のエスノローグと民俗研究者を招いて行なったシンポジウムを見逃すことができない[43]。もちろんそれぞれの国での独自の動きも重要であるが、時期的にも、このあたりが転機となって、ヨーロッパの民俗学は第二次大戦以前の状況を克服することに向かって動き始めたのである。

6. インゲボルク・ヴェーバー＝ケラーマンによるマンハルトとレーオポルト・シュミットへの批判

1

　次に、ドイツ民俗学の代表者のひとりとして取り上げておきかねばならないのは、インゲボルク・ヴェーバー＝ケラーマン女史（1918-1993）である。女史は、その独自の研究によっても、またマールブルク学派と称される研究グループを作った存在しても、広く知られている。ドイツ民俗学会では、「女性研究」と「映像部門」の2つのセクションの創設者でもある。しかし1993年3月に長逝した。

　この場所で女史を取り上げるのには、理由がある。その最初の大きな仕事が、マンハルトに因むものであったからである。ここでは、女史の活動の全体像を紹介するわけではないが、その初期のマンハルトにちなんだ研究に注意することは、ドイツの民俗学が従来の研究の殻を破ってゆく様子を知ることにもなる。前節で管見したスウェーデンの動向と重複するところがあり、事実、そこから刺激を得たことも明らかであるが、マンハルトがロマン主義民俗学の土台であったという点では、土台自体の見直しであった。

＊

　マンハルトが、グリム兄弟の神話研究を受け継いで民俗学を発展させたことは先に見たが、そのときマンハルトは、それまでになかったような新しい方法をとりいれていた。アンケートによる調査である。それも、かなり大規模なものであった。因みに現行の民俗について広く情報をあつめることはヤーコプ・グリムも計画し、1815年から部分的に実行に移していった。それらは今日も保存されており、分量的にもかなり膨大なものである[44]。ただ、マンハルトの計画は、ヤーコプ・グリムにくらべると、もっと民俗学に近づいた性格をもっていた。もっともマンハルトは、その質問状を、次のように書き出して、グリム兄弟との関係を前面に出している[45]。

私は、グリム兄弟の弟子で、民衆(フォルク)の解明を生涯の課題としております。これまでにも「ゲルマン神話の研究」、「ドイツと北方の諸民族における神々の世界」その他を学術誌『ドイツ・神話——慣習雑誌』に発表するなど、長年にわたってヨーロッパ諸民族の民間習俗と民間俗信を方法的に解明しようとつとめて参りました……

　この15000通の質問状が、当時郷土の文物に興味をしめす人が多い社会的グループであった国民学校の教員、牧師、一部の地主貴族(グーツヘル)、それに各地の民話収集家に向けて発送されたのは、1865年のことであった。送付先は、数年後にビスマルクによってドイツ帝国として統一されることになるすべての地方にわたっているほか、オーストリア、ハンガリー、ポーランド、バルト海諸国、フィンランド、スカンジナヴィア諸国、ベルギー、オランダ、スイス、イタリア、フランスに及んでいる。そして、2128通の回答が今日も残っている。質問状は25項目からなっているが、次にその一部を抜き出してみる。

1. 貴方の地方では、干草、亜麻、穀物の収穫において、注目すべき習俗がありますか。
2. 収穫はどのようにおこないますか。利鎌(ジッヘル)で(根元から)刈るのですか、それとも穂先を切るのですか。
5. とりわけ、最後の茎を畑から刈りとるとき、最後の束を縛るとき、あるいはたばねられた最後の束を脱穀するときなどに、特殊な古い習慣が残っているでしょうか。北ドイツ、南ドイツともに、多くの地方では、最後の束を動物のかたちにつくったり、木でこしらえた動物の模型をそれに飾りつけたりします。そのかたちは地方によってさまざまで、豚、狼、牡山羊、雄鶏、雌牛などがあり、またその最後の束は、〈麦豚、茎の牡山羊、狼、雄鶏、兎〉などと呼ばれます。また亜麻の最後の束には、生きた蝶を結わえることもあります。さらに、イギリス、スコットランドから、ドイツの全域、さらにスラヴ諸国にいたるまで、

多くの地方では、最後の束に人間をかたどった人形をのせます。それは男の姿のこともあれば、女の姿のこともあります。また着物を着せることもあれば、花やリボンで飾るだけのこともあります。また頭部、腕、性器をがそれとわかるように作られることもあります。これらの人形は、英語では Harvesdame（収穫の婦人）、Maiden（乙女）、Kirndolly、Kirnbaby（穀粒人形）などと呼ばれ、ドイツ語では Kornmutter、grosze Mutter、Weizenbraut、Haferbraut、der Alte、die Alte、またスラブ語では Baba、Stary、Bonkart（私生児）、Pepek（臍）などと言います。最後の茎を刈りとった人が、その穀物人形をとりつけたり、結わえなければならないといったことがありますか。

21. 地主貴族(グーツヘル)が収穫している畑に最初にやってきたとき、あるいは他所者が同じようにやってきたときには、穀穂のリボンを結びつけてやることがありますか。またそのときに唱え言をするでしょうか。

2

これは、いかにも民俗学らしい、あるいは民俗学がはじまろうとするときらしい疑問ということができる。それは、人間の社会生活の実態や趨勢について、精緻な情報をもとめようとしているという意味ではない。そういう面でなら、むしろ啓蒙主義時代の方が、民衆の生活実態の冷静な把握の事例をもっていた。またマンハルトと同時代、それも民俗学に近い関心においても、たとえばオーストリアのヨーハン太公のグループなどは、統計学の伝統を生かした調査をおこなっていたのである。

マンハルトの関心が民俗学に特有であるのは、むしろ、日本の民俗学が開始したときに立てられたいくつもの設問、たとえばシャクジないしはシャグチという地名は何を意味するのかとか、ある神社の祭礼で当番役が袖に隠した干乾しのオコゼを見せ、人々が哄笑でこれを迎えるというしぐさは何に由来するのか、といった生活のなかの謎めいた現象や奇異な習俗への特別の関心から発せられた疑問と通じるものがあるからである。

もちろん時代は柳田國男よりも半世紀近く早いのであるが、このあたりの雰囲気は、『石神問答』などと似たところがある。因みにここでマンハルトが挙げている『ドイツ・神話－慣習雑誌』とは、1853年にグリム兄弟の弟子のヴォルフが刊行したロマン派の民俗学の草生期の雑誌である[46]。創刊号にはヴィルヘルム・グリムが、発刊を喜んで激励の文章を寄せている。そして各地のさまざまな珍しい習俗についての20篇ほどの報告があつめられている。そのひとつはチロールの文人（という形容が相応しい文筆家である）イグナーツ・ツィンガーレによるチロール地方の蝶をめぐる俗信の紹介である。マンハルトは、もちろん毎号健筆を揮っている。ツィンガーレも、寄稿をつづけてゆく。4号になると、マティーアス・レクサーも加わって、民間伝承について論じている。この雑誌は、1号から3号までヴォルフが編集したが、急逝したため、4号はマンハルトが担当し、またその号で終わった。

　今日でも、こういう雑誌を拾い読みしていると、民俗学がこれから始まろうとするときに特有の、みずみずしい素朴な好奇心が伝わってきて、心なごむ思いを覚えさえする。しかしそこには、特定の先入観、ならびにそれと表裏一体になった実証性の欠如や、空想への依存が入りこんでいたのであった。すなわち、現行の習俗を、歴史的に連続性を追跡することもなく、古ゲルマン時代からの流れを汲むものと考え、したがってそれらを神話の脈絡において理解しようとする志向である。しかしそうした欠陥も、ひとつの専門学が始まるときの未整理な部分として、後続の人々が修正を加えておれば、これというほどの問題には発展しなかったはずである。しかし、事実は、初期の神話学の民俗学が伴っていた欠陥が、ますます拡大する方向をとったのである。これが、民俗学という専門学には必然的なものなのか、それともドイツ社会全体の歪みを、民俗学もまた受け持った故かというのは、微妙な問題である[47]。

　もっとも、これらの故にマンハルトの志向そのものをまったくマイナスとして評価することは、時代的な条件からも不当なあつかいであろう。しかしマイナス面が後世においても修正されなかったという意味では、民俗学に特

有の危険な要素の定着を意味していたと言える。すでに先のアンケートの質問項目が、まったくの白紙の疑問ではなく、そうした珍習奇俗をつなぎあわせることによって特定の世界観を描こうとして発せられていることはあきらかであろう。またそれが、非合理的で深く小暗いロマン派の世界へ人をさそうものであることも、想像に難くない。

　そこでここでは、マンハルトのアンケートのなかから、特に 21 番目の質問項目に即して、問題の性格にふれてみようと思う。

　マンハルトの質問に対する回答には、少なくとも今日も残っているものに関しては、おざなりの返答ではなく、関連する風習を詳しく報告しているものが少なくない。送付先が適切でもあったのであろうし、こういう調査が時宜を得たものとして受けとめられもしたのであろう。したがって、この 21 番目の項目についても、かなり多数の事例や関連した現象が収集されることになった。また地主貴族(グーツヘル)が収穫が始まると、その畑地を訪れるというのは、偶然のできごとではなく、ある種の決まりとしておこなわれていたらしい。マンハルトが、この質問をしたのも、それが各地でみられる習俗だったからであった。訪問を迎えるときの決まった型があり、またそのときに歌われるさまざまな歌いものがあったのである。さらにまた、刈り取りに用いる利鎌をこすったり、研いだりするしぐさが組になっていることもあった。こうした現象を念頭においての質問で、またそこへ多数の報告が加わったのである。これらを分類しながら、マンハルトは次のような結論に到達した。

　　地主貴族(グーツヘル)やその奥方、あるいは他所者が、収穫作業中の畑や脱穀場へやってきたときには、彼らは、代表者、あるいは引っこんでいた穀霊（それは形状から見て穀霊であろうが）が姿をあらわしたものとみなされて、シンボル性に富んだ挨拶を受ける。その挨拶が……デーモンのからめとり、あるいは穀物の刈り取り（ないしは脱穀）によってなされたデーモンの死を意味していることは見紛いようがない。

また、刈り取り習俗のこの場面については、そこでの歌いものをいくつも材料にもちいながら、地主貴族(グーツヘル)、ないしは出現した他所者を、逃げてゆこうとする穀霊とみなして、それを捕らえて殺し、それによって新たな実りを期待するというシンボルである、とも考察している。のみならず、それは、テオクリトスの詩歌のなかにみえる最古の収穫の歌とも重なるものであるとし、古代ギリシアの大地母神デメーテル信奉とも重なるとも説いている。
　この考え方は、ヤーコプ・グリムのなかにもみられ、19世紀の民俗学者のひとりであるであるウルリッヒ・ヤーンも、親近な理解をしめしている[48]のみならず、その後も、刈り取り習俗となると、決まって、この地主ないしは第三者の畑地の訪問という事項は一定の比重を占めることになった。その流れは、ずっと後までつづいており、たとえば近年ではエリアーデが、この考え方の延長上に理論を立てている[49]。

3

　ところで、こうしたロマン派の民俗観が、最後にはどこへ行き着いたかをとり上げてみなければならない。その過程が他にはなりようがなかったとまでは言えず、従って民俗学が必ずそこへ入りこんでゆくというものではないであろうが、事実としてドイツにおいては、民族体(フォルク)イデオロギーとの接近が起き、最後はナチズムとの重なりを生じさせたのである。
　ナチ党は、民俗知識をさまざまなかたちで活用するのであるが、その最とも直接的なのは、新しい祭日の設定であった。そのひとつに〈収穫感謝祭〉がある。これによって、収穫行事は、農民という特定の職業階層に固有のものから、国民的な行事に一般化されることになった。すなわち1933年を皮切りに以後毎年開催されるようになったビュックベルク山上のセレモニーである[50]。毎年、ミヒァエルの日（ミヒァエリース）のあとの最初の日曜には、大農民集会と銘打たれたイヴェントがあり、ドイツの全土から農民の代表者たちがハーメルン郊外のこの丘のふもとへあつまって、総統ヒトラーをかこんで頂上まで登った。山頂につくと、ヒトラーは、設けられた演壇へ進んで、

会場をうずめた数十万人の参会者を前に演説をおこなった。その様子はラジオで全国に中継され、また新聞その他のジャーナリズムによって報道されるのである。演説と並ぶ儀式のもうひとつの頂点は、数十人の乙女たちが、先ず農業大臣（ナチ党の帝国農民指導者でもあるヴァルター・リヒャルト・ダレー）に、次いで〈国家第一の労働者〉ヒトラーに花輪を授けるというひとこまであった。因みにこの形容は、やはりナチ政権下で国家の祝日となった５月１日の「ドイツ国民のナショナル・デー」に因んだものである[51]。

　ビュッケベルクはドイツ中北部の丘陵地帯に位置するが、そこが行事の開催地に選ばれたのは、その地方でナチ党が総選挙で強い支持を得ていたことが第一の理由だったであろう。特にゴスラーは、この行事の直後に〈帝国農民都市〉（Reichsbauernstadt）として、ナチ政権の農業政策のモデル都市とされた。なお当時の解説書には、ビュッケベルクは古ゲルマン時代の民会の場所と比定されてもいるが、それ自体は不確かである。もっとも、そういう触れ込みは、ナチス好みのイヴェントの場所なったトイトブルクの森のエクステルン岩（Externsteine）とも同巧である。因みに、今日もつづくこの奇勝地への大仰な意味付けは、民俗学というよりは、先史学と考古学がフェルキッシュ思想と絡み合いながらナチズムと相乗に陥った推移のなかで理解すべきものでもある[52]。それはともあれ、大農民集会をニーダーザクセン州としたのには、党大会の方は南ドイツのニュルンベルクで開催というように、大きなイヴェントを、地域的に割りふる配慮もはたらいていたらしい。またナチ党はセレモニーの企画においては、好んで、中世の面影を残している場所を選んだが、ニュルンベルクと同様、このあたりもそういう雰囲気のただようところである。この収穫感謝祭においても、ヒトラーは、ゴスラーを訪れた後、会場へ赴いたのであった。

4

　以上のような歴史的展開をみるなら、収穫行事をめぐって批判的な研究がなされる必要性と必然性があったことは納得されよう。それをおこなったの

が、インゲボルク・ヴェーバー＝ケラーマンであった。すなわち、ベルリンのナショナル・ライブラリーに保存されていたマンハルトのアンケートへの回答をあらためて分析することによって、ドイツの民俗学をその原点において見直したのである。これはインゲボルク・ヴェーバー＝ケラーマンの学位論文でもあるが、その『19世紀の農村の労働世界における収穫行事』[53]が刊行されたのは、マンハルトのアンケートからちょうど100年後の1965年であった。したがって、ドイツ民俗学の興隆と挫折と再建への動きは、マンハルトとヴェーバー＝ケラーマンの収穫行事をめぐる2つの労作にはさまれた100年間に起きたことになる。

それを、今、先にみた収穫行事の一項目である、地主や他所者の到来について一瞥する。収穫の時期に各地でみられたこのひとこまについては、すでにヴェーバー＝ケラーマンの師であったアードルフ・シュパーマーが、穀霊などは関係がなく、一般的な祝福のセレモニーであるという説を立てたことがあった[54]。事実、この場面に関係してマンハルトのもとに寄せられた回答のなかには、祝福の意味の歌謡がいくつも入っている。

しかしまた、刈り取りや脱穀が始まると地主貴族(グーツヘル)やその代理の差配人がやってきて、ビール代（酒代）を渡すという地方があり、それに関連した歌いものも伝わっている。その脈絡では、リボンをつけたり、歌をうたうのは、到来者に御祝儀を催促するという意味をもつことになる。

ヴェーバー＝ケラーマンは、『収穫習俗』の「結ぶことと、ほどくこと」の章で、収穫時期にみられるこの他者の到来のひとこまをとりあげている。マンハルトのいわば原論と、それ以後のいわば修正論の両者について、それぞれの支持材料をあげ、またそれらがその論をどの程度実際に支えるものであるかを詳しく検討している。

また、各項目の点検に先立って、19世紀半ばのドイツの一般的な農業事情を、地域ごとに概観するという作業を併せておこなっている。

こうした操作をおこなうにさいして、インゲボルク・ヴェーバー＝ケラーマンは基本的な視点をもっていた。19世紀におこなわれた調査から知るこ

とができるのは、19世紀の農村事情であるという考え方である。これは、今日からみれば、当然の見方であろう。しかし、民俗学は、その当初から、また戦後になっても一部では、民俗調査の結果が示すのは、古い時代の遺習であるという先入観のもとで推進されてきたところがあったのである。

　こうした検討と推論を積みかさねながら、ヴェーバー＝ケラーマンは、到来者への結びものの行事の意味をさぐっていった。そして、これまでの修正論でも明確にはあらわれていなかった、次のような意味あいが、かなり一般的な妥当性ももつことを主張した[55]。

　……東エルベ地方の農民労働者は、19世紀に、収穫の開始時に自分たちの地主貴族(グーツヘル)が畑地へやってきたときには、結んでほどくという仕草をおこなっていた。しかしこれは、非合理的な底流があって、神秘な殺しの意味をもつ無意識の集団的記憶がはたらいているというものではない。この仕草は、決して古い供犠慣習の名残りなどではない。また祝福をあたえるといった牧歌的なものでない。御祝儀をねだるといった安っぽいお世辞でもない。ここには、たとえやって来たのがその収穫地の所有者であっても、それも含めてあらゆる侵入者から、ひととき、自分の〈畑地の権利〉を守ろうとする集団の意思がある。仕事をする人間の意識の点で、ちょうど手仕事の職人が〈仕事場の権利〉を防衛するのと同じ精神において、彼らは、結び、そしてほどくのである。かくしてこの慣行は、農村労働者の手のなかで、まったき法慣習の質を獲得したのである。

　インゲボルク・ヴェーバー＝ケラーマンのこの労作の意義は、ロマン派的な世界観による民俗の意味づけが成り立たないことを、かつてと同じ材料をもちいて証明した点にある。ここでは、穀穂やリボンを結んだりほどいたりするという行為にかぎって取り出してみたが、ヴェーバー＝ケラーマンの趣旨は、19世紀の農村社会を、支配、土地所有の移動、労働の実態、労働の種類、農村内部の階層、家政、雇用、性差、などに目配りし、そのなかに、

民俗現象を位置づけることにある。また地域名を部立てとするなど、地域の差異にも関心をはらっている。さらに言い添えれば、その生涯にわたって得意としたのは、やはり19世紀の農村生活であった。因みに、晩年の著作で評判になったものに、『19世紀の農村生活』がある[56]。したがって、女史は、その活動の最初と最後に同じテーマで大きな仕事をしたことになる。また女性史や家族史の研究でも、リーダーであった[57]。

5

　最後に、女史のこうした行き方をレーオポルト・シュミットと対比させておこうと思う。先に言及したように、第二次世界大戦後のドイツ民俗学の再建者として最大の人物は、何と言ってもレーオポルト・シュミットであった。それは言い換えれば、民俗研究において次の変動が起きるとすれば、レーオポルト・シュミットの研究方法にどのような姿勢で臨むかが問われることでもあった。次章であつかうヘルマン・バウジンガーによる民俗学の全体にわたる改革も、先人との関係では、レーオポルト・シュミットを如何に乗り越えるかという意識とからみあっていたのである[58]。そうした性格は、インゲボルク・ヴェーバー＝ケラーマンにおいても認められる。ここではその学位論文にして主著のひとつである『十九世紀の農村の労働世界における収穫行事』を取り上げてきた。これはマンハルトの調査資料をマンハルトとは異なった視点において洗い直すという意欲的なものであるが、学史的には、その間に注目すべき研究がはさまれている。レーオポルト・シュミットの『農民の労働神話における形態聖性——ヨーロッパの民間俗信と民俗行事にみる収穫用具とその位置に関する研究』(1952年)である[59]。200ページ余りで特に大著ではないが、レーオポルト・シュミットの問題意識と研究方法が総合されていると言ってもよい。形態聖性（Gestaltheiligkeit）とは、耳慣れない造語であるが、そこに研究にあたっての観点が端的に表現されてもいる。本文の書き出しはこうである[60]。

ハルバッハ谷で採集されてルーマニアの昔話がある。ある兄弟の男たちが、彼らの姉妹を見失って探していた。やがて一番上の兄は、美しい牧場にぶつかった。〈そこには、ひとりの老人が木製の大鎌(ゼンゼ)で草を刈っていた。その老人は神様だったが、誰もそれを知らなかった。〉ここには、ヨーロッパの農民フォルクの神話的な観念がある。神そのものが老いた農夫の姿で現れる。そして草刈りという労働をしている。手には草刈り道具が握られている。しかしその道具は、あり得ないものである。つまり、木製の大鎌だと言う。現実とは違った道具を持つ神話的な形態(Gestalt)。別の世界の道具。現実の世界の刈り取り道具、つまり実際の大鎌において、その蓋然性を思い浮かべるのは、刈り取りの仕事をする人間が神話的思考をするからである。それが、この研究において踏破することを意図する分野である。すなわち刈り取り道具と刈り取る人が、現実の諸要素から発して、精神と心理の世界へ移って行く様子である。……なぜなら、収穫に用いる刈り取り道具は、あるがままの存在、つまり世俗的作用と手応えのものとしてのなり立ったのではなく、そのようにのみ生き続けているのでもない。むしろそこには、強い精神的・心理的な諸力があり、また幾千にも重層した伝承が共に作用していた。そうした諸力と伝承の中心は、道具の形態のこもる聖性への信仰であった。

　穀物や牧草の収穫作業に用いられる利鎌(ジッヒェル)と大鎌(ハビゼンゼ)は、台所用具における鍋や包丁と同じく、ヨーロッパの人々の生活では最もありふれた事物である。少なくともコンバインが普及し切るまではそうであった。そうした誰もが知悉している道具を材料にして民俗学における物質文化研究の方向を提示しようとしたのである。すなわち、ここで表明されるように、道具は機能的な物体としてのみ存在するのでなく、同時に空想や想像の世界にもまたがっている。空想にはまったく個人的で一回きりのものもありはするが、また多くの重要な脈絡は伝承としても蓄積されてきた。それを利鎌や大鎌について尋ねてゆくと、何が見えてくるのか、またそれはどのような見方をすればよいのか、

というのがテーマである。

　レーオポルト・シュミットは、その課題を2部にわけて考察した。第一部は機能的な側面である。利鎌と大鎌は、直接的には穀物の茎や牧草を切断する道具であるが、収穫は農耕における最大の節目でもあるため、それには農耕全体の意義が凝縮されているところがあり、2種の道具の周囲には行事や習俗が多彩に展開する。たとえば収穫時の天候が順調に推移することを願う唱えごととからんでいる場合は、それらは呪具の性格を併せ持つことになる。またそこを起点にして人生や生活の諸契機にも、そのまじないは広がってゆく。さらに刈り取りが大きな節目であるところから、多くの民話が付随する。一例を挙げると、刈り取り競争の言い伝えがある。父親から牧草地を相続するにあたって、3人の兄弟のうち、決められた面積を一番早く刈り取った者、あるいは一定の時間内に牧草地を最も広く刈り取った者に贈与されるといったものである。そして競争を始めた3人は、同じ位の成績を収めたが、互いに相手を出し抜くことができないことが分かると、牧草地の真ん中で喧嘩を始め、終に大鎌で殺し合いをして3人とも死んでしまう。それ以来、その土地には、まともに牧草が生えなくなった、あるいはそこには時々3つの鬼火が出没する、といった特定の土地にまつわる起源伝承などである。因みに、この3人の刈り取り人の伝承は、ヨーロッパの各地にさまざまなヴァリエーションを作りながら分布して、民話の一類型となっている。つまり、刈り取り競争を命じるのは、父親の代わりに領主のこともあり、勝った者を娘婿にするという筋などがある。そしてたいていは、3人が共に破滅するのである。——これらの言い伝えの取り上げ方を見ると、レーオポルト・シュミットが次節でふれるカール＝ジギスムント・クラーマーの法制民俗学に近い位置まで来ていることが分かる。さらに言い添えれば、ゴットフリート・ケラーの名作『三人の律儀な櫛職人』のような文学作品の理解にも少なからず刺激となるところがあるであろう[61]。

　また付属品の鞘の有無を検討し、さらに砥ぎ道具として、石、鉄、そして珍しいところでは木片にも注目している。研ぐことを意味する動詞に

〈wetzen〉と〈streichen〉があるのは、後者は本来、木片での研ぎを表していたとの論証も混じっている。

　第二部は、神話とキリスト教の説話をあつかっている。利鎌について言えば、その基本になるのは、それが三日月を思わせる形態をとることで、それゆえ古代オリエントや古代ギリシア・ローマ以来、利鎌は月と重ねあわせられて観念されてきたという。それをウラノス、クロノス、アルテミスなどギリシア神話、そして旧約聖書のサムソン、またバールからクロノスを経由してサトゥルヌスという系譜などにおいて検討し、それはさらに利鎌の霊的な出現を男性像と女性像に分けた整理へと進む。それに続いてキリスト教説話の世界にこれらの道具がどのように点在しているかを考察し、それも男性像と女性像に分けている。たとえば、女性の聖者ノートブルガ（hl. Notburga）は中世から崇敬の歴史はあったものの、信奉が高まったのはイエズス会の活動によってであったとされるが、そのなかに利鎌の奇跡が含まれている。ノートブルガが農婦の姿で人々に混じって刈り取りの作業をしていたとき、日没が迫った。その日のうちに仕事を終える必要があったところから、彼女は、利鎌を空中に投げてそれが浮かんでおれば願いが聞きいれられたことの証しとしようと説いた。果たして、利鎌は太陽の光線に引っかかって静止した。これは、元は聖女ノートブルガとは関係のない話のようであり、各地からさまざまな変形が採集されている。要素に分解するならば、空中浮遊は、本来は聖餅（オスチア）の浮遊説話の派生形であろう。またノートブルガの名前が聖者としてであれ、ただの村娘としてであれ頻繁にあらわれるのは、貧民への慈善者という古くから伝えられてきた性格によるものであろう。しかしその説話もほとんどは地方的で断片的である。ただそこに遠く月と利鎌をめぐる古代神話とのつながりがあることが推測されるが、それは神話の延命や今日まで続く生命力といったものではなく、利鎌の三日月という形態（Gestalt）がその核をなしているとされる。

　この著作は、レーオポルト・シュミットの膨大な数の論考のなかでも特に労作と言ってよい。それは、当時レーオポルト・シュミットが抱えていた幾

つかの問題がまとまってあつかわれているからである。その根幹は、道具は物質文化財であるとともに精神文化財でもあるとの観点を具体的に、しかもきわめて身近な日常的な事物において論証することにあった。そこで対象は利鎌と大鎌となった。ところがそれらはヨーロッパの風土においては余りにも基本的な道具であるゆえに、すでに上古や古代において存在した。ヨーロッパ地域のみならず、それと接続する麦類が栽培される広い場所で行われていた（ソ連邦の連邦旗に農民のシンボルとして利鎌が入っていたのは記憶に新しい）。しかも古く溯るほど農耕儀礼・行事の意味合いは大きいところから、収穫道具には重々しい神話が付着していた。すなわち神話学の世界に入ってゆくのである。因みに、近代において神話学の基礎を据えたのはグリム兄弟であり、またその衣鉢を民俗学の分野で継いだのはヴィルヘルム・マンハルトであった。つまりそうした神話研究にまで広がる種類の民俗学をこなしておくことをレーオポルト・シュミットは意図したのであろう。しかし神話は、レーオポルト・シュミットの必ずしも得意分野ではないことは、この著作の出来栄えが示している。多くの神話学者の説を活用してはいるが、素材の拾い方も諸々の学説への批判も、現行ないしは近い時期の民俗現象をあつかうときほど手慣れた感じではない。それゆえ勢い、ヴォルフガンガ・シュルツなどウィーンにおいて神話学の研究をつくってきた人々の学説に依拠する割合が高くなっている。利鎌・大鎌が〈月の神話〉と重なってゆくことは、三日月を指すドイツ語が Mondsichel であることが示唆している。この著作がカール・フォン・シュピースに献呈されたのも、シュピースがともかくも上古の神話の専門家だったたからであろう。

　かくして、レーオポルト・シュミットのこの著作は、労作ではあるが、必ずしも意図が完全に客観化されたものとはなってはいないところがある。しかしまたそのなかには、慧眼をうかがわせるに十分な指摘が幾つも混じっている。ナチ時代に民俗学界においてにわかに話題となったものに、穀物の収穫のさいして渦巻き状態に刈って穂を並べる、いわゆる〈車刈り〉(Radmähen) があった。それを太陽信奉の名残と見る説が優勢で、その脈絡にそっ

た事例収集が学者によってもなされていったが、その意味付けにフィールドワーク者の作為があることを、レーオポルト・シュミットは見破った。それを明確にしたのは、この著作においてなのである。これについては、別の場所で解説をほどこした[62]。

　ところで、このレーオポルト・シュミットの農具研究は、刈り取り習俗を対象にしているところから、やがてマンハルトの再検討を始めたインゲボルク・ヴェーバー＝ケラーマンの批判を受けることになった。女史にとっては、その対象と取り組む以上、超えるべきハードルだったのであろう。かくして、マンハルト、レーオポルト・シュミット、そして女史自身が同じ素材をどう見たかという、たとえば次のような個所が成り立った。刈り取り作業にいそしむ者が雇い主の庭で行なう伝統的な脅しの仕草をめぐってである[63]。

　　　収穫作業人が脅しをするのは、男性の刈り取り人の荒っぽい習俗である。雇用者が酒手を承知しないときには、庭でキャベツをすぱっと切って見せる。これに対するマンハルトの意味づけは、畑の霊を殺すという観念圏に位置づけられており、次のような結論となっている。〈《農民を殺す》という言い回しを明らかにするには、以下のことを踏まえておかなければならない。最後の穀穂を刈り取る人（ないしは結わえる人や脱穀する人）の代わりとなる農夫あるいは農婦は、民間俗信では老人とか穀母に成り代わるか演じるかする。……したがってこう問うてもよい。ドイツ、デンマーク、ポーランドに分布している儀礼（Sitte）は、果たして遺漏なく意味が解かれているのであろうか。刈り取り人が最後の穂を刈った後、自分の大鎌を研いで（streichen あるいは wetzen）、もはや刈り取るものがないことを嘆く。……〉レーオポルト・シュミットは、この複雑な思考脈絡を批判して、〈物ねだり人たちの定型〉に要約した。つまり〈物ねだりが聴き入れられないときには、家や住人に危害を加えるとして脅すのだが、特に刈り取り人習俗の場合は、庭のキャベツを相手にし、刈り取り道具を用いるのが無理がないのである〉と言う。このマ

ンハルトの資料に見える習俗は、そこに挙げられている具体的な時間と場所のなかに置いてみれば、もっと先へ進まなければならないことになる。シュミットの意味での物ねだり——そうなるとねだる人間はその権利を死者の群れとの神話的な代理関係から得たことになるが[原注]——は、ここでの行為とは何の関係もない。刈り取り人は、自分の権利を、その果たした労働という現実に即して得たのである。この〈物ねだり〉は物乞いのしぐさではない。正当な要求を強調するために、いくらかふざけた振る舞いを加味しただけなのである。

（原　注）Karl Meuli, *Bettelumzüge im Totenkultus, Ofperritual und Volksbrauch.* In:Schweiz. Arch. f. Vkde. 28（1928）,S. 1.

ここでインゲボルク・ヴェーバー＝ケラーマンが挙げているように、マンハルトの理解の基本は豊穣信奉にあった。雇い主を豊穣神とみなし、それゆえ翌年のために殺すという行為が付会するのであり、それに報酬の要求が加わるとキャベツが身代わりになって犠牲になるという筋道を設定するなど、こみいった神話的脈絡を重ねるのである。その複雑な連関の想定にどの程度まで妥当性があるのかに疑義を呈したのがレーオポルト・シュミットであった。そんな大層なものではなく、要するに〈物ねだり〉という民間習俗の流れで理解することができるのではないかとしたのである。なおそこで触れられている神話学のカール・モイリの論考について言えば、たしかにレーオポルト・シュミットが参考として挙げてはいるが、原文を見ると、物ねだり習俗の起源を古代の死霊信奉とする見方に与しているわけではない。その理解にもとづいてモイリが挙げた事例も含めて、物ねだり習俗（Heischebrauch）を民間習俗の一類型と見ることができる点にレーオポルト・シュミットは注意をうながしたのである。因みに、物ねだりは、新しい時代では子供が主体の行事に多くみられるものであるが、その行為が一種のジャンルを作っていることに、レーオポルト・シュミットは強い関心を寄せていたのである（なお〈物ねだり〉は、背景の違いを無視して日本との対比で言えば、門付け芸

と似た現象を呈する場合が少なくない）[64]。

これに対してインゲボルク・ヴェーバー＝ケラーマンは、伝統的な民俗に現れるしぐさも、雇用者に対する被雇用者の権利の主張という社会的な性格をもつことを重視したのである。女史の観点はレーオポルト・シュミットのそれと擦れ違っているところもありはするが、民俗現象を〈社会的な秩序構造〉の反映として把握しようとするもので、そうした行き方がこの著作であらわれたのである。その観点を女史はその後も強めてゆき、後の学史解説では、『収穫行事』ではなお部分的であったレーオポルト・シュミットへの批判を全面的に表明するまでになった[65]。

このまことに多岐にわたる活動をみせた学究に、ウィーン神話学派の一人というレッテルを貼るのは妥当ではない。とは言え、そのシュミットの場合も、著作の少なくとも一冊はその種の世界にはまり込んでいる。『形態聖性』と銘打った書物で、しかもそれはカール・シュピースに献呈されたのである。シュミットは民間俗信と民俗行事を媒介にして、彼の言う精神的民俗文化と物質的な民俗文化を、〈農民の労働神話〉なる意味合いのなかで総合的にとらえようとする。この労働神話とは、物質文化が併せ持つ精神的な容量のことで、シュミットはそれを縷々と書き綴った。彼はこの著作の序文で、次のように力説している。〈現象に能うかぎり完全に突き入ったときはじめて、私たちは、何千という具象補足をもとにして抽象的形態を取り出すことができる。それは数千年を通じて労働する人間がシンボルとして了解してきた形態に他ならない。そのとき農民の労道具は、精神性を帯び、かつ魂のこもった本然の姿を現出する〉。この著作が刊行された1952年の段階でも、それはすでに時代後れの定義であり、内容的にも乗り越えられていた。シュミットは農民の労働具、特に利鎌と大鎌をめぐって、事物にまつわる聖性と人間との伝統的な関係を整理した。〈精神的ダイナミズム〉のなかに、すなわち受容と残存物の保存を超えてなお生きつづける伝承のなかに、シュミットはフォルク

文化と宇宙との相関を見る。そこでは、社会学的な問題設定は回避されている。シュミットの神話ダイナミズムは、担い手階層からほとんど遊離したところではたらいている。しかしダイナミズムとは、シュミットの行き方とは反対に、休むことなき変化の過程——これは必然的に社会的な領域へ延びてゆくはずだが——という事実を直視することではなかろうか。もしそうなら、神話の分野における変遷も、その神話が機能している社会的な秩序構造の変遷を度外視しては考えられないことになろう。……

かかる観点から、女史の最後の大きな仕事は、マンハルトが取り組み、しかしそこに神話の延命を読み取った場所である19世紀のドイツの農村について民俗学の側から総合的な像を構成することにおかれた。それが『19世紀の農村生活』(1987年) である。その序文には次のように記されている。そこでは、女史がレーオポルト・シュミットを克服しただけでなく、ユストゥス・メーザーやグリム兄弟の民俗文化への取り組みをも客観化したことが直截に語られている[66]。

　村の法律家でもあったユストゥス・メーザー (1720-1794) がヴェストファーレンの農村を理想的なものとして描いて以来、ドイツの民俗学は、都市の文化や外国の文化にドイツの農村を対置することを続けてきた。もちろん学問としての民俗学には進歩があったが、そこで何よりも重視されたのは、農民文化の資料を集めることであった。……つまりグリム兄弟の後、19世紀を通じてこの専門学を貫いて響いていたモットーとはこうだった。〈伝承文物を消滅する前に集めており、今が最後の時期だ！〉。こんな研究目標の立て方をすれば、対象を集めることが中心になるのは火を見るよりあきらかではないか。対象、つまり文物である。家屋形態、衣装、歌謡、行事、もちろん昔話も入ってくる。しかし、そこに人間はほとんど見えない。それらとかかわっているはずの人間、そ

れは言い換えれば文化的諸現象の社会的な場に他ならない。……

　以上は、レーオポルト・シュミットとインゲボルク・ヴェーバー＝ケラーマンを、両者の絡み合うテーマにおいて観察した。個別行事の解釈が正解にたどり着いたか否かはともかく、その展開には生産的なものがあったとは言い得よう。

7. 歴史民俗学と法制民俗学

　ドイツの民俗学の特徴、とりわけ日本と比べてもマイナス面での特徴としては、歴史学的な裏付けが脆弱であったことを挙げなければならない。ナチズムへの傾斜を食い止める力が内部で弱かったのも、民俗学のにない手たちが歴史研究者ではなかったことが関係しているように思われる。ドイツの民俗学の開始をどこにおくかという問題はさておいて、19世紀前半のグリム兄弟の存在が大きかったことからも想像されるように、民俗学のにない手は、おおむねドイツ語学やドイツ文学の研究家、すなわちゲルマニストであった。もっとも、ゲルマニスティクはグリム兄弟以来、研究作業の根幹にフィロロギーを据えてきた。その点では意外なほどの逸脱も、より大きな原因は時代思潮への批判力を欠いていたことにあったとは言えるであろう。それは言い換えれば、先入観が勝ちすぎていたことである。一例としてベルリン大学のユーリウス・ペーターゼンの門下から出たローベルト・シュトゥムプフルを挙げると、その『中世演劇の起源としてのゲルマン人の祭祀行事』(1936年)はゲルマニスティクの分野では今なお完全には否定されていない。たしかに修練を積んだゲルマニストの精緻で才気のある研究であり、当時嘱目されたのも無理はないとの印象をあたえるところがある。しかし、逆に言うと、文献学的に遺漏のないように見える手続きも、テーマに取り組むときの構図の歪みを修正するには至らなかったのである[67]。

ともあれ第二次大戦後にいたるまで、民俗学は一貫してゲルマニスティクの内部、ないしはその周辺部で継承されてきた。それ以外の系譜がまったくないわけではないが、何といってもこれが本流であり、民俗学関係の教職も、ほとんどゲルマニストが占めていた。民俗学科が分立し、その出身者たちがこの分野のポストにつくようになるのは、ようやく1980年代に入ってからである。したがって、民俗学がロマン派的な世界観に傾斜し、最後はナチズムとの同調にまでいたる経緯は、アカデミズムの次元ではゲルマニスティクのなかでの動きであった。

　民俗現象が歴史的に形成されたものであることは、今日から見れば、当然すぎることがらである。しかし歴史学の視点が希薄であったドイツでは、民俗現象を歴史的なものとして追跡したり、評価したりすることが驚くほど少なかったのである。因みに、日本では、民俗学が主に歴史学の研究家によってになわれてきたことがプラスに作用したように思われる。柳田國男の場合も、山村の住民を先住民族とみなしたり、民俗学を〈新しき国学〉と呼ぶといった危うい側面をひきずってはいた。だからとて柳田國男自身も、民俗学界全体も暴走にいたらなかったのは、歴史研究という手堅い手法を伴っていたからであろう。ところが、そうした歯止めをもたなかったのが、ドイツの民俗学であった。もちろん、そこには日本とドイツがおかれた状況の違いもあるではあろうが、この要因もやはり看過できないように思われる。そして第二次大戦後の民俗学の再建の過程で、民俗学は〈厳密な歴史研究〉でなければならないという主張が起きた。もっとも、戦前から、常識的ないしは良識的な次元での歴史的な視点をもっていた研究者はかなりおり、そうした人々は、ナチズムへはあまり傾斜しなかったのである。

ハンス・モーザー

　ところで第二次大戦後に主張された歴史学的な観点の重視は、これはこれで独特のニュアンスを帯びていた。それは、この方面の提唱者として知られるハンス・モーザーにおいて端的にみることができる。ハンス・モーザーは、

戦前からの民俗研究者のひとりで、最初期の民衆劇慣習の研究以来、主に民俗行事を対象にして研究をつづけ、特にバイエルンの民俗研究の中心人物のひとりであった。そして戦後途絶えていた同地方の民俗研究の機関誌を『バイエルン民俗学年報』として再刊した。そしてその第2号である1954年の号に『今日の民俗学について』というタイトルで、学界の現状の分析と、今後の課題をとり上げた。この論考は、今も学史的に里程標のひとつとみなされている[68]。そのなかには、折からめざましい活躍の時期に入ろうとしていたレーオポルト・シュミットやレーオポルト・クレッツェンバッハーといったオーストリアの民俗研究者をドイツ学界のなかに正当に位置づけるべきことを説いた件りもある。しかし論考の中心は、やはりナチズム問題の克服におかれていた。その鍵を、ハンス・モーザーは、歴史学的な視点と手法を徹底させることに見出そうとした。

　注目すべきは、そのときの論調である。と言うのは、それは、決して一般的な意味で歴史を重視するということではなく、特定の手法を念頭においた主張だったからである。それがはっきりあらわれたのが、ポイカートに対する批判であった。ヴィル・エーリッヒ・ポイカートが、戦前・戦中の困難な時期にも学問的良心を堅持した人物であり、戦後、民俗学界のリーダーとなったことは、先に紹介した。また民俗学界だけにとどまらず、その経歴や人柄によって、広く社会的にも尊敬をあつめていた。ところが、ハンス・モーザーは、目下の民俗学が乗り越えなければならないものとして、二つの誤った方向を挙げた。ひとつは〈過去の民俗文化に失われたパラダイスを見ようとする素朴な考え方〉である。もうひとつは、19世紀以来の文化史なものの見方である。そのさい、前者の代表者としてオットー・ヘーフラーを、また後者の代表者には、驚くべきことにポイカートを挙げた。オットー・ヘーフラーは、1938年から1945年までミュンヒェン大学のゲルマニスティクの教授で、ナチズム民俗学の一方の代表者であった。そのためにドイツの敗戦とともにその職を去ったのである（しかし、ヘーフラーは1957年に、ウィーン大学のゲルマニスティクの教授として復権した）。ヘーフラーは、ドイツ人

の基層文化が古ゲルマン時代の観念から連続するとする見解の代表者である。これは古ゲルマン文化の〈連続性〉と呼ばれ、アカデミズムの水準でのフォルク・イデオロギーの柱になった考え方でもある[69]。したがってナチズム民俗学の克服の過程では、この〈連続性〉が大きな問題になったのであった[70]。なお言い添えれば、ヘーフラーの〈ゲルマン人の宗教的結社〉の考え方は、3歳年下ながら尊敬して止まなかったローベルト・シュトゥムプフルの着想を受け継いだものでもあった。ハンス・モーザーは、そのヘーフラーと並べて、ポイカート流の〈射程の長い文化哲学〉を、克服すべき対象として批判した。すなわち、文化的諸現象を、〈内的なテーマにしたがって、始原期から近代まで順番に並べられた一定の文化的局面に分類配列する〉という手法は、複雑な個別事情を捨象した〈ヘルダーの文化哲学と同様の観念的裁断〉である、と言うのである。

　オットー・ヘーフラーのようなナチ党系の学者と、ナチス時代に信念を堅持した人物を並列して批判するのは、挑発的なしわざであった。しかもそこには、ドイツ文化の偉大な先人であるヘルダーまで、ネガティヴな面から言及されるのである。その挑発であることは、ハンス・モーザーにも百も承知であったであろう。これに対してポイカートは、やや時間をおいてから、その主宰する民俗学の定期誌上で、過去数年間の民俗研究を多数の書評をまじえながら整理したさいに、ちょっとした反論を書いた。〈ヘルダーに倣うことは、何の批判にもあたるまい、私はむしろそれを誇りに思う〉と述べ、また逆にハンス・モーザーの行き方こそ、〈ズボンのボタンやトランプ札の名称を、学問の名のもとに玩んでよしとする〉瑣末主義であると批判した。また、学問は何よりも、全体がいかなる構図にあるのかをあきらかにすること、歴史的世界を相手どるとすれば、それぞれの時代の〈全体の息吹〉がどのようであったかを見定めることにあるはずである、と言った上で、ことさら軽くいなした様子をつくったのであろうか、〈しかし間奏曲はこれくらいにして、次の書評に移ることにしよう〉として切りあげた[71]。

　したがって、ハンス・モーザーとポイカートの対決は、わずかに刃がふれ

あうかふれあわないかという程度で終わることになったが、それはそういうものであろう。ともあれ、これが、歴史民俗学が明確に主張された最初であった。またハンス・モーザーは、『今日の民俗学について』のなかでは、その実際の作業の方向についても述べた。すなわち、大事なのは、〈資料に立脚した民俗文化の厳密な歴史的記述〉であるが、それを実現するには、2つの指標を設けた方がよいと言うのである。ひとつは、〈自然条件と有機的に結びついた明瞭に展望可能な地理的空間をともかくも限定してみること〉という、空間の面での設定である。もうひとつは、〈時間的には、比較的あたらしい時代であるこの500年間に限定すること〉という条件付けである。

　モーザーの見解は、要するに、民俗現象を歴史的にあつかうには一定地域に限定して調査をおこなうこと、つまり他の地域の類似した現象を無媒介に関係づけて、そこから意味を引き出すようなことをしてはならず、また資料的にそうした研究方法が困難な近世以前の時代については、民俗学は自制した方がよいと言うのである。振り返ってみると、ナチズムに流れていった歴史観や民俗研究は、正にここで否定された手法によって支えられていたのである。すなわち、空間的にも時間的にもつながりがはっきりしない現象を恣意的に結びあわせて意味づけし、また好んで中世の時代をとり挙げていたからである。

　ハンス・モーザーについて、もう少し付言しておくと、ある意味では挑発的なこの論考から想像されるのとは違って、たいへん地味な研究者である。その仕事のほとんどは、民俗現象について史料を丹念に読みこんで、その歴史的な性格を洗いなおすというものである。とりわけ、従来は、ある土地の昔からの伝承行事と普通に受けとめられている現象について、歴史的にはどこまで遡ることができるか、また歴史を通じて散見されるいくつかの記録のあいだにつながりがあるのかどうかを問うことに情熱を燃やした。しかも、それほど本格的に考究すべき対象とは従来はみなされなかったようなものについてであることが、しばしばである。すなわち、民俗のなかでも広い意味での芸能にあたる祭り行事のついてのものが多いのである。たとえば、〈戸叩

きの夜〉の行事（クリスマスの前夜や、その数週間前から木曜日ごとに、扮装者などが各家を訪ねる行事）とか、三聖王の日（1月6日）の前夜に、三聖王に扮した子供たちが、やはり各家を訪ねてまわる行事といったもので、これらは現今では子供が中心の行事であり、モーザー以前には、本格的な究明はなされなかった。しかしそれでいながら、この種の徘徊行事は、古ゲルマンに遡るといった先入観が広く支配していたのである。これは、五月あるいは新緑の季節にマイ・バウム（メイ・ポール）を立てるという習慣などでも同じで、やはり歴史的な資料の厳密な追跡がなされないままに、上古から連綿とつづいてきたかのような印象が一般に定着していたのである。こうした、一見たわいのない行事で、したがって深刻に究明はなされなかったものの、それでいてイデオロギー色が濃厚に付着していた民俗行事を、ハンス・モーザーは驚くほどの精力を費やして追求していった[72]。

　そうしたハンス・モーザーの研究の結果、現行の民俗行事で中世にまで遡ることができるものはきわめて稀であることが判明した。また同じ土地で昔も今もおこなわれている行事と雖も、連続しておこなわれてきたとは簡単には結論づけるわけにはゆかず、歴史のなかでの波動の繰り返しの結果、遠目には連続しているように見えるにすぎない場合があること、また現行の民俗行事が中世の早い時期にも、ましてや古ゲルマンにも遡及することができない以上、古ゲルマン文化を念頭においた意味づけは成り立たないことなどが、モデル・ケースのかたちで明るみにでてきたのである。

　ハンス・モーザーの研究姿勢は、そうした地道なものであるが、そのなかで何度か、正面から民俗学のあり方を論じた。その一つめは、今紹介した1954年の論考である。二回目は、フォークロリズムという概念の提唱、三回目は、ヴィルヘルム・ハインリヒ・リールに対する評価で、いずれもドイツ民俗学の曲がり角において、指針となり、大きな影響力をもった。このうち〈フォークロリズム〉については、現代民俗学の概念でもあり、それに適した場所で箇所でとりあつかう[73]。リールをめぐる問題も、ここでは詳しくは取り上げることはできないが、簡単に言うと、次のような問題とかかわってい

る。リールは、グリム兄弟とは別の系統の民俗学を提唱した人物で、ドイツで民俗学が曲がり角に立つときには、常に指標として省みられてきた先達である。第二次大戦後も、民俗学の再建が課題になったときには、〈リールに帰れ〉という声がたかまった。それはたとえばドイツ民俗学会の戦後最初の大会であるユーゲンハイムでの第7会大会であり、そこではヴィクトル・フォン・ゲラムプが、民俗学の立ち直りの指標としてリールにあらためて注目すべきことを説いた[74]。しかしまたリールは、ナショナリズムからナチズムへというドイツ社会が歴史の隘路へはまりこんでゆく過程でも、民族体運動の側から常に人気のある存在であった。驚くべきことに、民俗学において昔も今も声価のたかいその『学問としての民俗学』は、ナチス・ドイツの東方侵略を支持するイデオロークであった政治学者マックス・ヒルデベルト・ベームによっても序文を付して復刊されたのである[75]。ハンス・モーザーは、こうしたリールのあいまいな評価をただすことをめざし、文献資料と現行習俗の克明な調査の経験にてらして、リールの文章の歴史的実態との異同の程度を検証したのであった[76]。こうした実績のゆえに、ハンス・モーザーは、ドイツ民俗学界ではたいへん尊敬され、高齢で亡くなったときには、葬儀にさいして学会会長が献花した。

カール＝ジギスムント・クラーマー

　ハンス・モーザーとポイカートの応酬が歴史研究をめぐる議論として、どの程度の水準のものであるかについては、見方が分かれるであろう。しかしポイカートとハンス・モーザーの両者の研究を実際に読んでみると、簡単には総合できるものではないことも理解でできるはずである。それはともかく、ハンス・モーザーの提唱を受けつつも、ハンス・モーザーとは別のかたちで歴史的な方向の民俗学を結実させたのが、カール＝ジギスムント・クラーマーであった。

　クラーマーは、永くキール大学の教授をつとめ、今日のシュレスヴィッヒ・ホルシュタイン州の民俗学の基礎を築いた人でもあるが[77]、これは1950年代

後半にはまだ数が少なかった民俗学の教職ポストをもとめて赴任したことによるもので、主要な業績には、学生のときからのフィールド・ワークの場所であるバイエルン州北部、すなわちノランケン地方を対象にしたものが多い。クラーマーの方法論考には、1968年に発表された『歴史的民俗文化を研究するための原理と方法』があり、その考え方の特徴を知るのに便利である[78]。しかしこれは主要な業績がほぼ出揃った後に、改めて整理しているという性格にある。このなかで、クラーマーは、民俗研究が依拠すべき資料を次のように分類している。

(1) 記録資料（神学・学術著作、旅行記録、回想記録、日記、年代記、文学作品）
(2) 法令資料（部族法、〔中世の〕法書、域内法典、都市法、村落法、警察条例、風俗条例、その他）
(3) 古文書資料（会計帳簿、裁判・行政記録、〔教会〕巡察記録、畑地・屋敷地記録、相続証書、売買証文、財産目録、教区司祭記録簿、教会堂記録簿、奉納文書）
(4) 映像資料（美術作品、民俗工芸など）
(5) 残存資料（家屋遺構など、家具・道具、身分的・ツンフト的遺制、法制遺習、宗教生活の慣習、残存習俗など）
(6) 間接資料（民話・昔話、慣行・習俗など）

　このなかで、クラーマーが特に重視し、また頻繁に活用しているのは、(2)法令資料と(3)古文書資料である。それに較べて、一般に民俗学のイメージと強く結びついている民話・昔話や民俗儀礼・行事などは間接資料として位置づけられている。これからだけでも、クラーマーの民俗研究が、従来の行き方とはかなり相違するものであることが知られよう。なかでもクラーマーが、その活用において最も精彩を発揮したのは、村落法、警察条例、風俗条例、都市や村落の会計帳簿、またとりわけ裁判記録である。
　これらの資料を通じておこなわれたクラーマーの民俗研究の大きな特徴は、

過去の民衆生活を体系的に把握することをめざした点にある。代表的な著作としては、『近世の低地フランケン地方における農民と市民』(1957年)[79]、『アンスバッハ伯領とその周辺地域における1500－1800年期の民衆生活』(1967年)[80]、『法制民俗学概説』(1974年)[81]などを挙げることができる。前2著は、ドナウ河上中流域の特定地域を対象にして、地方・村方文書を通して、村落と都市の景観から書き起こし、集団形成、支配関係、教会と俗信、家屋と家族、雇用・労働形態、集団行事、娯楽、言語慣習などを体系的に叙述したものである。これに対して、『法制民俗学概説』は、特定の都市や村落ではなく、「近世村落のモデル」をあつかっており、次のような整然として章立てにおいて過去の村落生活が、スケレットのような堅固な美しさで呈示されている。全体で12章のうち、補足と結びを除いたはじめの10章を挙げると、第1章「規則」（村法、警察条例などの諸規則）、第2章「空間」、第3章「時間」、第4章「名誉」、第5章「差別」、第6章「制裁」、第7章「個体」、第8章「労働」、第9章「官庁」、第10章「教会」となっている。

クラーマーによれば、個別のテーマや事例だけを突出してとりあげるのは、それが全体のなかでどの程度の比重を占めるのかがあきらかではないために危険であり、過去の民衆生活の復元は、できるだけ体系的におこなわなければならない。事実、クラーマーの著作は、いずれもそれを実現したものであった。そのさい、クラーマーもまた、ハンス・モーザーと同じ制約を課している。ひとつは、空間を限定して研究をすすめる方がよいという考え方である。もうひとつは、時間的、すなわち時代的な限定で、地域を限定した民衆生活の体系的な復元は、近世以降でなければ困難であろうという認識である。それは直接的には資料の制約のゆえで、中世については〈中世ヨーロッパには文化的な統一性があったという逃げ道〉でもつかう以外には、総合的な把握はむずかしいと見るのである。そこで、民俗学の立場からは、〈知りたいという学問的衝動は1500年あたりの境界線の否定に傾き勝ちだが、……当面は、現代の直接の前段階である近世にエネルギーを集中するのが合理的であろう〉という指針を語ってもいる。ハンス・モーザーとカール＝ジギスム

ント・クラーマーという民俗学において古文書のあつかいに最も手慣れた 2 人が、共にこういう見解を表明しているのは、ヨーロッパ社会における文献史料の存在のあり方の本質にふれるものがあると思われる。

　ところで、クラーマーが、その研究の方向を〈法制民俗学〉となづけたことにも、ふれておかなければならない。これは、ひとつには、村落の諸々の決まりや、警察の条例、裁判の記録などを、主要な資料としてもちいる行き方のゆえである。しかし、それによって目指されるのは、通常の民俗研究とはかなり異なったものであると言わなければならない。それぞれ二番目の特徴である。すなわち、多くの民俗現象は、広い意味での法意識によってかたちづくられているとの観点であり、それ故に〈法制民俗学〉の名称なのである。

　クラーマーは、自己の民俗研究の立場や性格を何度か方法論のかたちでとりあげているが、『法制民俗学概論』のはじめでは、3 種類の事例をあげて、その法制民俗学の視点と方法を解説している。その 3 種類の事例は、広い意味での法制と人間のかかわりのなかから異なった水準のものを拾いだしているのであるが、ここではそのなかの最初の例だけにとどめておく[82]。

　〔事例 1〕中部フランケン地方の市広場（マルクト）ブルクベルンハイムでは、17、18 世紀に、聖霊降臨節の巡回行列がおこなわれていた。それをおこなう人々は〈馬の若衆（ロスブーベン）〉を呼ばれた。彼らは、聖霊降臨節の日曜には午前中にミサに参集したあと、教会堂の前に集合して、未婚の乙女たちに野原からとってきた草花でこしらえた花輪を配った。翌朝、彼らは、この乙女たちから、卵、小麦粉、ラードを貰い、それでケーキその他の焼き菓子をこしらえてもらう。またその日には、午後のミサの後、彼らは、仲間のなかから村長（シュルトハイス）と市長（ビュルガー・マイスター）を選出し、次いで領主の代官の館まで馬でおもむき、そこで色リボンと腰のサーベルという出で立ちで、次のような名乗りをおこなう。〈我らは、いにしえの法をもとめて参上したる次第にて、古きものを

捨てることをせず、また新しきに走ることも欲せず。〉そしてこれが許諾されると、この自治体の羊牧場（シェーフェライ）ヒルペルツホーフへ行って、そこで羊飼から〈新規の運上１フロリン〉を受けとる。そのあと、やはり馬で２つの隣村へ行き、家々をまわって、食べ物をあつめ、それを馬につけていた畑役人用の籠に入れる。それが終わって引き返し、ある家にあつまって（この家が何であるかは資料からは詳細不明）、〈徴収してきた〉品々で御馳走をこしらえて会食をする。そのあとのダンスには、扈従も全員が参加する。市長役所もこれにはいくらか支出をしており、1651年以来、出納簿に記載がある。

　以上の記録は1729年のものであるが、そこにはまた近隣においても、同種の騎行による行事がおこなわれていることが併せて記されている。またこの行事の因由についても言及があり、〈これなる騎行は、地区の牧場におもむいてヒルペルツホーフの牧羊者より、その牧羊を許された故に、毎年、運上として差し出されるチーズもしくは１フロリンの金銭を受納せんがためである〉とある。<u>これまでは、聖霊降臨節の騎行行事は、豊穣魔術の行為という理解がプロトタイプとなっており、それは同じく聖霊降臨節の牧人の行事にまで敷衍されていたのであるが、これを見ると、〈牧場のチーズ〉の授受が行事の核になっていることはあきらかである。</u>………この明白な法的な核に、他の多くの要素があつまったのであった。これが核心要素であることは、代官の前での儀礼的な名乗りにあたって〈いにしえの法〉という言葉があらわれることによっても知られるのである。………

　クラーマーの視点からすると、民俗行事が従来とはどのように異なってみえてくるかについては、下線をほどこしておいた箇所によって、一目瞭然であろう。近世の早い時期に羊の飼育が普及し、従来、馬匹の飼育に供されていた自治体の牧場の一部が羊の飼育をはじめた者に割り当てられたという。その地域で一般的に起きた変化が、この行事の核になっているとされるので

ある。総じて、クラーマーによれば、さまざまな民俗行事のなかには、広い意味での法意識が網の目のように走っている。それを的確に把握することによって、行事を一般的に古い時代や始原の文化の名残といった恣意的な解釈におちいることをふせぐことができるという。このクラーマーの方法は、特に民俗行事の生成や意義について、それらの歴史な位置を特定する上で手堅いものであった。

＊

以上、簡単ながらハンス・モーザーとカール＝ジギスムント・クラーマーをとりあげた。この2人を一緒にあつかったのは、両者がドイツ語圏における〈歴史学的民俗学〉の主唱者としてしばしば並べられて話題にされるからであるが、また両者が補完しあう関係にあるからでもある。クラーマーは、ロマン派以来の民俗学が陥り勝ちであった恣意的で空想性の勝った遡源志向にとどめをさしたと言ってよく、またハンス・モーザーは、民俗行事を機能の歴史的変遷の面から把握する道を切り拓いたのであった。

注

1) Gottfried Korff, *Volkskundliche Frömmigkeits-und Symbolforschung nach 1945.* In: Ethnologia Bavarica (Bayerische Blätter für Volkskunde, 13) München/ Würzburg 1986, S. 1.
2) 全面的に見渡すとなれば民俗学を構成する部分領域のそれぞれについて動向を把握しなければならない。しかしそうなると必ずしもナチズムに重点をおいた構図というわけにはゆかず、ナチズム問題の検討というテーマは拡散せざるを得ない。たとえば民俗行事研究でははナチズムとの関係は研究史の本質にかかわるところがあり、また昔話研究や家屋研究の分野でもそれは一定の重要性をもつが、生活陶磁器や水運者の研究では、ナチズムという視点から見ることは必ずしも生産的ではない。また民俗工芸ではナチズムは話題としては重要であるが、より有益なのは、宗教性との関わりに重点をおいて研究史を洗い直すことであろう。ともあれ部分領域に区切って研究史についても多少の概観を含むものとしては、次の解説書がある。参照、*Grundriß der Volkskunde. Einführung in die Forschungsfelder der Europäischen Ethnologie,* hrsg. von Rolf W. Brednich. Berlin [Dietrich Reimer] 1988.

3) Gerhard Heilfurt, *Volkskunde jenseits der Ideologien. Zum Problemstand des Faches im Blickfeld empirischer Forschung.* In: Hessische Blätter für Volkskunde. Jg. 53(1962), S. 9-28, 今日では次のアンソロジーに収録されている。*Fach und Begriff 'Volkskunde' in der Diskussion*, hrsg. von Helge Gerndt. Darmstadt［Wiss. Buchges.］1988, S. 179-208

4) マティルデ・ハインは、ユーリウス・シュヴィーテリングの着想にもとづきながら、ドイツ民俗学の方法を4種類に分類して、1960年頃までの研究動向を整理したことがある。すなわち、①歴史学的および文献学的方法、②地理学的方法、③心理学的方法、④社会学的・機能主義的方法、である。この分類は便利のよいものであったので、よくもちいられた。地理学的な方法の成果としては、アードルフ・バッハの方言研究やリヒァルト・ヴァイスの『スイスの家屋と風土』(1959年）などを代表的なものとして挙げており、またそれと並べて、ツェンダーの宗教民俗の研究を挙げている。Mathilde Hain, *Volkskunde und ihre Methode.* In : Deutsche Philologie im Aufriss, hrsg. von Wolfgang Stammler. Berlin［E. Schmidt］Bd. III (2. Aufl. 1962), Sp. 2547-2570; なおこれには次の拙訳がある。参照、マティルデ・ハイン『ドイツ民俗学とその方法』(愛知大学『文学論叢』第86輯（昭和62年）、第87輯（昭和63年）所収．

5) インゲボルク・ヴェーバー＝ケラーマン『ドイツ民俗学——ゲルマニスティクと社会科学のあいだで』第IX章にこの指摘がある。

6) ヴァイマル共和国末期にドイツ学術振興会（Deutsche Forschungsgemeinschaft）の重点的な企画として推進された『ドイツ民俗地図』(Atlas der deutschen Volkskunde)が実際に成果を得て刊行に至ったのは、ナチ政権下であった。ハインリヒ・ハルミャンツ（Heinrich Harmjanz 1904年生）はケーニヒスベルク大学の学生活動家としてキャリアを開始したナチ・エリートで、火防せの呪禱（Feuersegen）で学位を得た後、東プロイセンへのドイツ人移住史と地名の研究を手がけつつ教授資格を取得して1938年にケーニヒスベルク大学教授、翌年、フランクフルト大学(a..M.)の教授となった。学術行政にも野心的で、文化省の大学監督官のポストをも兼任した。さらにドイツ民俗地図に介入して、その最初の6回の配本（120点の地図を含み、通常そのプロジェクトの第1巻とみなされる）に際して自己の名前を冠した。参照、*Atlas der deutschen Volkskunde,* hrsg.von Heinrich. Harmjanz und Erich Rohr. Lieferungen 1-6, Hirzel in Komm., 1937-40.: 以後、プロジェクトは中断し、戦後1954年に西ドイツのBad Godesbergに本部を設置して事業が継続されることになった。

成果の配本が再開されたのは、1959年であった。復興を担当したのはカール・マイゼンとギュンター・ヴィーゲルマンで、2人は新たな刊行に際して、構想と方法、ならびに成果の蓄積を受け継いで事業を継続することについて多くの人名に言及しつつ長文の解説を執筆したが、ハルミャンツについては、既刊分の編集者という書誌データを機械的に挙げる以上にはふれなかった。その扱いは、関係者には自明のことがらだったのである。参照、*Atlas der deutschen Volkskunde. Neue Folge. Auf Grund der von 1929 bis 1935 durchgeführten Sammlungen im Auftrag der Deutschen Forchungsgemeinschaft,* hrsg.von Matthias Zender. Erläuterungen Bd.1, zu den Karten NF 1-36. Marburg 1959-1964. bes.Vorwort und Einführung von M.Zender, S.1-16, und Technische Einweisung von M.Zender und G.Wiegelmann, S.17-21. ハルミャンツはまた、ドイツ民俗学会の運営にも手を伸ばし、その研究誌をハインリヒ・ヒムラーの親衛隊に属する学術運営組織「祖先の遺産」に移管させることを推進し、それと共にフリッツ・ベームに代わってNF. Bd. 9（1941年）からその編集者となった。なおハルミャンツと「祖先の遺産」との関わりについては、次の研究がかなり詳しい解明を行なっている。参照、*Völkische Wissenschaft,* hrsg.von Hannjost Lixfelt u.a. Wien u.a.1994, S.226-228, 239-240, 252, 258-265.

7)『ドイツ民俗地図』へのゲオルク・シュライバーの関与については、本書第2章「フォルクストゥームの概念」の第8節「カトリック教会系におけるフォルクストゥームの概念」、また同章への（注78)を参照。

8) Matthias Zender, *Räume und Schichten mittelalterlicher Heiligenverehrung in ihrer Bedeutung für die Volkskunde.* Düsseldorf 1959, 2. Aufl. Bonn 1973.

9) Karl Meisen, *Nikolauskult und Nikolausbrauch im Abendlande. Eine kultgeographische volkskundliche Untersuchung.* Düsseldorf [L. Schwann] 1931. (Forschungen zur Volkskunde, hrsg. von Georg Schreiber, Heft 9-12).

10) ゲオルク・シュライバーについては、本書所収の次の拙論を参照、「ゲオルク・シュライバーの宗教民俗学」

11) Günter Wiegelmann, *Alltags-und Festspeise. Wandel und gegenwärtige Stellung.* Marburg [N. G. Elwert] 1967. (Atlas der deutschen Volkskunde, Neue Folge, Beiheft 1.)

12) リールの積極面を評価したことについては次を参照、Günter Wiegelmann, *Riehls Stellung in der Wissenschaftsgeschichte der Volkskunde.* In: Jb. f. Vkde. 2, 1979, S. 89-100; リールの『プファルツの人々』は次を参照、Wilhelm Heinrich Richl, *Die Pfälzer. Ein rheinisches Volksbild.* 1. Aufl. 1857., 3. Aufl. hrsg. von Berthold Riehl. 1907; また『バ

ヴァリア』は次を参照、*Bavaria, Landes- und Volkskunde des Königreichs Bayern.* 5 Bde. Von einem Kreis bayerischer Gelehrter unter der Leitung W. H. Riehls bearbeitet, München 1860-1868.

13) Günter Wiegelmann, Matthias Zender, Gerhard Heilfurth, *Volkskunde. Eine Einführung.* Berlin〔Erich Schmidt〕1977.（Grundlagen der Germanistik, hrsg. Von Hugo Moser und Hartmut Steinecke. Mitbegründet von Wolfgang Stammler, 12）.

14)"*Arbeit und Volksleben.*" Deutscher Volkskundekongreß, 1965 in Marburg. Göttingen〔Otto Schwarz〕1967

15) Günter Wiegelmann, Matthias Zender u. Gerhard Heilfurth, *Volkskunde. Eine Einführung.* Berlin〔Erich Schmidt〕1977. S. 224.；またインゲボルク・ヴェーバー＝ケラーマン『ドイツ民俗学――ゲルマニスティクと社会科学のあいだで』第 XI 章にも同様の指摘がある。これらは、戦後の民俗学のなかでの認識であるが、一般的な事実としても種々の統計はこれを示している。たとえば『マクミラン世界歴史統計、ヨーロッパ 1750 － 1975』（原書房 1983）によって算出することもできる。

16) Richard Walther Darré, *Das Bauerntum als Lebensquell der nordischen Rasse.* 1929; Derselbe, *Neuadel aus Blut und Boden.* 1930. 後者には次の邦訳がある。エル・ワルタア・ダレエ著・黒田禮二訳『血と土』春陽堂書店、昭和 16 年．；ダレーについては、本書所収の次の拙論を参照、「ナチス・ドイツの収穫感謝祭」

17) 以上の略歴は、次の雑誌の 1958 年号がブレポールの 65 歳を祝う記念号にあてられたことにちなんで、そこに掲載された履歴解説によった。参照、Soziale Welt. Zeitschrift für Wissenschaft und Praxis des sozialen Lebens, 9（1958）, Göttingen〔Otto Schwarz〕またここにはブレポールの著作目録も併載されている。

18) Wilhelm Brepohl, *Industrievolk im Wandel der agraren zur industriellen Daseinsform, dargestellt am Ruhrgebiet.* Tübingen 1957.

19) たとえば、次のような例である。『ルール地方の工業民衆』の項目のひとつに、工業地帯の民衆の日常会話のテーマについての調査がある。そこで著者は、工業労働の等級、つまりホワイト・カラー、ブルー・カラー、また頭脳性の勝った労働、単純労働などに分けて調査している。そして結論であるが、単純労働になればなるほど、視野は狭くなるので、話題は、自分たちが日頃かかわっている機械についてのものが多くなる、と言うのである。率直に言えば、こういう結論は、おかしい。要するに、著者が先入観をもって調査に臨んだために、そうした結論を得ることになったとしか言いようない。このあたりが、ブレポールが、意図はポジティヴ

であるが、思想的には保守的であったと評される所以である。

20) Wilhelm Brepohl, *Aufbau des Ruhrvolks im Zuge der Ost-West-Wanderung.* 1948
21) たとえば次の論考がある。参照、Wilhelm Brepohl, *Der Standort der industriellen Volkskunde. Von der kulturwissenschaftlichen zur soziologischen Methode.* In: Soziologische Forschungen unserer Zeit, Leopold v. Wiese zum 75. Geburtstag dargebracht. Köln-Opladen 1951; Derselbe, *Das Soziologische in der Volkskunde.* In: Rheinisches Jahrbuch für Volkskunde, Bonn (für das Jahr) 1953. S. 245-275: Derselbe, *Soziologie und soziale Volkskunde.* In: Das Große Bildungswerk. Bd. 2, Braunschweig 1955, S. 805-862.
22) 第二次大戦末期から戦後にかけての東ヨーロッパからのドイツ人の引き揚げや人口流入に関する近年の研究には次がある。参照、Albrecht Lehmann, *Im Fremden ungewollt zuhaus. Flüchtlinge und Vertriebene in Westdeutschland 1945-1990.* München [Beck] 1991, 2. Aufl. 1993
23) Jahrbuch für Volkskunde der Heimatvertriebenen. 1955-, なお 1963 年からは『東部ドイツ民俗学年報』(Jahrbuch für Ostdeutsche Volkskunde) と改称されて今日にいたっている。
24) 引き揚げ民民俗学の推移とそれへのバウジンガーの参画と独自性については、次の拙訳に解説をほどこしておいた。参照、Hermann Bausinger, Markuks Braun, Herbert Schwedt, *Neue Siedlungen. Volkskundlich-soziologische Untersuchungen des Ludwig Uhland-Instituts.* Stuttgart [Kohlhammer] 1959, 2. veränderte Aufl. 1963: ヘルマン・バウジンガー／マルクス・ブラウン／ヘルベルト・シュヴェート『新しい移住団地 — 東ヨーロッパからのドイツ人引き揚げ民等の西ドイツ社会への定着にかんするルートヴィヒ・ウーラント研究所による民俗学・社会学調査』(抄訳および解説、愛知大学国際問題研究所「紀要」94 号 〔1991〕以下．
25) レーオポルト・シュミット『精神科学としての民俗学』拙訳、P. 42
26) Will-Erich Peuckert und Otto Lauffer, *Volkskunde, Quellen und Forschungen seit 1930.* Bern [A. Francke] 1, 51. この手引き書のなかのポイカートが執筆した章のひとつ "Sitte und Brauch" (S. 81-95). この章は、以下に紹介するようなマンハルトからフレイザーという脈絡の批判を骨子としている。またそれを踏まえた、次の学史解説を参照、インゲボルク・ヴェーバー＝ケラーマン『ドイツ民俗学 — ゲルマニスティクと社会科学のあいだで』拙訳、第 IV 章「古代学と神話学派」および第 X 章「ウィーン学派とスウェーデン学派」

27) マティルデ・ハイン『ドイツ民俗学とその方法』(拙訳、愛知大学『文学論叢』第86輯（昭和62年）、第87輯（昭和63年）所収、引用は86輯 p. 146.

28) ヴァインホルトの民俗学の構想とドイツ民俗学協会の成立については、次の拙論（本書所収）であつかった。参照、「民俗学における個と共同体」のヴァインホルトの項目。

29) フレイザーの大部な成果がマンハルトを素地にしていることは、フレイザーの同時代人によっても認識されていた。それは、イギリスの"Folk-Lore"誌が1901年にフレイザーの『金枝篇』への書評を特集（以下の注72を参照）したとき、そのひとりが両者を〈master and disciple〉と呼んで、一連のものとして批判的に言及していることからもうかがえる。参照、Reviews: J.G.Frazer's Golden Bough, by Alfred Nutt. In: Folk-Lore, Vol.XII, 1901, p.238.

30) Wilhelm Mannhardt, *Wald-und Fedlkulte. Tl. 1: Der Baumkultus der Germanen und Nachbarstämme.* 1875, *Tl. 2: Antike Wald-und Feldkulte aus nordeuopäischer Überlieferung.* 1877; Derselbe, *Roggenwolf und Roggen-hund Beitrag zu einer Germanischen Sittenkunde.* 1866: Derselbe, *Die Korndamonen.* 1968

31) Martin P. Nilsson, *Årets folkliga fester.* 1915. ニルソンは、フレイザーへの批判が起きたあとも、従来からの観点を捨てず、最後の大きな論考もその延長上にあるとされる。参照、Derselbe, *Folkfesternas samband med år och arbetsliv.* In: Nordisk kultur, 22（1938）ヒルディング・セランダー（Hilding Celander）の名前と共に、ポイカートの前掲書 S. 81f. に従う。

32) ポイカートの前掲書（S.82）は、イギリスの"Folk-Lore"誌の1901年号を挙げている。そこには、フレイザー『金枝篇』第2版（全3巻）が刊行されたのを機に7人の評者の書評が掲載されている。参照、Reviews: G.F.Frazer's The Golden Bough, by E.W. Brabrook, G.Laurence Gomme, M.Gaster, A.C.Haddon, F.B.Jevons, Andrew Lang, Alfred Nutt, Charlotte S.Burne. In: Folk-Lore. Vol.XII,1901, p.125-243. それを見ると、この頃の『フォークロア』(季刊)誌にはフレイザー自身も盛んに寄稿しており、またエミール・デュルケームの活動時期も重なっていてしばしば話題になっているが、フレイザーに対しては賛否が並行していたことが分かる。日本でもその著作が知られてきたゴンムやバーンが手放しで歓迎したのに対して、他の評者は必ずしもそうではなかった。個々の資料の適不適やトーテミズムの概念への疑問の他、特徴的なこととして、キリストの受難を王殺しの範疇に入れることへの忌避観が見られる。さらに、方法に関わる批判を表明しているのはブレイブルッ

クで、現行の農村習俗と上古のアーリア人の宗教慣習との同致や、アナロジーの概念が厳密ではないこと、さらに最後の穀穂を過大視することに疑問を呈している。

33) ポイカート、前掲書の当該箇所による。

34) Carl Wilhelm von Sydow, *The Mannhardtian theories about the last sheaf and the fertility demons from a modern critical point of view*. In: Folk-lore, vol. 45 London 1934. 今日では、他の代表的な論考と共に、シドーの70歳を記念して刊行された次の論文集に収録されている、C. W. v. Sydow, *Selected papers on folklore, published on the occasion of his 70th birthday*. Copenhagen [Rosenkilde and Bagger] 1948. またここには収録されていないが、もっと早い時期の1929年には、フレイザーの主要な概念のひとつである〈マナ〉にたいする批判的な見解をしめした次の論考がある。参照、Carl Wilhelm von Sydow, *Psychologische Grunde der Mana-Vorstellung*. In: Vetenskapssocietetens i Lund Arsbok, 1929

35) Carl Wilhelm von Sydow, *Erstes und letztes in der volkstümlichen Überlieferung, besonders in Hinsicht auf die Erntegebräuche*. In: Congres International des Sciences Antholoplogiques. Comptes Rendues de la deuxieme Session, Copenhague 1938. Copenhague 1939; Derselbe, *Die Begriffe des Ersten und Letzten in der Volksüberlieferung mit besonderer Berücksichtigung der Erntebräuche*. In:Folk-Liv. 3 (Stockholm 1939) 後者は先の論文集に収録されている。

36) Carl Wilhelm von Sydow, *Religionsforskning och folktradition* ⋯⋯ In: Folkm och folkt. 28 (1941), S. 3-21

37) Martin P. Nilson, *Ny folklore och gammal folktro*. In. : Folkm. och folkt. 28 (1941), S. 3-21

38) Carl Wilhelm von Sydow, *Gammal och ny traditionsforskning*. In: Folkkultur. 1 (1941), S. 11-102

39) Albert Eskeröd, *Årets åring*. 1937. (Nordiska Museets handlingar, 26)

40) エリクソンの初期の論考には『地域研究としてのエスノロジー』がある。参照、Sigurd Erixon, *Regional Ethnology*. In: Folk-Liv. 1937. なお、エリクソンが綱領的なまとめ方をした三次元の視点は、ポイカートの前掲書(注66)によってドイツ語圏の民俗学界に紹介され、すぐには成果につながらなかったものの、長期にわたって強い刺激となった。その比較的接続性があきらかな事例が、次節で取り上げるインゲボルク・ヴェーバー＝ケラーマンの農村研究である。さらに、ヘルマン・

バウジンガーによる民俗学の刷新にも、その刺激を組み込んだことがみとめられる。バウジンガーが『科学技術世界のなかの民俗文化』において、空間、時間、社会の三種類の基軸を設定したのは、スウェーデン学派の主張に呼応するのである。

41) リュングマンは、いくつかの民俗現象（死の追い出し、冬夏二季交替劇など）を対象に、驚くほどの詳細な検討をおこなうことによって、伝播理論の可能性をさぐった。その成果である『ユーフラテス河とライン河のあいだ』、『ライン河とエニセイ河のあいだ』の2著は、FFCのシリーズとして刊行された。参照、Waldemar Liungman, *Euphrat- und Rhein: Studien zur Geschichte der Volksbräuche.* Helsinki [Snomalainen tiedeakatemia] 1937（FFC 118-119）; Derselbe, *Traditionswanderungen, Rhein-Jenissei: Eine Untersuchung über das Winter- und, Todaustragen und einige Hierhergehörige Bräuche.* Helsinki [Snomalainen tiedeakatemia] 1945（FFC 129, 131）また次の小さな論考を、エリクソンの主宰する機関誌に載せている。参照、Derselbe, *Formen der Veränderung bei den Volksbräuchen.* In: Folk-Liv. 5 (1941), S. 43-49.

42) ヤン・ド・フリースも、エリクソンの研究誌上に次の論考を載せている。Jan de Vries, *Brauchtum und Glaube des bäuerlichen Jahres.* In: Folk-Liv. 3（1939）, S. 89-95

43) このシンポジウムの記録には、次のレジュメ集がある。Sigurd Exixon (ed.), *Papers of the International Congress of European and Western Ethnology, Stockholm 1951, published under the auspices of the International Council for Philosophy and Humanistic Studies*（CIPSH）*and with the support of UNESCO, by the International Commission on Folk Arts and Folklore*（CIPA）*and the Swedish Organizing Committee of Congress.* Stockholm 1955.

44) グリム兄弟がすでにアンケートによる民俗調査を構想し、一部では実行に移していたこと、またその意義や価値については、インゲボルク・ヴェーバー＝ケラーマンが、その民俗学史のなかで、次のような解説をほどこしている。〈民俗学は、その組織的、文献学的、しかし同時にまた社会学的でもあるような綜合作業の開始を、ヤーコプ・グリムに負っている。『魔法の角笛』に踵を接する時期である1811年に、ヤーコプ・グリムは、『ドイツの詩歌と歴史を愛するすべての人々への呼びかけ』(Anforderung an die gesamten Freunde deutscher Poesie und Geschichte) というスケッチを書き、そのなかで、大規模な収集作業のプランを提示した。注目すべきことに、彼は、ここで、慣用的な言い回し、民話、慣行・習俗を、文字通り忠

実に収集すべきこと、〈馬鹿馬鹿しいとおもわれることがら〉や、素朴な人間が話している方言や言葉遣いもふくめて収集する必要性を説いている。この厳しい要請によって、ヤーコプ・グリムは、はるかに奔放であったハイデルベルクの仲間たちとは、逆の立場をとることになった。しかしまたこれによって、民俗学は、資料収集における厳密は方法論の最初の堅固な支柱を獲得したのである。ヤーコプ・グリムはまた、資料の収集網については、行政区画を基準とした組織上の提案もおこなった。それは、まことに冷静に勘案されたものであったため、100年後に民俗学の偉大な組織者であるヨーン・マイヤーがてがけたときにも、それに付け加えて何らかの指示をあたえる必要がなかったほどである。ヤーコプ・グリムは、また 1815 年には、当時かれが政治的な使節の一員として会議のためにウィーンに滞在したとき、その地で、民間伝承を収集するための協会を設立し、またその目的のために、回状を送付した。その回状は、印刷されて広くゆきわたった。(参照、Jakob Grimm, *Kleinere Schriften*. Bd. 7., 1884, S. 593-595)。これによって、ヤーコプ・グリムは、一種の通信員方式によって、膨大な民間伝承を、カッセルにある自分の仕事場にあつめようとしたのであった。この回状、またその後の 1822 年にもヴェストファーレンに限定してではあるが、やはり大きな収集プランが立てられたが、これらにおいてとりあげられたのは、民衆詩歌と口頭伝承だけではなかった。被服、家具、村落および集聚、家畜飼育と農耕もふくまれ、習慣や行動基準についても、関心を向けているところがあった。その点では、啓蒙主義の国土学がもっていた優れたスタイルは、まだ完全に忘れられてはいなかったのである。これは、民俗的な素材を学問的に処理しようとする最初の大きな試みであった。ヤーコプ・グリムと言えば、民族性(民俗性)にたいするその数々の熱狂的な言辞がよく引用されるのだが、学問としての民俗学の歴史からみると、こういう収集作業とのかかわりの方が、はるかに大きな意義をもっている。〉(インゲボルク・ヴェーバー＝ケラーマン『ドイツ民俗学 － ゲルマニスティクと社会科学のあいだで』第 III 章)。

45) この質問状は、それだけでも各地の図書館や資料館に収蔵されているほか、民俗学の研究書に、資料として載録されていることもある。インゲボルク・ヴェーバー＝ケラーマンの著作には、写真として入っている。

46) Zeitschrift für Deutsche Mythologie und Sittenkunde, hrsg. von J. W. Wolf. Bd. 1. Göttingen [Dieterich] 1853, Bd. 2. 1855, Bd. 3. 1855, Bd. 4. 1859.

47) レーオポルト・シュミットは、民俗学は、外部の一般的な思想動向に押し切られ

たという見方を、だいたいとっている。これに対して、バウジンガーは、主流となったロマン派の民俗学、それとは対照的にリアルな現実の直視という観を呈してきたリールの民俗学、そのどちらも（したがって19世紀の民俗学の全体）が、多数の工業労働者が出現し、また身分が最終的に崩壊の過程に入るなど、市民社会が新しい段階に入る時期に、その新しい状況を反動的な側から理解する役割を帯びて形成されたのであるとの見解をしめしたことがあった。

48) Ulrich Jahn, *Die deutchen Opfebräuche bei Ackerbau und Viehzucht.* Breslau 1884 (Germanistische Abhandlungen, Bd. 3). ヤーンは、マンハルトよりも、もっと極端で、こうした習俗が始原の時代の供犠慣習に連なるものと考えている。

49) この指摘にちなんで、ヴェーバー＝ケラーマンは、エリアーデの次の著作のドイツ語訳の当該箇所を挙げている。参照, Mircea Eliade, *Die Religionen und das Heilige. Elemente der Religionsgeschichte.* Salzburg 1954, S. 391.

50) この行事に関する文献については、第6章「ナチス・ドイツの収穫感謝祭」に付した（注12）を参照。

51) 「ドイツ国民のナショナル・デー」については、「労働者戦線」出版局から刊行された次のパンフレットを参照, *Nationaler Feiertag des Deutschen Volkes,* hrsg. Von Amt "Feierabend"der NSG. "Kraft durch Freude", Abteilung Volkstum/Brauchtum, gemeinsam mit dem Hauptshulungsamt der NSDAP., Amt Kultur der Reichsjugendführung, dem Reichsnahrstand, der Reichswerkicharführung und dem Frauenamt der DAF. und Arbeitsgemeinschaft für deutsche Volkskunde. (Schriftenreihe "Feste und Feiern im Jahresring"). Berlin [Verlag der deutschen Arbeitsfront] o. J. これは128ページというまとまった案内書であるが、その始めに 'Der erste Arbeiter des deutschen Volkes' としてシャベルで土堀りをするヒトラーの写真が、同じ格好でシャベルを使う労働者の絵画写真と、左右の頁に並べて印刷されている。なお刊行年次を故意に記さないのはナチスのパンフレットの通例であるが、編集に携わったとして羅列されている関係機関の名称から推すと、1934年末から1937年までの間の出版であろう。

52) エクステルン岩は今も観光案内などには、そこが先史時代に遡り、古ゲルマン時代にも信奉の地であったとの怪しげな解説が見受けられる。その奇岩は、19世紀のロマン派の風潮のなかで次第に注目されるようになったが、特にそれを背景に先史学・考古学のグスタフ・コッシナ（Gustav Kossina 1858-1931, 1902年からベルリン大学教授）がゲルマン先史ルネサンスのブームを引き起こして爆発的な人

気を呼んだ。これについては、次の概説的な拙文がある。参照、「ナチズムと学術政策 － 特に〈親衛隊―祖先の遺産〉の成立事情について」(愛知大学経済論集143号、1997年、p. 147-236) p. 200ff.

53) Ingeborg Weber-Kellermann, *Erntebrauch in der ländlichen Arbeitswelt des 19. Jahrhunderts, auf Grund der Mannhardtbefragung in Deutschland von 1865*. Marburg [N. G. Elwert] 1965.

54) A. a. o. S. 96. なおアードルフ・シュパーマーのその指摘を含む論考は次である。参照、Adolf Spamer, *Sitte und Brauch*. In: Handbuch der deutschen Volkskunde, hrsg. von Wilhelm Peßler, Potsdam 1935, Bd. 2, S. 33-236.

55) A. a. O. , S. 93-130. 次の引用は、S. 130.

56) Ingeborg Weber-Kellermann, *Landleben im 19. Jahrhundert*. München [Beck] 1987.

57) 女性史では Ingeborg Weber-Kellermann, *Frauenleben im 19. Jahrhundert*. München [Beck] 1983. をはじめ多数の著作があり、また家族史では、*Die deutsche Familie. Versuch einer Sozialgeschichte*. Frankfurt a. M. [Suhrkamp] 1974 (邦訳は、鳥光美緒子訳『ドイツの家族』勁草書房 1992); Dieselbe, *Die Familie. Geschichte, Geschichten und Bilder*. Frankfurt a. M. [Suhrkamp] 1978 などがある。

58) これについては、本書の次の箇所を参照、第9章「ナチズム民俗学」第2節「ヘルマン・バウジンガーによるドイツ民俗学の改革とその方法」(4) (5)、また第7章「過去の克服の始まりとスイス＝オーストリアの民俗学」第4節「オーストリア民俗学」(5)。

59) Leopold Schmidt, *Gestaltheiligkeit im bäuerlichen Arbeitsmythos. Studien zu den Ernteschnittgeräten und ihrer Stellung im europäischen Volksglauben und Volksbrauch*. Wien [Österr. Museum f. Vkde.] 1952.

60) A. a. o. S. 6

61) ケラーの『三人の律儀な櫛職人』(Gottfried Keller, *Die drei gerechten Kammacher*. — 1856年に発表された連作短編集『ゼルトヴィーラの人々』第一巻所収) では都市の職人が扱われているが、やはり3人の競争であり口承文芸に取材していることが推測される。これについては、次の文献に僅かに触れられている。参照、E.Rosenfeld, *Landschaft und Zeit in Gottfried Kellers "Leute von Seldwyla"*. Würzburg 1931.

62) 次の拙論(本書所収)を参照、「ナチス・ドイツに同調した民俗学者の再検討 － オイゲーン・フェーレの場合」、特にハインリヒ・ヴィンターの箇所を参照。

63) Ingeborg Weber-Kellermann, *Erntebrauch*, S. 134f.
64) レーオポルト・シュミットは、『オーストリア民俗学の歴史』（拙訳 p. 48）で、1700年前後のチロールでの民衆劇のジャンル「パラダイス劇」と物ねだり行事の結合の事例を検討したアントーン・デラーの考察に関心を寄せた。参照、Anton Dörrer, *Paradeisspiel aus der Bürgerrenaissance.* In: Osterr. Zs. f. Vkde. N. F. , Bd. II. Wien 1948. S. 70.
65) Ingeborg Weber-Kellermann u. a. , *Einführung in die Volkskunde*. 1985. S. 99.
66) Ingeborg Weber-Kellermann, *Landleben im 19. Jahrhundert.* Munchen ［Beck］ 1987, S. 9.
67) Robert Stumpfl, *Kultspiele der Germanen als Ursprung des mittelalterlichen Dramas.* 1936. この著名な書物の評価について私は予て気がかりであったところから、1980年代の終わり頃にドイツのゲルニストと民俗研究者数人に尋ねたことがあった。しかし意外なことに、一定の肯定的な判断を口にする人が多かった。全面的に否定したのは、ヘルマン・バウジンガー教授だけであった。
68) Hans Moser, *Gedanken zur heutigen Volkskunde. Ihre Situation, ihre Problematik, ihre Aufgaben.* In: Bayerisches Jahrbuch für Volkskunde. 1954, S. 208-234. 今日では次のアンソロジーに収録されている。*Fach und Begriff "Volkskunde' in der Diskussion"*, hrsg. von Helge Gerndt. Darmstadt ［Wiss. Buchges. ］ 1988,（Wege der Forschung, Bd. 64), S. 92-157.
69) 〈連続性〉に関しては、オットー・ヘーフラーにその名称を掲げた綱領的な論作がある。参照、Otto Höfler, *Das germanische Kontinuitätsproblem.* Hamburg ［Hanseatische Verlagsanstalt］ 1937. これは、エルフルトで 1937 年 7 月 6 日に開催されたドイツ歴史家大会（Deutscher Historikertag）での講演であった。そこで取り上げられた幾つかの素材のなかで大きなものとしては、神聖ローマ帝国の帝権の標識であった〈聖槍〉がある。それは表面的には、キリスト教的性格のロンギヌスの槍であるが、その奥に古ゲルマンの思考の流れを読み取ることができるとの筋立てである。またそれは全く隠れた脈絡ではなく、フライジングのオットー（Otto von Freising）の歴史意識における主要な要素であったことを重視し、精神史的にも連続性がみとめられるとも説いている。
70) ハンス・モーザーの 60 歳を記念した論文集では、このテーマが集中的にとりあげられた。参照、*Kontinuität: Geschichtlichkeit und Dauer als volkskundliches Problem. FS. f. Hans Moser*, hrsg. von Hermann Bausinger und Wolfgang Brückner. Berlin ［Erich

Schmidt] 1969. これについては、そのなかのバウジンガーの論考を訳出したさい、解説をつけておいた。参照、ヘルマン・バウジンガー『民俗文化の連続性をめぐる代数学』(愛知大学『一般教育論集』第3号、平成2年所収)。

71) Will-Erich Peuckert, *Anzeigen und Rezensionen. Grenzfragen.* In: Nachbarn. Jahrbuch für vergleichende Volkskunde. 3(1961), S. 155-176, bes. S. 161.

72) ハンス・モーザーの民俗行事に関係した主要な論考は次の論文集に収録されている。参照、Hans Moser, *Volksbräuche im geschichtlichen Wandel. Ergebnisse aus fünfzig Jahren volkskundlicher Quellenforschung.* München [Deutscher Kunstverlag] 1985.

73) フォークロリズムは、ハンス・モーザーが提唱した概念で、次の2篇の論考がある。Hans Moser, *Vom Folklorismus in unserer Zeit.* In: Zeitschrift fur Volkskunde, 58 (1962), S. 177-209; Derselbe, *Der Folklorismus als Forschungsproblem der Volkskunde.* In. Hess. Bl. f. Vkde. f 55 (1964), S. 9-57. 後者には次の拙訳がある。参照、ハンス・モーザー『民俗学の研究対象としてのフォークロリズムス』愛知大学国際問題研究所「紀要」90、91号 (1990) 所収、フォークロリズムの概念の生成の事情などについては、この翻訳に付した解説のほか、次の拙論を参照、『フォークロリズムからみた今日の民俗文化』(「三河民俗」3号、平成4年所収)。

74) ゲラムプの講演要旨は次を参照、Viktor von Geramb, *Wilhelm Heinrich Riehl.* In: Bericht über den Allgemeinen volkskundlichen Kongreß (7. Deutscher Volkskundetag) des Verbandes deutscher Vereine für Volkskunde in Jungheim an der Bergstraße 28. bis 31. Marz 1951. Stuttgart 1952, S. 21-22, なおこの報告集の序文で、会長のヘルムート・デルカー (Helmut Dölker) は、このゲラムプの報告を大会の基調講演のひとつと記している。またゲラムプは、長年月をかけてリールの事跡の解明に従事したが、その成果は次の大著に結実した。参照、Viktor von Geramb, *Wilhelm Heinrich Riehl. Leben und Wirken.* Salzburg [Otto Müller] 1954.

75) 参照、Wilhelm Heinrich Riehl: *Die Volkskunde als Wissenschaft*, hrsg. von Max Hildebert Boehm. Tübingen 1935.

76) リールの再評価をめぐっては、それまではリールがロマン派の民俗学にはみられない客観性と時事性をそなえていることなどを称揚するのと、その反動性を否定的にみる見方とが平行していたが、モーザーは、リールの描写と描写された対象の当時の実態とを細かく比較することによって、リールを正確に位置づけることを試みた。Hans Moser, *Wilhelm Heinrich Riehl und die Volkskude. Eine wissenschaftliche Korrektur.* In: Jb. f. Vkde. 1978, S. 9-66.

77) クラーマーは、次の注で挙げるフランケン地方に関する研究と同じ手法で、キールが所在するホルシュタイン地方についても研究の基礎をきずいた。たとえば、次の著作がある。Karl-Sigismund Kramer, *Volksleben in Holstein(1550-1800). Eine Volkskunde aufgrund archivalischer Quellen.* Kiel［Mühlau］1987.
78) Karl-Sigismund Kramer, *Zur Erforschung der historischen Volkskultur. Prinzipielles und Methodisches.* In: Rheinisches Jahrbuch für Volkskunde. 19 (1968), S. 7-41.
79) Karl-Sigismund Kramer, *Bauern und Bürger im nachmittelalterlichen Unterfranken. Eine Volkskunde aufgrund archivalischer Quellen.* Würzburg［Ferd. Schöningh］1957.
80) Karl-Sigismund Kramer, *Volksleben im Fürstentum Ansbach und seiner Nachbarschaften (1500-1800). Eine Volkskunde auf Grund archivalischer Quellen.* Würzburg［Ferd. Schöningh］1967.
81) Karl-Sigismund Kramer, *Grundriß einer rechtlichen Volkskunde.* Göttingen［Otto Schwartz］1974.
82) A. a. o. S. 4 f.

第9章
ナチズム民俗学とフォルク・イデオロギーというテーマの登場

1. はじめに　2. ヘルマン・バウジンガーによるドイツ民俗学の改革とその方法　3. ルマン・バウジンガーのナチズム民俗学批判　4. バウジンガー学派のフォルク・イデオロギー批判とその反応——特にヴォルフガング・エメリッヒの2著に因んで

1. はじめに

　前章では、戦後しばらく経過した頃の西ドイツの民俗学界に注目した。もとよりその全体像ではあり得ないが、目ぼしい幾つかの局面を取り上げた。本章で扱う対象も、大きく見れば、その一部に属している。しかしそれに敢えて一章を当てるのは、ここでの主題が民俗学におけるナチズム問題だからであり、その観点からエポックを画する動きと見ることができるからである。ここで着目するのは、テュービンゲン大学のヘルマン・バウジンガーの活動であるが、おそらく戦後のドイツ語圏の民俗研究者としては最も国際的に知られている人物と言ってよい。その独自性と、民俗学の展開のなかでの必然性を特定し、併せて問題点にも触れようと思う。

　ナチズムとの相乗に陥った民俗学の過去を最も強く意識し、またそれをおそらく誰よりも強く表明したのは、ヘルマン・バウジンガーであった。その特徴は、ナチズムに関わる問題意識が民俗学のディシプリンとしてのあり方の考察へ伸びていった点にある。もとよりそれ自体は、前章で管見した研究者たちにも多かれ少なかれ共通する姿勢ではあった。従って、さらに限定し

て言えば、その方法の他との相違に際立つものがあったのである。因みに、バウジンガーの研究者としての活動は1950年代の末からであるが、それは戦後まもなくの時期ではないことになる。戦後の第二世代と言ってもよく、バウジンガーはその世代の代表者であった。戦後まもなく専門分野の危機的状況のなかで活動した人々とは問題意識に違いがあり、また時にはその世代への対抗意識をも見せもした。就中、その研究の外観を特徴づけるのは、過去の民俗学をほとんど全否定すると言ってもよいほどの革新的な姿勢である。過去、ならびに過去の評価をめぐる同時代への挑戦を敢えてしたが、またそれに照応して方法論上の新機軸をも、その研究は含んでいた。学史の観点から見れば、戦後まもなくからワンサイクルを経過して始めて可能になった局面でもあったであろう。

　バウジンガーの活動、また彼が中心になって形成されたテュービンゲン大学の民俗研究グループの動向については、日本でも1970年代後半から、特に坂井洲二氏と浅井幸子氏によって紹介がなされてきており、日本民俗学の分野でも関心を寄せる人々が少なくない[1]。そのひとつとして、坂井氏がバウジンガー教授にインタビューをおこなった記録が『日本民俗学』誌上に掲載されたことがある。そのなかでバウジンガーは、当時の活動を回想して次のようなことを言っている[2]。

　　……私はいまテュービンゲン大学がもっとも攻撃的であったといいましたが、これは小さな革命のようなものであったのです。まず机の上にのっている多くのものをすべてほうり捨ててしまったあとで、やっぱり拾い上げたほうがいいのではないか、などと思いなおしたようなものなのです。テュービンゲン大学でもそうだったのです。例えば私たちは最初は非常に現在的なものに固執しました。
　　「古いガラクタはたくさんだ。歴史的な問題はもう不要だ。民俗学は現代科学なのだ」などといいました。また「言葉によるコミュニケーションなどは役目をはたしていない、人々はみなテレビの前に座っているだ

けだ」などといい、だからメディアの研究をしなければならない、人々がどのような雑誌を駅の売店で買うか、どのような番組をみるか、などを研究しなければならないのだ、などといっていたのです。

　また私たちは「民俗学では田舎の調査などばかりやっているが、もう田舎などは存在していない。田舎はすべて近代化されてしまった」などといっていました。私はいま少し誇張して話しておりますが、だいたいこういったことであったのです。しかし……次に気がついたことは、マスメディアというものは確かに大きな影響を与えてはおりますが、しかしそれがすべてではないということです。人々は互いに言葉を交わし、話をし、相手を説得したりしております。酒場に座って論じあったり冗談をいったりしています。グループをつくって夜になると集まり、テレビなどには関心を持たないという人もいます。近代的な形ばかりというわけではないのです。

　また私たちは、過去の事象についても新しく研究をはじめることが重要だということにも気付いたのです。というのは、現在その変化が目立つ多くの現象は、実はその起源は古く、すでに19世紀18世紀に、その変化がはじまっていたのです。それで私たちは、以前はどんな様子であったのか、ということも問題にしようということになったのです。……

　つまり私はこういいたいのです。……つまりテュービンゲン大学では前面に飛び出したあと、一部あともどりして、ふたたび昔の民俗学から非常に多くのものをとりあげたのです。……

　例えば巡礼のことです。つまり宗教民俗学ですが、しばらくのあいだは「こんなふるぼけたものはもうやめだ。それはおばあさんたちがいくものだ。ほかに誰が巡礼などに行くものか」などといっていました。ところがやがてこれは昔も今もカトリックの信者のあいだでは非常に重要な役目を果たしているもので、若い人たちも一緒に巡礼に行くということに気付いたのです。それでこの研究所からも数年前に『現在の巡礼の

本質』という研究が本になって発表されたというわけです。……

　この発言は、ドイツ民俗学の大きな変革から30年近く経過した現在の時点からの回顧であり、当時の様相を意識的に単純化しているところもある。ちなみにバウジンガーは、そのときどきの要点を伝えるための配慮なのではあろうが、談話や講演などでは、問題を図式的に表現する傾向がある。これは、彼の本格的な論考では、時に現象学的と言われるような微妙な推論の積み重ねがおこなわれるのとは対照的である。またここではたいへん穏やかな話しぶりをしている。しかし、従来の民俗学を全面的に言ってもよいくらい否定し、現代科学としての民俗学の可能性を追求しはじめた往時の様子は伝わってくる。またその後、昔の生活を洗いなおすことの重要性にも思いをいたすようになったと述べてはいるが、その場合にも、その時期まで遡るのは、現代につながる動きが始まったのが18世紀から19世紀あたりであったからという指摘からもうかがえるように、それは現代の直接の土台としての過去への関心である。となると、穏やかな口吻ではあるものの、過去に基準をおいたかつての民俗学のあり方を否定する姿勢は、少しも変わっていない。バウジンガーは、このインタヴューにおいても、当時の主張や活動をネガティヴに振り返っているわけではないのである。

　そこで今度は、改革を中心になって推進していた当時のバウジンガーの発言を、見本程度に引用してみる。たとえば1969年に書かれた有名な論考『伝統概念への批判　─　民俗学の現状へのコメント』は、次のような書き出しである[3]。

　　民俗学の危機を云々することは、余り意味がないように私には思われる。そういうとらえ方は、あたかも永いあいだ万事が順調であったところに、部分的に病気が起き、(しかも病気の原因は他所にある)、しかしそれもまもなく治癒するはずであるとの印象をあたえてしまうからである。実際には、現状をみると、すぐには建設的な方向へは向きそうにもない。

しかも問題は、全面にわたっている。学問の歴史をさぐっても、どこにも治療薬がみつからないというのが実情である。

　この逆説的な言い方からも、民俗学のあり方を変革しようとする姿勢は見紛いようがない。特にこの論考は、民俗学が後に歪みを拡大させていった所以を、歴史的に遡って点検し、併せてそうした諸要素の執拗な延命ぶりを暴くという趣旨によって書かれている。たとえば民俗学が社会的に意義をもつようになるのは19世紀半ばからであるが、それはその頃が1948年の三月革命における労働者階層の擡頭と進出にみられるような社会の再編の時期、したがって旧来の共同体的な人間関係の解体が進行していた時期だったからである、として次のような指摘をしている。

　　19世紀の民俗学(フォルクスクンデ)の発展線は、総じて、有機体の分解、社会の流動化ならびに変革、といった状況にたいする回答という性格をもっていた。ちなみに、成立当初の社会学は学問次元での進歩的な処方箋と呼ばれたものだが、その言い方に倣えば、民俗学(フォルクスクンデ)は、さしずめ学問次元での保守的な処方箋であった。

　このように、バウジンガーの論考には、従来の民俗学のあり方への果敢な挑戦や根本的な変革を標榜しているものが少なくない。以下では、そうしたヘルマン・バウジンガーの活動に焦点を合わせて、それを3つの角度から取り扱う。第1は、バウジンガーにおける民俗学のあり方である。第2は、バウジンガーのナチズム民俗学の解剖者・批判者としての側面である。第3には、ナチズム民俗学をめぐるバウジンガーの学派の動きと、それへの学界の反応である。

2. ヘルマン・バウジンガーによるドイツ民俗学の改革とその方法

2

　バウジンガーの最初の本格的な研究成果は、1952年にテュービンゲン大学に提出された学位論文『口承文芸の現在 —— ヴュルテンベルク北東地域での調査にもとづいた民間話芸の実態について』であった[4]。これは現代の日常生活のなかで昔話に代表される伝統的な口承文芸がどのような位置を占めているかを解明することを出発点としている。しかしそれにとどまらず、庶民生活のなかでのフィクションの種類とその動態を広い視野でとらえたものであった。そこでバウジンガーがおこなった調査によれば（と言うより、予想を立てた上での調査と言った方がよいのであろうが）、昔話をはじめとする伝統的な話芸が伝承される基盤が急速に崩壊しているという現実であった。また一部では、官庁による文化財の保護措置の一環として、継承者の認定がなされたりした。したがって、伝承が継続しているばあいでも人為的・作為的なのであって、決して従来の民俗学が説いてきたような口承文芸の脈々たる自生が続いているわけではない。

　しかし他方では、口承文芸の全体が衰微に向かっているとは言い切れない。現代に特有の話類は、むしろ活発な生命力を発揮しているのである。人間が、常にある種のフィクションをやりとりしながら日常生活を営んでいる存在であることは、現代社会においても例外ではない。すなわち、世間話や奇談や一口話やウィットなどである。また、伝統的な口承文芸と一体になっていた共同体が崩壊に向かうとともに、現代の話類が語られる場所も、家庭や職場仲間のあつまりや近所付き合いへと移っている。このように、口承文芸をめぐる構造的な変動を、一定地域を対象にしたフィールド・ワークと、発話やフィクションにかんする文芸学理論とを車の両輪のようにもちいながら解明しようとしたのが、この著作であった。

　この最初のまとまった仕事が、大枠としてはゲルマニスティクのなかでの

テーマ設定ではあるものの、そこに納まりきらないような問題意識をもってバウジンガーが臨んでいたことは、この簡単な紹介からも知られよう。事実、バウジンガーは、これ以後、その方向の研究に入ってゆくのであるが、今、この学位論文、ならびにそれを同じ時期の論考において、すでに後の研究のモチーフがあらわれていることに注目しておきたい。具体的には、次のような諸点である。

　第一は、口承文芸の変化の根底には、社会の変化、特に従来の共同体の崩壊と人間の集団形成の再編があるという考え方である。そして、そのあたりを探るのでなければ、口承文芸の変化の仕組みそのものも充分には解明し得ないという見方である。そうした観点に立っていた以上、その後バウジンガーが、社会の仕組みに向けて関心を拡大してゆくのは、当然の進路であった。

　第二は、この段階で、すでにバウジンガーが、科学技術をモチーフとして成り立っている虚構に強い関心をしめしていることである。それらは広い意味で〈科学技術の民話〉と呼ばれることになるが、つまり汽車、自動車、マッチ、洗濯機、電話、といった科学的な技術機器や科学技術の産物が核になって成り立っている世間話や奇談や一口話やウィットなどである。これに、空飛ぶ円盤、火星人、スーパーマンといった科学技術と民俗的思念の複合的産物も加わってくる。また科学技術と直接的に関係があるわけではなく、ある程度の歴史もありはするが、現代社会の際立った風物となっているといた話財もある。宝籤にちなんだ世間話などである。これらが生活のなかに点滅することが、現代人の言語生活や日常生活に活気やリズムにあたえているのに較べると、伝統的な昔話はむしろ生彩を欠くのである。

　また『口承文芸の現在』のなかではないが、その延長上に書かれた論考を見ると[5]、昔話そのものについても注目すべき考察がなされている。それは、昔話とそれを相手にする人間との関係は、目下、いかなる趨勢にあるのかという問いである。この問題においてバウジンガーは、ひとつの発見をした。すなわち、現代社会に顕著なのは、昔話が、いかにも昔話らしい雰囲気にお

いて伝承されるという傾向である。

バウジンガーの整理したところによると、昔話が、今日ほど伝統文化とはなっていなかった19世紀や20世紀の初頭までの昔話の収集を追ってゆくと、昔話の登場者は、その時代の様相や文物をいくらも採り入れていた。たとえば昔話の主人公についても、バイプレイヤーである巨人や怪物その他の登場者の場合も、タバコを吸ったり、電話をかけたり、電報を打ったり、ガソリンを使用したり、ペーパーバックの本を読んだりする事例が見つかると言うのである。ところが注目すべきことに、近代の進展は、それと並行して、逆の動きをも進行させることになり、却ってこちらの方が主要な趨勢になってゆく。すなわち、昔話の〈モダンな装い〉を喜ぶのではなく、むしろ悠久な村のたたずまいや無心な手仕事の世界、つまり貧しい農夫、水車小屋、実直な靴職人、意地の悪い継母などから成る世界の方が人気を博するようになる。要するに、昔話がいかにも〈昔〉の話である故に歓迎されるのである。しかもその場合の〈昔〉は、特定のどの歴史的時代の実態とも合致しない。漠然とした過去へと聴く者を誘うのである。バウジンガーは、他ならぬこの点に、グリム兄弟の昔話集（いわゆるグリムのメルヒェン）が、ドイツの他の幾百の昔話の収集を圧倒して人気を呼んでいる秘密があるという興味深いコメントをおこなっている。すなわち、グリム兄弟は、収集した素材に漠然とした〈昔〉の雰囲気を付与することを意識的におこなった最初の試みで、またその最も巧みな事例だったとされるのである[6]。そして昔話をめぐるかかる観察は、必然的にまた民俗文化を享受する一般の姿勢の変化についての考察につながっていった。

3

バウジンガーのこれ以後の仕事のなかで反響を呼んだのが、『新しい移住団地——東ヨーロッパからのドイツ人引き揚げ民等の西ドイツ社会への定着に関するルートヴィヒ・ウーラント研究所による民俗学・社会学調査』（1959年）であった。テュービンゲン大学の助手のときの仕事で、バウジンガーの

他、後輩のマルクス・ブラウンとヘルベルト・シュヴェートがまとめ役になり、学生10数人が参加して実施された共同研究である[7]。しかし基本的な考え方は、バウジンガーのものと言ってよい。1950年代にドイツ民俗学界には「引き揚げ民民俗学」と呼ばれる部門が成立し、話題になっていたことは先にふれた。それに、バウジンガーが、独自の問題意識と方法をもって参画したのである。

　それは先行する研究と比較すると一目瞭然である。引き揚げ民は、その名称からも知られるように、引き揚げ民そのもの、あるいは引き揚げという広範かつ深刻な社会変動が民俗にいかなる作用を及ぼすかに、関心を向けるところになりたった。このため、その研究は、勢い引揚民に視点を限定することになる。さしずめそのマスター・ピースと言えるのは、ミュンヒェン大学教授ヨーゼフ・ハニカ（Joseph Hanika 1900-1963）の『故郷喪失と避難移動による民俗変容』(1957)であろう[8]。これは、事実の報告も含まれてはいるが、基本的には手引書である。すなわち、ふるさとからの被追放者に起きた変化を全体として把握するための調査の手順を系統的に列挙したものである。全体は、2部から成り、先ず予備調査の部には地理、自然環境、経済的条件、歴史、交通などの一般的条件や、官庁の資料によって得られることがらが挙げられる。次が、インフォーマントとの対面調査のための質問項目である。2部を合わせると、調査項目は1500項目にもなる。しかもそれは、引き揚げ、あるいは被追放に直接的・間接的に関係することがらに絞られている。その項目一覧を見ていると、まるで人間を隅々まで調べ上げて飽きないかのようである。またそれだけの質問を実際に行なうことが可能とも思えない。さらに、一層問題なのは、引揚民や追放された人々の本質は、引き揚げや追放にあると決めてかかっていたことである。

　これに対して、もうひとつの先例はやや趣が異なる。アルフレート・カラゼク＝ランガー（Alfred Karasek-Langer 1902-1970）で、自身は引き揚げ民ではなかったが、強制的な引き揚げや追放が起きた場所のひとつ、ズデーテン地方（チェコ）の出身者であったことも関係していたと思われるが、その姿

勢は対象設定に関する限りもっと実地に即していた。すなわち、ふるさとを逐われた人々を個別的に調査するのではなく、彼らが現在生活している場所を広く観察するという方法である。そしてその場所としてカラゼク＝ランガーが注目したのが、〈新しい移住団地〉であった[9]。最も、カラゼク＝ランガーについて付言すると、民俗学の研究者としては、スラヴ人のなかに点在するドイツ人・ドイツ語の孤立地域、いわゆる〈言語島〉（Sprachinsel）を対象にしたドイツ語方言の研究家でああり、また戦前からのドイツ・ナショナリズムの活動家でもあった。

バウジンガーはこれらの先例に目配りしながら独自の道を探った。その特色は、多数の引揚民が定着した場所である新興の住宅団地に視点をさだめながらも、引き揚げ民の存在のみに拘泥せず、団地生活の全体を概観するという視点で臨んだことにあった。たしかに引揚民の場合は、ほとんど全員が新たな職場と住宅を得る必要があったために、新興の団地は、彼らの主要な定着地ではあった。しかしそこでの彼らの割合は、比較的大きな人口数値をしめすというもので、引き揚げ民ではない人々も数多く住んでいたのである。バウジンガーらの調査は、引き揚げ民を追うというモチーフを一旦横において、団地の現実を把握し、一定の類型化をめざしたものであった。その点で、同じく〈新しい住宅団地〉に着目はしても、カラゼク＝ランガーとは違っていた。また調査にあたっては、膨大な質問表を用意するのではなく、心構えを記した１枚の紙片を持ち込んだだけであった。引き揚げ民の存在という条件を過剰に意識することを避けたのである。その結果得られたのは、東欧での故郷を追われたり引き揚げを強いられたりしたことは、大きな事件ではあるものの、〈今日の社会の一般的な人口流動を加速させた一因〉といった程度であり、団地の生活実態は、現代社会の一般的な趨勢をより多く示しているという事実であった。要するに、引き揚げ民民俗学を出発点としながらも、その枠を超えて、今日の民衆生活に走るさまざまな脈絡に進んでいったのが、この調査研究の位置と意義である。

その調査報告は調査地ごとの個別報告の部と、それらをもとにした総合評

価の部の 2 部に分かれるが、ここでは具体例として、調査地のひとつヴュルテムベルクのプフェヒンゲン団地から一部を抜き出す。古くからの小集落であるが、そのなかに、引き揚げ民のための住宅が建設されたのである。[10]

　目下立っているのは約 60 棟で、その幾つかは第二次世界大戦より前に溯る。また 6 家族のための〈長屋〉が並んでいるのは、引き揚げ民のために 1948 年から 1949 年にかけて建設されたのである。その他、マイコ社[補注]の社員のためのアパートが 2 棟、個人の持ち家が数棟、それに「テュービンゲン郡住宅公社」が建設した一戸建て住宅が多数と、同じく二戸建て住宅が少々である。また鉄道の線路を隔てた向こう側の傾斜地には、企業のオーナー、医者、その他の〈持ち家人〉が居宅を構えている。彼らの家は、見るからに〈別荘風〉である。会社の管理職、専門職の親方たちも、アパートを出て、持ち家を建て始めている。
　移住団地には、電器店 2 軒、薬屋 1 軒、食料品店 2 軒、理髪店 1 軒、飲食旅館 3 軒がある。その内の一軒は、駅前旅館として戦前にまで溯る。その頃、マイコ社の従業員をあてこんで、道路沿いに小さな商店が軒を連ねるようになったのである。このように起源も役割も社会的な地位も異なった雑多な建物が並んでいる。そこで治安のために、州警察の派出所が、プフェフィンゲン村からここへ移転した。
　移住団地の住民数は 450 人で、人口 600 人のプフェフィンゲン村と、優に拮抗している。団地は、プフェフィンゲン村の人々からも、また団地住民自身からも、〈郊外〉(フォアシュタット)という呼び方をされている。この呼び名は戦前からのもので、一面ではアイロニーであるが、他面では、プフェフィンゲン村が田舎めいているのと対比して、移住団地が幾分都会風であることを、まじめに言い表してもいる。団地住民は、学校と教会堂についてはプフェフィンゲン村へ通っている。逆に村の住民は、バスや鉄道を利用するときには、団地まで行かねばならない。バスと鉄道の重要性は、村も団地も変わらない。工場で働いている 260 人のうち、230 人

までが通勤者である。またテュービンゲンへは、仕事で通っている人と仕事以外で出かける人の両方で、やはり230人である。テュービンゲンまでは8kmの距離で、約15分かかる。バスは一日10往復、鉄道は8本出ている。またテュービンゲンとは反対の方向にあるポルトリンゲンとヘレンベルクからも、150人という多人数がマイコ社へ出勤しているが、これらの人々もバスと鉄道を利用している。

この〈郊外〉は 激しい変化に見舞われている。住民はマイコ社のなりゆきに強い関心を寄せている。人数だけで言えば、プフェフィンゲン（村と団地を合わせて）の住民で、そこで働いているのは90人に過ぎない。しかしモトクロスやゲレンデ・スポーツの看板があり、また団地には全ドイツ・オートバイ・レースの有名レーサーが住んでいて、これらが若い世代の強い関心を集めている。マイコ社の工場とオフィスはポルトリンゲンにあって、団地からもよく見える。また工場の従業員用の駐車場と、ベンチを並べた小さな公園が、団地のなかにある。マイコ社の従業員は、昼休みや朝食後の休憩時間に、この公園をよく利用している。……

プフェフィンゲン村はかなり変化した。人口は約3分の1増えて、1959年には1000人に近づいている。今世紀の初めには、ほとんどの住民が農業に従事していたが、今日では330人の労働人口のうち、農業は70人である。村のなかにも、プラスチック製品を作っているハウク社（Haug —商品名はHauglit）が進出してきた。従業員は、ホワイト・カラー、ブルー・カラーを併せて、50人である。今日、プフェフィンゲンは、村も団地も、戦前に比べてたいへん豊かになった。しかしこのほど持ち上がった公民館の建設計画や道路の新設・改良などによっても、なおこの間の一般の発展の速さに完全に追いつかないところもある。学校の校舎もまったく新しくなった。また他の市町村におけると同様、ここでも引き揚げ民のあいだにおいても、大きな変化があった。150人ほどの引き揚げ民は、村と団地に分かれて住んでいるが、もとの故郷は

まちまちである。内訳は、東プロイセン24人、ポメルン21人、ヴァルテガウ地方11人、シレジア50人、ルーマニア15人、東部地区（東ドイツ）15人、その他の地域14人である。これらの人々は、全体としても、出身地ごとでも集団にならず、何らかの独自のグループもつくらなかった。引き揚げ民代表の役職も1956年に廃止されたが、その事実を知っている引き揚げ民は誰もいなかった。それほどにまで、その役職は最近では意味を持たなくなっていたのである。

　1950年から今日までの引き揚げ民の結婚件数は55組であるが、そのうち引き揚げ民どうしの結婚はわずか4組にすぎない。どこでもそうであるが、ここでもまた引き揚げ民は、地元の慣習に合わせてきた。もちろん、自分たちが突出しないようにとの配慮がそこにははたらいている。たとえばあるポメルン出身者は、この理由から、菜園で仕事をするときにも、もはや木製のスリッパを履かない。彼にとっては、それが一番便利と思えるにもかかわらず、である。しかし引き揚げ民のあいだに、古い習俗がまったく残っていないわけではない。たとえば、葬儀にさいして棺の中に、花の代わりに土を入れたり、結婚式のある家の戸口に、樅の小枝ではなく、花飾りをつけるといったものであるが、地元民は気がついていないらしい。これに比べて、引き揚げ民が持ち伝えた物ねだりの行事は、地元の人たちに乞食を思われたことから、行われなくなった。

　　[補注] マイコ社（Maico-Werk）：自動車製造会社で、スクーター、オートバイ、乗用車を生産していた。

　こういったスタイルの調査報告である。先入観をもたず、また引き揚げという歴史的激動の要素にとらわれることもなく、日常生活のディテールを丹念に追い、それをコミュニティーの諸条件と照応させるという行き方である。因みに、ここに一部を引いたプフェフィンゲン団地では引き揚げ民たちは出身地も多様で、分散して定着したために、引き揚げ民としてのまとまりが薄

い。しかしまた対照的に、同じ出身地の引き揚げ民がまとまって移住した場合や、住民の大多数が引き揚げ民で占められるという団地の調査も入っている。興味深いのは、そうした団地でも、ここで見られたの同じような傾向がみとめられることで、全体の評価をおこなう第二部でも、そうした方向の分析がなされている。たとえば、引き揚げ民が主体の団地では、街路名にはかつてのふるさとに因んだ名称がつけられたりした。しかししばらくすると、少なくとも日常の感覚では、それにはほとんど意義が認められなくなり、むしろ当時の西ドイツの各地で流行っていた美しい地名や愛らしい名称(ライラック通りやエリカ小路といったもの)の方が好まれるようになると言う。これなどは、ごくありふれた現象ながら、引き揚げ民を対象とする枠組みではもはや追いつかず、一般的な社会学や民俗学の視点が必要となるのである。たしかに、引き揚げ民民俗学と言っても、1960年に近い時期の調査であるため、戦後まもなくなら強かったであろう切迫感は調査地においても薄れている。しかしまた、そうした座標軸の移りゆきが的確に把握されたとも言える。事実、バウジンガーはこの調査を通じて、引き揚げ民という特殊なグループの情報よりも、むしろ現代の日常生活に走る一般的な傾向の数々についてデータを入手したのである。

4

『口承文芸の現在』と『新しい移住団地』の二つをとりあげたが、次に書かれたのが、民俗学者バウジンガーの最も重要な業績される『科学技術世界のなかの民俗文化』である。これは1959年に教授資格申請論文としてテュービンゲン大学に提出され、1961年に刊行された[11]。今日にいたるまで、バウジンガーと言えば、何と言ってもこの著作によって知られている。バウジンガー自身にとっても、本書はライフ・ワークの性格をもっている。また第二次大戦後のドイツ語圏の民俗学に対しても、本書の意義には非常に大きなものがあった。これまでさまざまな試行錯誤の段階にあった民俗学の進路について、ともかくも原理的な解決の土台が、これによって据えられたと言って

もよかったからである。一般の反響も大きく、刊行から3年間に限定しても、少なくとも80種類を越える書評があらわれた。その半数余りはドイツ国内の新聞や雑誌であるが、それ以外ではアメリカやイタリアのラジオ番組や、各国の社会学関係の機関誌での論評がまじっている。ともかく第二次大戦後に限れば、民俗学の分野でこれほど話題を呼んだ著作は他には見あたらないのである。

しかし『科学技術世界のなかの民俗文化』は、大部な書物ではない。本文は、たかだか170頁である。これには、能うかぎりラコニックな文体をえらんだ著者の気負いという面もないではない。しかしその意図や内容については、さすがに今日からみても炯眼を感じさせるところが少なくない。とは言え本書は、一般に民俗学の基本書という触れこみから想像されるような、この分野の各領域や項目を網羅的に論じたものとはおもむきが異なっている。たしかに具体例に即した論述がなされてはいるが、著者によれば、その事例やその事例がふくまれる個別領域だけの問題の解決をめざしているのではなく、民俗現象一般に妥当する一種の法則性を把握することを念頭においていると言うのである。

　　ここでは歴史的連関を問うことは、割愛しなければならなかった。示唆する程度にとどめるほかなかった場合も少なくない。これは本書の主旨が、歴史性よりも体系性に主眼をおいているためでもあるが、また民俗学の個別領域それぞれの内部展開をたどることにはなく、すべての（あるいは多くの）個別領域に共通した射程の大きな視点を獲得することにあったからである。たとえば大きくへだたっている個別領域を二種類挙げてみるなら、口承文芸にも住宅民俗にも適用できるカテゴリーに到達することが大事なのである。……（序文）

たしかに事例としては、〈著者が、これまでどの領域よりも親しんで〉きた〈ゲルマニストに馴染みの深い〉ものが多いものの、それを通じてあきらかに

しようとしているのは民俗現象に広く一般的に妥当性するカテゴリーであるという。また地域的には著者の出身地である〈南西ドイツの事例を日刊紙などから拾い挙げていることが多い〉が、だからとてその地域の民俗の解明そのものを意図しているのではない。〈ここで到達したすべての観点が一般的に妥当するものとなるかどうかは、それらを他の土地にあてはめて検証する必要があろう。しかし他面では、古い時代の狭域的な民俗文化のあり方とは違い、今日では、取り上げた空間がどこであるかは、決定的な意味をもたないのである〉。

そこで本書の特徴や意義であるが、目次で言えば、そこには次のような見出しが並んでいる。

> 第1章 〈自然〉な生活世界としての科学技術世界——第1節：民俗世界と科学技術世界、第2節：魔法としての科学技術、第3節：〈自然なもの〉としての科学技術、第4節：退行を喚起するものとしての科学技術
>
> 第2章 空間の膨張——第1節：〈場所〉の単一性、第2節：地平の解消－文物の転用性、第3節：膨張を刺激するものとしてのエキゾチシズム、第4節：ふるさと－磁場とかきわり
>
> 第3章 時間の膨張——第1節：加速現象と定常状態、第2節：民俗文化の再生と保存、第3節：あそび幅の狭まり、第4節：歴史の演出
>
> 第4章 社会の膨張——第1節：身分文化と単一文化、第2節：〈模倣の体系〉としての民衆（民俗）文化、第3節：センチメンタリズムをイロニーに転換させる諸契機、第4節：ピュグマリオーン問題

目次には、従来の民俗学のテクニカル・タームとはおよそかけ離れた実験的な用語が幾つも並んでおり、それだけでも、従来の民俗学を克服しようとする意気込みをまざまざと見ることができる。少し解説を付けると、〈退行〉や〈加速現象〉（発達加速現象）は心理学用語、〈定常状態〉は生化学用

語、〈地平〉はヤン・ティンベルヘンの経済学の概念（〈予測地平〉）、《《場所》の単一性》は演劇論のターム〈三一致の法則〉のひとつ、また〈センチメンタル〉はフリードリヒ・シラーの文芸論『素朴文芸と情感文芸』からとられており、〈模倣の体系〉はヘルマン・ブロッホの社会評論のなかの表現、といった具合である。そして最終章の〈ピュグマリオーン〉はバーナード・ショーの同名の戯曲（というよりミュージカル「マイ・フェア・レディ」の原作と言う方が通じやすい）を指しており、花売り娘を貴婦人にしたてようとする言語学者の実験とそこで起きる言語現象を材料にして、身分文化が崩壊するときの法則をとりあげている。

　見ようによれば奇を衒っているということにもなろうし、またオリジナリティーを強調する狙いもないではないが、基本は真剣な工夫に由来するものと見なければならない。事実、ここで展開された著者の考察には、爾来40年余を経過した今日の私たちにとっても、必ずしもすでに解決済みとは言い切れないものがふくまれている。

　ここは本書の全体を解説する場所ではなく、またこれまでにも何度か解説をおこなってきてはいるが[12]、章立ての見出し語についてだけなりとも触れておこうとおもう。第一章は、章のタイトル、節の見出しのいずれをみても、民俗現象と科学技術ないしは科学技術世界との関係をあつかっていることが分かる。バウジンガーによれば、今日の民衆文化を考えるとなれば、当然にも今日の世界の基本的な性格を認識するところから始めなければならないが、そこで先ず直面するのは科学技術や科学技術の産物が浸透している世界であると言う。それ自体は突飛な見方でも特に独創的な着想でもない。これまで民俗学があつかってきたような村落的な人間の生き方が今日ではもはや存続し得ない所以が問われるときには、常識的に浮かんでくる答えでもある。要するに、汽車、自動車、電話、冷蔵庫、映画、コンバインといった科学的な技術機器が浸透したことによって、昔ながらの村落的な生活様式は、根本的に変化したのである。ところが、変化の主要な原因として常識的に浮かんでくる科学技術について、民俗学はこれまで本格的に考察を加えたことがな

かったのである。そこで、民俗と科学技術との関係を、幾つかの基本的な側面において考察したのが、第一章である。

〈科学技術世界〉と〈民俗世界〉

　そのさいバウジンガーは、科学技術そのものと、科学技術世界を区別することから説き起こす。科学技術（Technik）とは自然科学の法則がはたらく場である。それに対して〈科学技術世界〉(technische Welt, 英語では　a word of technology）とは、科学技術の産物にとりまかれ、それとの交流のなかにある生活世界のことである。用語の面では、ハイデッガーの〈世界内存在〉を踏まえているところがある。因みに科学技術は、生活の場では自然科学の法則通りに理解されるのではないことは、テレビを見るための操作に、テレビを成り立たせている仕組みの専門的知識が必要ではないことからも知られよう。それどころか、そうした技術知識の保持者ですら、生活の次元ではその知識をもって技術機器に接しているわけでない。その点には心理学者や社会学者たちも関心を寄せてきたことに、バウジンガーは注目して、次のように言う。

　　重要なのは、徹底して合理的な構造をそなえた〈科学技術〉そのものと、〈科学技術通世界〉の区別である。　— 後者のなかでは、前者の合理性が後退して危機に瀕するといったことも起きる。例えばオットー・フリードリヒ・ボルノウがおこなった意識内容の詳細な分析などをみれば、この区別は一層あきらかになる。科学技術と交わっているときの意識は、たいてい専ら次のような意図に向けた固定状態にある。すなわち、〈この科学技術は絶対的に確かである〉。したがって心の深部においては、意識的な行動はまったくなされていない。そこにあるのは、むしろナイーヴな行動である。フリードリヒ・ゲオルク・ユンガーも、同じ問題に因んで例を挙げながら、こんな説明をつけた。〈競輪選手やパイロットや機関士の意識は、醒めてはいるが、夜の暗闇のような夢幻的な観念によって限られた狭い場のなかにある。つまり、器械の機能に向けられた

機能的な覚醒である。〉それどころかこの覚醒は、そのときかかわっている器械の諸々の機能に向いているのではなく、器械を媒介にして出会う現実の小片にひたすら向けられているようにおもわれる。

　それゆえ〈科学技術世界〉という概念の措定は、科学技術という自然科学が関わる事象を精神科学（人文科学）の領域に移し変えることでもある。別の面から言うと、精神科学があつかう領域にも科学技術は広がっている。しかも、科学的な技術機器との交流は、今日の生活の場における基準的な位相でもある。これに対して、従来の伝統的な生活様式の世界は縮小し後退を続けてきた。すなわち、これまで民俗学が専ら眼をむけてきた〈民俗世界〉（Volkswelt）である。この民俗世界と科学技術世界の対比関係は歴史を通じて常にはたらいてきたが（それが古くからのものであるとして、バウジンガーは、〈機械〉という語の初出とされる『荘子』の一節を挙げる）、それが基軸の性格をもつようになるのは近・現代である。そこで、民俗世界と科学技術世界の関係が問題になるが、バウジンガーは3つの主要な契機においてその相関を解明しようとする。第一は、科学技術という魔術ないしは魔法である。科学技術と魔術の関係も古い歴史をもっているが、古い時代には、時人を超越した自然科学の天才や実験者が魔法使いとみられるような誤解の性格を示していた。しかし科学知識が普及して誤解が消えれば、一方が他方を駆逐するというものではない。誤解のなかに潜んでいた本質的な関係がいよいよ姿をあらわすのである。科学技術と魔術の相互交替である。しかしそれを知るには、第二、第三の契機に眼を向ける必要がある。第二の契機は、科学技術が限りなく普通の環境を形作ることである。すなわち、科学技術世界という〈自然〉であり、それを可能にするのは〈慣れ〉である。たとえば、導入当時は怪物とまで恐れられたこともあった蒸気機関車が、今日ではいとものどかな風物として郷愁をさそう。そうした慣れの進行とは、民俗世界に科学技術世界が浸透し、衝突や融合を起こす過程であるが、そうである以上、慣れの諸段階に対応して民俗文化が発生する。見方を変えると、たとえば

〈科学技術の民話〉をはじめとする口承文芸を指標として観察すると、その過程が何であったかが分かるのである。それは機械の人間化という側面をもあわせもちながら、概括的には、反発・拒否、受け入れ（しばしばイロニーの要素がはたらく）、すたれ・郷愁へという段階をたどる。第三の契機は、技術機器の故障、あるいは故障において明るみに出る人間と技術機器の関係である。すなわち、慣れを通じて〈自然な〉環境となっていた技術機器が、故障によって、突如、冷たい拒絶的な外界に変質する。哲学の用語では〈物体の反逆〉がそれにあたる。技術機器に故障は必然的であるが、その必然性は現実の個々の故障を超えた意味を帯びて、科学技術世界の周縁部を作り出す。

> 機械が言うことをきかないという事態は、口承文芸の一部になっており、またそこであつかわれる対象でもある。しかもその扱われ方は、機械の実際の故障の度合いをはるかに超えている。そうした語りものは、機械が故障を起こすやも知れぬ、また修繕を要する場合があることを指し示すだけではない。むしろこの目的連関を断ち切り、科学技術が総体として限界をもつことを証かすのである。すなわち、その限界線上で、機械の故障は、理知的なあきらめによって受け入れられ、また事態の退行的な克服が発生し、さらにその両者が分岐してゆく。

退行

　この３つの契機において、民俗世界と科学技術世界は関係するが、その関係の移りゆきの近・現代における趨勢を規定するのは、科学技術世界の急速な成長である。成長の速度が緩慢であれば、刺激の度合いは軽微であるが、急激であればあるほど、二つの世界の接触はさまざまな摩擦を引き起こす。それは、退行（Regression）の概念によってとらえることできる。本来は心理学の用語で、たとえば子供が弟や妹の誕生を機に心理的な不安や親の愛情を取り戻すなどのために、既に確立していた食事や排泄などの習慣について確立以前の状態に逆戻りしてしまうことを指す。それゆえ成長の過程での後退

衝動であり、防衛機制である。この概念を拡大して応用したのであるが、またそれを通じて世界が重層化され、しかもその重層性が一時的なものではなく基本的な構図である点では、概念のもとの意味よりも大きな内容がこめられている。バウジンガーによれば、民俗学が学問として成立したこと自体が社会の大きな動きの中での一種の退行であった。その退行を派生させつつ、基準となる世界が入れ替わってしまったのが今日の状況であるという。それは列車や自動車や飛行機が移動の基準機器であり、馬車や駕籠が伝説的となっていることからも知られる。その上、歩くや走るという行動の原始性が、かつてなかったほど重い意味を帯びるようになっているのは、それが移動における基準の位置からずり落ちたからである。少なくとも、他の基準との並存状態という緊張した関係のなかに入ったからである。森林や緑の樹木との接触にも、それと同じ構図が見出される。それらからうかがえるように、かつては民俗世界の上に科学技術世界が薄くまばらな網の目をつくっていた。その逆転とは、科学技術世界が基準面を形成し、そこに民俗世界が点々と顔を出している構図であることを意味する。しかし、民俗世界は次第に消え失せる運命にあるのではなく、科学技術の普及の隙間を縫って出現する。それどころか、科学技術世界によって新たに育まれ、成長する。むしろそうした様相を含むこと自体が、基準世界としての科学技術世界の必然的なあり方でもある。言い換えれば、科学技術世界とは、民俗世界との絡み合いによって存在する世界でもある。ではその基本的な逆転はどのようにして実現し、そこではいかなる事態が起きているのであろうか。それを知るには、3種類の基軸において検討する必要がある。空間、時間、社会である。かくして第2、3、4章では、空間の膨張、時間の膨張、社会の膨張がとり扱われる。

〈空間の膨張〉から

　〈膨張〉（Expansion）とは、それに対応する民俗世界の地平（Horizont）の崩壊でもある。〈地平〉とは〈予測地平〉であり、見通しにおける限界や壁のことである。因みに古い時代には、生活世界は独特の地平を伴っていた。空

間の〈地平〉について具体例を挙げれば、いわゆる観天望気や、地名の入った種々の言い回しなどによって、それが機能していたことが確かめられる。すなわち、〈〇〇山が帽子をかぶれば、明日は晴れる〉といった気象の諺、〈〇〇嵐（おろし）〉といった風の名称、あるいは〈奴は〇〇送りだ〉のような特定の墓場や精神病院の名前の入った成句、こういったものは、本来はそれが口にされる土地でしか成り立たない言語表現であり、そうである以上、一種の境界の存在をしめしている。そしてさまざまな境界が重なりあって、全体として狭域的な地平が形成されるのである。もとより向こう側を全く見通すことができず、通過もできない地平といったものはあり得ないが、かつてはかなり強固な地平が存在したのであり、逆にそれが強固であったからこそ、わずかな見通しや稀な通過に甚大な意味がこめられたのである。たとえば、嫁とりは必ず隣村からという慣行や、隣村から忍んでくる男を古井戸に投げ込む制裁などである。しかしその地平に科学技術世界が浸透する。すなわち汽車や自動車といった交通手段が生活の場に浸透すれば、それだけでもさまざまな変化が起きる。隣村を通り越した通勤が始まれば、距離感覚も大きく変わり、隣村の意味は根本的に異なってくる。それどころか、隣村という境界そのものを維持することができなくなる。境界には孔があき、在来の地平は崩壊する。それを追って市町村の合併が起きでもすれば、隣村は跡形も無く消滅する。

　しかし境界が消滅したのではない。正確には境界の観念というべきであるが、それはむしろ強まる面をみせる。狭隘な空間と一致していた（完全な一致はもともとあり得なかったとしても）〈ふるさと〉は、拠り所をもとめて拡大してゆき、遂に国民国家の境界にまで到達する（ふるさと日本といった観念の成立）。それどころか、国家の境界すら越えて、世界や地球を人類のふるさととするような、重畳たる観念体が出現する。もっとも、一国をふるさととみることと、全世界や地球をふるさとと呼ぶ心理には構造的な違いがあることはいうまでもない。──　以上は「空間の膨張」から数項目を取り出したのである。

〈時間の膨張〉から

　時間の軸についても触れておく。しかしそこで注目すべきは、三種類の次元のあいだの相関関係のあり方である。これは、バウジンガーを読んでいる人でも、意外に見落としていることがあるので、敢えて言い添えておくのであるが、バウジンガーは、民俗（民衆）文化を基本的には二次的な文化であるとの見解をとっている。すなわち、民俗（民衆）文化は高次文化の独自の改変という性格が強く、そのためまったくの自己原因によって動くのではない。その行動法則は他律性を前提にした上での、比較的小さな自律性にある。しかし、根底にはおいては自己原因による動きではないために、空間、時間、社会それぞれの法則のあいだで、単純な対比関係は成り立たないと言うのである。

　　空間のなかでの推移と時間のなかでの推移は、それぞれ独自の法則にしたがっている。歴史的なもののなかへ深くもぐりこんでしまうと、時間の地平はかき消えてしまうとか、空間における集中はふるさとに収斂し、またその動きはもっぱら現在という平面でなされ、歴史へのかかわりを放棄しているので、時間の膨張はさまたげられるといった並行関係を想定することはできない。むしろ両者は交錯しているようにおもわれる。つまり〈ふるさと〉に収斂する空間的集中は、一般的に言えば時間の側へも（つまり過去へ）向かおうとするところがありはするが、同時また激しい空間の膨張は、概して没歴史的なのである。いずれにせよ持続性を帯びた姿勢そのものは、（歴史のなかへ手を伸ばすのである以上）時間の法則に従っている。ふるさと運動において空間的集中への志向が、歴史に手を伸ばすことと組になって進行することはすでにみておいたが、そこでは空間的集中への志向よりも、歴史をふりかえるというこの動きのほうが全体としてははるかに強力であるのは、たぶんこれに起因するのであろう。……

時間軸に沿った動きに関したバウジンガーの考察から、一項目を挙げる。それによると、生活の場では、時間は数字が並ぶように等級数的に延びているのではない。人間が経験的に接する過去は、精々祖父母の代までで、それを超えると4代前も数百年前もさして変わらないのである。ところがメディアの浸透とメディアの浸透に照応する諸関係の変化によって、歴史知識が過剰なまでに供給されるようになる。特に系統だったものには、国民国家の教育制度の整備にともなう国民史があり、他にも新聞、雑誌、種々の書物や絵本、映画、ラジオ（そして今日ではテレビも含めて）を通じて歴史知識が氾濫する。歴史知識を何らかのかたちで織り込んだ多様な商品や情報が洪水のように押し寄せ、しかも絶えず交替する。歴史知識のかかる豊かさは、人間に時代環境との関わりそのものとして自己を確かめさせるが、同時にその洪水さながらの氾濫によって自己を見失わせもする。ここに、膨大な量の歴史知識は幾つかの固定点においてつなぎとめられることになる。すなわち歴史のなかのいかにも歴史的な場面が結晶核の役割を果たし、歴史のなかの〈絵のような場面〉が浮上する。そうした志向は、実際の経験を遥かに超えた歴史に広がってゆくという点では〈歴史志向〉であるが、それが様式化と一体になっている点では〈脱歴史志向〉でもある。それが民俗文化として現れるとグリム兄弟が開発した種類の〈昔話〉となり、またふるさと祭りにおける時代風俗の再現（時代祭りのようなパレード）になり、また歴史の名場面なるものの再現を中心にすえた時代祭りになる。(ドイツではローテンブルクの豪傑呑みなど、日本に引き移せば川中島の合戦を再現した甲府の信玄祭りや米沢の上杉祭りなどを思い浮かべればよいであろう)。－これまた、「時間の膨張」の一項目を抜き出して解説を加えたのである。

〈社会の膨張〉から
　さらに空間と時間の軸では説明し切れない非常に多くの現象が残っている。それらが扱われるのが「社会の膨張」である。ここでは、身分をはじめとす

る伝統的な階層区分の消滅が、考察の土台になる。一般的な状況を言えば、階層区分が消滅したところでは、伝統的な文物も新しい工業製品も等しく、すべての種類の人々に提供される。かつては服飾はそれを着る人の社会的位置を表示する機能をもっており、子供の名前の付け方ですら社会的区分による一定の傾向がはたらいていた。しかし今日では伝統と接続する文物である服飾や命名からも、人々の社会的位置を知ることはほとんど不可能である。工業製品となれば一層その性格が強い。生産財はともかく、消費財においては〈インダストリアル・デザインの意義は一般的な規格品たるところにある〉。すなわち、伝統的な階層区分の消滅は、先ずは文化的な単一社会を進展させるのである。単一社会とは大衆社会でもある。翻って民俗的な観念や物象に注目すると、それらのほとんどは長い身分社会のなかで形成されたのである。それゆえ身分的物象・文物が身分文化の物象文物から大衆文化の物象・文物に変化する過程があることになる。例えば、それを端的に観察することができる広範な現象に〈キッチュ（俗美）〉がある。キッチュは、身分社会に起源をもつ高度文化が大衆化してゆく形態であり、すでにロマン派の時代から始まってもいたが、経過的な性格をさまざまな形で示している。大衆社会とは社会的上流と社会的下層が固定した社会ではなく、階層的な上流もまた大衆文化を受け入れる社会のことである。それゆえ社会的な位置にかかわりなく人々は〈キッチュ〉を受け入れる。そのさい階層の別なく非常に多くの人が〈これはキッチュだが〉と一言断って受け入れる。高度文化の亜流であることを知っていると宣言することによって、完全にはまっているわけではないと外に知らせ、自らをも慰撫しながら、単一文化に参画するのである。その点で典型的な経過現象である。同時に、その断りの呟きには、単一文化のなかでの自己表出という次の課題が早くも忍び寄っている。そしてキッチュの中味であるが、高度なものや高尚なものと下等なものや下品なもののあいだに仕切りがなく、またその仕切りを解消させた様式特徴こそ〈キッチュ〉の意義でもある。

　こうした身分社会の解消と大衆社会の進展、そして大衆社会という単一文

化のなかでの位置の確認はどのようにおこなわれ、そこではいかなる文化的現象が発現するのか、それをバウジンガーは、言語使用を材料にして考察する。身分言語が一般言語に溶解してゆく過程を、民間語源学や駄洒落の具体例をも挙げながら、そこで起きる進展や勇み足や躓きや後戻りを観察するのである。ほとんどがドイツ語の語彙であり、それらのニュアンスを分析するという進め方であるため、挙げられた事例への追感には限界があるにしても、理論的な脈絡は整然としている。

　そして最後にバーナード・ショーの戯曲『ピグマリオン』が素材になる。周知のように映画『マイ・フェア・レディ』であり、ロンドンの最下層の花売り娘を短時日で上流の淑女に仕立て上げ、社交界にも登場させようとする2人の言語学者の実験である。そこで起きる言語的な齟齬の数々に、身分社会から大衆社会への移行が何であるかのヒントをさぐるのである。たとえば、下層の言葉遣いを基本にもつ花売り娘イライザは、新たに上流の言葉遣いを習得する。それは見ようによっては、どの階層の者にも、他のすべての階層の言語財が開放されるという単一文化への動きに他ならない。イライザは、〈因習的な美辞麗句を習得したかしないかの段階で早くも社交界にデヴューする。もっとも、発音だけは正確きわまるものになっている。その発音でお里まる出しの隠語をしゃべり、そこに奇妙なコントラストが生じる〉。注目すべきはその効果である。

> その奇妙な言葉遣いは新しいファッションとして受けとめられる。ある老婦人は愕然とする。老婦人の娘はその〈the new small talk〉を、社交界の新しい会話と思いこんで感心し、自分も早速同じ言葉を周囲に向かって喋ろうとする。……娘は、耳慣れない言語形式が社交界調の相似的な均整のまっただなかに惹き起こした生き生きした効果に参ってしまったのである。

　バウジンガーによれば、ユーモラスに描かれたこの場面には、身分文化から

単一文化への移行過程が凝縮された観があるという。第一には、狭い地平における外来要素の魅力である。第二に、狭い地平のなかの者も、その地平が絶対的ではないことを予感しているために、闖入したものを排除しないのである。そこではすべての身分文化がその身分の枠を超えて他のすべての人々に提供され、その提供された文化はいずれも、誰が用いても間違いではないのである。狭い地平のなかで限られた語彙が発音やアクセントによって多様な意味を担っていた〈意味増殖〉(基本語 300 語で何もかもを表現してしまう下層労働者といった一頃の言語学説はその極端な事例) に対して、遣っても構わない語彙が無限に増える〈形態増殖〉である。やがてそれはさまざまな階層言語の中間地帯の形成へと進んでゆくが、その中間地帯、すなわち標準語とは、この社交界の淑女と同じ言動が絶えず起きる場でもある。花売り娘は隠語を喋るが、隠語とは特定の集団の特殊文化のなかに深く根を下ろした言語財である。それを淑女はかりそめの効果の故に口にし、ひととき周囲を輝かせる。それは一過性的な転移であるが、転移が常態になれば特殊言語の標準語への転換ということになる。標準語とは、絶えず特殊言語がその底なしの深い意味を捨てて、一瞬の輝きに転化する動きを伴い、そのベルト地帯によって活力を得る言語世界でもある。たとえばスポーツ用語の日常語への転換とそのめまぐるしい交替の一要因はここに存するである。しかもその構図は、言語の分野だけのことではない。民俗 (民衆) 文化の全体にも部分領域にも、同じ動きが起きているのである。

　以上は、『科学技術世界のなかの民俗文化』の各章から話題を拾って解説をつけた。年代的に無理からぬ制約として、扱われる事例に戦後まもない世相が多いほか、科学的な技術機器についてもテレビよりもラジオ、自動車よりもオートバイが中心になっている。コンピューターはまだ材料に入っていない。しかし蒸気機関車の導入から SL への郷愁に至る一連の推移などは、今日の高度な技術機器にもあてはまる原理的な指摘と言ってよい。むしろ時代の制約は、科学技術の考察において今日なら大きく取り上げられるような要

素を思い浮かべると、重心の置き方がやや異なることであろう。これについて、バウジンガーは日本語版への序文のなかで次のように述べている。[13]

　　自ら学史的なコメントをつけることになるが、本書の成り立ちは、学問としての民俗学の展開の特定の階梯と結びついていた。本書の以前（あるいは本書が成り立った時期よりも前には）、民俗学は伝統的な農民文化の名残を探求することを基本的な課題としていた。それゆえ、その前提とされた状況が全体として変動のなかに投げ込まれていることを指摘するのは緊要の課題であった。すなわち科学技術世界は民俗文化とは無縁ではなく、また民俗学とも無関係ではなく、民俗文化を含む多くの現象の枠組みなのである。
　　もっとも、この数年ないしは数十年の教訓によれば、科学技術の危険性をもっと強調すべきであったかも知れない。チェルノブイリ、あるいは数十年前のヒロシマが科学技術の発展に伴う暴力によって致命的な打撃を受けたことは誰もが記憶している。それらは限りなく深刻な事件である。同時に、そこにはたらいたのは比較的単純な関係でもある。本書はそうした危険性をあまり取り上げていない。本書が意識的にあつかったのは、人間が科学技術とかかわるさいの日常の平凡な経験である。当時は、科学技術は民俗文化の対立物、後者を抹殺する怪物という見方が研究者のあいだですら疑われていなかったために、それを克服することに意をもちいることになった。それ自体が、時代と学問の発展史を映しているのである。

これは1991年当時からの述懐であるが、至言と言うべきであろう。

5

　次にバウジンガーの主著を学史的な側面から補足しておこうと思う。しかしそこで論じられた多くの項目を学史的に検討するという意味ではない。著

作の基本的な構想に関してである。『科学技術世界の民俗文化』は、科学技術と民俗文化の関係をときほぐすことを出発点とし、次いでそれを空間、時間、社会の三次元に沿って考察するという展開であるが、問題は、この三次元という設定である。これは、前章で取り上げたスウェーデン学派によるフレイザー批判を踏まえている。ナチズムとの関係を克服しようとしたドイツ民俗学の再建の最初期に、スウェーデン学派の理論がポイカートによって紹介されて、多大の反響を呼んだ。バウジンガーは、この学史上のエポックを考察の基本的な構図のなかに取り入れたのである。

しかし、その視点は、スウェーデン学派とも、それを受容・紹介評価したポイカートとも同じではない。すなわち先にもみたように、スウェーデンのシグルド・エリクソンなどが、民俗文化を比較考察するにあたって、空間、時間、社会の軸において何らかの関係性のある事例のあいだでおこなうのでなければならないことを力説していた[14]。バウジンガーは、その議論を肯定しながらも、しかしそれは〈地平〉が顕著な機能と意味をもっていた伝統文化の場合に要求される手続きでであって、近・現代の民衆文化は、そうした地平が崩壊することによって基本的には規定されていると考えたのである。たしかにそれは、バウジンガーのオリジナルな着眼であった。それゆえここでの理論を、先人の議論から完全に独立したものとして受けとめることを読者にもとめたのであろう。バウジンガーのこの著作ではスウェーデン学派にはまったくふれられないのである。

このスウェーデン学派との関係は、本書の基本的な構想にかかわることがらであるが、それが戦後まもなくW・E・ポイカートによって紹介され、ロマン派以来の民俗学の欠陥をえぐるものとなった。総じてバウジンガーの考察は、1945年以来のドイツ民俗学界の議論を強く意識して進められていることに大きな意義があったのである。またそれなればこそ、その理論は、山積みされた難問や紛糾している議論への本質的な解決に寄与するものとして歓迎されたのである。

なお、もうひとつ言及しておいた方がよいとおもわれるのは、バウジン

ガーと、それ以前の世代との関係である。バウジンガーは、第二次大戦後のドイツ語圏の民俗研究の展開のなかでは、いわば第二世代である。このため1945年以後の危機的な状況をうずめた世代とは、その姿勢や問題意識に違いがある。第一世代の場合は、さまざまな試みがありはするが、おおまかな傾向としては、イデオロギーからの脱却と客観性の徹底に主眼をおいていたところがあった。しかしバウジンガーになると、そうした傾向をも批判的な眼で見はじめる。それが顕著にあらわれたのが、レーオポルト・シュミットへの批判であろう。シュミットは、バウジンガーが研究活動をはじめた頃には、民俗学界の第一人者であり、その影響力には非常に大きなものがあった。特にウィーンのオーストリア民俗博物館という伝統的な民俗文化財の収集ではドイツ語圏で最も充実した施設を運営しながら、戦前からの構想を次々に現実のものとしていった超人的な活動は余人の追随をゆるさなかった。しかし、バウジンガーは、そうしたシュミットの活動に意義をみとめつつも、そこに終始するかぎり、現実の要請に応えることのできないとの判断をもったようである。総じて、シュミットへの批判は、名指しの場合もあれば、間接的のこともあるが、『科学技術世界のなかの民俗文化』におけるモチーフのひとつと言ってよい。それは、この著作の第二版においても、なおバウジンガーが、次のような批判を投げかけていることからもあきらかである[15]。

　民俗学のなかには、イデオロギー的な要素をふくんでいたり、軍事力の至上性を称揚するような論文がいくらもあった。しかし、そうした直接的で声高なプロパガンダよりもいっそう注目しなければならないのは、民俗研究者たちが、収集作業に埋没し、素材にのみかかずらうという一見したところはニュートラルな営為に閉じこもったことである。こうした営為が、ナチズムの世界観やその支配の強化に好都合に作用したのは、当然であろう。と言うより、そうした営為こそが、ナチズムに加担したと言わなければならない。にもかかわらず、それらは、いかにも非政治的という装いをとりつづけたのである。またナチズムが破産した後にも、

そうした方向の著述者たちのあいだには、負い目の意識も罪の観念も生まれなかった。かれらは、第三帝国のはるか以前から敷かれていた軌道（しかもこれは、第三帝国時代には、名誉ある行路とみられたものである）をたどっていたのである。

　先に、シュミットが、そのときどきの時代思潮の蔭で継承されてきた地道な事実への関心の伝統に、民俗学の再生の土台をもとめ、またみずからもその方向での民俗学を構築していったのにたのに較べると、その姿勢の隔たりは見紛うべくもない。
　バウジンガーのシュミット批判は、必ずしも常に歯車がかみあっているわけではないが、それにもかかわらず生産的にはたらいた場合もあった。現代の民俗現象を対象にする上で重要な〈フォークロリズム〉の概念も、もとはバウジンガーのシュミット批判から生まれたのである[16]。

6

　『科学技術世界のなかの民俗文化』については、ドイツの民俗学界での位置づけを知る上で、当時の論評を見ておこうとおもう。この著作に多数の書評が寄せられたことは先に言及した。なかには反撥を表明しているものもないではないが、ほとんどは、高い評価を与えている。しかし、ここで紹介するのは、そうした書評のひとつではない。この著作が刊行された翌年に、マティルデ・ハイン女史が、折からの『ドイツ文献学要覧』第2版の自らが編集者でもある第3巻「民俗学」の部に、早くもその意義に言及した箇所である[17]。

　　過去の民俗文化も、今日なお完全に解明されたとは言えないが、それらが衰微をきたしていることは、研究者なら見過ごすわけにはゆかない事実である。そうなると、研究対象としては、もはや残存物と衰退過程しか残っていないのであろうか。これは、今日の民俗学をゆり動かして

いる深刻な問題である。これを批判的に考察したのが、ヘルマン・バウジンガーの教授資格申請論文『科学技術世界のなかの民俗文化』である。そのなかでは、今日の民衆文化の分析を通して、〈昔ながらの民俗的文物が生き生きとうごいていた〉従来の地平が、空間、時間、社会のいずれの側面からもみても変化してしまっているとの指摘がなされている。今日では、閉鎖性に代わって、生活空間の膨張があり、伝統に代わって文物の加速的変貌があり、また身分ごとの文化に代わって、単一文化がある。いかなるカテゴリーによって、この変貌した民衆生活を整理することができるであろうか。バウジンガーは、今日の民衆生活を学問的に解明するための糸口を得ることをめざして模索をつづけ、社会学に接近するかたちで、民俗学という専門学の境界を明確にすることに腐心した。もっとも、退行（レグレシオーン）、歴史志向、エキゾチシズム、道具立ての凍結、といった一連の概念がどこまで方法上の補助手段になることができるかは、実際の研究のなかで証明される必要があるだろう。

なお、バウジンガーの術語の作りかたをみる上で、ここで言及された概念のひとつ〈道具立ての凍結〉をとりあげておく。これは、直接的には、先に紹介した、昔話にいかにも悠久な村のできといった観をあたえるための場面設定の手段を指す。また、そこでみられるのと同一の性格の動きは、広くさまざまな現象について起こり、民俗文化をめぐる現代の趨勢にもなってゆくというとらえ方がなされている。また注目すべきは、バウジンガーが、レーオポルト・シュミットをネガティヴな面から検討することをバネにして、その術語の措定をおこなったことである。

　　　レーオポルト・シュミットは、シュルツが神話伝承において指摘した数字の置き換えをはじめとする種々の置き換えとのアナロジーで(補注)、道具立て置き換えの法則を立てたことがあったが、この法則は、歴史性を重くみる姿勢の前に、こなごなに砕けようとしている。レーオポル

ト・シュミットが指摘したのは、たとえば昔話において、そこにあらわれる楽器や、その他の道具立てが、文化階梯が推移するとともに変化し、そのときどきの現代に接近するという動きであった。ところが今日では、昔話に対しては、ほとんどの場合、ほかでもなく古めかしい道具立てが盛りこまれていることに期待が寄せられるのである。つまり昔の衣装や昔の楽器である。それどころか、むかし優勢であった社会関係まで加わってくる。グリムの昔話集が一世紀を越える星霜を閲し、今日にいたるまで昔話の代表作となっているのは、古風な道具立てや古風な形態に向けたかかる欲求にこたえているからにほかならない。道具立て置き換えの法則に代わって、〈道具立て凍結〉の法則（Gesetz der 'Requisiterstarrung'）が大きな意味をもってきたのである。（『科学技術世界のなかの民俗文化』第3章3節）

  ［補注］ヴォルフガング・シュルツ（Wolfgang Schultz 1881-1936）を指す。シュルツは1920年代にウィーン学派と呼ばれる神話研究の一傾向をつくったひとりで、太陽信奉のさらに古層には、古代ユーラシアをひろく覆って月にたいする信奉があったと考え、そのため古代民族の種々の暦日計算方法を適当な数値で置き換えると、太陰暦が浮かび上がるはずであると主張した。

マティルデ・ハインは、ゲルマニスティク系の民俗学の有力者で、学派の系統ではユーリウス・シュヴィーテリングの後継者ということになる。またその方法による民俗衣装の着用についての社会学的な研究で知られている[18]。当時、フランクフルト大学には民俗学の教授ポストは設けられていず、いわゆる員外教授であった。バウジンガーだけでなく、さらに年長のレーオポルト・クレッツェンバッハーなども、ハイン女史によって評価されたということもあり、戦後の民俗学界のまとめ役のひとりであった。以上を踏まえて、手短くまとめをしておきたい。ここでは、バウジンガーの主著がドイツ語圏の民俗学の思想や経緯とからんで成り立った事情を取り上げたのであるが、

それだけに注目すべきは、そうした学史的な背景の事情を完全に共有しているわけではないドイツ以外の欧米各国において、早くから評価されたことである。それは、バウジンガーの仕事が、ドイツ語圏の民俗学という特定の脈絡を引きずりながらも、普遍的な理論の水準に近づいたということであろう。しかし逆に一般理論の提示という角度から見ると、決して直截にその体裁をとっているのではない。たしかにその意図があり、瞠目を誘う多彩な着眼が仄見えはするが、同時に行論の実際を前にして多くの人が隔靴掻痒を託つとしても不思議ではない。バウジンガーが、既存のものを突き抜け得ぬのと突き抜けるのとの境界線上で思索していたであろうことは、その文体からも窺える。これまでにない方向への原理を含んだ発明の初発的形態といった趣すら、そこには感じられる。原理論に続いて、空間、時間、社会というように体系的な構成をとってはいるものの、必ずしも熟した表現にまでは行き着いていない。たしかにそこに盛られた着想には、民俗学という専門学に根本的な組み替えを要求するところがあり、それは民俗学の関係者が薄々感じてきた現実とのズレや焦燥とも呼応する。それゆえ、バウジンガーの仕事にその刺激をもとめるのは、今日、世界の幾つかの場所では、民俗学界の志向のひとつと言ってよい。しかしまた、どこまでその刺激を活かし、いわば実用化まで進めたかとなると、成果は必ずしも果かばかしくなく、〈フォークロリズム〉を合言葉とする段階にとどまっている。この概念は、『科学技術世界のなかの民俗文化』をヒントにして提唱されたのには違いないが、精分を水で薄めたようなところがあり、民俗文化の表層に焦点を当てて伝統と現代を識別する指標として資する限りのものである。かく、刺激を感じ取りつつも未消化が長引いている原因は、受け取る側も白紙ではあり得ず、それぞれの学問伝統を背景にしているからであろうが、またバウジンガーの著作が一般理論になり切ってはいないことにもよるであろう。バウジンガー自身のその後の仕事も、その時々のモチーフがあり工夫が盛られ、時に魅力を放ってはいるものの、遠目に見ると、主著の啓蒙家を自ら果たしてきた観がある。しかも、その解説の多くはドイツ文化の事象に絡んでなされているため、外部の者に

は、ただちには啓蒙の実をもたらさない。これらを勘案しつつ、看過すべからざる刺激をなおそこに認めるとするなら、その受容と活用は今も課題であり続けている。

3. ヘルマン・バウジンガーのナチズム民俗学批判

1

　ドイツ民俗学のなかでのナチズム問題の流れとなると、是非とも見ておかなければならないのが、このテーマにおけるバウジンガーの位置とその見解である。前2章までは、ナチズム問題とは言っても、主にドイツの民俗研究そのもののあり方と関係づけて、その展開を追ってきた。しかし、ドイツの民俗学のなかで、ナチズム問題がいつ誰によって明確に課題として提出されたかという問を立てるなら、それはバウジンガーによってなされたという答えが返ってくるはずである。すなわち、1965年1月にテュービンゲン大学で企画された連続講演会「ドイツの精神史とナチズム」の一環として、バウジンガーがおこなった講演である。次いでそれは、加筆されて、同年のうちにドイツ民俗学会の機関誌に最初の講演とおなじ『フォルク・イデオロギーとフォルク研究——ナチズム民俗学へのスケッチ』のタイトルで発表された。これをもって、ドイツ民俗学界でのナチズム問題との本格的な取り組みが始まったとみるのが普通である[19]。この論考は大部なものではない。詳細な注記がほどこされ、多数の文献の指示がなされているが、頁数から言えば短いものである。しかし密度は高く、スケッチ程度ではあるものの、今日にいたるまでこのテーマにおける基本的な見解として、その重みを減じない。因みに、近年発表されたナチズム民俗学への批判作業の経緯を整理した英文の報告のなかで、目下このテーマに精力的に取り組んでいるフライブルク大学のハンヨースト・リックスフェルトとアイオワ大学のジェームズ・ダウが、次のようなコメントを付けている[20]。

バウジンガーのこの話題を呼んだ論文が、民俗学のナチズムに傾いた過去を本格的に課題として取り上げる動きの起点であった。バウジンガーがフォルク・イデオロギーとフォルク研究についてそこでおこなった分析の基本的な成果は、今日なおその有効性を失なっていない。とりわけ、ナチ時代には二種類の民俗研究がなされていて、その一方のファシズムに傾いた方だけが、この専門学の倒錯した推移に責任があるとする従来の公式的な考え方が、これによって払拭された意義の大きさは計り知れない。

　さらに、バウジンガーは以後も、これと重なるいくつかの論考を執筆している[21]。しかし、そもそもバウジンガーの仕事は、主著の『科学技術世界のなかの民俗文化』でも、ナチズムに傾斜したこの専門学の建てなおしをモチーフとしていることは、これまでにもふれてきた通りである。
　そこで、バウジンガーのナチズム論の特徴を問うことになる。最も顕著なのは、ナチズムのより大きな背景として〈フォルク・イデオロギー〉を指摘し、その内容を分析したことであろう。そうした分析が不可欠であるのは、とりわけ民俗学（フォルクスクンデ）が、その19世紀半ばの本格的な成立の因由を、フォルク・イデオロギーにまとまってゆく諸要素に負っていたからであり、そうである以上、民俗学はフォルク・イデオロギーの問題性を他のどの学問分野よりも、その本質的な部分にふくんでいるというのが、その主張である。したがって、批判的解明をすすめるには、〈フォルク〉という、あまりにも一般的であるために改めて問題視するのも躊躇されるような言葉を敢えて中心にすえて考察しなければならない、とも言うのである。

　　……そもそもここであつかう〈フォルク〉という言葉そのものが、多くの学問的対象がそうであるのとひとしく、それ自体は所与の事象であるといったものではない。むしろ、フォルクという言葉は、社会的なか

らみあいから生じた分泌物で、イデオロギーの翳りを帯びているのが常であった。この事実は、実際問題としては、次の２つの問いを立てることがいかに緊要であるかを指し示している。すなわち、フォルクに関する特殊な学問の成立には、社会的な現実を素通りして何らかの目標へ向かって走ってゆくような観念が当初から背後にひそんでいたのではなかろうか、と問うこと、もうひとつは、その学問は今日も継続しているのであるが、そうであるなら、そこには必然的にイデオロギー的なエレメントがなおも保存されているのではなかろうか、と問うことである。他の多くの学問にあっては、ナチズムに特有の用語は、あきらかに外部からもちこまれたのであった。しかし民俗学(フォルクスクンデ)の場合は、ナチズムによって異質な理念が入りこんだのでも、この専門学のなかの通常なら瑣末なものにとどまっているようなエレメントがナチズムによって強められたのでもなかった。むしろナチズムは、この専門学の核心部分をつくってきた諸々の観念を、濃厚な輪郭のもとに浮かびあがらせたのである[22]。

　バウジンガーによると、フォルク・イデオロギーは、次のような諸々の要素からなっていた。第１はナショナリズム、第２は人種の観念、第３は〈北方的＝ゲルマン的〉という等号とそれによる原初指向、第４は〈農民〉ないしは〈ドイツ的農民〉という人間類型を社会の基礎として称揚すること、第５は生物体とも対比されるような有機的統一体としてのドイツ社会という観念、第６は因果性も事実連関も無視した〈記号〉への指向、そしてそのいずれの要素も似非学問の形態をとって広まったことにある。
　またナチズムそのものについては、フォルク・イデオロギーのなかでも、特に教条的な一面性、疑似宗教性などの特定のニュアンス、それに教条的であるのとはうらはらにリアル・ポリティックスに支えられて他のイデオロギーの諸要素と容易にまじりあうことができたという３つの特色を挙げている。もちろん、フォルク・イデオロギーがただちにナチズムに行きつくわけではないが、フォルク・イデオロギーの虜になるや、ナチズムへの本質的な

抵抗力などはあるべくもなかったという意味では、それはナチズムをも生み出した一般的な土台であった。

2

　ナチズム民俗学に関するバウジンガーのスケッチから幾つかの論点に注目しておきたい。先ず、ナチズム民俗学の〈学問性〉の程度とその因由について、次のような見解がしめされる。〈ナチズムに傾いたフォルク研究は、19世紀のナショナリズムの系譜を引きついだにすぎなかったが〉、それは、次のような構造をもっていた。すなわち、ナチズム民俗学に行きついたフォルク研究は、19世紀以来の学問的成果そのものを受け継いでいるのではなく、19世紀に学問につきまとっていた〈想念（イデー）〉と結びついていた。具体的に言えば、19世紀には現行の儀礼や行事（たとえば復活祭）をゲルマン文化にさかのぼらせようとするイデーがはたらいていた。しかし、実際の研究のなかでは実証的な検証がなされることもなくはなく、そのイデーにまったく沿った結果が出るわけではなかった。しかし、そうした研究成果の方は受けつがれず、イデーだけが影響力をもった。それは、担い手の質とも関係していた。つまり、それらのイデーは、先ずは〈アカデミズムというよりは、野心的な素人学問の世界で持ちあげられたのであった。その素人学問の世界において、前代の想念がイデオロギーに転換したのであった〉。多くの学問分野の例にもれず、民俗学の場合も、まずディレッタント（半可通）が先行し、その持続的な関心によってイデオロギーの性格を帯びた一面的な趨勢が形成されたが、通常ならそれが契機になって学問化の段階へすすみ、そこで概念が整えられるのであるが、かたちの上では学問化の段階へ入っても、一向にそれにふさわしい概念の明確化が達成されなかったというのである。そこで、次のような書き出しがなされることになる[23]。

　フォルク・イデオロギーとフォルク研究というこのタイトルは、ちょっと見たところ、分かりきったことがらを楽天的に言いあらわした

ものと映るかも知れない。つまり、フォルク研究とは、フォルクスレーベン（民衆生活、民俗）に関する……堅固で安定した客観的な学問、それに対してフォルク・イデオロギーは、この学問の暗い影の部分を指しているという具合である。言い換えれば、その影の部分が、この学問を第三帝国の政治的利害に向けてねじまげて、学問としての明確な指向を汚し、1945 年にいたって〈イデオロギーなきフォルクスクンデ〉に道をゆずったというのである。

　むしろ、研究とイデオロギーは綯い交ぜになって膏肓に巣食うものとなっていたとの指摘である。敷衍すれば、フォルクを主要な対象とし、研究分野自体の名称にそれを冠する程であれば、フォルクとは何かとの問いは前提のはずであった。もとよりそこに無頓着だったのではなく、強く意識され、それを明瞭ならしめることに努力が傾注されもしながら不調に終ったことは、20 世紀の初頭から 30 年近くかけて進行したフォルク論争の推移が教えるとおりである。

　さらに、何ゆえ 19 世紀のイデーが 20 世紀になってあらためて影響力を発揮したかについては、〈退行〉（Regression）という契機を強調している。このレグレシオーンはバウジンガーの民俗研究のかなめとも言ってよい概念である。本来は心理学の用語であるが、それをバウジンガーは、社会発展のなかで、個体だけでなく、集団や社会の全体としての傾向がみせる回避行動や復古的志向に拡大して転用したのである。具体的な例で言えば、工業社会の進展や、伝統的な社会構造（身分社会や村社会など）が変質や解消に直面したときに発生する後退衝動である。バウジンガーによると、そもそも民俗学という学問の成立そのものが、この〈退行〉に本質的な因由のひとつを負っているという[24]。もっとも、広義での退行は必ずしもマイナスの価値だけのものではない。場合によっては、過去の文化との結びつきが実現され、文化は厚みをもつこともあり得るのである[25]。しかし、ナチズムに向かう過程で起きたのは、19 世紀の粗雑な想念に誘惑される悪しき退行であった。しかも、

それは似非学問の下支えを得て、怪物じみた指導理念にたかまっていった。すなわち、ゲルマン性の今日におよぶ〈連続〉というイデーであり、北方民族という想念であり、また農民存在であった。因みにナチ時代のドイツはすでに高度な工業社会であり、農業従事者が経済活動人口に占める割合は20％台にまで低下していた。しかしその工業社会には、マルクス主義の側からの分析が威力を発揮するような実態が存在した。たとえば、一見すると社会主義の宣伝とみまがうようなナチズム民俗学の見解を引用しながら、バウジンガーは次のように言う[26]。

　……人間の〈自然なあり方、有機的なあり方から言えば、工業労働者は、農民とは正反対である。彼は、死んだ道具で死んだ材料を相手にはたらいている。幻影だけが、彼が手にするものを生きたものにみせてくれる。彼の労働のテンポを決めるのは、もはや太陽でも季節でも天候でもない。夏も冬も、昼も夜も、同じはたらきをする機械がきめるのである。彼の労働は、ミリメートルやキログラムで厳密に計られる。これは、生命とは何の関係もない物差しである。家族も、もはや農民の家族のような労働の共同体ではない。労働の場所と家庭とは分離してしまっている。労働は、もはや共同生活の一部ではなく、金儲けの手段にすぎない。したがって、農民のように、まとまった仕事をしているのではなく、極端なまでに細分化された労働行程の一部にかかわるにすぎない。労働者は、あらゆる有機性から切りはなされている。大地とともに生きる共同体は消滅した。家族という労働共同体は崩壊した。〉……これに対置されたのが、工業労働者の土への回帰であった。

さらにそこには、ゲルマン性への遡源志向が加わり、ドイツ人というフォルクの原像として農民というイデーが成立した。都市民も、根底に〈農民〉あるいは〈ドイツ農民〉というフォルクの原像を宿していることを自覚するなら、疎外から解放されることになる、という脈絡の想念である[27]。

労働者、工　業、大　都　市といった標語がつかわれているときにすら、
その下絵には農民（Bauernvolk）が存在した。さしずめそのあきらかな
一例は、ヨーゼフ・クラッパーがペスラーの編集する民俗学の概説書に
載せた「都市の民俗学」というタイトルの論考であろう。このなかには、
各地の大都市の特徴についての有益な言及もまったくないわけではない
が、何といっても目を惹くのは、書き出しの一節である。〈血と土が、民
族体にとって決定的に重要な観念であることを、大都市の住民は、あら
ためて、生き生きと認識しなけらばならない。さすれば、大都市への流
入は、一転して流出に切りかわるはずである。ここに、国民的な建設事
業の本質的な目標がある。この目標を現実のものにする道は、すでに踏
みだされている。しかしそれは、困難な長い道のりである。ドイツ
民俗学は、ドイツ民族体（Volkstum）の刷新を図るというこの仕事に
適した掛け替えのない牽引者である。〉……。

　ここで少し補足である。バウジンガーはヨーゼフ・クラッパーのこの文章
をしばしば引用するのであるが、その趣旨は、農民存在を過大視する民俗学
がフォルク・イデオロギーに重なっていったという点にある。その端的な表
現であるために、説得性が大きい。ところでクラッパーという人物は、ブレ
スラウ大学でラテン語文献学を担当する傍ら、シレジア地方の民俗学に手を
染めていた、言うなればセミ・プロであった。そしてここで引用文となって
いるような都市民─農民ののぼせ上がった構図にのめり込み、しかもそれが
歓迎されたために、ペスラーの編集した概説書にまで執筆することになったよ
うである。またその浮ついた文章以外では忘れられた存在であって、その点
では当時の時代思潮をよく伝えるものとなっている。ただ民俗研究の系統で
は元はカトリック教会に属していた人物でもある。もっとも、その中心では
なく、周辺で活動していたと思われるが、当時、カトリック教会系の民俗学
でも〈フォルクストゥーム〉が強調されたのである。クラッパーの言説は後

世の嘲笑も仕方がないものであるが、背景はもう少し複雑である。すなわち、カトリック教会が〈フォルクストゥーム〉にこめた意味が、ナチス・ドイツが同じ用語で指し示したものと一致していたと見てよいのかどうかという問題がひかえているからである。これについては、次節で少し取り上げる。[28]

ともあれ、農民をめぐる問題に戻ると、バウジンガーはまた次のように分析している[29]。

　　現実の農民たちは、自分たちに付与されたこうした後光に、何となくうさん臭いものを感じはしたが、まもなくそれをよろこんで受けいれるようになっていった。その後光が、農民の逼迫した経済状態の埋めあわせをしてくれたからである。また農民には、社会の仕組みの然らしめるところとして保守的にならざるをえない面があるが、その性向を持ち上げるようなイデオロギーがそこにはたらいていたからで、その点でも一連の推移は決して不思議ではなった。しかし驚くべきは、農民存在に後光を付与することが、農民以外の民衆のあいだでも、無際限といってよいほどの反響を呼んだことである。これは、二つの脈絡から理解できよう。ひとつは、ルソーを起点として古くから途切れなくつづいてきた観念とのかかわりである。要するに、農民生活は、損なわれない自然を体現しているという考え方である。……もうひとつは、農民存在を自然なあり方として照射することが、集団的思考とも合致したことである。ちなみに、この集団的思考は、決してナチズムによってはじまったものではなく、広くドイツ人社会の特徴でもあった。工業社会の進展は、かならずしも従来の社会観を崩壊させたのではなかった。市民のなかでも有力な者たちは、貴族層の村落での生活形態を真似るようになり、工業労働者もまた古くからの身分的な仕組みに組みこまれることにやぶさかではなった。他国にくらべると、ドイツの工業社会は、政治事象によってではなく、持続的かつ自然な諸集団によって形成された静的な社会的有機体であるというフィクションが生まれたのも、そうした事実にもとづ

くところが小さくなかった。オットー・ヘーフラーは、〈国家を形成する力〉を〈北方人種の最も固有の才能〉とみなしたが、この手前味噌な言説が、歴史発展をめぐる通常のメタファーから踏みはずしたものであることはあきらかである。しかし同時に、このヘーフラーの見解のなかでは、温和な受動性と、病的なまでの政治的能動性とが、対比的な相関をかたちづくっている。その点では、ヘーフラーの見方は、歴史行程の不可避性と、歴史発展に対して積極的に影響力となるべしとの号令という対比的な相関を特徴とするマルクス主義の歴史観とも軌を一にしている。しかしヘーフラーの場合も、最後のところでは、生物体としての動静が重要視されることになる。こうした有機体の観念は……これはこれで、哲学の広い伝統を背景にもっている。すでにエルンスト・トレルチは、〈ドイツには器官学的思考（オルガノロギー）が、フランスには社会学的思考がいたるところにみとめられる〉と指摘していた。……

　この共同体・民族体社会学は、社会をめぐる弁証法的・批判的理論と同じく、遡及すればヘーゲルに行きつくことになる。ヘーゲルは、少なくとも原理的には、社会の静的な階層構成にたずさわったが、そのときの階層構成は農業を実体的な基礎とするものであり、それはまた国民（Nation）を家族に還元し、家族を〈すなおに拡大したものがフォルク〉というところへ延びていった。……ヘーゲルは、〈家族〉と〈フォルク〉のあいだに、息づまるような社会にあいた〈息抜き〉程度の隙間しか見ていなかった。かくして弁証法理論の側から社会の全体性が云々されるときには、集団主義的なフォルクストゥーム（民族体）が念頭におかれることになった。……

　少々補足であるが、ヘーゲルを以ってナチズムの源流あるいは源流の一部とするのは無理な論ではない。事実、ナチズムと思想的に親近であったオットマール・シュパンは、20世紀前半における自他共に認めるヘーゲルの社会理論の祖述者でもあった[30]。それは不思議ではなく、論理学のヘーゲルは疑

いもなく大思想家であるが、法哲学や歴史哲学のヘーゲルは保守的な国家主義の器用な解説者という印象をあたえることがしばしばである。もとより、家族からフォルクへ延びる相似形の社会構造の理解は、ドイツ社会の現実の理論的表現であったのであろうし、ヘーゲルの是としたところでもあったように思われる。またそれが、家族道徳の国制への横滑りというヘーゲルが中国社会の原像として描き出した構図と呼応しているのは、アイロニーでもある。とまれ、フォルク・イデオロギーがドイツ人の自己理解の深部に張った根とつながっているとのバウジンガーの見解は、ドイツ思想史を瞥見すれば、決して強弁ではない。

その上で時代思潮としてのフォルク・イデオロギーである。それはもちろん、現実からかけ離れた〈農民存在〉の称揚だけではなかった。そのファクターには、さらに人種の観念やゲルマン性があり、また他の西欧諸国に較べるとドイツ社会の特質とされた強靭な有機体性、また社会を有機体として理解する根強い伝統があったことは、先にふれた。しかも流行の観念として珍現象・珍思考も伴った。猖獗をきわめた民間語源学や記号研究にみられるように、まともな因果性を踏まえた思考が崩壊に至ることもあったのである[31]。

　……アルノルト・ルーゲはある文章のなかでこう書いた。フェルキッシュに（völkisch, 民族体的に）感得する者とは、フォルク（Volk）を、Voll-Ik、すなわち Völlich（十全な自我）と感じとる人のことである、と。

しかもこれら次元を異にする諸々のファクターが完全には融合しないまま同居したところにも、フォルク・イデオロギーの特質があったのである。その上、こうした原初志向や遡源衝動は、第三帝国が機能するのに必要な諸部門の合理的編成や科学技術の先端的な運用を少しもさまたげなかった。それは奇異ではなく、もともと科学的な技術機器にたずさわる行為は、科学的思考を要求するものではなく、そのとき相手にしている機械の機能にだけ向けられた〈夢みるような覚醒〉だからである。

バウジンガーの論考からその要点を抜き出すと、以上のようである。また それを土台にしてなされた価値判断は、時に通念を破壊するようなところへ 延びていったが、次に取り上げるのはそれである。

3
　フォルク・イデオロギーは、20世紀の前半のドイツを支配した強力な時代 思潮であったというのが、バウジンガーの理解であるが、バウジンガーはま た、それがいかに深刻な問題であるかを、一種挑発的な事例をあげて説明し た。すなわち、ナチズムへの抵抗者として広く尊敬をあつめてきた人物たち においても、それがみとめられると言うのである。
　バウジンガーが具体例としては挙げているひとりに、クルト・フーバーが いる。ミュンヒェン大学の抵抗者グループとして知られる「白薔薇」の学生 たちに共鳴して、声明文や宣伝文書を執筆したミュンヒェン大学の教授であ る[32]。

　　クルト・フーバーは、音楽と美術の研究家にして、また民俗学者であっ
　た。彼は、ショル兄妹の抵抗運動のグループに属し、フライスラー特別
　法廷で死刑を宣告されて、1943年7月に処刑された。彼が、ナチズム
　に抵抗した果敢な闘士であったことは、疑いの余地がない。しかし、数
　年前に民俗学の分野での彼の文章をあつめたものが刊行されたが、これ
　を読んだ人は、そこで使われている術語や思考には、付いてゆけないと
　いう感じをいだいたことと思われる。少なくとも今日の眼からは、ナチ
　ズムに特有の思考形態への著しい親近性があることは一目瞭然だからで
　ある。たとえば1943年に、フーバーは、「新しい民俗歌謡研究と民俗歌
　謡保全の道と目標」という文章を書いたが、その書き出しは次のようで
　ある。〈生きた民族体（民衆体）から新たな活力を獲得することをめざす
　時代は、自己のフォルクストゥームを溌剌と自覚せねばならぬ。〉また
　〈民族魂（民衆魂）への信奉〉をすべからく有すべし、またこれを土台

第9章　ナチズム民俗学とフォルク・イデオロギーというテーマの登場　　629

にして〈フォルク、これは民俗歌謡のたまさかの産みの親ないしは創造の協力者どころではない、このフォルクは歌うことのなかに自己を顕現するのである〉といった発言もみえる。また今世紀の民俗歌謡運動についても、フーバーは〈復活〉(アウフエアシュテーウング)(訳注－通常はイエススの復活を指す)の語をもちいて憚らない。さらに〈フォルクスゼーレの躍動こそは、インターナショナルな文化的疎外に対抗する〉ものであると説き、また〈ドイツ性が過剰な人文主義(フマニスムス)の故に不具に成長してしまい、民族としての本能を喪失する瀬戸際に立つにいたって、ヘルダーの巨大な精神は、ことさら異風の民俗歌謡改悪と向かいあい、真正のドイツ的な民俗歌謡研究の意義と課題をあきらかならしめねばならなかった〉とも力説する。この引用文は、一過性的な高揚の表現として読みすごしてよいものではなかろう。またこれだけでなく、早く1938年に発表された「バイエルン族圏の民俗歌謡と民俗舞踊」という文章のなかでも、少なくとも当時の一般的な術語使用と差異のない言い回しが入っている。すなわち、〈原初性向〉の語が何度も現れ、さらに〈かつてゴットシェー(補注)で歌われ、今また蘇った夏至の日の歌〉は〈原初の、慣行と結びついた呼びかけの歌〉であるとの理解をしめし、さらにまた〈真正の村落的な音楽のあり方、すなわちフォルク性〉などとも言う。のみならず、バイエルンとオーストリアの文化的一体性についても、すこぶる強い調子で説いている。……

　　[補注]ゴットシェー(Gottschee)は、スロヴェニア南部、クロアチアとの境界の山岳地帯にあったドイツ人の孤立地域で、近世のドイツ人の生活風俗を20世紀まで伝えていた場所として、言語学や民俗学では知られている。

もっとも、バウジンガーは、クルト・フーバーのシューベルト論や民俗歌謡の分類問題にちなんで、ナチズム的な思潮に対して、はっきりした批判精神をもって臨んでいたことが分かる、とも指摘している。

彼は、歌謡類型を考えるにさいして、幾つかの部族圏[補注]を基準にすることに反対しただけでなく、人種を尺度にしたどんな類型にも拒否する態度をつらぬいた。またフォルクを〈古ゲルマンの小暗い森のなかへ〉呼び戻そうとする〈新たなドイツ・ロマンティカーたち〉の目標を拒絶した。

　　［補注］　部族圏：古ゲルマン以来の部族的区分によって地方的特質を言い表すことを指す。バイエルン族、ザクセン族など。

　かくして、クルト・フーバーの〈運命は、当時の精神的状況がはらむ矛盾と複合性の証左である〉というのである。

4

　バウジンガーはまた、同様の問題性を、ナチズムへのもうひとつの抵抗者グループとみられてきたカトリック教会においても指摘した。ちなみに、民俗学が大勢としてナチズムに傾斜してゆくなかで、ある程度の抵抗力を発揮したのはカトリック教会を思想的な背景とした民俗研究者たちであった。しかしその思想内容を点検すると、驚くほどナチズムに親近であったというのが、バウジンガーの論である。その具体例として、バウジンガーは、特にゲオルク・シュライバーを挙げた。

　ゲオルク・シュライバーについて補足をすると、ミュンスター大学カトリック神学部で教会史の講座を担当した歴史学と民俗学の両分野にまたがる学者であった。同時に中央党の国会議員でもあり、戦前・戦中のカトリック教会を代表する人物のひとりである。また中央党のなかでは、早くから特に同党の文化政策をめぐって旺盛な執筆を続けていた。政治的な書きもののなかでよく知られているものに、1932年6月に翌月の総選挙を念頭において書かれたパンフレット『ブリューニングとヒトラーとシュライヒャー——野党としての中央党』がある。ブリューニング内閣の総辞職直後の緊迫した状況のなかで、同内閣の余りの不評の故に中央党のなかでもその辞職が是とさ

れたことに疑問を投げかけ、また野党に転じることによってヒトラーに主導権が移る危険があることに強い警戒を表明している。[33] もっとも今日からみると、シュライヒァーを強く意識するなどの重点の拡散があり、またソ連の社会主義と国家社会主義（ナチズム）の二つの社会主義に挟み撃ちになっているとの認識など、教会人に特有の状況判断もみとめられる。当時は、「宗教は阿片である」とのカール・マルクスの教説がモスクワの内務省ビルに大垂れ幕となっていたこともあり、キリスト教会に恐怖を与えていたのである。しかしゲオルク・シュライバーのパンフレットは、半ば政界に身をおいていた立場からも、他の教会関係者のナチズム批判よりもリアルで、足が地についていたとは言えるであろう。[34]

ゲオルク・シュライバーは、ナチスの政権掌握後は主に民俗学（教会民俗学）の分野で活躍していたが、第二次大戦に入った頃から、ナチ党の執拗な干渉を受け、やがて活動の拠点であったミュンスター大学を追われ、また著作や、主宰する学術誌の発禁に遇うなど、さまざまな迫害を受けた。すでに1938年に開催された第1回「ナチズム民俗学大会」も、ゲオルク・シュライバーに対してマイナスのイメージを付与することが、狙い目のひとつになったとの観を呈したのであった。しかしゲオルク・シュライバー本人については、基本的には軟禁ですんだのは、そのカトリック教会のなかでの高い地位と影響力のゆえであったであろう[35]。

しかしバウジンガーの指摘を待つまでもなく、ゲオルク・シュライバーのナチズム批判が、民主主義やリベラリズムの観点に立ってなされたものではなかったことは明らかである。しかも注目すべきことに、それは戦後も一貫していたのである。バウジンガーは、ゲオルク・シュライバーの戦後の論考から、特に次の文章を、その思想をよくあらわすものとして引用している。それは、1947年に書かれた、戦後のドイツ社会の方向についての独特の期待の表明である。

いずれは、宗教を活力とする民衆体（フォルクストゥーム）が、力強く名差されて前面に立ち

あらわれ、あれこれの古臭いリベラリズムなどは、骨董品として片隅に捨てられることであろう。……

　しかし私見を言えば、ゲオルク・シュライバーの政治思想を、この文章で代表させてよいかどうかについては、もうひとつ疑問が残るのである。こういう言辞を戦後まもなくおこなったことは事実であろう。しかし他方で、その当時ゲオルク・シュライバーは、ミュンスター大学の戦後最初の学長として大学の再建にあたっており、またその仕事を、イギリス占領軍が高等教育機関の民主化のために派遣したいわゆる〈大学配属将校〉との信頼関係を維持しつつ遂行していたのであった[36]。また、既にナチ党の政権奪取の前夜に、〈独裁〉か〈デモクラシー〉かの別れ道であるとの判断を見せてもいた[37]。さらにまたゲオルク・シュライバーは、1949年には一種の自伝でもありドキュメントである著作を書いているが、そのタイトルは『デモクラシーと独裁のあいだで——帝国の政治と文化（1919-1944）に関する私の回想』となっている[38]。もっともバウジンガーも、そのゲオルク・シュライバーへの批判にあたっては、そのナチズムへの抵抗の姿勢を否定しているのではないことを、繰り返して述べてはいる。その上での批判である。

　　……シュライバーは宗教民俗学の構築に向けて膨大な論考をものした人物で、またナチズムの政策にたいしては公然と反対を唱えてはばからなかった。そして第三帝国時代を通じて、絶えず迫害にさらされ、危険に見舞われ、活動も妨害を受けた。ところが、彼の著作には、民族体（フォルクストゥーム）イデオロギーの本質的な構成素が走っているのである。……

　したがって、ゲオルク・シュライバーの思想のもつさまざまな側面ということでは、バウジンガーの指摘は重要であると言わなければならない。それはまた、ナチズムに対するカトリック教会の関係というより広い問題性とも重なる。同時にまた、バウジンガーの所論は1960年代後半以降、かなり一般

的に賛同をみるようになったのであるが、それ自体が、戦後のドイツの社会的な変遷や時代思潮とからむ面があったことにも、注意しておきたい。

　戦後まもなくのドイツでは、極度の荒廃と、指導的な政治理念がなお形成されないなかで、宗教的な雰囲気が人々の精神的な虚脱状態をうずめるという現象がみられたのであった。文学の世界でも、カトリック教会系のヴェルナー・ベルゲングリューン（Werner Bergengruen 1892-1964）や、プロテスタント教会系のアルブレヒト・ゲース（Albrecht Goes 1908 生）といった宗教作家のものがよく読まれた時代である。またそれを背景として、カトリック教会がナチズムに対して抵抗したという〈伝説〉が、一部ではことさら強調されたりもした。その時期が過ぎて、一転して反作用が始まるのが、1960年頃からである。ローマ法王庁がナチ政権によるユダヤ人大量虐殺を黙認していたことをあばいた〈ホーホフートの問題提起〉が起き[39]、また教会から脱退する人々も増加してゆくのである。バウジンガーの批判も、そうした社会的動向と呼応するところがまったくないとは言えない。しかし根幹は、いわゆるフォルク・イデオロギーと民俗学のそれへの関わりをめぐる問題性への独自の理解であった。

　なおバウジンガーは、ゲオルク・シュライバーについて分析したあと、同じ指摘は、他の抵抗者にもあてはまるとして、数人を列挙している。宗教民俗学の定礎者にして死刑判決を受けながら九死に一生を得たルードルフ・クリスや、ベルリンの民俗博物館にいて逮捕・処刑されたアードルフ・ライヒヴァインなどである[40]もっとも、そこまでゆくと、ナチズムへの抵抗者とはいったい何であったのかという疑問も起きかねないのであるが、しかしそうした〈仮面を剥ぎとり、暴露をこととするセンセーション好みとすれすれの危険なしわざ〉と自ら注記するような論説を敢えてバウジンガーがおこなったのは、ナチズムないしはその土台となったフォルク・イデオロギーが単なる一部の偏向ではなく、ドイツの社会と思想に深く根ざした観念であることを指摘するためであった。この節のはじめに、バウジンガーを積極的に評価する人々が、その見解が呈示されたことによって、第三帝国には2種類の民

俗学があり、その一方がナチズムに加担し、他方は無縁であったという図式が崩れたことを挙げていた。その図式の端的な表明はポイカートによってなされたことを先に見たが、[41]、バウジンガーはナチズムへの抵抗者たちもまた多かれ少なかれフォルク・イデオロギーにおかされていたことを指摘したのである。

4. バウジンガー学派のフォルク・イデオロギー批判――特にエメリッヒの 2 著に因んで

1

　ところで、注目すべきは、バウジンガーに刺激されて、周囲の若い研究者たちが、このテーマを本格的に手懸けるようになったことである。これはドイツの学者、特にその学者が学派を形成している場合には一般的にもみられる特徴で、またバウジンガーのばあいにはとりわけそれが著しいのである。ちなみに今日約 80 冊をかぞえているテュービンゲン大学民俗学教室の研究叢書「フォルクスレーベン」は、もとはバウジンガーのもとにあつまった学生たちがそのアドヴァイスを受けながらまとめた成果のシリーズである。数例を挙げてみると、次のようなものがある。スポーツ用語の日常語への移行の実態とその背景（第 25 冊、1969 年）、西ドイツ社会での西部劇の普及（第 24 冊、1969 年）、教科書にみるふるさと像の変遷（第 16 冊、1967 年）、ドイツのサイエンス・フィクション（第 30 冊、1972 年）、カトリック信徒とプロテスタント信徒がたがいに相手についていだいているイメージや固定観念の現状と歴史（第 40 冊、1976 年）、地方の中規模の都市の文化・レジャー行政（第 68 冊、1986 年）。変わったところでは、南ドイツ放送局を対象にしてテレビ番組の製作者の意識や目的や制作環境をとりあげた「テレビの作り手」（第 38 冊、1975 年）といったものもまじっている。また「口コミとマスコミ」（第 41 冊、1976 年）は、ドイツ民俗学会の第 20 回大会の報告集であるが、バウジンガーの影響によって設定されたテーマである。「ジーンズ」（第 63 冊、

1985 年）や「村の変遷」（第 71 冊、1987 年）は共同研究の報告集である。今日も継続している叢書であるが、だいたいこのあたりまでがバウジンガーが何らかかたちで指導して成り立ったものと見てよいであろう。

　これらを見ると、モダンなテーマが目につくが、それと並んで、特定の民俗行事についての継続的な調査も入っている。そのいずれにせよ、バウジンガーが見本といった程度の調査をおこなったり、研究の方向について着想を書きとめたりはしていた項目と言ってよい。またそうした研究を進める上での利便となるような研究所の態勢が進められていったことにも注意しておきたい。それは特に、現代民俗についての資料の収集とその検索について整備がなされてきたことである[42]。

　ところで目下のテーマである〈民俗学とナチズム〉についても、同様の事情がみとめられる。それをおこなったのは、ヴォルフガング・エメリッヒで、その学位論文ともなった研究成果『ゲルマニスティクにおける民族体(フォルクストゥーム)イデオロギー ── 第三帝国期のフォルク研究の発生とそれへの批判』が「フォルクスレーベン」叢書の第 20 冊として刊行されたのは 1968 年であった。エメリッヒはまたこれにつづいて、その姉妹編ともいうべき『民族体への批判』を 1971 年にズーアカムプ社の新書シリーズの一冊として書いている[43]。このエメリッヒの 2 著作は、執筆者本人の労作であることはもちろんだが、出発点にはバウジンガーの考え方があり、それを土台にしての展開であった。細部においても、バウジンガーの民俗学に特有の術語がつかわれていたり、また歴史上の人物と同時代人のいずれの人物評においてもバウジンガーの見方が踏襲されているところがあるなど、師の所説との重なり多くみとめられる。そうした諸点から、エメリッヒの著作は、大枠では、バウジンガーを中心とした学派の見解とみることができる。

2

　エメリッヒの学位論文『ゲルマニスティクにおける民族体(フォルクストゥーム)イデオロギー』の基本的特徴は、19 世紀からナチズム時代にいたるゲルマニスティクの展開

にイデオロギーの歴史という面から光をあてたことにある[44]。ちなみに、ドイツでは、民俗学は伝統的にゲルマニスティクの一部として存在してきた。また民俗学がゲルマニスティクの一部を構成するといっても、そこでは決して口承文芸ばかりがあつかわれてきたわけではない[45]。キリスト教文化や民俗工芸などは手薄であったが、それらを別にすれば、民俗学が一般に取り上げるような諸領域はほぼ含まれていたのである。

　また系統的な面でも、20世紀の20年代になって形成されたカトリック教会系の民俗学などがありはするが、やはり根幹はゲルマニスティクとしての民俗学が比重をもってきたのである[46]。その民俗学に焦点を当てながら、それ包含する大きな枠組としてゲルマニスティクがイデオロギー的な学問として展開してきた経緯を解きほぐそうとしたのが、エメリッヒの研究であった。それゆえ批判性の強いものであり、個々の論点の厳密な当否はともかく、永く優勢であった通念を打破するだけの衝撃力をもっていた。たとえば、ゲルマニスティクを確立した人物をたずねれば、必然的にグリム兄弟にゆきつくが、エメリッヒは、そのグリム兄弟をも〈ドイツ性〉を称揚するイデオロークという扱い方をしたのである[47]。

　　ヴィルヘルム・グリムは、1843年に、ゲルマニスティクのイデオロギーと担当領域（両者はたがいに支えあっているが）を次のように要約した。〈この学問があつかうのは、祖国である。この学問には、独自の魅力がある。その魅力たるや、自国がどの人にも常にあたえるものであるが、いかにすぐれたものであっても外国のものでは決して代替することができない。この学問は、ただの装飾であることを拒否する。我らの上古、その言語、その詩歌、その法律、その慣習、これらをめぐる知識は、歴史をあきらかにし、活力あらしめ、蘇らせ、美麗ならしめんとする。すなわち、ドイツの生命という樹木を、自己の泉の水で養わんとするのである。〉(原注1)兄のヤーコプも、その3年後に、〈ゲルマニスティク〉や〈ゲルマニスト〉という名称が、いわば緊急の用を満たすためのものであ

ると述べて、その事情を次のように説明した。すなわち〈ドイツの歴史学者、ドイツの法律学者、ドイツの言語学者、これらが一体になった存在を言いあらわす適切な言い方は容易に見出せないが、それをともかくも表現してみたのがこれらの名称にほかならない。〉^(原注2)しかもかかる結合がなりたつという生き生きしたと感得があったのである。そうした総合は、〈ドイツ性という概念〉^(原注3)のなかに存するのであった。

ゲルマニスティクについてなされたこの言説は、まぎれもなくイデオロギーである。のみならず、ゲルマニスティクは、途方もなく巨大なコンセプトを付与されている。これは、致命的な事態であった。にもかかわらず、それは後世にいたっても、遂に根本的な疑問に見舞われることがなかった。そもそも、言語史、文芸史（この２つは古典的な文献学の伝統に立っているが）、それに加えて宗教史、慣習史、法制史をも併せるような一箇の知識が、明確な学問的概念に到達できるはずがない。

そして、〈ドイツ性などという概念〉が、学問の基礎には不適切である〉ことはあきらかであると言い切り、それをレーオポルト・シュミットの方法論考の一節を借りて補足した。すなわち〈民俗学（フォルクスクンデ）は、その学問的な概念であるフォルクを、政治的な内容と同致させた瞬間、言い換えれば、同一言語の集団と見た瞬間に、学問としては死滅したのである〉との見解である[48]。なお補足すれば、レーオポルト・シュミット自身はこの学史理解に関する命題を表明したとき、グリム兄弟を念頭においていたのではなかった。そえゆえ文脈の違いがありはするが、それを承知の上で、エメリッヒは、グリム兄弟によるゲルマニスティクの構想にあてはめたのである。

もっとも、グリム兄弟にまで遡ってゲルマニスティクの基本を批判するという行き方は、エメリッヒだけではない。当時は、ゲルマニスティクの分野でも、ナチズムとの関係で学問史を洗いなおす傾向があった。[49]、なかでもベルリン自由大学の 1966 年の開学記念日の行事に「ナチズムとドイツの大学」のテーマが選ばれ、その連続講演会のひとこまとして同大学のゲルマニ

スティクの教授エーバーハルト・レマートがおこなった報告はよく知られている。このレマートの講演の要点のひとつは、ゲルマニスティクがナチズムとも歩みを共にした深い因由として、グリム兄弟におけるゲルマニスティクの構想にまでメスを入れた点にあった[50]。もっとも、そのグリム兄弟への言及はバウジンガーやエメリッヒほど徹底はしていず、また個別研究の水準でなら、これ以前にも同種の試みがなかったわけではないが[51]、グリム兄弟を批判的に見ることへのタブーがくずれた意義はやはり大きかったのである[52]。

　しかし、ゲルマニスティクのなかでの学問史の整理の試みにおいてはもちろん、エメリッヒの場合でも、グリム兄弟からナチズムへの道が直線的であったとみなしたわけでないのは当然である。グリム兄弟の衣鉢を継いだ多くの学究たち、すなわちカール・ジムロック、ヴィルヘルム・シェーラー、アーダルベルト・クーン、F・L・ヴィルヘルム・シュヴァルツ、ルートヴィヒ・ベッヒシュタイン、エルンスト・マイヤー、ヨーハン・ヴィルヘルム・ヴォルフ、ヴィルヘルム・マンハルト、カール・ヴァインホルト、その他の人々は、それぞれに重要な位置を占めており、またなかにはグリム兄弟の細部での見解などでは、あきらかな思い違いが修正されることはなかったわけではないが[53]、それぞれにとって師であり、あるいは大先達であった兄弟の思想を根本から批判的な目で見ることはなかった。例外を挙げれば、ヴィルヘルム・シェーラーが、ヤーコプ・グリムを師表としつつも検証の俎上に載せるなかで、本質にかかわる疑問を投げかけたことが特筆されるべきであろうが、エメリッヒがそれにはほとんど言及しないのは欠陥と言わなければならない。しかし大きな流れの点では、グリム兄弟のその後継者たちは、グリム兄弟にとってはまだ仮説の色合いを残していた見解をもしばしば絶対視するようになった。それは、グリム兄弟、とりわけヤーコプ・グリムが、歴史における瑣末な事実へのこだわりのゆえに同時代人からからかわれたほど実証を旨としたのとは対照的なのである[54]。

　したがって多少の留保は要するものの、ゲルマニスティクのその後にグリム兄弟が指示した基本に政治路線的なものが含まれていたことは、それまた

見紛いようがないのである。それには時代環境も関係してはいた。グリム兄弟が主に活動したのは、ドイツが36の領邦に分かれていた時期であった。したがって1847年のリューベックでの第2回目のゲルマニストの大会でヤーコプ・グリムが、講演のなかで実際に涙をながし、同時に、後に国歌になるホフマン=フォン=ファラースレーベンの祖国詩から文言を引く効果もおそらく意識しつつ〈私には祖国がある、わが祖国は、私にとって、常に、すべてに冠絶するものであった〉と陳べたときにも[55]、そこにはともかくも無理からぬ背景があった。分裂しているはずのドイツ人の国々が、現実にはロシアと組んで、隣国ポーランドを分割し、その祖国を消滅させるほどの力量をもっていた、としても。しかし1871年にビスマルクによってオーストリアを除いて統一が達成されると、そうした過剰な祖国愛は、危険な性格を帯びてきた。それと共にグリム兄弟を教条的に崇めるのとはうらはらに、その思想は、厳密に特定されるどころか、ロマン派のもうひとりの粗暴な愛国者、すなわちフリードリヒ・ルートヴィヒ・ヤーンの思想とないまぜにして受けとめられる局面が増えてきた。エメリッヒは、それをハイネの『ドイツ・ロマン派』を引用しながら、次のように整理している。

> グリム兄弟とヴィルヘルム・シェーラーにおいては、理想化された民族観念とコスモポリタニズムとのあいだで多くの場合まだしもバランスがとれていたが、1871年以降、天秤は、軍国主義的なナショナリズムの側にますます傾いてきた。しかもそのさい、〈ドイツ的事象〉にたずさわる学問が、その前線を形成した。《ヤーン氏が理想のかたちにまとめあげた野蛮》、すなわちヒューマニズムや人間どうしの同胞愛やコスモポリタニズムに対する《野卑で鈍磨で粗雑な敵対心》、とハイネが指弾したものが、現実に昂進してきたのである[56]。

そして、ゲルマニスティクは次第に〈フォルク・イデオロギー〉の担い手という役割を果たすようになり、それは1918年のドイツの敗戦とヴェルサイ

ユ条約による戦後処理を機にいっそう先鋭化した、と言う。エメリッヒは、ゲルマニストのレマートの見解を素地に、それを社会一般の動きという面から見直して、第1回ゲルマニスト大会が開催された1846年と、第一次大戦が終わった1918年が、フォルク・イデオロギーが形成された2つのエポックであるとしている[57]。ちなみにレマートは、ゲルマニスティクの歴史という視点から、第二のエポックを、約1000人のゲルマニストたちがヤーコプ・グリムの先例にならって、同じフランクフルトに集まって「ゲルマニスト協会」を結成した1912年を挙げたのである。

3

　総じて、エメリッヒは、フォルク・イデオロギーは、19世紀から20世紀初め、遅くても第一次大戦の終了時点あたりでその不可避的な進行態勢ができていたとのとらえかたをしている。これは言いかえれば、ナチズムへの道程が、ヴァイマル時代になって始まったのでなく、それ以前からのドイツ文化の歩みのなかですでに容易には変更できないものになっていたという見解につながる[58]。それはまたエメリッヒが、バウジンガーの学史理解を受けついでいることを示している。因みに、バウジンガーは、こんな言い方をしている[59]。〈フォルク・イデオロギーとフォルク研究〉というテーマは、20世紀にまったく足を踏み入れなくても扱うことができるもので、またそれだけでもナチズムを理解する上で裨益するところが少なくないはずである。
　……とは言え、序曲がいかに感動的であっても、芝居そのものはやはり幕が開いてから始まるのである。もっとも、そうなると、歴史発展におけるヴァイマル時代の独自性はどこにあったのか、あるいはグスタフ・シュトレーゼマンやルードルフ・ヒルファーディングといった国際関係や経済運営における当時の賢明なリアリストたちの努力は何であったのかという疑問も起きないではないが、バウジンガーやエメリッヒがそうした一種決定論的な理解を示したのは、フォルク・イデオロギーが単に横道に逸れたというものではなく、ドイツの文化史のいわば宿痾から来ており、その深い根を摘出す

ることが必要であるとの問題意識をもっていたからである。

　エメリッヒの著作は、全体としては、バウジンガーがスケッチとして呈示した脈絡を丹念に肉づけしたという性格がつよい。バウジンガーがフォルク・イデオロギーの本質的な構成要素としてあげた諸項目、すなわち〈人種イデオロギー〉、〈反合理主義〉、ゲルマン人とゲルマン文化の〈連続性〉、ドイツ〈神話〉、〈農民存在〉の称揚、〈記号研究〉などで、それらを、民俗学とゲルマニスティクの歴史に即して細かくたどっている。たとえば、「ドイツ学としてのゲルマニスティク」という脈絡では、コンラート・ブルダッハ、ローベルト・ミンダーその他の人々について、その著作や発言を洗いなおし、これらの学者たちが、理知的にはゲルマニスティクが〈ロマンス語諸国の審美基準と合理主義への反撥〉に起源を負うという弱点をもつことを認識しながらも、他方ではいとも簡単にドイツ性の称揚に走った矛盾をあかるみに出している[60]。

　もとより、そうした細かな肉づけをおこなうのは、しっかりした指針があったとしても、やはり労作を言わなければならない。たとえば、〈連続性〉の項目をとりあげると、ゲルマン文化の恒常性と影響力の大きさが力説されたことについては、特定の人物としてはその端的な主張者オットー・ヘーフラーを指弾し、また背景としては19世紀以来の先入観の継続を指摘し、さらに理論史の面からはアルフォンス・ドプシュの理論の歪曲を挙げるのは、通常の手続きと言ってよい[61]。事実エメリッヒも大枠ではそれを踏襲するが、それにとどまらず、かなり細かなところまで関連した動きを追跡している。特にブルーノ・シールのような1960年代にはなお現存して影響力をもっていた人物をこの脈絡で捕捉したのは丹念な調査の果実と言うべきであろう[62]。

　　ドプシュは、ローマ人とゲルマン人のあいだに〈対立〉があったことを否定したわけではなく、また変形過程をとらえるのは困難であるとも述べていたが、それにもかかわらず、凝り固まった連続性イデオロークたちから、概して否定されることになった。これらのイデオロークたち

は、さらに進んで〈永遠のドイツ人〉[原注1]をもとめるところまで行ったり、あるいはブルーノ・シールのように槍をめぐらして逆方向へ突進した。〈ゲルマン人がローマ人に及ぼした影響というものがあったのに、それらはほとんど知られていず、研究もされていない。〉[原注2] なぜなら、ローマ人もガリア人も、ゲルマン人から、農耕具だけでなく、その〈ズボンと仕事用の上着〉をも採り入れたからであると言う。ギリシア・ローマの古典古代の全体に対置するに、ゲルマン人のズボンと仕事用の上着を以ってするのは、やはり無茶な話と言わなければなるまい[原注3]。

またエメリッヒは、フォルク・イデオロギーの諸々のファクターが理知の制止を易々と踏みこえて驀進した一般的な背景として〈退行〉(Regression)を強調しているが、これもバウジンガーの理論に沿っている。同じくゴットフリート・ベンの創作の思念に時代状況との相克やそれへの屈服を読み取ること、さらにローベルト・ムージルをもって当時の思潮への冷静な批判者を代表させることなども、師のバウジンガーの着眼を踏襲している。たとえば次の個所などは、バウジンガーの簡潔な指摘に沿いながら、同じ資料についてさらに引用個所を増やし、肉付けしたものである[63]。

　１９３３年にゴットフリート・ベンは、自分のなかに大きな変化が起きるのを、〈非常な驚き〉をもって省察した。〈ナショナルな力が爆発するや、精神分野でのいくつかの問題性がすがたを消し、それにかわって他の新たな種類の問題性が画然と浮上した〉からである。かれはまた、その新たな問題性が何であるかをも、明言している。かつては、理知的な歴史理解、つまり〈文明をたどるという意味での進歩史観がおこなわれていたが、今日あらわれたのは、神話的・人種的な連続性という後ろ向きの結びつきであった。〉[原注1]
　かかる歴史的にして没歴史的でもある退行、すなわち超意識的な文明の進歩から、無意識性、自然らしさ、神話の世界への逃避は、すでに２０

年代の民族体(フェルキッシェ)イデオロギーの基本的な要素のかたちですがたをあらわしていた。それは、ナチズム・イデオロギーのなかでもとりわけ丁重に操作される構成素として機能するようになり、また精神科学の全体に大きな影響力をもってきた。ベンにとっては、神話的・人種的な連続性という要請は、政治的な性格にはなく、詩学的・美学的な意味あいのものであった。〈様式をそなえた人種〉(原注2)としての人間にとっては、夢や陶酔といった無意識状態への退行のなかで、芸術的な造形力への可能性があらわれた。もっとも、ベンにとっては創作欲の亢進だけが重要だったので、まもなくナチズムは幻滅と化し、一度は自らも措定した連続性を、下らないものとしてしりぞけるようになった。1941年の『芸術と第三帝国』のなかで、かれは、ゲルマン文化の連続性という観念にのぼせ上がった文化政策を罵倒し、根絶すべきもののひとつに数えあげた。〈あとに残るのは連中（＝ナチストたち）だけだろう。ハインリヒ獅子公や白雪姫もある。こうした残り滓で、連中は文化会館をつくったり、こぎれいな歌を口ずさんだりする。〉(原注3)

　心理的次元での退行への願望は、現状を否定することから生まれた。これは、あらゆる連続性への渇望の因由であり、その意味では、連続性の起源をさぐる上で一定の重要性をもっている。この点で、もう一度テーオドア・レッシングの『呪われた文化』を引用してもかまわないであろう。これは、文明と意識の罪を、この上はないというくらい厳しく責めたてた本だからである。人間が、移植された形態を真似しはじめ、〈自己と社会〉という意識をもちはじめたとき、人間は〈生命力と、根源力と直接結びついた共同体の魂を喪失しはじめたのである〉(原注4)という。その結果得たのが文化であるが、文化は、こざかしい人間たちを個別化したのであった。その〈文化をうごかすのは、機械というまがまがしい物体であり、その下で、民話、夢、音楽、裸の美、太陽と星への信奉、樹木の文化、耕地への信奉、素朴な敬虔、慣行、習俗、歌いもの、歌謡は踏みにじられている。〉(原注5) かくして憧憬が、くっきりした目鼻立ちを

得ることになる。またここにおいてすでに、その憧憬が現実化される場所も、社会的関係も示唆されている。すなわち、根無し草となったプロレタリアートが住みつき、科学技術が荒れくるう石の砂漠たる大都市ではなく、平らかな野の自然に近しい農村である。かくして進歩に対するに退行が、また文明に対するに自然との結びつきが措定され、さらに都会と田舎、プロレタリアート（インテリゲンチャもまたこれにふくまれる）と農民存在という対比が成立した。つまり、こういうことになる、〈国民（ナツィオーン）の大都市から村落への回帰、新たなる耕作感覚の涵養、これは国民の新たな意義であるらしい。すぐれた人種であるとは、ふるさとの感情をもつことだとのことである。〉(原注6) ゴットフリート・ベンが、まさにこれがあてはまるのであった。

かくして、始原への憧憬と、農民存在の称揚は手をとりあって、イデオロギーをかたちづくった。農民あいだでは、神話と自然という古来の治癒力が生きつづけているというのである。そのさい、社会的な仕組みのなかの現実の特定身分としての農民は、ほとんど目に入っていなかった。それはシンボルであった。すなわち〈真正のドイツ的人間のである。なぜなら、本当のドイツ人は、常に農民であった。農民存在とは心のあり方そのものであり、二次的な所産などではない。……農民存在は、人がそれを身につけるとかつかないとかいった次元のものではない。習得するものでもない。それに向けて召命されるのでなければならない。しかして、それをめざすには、ふるさとの自然的条件へのとけこんでゆくことが前提となるのである。〉(原注7)〈祖先たちの宗教的といってもよいくらいの聖性をおびた〉(原注8) この世界に、恍惚のうちに接近するのであり、そこでは〈どんな学識も〉(原注9) 沈黙するしかないのであるという。

4

バウジンガーとエメリッヒのナチズム批判の位置を理解する上で考慮すべきことがらとして、1970年前後の世相との関係がある。それを度外視しても、

ゲルマニスティクの展開を批判的に解明したという意義がまったく消えるわけではないが、エメリッヒの2つの著作については、ほぼ常に当時の社会動向が併せて話題になってきたのも事実である。具体的には、1968年を頂点として盛りあがりをみせたドイツの学生運動である。ちなみに1968、69年には世界各地で学生運動が起きたことは、周知の通りである。それは基本的には、世界的な規模での社会的・国際的な構造変化に起因していたと言うべきではあろうが、同時にそこには各国それぞれの特殊な事情が組みこまれていた。ドイツの場合もそうである。そうした要素のひとつで、ここで注目すべきは、この学生運動には、ナチズム問題を整理しようとする志向がふくまれていたことである。逆にいうと、それ以前の特に1950年代には、民主主義が社会原理として浸透・進展する反面、回顧的・反動的な思考もなお一定の結集力をもっており、両者の綱引き状態といったところがあった。それは、60年代に入ってもなお最終的な解決をみたとは言えなかったのである。

　民俗学に近いところでその一例を挙げると、1954年に『東ドイツ学報』というかなり本格的な学術年報の体裁をもつ雑誌の刊行がはじまった。その編集者は、かつてのイェナ大学の政治学の教授で、東欧侵略を支持したイデオローグでもあり、またナチ党の意向を受けてベルリン大学で「民族体学」（Volkstumskunde）を講じたマックス・ヒルデベルト・ベーム、ユーゴの出身者で同地域に散在する残存ドイツ人の文化を称揚したフリッツ・ヴァリャヴェッチ、それにハイデルベルク大学法学部の教授ヴィルヘルム・ヴァイツゼッカーであった。この年報は、まともな論考もまったく掲載しなかったわけでないが、全体としてはドイツ人の喪失地回復をめざし、また喪失地域におけるドイツ文化に光を当てることを主眼にして編集された。しかも、連邦政府の難民担当大臣であるテーオドア・オーバーレンダーが創刊号に巻頭言を寄せるなど、最初から支援の姿勢を明かにしていた。また同誌の第8号（1961年）は、M・H・ベームの70歳の誕生日を祝う記念号として特に大部なものになった。これは、かつてのナチス・ドイツの東方政策の賛美者でその後も当時の見解を変えようとしなかった人物、政府の高官、それにアカデ

ミズムの一角が連携して復古的な活動をおこなっていた一例と言ってよいであろう[64]。50年代には、まだこうした動きもみられたわけである。

のみならず、M・H・ベームの主著のひとつ『自立した民族』は、西ドイツの有数の学術出版社であるダルムシュタットの「ヴィッセンシャフトリッヒェ・ブーフゲゼルシャフト」から1964年に再版をみた。それが、歴史資料を提供するといった意味などではなかったことは、ベーム自身が再版にあたって序文をつけたことからもあきらかであった。しかもその序文において、ベームは〈民族の権利をないがしろにされた国境地帯の同胞のためにふるさとの権利を主張することはドイツの義務であり〉、そのために〈これまでなかったほど激しく闘うことが〉今日もとめられていると説いてはばからなかった[65]。これが、その出版社の考え方そのものであったとは思えないが、いずれにせよ、そうした主張を読者に仲介することには抵抗を感じていなかったわけである。

またそれ以上に重大なのは、ナチ時代の活動をとがめられたり、咎められることを恐れて身を潜めていた学者たちのかなり多数が、50年代に復権したことであろう[66]。それは社会の全般に見られた現象でもあったが、民俗学に関係したところでも、大枠であるゲルマニスティクの分野で、その動きがみとめられた。たとえばテュービンゲン大学のグスタフ・ベーバーマイヤー（Gustav Bebermeyer）、ボン大学のヨーゼフ・オットー・プラースマン（Josepf Otto Plaßmann）、またナチ時代にミュンヒェン大学にいたオットー・ヘーフラー（Otto Höfler）がウィーン大学の教授に就任したといったところである。同じくリヒァルト・ヴォルフラム（Richard Wolfram）もウィーン大学の教授に復帰した。もっとも、何をもってナチズムへの加担とみるかという厄介な問題があるが、これについては、後に多少とりあげる[67]。いずれにせよ、ナチズムの加担者への弾劾には厳しいきびしいものがあったことは事実であるが、同時に明らかなナチ加担者が復権を果たすなど、社会の動きには複雑なものがあったのである。

またそこには、戦後、外部から導入された民主主義が、社会原理として深

化と定着をみるのは1960年代を通じての動きをまたねばならなかったという状況もかさなっていた。そして、その過程の最終段階において、学生運動が起きたのであった。因みに、1966年から始まって68年に頂点に達したドイツの学生運動の原因については、一般に、次の諸側面が指摘されている。[1]〈豊かな社会〉の到来を迎えたものの、富や物質を優先する風潮が先行するなど精神面やモラルが未熟であり、そのはざまで若年層が矛盾を感知した。[2]国民の多数が高等教育をめざす趨勢のなかで大学の制度が旧態然としており、対応能力を欠いていた。[3]アメリカのベトナムへの軍事介入の大規模化にあらわれたような国際的な政治秩序への疑問が広がり、またそれは東西冷戦の一翼をになってきたアデナウアー政権以来の外交政策への疑問とも重なった。[4]自国の過去、すなわちナチズム問題の清算が曖昧であることへのいらだちがつのっていった。これらを反映した動きは1960年代後半から、一般の労働争議とも並行しつつ徐々にもりあがってはいたが、加えて[5]2大政党による大連立内閣の成立によって国会に野党が事実上存在しなくなり、批判を代弁する機能が失われたとの観を呈したことから、議会制民主主義の限界が意識されるようになった。こうして現行制度の諸々の権威に対する反撥が刺激され、激しい街頭行動に発展したとされている[68]。

　ドイツの民俗学、特にバウジンガーの学派は、そうした社会一般の変動や問題意識に関わっていったという際立った特色をもっている。そしてその後、1970年代を通じて大学機構改革や幾つかの大学の新設の動きが起きたが[69]、民俗学科の設置は、その波に乗って進められたという側面がある[70]。要するに、この状況のなかで擡頭したある種の一般的な期待に、民俗学は応えたのである。

5

　エメリッヒの仕事は、ナチズム問題に焦点をさだめた民俗学の研究としては特筆すべきものであるが、同時に、こうした西ドイツ社会の当時の一般的な社会的・思想的状況と密接に関係しているところがある。たとえば、次の

ような表明である[71]。

　本書の目標から言えば、回顧的な歴史の探究は、副次的なものにすぎない。歴史的な設問は、むしろ目的に奉仕する手段である。目的は、民俗学が今日いかなる状況にあるのか、また民俗学はいかにあるべきかを、より先鋭に、より明瞭に見定めることにある。あからさまな民族体的（フェルキッシュ）イデオロギーが、民俗学にたいしてもはや影響をあたえていないことは、疑うまでもない。神話信奉、ナショナリズム、ましてや人種偏重は、もはや民俗学に典型的にみられる内容ではない。例外は、アードルフ・ヘルボークくらいのものである。しかし、かつてのようなものの見方や信念は、今日もなお広い範囲にわたって影響力をおよぼしているといったことが本当にないのかどうか、また民俗学は今日でも動きがしばられているところがあるが、その硬直した形態のなかに第三帝国のなかで幅を利かせていたイデオロギーが突然変異的に入りこんでいるのではないか、と問うことは重要である。もちろん、フォルクという概念が今日なおポジティヴな役割をはたすことができるかどうか、また民俗学がこの昔ながらの学問名称（フォルクスクンデ）にとどまることが好ましいことであるのかどうか、またその名称が目的に適ったものであるのかどうか、といったことも正面から問題にした方がよい。

　このエメリッヒの言説は、これだけとり出せば、1970年前後の世相とあまりにも密着しており、いささか皮相な感じがしないでもない。しかし、そのもとになったバウジンガーにも、これと同種の思考はみることができるのである。エメリッヒの2著作の趣旨は、民俗学の母体でもあり、また19世紀半ば以来、つい最近まで民俗学が継承されてきたときのアカデミズムにおける枠組みでもあったゲルマニスティクのなかで、イデオロギーの諸要素がどのように発現し、またどのように展開して、ナチズムとの重なりにまで成りいたったか、をあきらかにしようとするところにあった。さらにまたドイツの

敗戦によるナショナリズムの破産の後にも、それらがなお延命している事実を指摘することも、あわせて意図している。こうしたドイツ文化の歩みにつきまとっていた宿命的とも言える悪しき世界観をその全体像において把握し、その隠微な命脈をも明るみにひきずり出して止めを刺すことによって新たな方向を確立するというのは、バウジンガーとその学派の構想そのものであったのである。

もっとも、エメリッヒ個人の民俗学の作業には、気負いが先立っているところもないではない。特にズーアカンプ社から刊行された新書版『民族体イデオロギーへの批判』は、そういう印象をおこさせる。また〈回顧的な歴史的探究は、副次的なものにすぎない。……目的は、民俗学がいかにあるべきかを、より先鋭に、より明瞭にみさだめることにある〉と述べてはいるものの、エメリッヒは民俗学の分野ではその2著作以上の成果をあげなかった。その後の仕事は、むしろゲルマニスティクの方面でなされ、第三帝国時代の亡命作家たちの研究にむかっていったようである[72]。

それはともかく、エメリッヒのフォルク・イデオロギー批判が、先鋭であり、また多少は勇み足のような言及も入っていただけに、民俗学のなかでただちにその見解が受け入れられたのでないことは想像に難くない。しかしその頃の話題作であったことはまちがいなく、多数の人々が賛否を表明した。今、そのとき論評者のなかから、代表的な数人をとりあげてみる。

先ずバーゼル大学教授のハンス・トリュムピーは、エメリッヒがナチズム民俗学とその前史のイデオロギーを分析したことは多としながらも、しかしエメリッヒがナチ時代の思想に今なお固執しているのはアードルフ・ヘルボークくらいのものであると記したのをうけて、〈それならとり立てて問題にする必要はないではないか〉と揚げ足をとった発言を半ば揶揄として投げたあと本論にうつった。その要点は、エメリッヒの主張も〈目下の時代の新たなイデオロギーではないか〉という点にあった[73]。これは、ヴァルター・ヘーヴァーニック（ハンブルク大学教授）の書評にも共通している[74]。またレンツ・クリス＝レッテンベック（バイエルン・ナショナル・ミュージアムの民

俗部門主任）になると、強い反撥をしめし[75]、〈盲人が石を投げているようなものだ〉といった表現までしている。しかしその立場からすれば、無理からぬところもあった。クリス＝レッテンベックは、家庭的にも博物館人としてもルードルフ・クリスの後継者であり、第三帝国のなかであやうく生命を奪われるほどの迫害を受けた養父を、バウジンガーから、思想史的にはフォルク・イデオロギーの持ち主として言及されていたのであった。しかし、他方では、バウジンガーの民俗学の改革を高く評価してもいたのである。それゆえ同世代のバウジンガーには背景の違いを超えて理解をしてはいたが、その弟子が調子にのって発言をはじめたという印象をもったようである。こういう受けとめ方は、レーオポルト・シュミットやインゲボルク・ヴェーバー＝ケラーマンにも共通している。シュミットは、バウジンガーには批判活動をおこなう必然性がみとめられるが、エメリッヒについては、〈みずからかかわっていないものごとを玩ぶような新世代などは不必要だ〉と記した[76]。これに対してゲルハルト・ルッツ（ハンブルク大学教授）はかなり理解をしめし、長文の論評を書いた。その要点は、エメリッヒがナチズム民俗学批判を目標にしながら、ナチ時代とその直接の前史に限定せず、イデオロギー批判の視点と筆致を19世紀半ば以前の時期にまで延ばしているのは、果たして適切であるかどうかという点にある。これは、エメリッヒだけでなく、バウジンガーの論考にもあてはまる本質的な指摘といってよいであろう[77]。またアルノルト・ニーデラー（チューリヒ大学教授）になると、さらに好意的で、次に取り上げるナチ時代の民俗学者たちの分類方法にまで高い評価をしめしたのであった[78]。しかし総じて、エメリッヒの論調がイデオロギー的であるという印象は、多くの人々に共通していた。それには、受けとめる方も、1960年代末期の社会的動向をかさねてしまうという状況も与っていたであろう。またエメリッヒ自身も、基本的な立場を表明した箇所で、カール・マルクスの『ドイツ・イデオロギー』に決定的な意味をもたせて引用したりもしている。したがって、マルキストの主張という受けとめ方がなされたとしても、あながち的はずれとは言えない面はあったのである。

6

　ところで、19世紀にまで遡ってイデオロギー批判をおこなうという手法と並んで、問題になったもうひとつの論点は、エメリッヒによるナチ時代の民俗学者たちの分類と評価であった。これは、その後、民俗学における〈象牙の塔〉問題と呼ばれることになる。また、先にもふれた〈二種類の民俗学〉というテーマでもある。これについては、バウジンガーのナチズム論文への評価をめぐって、リックスフェルトのコメントを紹介した[79]。そこでは、バウジンガーの論文の意義として、〈ナチ時代には二種類の民俗研究がなされていて、その一方のファシズムに傾いた方だけが、この専門学の倒錯した推移に責任があるとする従来の公式的な考え方が、これによって払拭された意義の大きさははかり知れない〉という評言がなされていた。そこでいわれる〈公式的な考え方〉とは、敗戦直後からドイツの民俗学界を漠然と支配してきた学史観を指している。すなわち、民俗研究者の一部がナチズムとの同調に走ったのは事実であるが、他方ではそれと並行して、地道な研究が続けられていたとの見方である。この見解は、特にポイカートがマウスへの反論において表明したものであることは、先に見た。そのポイカートの見解は、従来特に重要視されていたわけではなかったが、1960年代前半からの民俗学の戦争責任論という問題意識のなかで改めて論議の的になってきたのである。もちろん以前からもはっきりとは意識されてはいないものの、これに集約されるような学史観がおこなわれており、それが、あからさまなナチズム同調者をのぞいた人々、特に戦中から戦後にまたがる主要人物たちの無罪を保証する定式として機能していたのであった。しかし、バウジンガーが、フォルク・イデオロギーを20世紀前半の一般的な時代思潮ととらえ、ナチズムへの抵抗者にまでそれを指摘したことによって、その二分論がくずれてきた。そしてそれをさらに押し進めたのが、バウジンガーの学生であったエメリッヒであった。しかも、それは1960年代末の激動の波に乗るかたちで、いささか単調なまでの裁断へ進んでいった。

エメリッヒは、ズーアカンプ社から刊行した新書のなかで、こんな分類をおこなった。民俗学の中心的な機関そのものは、ナチ時代を通じても、公的にはナチ体制に組みこまれずに、従来からのアカデミックな姿勢を保つことができた。他方、まったくナチズムに同調していった一群の人々がいた。逆にカトリック教会系を中心に、ナチ党政権に対して批判的な姿勢をとり、それゆえ迫害を受けた人々がいた。ところで問題は、当時の民俗学の主要なにない手であった最初のグループをどうみるかである[80]。

　どうにも救いようがないのが、象牙の塔への引きこもりである。つまり非政治的に静かに学問をしていることに意味があるという信念で、またこれが第三帝国のなかではかなり多数の学者に典型的にみられた態度でもあった。ヨーン・マイヤー、フリッツ・ベーム、オットー・ラウファー、アードルフ・シュパーマー、アードルフ・バッハ等々の人々がこれにあたるが、彼らは、かつて着手した研究を、まるで何事もなかったかのように、淡々と続けていた。ナチズムのイデオロギーやその実際が学問のなかに入りこむことに対して彼らがもうひとつ肯んじなかったのは、〈ヒトラー帝国の独裁体制や人種イデオロギーに対する反撥というよりは、褐色の成り上がり者たちの無教養やプリミティヴなあり方への〉[原注1] 拒絶によるものであった。こうした姿勢を〈抵抗〉であったと認めるのは、たといオットー・ラウファーのような非の打ちどころの無い人物がいたとしても、やはり容認しがたいものがある。ナチズム民俗学の愚劣な見解に対して、半ば匿名で批判をおこなったからとて、それではまだ反ファシズムであることにはならない。むしろ、誤たない研究の継続、すなわち〈ニュートラルな活動を続けていること〉こそ〈スキャンダラスな行為〉と呼んだＷ・Ａ・ハウクの評言に賛意を表したい。[原注2]　正に、リアルポリティックスの面で無気力と誤認に陥るや、個的なメランコリーにひたってすましてしまうという市民性の悪しき伝統をひきずっていたことこそ、スキャンダルというべきであろう。ファシズムのもとで

〈社会的な責任を回避した個的な心情〉(原注3)にしたがって憚らず、しかもその個的な心情のおもむくところ、自分には罪はないとみなしながら、実際には意識的に日和見主義を選択するほどの能力もないのであるから、そこには他の任意の時代におけるのとはちがった重みがある。なぜなら、ファシズムの全体主義政治を前にした場合、政治的な禁欲は、それによって搾取と犯罪が進行する上で摩擦を無くさしめる以上、考えられる選択肢のなかでも最大の欺瞞だからである。ベルトルト・ブレヒトは、かつて、こう表現したことがある。〈これらの人々は、政治に反対している。これは、実際には、彼らをふくめて進行してゆく政治に賛成していることを意味する。彼らの態度、その職業に従事しているそのこと自体が、政治的である。政治の外に居所をさだめるのは、政治の外に住むことと同一ではない。政治のそとに立つことは、政治を超えることにはならないのである。〉(原注4)

この引用箇所からも、1968年前後の学生運動の高まりと重なった論調であることは知られよう。バウジンガーにも、これほど単純な表明ではないものの、同種の考え方があることは先に見たとおりである。しかしこれに対して、ナチ時代を生きた人々が激しく反撥した。それをよく代弁しているのが、インゲボルク・ヴェーバー＝ケラーマンの批判であった[81]。

　　バウジンガーの分析やエメリッヒの徹底した研究は、あの時代の民俗学のあり方から遠くはなれた場所から〈成績評価〉して、精神史の脈絡に位置づけるという目的には適っていよう。しかしながら、エメリッヒが当時の学者たちを、三つのケースに粗っぽく分類しているのは、戦後世代の突き放した見方ではあろうが、いささか軽薄である。要するに、エメリッヒは、身を挺して果敢に抵抗した人々と、無思慮のゆえ、ないしは確信をもって加担した者たち、そして最後に、学問は政治とは別もので、おとなしくしておればやってゆけるとの信念のもとに〈何事もな

かったかのようにいそしんでいた〉人々の三種類に分類したのである。この最後のグループに入る人たちとして彼が挙げているのは、ヨーン・マイヤー、フリッツ・ベーム、オットー・ラウファー、アードルフ・シュパーマー、アードルフ・バッハ等々である。かかる分類は、ナイーヴな無神経というだけではすまない。人間性という面からも断固として否定されなければならない。あの頃は、〈及び腰の抵抗〉ですらたいへんな勇気を要したことなど、この著者のとうてい実感し得るところではないのは、あきらかである。

　ヨーン・マイヤー、この人は、「民俗学協会連合」の会長として、この専門学の組織を12年間にわたって〈翼賛〉^{グライヒシャルトゥング}から守った。彼が編集したバラード集成が長年月の準備を経て最初の数巻の刊行をみたのは、ヒトラーの時代であったが、その序文にも、謝辞を寄せる相手の名前にも、その他のどこにも体制の影を入りこませていない。今日からみれば、これはささいに映るであろうが、当時は大変なことであった。国家の上級公務員としてナチ党に歩み寄らないといった事実ですら、非常に勇気のいることであった。またアードルフ・シュパーマーは、当時ベルリン大学で教授の職にあったので、私は身近に知ることができた。エメリッヒのテーゼがいかに理解の欠如したものであるかを証明するために、これを例にとろう。

　シュパーマーは1935年にベルリン大学に迎えられたが、すでにこれが、ゲルマニストのアルトゥール・ヒュープナーが敢行した体制に対する侮りの行為であった（これについてはヤコバイトの直截な証言がある）。ナチ党の側からは、むしろウィーンの神話学者カール・フォン・シュピースがのぞましかったのである。シュパーマーは、ナチ党員ではなく、筋金入りの左翼リベラリストとしての過去をもっていたために、ナチ党からはじめから好ましからざる人物とみられて、政治的な監視を受けることになった。その監視たるや、特に国家教育省の大学監視官ハインリヒ・ハルミャンツの意向もあって、このベルリン大学の教授に対しては

数年を経るうちにたいへん厳しいものとなった。シュパーマーには学術面というふれこみで助手があてがわれたが、ぱりぱりのナチ党員で、ベルリン大学のゼミナールの手狭になった部屋部屋で、そこへの訪問者や電話での会話をチェックする権限をもっていた。そして講義でもゼミナールでも〈怪しからぬ〉発言を記録した。これと並行して、1938年には、この学究をプロイセン・アカデミーに選出し入会させることが文化省によって阻止された。こうしてシュパーマーは絶え間ない危険と政治的軋轢にさらされて、病に倒れた。折から友人のヨーン・マイヤーがフライブルクで彼のために尽力して、新しく教授ポストを準備して声をかけたので、シュパーマーも目下の状況からのがれようとした。1942年のことである。しかしその脱出は、もはやそれに向けて踏み出すことすらかなわなかった。シュパーマーは、この年には心身ともに持ちこたえられなくなり、戦争が終わるまで、ほとんど教職を遂行することができなかったからである。彼のベルリンの住まいと、蔵書と学術資料の大部分は、爆撃で失われた。このようにみると、学問的な立場が反対であることを隠そうとしなかった人々に対して、〈象牙の塔への甲斐のない脱出〉の責めを負わせるのは、ほとんどシニカルな仕業であると、私には思える。……共和国の市民という安全な立場にいて、ひとりひとりの人間が当時直面した状況を裁こうとするのは、とても難しく、そもそも意味のないことである。……むしろ重要なのは、戦後になって民俗学徒たちが、この専門学の大きな負い目のある過去をはたして克服したのかどうか、またどのようにして克服したのかという問題であろう。

　以上は、バウジンガーの見解にふれたあと、彼の学生であったエメリッヒの論、そしてそれへの批判的なコメントとして、シュパーマーのもとで学んだインゲボルク・ヴェーバー＝ケラーマンの見方を抜き出してみた。これをどう読むかについては、さまざまな見方があり得よう。また、ここで名前の挙がったアードルフ・シュパーマーについては、後続の章において別の観点

からふれることになろう。なぜなら、アードルフ・シュパーマーについて今日なされている議論は、ここでその一端をみているような応酬とは、これまた異なったところがあるからである。

　なお、バウジンガーとエメリッヒの異同についてもふれておく。師の見解をその学生が祖述・詳述し、時に誇大に、時には単純化したというのが輪郭であるから、両者は大枠では合致している。ところが、そこに微妙に差異が存するのである。エメリッヒが、政治には直接関係せずに客観的な研究をつづけていた人々を指弾したことは、先にふれた。これには1970年前後の学生運動の思潮とかさなるところがあるのは、あきらかである。しかし、こうした見方は、すでにバウジンガーにもみとめられる。ただしバウジンガーは、ここでエメリッヒが挙げている人々には言及していない。つまりバウジンガーは、明らかなナチ体制者であったオットー・ヘーフラーやオイゲーン・フェーレは名指しするものの、〈象牙の塔〉に属するとされているヨーン・マイヤーやフリッツ・ベームやオットー・ラウファーやアードルフ・シュパーマーやアードルフ・バッハなどの名前を挙げることは慎重に避けている節がある。しかし〈ニュートラルな営為〉がイデオロギーを声高に叫ぶ以上に問題であるとは説いて憚らないのである。しかもバウジンガーは、それをユルゲン・ハーバーマスを援用して強調しさえしていた[82]。

　そしてその文脈では、レーオポルト・シュミットを念頭においていることが多いのは、先に見たとおりである（本章第 2 節 5）。レーオポルト・シュミットはナチ時代に既に一家を成していたのではなく、むしろ優遇されることなく兵役を余儀なくされたなどの経歴後、戦後の旗手となった人物である。そして客観性に徹した行き方を探り、それはそれで方法の確立に腐心したが、バウジンガーはこれからの民俗学の方向を主張して、そうした客観性までメスを入れたのである[83]。それは、レーオポルト・シュミットを代表者とする第二次大戦後の第一世代をも乗り越えようとする姿勢でもあった。

　ところが、エメリッヒは、バウジンガーのその見方を一般化して、ナチ時代の主だった民俗学者の姿勢にあてはめたのである。それがよくあらわれて

いるのは、オットー・ラウファーに対する両者の評価の違いであろう。バウジンガーは、ラウファーが、ナチズムに同調した民俗学の書物に容赦のない書評をおこなったことをとり挙げて、その勇気と見識をたたえている[84]。エメリッヒが、書評を話題にしているのは、これを指している。しかしその見方は違っていて、〈ナチズム民俗学の愚劣な見解に対して、半ば匿名で批判をおこなったからとて、それではまだ反ファシズムであることにはならない〉と言うのである。この違いは、当事者にも読者にもあきらかであった。そこでインゲボルク・ヴェーバー＝ケラーマンは、バウジンガーではなく、エメリッヒに焦点を当てて、その行き過ぎをたしなめたのである。そのようにみると、こうした応酬のなかにも、民俗学の再建をめぐる世代や学派の違い、時代思潮、さらに師弟関係などの人間関係が作用していることが分かるのである。ナチズム問題は、決して過去の問題ではなかったのである。

　以上、エメリッヒの著作とその反響をやや詳しくとりあげた。しかし、意外なことに、これほどエメリッヒの著作が話題になりながら、ナチズム民俗学の解明の作業は、その後はしばらくとまってしまうのである。もう一度このテーマがとりあげられるのは、1980年代の半ばになってからであった。

注

1) 坂井洲二『ドイツ民俗紀行』(法政大学出版局 1980年) のなかの「新しい民俗学」の章、その他；浅井幸子「民俗学の発達と現状 ①ドイツ」(『日本民俗学講座』第5巻、朝倉書店昭和51年)、バウジンガー『ことばと社会』(浅井幸子・下山峯子訳、三修社 1982年) その他

2) 坂井洲二「改革後のドイツ民俗学についてバウジンガー教授に聞く」『日本民俗学』188号〔平成3〕p. 143-168

3) Hermann Bausinger, *Krilik der Tradition. Anmerkungen zur Situation der Volkskunde.* In: Zeitschrift für Volkskunde. 65 (1969), S. 232-250.

4) Hermann Bausinger, *Lebendiges Erzählen. Studien über das Lebden volkstümlichen Erzählgutes auf Grund von Untersuchungen im nordöstlichen Württemberg.* Tübingen 1952.

5) Hermann Bausinger, "*Historisierende*" *Tendenzen im deutschen Märchen seit der Romantik. Requisitverschiebung und Requisiterstarrung.* In: Wirkendes Wort, 10. Jg. (1960), S. 279-286.

6) 本節の注（5）を参照、またこの問題は、後に『科学技術世界のなかの民俗文化』において本格的にあつかわれることになった。なおその箇所を本節でも、少しあとでとりあげておいた。

7) Hermann Bausinger/Markuks Braun/Herbert Schwedt,*Neue Siedlungen. Volkskundllich-soziologische Untersuchungen des Ludwig des Uhland-Instituts.* Stuttgart [Kohlhammer] 1959, 2. veränderte Aufl. 1963; これには筆者による次の抄訳がある。ヘルマン・バウジンガー／マルクス・ブラウン／ヘルベルト・シュヴェート『新しい移住団地 東ヨーロッパからのドイツ人引き揚げ民等の西ドイツ社会への定着にかんするルートヴィヒ・ウーラント研究所による民俗学・社会学調査』(愛知大学国際問題研究所「紀要」94号〔1991〕以下

8) Joseph Hanika, *Volkskundliche Wandlungen durch Heimatvertriebenen und Zwangs-wanderung.* Salzburg 1957.

9) Alfred Karasek-Langer, *Neusiedlung in Bayern nach 1945.* In: Jb. f. Vkde. d. Heimatvertriebenen. Bd. 2 (1956), S. 24-102.

10) Bausinger, a. a. O. S. 拙訳「新しい移住団地（2）」国際問題研究所『紀要』第96号（1991）, p. 127-130. なお原文のこの個所に付されている住民構成や就労者の勤務先の分布など数種類の円グラフは拙訳には収録したが、ここでは再録しなかった。

11) Hermann Bausinger, *Volskultur in der technischen Welt.* Stuttgart [W. Kohlhammer] 1961, 2. Aufl.- Frankfurt/New York [Campus Verlag] 1986. 次の拙訳を参照、『科学技術世界のなかの民俗文化』(愛知大学国際コミュニケーション学会紀要別冊ディスカッション・ペーパー No. 2, 2001年)；一般書としては拙訳（文楫堂2005年）。

12) バウジンガーのこの著作については、特に基本概念を扱っている第一章を中心に解説した次の拙論を参照,「バウジンガーを読む──〈科学技術世界のなかの民俗文化〉への案内」愛知大学国際コミュニケーション学会『文明21』第2号（1999年）p.101-118.

13)『科学技術世界のなか民俗文化』(拙訳)「日本語版への序文」

14) 前章の「スウェーデン学派の導入」の節を参照。

15) Hermann Bausinger, *Volskultur in der technischen Welt. 2. Aufl.* 1986, S. 221 拙訳を参照、『科学技術世界のなかの民俗文化』(文楫堂2005年)「第二版への序文」, p. 303.

16) フォークロリズム概念の成立については、次の拙論を参照、『フォークロリズムからみた今日の民俗文化』(「三河民俗」3号、1992、所収)
17) Mathilde Hain, *Volklksunde und ihre Methode*. In: Deutsche Philologie im Aufriss, hrsg. von Wolfgang Stammler. Berlin [E. Schmidt] Bd. III (2. Aufl. 1962), Sp. 2547‐2570; なおこれには次の拙訳がある、参照、マティルデ・ハイン『ドイツ民俗学とその方法』(愛知大学『文学論叢』第86/87輯(昭和62/63年)所収.
18) マティルデ・ハインの著作のなかでは『上部ヘッセンの民俗衣装の村』(*Das Lebensbild eines oberhessischen Trachtendorfes. Von bäuerlicher Tracht und Gemeinschaft.1936*) が機能論の視点から民俗学の里程標とされるが、同書は近年ではフォークロリズムの観点からも見直されている。
19) Hermann Bausinger, *Volksideologie und Volksforschung. Zur nationalsozialistischen Volkskunde*. In: Zeitschrift für Volkskunde. 61 Jg. (1965) なおこれには筆者による翻訳がある。なお原文にはまったく章分けがなされていないが、訳出にあたっては、このテーマにおけるキーワードをもちいて小見出しをほどこした。参照、愛知大学『経済論集』第133号(1993)所収。
20) この報告は、日本の文化人類学の次の機関誌(南山大学)に発表された。James R. Dow/Hannjost Lixfeld, *National Socialistic Folklore and Overcoming the Past in the Federal Republic of Germany*. In: Asian Folklore Studies, 50 (1991), pp. 117-153, here p. 119. この報告は、バウジンガーとその学派を中心に整理している。リックスフェルトとダウは従来主に「ローゼンベルク機関」の周辺の民俗学者たちの動向を追求しており、この報告の後半部で、報告者自身のドイツ学界での位置についても、かなり詳しい記述がなされている。なおこの報告も併せた大部な論文集は、1994年に次のかたちで刊行された。参照、James R. Dow/Hannjost Lixfeld, *Overcoming the Past of National Socialistic Folklore*. In: James R. Dow/Hannjost Lixfeld (Edited and translated), The Nozification of an Academic Discipline. Folklore in the Third Reich, Bloomington and Indianapolis [Indiana University Press] 1994. またこの論文集は、同時にドイツ語でも刊行された; *Völkische Wissenschaft. Gestalten und Tendenzen der deutschen und österreichischen Volkskunde in der ersten Hälfte des 20. Jahrhunderts*. Hrsg.von Wolfgang Jacobeit, Hannjost Lixfeld und Olaf Bockhorn im Zusammenarbeit mit James R. Dow. Wien-Köln-Weimar [Böhlau] 1994.
21) 次の概説書には、このテーマを19世紀以来の民俗学の発達史の面からあつかった記述がある。参照、Hermann Bausinger, *Volkskunde. Von der Altertumsforschung zur*

Kulturanalyse. Das Wissen der Gegenwart. Geisteswissenschaf-ten. Berlin und Darmstadt 1971, なおこれは次の再版が普及している。Derselbe, Volkskunde. Von der Altertumsforschung zur Kulturanalyse. Untersuchungen des Ludwig-Uhland-Instituts der Universität Tübingen. Sonderband. Tübingen 1979.; またヴァイマル時代とのかかわりでは、近年邦訳された次の論考がある。Derselbe, Zwischen Grün und Braun. Volkstumsideologie und Heimatpflege nach dem Ersten Weltkrieg. In: Religions- und Geistesgeschichte der Weimarer Republik, hrsg. von Hubert Cancik. Düsseldorf 1982. ヘルマン・バウジンガー『「緑」と「褐色」の狭間に——第一次大戦後の民族イデオロギーと郷土運動』(フーベルト・カンツィク編/池田昭・浅野洋監訳『ヴァイマル共和国の宗教史と精神史』お茶の水書房 1993 年所収、pp.297-323.

22) Hermann Bausinger, Volksideologie und Volksforschung. Zur nationalsozialistischen Volkskunde. In: Zeitschrift für Volkskunde. 61 Jg.（1965), S. 200f.; 拙訳「フォルク・イデオロギーとフォルク研究 —— ナチズム民俗学へのスケッチ」(愛知大学『経済論集』第 133 号［1993］p.147-187.)

23) A. a. o. S. 1.（拙訳 p. 150.)

24) 参照、Hermann Bausinger, Volkskultur in der technischen Welt. Kap.I. -3.:Die Technik als Auslöser von Regressionen'.（「退行を喚起するものとしての科学技術」、拙訳 p.55 以下。)

25) しかし、バウジンガーは、退行をプラスの意味で言及することは稀である。

26) Hermann Bausinger, Volksideologie und Volksforschung. S. 191.（拙訳 p.165 以下)。

27) A. a. o. S. 188f.（拙訳では p.16 以下)。なおクラッパーの文章については、次に収録されている。参照、Joseph Klapper, Volkstum der Großstadt. In: Handbuch der detuschen Volkskunde, hrsg. von Wilhelm Peßler. Bd. 1. Potsdam o. J.（1934), S. 103-119, bes. S. 103 u. 119.

28) ヨーゼフ・クラッパーは、ゲオルク・シュライバーがカトリック教会に親近な民俗研究者を広く集めて編んだ研究誌『フォルクとフォルクストゥーム』(1936 年号から 1938 年号まで 3 冊が刊行された) のメンバーであった。同誌への次の寄稿を参照、Joseph Klapper, Die Heiligenlegende im deutschen Osten. In: Volk und Volkstum, hrsg. von Georg Schreiber, Bd.2, München 1937, S.191-223.

29) Hermann Bausinger, Volksideologie und Volksforschung. S. 188f.（拙訳 p.163 以下)。

30) オットマル・シュパンは、ナチズムが出現する直前からその興隆期にかけての時期に〈全体主義〉を説いたオピニオン・リーダーで、日本でも同時代に指針とし

て多くの著作が訳出された。これについては、拙論「ドイツ思想史におけるフォルクストゥームの概念について」(本書所収)に「オットマル・シュパン」の項目を設けて検討を加えた。

31) Hermann Bausinger, *Volksideologie und Volksforschung.* (拙訳では p.166 以下)。
32) A. a. o. S. 200f. (拙訳では p. 176 以下)。
33) Georg Schreiber, *Brüning - Hitler - Schlei c her. Das Zentrum in der Opposition.* Köln [Verlag der Kölner Görreshaus] 1932. 本文約50頁のパンフレットである。1932年6月10日に開催された中央党ヴェストファーレン州委員会でゲオルク・シュライバーがおこなった発言をより詳しく展開したもので、6月21日に書き上げ、ただちに印刷された。趣旨は、ブリューニング内閣について、その経済政策は困難な時局で誰が担当しても完全に満足な結果は期待できないなかでは一応の成果と言ってよく、また外交的にも列強の支持をとりつけたばかりであるのに、国会内での反対派の揺さぶりの前に政権を投げ出して、パーペン＝シュライヒャー内閣に譲り、しかも総選挙によって政治・経済の両面で空白をつくることになったのは決定的な間違いであるとして、主にブリューニングの人格を問題にしている。そして、そのような姿勢によってヒトラーの策謀に乗ったのであるとも指摘している。またその頃、中央党の指導部たちが進めていたヒトラーとの提携工作をやめるように主張し、中央党は、野党に徹する方がよいと説いている（この批判は当時かなり多くの関係者がおこなっていたものでもある）。すなわち、ヒトラーの〈独裁〉への野望とシュライヒャーの権力への策動に対して、中央党は、〈リベラリズムとデモクラシーの野党〉であることを自覚しなければならないとも説いている。そして、憲法が累卵の危機に見舞われている状況を前にして、中央党は〈市民的自由というマグナ・カルタをまもる抵抗力ある自由の担い手〉として行動しなければならないという言葉でしめくくっている。シュライバーの見解は、その時点の状況を〈右と左の2つの社会主義の挟み打ちにあっている〉ととらえる（右は国家社会主義、つまりナチズム、左はソ連の社会主義を指しているらしい）など、当時の教会人の一般的な判断の域を特に越え出るものではないが、ヒトラーの独裁志向に対しては、当時のカトリック教会のなかで最も強い警戒心をもっていたひとりであろう。
34) ナチズムへのキリスト教会の側からの反論の主要なテーマのひとつは、アルフレート・ローゼンベルクの『二〇世紀の神話』(Alfred Rosenberg, *der Mythos des 20.Jahrhunderts.* 1930. 邦訳：吹田順介・上村清延共訳　中央公論社　昭和13年)

へ の 批 判 で あ っ た 。 た し か に そ こ に は ナ チ ズ ム の 一 源 流 で も あ る ラ ン ド ル フ ・ ダ ー ウ ィ ン （Randolf Darwin）を 受 け 継 い だ 反 宗 教 的 姿 勢 が 顕 著 で あ る が 、 当 時 の 教 会 関 係 者 が 受 け と め て い た ほ ど 、 ロ ー ゼ ン ベ ル ク が ナ チ ズ ム の 代 表 者 で あ っ た か ど う か は 疑 問 で あ る 。 そ の 点 で は 論 敵 を 正 確 に 捉 え て い た か ど う か が 怪 し い ま ま に 議 論 が 沸 騰 し た 面 が あ っ た 。 例 え ば プ ロ テ ス タ ン ト 教 会 の 神 学 者 ヴ ァ ル タ ー ・ キ ュ ネ ッ ト （Walter Künneth）が ロ ー ゼ ン ベ ル ク へ の 批 判 活 動 に よ っ て 抵 抗 者 で あ っ た こ と は 過 小 評 価 す べ き で は な い が 、 過 大 評 価 も 問 題 な の で あ る 。

35) Georg Schreiber, *Volkskunde einst und jetzt. Zur liberarischen Widerstandsbewegung.* In: FS. für Alois Fuchs zum 70. Geburtstag, hrsg. von Wilhelm Tack. Paderborn 1950, S. 275-317; S. 297 und S. 313 f. こ れ は 民 俗 学 の 分 野 で は よ く 知 ら れ て い る 資 料 で あ る が 、 こ う い う 角 度 か ら 見 た の は バ ウ ジ ン ガ ー が 始 め て で あ る 。 し か し そ れ 以 後 、 こ の バ ウ ジ ン ガ ー の 指 摘 は 、 か な り 影 響 力 を も つ よ う に な っ た 。

36) 当 時 、 占 領 軍 は 、 ア メ リ カ 、 イ ギ リ ス 、 フ ラ ン ス と も 〈Hochshulofizier〉（英 語 で は University Officer）を 各 大 学 に 派 遣 し た 。 軍 の 占 領 政 策 の 一 環 と し て な さ れ た た め こ う い う 肩 書 で あ る が 、 実 際 に は 民 間 人 が 就 任 し た ば あ い が 多 い 。 ド イ ツ で は 、 教 育 学 史 の マ ン フ レ ー ト ・ ハ イ ネ マ ン 教 授 （ハ ノ ー フ ァ ー 大 学） が 中 心 に な っ て 、 当 時 の 大 学 配 属 将 校 を た ず ね だ し 、 占 領 国 ご と に シ ン ポ ジ ウ ム を 開 い て 、 そ れ ぞ れ の 記 憶 を 語 ら せ る と い う 息 の 長 い 企 画 が 、 フ ォ ル ク ス ワ ー ゲ ン 社 の 資 金 援 助 も 受 け な が ら 実 現 し た 。 そ の 第 一 回 で も あ る イ ギ リ ス 占 領 地 域 の 部 は 、 1982 年 7 月 8-11 日 に オ ッ ク ス フ ォ ー ド 大 学 で お こ な わ れ た 。 そ の さ い ミ ュ ン ス タ ー 大 学 の 担 当 者 で あ っ た 人 物 は 現 存 し て お り 、 ゲ オ ル ク ・ シ ュ ラ イ バ ー と の 共 同 作 業 の 様 子 を 伝 え た 。 そ の 記 録 は 次 の か た ち で 刊 行 さ れ て い る 。 参 照 、 *Hochshuloffiziere und Wiederaufbau des Hochshulwesens in Westdeutschland 1945 - 1952. Teil 1: Die Britsche Zone. Hrsg. von Manfred Heinemann, bearbeitet von David Phillips.* Hildesheim [Edition Bildung und Wissenschaft im Verlag August Lax] 1990. ミ ュ ン ス タ ー 大 学 の 箇 所 は S. 145-151.

37) 先 に 挙 げ た 『 ブ リ ュ ー ニ ン グ と ヒ ト ラ ー と シ ュ ラ イ ヒ ァ ー 』 に お い て 、 そ れ は あ き ら か で あ る 。

38) Georg Schreiber, *Zwischen Demokratie und Diktatur. Persönliche Erinnerungen an die Politik und Kultur des Reiches von 1919-1944.* Münster i. W.. [Regensburg] 1949.

39) 作 家 で 評 論 家 の ロ ル フ ・ ホ ー ホ フ ー ト （Rolf Hochhuth, 1931 生） が 、 1963 年 に 発 表 し た 戯 曲 『 神 の 代 理 人 』（Der Stellvretreter）に よ っ て 、 こ の 問 題 は 広 く 一 般 の 注

目をあつめることになった。またこれに対しては、カトリック教会の反応もみられたが、よく読まれたもののひとつに、アメリカのギュンター・レヴィの『カトリック教会と第三帝国』がある。これは1964年にアメリカで出版され、翌年ドイツ語版が刊行された。参照、Guenter Lewy, *The Catholic Church and Nazi Germany.* New York [McGraw-Hill Company] 1964, Deutsche Ausgabe: *Die katholische Kirche und das Dritte Reich*, übersetzt von Hildegard Schulz. München [R. Piper] 1965.

40) バウジンガーは、クルト・フーバーとゲオルク・シュライバーについては、僅かながらではあれ、ともかくもその文章を引用して分析を加えているが、ルードルフ・クリスとアードルフ・ライヒヴァイン、またアルブレヒト・ヨープストとハンス・コーレンについては、名前だけを挙げて、基本的には同じ傾向とみてよいと注記している。これはひとつの基本的な視点ではあろうが、あまり簡単すぎて、全面的に首肯するわけにはゆかないであろう。たとえば、アードルフ・ライヒヴァイン（Adolf Reichwein 3. Okt. 1898-20. Okt. 1944）は、ドイツ人のあいだでは、今なおその人柄と事跡が哀惜され、生涯と活動を回顧する企画がつづいている。特に教育学の関係者のあいだでは、ナチズムへの抵抗の象徴的存在ともなっている。ライヒヴァインは、社会民主党に入党して政権掌握直前のナチ党との論争にのぞむなど、明確な批判思想をもっており、最後は、共産党の抵抗組織と連絡をとったところを探知されて、逮捕・処刑された。

41) 本篇、第一期第1節「ハインツ・マウスとW・E・ポイカート」のポイカートの反論を参照。

42) これについては、次の拙論を参照、「ドイツ語圏における現代民俗研究とマス・メディア資料の活用 —— 現代日本民俗の資料をめぐる議論のために」『比較民俗研究』第3号所収、1991年

43) Wolfgang Emmerich, *Germanistische Volkstumsideologie. Genese und Kritik der Volksforschung im Dritten Reich.* Tübingen 1968（Volksleben, Bd. 20）; Derselbe, *Zur Kritik der Volkstumsideologie*, Frankfurt a. M.〔Suhrkamp〕1971

44) もっとも、ゲルマニスティクと民俗学の関係については、本邦の特殊事情をみると若干の解説が必要であろう。というのは、ドイツの民俗学は、19世紀から最近に至るまで、ゲルマニスティクの一部として存在してきており、またゲルマニスティクのなかで一定の比重も占めてもきたからである。たとえばゲルマニスティクの分野の総合的な概説書であるヴォルフガング・シュタムラーの編集にかかる『ドイツ文献学要覧』は、本文5部3巻のうち1部1巻を「民俗学」にあてていた。

しかしこうした事実は、日本ではゲルマニスティクが、語学研究を除けば、圧倒的に文学作品の研究というかたちをとってきたために、ゲルマニストのあいだでも見逃されてきた節がある。加えて日本では、ドイツの民俗学と言えば、昔話などの口承文芸ばかりに関心が向き、またそのなかでもグリム兄弟の昔話、いわゆるグリムのメルヒェンに話題は集中するという傾向をみせてきた。こうした偏りは、日本のゲルマニスティクに特有の現象のように思われる。参照、*Deutsche Philologie im Aufriss*、hrsg. von Wolfgang Stammler. Berlin [E. Schmidt] 1. Aufl. 1952-57, 2. Aufl. 1957-62, Bd. III.: *Volkskunde*, hrsg. von Mathilde Hain, 1957, 2. Aufl. 1962. なおこのなかのマティルデ・ハインによる概説(*Volkskunde und ihre Methode*, von Mathilde Hain 1962)には、次の拙訳がある。参照、マティルデ・ハイン『ドイツ民俗学とその方法』(愛知大学『文学論叢』第 86・87 輯、昭和 62・63 年所収)

45) ドイツの民俗学は、決して口承文芸だけをあつかうものではなく、慣行・習俗をひろくとりあげてきた。たとえば、シュタムラーの『ドイツ文献学要覧』(注 3) の「民俗学」の巻では、「ドイツ語とドイツ文学における身体の鍛練」(*Leibesübungen in der deutschen Sprache und Literatur*、von Josef Göhler)という項目が立てられたりしている。もっとも、種々の儀式や民俗行事としての競技(格闘技や武具の練達を競うものなど)をこの名称のもとで大項目に立てていること自体が、第三帝国時代に頂点に達したドイツ民俗学のナショナリズム的傾向がなお払拭されていなかったことをしめしている。しかしここでは、ドイツ民俗学が口承文芸にだけ偏ったものではないことを示す意味で、これを挙げたのである。

46) 神学、特にカトリック神学の系統のほかでは、19 世紀後半に〈学問としての民俗学〉を標榜したヴィルヘルム・ハインリヒ・リールの民俗学は、グリム兄弟の民俗学とは系統を異にし、またリール自身が広い意味での〈国家学〉であることを標榜した。さらに溯ると、啓蒙主義時代に民俗現象をも含んだ国土調査が盛んになされたことがあり、それらは国祭学や統計学と重なっていた。啓蒙主義時代の民俗学については次を参照、レーオポルト・シュミット『オーストリア民俗学の歴史』の第 3 章「ロココと啓蒙主義」(拙訳、p. 51-75.)

47) Wolfgang Emmerich,*Germanistische Volkstumsideologie. Genese und Kritik der Volksforschung im Dritten Reich*. S. 62f. 原著の注記による引用箇所の出典は次のとおり、① Wilhelm Grimm, *Kleinere Schriften 2*. S 506.(Hrsg. von Hinrichs. 4 Bde. Berlin 1881 87.); ② W. Grimm, In: J.Grimm, *Kleinere Schriften 8*, S. 465 (Hrsg. von K. Müllenhof und E. Ippel. Berlin und Gütersloh 1864-90.); ③ J. Grimm, *Kleinere Schriften*

7, S. 568.
48) Leopold Schmidt, *Volkskunde als Geisteswissenschaften*. 1947. 次の拙訳を参照, レーオポルト・シュミット『精神科学としての民俗学』(愛知大学国際問題研究所「紀要」第 89 号、1990 年所収)、p. 244-201.
49) この面でのもっとも大きな動きは、1966 年のナチズムをテーマにしたゲルマニスト大会であった。その記録は次のかたちにまとめられている。参照、*Nationalsozialismus in Germanistik und Dichtung. Dokumentation des Germanistentages vom 17.-22. Oktober 1966*, hrsg. von Benno von Wiese und R. Henß. Berlin 1967.
50) Eberhard Lämmert, *Germanistik - eine deutsche Wissenschaft*. In: Universitätstage 1966, Veröffentlichung der Freien Universität Berlin: Nationalsozialismus und die deutsche Universität. Berlin [Walter de Gruyter] 1966, S. 76-91. この講演の記録は、翌年にこのタイトルを全体のタイトルとして数人のゲルマニストたちの論文を収録した次の新書にも収録された。参照、*Germanistik - eine deutsche Wissenschaft. Beiträge* von Eberhard Lämmert, Walther Killy, Karl Otto Konrady und Peter von Polenz. Frankfurt/M. 1967 (edition suhrkamp Nr. 204). このなかでレマートは、ゲルマニスティクのいわば公的な成立を画する事件である 1846 年のフルンクフルトでのゲルマニスト大会と、1912 年を挙げて、ゲルマニスティクが国民教化的な方向の学問となっていった 2 つのエポックとしている。しかしまた、グリム兄弟については、その問題性にもかかわらず、それを少しも修正する能力をしめさなかった後継者たちと区別している。
51) ゲルマニスティクの分野ではクラウス・ツィークラーが 1950 年代から 60 年代にかけて、この問題意識によって数編の論考を執筆したことに注目しておきたい。特にヤーコプ・グリムの世界観が幾つかの矛盾を抱えた複雑なものであることを指摘し、ヤーコプ・グリムの学問世界と市民としてヤーコプ・グリムの経験世界の相関という面から分析している。参照、Klaus Ziegler, *Die weltanschaulichen Grundlagen der Wissenschaft Jacob Grimms*. In: Euphorion. 46 (1952), S. 241-260.; Derselbe, *Jacob Grimm und die Entwicklung des modernen deutschen Nationalbewußtseins*. In: Zs. des Vereins f. hessische Geschichte und Landeskunde. 74 (1963), S. 153-181.; Derselbe, *Mythos und Dichtung*. In: Reallexikon der deutschen Literaturgeschichte. Hrsg. von W. Kohlschmidt und W. Mohr.Bd. II. 2. Aufl. 1965, Sp. 569-84.
52) そうした見方が今日ではかなり定着していることは、次の事例からもうかがえよう。すなわち第二次大戦後のドイツ民俗学、特に 1960 年代から 70 年代にかけての

刷新運動をつたえる意図で編まれたアンソロジーがアメリカで刊行されたが、その序文で、編者たちは、ドイツ民俗学の歪みの淵源はグリム兄弟の民俗文化に関する思想にあったと述べている。参照、German Volkskunde. A Decade of Theoretical Confrontation, Debate, and Reorientation（1967-1977）. Edited and Translated by James R. Dow and Hannjost Rixfeld. Bloomington [Indiana University Press] 1986, 'Introduction'.

53) 次のようなかなり重要な修正の一例がある。ヤーコプ・グリムは、その『ドイツの神話』(Deutsche Mythologie) において、尊者ベーダ（Beda Venerabilis）の記述に依拠して、復活祭 (Ostern) は、古ゲルマン時代のオスタラ女神 (Ostara od. Oestra) への信奉行為を起源とするとの考察をおこなった。しかし、この説はすでに19世紀の末にはグリム兄弟の弟子たちによって否定された。ヤーコプ・グリムが依拠したベーダの記述自体がベーダの創作であろうという判断がなされたのである。この修正は『ドイツ迷信事典』にも採用されている。参照、Handwörterbuch des deutschen Aberglaubens. Bd. VI, Sp. 1311.

54) スルピス・ボワスレはゲーテに宛てた手紙のなかで、ヤーコプ・グリムを〈トリヴィアルなものへの信奉者〉と評した。

55) 'Ich habe mein Vaterland, mein Vaterland ist mir immer über alles gegangen'. 参照、Jacob Grimm, Kleinere Schriften 8, S. 467.

56) Wolfgang Emmerich, Germanistische Volkstumsideologie. S. 128.

57) Wolfgang Emmerich, Germanistische Volkstumsideologie. S. 96.

58) 〈ナチ党の政権奪取は、ドイツの学問の歩みにおいても、もちろん特筆すべき区切りであった。しかしそれは、ことがらの一面である。と言うのは、もうひとつ別の一面があったからである。すなわち、1920年代のフォルク・イデオロギーに碇を下ろしていた諸々の傾向を、ファシズムは、いとも簡単に翼賛させることができ、また諸々の傾向のこれまでの推移は自主翼賛に行き着くものだったのである。〉Wolfgang Emmerich, Germanistische Volkstumsideologie. S. 145.

59) Hermann Bausinger, Volksideologie und Volksforschung. S. 179. 拙訳、バウジンガー『フォルク・イデオロギーとフォルク研究』(愛知大学『経済論集』133号［1993］p.147-187.) p.152.

60) Wolfgang Emmerich, Germanistische Volkstumsideologie. S. 129f.

61) 参照、レーオポルト・シュミット『オーストリア民俗学の歴史』第7章；インゲボルク・ヴェーバー＝ケラーマン『ドイツ民俗学ゲルマニスティクと社会科学の

あいだで』第Ｘ章では〈連続性〉についてもふれられている。

62) Wolfgang Emmerich, *Germanistische Volkstumsideologie.* S. 178.; なお原著に注記された引用句の出典は次の通り、(原注1) Lutz Mackensen, *Volkskunde der deutschen Frühzeit.* Leipzig 1937, S. 101.; (原注2) Bruno Schier, *Die germanischen Grundlagen der deutschen Volkskultur.* In: Mitteilungen des Verb. dt. Vereine f. Vkde. Nr. 50 (August 1937), S. 19f.; (原注3) シール以上に得体の知れない粗暴な主張を、アードルフ・ヘルボークは1964年にもなお言いつづけていた。〈ひとくちに言えば、ゲルマンの新鮮な血の力が流入することによって、古典古代（アンティーケ）文化の名残りがふたたび活力を得たのである。〉Adolf Helbok, *Deutsche Volksgeschichte. Wesenszüge und Leistungen des deutschen Volkes. Bd. 1: Von der Frühzeit bis zur Reformation.* Tübingen 1964. S. 94.

63) Wolfgang Emmerich, *Germanistische Volkstumsideologie* S. 169f. なお原著に注記された引用句の出典は次の通り、(原注1) Gottfried Benn, *Die Eigengesetzlichkeit der Kunst.* In: Gesammelte Werke. Hrsg. von D. Wellershoff (Wiesbaden 1959‐61), Bd. 1, S. 211 u. S. 215.; (原注2) Gottfried Benn, *Dorische Welt.* ebd. S. 292.; (原注3) Ebd. S.317.; (原注4) Theodor Lessing, *Die verfluchte Kultur. Gedanken über den Gegensatz von Leben und Geist.* München 1921, S. 16.; (原注5) Ebd. S. 45.; (原注6) Robert Musil, *Der deutsche Mensch als Symptom.* Reinbek 1967, S. 231.; (原注7) Hans Fischer, *Aberglaube oder Volksweisheit. Der wahre Sinn der Bauernbräuche.* Leipzig 1936, S. 5.; (原注8) Ebd. S. 17.; (原注9) Ebd. S. 61.──またこれに対応するバウジンガーの文は、次を参照、Hermann Bausinger, *Volksideologie und Volksforschung.* S. 179. 拙訳、『フォルク・イデオロギーとフォルク研究』。

64) 参照、*Ostdeutsche Wissenschaft. Jahrbuch des Ostdeutschen Kulurrates.* Hrsg. von Max Hildebert Boehm, Fritz Valjavec, Wilhelm Weizsäcker, Bd. 1. München [R. Oldenbourg] 1954). なお参考までに挙げておくとヴィルヘルム・ヴァイツゼッカー（Wilhelm Weizsäcker1986-1961）はプラハ出身で、主に鉱山法を手がけ、またベーメンとメーレンの事情通とされた。テーオドア・オーバーレンダー（Theodor Oberländer 1905年生）は、1960年前後に西ドイツ政界を揺るがせたナチス・スキャンダルの中心人物として知られている。もとは農政学者で、ケーニヒスベルク大学で学位を得た後、1933年にナチ党に入り、ダンツィヒ大学とプラハ大学の教授を歴任したが、その間、ロシア人の再教育と軍事教練などにもたずさわり、軍隊とともにロシア各地で活動した。戦後は、先ずFDPに入って1951年にバイエルン州政府の引き揚

げ民担当相、次いで1954年には連邦議会の議員として難民担当大臣となり、1956年にCDUにうつり、また直接選挙による国会議員にもなった。1959年に雑誌"Tat"が、1941年のユダヤ人とポーランド人知識人の虐殺にオーバーレンダーが関与していたことを問題にしたことからスキャンダルが広がり、諸政党から相次いで退陣をもとめられ、また東ベルリンの模擬法廷では終身刑を宣告された。1961年に国会議員を辞めたあとも、しばらく地方議会で議席を占めていた。

65) Max Hildebert Boehm, *Das eigenständige Volk.* 1932, Neudruck: Darmstadt [Wiss. Buchges.] 1964, S. XV.

66) 全体の具体的なデータは見出すことができないでいるが、1945年に大学を逐われた研究者の数は、約5000人であった。そのうちほぼ半数が復帰したというのが概括的なところであろう。またオーストリアについては、ウィーン大学の哲学部について、次の報告がある。1945年から46年にかけて、正教授の70％がその地位を逐われた。しかし1949年から50年にかけての時期には、追放された者の60％が復帰しており、1956年から57年にかけてはその数値は66％に達した。この間に年齢的に定年に達した者が少なくなかったことを加味すると、この数字はかなり高いと言えるWilli Weinert, *Die Entnazifizierung an den österreichischen Hochshulen.* In: Sebastian Meissl/Klaua-Dieter Mulley/Oliver Rathkoob（Hrsg.), Verdrängte Schuld, verfehlte Sühne. Entnazifizierung in Österreich 1945-1955, Symposion des Instituts für Wissenschaft und Kunst. Wien, März 1985, Wien 1986, S. 254-280.

67) このうちリヒァルト・ヴォルフラムをめぐる問題その他については、次章を参照。

68) Gerhard Bauss, *Die Studentenbewegung der sechziger Jahre in der Bundesrepublik und Westberlin. Handbuch.* Köln [Pahl-Rugenstein] 1977.（Kleine Bibliothek Politik, Wissenschaft, Zukunft, Bd. 108）；また次は、学生運動の文献ではなく、教育システムをめぐる議論と政策を整理したのであるが、その背景としてやはりこの問題に触れている。Klaus Hüfner, Jens Naumann, Helmut Köhler, Gottfried Pfeffer, *Hochkonjunktur und Flaute: Bildungspolitik in der Bundesrepublik Deutschland 1967-1980.* Stuttgart [Klett Cotta] 1986. S. 27f.

69) 次の概説書の大学の教育システムの改革にかんする諸論考を参照、Oskar Anweiler （Hrsg.), *Bildungspolitik in Deutschland 1945-1990.* Opladen 1992.；また先に挙げた次の文献を参照、Klaus Hüfner, Jens, Naumann, Helmut Köhler, Gottfried Pfeffer, *Hochkunjunktur und Flaute: Bildungspolitik in der Bundesrepublik Deutschland 1967-1980.* Stuttgart [Klett-Cotta] 1986.

70) ドイツの諸大学における民俗学科の状況については、ドイツ民俗学会の会長 (1983-87) コンラート・ケーストリンの下で実施された次のアンケート調査の報告集がある。参照、*Informationen zum Studium der Volkskunde/ Europäische Ethnologie/ Empirische Kulturwissenschaft an den deutschsprachigen Universitäten. Im Auftrag der Deutschen Gesellschaft für Volkskunde,* hrsg. von Konrad Köstlin, Redaktion Renate Glaser. Regensburg 1987 (Beiheft 3 der dgv. Informationen, Mitteilungen der Deutschen Gesellschaft für Volkskunde e. V.)

71) Wolfgang Emmerich, *Germanistische Volkstumsideologie.* S. 276f.

72) ヴォルフガング・エメリッヒは、学生運動の雰囲気を反映した新設大学とされるブレーメン大学のゲルマニスティクの教授になり、最近までそのポストで活躍した。

73) Hans Trümpy, *Besprechung von Emmerich.* In: Schweizerisches Arichiv für Volkskunde. 65 (1969), S. 98-99.

74) Walter Hävernick, *Besprechung von Emmerich.* In: Beiträge zur deutschen Volks- und Altertumskunde. 13 (1968), S. 108-109.

75) Lenz Kriss-Rettenbeck,*Besprechung von Emmerich.* In: Bayerisches Jahrbuch für Volkskude 1969. Würzburg 1970. S. 201.

76) Leopold Schmidt,*Besprechung von Emmerich.* In: Österr. Z. f. Vkde. XXIII (72), 1969, S. 191-193. このレーオポルト・シュミットの評言はよく引用される。しかし概して、新しい動きにシュミットがもはや対応できなかったという脈絡であることが多い。たとえばシンポジウム「ナチズムと民俗学」の開会の辞をかねたゲルントの講演「民俗学のナチズム——これからの討論のためのテーゼ」における言及がそうである。　Helge Gerndt, *Volkskunde und Nationalsozialismus. Thesen zu einer notwendigen Auseinandersetzung.* In: Volkskunde und Nationalsozialismus. Refarate und Diskussionen einer Tagung der Deutschen Gesellschaft für Volkskunde, München, 23. bisd 25 Oktober 1986, hrsg. von Helge Gerndt. Münchner Vereinigung für Volkskunde, München 1987. S. 11-21, Anm. 3.: このほか、リックスフェルトやボルムスといった同世代の人々も同じとらえかたをしている。

77) Lutz Gerhard, *Besprechung von Emmerich.* In: Zeitschrift für Volkskunde. 66 (1970), S. 193-198.

78) Arnold Niederer, *Besprechung von Emmerich.* In: Hessische Blätter für Volkskunde. 61 (1970), S. 135-137.

79) 注 (20) を参照。

80) Wolfgang Emmerich,*Zur Kritik der Volkstumsideologie*. Frankfurt a. M. 1971, S. 120f.、なお引用部への原著の注解は次のとおり。(原注 1) Ernst Topitsch, *Hegel und das Dritte Reich*. In: Der Monat. Nr. 213, 1966, S. 48., (原 注 2) W. F. Haug, *Der hilflose Antifaschismus*. S. 90., (原注 3) W.Hofmann,*Universität, Ideologie, Gesellschaft*. S.26., (原 注 4) Berthold Brecht, *Anmerkungen zu "Die Mutter"*. In: Gesammelte Werke, Bd. 17. 1968, S. 1067 f.

81) Ingeborg Weber-Kellermann/Andreas C. Bimmer, *Einführung in die Volkskunde/Europäische Ethnologie*. Stuttgart [Metzler, Sammlung Metzler, M79] 1985, 拙訳、愛知大学「経済論集」に連載を参照、第 XI 章。

82) バウジンガーは1966年にテュービンゲン大学の民俗学科(ルートヴィヒ・ウーラント研究所を併設)に当時の代表的な民俗研究者たちを集めてシンポジウムを行なった。そのときバウジンガー自身はフォークロリズムのテーマを受け持ったが、その講演のなかで次のように述べた。〈ニュートラルな観察に徹することによって、フォークロリズムの議論に対峙しようとする動きもあろう。しかしニュートラルな観察とは、《過去の模範的な理論の枠内で意味解釈をおこなうことに他ならない》。〉参照、Hermnn Bausinger, *Zur Kritik der Folklorismuskritik*. In: Populus Revisus. Tübingen [Tübinger Vereinignug für Volkskundene.V.Schloß]1966, S.61-75.(Volksleben, Bd.14). なおハーバーマスからの引用句の出典は次の通り、参照 Jürgen Habermas, *Gegen einen positivistisch halbierten Rationalismus*. In: Kölner Zs.f.Zoziologie und Sozialpsychologie. 16. Jg. 1964, S. 635-659; s. S. 638.

83) レーオポルト・シュミットは、先にはバウジンガーがリーダーとなって行なわれたフィールドワーク『新しい移住団地』を高く評価したが、その後の『科学技術世界のなかの民俗文化』において、バウジンガーが自分を標的にして新味を出そうとしていることには、さすがに快く思わなかったらしく、バウジンガーのことさら奇抜なものの言い方で注目を惹こうとする傾向をとがめている。参照、『新しい移住団地』への書評は、OZV XIII/62, 1959, S. 168-171;『科学技術のなかの民俗文化』への書評は、OZV, XV/64(1961), S. 293-295. しかしバウジンガーがひとつの学派を形成して活動するようになった頃には、改めて評価するのにやぶさかではなく、何度もバウジンガーの主著に言及している。

84) Hermann Bausinger, *Volksideologie und Volksforschung. Zur nationalsozialistischen Volkskunde*. In: Zeitschrift für Volkskunde. 61 Jg. (1965) S. 192f.

第10章
1980年代以降の状況——ミュンヒェン・シンポジウムを枠組みとした観察から——

1. はじめに 2.ミュンヒェン・シンポジウムとその周辺 3.民俗学におけるナチズム研究の広がり 4.ナチズム民俗学批判という作業——リヒァルト・ヴォルフラムの負の遺産にちなんで 5.ナチズム民俗学批判の基準をもとめて——ブリュックナーをめぐる論争の諸相から 6.おわりに——ドイツ民俗学におけるナチズム研究への感想

1. はじめに

　ドイツ語圏の民俗学界においてナチズム問題がいかなる様相を呈しているのか、その現代に通じる動きを判断するのが最後の本章である。そのための適切な手法とは何であろうか。年表と文献リストを作成するのも、ひとつの行き方ではあろう。しかし、ここではやや実験的な工夫を凝らしてみた。きっかけは、1980年代のドイツ民俗学界の動向について、アメリカへ伝えられた情報と、日本の文化人類学の研究誌に英文で発表された報告であった。それはある紛糾した事態について当事者が寄稿したもので、その立場からすれば、まことに無理のない伝達であった[1]。しかし問題の動静について多少聞知していたこともあって、情報は事柄の半面であるように思われた。事実、当事者は、一人あるいは一グループだけではなく、その相手側もおり、複数の人間とグループが参画していたのであって、それゆえ紛糾したのである。ならば主要な要素をを等分に観察しなくてはならない。観察は当事者のわざではないであろう。当事者は主張するのであり、観察は外に立つ者の仕事で

ある。言うなれば、フォークロリストたちをめぐるフィールドワークへと刺激されたのである。

具体的には、ナチズム問題をめぐって起きたひとつの出来事に注目したのである。1986年10月にミュンヒェンで開催されたシンポジウムがそれである。しかし以下はその要約ではない。刊行された論集に接するのに困難はなく、約20篇の報告を概観することははむしろ容易であろう。ここで試みたのは、ひとつのシンポジウムをめぐって、そこにいかなる構想や目論見が渦巻き、誰がどのような思惑をもって行動したかを、関連する前後の動きにも目配りしながら、資料に即して把握することである。それによって、表層と水面下にまたがって繰り広げられたドラマを見ようとしたのである。もっとも、そうした面倒な調査に値するほどその出来事が画期的であったかどうかは、別の問題である。真率に見るなら、いずれも真面目とは言え、特段の質のものとは言えない報告や議論も見られたのである。しかしまたそれらが集積されたことに意味があったと評すべきかも知れない。それもまた現実であり、同時代史のひとこまなのである。

2. ミュンヒェン・シンポジウムとその周辺

1

民俗学とナチズムというテーマも、時間が経過するにつれて、必然的にその質に変化をきたしてきた。変化とは、ナチズム問題を、民俗学全体のあり方をめぐる議論から一応切りはなして、それ自体に的をしぼって取り上げること、言い換えればナチ時代のドイツ民俗学の実態や直接の前史について事実の客観的な把握を目指すようになったことにある。

そうした動向が大きく表面に現れたのは、1986年のミュンヒェン大学でのシンポジウム「民俗学とナチズム」においてであった。呼びかけたのは、ミュンヒェン大学民俗学科の教授ヘルゲ・ゲルントで、同年10月23日から25日

までの3日間にわたっておこなわれた。しかしミュンヒェン大学民俗学科の独自の企画ではなく、ドイツ民俗学会の委託を受けたものであった。ナチズム問題を学会として正面からとりあげるのは、長年の懸案であったが、それを大会のテーマとすることには異論があったりしたため、こういうかたちになったのである。その事情については、後にふれる。そしてシンポジウムでは、約20人の民俗研究者が、このテーマにそった報告をおこなった[2]。報告者たちは、年季の入り方はまちまちながら、いずれも民俗学のなかでこの方面に関心をもっていた関係者であった。また隣接学である現代史の分野からも、民俗学に接する対象と取り組んでいる研究者が招かれた。その後の動向を勘案すると、このシンポジウムの意義には大きなものがあった。ひとつは、それまでは個別的に進められていた民俗学の側からのナチズム問題をめぐって、関係者がはじめて一堂に会する機会をもったことにある。もうひとつは、今日から振り返ると、ナチズム問題というテーマが民俗学界のなかに本格的に定着する上で、転機となったことである。そのときの参会者たちの問題意識については、目下この方面に精力的に取りくんでいるハンヨースト・リックスフェルト（フライブルク大学）が、一日目に自身の報告を始めるにあたって述べた課題提起がよく示している[3]。

今日ドイツ語圏3か国に存在する民俗学の研究機関のほとんどは、第三帝国の成立以前にはまだ設けられていなかったのです。それらは、第三帝国のなかで設立されたものが継続しているか、またはその時期に設立された後、中断を経て再建されたかのどちらかです[3補注]。この事実のゆえに、第三帝国時代との接続が残っている場合があるのではないか、といった疑念が起きるのは不思議ではありません。そこで、次のような諸点が問われなければならないことになります。すなわち、第三帝国時代に何らかの団体を指導したり、運営に携わったりしながら、戦後も地位を保ったのは誰であり、またそうでないのは誰であったかを、研究者ひとりひとりついて明らかにすること、この専門学における倒錯した目

標設定、また個々の研究者の倒錯したものの見方や行動が、その後も続いていた場合には、それをはっきりさせること、またそれがどのようにして払拭されたり、改変されたかを明らかにすること。さらにまた、ドイツ連邦共和国では、ナチズムのフォルク・イデオロギーやその前史に対する徹底的な分析がなされるのに、どうして戦後20年もの時間を要したのか。加えて、「民俗学とナチズム」をテーマにしたシンポジウムがそれからさらに20年後にはじめておこなわれることになったのは何故か。この分野で権威のある第一線の研究者たちですら、民俗学のファシズム的な過去を直視することをタブー視したり、圧さえつけたり、ヴェールで隠したりしており、あまつさえ過去の解明がこの専門学の自己認識という関心にとって重要であると考える人々の活動を〈ネストベシュムッツァー（巣をよごす者）〉症候群とみなしたりするのは何故であろうか。

　こうした諸々の問いに答えることは、ドイツとオーストリアの民俗学の課題であります。今、第三帝国の崩壊の後40年以上を経て、ようやくこの課題を、私たちの学問的認識の中心に据えることができるようになったのです。………

　この発言には、このテーマをめぐる共通の現状認識や問題意識が集約されているところがある。戦後20年を経て、はじめてナチズムと民俗学というテーマが論じられるようになったというのは、バウジンガーの数篇のスケッチと、それを土台にしてなされたエメリッヒの研究を指している。そして、それ以来またもや20年を経過して、ようやく本格的な研究がはじまったとも言う。またそこでの課題については、ナチ時代に活動していた民俗学者のひとりひとりの行動をあきらかにすることに始まり、事実の厳密な把握にもとづいて判断をおこなうべきことを主張している。加えてそうした突っこんだ研究は、これまで手懸けられていず、自分たちがはじめてそれに取り組んでいるとの自覚と自負である。

またここでも、ナチズム問題をあつかうことは、民俗学の全体にとっても不可欠の重要性をもつことが指摘されている。しかし、そこには、先行する時代とは異なった性格がみとめられる。これまでは、リヒァルト・ヴァイスにしても、レーオポルト・シュミットにしても、カール＝ジギスムント・クラーマーにしても、ヘルマン・バウジンガーにしても、インゲボルク・ヴェーバー＝ケラーマンにしても、民俗学がナチズムに合流した所以を問い、そこから民俗学という学問の方法そのものを新しく練りなおそうとする強烈な志向を伴っていた。それに比べると、現在につながるこの段階では、専門分野が全体として存亡の淵に立っているとする危機感や、危機感と一体になった壮図といったものは薄れている。しかしナチズムに関係した過去の事実を客観的に究明するという姿勢は、この段階ではじめて本格化したとは言えるであろう。

2

ミュンヒェン大学でのシンポジウムは、民俗学の分野でのナチズム問題との取り組みの新しい段階を示すものであったが、それだけが孤立してなされたのではない。関連性のある企画が前後に幾つか行なわれたのである。

特に注目すべきは、1982年にヴュルツブルクで開かれた「アカデミズムとしての民俗学、その学術組織の形成に関する研究」というシンポジウムである。企画したのは、ヴュルツブルク大学の民俗学科の主任教授であるヴォルガング・ブリュックナーと、ウィーンのオーストリア民俗博物館の館長でオーストリア民俗学会の会長でもあるクラウス・バイトルの2人であった。細かく言えば、ウィーン側の主催団体としては、オーストリア民俗博物館に併設され、またバイトルが会長を兼任しているウィーンの「現代民俗学研究所」が担当した。因みにこの研究所は、レーオポルト・シュミットが戦後まもなくから構想し、1970年にオーストリア・アカデミーの活動の一環として設立にこぎつけた機関で、ドイツ語圏において現代に照準をさだめた民俗研究のひとつの中心である[4]。

この1982年のシンポジウムは、さまざまな意味でその後の動きに関係してくるが、そこでは2つのテーマが同居するかたちで進められたのが特徴的であった[5]。そこでの報告の大部分は、民俗学の研究組織、あるいは組織活動の形態での民俗研究を、さまざまな角度から検討することに主眼にしていた。ドイツ語圏では、各地の大学を中心にして、研究機関ごとに活動に独自色を示す傾向があり、またそれぞれが歴史的経緯を背負っているため、それらを突きあわせることによって、今後の進路をさぐるというものであった。したがって発表のなかには、それぞれの研究機関がその時点で取り組んでいた懸案、とりわけ現代民俗学を推進する上での問題点をあつかった報告がふくまれていた。現代民俗の資料収集をめぐる現状とか、そこで直面している作業上の困難な問題とか、埋もれていた新聞資料の再発見とか、過去のある時期の特定のいくつかの雑誌の資料としての性質を論じるといったものである。主催者が「現代民俗学研究所」であり、その活動に合わせた方向の報告がまとめられたのである。

　そしてそれらと並んでおこなわれたのが、ナチ時代の幾つかの機関の動向についての報告であった。民俗学の研究機関、すなわち大学の講座や研究所には第三帝国時代に起源を負っているところが少なくなく、そうである以上、それらの成り立ちや推移を問えば、ナチズム問題が浮上するという側面があったのである。しかし、このシンポジウムでは、その問題圏のあつかい方はなお熟していず、幾つかの個別の研究が表面化したに過ぎなかった[6]。たとえばヘルムート・エーバーハルト（グラーツ大学）が、グラーツ大学での民俗研究の歴史を整理したが、それは歴史的推移を追うなかで、ナチズム問題にもふれた程度であった。またゲッテインゲン大学のロルフ・ブレードニヒが、同大学をめぐる民俗学の2世紀間にわたる流れを概括的に取り上げた。その場合も、やがて注目することになるナチ党派遣教官カール・テーオドア・ヴァイゲルをめぐる問題への言及はなお軽微であった。しかしまた、戦前から精神科学の多くの分野を手がけてきた有力な出版社であるベルリンの「ヴァルター・ド・グリューター社と1945年までの民俗学」という注目すべ

き発表もおこなわれた。さらに、このシンポジウムへの参加者のなかでは、バイトル、ブリュックナーとならんで有力な研究者であるゲルハルト・ルッツ（ハンブルク大学）が、〈ローゼンベルク機関と民俗学〉の関係をとりあげた。これは、その後、民俗学とナチズムという課題のなかで、ひとつの柱になってゆく枠組みである。今日ではリックスフェルトが、ほぼローゼンベルク機関（Amt Rosenberg）に沿って研究を進めているが、この時期にはまだ大きな成果とはなっていなかった。

　もともと、今日の欧米社会は、ナチズムを崩壊させたことを共通の基本認識としており、またそれが政治の面でも文化の面でも価値判断の一般基準としてはたらいている。のみならず、それはグローバルな規模での国際的な判断基準にまで押し広げられている。それもあって、ナチズム問題は、今日も国際的なテーマとして意義を失わないのである[7]。ドイツ民俗学がナチズム問題にかかわるのは、そうした状況と密接にからみあっているが、またもともと、ナチズムへの同調という直接的な過去を負っているからでもあることは、これまでに言及した通りである。

　なお同種の企画として、もうひとつ挙げておかなくてはならないものがある。それは、1990年にキール大学で同大学民俗学科の教授カイ・デトレーフ・ジーヴァースの主催でひらかれた「19世紀と20世紀の民俗学の歴史」に関するシンポジウムである。このシンポジウムにおいても、やはり民俗学がナチズムに重なっていった所以を解明することが、重みあるテーマとしては心棒のひとつとなっていた[8]。その意味では、ヴュルツブルクは別にしても、ミュンヒェン、キール、またドイツ民俗学会の大会までも併せれば、ゲッティンゲン、パッサウ、というように、1980年代から90年代にかけての時期に開催されたシンポジウムや研究発表大会には、重なり合うものが見られるのである[9]。

3. 民俗学におけるナチズム研究の広がり

1

　ナチズム問題について、ドイツ語圏の民俗学界の動きを、特に幾つかのシンポジウムを追いながら簡単になぞってみた。これらの企画が、一回性のものにとどまらず、関連した多彩な個別研究を促したのは不思議ではない。そこで生じた状況が1980年代から今日にいたる動向であるが、その大まかな傾向を挙げれば、個々の大学や個別の人物の次元にまで下りていって実態をあきらかにしようとする志向であると言うことができる。もっとも、ナチ時代の民俗学に関与した人々は多数に上り、問題点も多岐にわたるため、研究が細部へ入りこむにつれて、全体の把握が難しくなってきている面もある。またそれと並行して改めて問われるのは、第三帝国時代に学界の中心に立っていた学究たちをどう評価するのかという問題である。当時、まったくナチ思想に加担したのではなく、さりとて明らかな抵抗者でもなく、しかも学術組織の要所に位置していた人々である。そのなかで特に議論が集中することになったのは、アードルフ・シュパーマーとリヒァルト・バイトルの2人であった。もとよりヨーン・マイヤーやゲオルク・シュライバーなども俎上に上るのであるが、その2人に議論が集中したのは、彼らが社会的にも影響力が大きかったこともあって、そこに民俗学をめぐる機微が含まれていたからであろう。しかも問題は簡単ではないのである。見ようによれば、研究の広がりが評価基準をいよいよ難しくしたとも言える。

　その事情を、先ず、アードルフ・シュパーマーの評価について、近年最もめざましい動きをみせているリックスフェルトの研究を見ることから始めたい。

　先に、エメリッヒの立論に対して、マールブルク学派の総帥であったインゲボルク・ヴェーバー＝ケラーマン女史が、かつて師事したアードルフ・シュパーマーの評価をめぐって、厳しい反撥をみせたことを紹介した[10]。ところ

が、ミュンヒェンのシンポジウムとキールのシンポジウムの両方を通じて、リックスフェルトが、シュパーマーの経歴を洗い直すという作業をおこなった。特にキールでの発表は、既にそのタイトルが「ナチズム民俗学の軌道敷設者としてのアードルフ・シュパーマーの役割」という生々しいものであった。それによると、シュパーマーは、その研究活動の初期からナチ党と親近であったというのである。シュパーマーは、ドレスデンの出身者であるが、その地域のナチ党の教員組織のリーダーで、また同党の行事に積極的にかかわる学者として頭角をあらわし、ベルリン大学教授への就任もナチ党の後押しによるところがあったと言うのである[11]。また1936年4月1日に、ベルリン大学に新設されたばかりの「フォルクスクンデ講座」の教授に就任したのも、ドイツ学術振興会（DFG）会長ヨハネス・シュタルクの直接の意向がはたらいた人事であったと言うのである。ノーベル物理学賞受賞者シュタルクは、学術界におけるナチス系のトップであった。

因みに、旧東ドイツ以来の有力な民俗学者であるヴォルフガング・ヤコバイトが、アードルフ・シュパーマーがナチ党政権下で抑圧されたことを証言しており、インゲボルク・ヴェーバー＝ケラーマンもそれをひとつの拠り所にしているが[12]、これも解釈の余地があることになる。シュパーマーは、東ドイツの民俗学の定礎者であり、その系譜を継ぐ人が、ナチ党との関係を荒立てることは、あまり考えられないのである。また実際にシュパーマーの、ベルリンに居を定める以前の活動については、詳しくは分からなかった可能性がある。

またベルリン大学の教授時代にアードルフ・シュパーマーが、辛酸をなめたことは事実であろうが、これも、最近のナチズム研究の成果を加味すると、これまでの理解とは違った種類の事実と結びついていた可能性が出てきている。すなわち、ナチ党は、決して単一の思想や単一の行動でまとまっていたのではなく、内部では派閥に分かれて激しい主導権争いが演じられていた面があったからである。文化行政の場合は、アルフレート・ローゼンベルクが率いる「ローゼンベルク機関」と、ハインリヒ・ヒムラーをリーダーとする「親

衛隊」に下属する「祖先の遺産」がライヴァル関係にあり、それに文化教育省などの中央官庁の官僚や有力な学者を巻きこんで複雑な動きが見られたのである。はなはだしい例では、ハンス・ナウマンは、ヒトラーの誕生日の祝賀演説を何度も委嘱されながら、他方では、親衛隊によってその著書を押収されたり、大学での講義やラジオ・新聞での活動を禁じられたりしたのである[13]。そうした現象からも見られるように、ナチ党の中央は、むしろ〈カオス〉の様相を呈していたという指摘がなされている。あるいは、いわゆる〈強者の権利〉というナチズムのもうひとつの原則が党内にもはたらき、指導者たちのあいだで激しいヘゲモニー争いが展開されたため、ナチ党の周辺にいた者たちも多かれ少なかれ巻きこまれたというのである。これは、ラインハルト・ボルムスの『ローゼンベルク機関とそのライヴァル——ナチ党支配体制のなかでの権力闘争に関する研究』のなかでの指摘である[14]。

　こうした側面は、従来はあまり注意されなかったきらいがある。一般的にも、ナチスについては、あらかじめ策定された計画にそって整然と実行されていったというイメージが流布している。すなわち、周到かつ悪魔的な計画性と合理性が作動していたというのが、一種の伝説となっているところがある。しかし常識的にみても、実態はそうしたものではなかったであろう。ナチズムというイデオロギーは、ひと皮めくれば、ドイツ社会に渦巻いていた多種多様な妄念が寄り集まったところがあった。そうである以上、その政策や活動には、ヒステリックな衝動性や不合理や不随意や惰性がつきまとっていたとみるのが、むしろ自然であろう。もっとも、事態の深部では何らかの構造や法則が作動していたことは歴史的事象として当然であり、またそれが当事者たちの自覚と微妙に交錯していたであろうことも一般的には言い得えよう。

　それはさておき、民俗学から離れて広く見ると、戦後、ナチ党との関わりについては、膨大な数の人々が調査を受けた[15]。そうした場合、ナチ時代に迫害や圧迫を受けたことを反証として挙げた人々も少なくなかった。しかし、その迫害や圧迫の内容は、決して一様ではなかった。つまり、本来はナチ政

権の同調者や、同党の援護を受けていた存在でありながら、ナチ党内部の権力争いの余波として、圧迫をこうむった場合もあったのである[16]。リックスフェルトの意図は、そうした諸条件を民俗学者についても適応することにおかれている。アードルフ・シュパーマーの活動の洗い直しも、そうした観点が導入されたことによるのである。またその観点から見ると、アードルフ・シュパーマーのベルリン大学の研究室が、文部行政の若手実力者ハインリヒ・ハルミャンツの監視を受けていたことを挙げていたが、これも説明がつかないではない。ハルミャンツは親衛隊長官ヒムラーの〈寵児〉であった、とはリックスフェルトの評価である。他方、シュパーマーがナチ政権の成立以前から関わっていたナチス教員同盟はアルフレート・ローゼンベルクの直系の組織であり、さらにシュパーマーが刊行に関わっていた民俗学の定期誌『ドイッチェ・フォルクスクンデ』もローゼンベルクが育成したものでもあった。それゆえ、文化政策をめぐるナチス最高幹部二人が対立したとなれば、それは当然にも、近しい周辺の学者に波及したのである。

　しかしまた、アードルフ・シュパーマーを例にとって言えば、次のような問題もある。シュパーマーが、ナチ党とかなり密接な関係をもっていたのは、リックスフェルトの努力によってさまざまな証拠があらわれた以上、もはや動かせない事実であろう。先に、ヴェーバー＝ケラーマン女史が、シュパーマーが、ナチ時代の後半にナチ党の執拗な監視をうけ、そのためもあって病床に臥していたことをあげていたが、これも、今日では、まったくのフィクションではないにせよ、擁護のための構図(トポス)であるとみる向きが少なくない。もっとも、ヴェーバー＝ケラーマンへの（少なくとも女史の生存中は）配慮がはたらいて、あまり荒立てないという脈絡があったようである。そのため、リックスフェルトの執拗な解明も、いくらか浮き上がっていたきらいがある。

　しかしまた、師弟関係への配慮だけが原因ではなく、そもそも事実が微妙なものであったと推測されることも関係していよう。奇妙な言い方になるが、アードルフ・シュパーマーとナチスとの関係が、その経歴から想像されるほど濃厚ではなかったのではないかとも思われるのである。実際、シュパー

マーの民俗研究そのものは、直接的にはナチ思想につよく染まっていないと言ってもよい。要するに、才能があり、出世欲もつよかったために、その時代の権力と結びついたというところではないか、という見方である。因みに、シュパーマーの研究は、〈心理学的方法〉と呼ばれるが、実際には歴史的事実を際限なく追い、それを実証的にあつかうことに情熱をかたむけるあまり、完結をみなかった場合が多い。最大の著作である『念持画片』においても、マティルデ・ハイン女史が、〈厳密な歴史学的かつ実証的な作業が、心理学的目標を圧倒してしまっている〉と評している通りである。しかしまた同時に、念持画片といった一般性の薄い対象にはじめてメスを入れ、しかもそれが驚くばかりに大部で豪華な体裁で刊行された事実は、シュパーマーが人脈の達人であったことをうかがわせる。それは、とりもなおさず、時の権力、少なくとも文化行政の諸部門と関係がよかったことを証している[17]。また比較的よくまとまっているものには、『ドイツの港湾諸都市における刺青』という入れ墨の文様とその社会心理的背景に関する研究があるが、これもナチ思想とは無縁である[18]。同じような事情は、アードルフ・シュパーマーの編集による『ドイツ民俗学』2巻にもほぼ当てはまる。これまた図版をふんだんに盛り込んだ豪華な作りであるが、やはりシュパーマーがナチ時代の文化行政の担当者と良好な関係にあったことによって実現したのである。しかし執筆者には、今日からみても良識的な研究者が広くあつめられている[19]。事実、同時期にヴィルヘルム・ペスラーが編集したもうひとつの大部の概説書『ドイツ民俗学』と較べると、基本的な姿勢ではイデオロギー色はずっと希薄である。なお付言すれば、ペスラーの編著では、ナチ政権の成立を歓迎し支援する趣旨がうたわれ、またそれをフォルクスクンデの使命と関連付ける文脈も含まれている。編者のペスラーも、フォルクスクンデが、特定の専門分野に限定された学識ではなく、むしろ諸々の専門学がそうした限定という制約を克服できないのに対し、それを解決することを運命づけられた学問であるといったことを率先して説いている[20]。そうした視点が、政治とからんだ国民教化と接続してゆき、少し進めば民俗学を踏まえたナチスの文化行政や文化

活動への民俗学の活用につながるのは見やすい道理である[21]。それに比べて、シュパーマーは民俗学も専門学として自立できるには限定と制約をもつこと、またそれを自覚することが肝心であるとの認識を示した[22]。それは、戦後になってレーオポルト・シュミットが改めて力説した趣旨とも重なっている[23]。

しかし、だからといって、シュパーマーの立脚点が民俗学を学問として成り立たせる上で不足がなかったかと言えば、必ずしもそうではない。その学問的たらんとする真剣味や潔癖な姿勢も、伝統的な社会的階層区分を前提とした教養観念に立脚したものであり、20世紀に入って進展した国民の多数が〈大衆〉という存在形態で重みをもつ状況を理解した上でのものではなかった。またそれゆえ、大衆を基盤にした最初の本格的な政治体制にして、その悪魔的な形態でもあったファシズムを批判的に把握することには程遠かったのである[24]。

しかしシュパーマーがともかくもファシズムともナチズムとは異質であったことは、東ドイツに残り、そこでの民俗学の定礎者になっていったことからもうかがえる。東ドイツ時代には、シュパーマーは病気がちではあったが、そこでも、かなりまとまった仕事をしている。そのなかの大きなものに、『信心深い女中さん』(Die geistliche Hausmagd)の研究がある。これは本来は中世後期から末期に形成されたと推測されている説話である。因みに近縁種には、〈信心深い下男〉(Der geistliche Knecht)という余り発達せずにおわった類話もある。台所仕事は無論のこと、起床から就寝までの生活における一挙手一投足をキリストの事蹟と照応させながら振舞う身分の低い女性を描いており、その信心の徹底ぶりに聖職者や学者も降参するという筋立てである。連禱のロザリオ祈禱の形式でも普及し、昔話のシンデレラ譚の源流との見解もおこなわれている。また近代になると図像的にも特異な発展を遂げた。もっともイコノグラフィーの分野の網羅的な事典においてすら項目も設けられないほどマイナーなものであるが、キリストの磔刑図に、聖母マリアや福音史家ヨハネを配置するかわりに、女中の姿の若い女性をキリスト受難の現認者として描く図柄が流行したこともあった。その近代における形態には、19世紀の

労働者層の擡頭と伝統的なキリスト教芸術の交叉という面もみとめられる。シュパーマーは、それに非常な情熱をもって取り組み、独自の文化史といってもよいものに仕立てたのであった[25]。そしてこの研究が刊行されたことが刺激になって、これをテーマにした展示会などがおこなわれることになり[26]、今日では、都市の奉公人をめぐる文化史のなかでは一定の重要性を占めるようになっている[27]。しかしここで注目すべきは、シュパーマーがこれを課題としたことについては、東ドイツの社会主義国家という現実に合わせた節が見られることである。とは言え、社会主義との関係という側面を捨象しても、それが意味のある研究であったことは否定できない。そういう面からみると、その時々の体制や権力との関係ならびに距離のとり方は、ナチ時代の方がはるかに問題が多いとは言え、シュパーマーの東ドイツ時代の行動や研究活動にも通じるところがあるようである。もっとも、その〈信心深い女中さん〉の研究も、東ドイツでは出版することができず、遺稿として残ったのを、マティルデ・ハインとインゲボルク・ヴェーバー＝ケラーマンの2人の代表的な女性の民俗学者がが引き受けてはじめて陽の目を見たのであった。

2

ところで、先にボルムスの研究を挙げたが、これは民俗学の分野のものではない。「ローゼンベルク機関」に関する最初のまとまった研究であるために、当然、ナチ時代の民俗学や民族学や先史学や歴史学を問題にする場合には基本的な研究文献とされるが、これ自体は現代史の分野での成果で、ハイデルベルク大学のヴェルナー・コンツェのもとで作成された学位論文である。同じことは、学術分野に深く関与したもうひとつの特務機関である「祖先の遺産」をあつかったミヒァエル・カーターの大部な『親衛隊麾下「祖先の遺産」1935—1945、第三帝国の文化行政に関する研究』にもあてはまる[28]。

こうした現代史の分野での研究が1970年代から成果を挙げていることも、民俗学におけるナチズムが新しい方向にすすむ上で、大きな支援となっている。しかし現代史の側からのナチズム研究と民俗学の側からのナチズム研究

には、同じ対象をあつかっていても、観点の差異から来る相違があわられていることもある。つまり「ローゼンベルク機関」の場合も、「祖先の遺産」の場合も、同じ組織に属して同じくらいの位置にあり、また近似した行動をとった人物たちについて、民俗学の側からは詳しく取り上げられる人物が、現代史では名前すら挙げられないといったことがあり、またその逆も見られるのである[29]。こうした歴史学の側のナチズム研究と、民俗学の側からのナチズム研究のずれは、趨勢としては解消に向かっているように思われるが、個々の局面ではなお残っているようである。

　なお、ナチズム問題を専門学の発達史における重要課題として意識するという行き方も、民俗学にだけ見られるものではない。ドイツのアカデミズムのさまざまな分野に共通して見られる問題意識の一環という側面をもっている。たとえば、教育学、医学、文化人類学、地理学などでもそうした試みがなされている[30]。

　また、先にヴュルツブルクにおいて民俗学の研究機関の問題点を歴史的に洗い直すシンポジウムが開かれたことを挙げたが、これも民俗学に特有の動きではない。もともとドイツの大学は、敗戦直後は短期間ながら閉鎖され、その後、戦勝国の監督下での民主化の施策とともに再開された経緯がある。このため、大学の再開記念日などに、この種の問題点を回顧するような催しがなされることも多いのである。よく知られているのは、戦後に設立されたベルリン自由大学の開学記念日の行事で、そのときの講演会の記録はシリーズとして刊行されている。またなかでも1966年に『ナチズムとドイツの大学』のテーマでおこなわれた一連の講演の記録はひとつの里程標となっている。近年でも、ハンブルク大学、ウィーン大学、フライブルク大学などでの、それぞれの〈大学とナチズム〉に関する研究が注目をあつめている[31]。

　したがって、民俗学におけるナチズム研究は、大局的には、ドイツの学術活動の諸分野での同種の関心の一環をなしている。しかしまた、教育学や医学などと並んで、民俗学がナチズムに特に深く関与した分野であることも事実であった。もっとも、民俗学の側からのナチズム研究が進展をみせると

は言っても、なお問題の大きさに比べると部分的なものに止まっている。少なくともこれまでのところは、ナチズムの全体を正面から問題にするといった種類のものではない。したがって、ナチズムの本質についての指標的な成果、たとえばマルティーン・ブローサトやカール・ディートリヒ・ブラーハーの見解に修正をほどこすほどの水準にまでは到達していないと言わなければならない。

とは言え、その点で敢えて挙げるなら、やはりバウジンガーの視点が注目に値しよう。修正と言えるかどうかはともかく、たとえばミュンヒェンの抵抗者グループ「白薔薇」に共鳴したクルト・フーバーについて、バウジンガーが先にふれたような分析をおこなっているのは、現代史の側には見られない視点であろう。たとえばブラーハーは、その『ドイツ——デモクラシーと独裁のあいだで』において、ナチズムへの抵抗運動としては「白薔薇」にしぼって、ある程度の頁数を割いている[32]。そのさい、グループのなかでのただひとりの成長した知識人であったクルト・フーバーを中心にあつかっているが、それは一般的な良識と良心をたたえることに終始し、その思想内容とフェルキッシュ思想やナチ・イデオロギーを突きあわせるとろまでは進んでいない。そうした点では、バウジンガーの指摘は、今日でもやはり問題点への切り込みという意義を失っていない。先にみたゲオルク・シュライバーやアードルフ・シュパーマーの洗い直しの土台になったのも、この種類の批判的視点だったのである[33]。

なお今ひとつ言い添えれば、学問史の洗い直しとならんで、ナチズムをめぐる社会史的な研究が民俗学の側でも進んでいる。各地の定期誌まで含めると枚挙にいとまがないが、その代表的なものとして、チュービンゲン大学の民俗研究叢書の一冊として刊行された『チュービンゲン郡のナチズム、ひとつの郷土研究』を挙げておく[34]。これはチュービンゲン大学の教授ウーツ・イェクレの方針と指導のもとに27人の学生たちがおこなった共同調査をまとめたものである。参考までにその部立てを挙げておくと、(I)「序文」につづいて、(II)「ナチズム体験」、(III)「始めと終わり」(ナチ党の政権掌握と、ナ

チ党の崩壊の2つのエポックに焦点をあわせた調査）、(IV)「儀式」、(V)「教育と勤労奉仕」、(VI)「若者たち」、(VII)「脅迫とテロ」、(VIII)「抵抗」、(IX)「支配人種という強迫観念」、(X)「戦争」となっている。

　この調査研究の特色は、体験者からの聞き取りに主要な情報をもとめ、それに当時の主に地方新聞の記事や地方自治体の記録などをよりあわせて、庶民にとってのナチズムの解明を試みたところにある。こうした手法は、早くバウジンガーが引き揚げ民民俗学を新しい段階にのせることになった『新しい住宅団地』で手懸けて以来、チュービンゲン大学の民俗学科がしばしば試みているものでもある。イェクレは、バウジンガーの早い時期の学生であったが、特に歴史的な時代の研究に進み、近世村落を対象にした『キービンゲン村の研究』によって一躍知られるようになった。『チュービンゲン郡のナチズム』は、イェクレがその歴史民俗学の手法を、広い意味での現代社会の研究に向けてひろげている一環でもある。

4. ナチズム民俗学批判という作業
　　──リヒャルト・ヴォルフラムの負の遺産にちなんで

1

　ところで、ナチズム民俗学ないしは民俗学におけるフォルク・イデオロギーの研究が、平穏に着々とすすんでいるかと言うと、そうとは言い切れない。戦後半世紀余りを経ても、ナチズム問題は、依然として微妙な要素を含んでいる。また、何をもって研究の進展と言うことができるのかという基準の問題も加わってくる。最近のできごとから事例を拾いながら、そのあたりの事情をさぐってみようとおもう。はじめに挙げるのは、次のようなできごとである。

　1989年にウィーン大学の現代史の若手の教員たちが中心になって、ウィーン大学とナチズムとの関係をさまざまな分野で洗い直した論文集を編集した。そのタイトルは『唯々諾々たる学問 ── ウィーン大学1938〜1945年』と

言う。それに収録された論文のひとつに、同大学の民俗学の教授オーラフ・ボックホルンの『オストマルクをめぐる闘い —— オーストリアにおけるナチズム民俗学の歴史の解明のために』があった[35]。因みに〈オストマルク〉とは、オーストリアのナチ時代における名称である。ボックホルンは、かねてからウィーン学派の再検討にたずさわってきた。これもその成果のひとつで、特にオーストリアがナチス・ドイツに併合された時期に民俗学の講座を担当していたリヒァルト・ヴォルフラムを中心にあつかっていた。

リヒァルト・ヴォルフラム（1901-1995）は、戦後まもなくウィーン大学教授の地位を追われたが、数年後に復職し、定年に達するまで長期にわたって主任教授であった。したがってこの時期にウィーン大学で民俗学を学んだ者の多くは、彼の弟子ということになる。ボックホルンも、そのひとりであった。ヴォルフラムについては、そのナチズムへの加担が常にとりざたされており、その学問傾向も、戦後にもなおかつてのフォルク・イデオロギーを残すものと見る向きも多いのである。しかし、オーストリア政府や文化行政の諸機関は、ヴォルフラムをすぐれた学者として遇してきており、オーストリア・アカデミーの会員にもなっていた。また定年後も、民俗学の研究書を何冊も刊行するなど、旺盛な執筆活動を続けていた。

ザルツブルク州政府が、1982年に、州都に民俗学の研究機関を設置することになったのも、ヴォルフラムのはたらきかけが大きかったとされている。本人も、自分が設立に関係したその機関に愛着をいだき、死後には蔵書その他の資料を寄贈する旨の遺言を作成した。発足して間がなく、資料の充実をよろこんだ同研究所は、そこで「リヒァルト・ヴォルフラム民俗研究所」という追加名称を名乗ることにした。1986年のことである。

ボックホルンは、それを問題にした。そしてその論文の最後に、〈ザルツブルク州・民俗研究所が……問題的な庇護者の蔵書、写真資料、調査記録いっさいを遺贈されたゆえをもって、「リヒァルト・ヴォルフラム民俗研究所」なる名称を冠した〉、またその他にも〈カール・フォン・シュピースの遺稿を珍重し、カール・ハイディングの『遊びとことわざ』の収集資料を整理したり〉

するなど、〈ナチストとの融和の場所になったことを、次代をになう民俗研究者にむけて注意しておきたい〉と批判した。

これに対して、同研究所の所長であるウルリーケ・カマーホーファー女史が、ボックホルンに宛てた公開書簡を発送した[36]。女史は、その手紙のはじめに、同研究所に対する批判を引用し、次いでボックホルンに呼びかけて、〈あなたが論文の締めくくりに書いていることは、粗暴なウィットとうけとめるべきでしょうか、それともこれもまたあなたが学問と自称しているものの一部なのでしょうか〉と問いかけた。同時に、研究所の定款を添えて、一応の事情を説明した。定款には、研究所の活動課題として〈民俗研究者の遺稿ならびに生前の収集資料を収蔵すること〉などが定められているのである。また、ヴォルフラムの80歳の誕生日を記念する論文集が1982年に刊行されたが、その編集にあたったヴォルフラムの2人の弟子のひとりはボックホルンであったことにも言及した。そしてそのときに彼が編者として記した師を顕彰する文章をしめし、〈私の前任者がリヒァルト・ヴォルフラムを賞賛した言辞も、あなたが1982年に書いたものとほとんどかわらない〉と詰め寄った。そして〈過去になされた研究はもちろん、現在でも、イデオロギー的な問題設定や主観的な見方があり、またそこに客観的な認識もまじっているような場合、絶賛か、さもなくば焚書かという態度ではなく、批判的に検討することの方が大事であり〉、それはヴォルフラムについても例外と考えているわけではない、と論駁した。

これを受けて、ボックホルンは、10日後にやはり公開書簡で反論した[37]。そして、問題になった先の論文をふくむ彼のこれまでの研究であきらかにしてきた数々の事実を理解するなら、ナチズムに対するあいまいな姿勢をとる余地はないはずであるとして、改めて、ナチズムに同調した学者たちの言辞を突きつけた。たとえば、同研究所はカール・フォン・シュピースを、貴重な人物としてあつかってきたが、シュピースの1934年の綱領的な著作『ドイツ文化の開示者としてのドイツ・フォルクスクンデ』[37補注]をみると、民俗学の課題として、我らの〈世襲の文化が病いにおかされているが〉、健全な文化

要素を〈育成することによってその回復をはかること〉、また〈異人種の、価値なきファクターが……とくに東から侵入することは絶対に防がなければならない、ドイツへ入るのを防ぐだけでなく、他の国々への波及も阻止すべきである〉といったテーゼを立てているが、これが、600万人を超える東方での犠牲者と無縁であると言えるであろうか、と問いかけた。またヴォルフラムの誕生日に向けた記念論集において、その業績に言及したことは否定しないが、その論集の編集にあたって批判的な立場を堅持していたことは、ヴォルフラムの同世代の人物が、〈人間ならおかす問題を解決する可能性をしめすのが学問の課題であるはずだが〉、そうしようとしない〈若い〉研究者世代の〈誤謬〉に不満を表明する書評を書いたことが、それを証していると反論した。それにひきかえ、女史のおこなっていることは、ナチズムにたずさわった人物の〈問題を解決してやる〉ものであるとも言及した。また女史の〈焚書〉の発言もとりあげ、ヴォルフラムに対して敢然と距離をとることをもとめているのだが、それをもって〈焚書〉呼ばわりすることこそ問題である、と切り返した。

　これに対して、1月後に、カマーホーファー女史は、公開書簡で再反論をおこなったが、この間に、フライブルク大学のハンヨースト・リックスフェルトが、そのやりとりに加わってきた[38]。盟友のボックホルンを応援するのがその趣旨であった。リックスフェルトは、特に2つの点をあげて、女史を批判した。ひとつは、女史が、ボックホルンが手がけた過去の事実の掘り起こしに言及せず、論説の最後の部分だけを問題にしたのは正当な反論の姿勢ではないというのであった。もうひとつは、反論の公開書簡を〈オーストリアの政界と学界の大物にばかり送付した〉が、〈その意図はあきらかで、要するにボックホルンのナチズム研究を妨害し、オーストリアにおけるナチズムという過去に沈黙をもとめ、あるいは少なくともそれを無意味なものに変えてしまおうとしている〉というのであった。そしてかかる行為は、〈ナチズム民俗学とその倒錯した研究を相対化し、無害なものと思わせ、それどころかそれを擁護し、かくして《犯罪者との融和》を遂げんとするものである〉、と非

難した。

　これを受けて、カマーホーファー女史の方は、これ以上の論争を避けようとしたようにおもわれる[39]。問題になっているできごとは、いずれも彼女が所長として赴任する前に起きたのも事実であるが、ザルツブルク大学への民俗学科の設置がみとめられなかったなかで、その種の研究所を設けられる必要性があったことを説明したあと、また次のようにも述べた。〈最近の研究の進展によって、多数の民俗学者が当時の政治的潮流にかかわったことがあきらかになってきた。しかし、民俗研究の後続の世代の課題は、彼らの仕事を専門学として批判することであって、決して裁判官や弁護人になることにあるのではない、と私には思える。しかしそのためには、すでに述べ、また記したことだが、寄託されたり、保管をゆだねられた遺稿類には、文化財を管理する観点から万全の注意をはらうことが必要である……そして、それらのデータを研究の上で必要なら、管理施設の側のデータ保全の措置をまもった上で、使用するのは差し支えがない……〉またザルツブルク州の文化行政のなかでも、ナチズム問題は軽視されてきたわけではないとして、これまで州の文化行政の枠のなかでのナチズム研究文献を具体的に列挙した。

　またその後、リックスフェルトに向けて、ボックホルンの論文の末尾だけを問題にしたとして、彼女に投げられた〈学問的無良心〉、〈破廉恥なしわざ〉その他の文言についても、リックスフェルトの〈論説の頁を繰ってゆくとむしろ感じられるものではないかと思うが、今はともかく、安っぽい、悪趣味の冗談と受けとっておこう〉と言い棄てた。

　なおこのできごとについては、リックスフェルトがアメリカのゲルマニスト、ジェームズ・ダウとの共同執筆というかたちで発表したナチズム民俗学の克服過程についての英語の論義のなかで、その立場からみた推移を整理している。またそこでは、次にやや詳しく紹介するブリュックナーをめぐる論戦についても併せてふれられている[40]。

2

このエピソードをどうみるかは、人によって、また立場によってまちまちであろう。ゴシップめいた事件の紹介として、頭から忌避する向きもあるかも知れない。しかし、整然とした諸々の理論も、その前段階では、こういう雑然とした現場をもっているわけである。それは、ナチズム問題にかぎられるわけではないであろう。またナチズムそのものは過去のことがらであるが、過去は、それを明るみに出す人間がいて、はじめて何であったかに分かってくる。ここでその一端をみたものは、畢竟、過去と過去を照らし出す行為との関係のダイナミズムである。さらに言えば、これらは、学術論文のかたちをとった見解表明と私的な思念の接点のような水準のもので、ともかくも文字化され、世間に向けて発表されたものである。しかし、その奥にはさらに、文字化される以前のさまざまな思惑や予測や確執や妥協やあきらめが作動している世界が広がっているわけである。それはともあれ、このできごとについて、背景と周辺の事情をもう少し補足しておく。

　悶着の直接の原因は、ナチズムとの親近性を問題視されてきたリヒャルト・ヴォルフラムが、ウィーン大学の正教授として社会的に権威であったことにある。そこでヴォルフラムの戦後の復権の軌跡を挙げておくと、次のような経過をたどった。親衛隊長官ハインリヒ・ヒムラーが「研究・教育共同体《祖先の遺産》」の支部のかたちで「ゲルマン・ドイツ民俗学・教育研究所」をウィーンに設置すると共にヴォルフラムはその責任者となり、翌年にはウィーン大学の教授となった。そして1945年に研究者としての経歴を抹消され、数年間ザルツブルク州の嘱託としてアルプス地方の民俗調査に従事した。そのうちにナチ体制加担者への厳しい空気がやわらぎ、1951年にユンゲンハイムにおいてドイツ民俗学会の戦後初の大会がドイツ連邦共和国の大統領テーオドア・ホイスも来賓として顔をみせるなかで開催されたときには、研究発表をおこなった。そのときには、〈夫人とともに民俗衣装であらわれ、歌をうたい、舞台でダンスもした〉とのことである[41]。また同年には、スウェーデンのエリクソンがストックホルムに各国のエスノロジーと民俗学の研究者を集めてシンポジウムをおこなったが、それにも参加した。このシン

ポジウムは、ヨーロッパ全体で見ても、戦前の学問形態から戦後の動きへの転機になったが[42]、その顔触れをみると、新旧の代表者が入り混じっていたことが分かる。オーストリアのレーオポルト・シュミットやフランスのアンドレ・ヴァラニャックといったその後の民俗学やエスノロジーを担った人々とならんで、ドイツのヴィルヘルム・ペスラー、オーストリアのリヒァルト・ヴォルフラムなど、ナチズムの文化行政に沿って活動した人物たちも参加したのである。この頃になるとナチズムの関係者への忌避感はかなり薄れていたようである。ともあれヴォルフラムは1954年に研究者としての経歴の回復措置を受け、1956年にウィーン大学の名目教授(実際に教壇に立つわけではないが、かつて教員であった者にその資格をみとめた肩書)となり、1959年に空席ができたことからウィーン大学の員外正教授、1961年に同大学に「民俗学教室」が再開されると共にその正教授となり、1963年に「オーストリアとヨーロッパの民俗学」の講座の主任教授となって、1971年に定年退官を迎えた。しかし、ヴォルフラムについては、やや複雑な事情がある。この分野ではよく知られた事実でもあるが。ヴォルフラムは、親衛隊長官ハインリヒ・ヒムラーとの近い関係、またナチスの文化政策に沿った活動歴は紛れもないが、ナチ党員ではなかったのである。民俗学のような人文系では、政治や法曹のような社会的な権限行使に結びつく分野とは異り、体制への加担と言っても刑事的な責任を問えるようなものではなかったわけである。しかしヒムラーの肝入りによるポストにあったことから、その位置にとどまるわけにはゆかなかったのである。

またリヒァルト・ヴォルフラムとならんで、戦後のナチズム問題の処理があまり厳密でなかったことを示すもうひとつの事例は、オットー・ヘーフラーであろう。ヘーフラーは、第三帝国時代にはミュンヒェン大学のゲルマニスティクの教授で、また〈国家の形成は、ゲルマン民族の固有の才能である〉といった論を説いていた人物である。もっとも、この命題はヘーフラーに独自ではなく、1920年代にウィーン大学の経済史の教授オットマル・シュパンなどが声高に解説して影響力があった見解で、またシュパンは社会科学

におけるヘーゲルの祖述者でもあった[43]。さらに遡れば、ヒューストン・スチュアート・チェンバリンの『十九世紀の基盤』のテーマのひとつであり、それゆえそのエピゴーネンでもあるアルフレート・ローゼンベルクの『二〇世紀の神話』にも繰り返された妄想であった。ともあれ、ヘーフラーは、ドイツの敗戦とともに、時代の変化を感じて自ら出身地のウィーンへもどったが、1957年にウィーン大学哲学部は、彼をゲルマニスティクの教授に迎えた。もっとも、ヘーフラーの場合は、ナチ党の結成直後からの熱狂的な党友ではあったものの、オーストリア人であるところから、当初はドイツ人に限られていたナチ党への入党には特別の手続きがとられており、そのため党員であったことが、しばらくはっきりしなかったという事情があった。しかし、その活動や論説は、ナチスの信奉者と言ってもよいものであった。そしてヘーフラーが教授となったことにより、ヴォルフラムの復帰にも弾みがついた。この2人はウィーン学派のなかでも考え方が近く、〈男性結社の双子〉と称されていた[44]。〈男性結社〉(Männerbund) とは、ウィーン学派の特徴的な研究テーマのひとつで、また2人の民俗学の中心に位置するものでもあった。

　学史的な脈絡も簡単に言い添えておく[45]。19世紀後半にヨーハン・ヤーコプ・バッハオーフェンが母系制社会の存在を確認したことは各方面に波紋を投げかけたが、そのひとつとして、やがて世紀の替わり目頃から反動的な反応をも擡頭させた。社会形成の基本を女性にもとめるではなく、男性の原理に戻そうとする行き方である。それを取り入れたのは、折からオリエントの神話への着目から始まって、アーリア人の存在に重心をおいた学問傾向に向かっていたウィーン学派であった。この学派が年齢階梯制（Altersklassen）と通過儀礼を重視したのは、そうした流れによっていた。どちらも、主に男性の成長過程と集団形成を問題にする場合のテーマという性格が強いのである。やがてそれは、折からのナショナリズムやフェルキッシュ思想と相乗しつつ、男と男の戦士団的な結びつきを特別視することへと進んでいった。村落や種々の職業団体に伝承された多彩な競争儀礼、さらに武器を携えておこなわれる行事などが脚光を浴びたのである。ヘーフラーの主著『ゲルマン人の信

奉的秘密結社』(1934年)やヴォルラムの最初の大著『剣踊りと男性結社』(1936-37年)はそれを代表する産物であった。さらに付け加えれば、同郷者でベルリン大学へ進んでゲルマニスティクの枠組みで活動したローベルト・シュトゥンプフルも同志的な存在であった。研究者として優れていたのは二人よりも一年若いシュトゥンプフルであったが、主著『中世演劇の起源としてのゲルマン人の祭祀行事』(1936年)を上梓した直後に交通事故で死亡した。ヘーフラーは、年齢は僅かに逆ながらほとんど兄事していた夭折者の未亡人ハンナと結婚して、私生活の面でも衣鉢を継いだ。この3人、また彼らに近い人々、たとえばカール・シュピースやリリー・ヴァイザー＝オール女史の仕事は、大きな思潮から言えばネオロマンティシズムであり、イギリスのジェームズ・ジョージ・フレイザーとも同根と言ってよい。近代思潮のひとつに根ざしているだけに、それらは決して孤立したものではなく、また着想にある種のロマンがあって一般受けのすることも手伝って、いずれも今なお全面的には否定されているとは言えない。それらについての評価としては、レーオポルト・シュミットが戦後まもなくその学史のなかで行なった論評が正鵠を射たものと言えるであろう[46]。

　フレイザー時代のイギリスのフォークロア研究がすでにそうであったように、ここでも循環論法が用いられている。すなわち、諸々の残存形態から上古の形態を推論し、その上で歴史的諸事象をその証明材料とみなすという手法である。もっとも、中世の典礼劇がゲルマン人の民俗行事に遡るという考え方を証明することには、シュトゥンプフルも成功しなかった。またこの学派の代表者たちのなかでも彼の場合は、カトリック教会に対する反撥と、他方すべての価値をゲルマン性から導き出す傾向がことのほか顕著である。このように、ナショナリズム的民俗学のなかも最も客観的な分枝においてすら、ゲルマン性称揚の影響力は歴然としていた。

レーオポルト・シュミットの短評は、今日なお民俗学界もゲルマニスティクの分野もこれらの人々の評価に関する限りこの水準に達しているかどうか疑問であるだけに、改めてその慧眼を知らしめる。特にレーオポルト・シュミットが最も警戒を表明しているローベルト・シュトゥンプフルは、中世演劇の発生に関する一方の見解として一定の評価を保っているのである。それと共に留意すべきは、シュミットが戦後まもなくから民俗学の再建に取り組んだのが、かかる人的配置のなかだったことである。シュミットの活動の拠点はオーストリア民俗博物館で、またオーストリア民俗学会の会長でもあったが、アカデミズムとしての民俗学の推進や後進の育成のためにウィーン大学へ出講した。するとそこには、同窓の先輩であるリヒャルト・ヴォルフラムとオットー・ヘーフラーが、それぞれ民俗学科とゲルマニスティク講座の教授として睨みをきかせていた。3人とも、ゲルマニストのルードルフ・ムーフの弟子なのである。シュミットは、ヘーフラーやヴォルフラムが次第に復権してゆくことには苛立ったこともあったらしい。1951年のストックホルムでのシンポジウムでも、招待者側がヴォルフラムをも指名したことには違和感を隠さなかった[47]。それに比べて、同じくナチ時代に活躍しながらも、自分の〈世界はもはや終わった〉として社会復帰に執念を燃やさなかったカール・シュピースには好感を寄せた（しかしそれがために、後にレーオポルト・シュミットの限界として若い世代からは批判を招くことになった）[48]。またそうしたなかで、ヘーフラーとシュミットのあいだでも、シュミットの批判的な姿勢に不快感をもったヘーフラーが機会をとらえて、〈誹謗〉を受けたと迫る一幕もあったのである。

　もっとも、今日の状況は、レーオポルト・シュミットが苦労をした当時とは大きく違ってきている。しかしまた今日には今日の問題性がある。その点で、もう一度、ボックホルンの先の論考にもどると、それが掲載されたのが、ウィーン大学の現代史の教員たちが中心になって企画したウィーン大学をめぐるナチズム問題の論集『唯々諾々たる学問』であることは、先にふれた。ところが、この論集は、ウィーン大学の正規の企画ではない。共通の問題意識

を抱く人々が分野をこえて私的に結集して製作したたものである。しかも、その編集陣にも、執筆者にも、正教授はひとりも加わっていない。15人の執筆者のなかには、学生がひとり寄稿しており、あとは1940年代と50年代生まれの助教授クラス、つまりアシスタント・プロッフェッサーやドツェントであり、また図書館司書のポストの者があり、さらに「ウィーン在住の歴史家」と名乗っている民間の研究者もまじっている。要するに、かなり野党的な性格の論集なのである。たとえば、ウィーン大学の美術史の講師は、ハンス・ゼードルマイヤーの『中心の喪失』をとりあげ、その論説とナチ思想との重なりを指摘し、また内務省に保存されていたゼードルマイヤーのナチスへの賛同行為をしめす関係文書を堀りおこしたりしている[49]。それによると、ゼードルマイヤーは、講義の開始にあたってナチ党がおこなっていた挨拶の形式を学生たちにもとめるとともに、あるときにはナチスによるオーストリア併合以後の〈新体制に敵対する者を警察に通告した〉ことを講壇から誇らしげに披露して、学生たちにも告発を勧めたとのことである。ハンス・ゼードルマイヤーがオーストリアの誇る世界的な美術史家であること言うまでもなく、またこの批判の論考も充分に熟したものではないが、仮面を剥ぐ作業とは言えるであろう。なお言い添えれば、こうした刺激をさらに進めて、ゼードルマイヤーの名を不朽のものとしているもうひとつの著作『大聖堂の成立』についても、思想史背景に考えを致すことは無駄ではないであろう。

それはともかくボックホルンが、自己の出身でもあるウィーンのゲルマニスティクと民俗学への批判をはじめたのも、そう古いことではない。以前からその問題意識を抱いていたようであるが、本格的にはミュンヒェン・シンポジウムでの報告が最初であった。そこで、ヴォルフラムについて〈私の先生だが……〉と断りながら、その事歴を取り上げたのである。その報告を評価されたり、励まされたりしたことにも支えられて、以後精力的にこの分野にたずさわるようになったようである。ともあれ、ナチズムへの批判活動は、一般論としては否定する人はいないが、身近な存在や出身母体などがからんでくると、なおかなり複雑な反応が起きる課題であると言える。カマーホー

ファー女史への批判などを読むと、いかにも勢いがあるようにみえ、またこの論争には、まったくの戦後世代である女史がナチズム批判者たちの執念と攻撃性を読み違えたらしい面もありはするが、批判者の方も決して順風満帆ではないのである。

5. ナチズム民俗学批判の基準をもとめて
　──ブリュックナーをめぐる論争の諸相から

1

　次にあげるのも、これと同種のできごとである。しかし時間的には、こちらの方が早く、また長期にわたっており、様相も複雑である。見方によれば、ナチズム問題のあつかい方をめぐって、ややピントのぼけた右寄りの見解を表明をしたひとりの学者が、各方面から袋叩きにあったというのが、外面的な構図である。しかし第三者の立場から突き放してながめると、双方の主張とは別に、ドイツ民俗学界でのこの問題の性格が透けて見えてくるところがある。ともあれ以下のような経緯である。

　1983年にベルリンで開催されたドイツ民俗学会の第24回大会の記録が1985年に刊行された。表題は、『大都市 ── 経験的文化研究の諸相』である。要するに都市民俗学がテーマであった[50]。そしてその記録には、発表された報告がすべて印刷されるはずであったが、2つの特別講演だけが抜けていた。そのひとつは、ベルリンでかつておこなわれていた「漁師の行列、ベルリンにおける都市祭礼の成立と変遷と消滅の歴史」に関するもので、スライドを用いておこなわれた講演の載録には多数の図版を必要とするところから、すでに決まっていた出版計画にゆだねられた。そして、問題になったもうひとつは、ヴュルツブルク大学の民俗学科の主任教授ヴォルフガング・ブリュックナーの「ベルリンと民俗学 ── ある学問史の輪郭」であった。報告集には、講演記録のかわりに、〈この講演は長年の研究にもとづいたもので、オーストリア・アカデミーの報告集として印刷中である……〉との注記だけが記

された。大会記録そのものには、これ以上はあらわれないが、この印刷されなかった講演は、参加者のあいだに複雑な記憶をのこした。それには、次のような背景があった。

　大会の準備にあたり、既に1980年の時点で、テーマの設定について提案がなされた。それは、1983年がナチ政権の成立から50年目の年にあたり、また開催地がかつての第三帝国の首都でもあることから、「民俗学とファシズムおよびアンチ・ファシズム」にしてはどうかという提案である。しかし、それが学会の会報に掲載されると[51]、ブリュックナーが、強い反撥をその主宰する研究会の会報で表明した[52]。「概念の混濁」というタイトルのその文章は、激しい口調で記されていた。〈どんな場違いな人間でも、ドイツの民俗学について、何ごとかをのべることができるらしい。今回は、ファシズムとアンティ・ファシズムにしようと言い出している……〉という書き出しで、それによると、提案は純粋に学問的な水準では言われているのではなく、現今の〈左翼運動の波に乗って、そこから過去を裁断しようとするのである〉と言うのである。またそれには背景があるとも言う。それは、ドイツ民俗学の流れのなかでは、10年前のエメリッヒのフォルク・イデオロギーへの批判を土台にした主張であるというのである。

　　当時、左翼運動の風潮のなかで、ズーアカムプ社が一連の左翼系の本を刊行したが、その一冊であるエメリッヒの著作は、彼にブレーメン大学教授の地位をもたらした。もっとも、ブレーメン大学が気息奄々であることは、誰もが知るところである。……もともと、エメリッヒの見解は、東ドイツの社会主義体制をすぐれたものとして宣伝するところに成り立っていたのであった。……

　ちなみに、ブレーメン大学は、1960年代末の学生運動を直接の背景として設立された大学で、当時の運動の主張をとり入れた運営形態を採用するなど、他の大学にはない特色をもっている。設立当初は人気が高かったが、社会が

安定に向かうとともに、左翼的なイメージがマイナスにはたらき、この二十年ほどは、『シュピーゲル』、『シュテルン』、『フォーカス』といった週刊誌が実施する大学の評価では概して下位にランク付けされている。それはともあれ、ブリュックナーがそんな発言をするのは、1970年以前から対立があったからである。ブリュックナーは、エメリッヒの学位論文『ゲルマニスティクにおけるフォルク・イデオロギー』に否定的なコメントを発表したひとりであった。もっとも、これを否定的に見た人々のなかには、前代からの有力な民俗研究者たちが何人もいたことは、先に紹介した。エメリッヒは、これらの人々の批判に対して、つづいて書きおろしたズーアカンプ社の新書の最後の部分で反論を記したが、そのなかで特にブリュックナーに対しては、〈褐色と赤色を同一視するデマゴギーの先導者〉という言葉を投げつけていたのであった。そうした過去の確執があり、大会のテーマ問題が機縁になって再燃したのである。ベルリン大会のテーマの選択がかなり紛糾したらしいことは、会長バウジンガーによるテーマ委員会の報告からもうかがえる[53]。既にしこりも生じていたらしい。そこで、大会の最終日に、ブリュックナーが先のタイトルで講演をおこなったが、それは、参会者たちには、挑発的なものと聴こえた。不満の声が高まり、講演は何度か中断した。しかも、ブリュックナーが、講演後の質疑応答を、外国での講演に出発する時間の都合があるとして拒否したために、不満はいっそう大きくなった。大会の記録は、後にマールブルク大学の講師（当時）ペーター・アシオーンが執筆して学会の機関誌に掲載されたが、そこには、このできごとについて次のように記されている[54]。

　会議では、最後に、ベルリンの学問史という面からもドイツ民俗学の現状を検証することになっており、これによって大会は成功のうちに終わるはずであった。ところがヴォルフガング・ブリュックナー（ヴュルツブルク）は、その「ベルリンと民俗学」という講演を、ナチ時代の民俗学をめぐって対立を煽ることに利用した。そして、当時の〈時代精神〉

に屈した人々と、それに反抗した人々の2つに峻別した。これは、バウジンガーとエメリッヒが〈ゲルマニスティクにおける民族体イデオロギー〉の生成と多様性について研究をおこなって以来、もはや採用できないと見られてきた見解である。しかもそこでは、今日の〈時代精神〉のオポチュニストたちという言い方でのあてこすりがなされたため、抗議の声があがった。ところが、それに対してブリュックナーは、時間がないという理由で応じなかった。この番狂わせをみて、会議は、討論のかわりに、テーオドル・コールマン（ベルリン）から、東西ベルリンの戦後の民俗学の展開についての事実に即した解説を聴くことになった。

　ブリュックナーへの批判者であるリックスフェルトによると[55]、そのときブリュックナーは座長の制止にきかずに退場し、〈スキャンダル〉を惹きおこしたという。事実、座長であったチュービンゲン大学教授イェクレは、その直後に、ブリュックナーに私信を寄せて批判的なコメントを伝えた。ブリュックナーは、1984年春に自分の主宰する会報でそれを公開するとともに、近年の学術活動における政治的な傾向に不満を表明し、ベルリンにおいて表面化した意見の対立を回避するつもりはないことは、すでにイェクレに伝えていることをあきらかにした[56]。しかしそのブリュックナーの講演が印刷されるまでには、かなり時間がかかった。1987年に『ベルリンの学問』という展示会が開催されたが、そのカタログのなかで「民俗学」の項目をブリュックナーが執筆し、そこにようやく問題の講演の一部が発表されたのである[57]。なおその時点でも、まとまった発表はオーストリア・アカデミーの報告集においてなされる予定であるとの注記がほどこされていた。そして最終的に、予告とはちがって、1988年のはじめに、ブリュックナーが主宰する『バイエルン民俗学報』に「ベルリンと民俗学」のタイトルで掲載された[58]。

2

　ブリュックナーは、これ以外にも、『バイエルン民俗学報』の1987年号の

第1冊に「ナチズムへのコメントと疑問点」という文章を書いた。これは、ベルリンでの講演の雰囲気をかなり直截に伝えていると思われる文章となっている思われる[59]。先ず話の枕に、ギュンター・グラスの小説『頭でっかち、あるいはドイツ人の死滅』からの一挿話が来る。すなわち、共に戦後生まれの2人の男女が、たがいの父親のナチズムへの関与について、何をもってファシストと呼ぶかについて言葉ばかりが先行する頓珍漢な会話を交わしたあと、了解に達するという場面である。ブリュックナーは、それによって、みずから経験したのでない歴史的事実が論議されるときの上滑りな状況を指摘しようとしたらしい。つづいて本論に入ると、民俗学におけるナチズム問題がとりあげられるときには、その発端として決まって回顧されるものである社会学者ハインツ・マウスの論考に言及した。

　後にマールブルク大学で社会学を担当したハインツ・マウス（1911-1978）は、1946年に、民俗学に関する彼の文章としては最初にして最後でもあるミニ・エッセイを発表し（それは民俗学をナチズム的学問（フォルクスクンデ）とみなすものであったが）、その文章のゆえに、マウスは、この問題を真剣に討論しようとする者たちの父親的な存在でありつづけているという混乱した見解が、ミュンヒェン・シンポジウムにおいて表明されたのであった。なぜ、こういう事態になったのか。その原因は明らかである。要するに、マウスは、45年以後の社会主義者なのである。

　マウスについて言うなら、彼は、第三帝国時代の末期に、すなわちドイツに〈右翼的な社会学〉しか存在しなかったとされる時代に学位をとり、研究活動に従事し、また著作を発表したりもしたのであった。ちなみに、最近、歴史家のムラーは、当時の様相があつかわれるときのこうした原理について、こんな指摘をしている。〈第三帝国の右寄りのインテリたちの立場や活動を復元するには、左翼とか右翼とかいった党派的な立場は困るのである。……歴史家は、事後になって断罪をはじめる検事とか、許しをあたえる弁護人のような位置を占めるべきではない。……〉[59-a]

そして、ナチ時代の民俗学者をめぐるエメリッヒの評価に対してインゲボルク・ヴェーバー＝ケラーマンがおこなった譴責的なコメントを改めて引用した。また、10年前のヴェーバー＝ケラーマンの警告にもかかわらず、最近ではミュンヒェン・シンポジウムにおいて、またもやハンヨースト・リックスフェルトが、アードルフ・シュパーマーの経歴を洗いなおし、かつそれを個人的な非難に結びつけていると指摘した。

　また次のような見解も披露している。すなわち、この問題を判断するときの基準として、世代の視点を導入する必要があるのでないかというのである。その一番目は1880年から1895年に生まれた、したがって1933年には40歳代か50歳代で、大学では教授クラスを占めていた世代（ブリュックナーによれば、ナチズムへの抵抗者が最とも多いのもこの世代とされる）。第二は、1900年以降に生まれ、1933年には30歳代であり、中間的な年齢のために比較的軋轢を受けず、また戦後の民俗学の再建をになった世代。第三は、1910年以降に生まれ、したがって最も多く戦死者が出た世代でもあり、戦後の研究者の層も薄いが、また熱狂的なファシズム賛同者が輩出した世代でもある。ブリュックナーは、ナチズム民俗学を、この第三の世代において典型的に見られるものとして、そのメカニズムを次のように指摘した。

　　こうしてみると、ファシズム民俗学は、大学や民俗学会が主導する従来の民俗学に対する学生たちの革命であったという性格がつよい。心理学者なら、それは当然の論理であり、要するに世代間の確執であったと言うことであろう。こうした世代対立は状況によれば不発におわらせることができるものでもある。もっとも、封じこめればそれはそれで重荷ではあるが、社会全体が犠牲になるようなことにはならない。つまり、今日また、愚かな年配の者たちが、若い人間たちの愚行を受入れたり正当化したりしているわけだ。……

ブリュックナーは、要するに、ナチ時代の特に半ば以降に熱狂的なファシズム民俗学が擡頭したことを、1960年代後半からの学生運動とを重ねあわせたのである。学界動向への不満をからめたその図式的な見方に多くの人々が反撥したのは、無理からぬものであった。しかしブリュックナーが指摘する数々の事実までも否定するとなれば、それまた問題であろう。こういう図式のなかではあるものの、ブリュックナーは、たとえば次のよう事例を掘り起こしている。

　ナチ党は、キリスト教会とは別の新しい行事や儀礼を案出して、その普及を図はかったが、それがどのように受けとめられたかという研究はほとんどなされてこなかった。ほとんど浸透しなかったという研究結果が出ている反面、たとえばオーストリアのシュタイアマルク州では1938年から41年の期間にはナチズム色の濃い家庭祭儀を実行した3000件の記録があり、また同州の小さな町であるミュルツツーシュラークでは、1941年から1942年の期間にはナチ党の推奨するかたちでの新生児の祝いをおこなった家庭の割合は80％にも達したという報告を紹介した。そこに、ナチ時代末期に成人となった世代の傾向をみることができるというのである。

　同時に、ブリュックナーは、ここで一種の論争術も駆使した。そうした新しい民俗行事の策定や普及という活動には、若き日のインゲボルク・ヴェーバー＝ケラーマン女史もまったく無縁ではなかったことをにおわせたのである。それは1986年にミュンヒェン大学の学生たちがおこなった共同研究『1944年の民族体協会主催のクリスマス祭儀』との関係であるが、これに関する当時の公的な記録は、「ドクター・カール・ハイディング、ローゼマレイン・ロースバッハ、……等の協力のもとに、ドクター・インゲ・ケラーマンによってまとめられた」と記すこともできたはずであろうに、というのである[60]。そうならなかったのは、当時の実態を洗い出していると自称する人々が、非難する対象について、故意に選択をおこなっているからであるというのである。

　そうした論議のあと、ブリュックナーは、現在必要なのは、当時の実態を

予断をまじえずにあきらかに、また資料そのものを公刊し、また原典批判をおこなうことであると言い、しかし〈今日おこなわれている事実照会や議論のあり方は、過去の事例をあかるみに出すことを妨げるようなもので〉、恣意的な線引きをしているような状態では〈高齢の人々に、どたばたと質問を突きつけるのを正当化することはできまい〉と言うのである。さらに、週刊誌的な感覚でたずさわるのは問題であり、〈『シュピーゲル』誌と学術研究の区別をきちんとできないようなことでは、次代をになう学生たちの世代に教える資格はとうていないのである〉とも述べた。

　このブリュックナーの文章が発表されると、早速、反論が出た。「〈シュピーゲル分析家〉ヴォルフガング・ブリュックナーは歴史家なりや？──ヴュルツブルクの論争家への反論〉で、執筆者はマールブルク大学の主任教授マルティーン・シャルフェであった[61]。シャルフェは、イェクレやエメリッヒとともに、バウジンガーに近く、またインゲボルク・ヴェーバー＝ケラーマン女史の後任者でもある。シャルフェは、冒頭でブリュックナーの文章のタイトルを挙げた段階ですでに、〈一読をすすめるのに躊躇する文章であるが〉と小馬鹿にしたような文言を入れている。そして先ず、ブリュックナーがヴェーバー＝ケラーマンのエメリッヒ批判を引っ張ったり、女史のナチ時代の立場をにおわせたことを、〈またしてもラーン川のほとりの悪い赤頭巾ちゃんの話ですか……、1944年の報告文のタイトルをそのまま使った学生たちのレポートの適否の判断は好事家にまかせておきましょう〉といなした。またブリュックナーは、このところ〈大学のエスノロジーをエスノロジーの対象にする気になったらしい〉とからかいもした。次いで、主にハインツ・マウスの経歴を改めてとりあげながら、ブリュックナーの論が粗雑であることを批判した。マウスは、戦後、マールブルク大学の社会学の教授になったが、ブリュックナーの描くような、戦争中に学位をとり研究に従事したあと戦後たちまち社会主義に鞍替えしたというプロフィールにはあたらないことを指摘した。マウスは、研究活動の半ばで衛生兵として動員されたほか、ナチ時代には2回の逮捕歴があるという。一回目はエルンスト・ニーキッシュ

に対する陰謀罪の嫌疑をめぐる裁判を批判したため[61-a]、2回目はチャップリンの「独裁者」を、ヒトラーのたくみなパロディーとして歓迎する論評を執筆したためである。総じて、ブリュックナーは、ナチズムへの批判活動というと、〈1945年に急に社会主義者になった〉連中の仕事と頭から決めてかかって、そこから発言しているが、歴史を相手どる態度としては問題が多いというのである。

少し言い添えれば、シャルフェは良心性の勝った緻密な仕事の研究者として尊敬されているが、この文章は、本人の書きもののなかでは特殊なものであろうが、余り気持ちのよいものではない。なおシャルフェが初期に取り組んだのは、プロテスタント教会系の民衆信仰である。カトリック教会の場合は蓄積の厚い分野であるが、プロテスタント教会は早くから諸分派が発生して一元的ではないこともあって、民衆信仰（Volksfrommigkeit）を特定すること自体が難しく、原理から考えなくてはならいところがある。シャルフェはそれを〈Andacht〉（信心、念持）の概念に焦点を当てて主に図解資料をあつかったことがあり、またその後もピエティスムスを民衆信仰の面から考察もしている[61-b]。

3

この批判のあと、1987年にカタログ『ベルリンの学問』へのブリュックナーの寄稿「民俗学」が出、さらに翌年の始めには完成稿の「ベルリンと民俗学」が印刷された。この両論文は、先の論評調の小文とは違って、かなり本格的な研究成果を盛りこんだものとなっている。「ベルリンの民俗学」の方は、主にベルリンを舞台にした今世紀前半の研究者たちの活動をあつかっており、特に民俗学が大学の学問となっていなかった時期の先人たちの苦労の様子に光をあてている。たとえばグリム兄弟の昔話集への詳細な注解をほどこしたことによって評価されるヨハネス・ボルテは、その〈大部の仕事をギュムナジウムの教師としての仕事に追われるなかで週末にしか手懸けることができず、また各地の図書館への調査旅行も、学校の休暇の期間に、自前でおこな

わなければならなかった〉のであった[62]。総じて冷静な論調ではあるが、近年の民俗学界の動向への不満も見え隠れしており、このスケッチは、次のような批判の言辞でしめくくられている。

> 1983年にベルリンで開催されたドイツ民俗学会の第24会大会は、「大都市、経験的文化研究の諸相」というテーマでおこなわれたが、これは、民俗学が、現今の工業社会において直接観察できる分野を相手にどれほど活動しているかを示すためのデモンストレーションでもあったのである。

また「ベルリンと民俗学」では、主要には1933年から1945年にいたる期間のベルリン大学の講義目録を大枠としながら、そこで民俗学を担当した人物の動きや背景の事情については、かなり詳しい復元を試みている。現代史をさぐるという面では、これまで詳しくは知られていなかった当時の動きを掘り起こした箇所も少なくない。しかし論の重心は、やはり当時の民俗学をどう評価するかという問題におかれている。そのさい中心に位置するのは、アードルフ・シュパーマーとリヒァルト・バイトルの2人の仕事が〈民俗学におけるカノン〉を形成したこと、ならびにその評価であった。ブリュックナーは、結論的には、それを次のように判断した[63]。

> 大学での講義の内容からみれば、シュパーマーとバイトルの〈カノン民俗学〉は、一面では、ほぼ一貫してナチズムへのレジスタンスの性格をもっていた。しかし他面では、まさにそれゆえに機関として確立することは水泡に帰した。この点では、ヤコバイトとモアマンが言及する通りであろう。病気と戦争は、付随的な現象であった[64]。

要するに、この二人の代表者の民俗学の構想を、ブリュックナーは非常にポジティヴに評価したのである。またそれを支持するような事実を挙げた。

たとえば、アードルフ・シュパーマーについては、〈もし親友でもあった内務大臣のフリックが、「ローゼンベルク機関」と親衛隊麾下「祖先の遺産」の策動を無にしてくれなかったら、ベルリン大学の教授にはなれなかったであろう〉と言う。なおシュパーマーをめぐる民俗研究者たちの動向を追跡しているなかでは、特にレーオポルト・シュミットが関係する次の部分に注目しておきたい[65]。

　　レーオポルト・シュミットは、当時、ウィーンで学位をとったあとポストがなかったが……アードルフ・シュパーマーの発案でシュトゥーベンラウホ書店が設けたヴィルヘルム・ハインリヒ・リール賞を、1937年にベルリンにおいて受賞した。シュミットが23歳のときで、ウィーンの都市民俗学の仕事によってであったが、これは今日なお新鮮味を失っていないテーマである。しかし、国家の出版管理局は、その刊行を許可せずに放置した。その後、1940年にウィーンで出版されたが、シュミットが後年述べたところによれば、〈ナチストによって削除され、編集も悪かった〉。そのため、〈期待できたはずの効果は得られなかった〉とも言う。シュミットは、これにさらに手を入れた原稿を、レニングラードの前線から、シュパーマーに宛てて送付し、ベルリン大学に教授資格論文として提出した。この原稿の行方は、東ベルリン側の解明を待つほかない。その後のできごとしては、シュミットの証言がある。シュミットは、前線から休暇をもらい、政治的な理由で〈病気〉となっていたシュパーマーを、ドレスデン郊外ラーデボイルに訪問した。シュパーマーは、その直前の1943年には、あやうくゲシュタポに逮捕されるところを、アイフェルの司祭で後に民俗学者となるニコラウス・キュルによってベルリンのザンクト・ヘートヴィヒ病院に匿われて難を逃れたのであった。[65補注] そうした経緯のために、シュミットの教授資格審査はうやむやになってしまった。……

またリヒァルト・バイトルについても、ナチ時代にベルリン大学でおこなった授業科目にまで遡って、ポジティヴに評価した[66]。

> バイトルは、「労働形態と労働慣習、民俗学の教材映画をもちいた入門演習」という授業を月曜の 18 時から 20 時に担当した。これは当時としては大変モダンで、またイデオロギーにおかされてもいず、それどころか今日でも民俗学のなかでは片隅におかれているところすらあるテーマである。そうした側面がまったく無視されていることには、呆れるほかない。……

これらの民俗研究者たちの戦後の活動についても、そうした事実認定と人物評価の延長上でなされている。それは特に、戦後、ベルリン自由大学で民俗学を教えた人々についてである。すなわち、1951 年からゲルマニスティクの枠内で民俗学を担当したマルティーン・ヴェーラー（Martin Wähler 1889-1953）、同じく 1960 年まで教員であったバルバラ・ピッシェル（Barbara Pischel 1912 生）、それに 1959 年から 1966 年まで民俗学を教えたリヒァルト・バイトルである[67]。しかし、そうした評価が、目下、ナチズム民俗学批判を手がけている人々の見解に真っ向から対立するものであることはあきらかである。

なおこの論文でもそうであるが、ブリュックナーのひとつの関心の方向として、プロテスタント教会とナチズムの関係に沿って、民俗学の関係者を洗っていることに注目しておきたい。オイゲーン・マッティアート（Eugen Mattiat 1901 年生）や、マテス・ツィークラー（Matthes Ziegler 1911-1992）といった人々である。特にツィークラーは、人種観にもとづく民俗学理論とローゼンベルク機関での活動のために、研究者のあいだでは〈第一級のテロリスト〉とも評されてきた。しかし、その戦後の動向は不明であった。それどころか『キュルシュナー研究者総覧』の戦前の最後の版である 1940 年版に収録されていないこともあって、よく言及されるにしては、生まれ年もはっ

きりしていなかったのである。ブリュックナーは、その軌跡を追うことに成功し、この人物がもともとプロテスタント神学を専攻したところから戦後まもなくプロテスタント教会へ戻って牧師となり、既に年金生活に入っていること、またその住所などをつきとめた[68]。因みに、細かいことながら、ブリュックナーが明らかにした事実のなかで興味を惹くのは、マテス・ツィークラーがプロテスタント教会へ復帰するにあたって名乗った名前である。〈Paulus zu Saulus〉、つまりサウロの頃のパウロで、かつての『ナチス月報』主幹には、そこに託すところがあったのかも知れない。そしてブリュックナー等の追跡を受けつつ死んでいった[69]。

4

ベルリンでの講演に端を発っした悶着は、以後も尾をひき、またそれに関連して、幾つかの揉め事が重なってきた。ダウ教授をめぐるものや、ゲレス協会をめぐるものなどである、時間的な順序から言うと、1988年の初頭に『ベルリンと民俗学』が発表され、その年の10月にゲレス協会民俗学部門の大会が開催されるというように推移する。ここでは、先ずこの2つのできごとをまとめてとりあげておく。

最初のものは、アイオワ大学のゲルマニスティクの教授で、かねてリックスフェルトと協力してナチズム問題に取り組んできたアメリカ人のジェームズ・ダウが関係している。ダウは、1987年12月に、サンフラシスコでの近代語協会の研究発表会において、『第三帝国のジャーマン・フォークロア』という報告をおこなった。そのさいナチズム問題をめぐるドイツの民俗学界の動向を、特にブリュックナーの1983年の講演とそのあとの紛争を中心に報告した。すなわち、ブリュックナーは〈ナチズムの世界観とその民衆教化のプログラムに深く関与した人物たちを clean up しようとした〉と指摘し、また〈その特別講演の原稿は講演者の手元にとめおかれたままで、今もなお発表されるにいたっていない〉とも補足した。

それに対してブリュックナーは、アメリカでの報告が事実をねじ曲げるも

のであるとして、反論した[70]。後者については、すでに1987年のはじめには、「ベルリンと民俗学」の原稿を論敵であるリックスフェルトのもとに送付しており、また5月にはそれが『ベルリンの学問』に掲載されていたと言うのである。またダウのアメリカでのドイツ民俗学会の紹介は歪んでいるとも言い、その一例として、リックスフェルトとダウが共同で刊行した『ジャーマン・フォルクスクンデ』の序文のなかで[71]、リヒャルト・バイトルと、〈そのベルリン時代の同僚であった〉インゲボルク・ヴェーバー＝ケラーマンとの相互に関係のない文章を並べて両者のあいだに対立があったかのように解説していることをとりあげた。

　もうひとつのできごとについては、次のような経緯がある。ブリュックナーは、ドイツ・カトリック教会の代表的な学術支援組織であるゲレス協会（Görres-Gesellschaft）の民俗学部門の責任者の位置にある。そして1978年以来、『民俗学年報』（Jahrbuch der Volkskunde）を編集してきた。これは一般的なタイトルのように見えるが、かつて刊行された著名な学術誌の後進にあたる。すなわち、1920、30年代にゲレス協会の代表者であったゲオルク・シュライバーが主に宗教民俗学の分野の研究者を結集させて1936年に創刊号を出したのが、その名前の研究誌であった。当時そこにあつまった人々は、概ねカトリック教会を背景にしており、その面からの宗教民俗の解釈を手がけため、勢いナチズムに傾斜した民俗観とは対立することになった。そのため第3号が1938年に発行されたところで、ナチ党の介入で続行できなくなった。その復刊がブリュックナーに委託され、彼はそれを実行してきたのである。これは、今日のドイツの特に宗教民俗学の分野では重要な成果が幾つも掲載されてきた学術誌でもある。近年数十年のドイツ民俗学会の機関誌は、どちらかと言えば宗教民俗には強いとは言えず、それもあってこの雑誌はかなり重い比重をしめている[72]。そしてブリュックナーは、1988年が『民俗学年報』がナチ党によって廃刊に追いこまれてから50年目にあたるところから、〈民俗学とナチズム〉をテーマにバイロイトにおいてゲレス協会民俗学部門の大会を開催することを企画した。そしてナチズム研究を手がけてきた民俗研究

者たちに呼びかけたが、誘われた人々の多くが一斉に参加を断った。リックスフェルトも、その一人であった。そのために、参加予定者はブリュックナーに近い人々にほぼ限られてしまった。それが、ブリュックナーには一種の策動のように映った。そこで1988年春の会報上で、大会の予告をおこなうかたわら、応諾しなかった人々を非難した。すなわち、50年前にナチ党とそれに親近な学者たちがゲオルク・シュライバーへの一斉攻撃をおこなって、その活動を妨害したのと同じ事態が、今また再現されたというのであった[73]。

もっとも、参加をことわった人々の方には、別の見方があるのは、当然である。ブリュックナーは、すでに前年から、このゲレス協会主催の「民俗学とナチズム」の企画に向けて、そのテーマをあつかう視点をめぐって、従来からの自説を一段と論戦調で説いていたのである。それは、「1988年、ナチズム研究の年」、「ネストベシュムッツァー（巣を汚す奴）と疑似民俗（フェイクロア）製造工場という民俗学におけるシンドローム」といったタイトルからもうかがうことができる。

5

こうして1988年初に「ベルリンと民俗学」が発表され、秋には大会がひかえているというなかで、その中間にあたる5月にリックスフェルトがブリュックナーへの批判文を書いた。またそれを公開書簡として関係者に発送した[74]。かなり長文のもので、また論点も多岐にわたっている。論証の手つづきも、幾つかの点では大変細かである。一例をあげると、ブリュックナーの発表したものが、1983年の講演とはかなり違っていること、またそれにからんで、ブリュックナーの意図が、ナチズムへの加担者の汚点を抹消しようとしているという指摘がなされている。もちろんブリュックナー自身は、汚点の抹消という行為を認めてはいない。しかし、ブリュックナーへの批判者たちはそう見ており、そのひとりであるジェームズ・ダウは、アメリカでそれを伝えたのであった。それに対してブリュックナーが反撥したことは、先に取りあげた。ところが、この公開書簡で、リックスフェルトは、ダウの伝

達は正しかったとして、次の論証を挙げた。ひとつは、大会の直後にペーター・アシオーンが執筆した報告のその部分である。第二は、そのときの座長であったウーツ・イェクレが事後にブリュックナーに宛てて送った私信をブリュックナーが公表したが[75]、その引用文のなかに、真相が顔をみせているして、その文言をあげた。つまり、回りまわって表面に出たイェクレの私信の一節である。

　　《ナチ時代に活動しなければならなかった研究者たちのテキストを文献学的に厳密に検証することは正しいと思います。また彼らの立場と自己をある程度かさね合わせ、そこから、自分ならどのように対応したかに思いをめぐらし、自信がある者がおれば、先ず石を投げよという考え方も正しいと思います。しかし現に存在する褐色の汚れを落としてしまおう（reinwaschen wollen）とするのは、間違っているでしょう。》

ここにreinwaschen wollenという字句があることをみれば、ブリュックナーがナチズムに傾斜した人々をclean upしようとしていると伝えたダウの報告は間違っていなかったことが明かになる、と言うのである。
　また過去の人物評価では、アードルフ・シュパーマーとならんで問題になったのはリヒァルト・バイトルであるが、それにリックスフェルトは、こう記した。

　　あなたがベルリンの講演のなかでは、多数の民俗学者のなかでも特に頻繁に言及するとともに賞賛したのはリヒァルト・バイトルです。あなたは、また別の箇所では、バイトルを指して〈非の打ちどころのない人物〉とも形容したものです。そしてまた、我々が、その人物を〈度し難いナチストとして槍玉にあげた〉と非難したものです。しかしあなたの主張は、あなたが挙げた資料を丹念に検討するだけでも、成り立たないことは容易に分かるはずなのです。

もっとも、我々の調査したところでも、リヒャルト・バイトルは、ナチ党の党員ではなく、……1933年11月1日付けでナチズム大学教員同盟のメンバーになったというだけで、これは大学教員には義務であった面もあります。
　またリヒャルト・バイトルは、アルフレート・ローゼンベルクの「ドイツ文化のための民族体[フェルキッシェ]闘争同盟」に、この機関が存続しているあいだは属しており、1934年にこの組織が消滅した後、そのカトリック的信仰ために、「ローゼンベルク機関」と確執をきたすようになったのです。
　あなたは、ベルリンでの講演で、同じくマティルデ・ハインを高く評価しました。そのさい、あなたは前にもこんなレトリックをきかせた問いを投げかけたものです。《彼女と同世代の人なら、過誤に陥らないことはめったになかったあの時代に、彼女はいったいどこにいたのであろうか。あるいは、こう問いなおしてもよい。彼女が過誤を冒さなかったのは、なにゆえであったろうか。……彼女は、グロースハイムのカトリック信徒の農家の出身であることを強く意識しており、またそれが彼女を研究者へと進ませもしたのであった。そして、またその故に、彼女はナチズムに対して抵抗の姿勢を失わず、ナチ党に組みこまれない孤高の人でありつづけ、学者として理想的な生きざまをつらぬいたのである。》
　しかし、あなたがそれほどよく知っているはずのマティルデ・ハインは、1933年5月1日にナチ党に入党しているのです。党員番号は、2 396 420番です。……
　またリヒャルト・バイトルの場合は、その編集にかかる『ドイツ民俗学辞典』の第3版の〈民俗学〉[フォルクスクンデ]の項目を執筆していますが、それを読むと、この断固たる〈民族体主義者〉は、1974年になっても、デモクラシーにのっとった戦後教育と西洋民主主義に対する手のつけようのない敵対者であったこと、またすでに乗り越えられていたフォルク文化観に基づくそうした見解を、研究者も学生もアマチュアをも対象にした基本書で表明していたことが分かるのです。

マティルデ・ハインは、戦後長くフランクフルト大学で民俗学を担当した草分けのひとりであり、ブリュックナーが教授資格論文を提出した師でもある。また、ブリュックナーは、その後任として始めフランクフルトで教授になったのであった。そうした関係からも、1983年に女史が亡くなると、追悼行事などを中心になって実行してきた[76]。もっとも、マティルデ・ハインの戦前の活動が次第にあかるみに出てきたことから、ブリュックナーも、その『ベルリンと民俗学』のなかでは、彼女がアードルフ・シュパーマーの助手として「民族体的研究方法、その実習入門」といったゼミナールをひらいていたことにも積極的に言及した。ただし、そのときにも、〈アルバイツヴァイゼ〉は〈活動のしかた〉という意味ではなく、民俗学の方法論のゼミナールであるから〈研究方法〉のことであるとして、そのタイトルからマティルデ・ハインをナチ的活動への手引き者とみるような推測がなされたのは当たらないとのコメントを加えた[77]。したがって、マティルデ・ハインのナチ時代の事跡もとりあげているが、それは非難を強めるという脈絡においではない。しかしこういう言及のしかたは、立場が違えば、いよいよ悪質であるということになる。リックスフェルトが、ブリュックナーの最近の文章ではなく、1983年当時の文章をあらためて引用しているのは、論争術という面もあるが、相手の視点が基本的には変化していないという認識があるからであろう。

　またリックスフェルトが、リヒャルト・バイトルの『ドイツ民俗学辞典』の本人の執筆した項目を引き合いに出して、戦後にいたってもフォルク・イデオロギーを説いていた人物と決めつけたのは、エメリッヒが『ゲルマニスティクにおける民族体イデオロギー』のなかで指摘して以来[78]、批判者のあいだにほぼ定着している見方を繰りかえしたものである。なおそれに因んで、バイトルが1936年に編集した『ドイツ民俗学辞典』において自ら執筆した「民俗学」の項目の実際を挙げておくと、そこには次のような解説がなされていた[79]。

《ドイツ民俗学(フォルクスクンデ)は、ドイツ民衆(フォルク)（民族）の心意の特質、すなわち出自と風土ならびに心理的基体と共同体文化が、歴史的経緯とからみあいながら心意的特質をかたちづくった事情を解明することに向けた学問である。……フォルクという概念において、民俗学は、血と土による共同体のすべての成員を包含するが、またその視点は特に、この共同体という生命体の母層と培養土、すなわち血と共同体と土が間断なく結合している層に向けられるのである。》

　しかもこの解説文は、戦後の第2版（1955年）でも、さらに第3版（1974年）でも修正されなかった。エメリッヒはこれを指弾しただけでなく、同じ辞典のなかで、バイトルが、ヴィルヘルム・ハインリヒ・リールを〈学問と作家的才能のすべてを傾けて、マルキシズムと唯物論、またフェルキッシュ生命のどんな破壊にも抵抗した〉人物としてポジティヴに評価したことも批判した。さらにやはりバイトルが、「人種・人種学」の項目では、〈人種は民族体(フォルクストゥーム)（民衆体）とその創造力の最も重要な基盤〉のはずであるが、今日ではそういう視点が失われてきているとも記したことを問題にした。しかしまたエメリッヒは、その箇所に注解にほどこして、バイトルのその辞典はナチストから好評を受けたのではなく、逆に『ナチス月報』誌上では、教会的信仰が基本になっているとして酷評されたことも付記していた[80]。
　なおこの箇所については、背景の事情を補っておくのがよいかも知れない。リックスフェルトとブリュックナーの対立的な見解はそれとはして、ナチズム問題がいかに微妙であるかが窺える好例でもあるからである。たしかにリックスフェルトが指摘するように、リヒァルト・バイトルの〈地と土による共同体〉や、人種を〈フォルクストゥーム〉の基盤として重視するといった表現は、ナチズム民俗学のキイ・ワードを凝縮したようなところがある。しかしまた主観的にはナチ体制の支持者とは自認していなかった人々も、当時はそうした表現を案外おこなっていたのである。つまりナチスへの直接的な賛否を超えて、流行語でもあった。

そうした表現にもかかわらず、リヒァルト・バイトルの事典がナチストの不興を買ったのであるが、それにはナチ党の内部要因がからんでいた。『ナチス月報』はアルフレート・ローゼンベルクの牙城であり、ローゼンベルクはナチス幹部のなかでも特に論説家として存在を誇っていた。しかし現実政治の戦略家ではなかったらしく、〈チーフ理論家〉（Chef-Ideolog）を自称し、時には一般からもそう呼ばれたにしては、その主著『二〇世紀の神話』をヒトラー以外の党幹部は誰も読んでいなかった（ニュルンベルク裁判の過程でそれが判明し、当人を憤慨させた）[81]。しかしヒトラーの国籍問題にからんで何度か党首代行を任された経歴と、まとまった著作によって、当時はナチスの代表的な理論家と見えたのである。しかし中には、プロテスタント教会のヴァルター・キュネトの『神話への回答』のように、キリスト教の原義との突き合わせによって、ナチズムを構成する本質的要素に迫ったものもないではなかった[82]。もっとも、今日の時点から振り返ると、期せずして眼くらましの効果を発揮したと言うべきで、そこに議論を集中させてもナチス批判としては的外れになるほかなかったのである。しかし教会関係者が神経を尖らせたのは故ないことではなかった。ローゼンベルクの教養や知識には、反キリスト教会的な雑多な知識が流れ込んでいた。ファナティックなキリスト教会排斥で異名を轟かせたランドルフ・チャールズ・ダーウィン（Randolpf Charles Darwin）や、狂人となった同時代の古代学者アルベルト・グリュンヴェーデル（Albert Grünwedel）、さらに19世紀以来のいわゆる〈坊主鑑〉（Pfaffenspiegel）などである[82]。それゆえローゼンベルクには、キリスト教会への歪んだ対抗意識が露であった。またそれが独特の吸引力になったのであろう、彼の周りに集まったナチスの若手官僚には神学生から転身した者の存在が目立つのである。マテス・ツィークラー、オイゲーン・マッティアートなどである。それゆえまた教会色を感知したときには、この一派はしばしば過剰な反応を示した。目下話題にしているリヒァルト・バイトルへの評価もその一例と言ってよいであろう。リヒァルト・バイトルの言説に、ほとんどナチスの宣伝文と重なるような表現がまじっているのは見紛うべくもない。

しかしナチスに賛同する意図をもたないまま、当時流行していたフォルク思想ないしはフェルキッシュ思想に沿った語彙を用いたと思われることは先にふれた。同時に、その教会色の故にナチスの不興を買ったのも事実である。ではリヒァルト・バイトルはナチスであろうか、それとも非ナチスであろうか。実に、具体的な個々人とナチズムとの関係は、そうした微妙なものなのである。

先の話題に戻すと、リックスフェルトは、またブリュックナーの世代論についても咎め立てた。それは片端から例外の出てくる図式であって、まったく役に立たないとし、また年齢という要素をもち出して、何かと言えば、ナチズム加担者の責任の軽減をはかろうとする姿勢であると指弾した。さらに、最近ブリュックナーが新しく唱えだした論にも言及した。

> あなたにとっては、市民的ナショナリズムからナチズム民俗学が発生した事情や、イデオロギーの個々の要素が戦後においてもなお延命していることに向けた核心問題は、すでに解決ずみのもののようです。すなわち、あなたの〈人口統計学からの〉解明のモデルに照らせば、〈ナチス系の民俗学は、大枠においては、従来の大学と学界の民俗学への学生革命であった〉とのことです。あなたはまた、ドイツ民俗学におけるファシズムという妖怪の生成についても、安っぽい仮説を立てたものでした。……

ここで〈安っぽい仮説〉と言われるものは、1988年にある程度まとまったかたちでブリュックナーが表明した見解を指している。ブリュックナーは、これまでにもふれたように、特にマテス・ツィークラーに焦点をあわせてプロテスタント教会に近い人々がナチズムに走ったことを追跡していたのであるが、それをこの時期に一般論にまで敷衍したのであった[84]。ブリュックナーによれば、〈新しくゲルマン的な宗教を樹立しようとしたナチズムの試みを主要になったのは、もとはプロテスタント教会の神学者であった人々で

あり、またその試みも、プロテスタント教会の伝統の上につくるあげることがめざされた〉のであった。これは、ナチズム民俗学をめぐるブリュックナーの幾つかの見解のなかでは、特に注目してよいものと思われる。しかし、それがドイツの学界でも一般社会でも受け入れられる可能性は小さい。ナチズムに強く傾斜した人々は、どの分野においてもカトリック教会とプロテスタント教会の両方にまたがっており、また抵抗者もどちらかに特に多かったというわけでない。またドイツ人のあいだでは両教会の信徒はほぼ相半ばするなかで、その一方だけがナチズムにつながっていったという主張は、特にそれを主張する人が属する宗派そのものの方により大きな責任があるという趣旨でなされでもしないかぎり、他派への攻撃になってしまう可能性が大きいのである。ブリュックナー自身は、カトリック教会に属し、また宗教民俗の研究者として一家をなしてきた。因みに学位論文『ヴァルデュルンの聖血汁』は特定の巡礼地の研究としてはマスターピースと言ってもよいものである[85]。ともあれ、リックスフェルトは、このブリュックナーの着想を頭から斥けた。その理由は、マテス・ツィークラーをもって、ナチズム民俗学の代表であるとする見方がおよそ成り立たないという点にある。つまりブリュックナーは、マテス・ツィークラーのような1910年以降に生まれた世代がファシズムの民俗学に走ったというのであるが、リックスフェルトの見方からすれば、それより年長の世代であるアードルフ・シュパーマーやリヒァルト・バイトルこそが、フォルク・イデオロギーのにない手なのである。第二に、ツィークラーの考え方は、独創的なものでなく、アルフレート・ローゼンベルクの主張に共鳴したものにすぎない、と言うのがリックスフェルトの見方である。そうした観点の違いもあって、リックスフェルトは、ブリュックナーが、今度は、カトリック教会とプロテスタント教会の〈宗派のあいだの対立を煽ろうとしている〉として批判したのである。

6

ところで両者の対立は、さらに細かな点にまでのびていった。この公開書

簡で、リックスフェルトが、次にフリードリヒ・シュミット＝エープハウゼンに言及しているのがそれである。ブリュックナーが、1988年10月4日と5日にバイロイトで開催するゲレス協会民俗学部門の大会の宣伝をおこなっていたことは先に紹介した。そこには、ブリュックナーの講演として「マテス・ツィークラーとゲオルク・シュライバー、その対立の実態」と、「フリードリヒ・シュミット＝エープハウゼン——第三帝国時代のバイロイト師範学校の民俗学の教師について」の二つが予告された。これを見て、リックスフェルトは、そのブリュックナー批判の公開書簡において、シュミット＝エープハウゼンの経歴を論じた。ブリュックナーの講演では、いずれにせよナチス世代の擁護を趣旨とする言及となることを見越してであったろうが、それと共に、情報の把握でも一歩先んじていることを明らかにしたのである。

　フリードリヒ・シュミット＝エープハウゼン（Friedrich Schmidt-Ebhausen 1902-1971）は、刊行された論文集を改めて開くと二三目立ったものがあるものの、特に研究者として注目すべき存在というわけではない[86]。ここで問題になったのもその論説ではなく、経歴であった。すなわち第三帝国時代にバイロイトに師範学校が設けられとき、ナチ党によってその教員に補せられ、また戦後は長期にわたってドイツ民俗学会の理事のひとりとして主に事務局を担当した人物である。したがって、ドイツの民俗学界のなかでは、年配の人々はよく知っているのである。その人物について、リックスフェルトは、次のような経歴をあかるみに出した。

　　1918年から1922年の期間は、「ドイツ・民族（フェルキッシァー）体青年同盟」のノイケルンの指揮官（フューラー）、1920年にはベルリンでカップ一揆に参加し、その後「エールハルト義勇軍」に入って2度逮捕された。1920年から1930年にベルリン大学とフライブルク（ブライスガウ）大学で学び、さらにチュービンゲン大学で学位を取得し、1926年から1928年および1930年にはフライブルクの「民俗歌謡アルヒーフ」においてヨーン・マイヤーのもとで勤務し、1930年から1934年にはベルリンの「ドイツ民俗地

図作製センター」にいた。この間1931年にナチ党に入党し、ローベルト・ライとアルフレート・ローゼンベルクのもとで種々の党務についた。1935年にバイエルン・オストマルクの郡指導者(ガウ)としてバイロイトに赴任し、翌年からは党の配属教員としてバイロイトの師範学校で教鞭をとった。第三帝国の末期にはいっそう出世をとげ、ベルリンにおいて、ゲッベルスが率いる国民教化・宣伝省の参事にまでなった。

こうした経歴を挙げたあと、リックスフェルトは、次のように述べた。

　したがってナチ党の〈オールド戦士〉であるが、1949/52年から1961年まで、会長ヘルムート・デルカーのもとでドイツ民俗学会の理事会のメンバーとなって、事務部門を中心に会の運営をおこなった。ところが、1971年に亡くなったときの追悼文（デルカーの執筆）には、ナチ党員としての活動には一行もふれられなかった。しかし、研究者仲間や同世代人の目をいつまでも免れるはずはない。
　ドイツ連邦共和国の民俗学ないしはその全体組織に戦後においてもかつてヒトラーの腹心ゲッベルスが率いる省庁の参事であった人物が中心的な位置でたずさわってきたという事実は、この専門分野に〈汚れ〉がつくのを見たくないという沈黙の壁に囲まれて今日に至ったのである。

先にもふれたように、このリックスフェルトの公開書簡は論敵が予告したテーマを先取りして論じたものであった。当然にもブリュックナーは気分を害したが、やがて行なわれた大会での講演では、逆にリックスフェルトが挙げたシュミット＝ユープハウゼンの経歴と評価がどの程度正確であるかを検証するという筋を設定した。この講演の記録は、先ず大会直後の報告文のなかで要約のかたちで公表されたあと、翌年『民俗学年報』に掲載された[87]。それによると、シュミット＝エープハウゼンが宣伝省の参事になったからといってゲッベルスに近かったというのは、リックスフェルトの情報源である

ベルリンのドキュメント・センター（BDC）のデータの拡大解釈であるという。シュミット＝エープハウゼンは、そのポストに就いた直後、バイエルンに赴任したので、リックスフェルトが強調するような活動はなし得なかった筈と言うのである。また、ヘルムート・デルカーの追悼文を2種類とも全文を挙げた上、デルカーにとっては、会長の在任中にシュミット＝エープハウゼンが誠実に職務を遂行して会の再建を助けてくれたことが重要であったので、シュミット＝エープハウゼンの過去を隠蔽する意図をそこに読むのはどうか、また両者は「民俗歌謡センター」ではヨーン・マイヤーのもとにいた同僚でもあり、追悼文にはそのあたりのことはふれられている、またその後ベルリンの「ドイツ民俗地図作製センター」に勤務したが、これも、当時ヨーン・マイヤーが民俗学関係の若手の就職先の開拓に腐心しており、その関係で転任した可能性が高い、それにその頃「ドイツ民俗地図作製センター」を指揮していたのはリヒァルト・バイトルとヴィルヘルム・ハンゼンであって、この人たちはナチストとは決して言えない（リックスフェルトの見方ではバイトルはフォルク・イデオロギーの代表的存在）、さらに民俗学会の事務局と会計を担当していた理事などは、〈植物的な組織の雑務〉に従事していたのであって、〈隠然たる影響力〉と言えるようなものではない、しかし戦後は〈何かにつけて控えめであった人物〉が、第三帝国時代はナチズムに沿ったさまざまな民俗研究の活動を活発におこなっていたことは否定できない、ナチ思想を盛りこんだ人生儀礼のための手引き書を共同執筆したほか、特にバイエルンの各地で地元の人々の民俗関係の活動にきめ細かくたずさわっていた、また教師としても、ナチ党のレクレーション組織である「歓喜力行」協会の企画の形態で学生たちを調査旅行に連れていったりしている――そうした事実を、ブリュックナーは列挙した。そして、これらをシュミット＝エープハウゼンが戦後あきらかにしなかったのは問題ではあるとしながらも、しかし〈人生のなかの告白されなかった期間は12年間だけである〉とも言い、さらにこうもつけ加えている。シュミット＝エープハウゼンは、戦後もヴュルテンベルクにおいて民俗学の雑誌の責任者であったが、その関係で民俗学に

関心をもつようになったひとりに、現在マールブルク大学の教授であるマルティーン・シャルフェがいる、シャルフェは、〈批判精神旺盛でネオ・マルキシズムの研究方向をとる〉人物であるが、シュミット＝エープハウゼンを一種の敬意をこめて回想しており、回想文では《褐色の12年間の後もまた人生である》という当時30歳代であった他の人々には以前から適用されている尺度をあてはめている。もちろん、その12年間が重要で、切りはなせないものであることを否定するつもりはないが。〉しかし、〈最近の考察のなかでは、これが通用しなくなっている。……検事を自認するリックスフェルト〉の言動がまさにそれである、と指摘した。さらに会報に掲載したレジュメの方では、リックスフェルトを〈現今の魔女狩り人〉とも形容した。

7

こうした応酬があったあと、1990年になって、またもや悶着が起きた。ブリュックナーは、1990年に、やはり自分の研究会の会報で、東ドイツの民俗学を論じた[88]。これにはいくつかの機縁があったが、一般的には、前年に東西ドイツが統一し（というより西独が東独を併合したという方が実態にあっているであろう）、各方面で東ドイツの組織の改変が問題になっていたということが背景にあったであろう。また直接的な機縁もあった。オーストリアの民俗博物館の主任研究員の立場にあったミヒァエル・マルティシュニッグが、『東ドイツの民俗学者』という便覧を刊行した[89]。これは、従来からオーストリア民俗博物館が手がけてきた民俗研究者ひとりひとりの情報の収集という作業をかねてから東独にも拡大していたのが、その時期に一応の区切りに達したのである。また1988年からの東ヨーロッパ各国での社会主義体制の動揺のなかで、これまでは閉ざされていた情報が大量に入ってきたことも、人名録の完成をうながした。またマルティシュニッグ自身も、学生たちを連れて東ドイツの民俗研究者の実態把握の旅行をおこなった。それは、東ドイツでも歓迎されたらしい。ところが、その人名録は、東ドイツの社会主義体制に批判的な向きからみると、少々甘いところがあったようである。もっと

も、ウィーンのこの種の企画は、以前から研究者本人の情報提供を基本とするという原則によっている。したがって、本来さまざまな情報が盛られて然るべき人物でも、当人が記載をよろこばない場合には、名前と出生年とポストのほかは空白のことがある。また本人が小文にいたるまで漏れなく列挙すれば、ある程度の整理はするものの、できるだけその意向に沿って掲載してきた経緯もある。したがって東ドイツの民俗研究者についても、したがって原則は本人が寄せた経歴なのである。しかし、それがブリュックナーには、不満であった。もっとも、要因はそれだけではなく、東ドイツ問題、とりわけ従来の社会主義体制の精算が一般の話題にもなるなかで、先に挙げた『東ドイツの民俗学』という論考を執筆したのであった。そこで、ブリュックナーは、東ドイツの民俗学の破産を論じたのであるが、それに関連して、ミュンヒェン・シンポジウムに改めて言及した。すなわち、ブリュックナー自身はシンポジウムへの参加をもとめられながら応じなかったが、それは、シンポジウムが最初から特定の方向を向いていたからであったと言う。ブリュックナーが改めてとりあげたのは、次の諸点であった。①シンポジウムは、最初からエメリッヒの研究成果を基礎にするという方向をもっていた。②〈ナチズムの単数性〉(すなわちナチズム問題は主要にはドイツの1930、40年代のナチ党の支配体制を対象にすべきで、社会主義その他をこの議論に混入させるのは避けるべきであるという見解) というハーバーマスの主張が、最初から絶対視され、それによって、自分のように〈褐色と赤色の親近性〉という見解を表明している者には入る余地がなかった。③ナチズム批判と言いながら、東ドイツの有力な民俗学者を招き、しかもそのひとり〈東ドイツ・アカデミーの民俗学の首領〉ヘルマン・シュトローバッハの講演を冒頭に配置したのは、シンポジウムの性格を物語っている。なおこの3点は、主催者であるミュンヒェン大学の教授ヘルゲ・ゲルントがシンポジウムの開始にあたっておこなった報告において明らかである、とも述べた。さらに、④討論のなかでも、ナチズムを問題にするときには、他の全体主義の問題性も議論されるべきではないかとの発言があったものの、それが遮られたことが記録

からも知られるが、それまたミュンヒェン・シンポジウムの性格を裏づけている。

ブリュックナーが以上を改めて指摘したため、今度はミュンヒェン・シンポジウムを実行した責任者であったミュンヒェン大学教授のヘルゲ・ゲルントが議論に加わってきた。ゲルントは、この時期にはドイツ民俗学会の会長の立場にあったが、ブリュックナーの批判に対しては、先ず私信を寄せて、誤解を解こうとした。その私信では、不手際があったなら、それを謝するのにやぶさかではない、とも記したようである。しかし、ブリュックナーが頑な姿勢をあらためなかったので、〈事実の推移に限定〉した〈半公開書簡〉を関係者に送付した[90]。ゲルントは、次のように事実を指摘した。〈たしかににエメリッヒについては2度言及しはしたが、それは民俗学の側からのナチズム問題との取り組みが〉、1960年代後半に〈エメリッヒの著作とバウジンガーの数篇の論考その他幾つかが現れて以来途絶えている〉ことを指摘をしたのであって、エメリッヒを基礎にするという趣旨ではなかった。またナチズムの単数性をめぐっては、1985/6年には多くの人々がナチズム問題を論じていたという現実があり、それを指摘したのだが、そのときの脈絡は〈現在、ドイツの歴史家たちがナチ時代をどう理解するかをめぐってアクチュアルな議論を展開しています、その哲学的な論議に自分たちも加わってみたいという誘惑がはたらきますが、ここではそれをひとまず抑えようと思うのです……〉と述べたのであり、また当日は名前を挙げなかったが、隣接学での議論に注目するという趣旨から、印刷の段階では、ユルゲン・ハーバーマスだけでなく、ユルゲン・コッカ、マルティーン・ブロ―サト、ハンス・モムゼンなど10人の名前を列挙し、併せて彼らの見解を伝える誌紙を注解として入れておいた。なおこうした発言をおこなったのは、民俗学場合は、少なくともミュンヒェン・シンポジウムの段階では、研究者たちが究明した事実を持ち寄り、事実に則した議論をおこなうことを中心に考えていたからである。また東ドイツの民俗研究者を意図的に冒頭に配置したというのも曲解であり、それはシュトローバッハの発表が1933年以前を問題にしていたという年代

的な順序によるもので、また基調報告は自分の講演がそれに当たるのである。さらに〈他の全体主義〉をめぐる発言についても、それらを遮ったというようなものではなかった。いずれも、刊行されているシンポジウムの記録を冷静に読めば納得してもらえるはずである。自分の釈明は以上だが、ブリュックナーの非難発言には問題がある。その主宰する『バイエルン民俗学報』が、このところ、〈民俗学界のビルト・ツァイトゥング〉などと評されているのは、まことに残念である。ゲルントは、このように回答した。

　以上が経緯であるが、これにも多少の補足を加えておく。このブリュックナーの東ドイツ問題をめぐる不満の表明と、それに触発されたゲルントの回答は、どちらもその立場からすれば、簡単には妥協できないところがあったであろう。ブリュックナーは、もともと、1960年代後半の学生運動以来のドイツ民俗学の趨勢は、東ドイツの社会主義体制を容認ないしはそれに迎合するものと見てきた。また、社会主義とナチズムは共に全体主義であるという見解をもっていた。さらに、エメリッヒによるフォルク・イデオロギーの解明をその代表的な著作という見方も示してきた。

　このブリュックナーの見解は、理論的に突きつめられものではなかった。しかし、それはブリュックナーひとりの考えではなく、ドイツの民俗学の展開のなかでは、それ相応の脈絡を踏まえており、またその立場に立てば無理からぬところもあるのである。たとえばハンス・モーザーが1960年代の半ばに〈フォークロリズム〉の概念を措定した。これは今日では現代世界のなかでの民俗現象の特質をつかむ概念として国際的にも定着している[91]。ところが、このフォークロリズムの概念は、第三帝国時代に民俗要素をとりいれた行事がさまざまなかたちで見られたことへの批判的な分析を、その根拠のひとつにしていた。また、そのさい東ヨーロッパの社会主義国家においても、民俗要素の政治的な活用がなされていることを同時に問題にしていた。しかし〈フォークロリズム〉は政治的な分野に限定された概念ではなく、たとえばブティックのショーウィンドーで〈最新のオートクチュールに古い荷車の車輪をとりあわせる〉とか、歴史的な名場面の再現を核にした新しい祭りの

企画といった現代に広く見られる現象をも併せて指し示すものとして措定されたのであった。すなわち、民俗的な文物が、本来それと結びついていた意味とは別の機能をおびて意識的に活用されることを広く指すのである。バウジンガーも、ハンス・モーザーが命名したこの概念を解説したとき、ベルギーでのデモ行進の光景を引き合いにして、デモ隊の先頭を民俗衣装をつけた女性たちが歩くという演出は〈革新政党が伝統を大切にする政党であることを示すためのものである〉として、民俗衣装がその本来の意味ではなく、新しい機能をもって活用されている例にあげたことがあった[85]。

　しかし、それはさまざまな分野から拾った事例のひとつであって、特にそこに重点がおかれていたわけではない。これは、フォークロリズムの概念についてのことであるが、一般的にも1950年代から60年代のドイツの民俗学の新しい動きは、第三帝国における民俗文化の諸相の分析と、またそこに社会主義国家への漠然とした反撥を重ね合わせながら進行したという構図があったのである。

　因みに、ブリュックナーはその頃『ふるさととデモクラシー ―― 西ドイツにおける政治的フォークロリズムについて』という論考を書いている[93]。したがって、1980年代にあらためて悶着が生じたのは、ドイツの民俗学が社会主義国家の問題を理論的に突きつめてこなかった結果という面もあった。ブリュックナーのナチズムと社会主義体制の同一視は無理押しの感じを受けるが、具体的な事例では、問題点にふれていることも少なくない。たとえば、1970年前後の学生運動のなかでは、東ドイツの民俗学のリーダーであった民俗歌謡研究家〈ヴォルフガング・シュタイニッツの『デモクラシーの性格をもつドイツの民俗歌謡の600年』（2巻、1954/62年）[94]がもてはやされた〉が、シュタイニッツは〈ベルリン大学で民俗学を教えると共に、晩年は東ドイツの社会主義統一党の政治局員にまで昇った……。

　もっとも、ウルブリヒト政権のもとで、やがて失脚させられ、最後は自殺に追いやられたとの風聞も行なわれている〉。その結末はともあれ、独裁政党の最高幹部のひとりを頂点において系譜をつくってきた東ドイツのアカデ

ミズム民俗学との提携を、ブリュックナーは問題にしたのである。

　しかし、東ドイツの研究者からみれば、事態はまた別にみえることは言うまでもない。少し遡ると、ブリュックナーによる東独のアカデミズム民俗学への非難は予てのものであり、そのためすでにミュンヒェン・シンポジウムにおいて東ドイツからの参加者がブリュックナーを指弾するという一幕があった。東ドイツの民俗学界のリーダーであるヴォルフガング・ヤコバイトが最終日に「東独の民俗学のなかでのナチ時代の研究について」という講演をおこなったが、そのはじめの方でこんなことを述べた[95]。

　　本題に入るまえに一言コメントをしておかなければならないことががございます。『バイエルン民俗学報』という期日通りにかならず発行されるまことに几帳面な定期刊行誌がございまして、東ドイツの民俗学やその出版物をしばしば取り上げております。ところがその中味を見ますと、東ドイツで起きているのはヒトラーのファシズムのなかで見られたのと同一のものであるとして屁理屈を並べているのであります。〈全体主義者〉という決まり文句のもとに、意識的な悪意を以って平行関係を言いたてており、．．．のみならず、今回のミュンヒェン・シンポジウムのテーマ設定においても、私どもが黒幕であるとの中傷を投げかけておるのであります……

　この後には、〈マルクス・レーニン主義の民俗学とヒトラー・ファシズムの民俗学の同一視という悪意は、絶対に容認できません〉という表現もある。もとよりヤコバイトの立場からすれば、その発言はもっともであろう。そして、本論に入ると、アードルフ・シュパーマーの事跡をたどったあと、特にヴォルフガング・シュタイニッツによって東独の民俗学が築かれた経緯を熱っぽく解説した。ヤコバイトの描くヴォルフガング・シュタイニッツは、〈大学生となった1923年に、学問と、そして抑圧にたいする闘い、すなわち社会主義という2つの目標を立て〉、生涯それを追求した理想家である。そし

て1950年代のはじめから、病床にあったアードルフ・シュパーマーに代わって、本格的に東ドイツの民俗学を構築したのであった。このあたりの事情は、事実と受けとめてよいであろう。東欧諸国の社会主義体制が崩壊した昨今では、それらを一色にみなして否定的に理解する傾向があるが、東独では、ウルブリヒトとホーネッカーの2人が相次いで独裁的な権力を握るまでは、社会主義の理想に燃えていた人々が少なからずいたと見ても、あながち牽強付会ではない。因みに、ヤコバイトは、ゲッティンゲン大学のポイカートのもとで学位を得たのちに、ポイカートの勧めもあって、東ドイツのシュタイニッツのもとへ赴いて、その民俗学の後継者になったのである。

ゲルントの書簡にもどると、直接的にはミュンヒェン・シンポジウムへの不満を蒸し返されたことへの反撥、またそのシンポジウムにさいしてゲルントが学生のワーキング・グループに第三帝国時代の各大学での民俗学の授業科目を調査させたことまでもネガティヴに取り上げられたことに苛立ったところもあったようであるが[96]、また大きな背景として、東ドイツをめぐる問題が、この時期に一応決着したという事情があった。それもあって、ブリュックナーをめぐる一連の悶着に終止符を打とうとしたらしい。西ドイツの民俗学は、東独の学界との関係では、近年では、東独のアカデミズムとしての民俗学の現今の代表者であるヴォルフガング・ヤコバイト、ウーテ・モアマン女史（ベルリン大学教授，東独の崩壊後しばらくしてキール大学へ移った）、ヘルマン・シュトローバッハなどを窓口として接触してきた経緯があるが、今後もそれが継続されることがあきらかになったのである。特に、ベルリン大学の正教授の多くが大学を去るなかで、民俗学の分野は移動がなかったのである。ブリュックナーは、ウーテ・モアマン女史が人民議会の代議員をつとめた経歴を挙げてはいるが[97]、人的な配置には大きな変化がなく、しかも社会主義体制の消滅という動きのなかで、議論の基盤そのものがこれまでとは違ってきたのである。しかしまた、よいか悪いかは別とすれば、ブリュックナーが指摘するような脈絡がまったく見られないわけではない。と言うのは、このミュンヒェン・シンポジウムの記録に対しては、ウーテ・モアマン

女史が東ドイツの民俗学の機関誌に書評を載せており、そこで、やはりマルクス・レーニン主義の民俗学とヒトラー・ファシズムとの同一視という悪意を非難するとともに、またバウジンガーとエメリッヒによって西ドイツの民俗学界でのナチズム研究の基礎がすえられたとして高く評価しているからである[98]。これを東独の社会主義体制と西独の民俗学の無原則な結合とみるか、すでに東独の民俗学がそうした柔軟性をもっていたとみるかは、見る人によって異なるであろう。

6. おわりに —— ドイツ民俗学におけるナチズム研究への感想

　かくして1986年のミュンヒェン・シンポジウムを扇面の要としてその前後左右に繰り広げられた思想と行動のモザイク模様を観察した。正に義血あり客気ありのドラマであり、のみならず隙間からは浮瓢や事大も見え隠れする。もっとも、始めにも留保を付したように、ここで追跡した些事雑事が観察と伝達に値するかどうかという疑念はあろう。しかし要は、模範を求めたのではなく、時事問題を整理したのである。また事態の推移については、少なくともアメリカへ伝えられた情報や、また英語文献によって得られる知識よりも精度の高いものとなったはずである。

　そうは言っても、裏話めいた情報に何の価値あろうかとの批判もあろう。確かに、彼の地の論考を要約して並べる方が高級に見えるであろうが、それに因んで言えば、ここで試みたような状況の把握があながち無駄ではない理由がある。本邦でも、西洋史学やゲルマニスティクや宗教学の関係者が、ドイツ語圏の民俗学の文献を用いることが稀ではない。しかしもとの文献には問題性をかかえているものが多く、それが誤った伝達につながっている[99]。その原因は、便宜的に分けると二種類になる。第一は、比較的古い時期の文献を用いるときである。私が、ドイツ語圏の民俗学を手がけ始めた頃、どこへ行っても先ず受けたアドヴァイスは、〈1945年以前の文献は使えない〉とい

うことであった。もとよりそれは単純化された表現であって、実際には特定の年次によって截然と区切ることができるものではなく、その年次の両側に良質の研究と悪書や駄資料が共に分布していることは誰もが承知していよう。しかしそうした指標を踏まえていなければならないほど、事は慎重を要するのである。二番目は、今の指摘とも繋がることがらであるが、現代に至っても、研究者のあいだに、立脚点や立場の違いが大きいことである。それは、ナチズムへの加担という民俗学の過去を戦後まもなくから克服していったときの手法の違いが学派の別として尾を引いていることとも重なっている。日本でのドイツ民俗学の文献の使われ方を見ると、この二つ要素への用心が感じられないのである。

　最後に言い残した諸点に触れておく。ブリュックナーとリックスフェルトや東ドイツの民俗研究者とのあいだの確執も、理論のやりとりという面からみれば、あまり高度な質とは言えないが、事実を堀りおこしてゆく行程、またひとつひとつの事実にどう対処するのかという面かみると、やはり必然的なものを含んでいる。この段階では、どうしても身近な存在や関係者の評価がからんでくるが、それは概念操作だけではすまない難しさを伴うのである。

　とは言え、やはり戦後半世紀余を経過して、対象が風化をきたしていることも、一方の事実であろう。それを端的にあらわしているのは、アードルフ・シュパーマーについて異なった見解を代表してきた2人の研究者が、共同で大部な論集を編集したことであろう。旧東ドイツの民俗学の代表者であるヴォルフガング・ヤコバイトと、シュパーマーへの果敢な批判者であるハンヨースト・リックスフェルトである[100]。ブリュックナーによるナチズムと社会主義体制の同一視が、両者を接近させたという面もありはするが、基本は、研究対象が歴史的なできごとという性格に変化していることによるであろう。

　しかしまた同時に、この段階に特有のさまざまな難問や障害も表面化してきた。研究の資料も、占領軍の監督下で研究者たちについて作成された個人調書から、さらに当時の関係者たちの往復書簡などにまで延びてきている。それだけに、またそうして明るみに出た材料をどのようにして評価に結びつ

けるかという課題もある。リックスフェルトやボックホルンやブリュックナーのやりとりからは、問題の容易ならぬ複雑さが見えてくる。この論争は、数年間を要して、結局、原則を確立するにはいたらなかったのである。

　この点で、振り返ってみたいのが、バウジンガーである。民俗学におけるナチズム問題を正面からとりあげる道を切り開いたのはバウジンガーであるが、その著名な論考の成り立ちには、ちょっとした事件があった。それはバウジンガーの論考でも示唆されているが、1964年にゲルマニストでドイツ言語学のフーゴ・モーザーがボン大学の学長になった直後、有力紙の『ディ・ツァイト』にそれを指弾する記事が載った。「ボンの新しい学長、このゲルマニストのけじめのなさと処世のうまさ」という見出しで、フーゴ・モーザーがナチスに同調した事実を暴いたのである[101]。フーゴ・モーザーは、東ヨーロッパのスラヴ人国家のなかのドイツ人地域、いわゆる言語島の研究を手懸け、特にルーマニアのサトマールへの入植者とそのもとの故郷であるシュヴァーベンの言語と慣習を丹念に比較した初期の仕事は、今もドイツ語の方言研究では一定の評価を受けている[102]。それと並んで新聞記事が指摘したような時代思潮にそった民族教育の言動もあったようである。しかしフーゴ・モーザーのもとでドイツの話し言葉の研究からはじめ、やがてその後任者になったバウジンガーは、これをもひとつの刺激としながら『フォルク・イデオロギーとフォルク研究』を書き、そのなかで〈ボン大学学長フーゴ・モーザーに対して最近なされた浅薄でヒステリックな攻撃の背景〉としての言語島民俗学にも分析を加えることよって、その種の非難が後続するのをぴたりと止めてしまった[103]。これがどこから見ても公正なものであったかどうかはともかく（というのはフーゴ・モーザーと同程度の問題をかかえる他の先人に対して、バウジンガーはしばしば厳しいのである）、議論の水準を切り上げてしまったのである。それに較べると、昨今の論争は、必ずしも快刀乱麻というわけにはゆかないようである。ブリュックナーがその師にあたるマティルデ・ハインを弁護するのは無理なことではなく、一般的に言っても、この女流の民俗学者への評価は今も決して低くはない。アードルフ・シュ

パーマーをめぐっても、目下の論者たちの見方は両極に走りすぎたきらいがあるという見方をする人が少なくない。ただ過去の重要な事実を次々に掘り起こしているのは、これらの執念をもった探索者たちである。バウジンガーはともかくも思想史的な解明の道筋をつけたが、現今の作業は、それに加えて歴史学的な側面からの指標を必要としているようにおもわれる。しかしそこへゆくには、もう少し事実の解明が蓄積されることが前提になるであろう。事実の集積が不足している段階で、原理的な見解ばかりが先行するのは、好ましいことではないのである。

またこれに因んで、〈二つの民俗学〉の問題も、もう一度整理される必要がありそうである。バウジンガーとエメリッヒは、フォルク・イデオロギーが20世紀前半を支配した時代思潮であるとの理解のもとに、ナチスへの抵抗者にまでもそれが濃厚であることを指摘した。抵抗は、学問的な立場や観点からではなく、むしろ人間としての判断力の次元でなされていたという見方である。これは重要な指摘である。しかし、それを直線的に延長して、第三帝国時代の民俗研究のほとんどすべてを民族体的学問(フェルキッシェ・ヴィッセンシャフト)とみなして否定的に評価する傾向が、目下の批判作業にはみとめられる。これは、ものごとをあいまいに放置するよりは、はるかに好ましく、また当事者には勇気がもとめられることがらである。しかしまた、これに関連して、ミュンヒェン・シンポジウムのなかで、「ローゼンベルク機関」を研究したボルムスが、〈歴史家の立場から言えば、やはり二種類の民俗学があったと見るのがよいと思われる〉と繰り返し表明したのは、そのあたりの再考をうながしたのであろう[104]。

最近あきらかになったオットー・ラウファー（Otto Lauffer 1874-1949）の手紙から、ヨーン・マイヤーがクルト・フーバーをドイツ民俗学会の理事に推薦したのにたいして、〈クルト・フーバーにはどれだけの学問的な実績があるのか〉としてラウファーが反対した事実が判明した[105]。もっとも、ヨーン・マイヤーがどういう判断でこの提案をしたのかは不明である。しかしラウファーによって拒否された歌謡研究者が、壮々たる幾多の学究よりも時代を明晰に判断し、潔癖かつ果敢に行動したのである。

たしかにオットー・ラウファーは学問的には優れた人であった。早く学位論文においてカロリング朝時代の生活様式をあつかった時にも、分野の上ではゲルマニスティクながら、歴史学と重なる種類の文献資料を使っており、また1930年代には民俗の時代考察が疎かにされる風潮を見て、〈上古〉と〈中世〉と〈近代〉の時代概念を問い直す必要性を説きもした。さらにクリスマス習俗を材料にして実証的なものの見方を例示している。さらに言い添えれば、ドイツ語圏の民俗ではバイエルンやオーストリアなど南部の諸地域が注目され勝ちで研究も厚いが、ラウファーはゲッティンゲンの出身で、はじめハンブルクで博物館の研究員、後にハンブルク大学教授であったこともあって、北ドイツ地域を専門とした。しかもロマン派の〈北方〉観を免れており、今日でも北ドイツ地域については、ラウファーの諸著作は書かれた年代の割には安心して読める基本書となっている[106]。しかし、ラウファーについては、最近こんな話題がある。ラウファーは、第三帝国のなかでもナチズム民俗学に対しては機関誌などで容赦なく酷評を投げたことによって、高く評価されてきた。しかし、手紙にまでなると、それが微妙に違ってくる。第三帝国が戦争への準備をととのえるなかで、ラウファーは不安を覚えたらしく、権力との個人的なパイプをもとめた形跡があるからである。もっとも、それは、これまでの評価をくつがえすほどのものではないらしいが、むしろ現今の問題は、その書簡類がなかなか公表されず、それをめぐって関係者のあいだでちょっとした綱引きが起きていることにあるであろう。

　小論を終えるにあたり、ここで注目した外国の学界の試行錯誤に教訓を読みとるような環境が、私たちのあいだに存在することをねがっている。

注
1) 直接的には1987年にジェームズ・R・ダウ教授が1987年12月にサン・フランシスコでの「近代語協会」の研究発表会で行なったものであるが、それとほぼ同内容の発表は同年にすでに次の報告として印刷された。James R. Dow, *German Volkskunde and National Socialism.* In: Journal of American Folklore. 100(1987), p. 300-

304.；当時ドイツ民俗学界で進行していたナチズム問題をめぐる動向に関する英文でのさらに詳しい報告は南山大学から刊行されている『アジア・フォークロア研究』誌上で発表された。参照、James R. Dow and Hannjost Lixfeld, *National Socialist Folklore and Overcoming the Past in the Federal Republic of Germany.* In: Asian Folklore Studies. 50/1（1991）, p. 117-153. これらについては本章第4節（1）および第5節（4）で解説を加えた。

2) シンポジウムでの報告、ならびに質疑応答の記録は、ミュンヒェン大学民俗学科の叢書の一冊として刊行されている。参照、*Volkskunde und Nationalsozialismus. Referate und Diskussionen einer Tagung der Deutschen Gesellschaft für Volkskunde.* München, 23. bis 25. Oktober 1986, hrsg. von Helge Gerndt. München [Münchner Vereinigung für Volkskunde] 1987. この記録は本文320頁に人名索引を加えた本格的なもので、また報告の種類ごとに区切って行なわれたディスカッションも収録されている。以下にその目次を挙げる。

（刊行にあたってのゲルントの序文）

第1日

　ゲルント「民俗学とナチズム —— 検討に臨むに当っての幾つかのテーゼ」（Helge Gerndt, *Volkskunde und Nationalsozialismus.*）シュトローバッハ「《いつが戦争前夜だったのか》 —— フォルクスクンデとファシズムというテーマへのコメント（1933年とその前段階）」（Hermann Strobach, 《…… aber wann beginnt der Vorkrieg》 *Anmerkungen zum Thema Volkskunde und Faschismus*（vor und um 1945））カヴァッツァ「イタリアにおける民俗学とファシズム」（Stefano Cavazza, *Volkskunde und Faschismus in Italien.*）ボルムス「第三帝国における二つのフォルクスクンデ —— 歴史家の立場から」（Reinhad Bollmus, *Zwei Volkskunden im Dritten Reich.*）ディスカッション I.（座長ケーストリン Konrad Köstlin）

　リックスフェルト「第三帝国におけるドイツ学術振興会とドイツ民俗学頂上組織」（Hannjost Lixfeld, *Die Deutsche Forschungsmemeinschaft und die Dachverbände der deutschen Volkskunde im Dritten Reich.*）エスターレ「ヨーン・マイヤーと親衛隊下部組織《祖先の遺産》」（Anka Oesterle, *John Meier und das SS-Ahenerbe.*）ホルツアプフェル「第三帝国下のドイツ民俗歌謡アルヒーフ」（Otto Holzapfel, *Das Deutsche Volksliedarchiv im Dritten Reich.*）ディスカッション II.（座長アシオン Peter Assion）

　ブレードニヒ「ゲッティンゲン大学におけるフォルクスクンデ 1933 － 1945 年」

(Rolf Wilhelm Brednich, *Die Volkskunde an der Universität Göttingen 1938-1945*.）ヴィマー「ヴュルツブルクの師範大学におけるドイツ文献学ゼミナールにおけるフォルクスクンデ部門の設立（1936年）とフォルクスクンデ」(Erich Wimmer, *Die Errichtung der Volkskundlichen Abteilung am Seminar für deutsche Philologie (1936) und die Volkskunde an der Hochshule für Lehrerbildung in Würzburg.*）ディスカッション III.（座長アシオン）

第2日

バウジンガー「ナチズムにおけるフォルクスクンデとフォルクストゥーム工作」(Hermann Bausinger, *Volkskunde und Volkstumsarbeit im Nationalsoziailismus.*）ディスカッション（座長エメリッヒ Wolfgang Emmerich）

ダックセルミュラー「ナチズムの文化理解とユダヤ人民俗学の消滅」(Christoph Daxelmüller, *Nationalsozialistisches Kulturveständnis und das Ende der jüdischen Volkskunde.*）トリュムピ「《フォルク気質》と《人種》——ナチズム民俗学における2つの運命的な標語」(Hans Trümpy, *《Volkscharakter》 und 《Rasse》. Zwei fatale Schlagwort der NS-Volkskunde.*）ディスカッション V.（座長エメリッヒ）

ロート「ふるさとミュージアムと民族主義教育」(Martin Roth, *Heimatmuseum und nationalpolitische Erziehung.*）ディスカッション VI.（座長エメリッヒ）

H. シュミット「ナチズムの民俗衣装保存における理論と実際」(Heinz Schmitt, *Theorie und Praxis der naazionalsozialistischen Trachtenpflege.*）ディスカッション（座長イェクレ Utz Jeggle）

ライマース「《この手で仕事を――ドイツ人の労働の歌》(1935年)――ナチスのドキュメント映画をめぐるフォルクスクンデの審美観」Karl Friedrich Reimers, *《Hände am Werk-ein Lied von deutscher Arbeit》(1935). Volkskundliche Ästhetikreferenzen im nationalsozialistischen Dokumentarfilm. Ein Hinweis.*）ディスカッション VIII.（座長イェクレ）

ボックホルン「ウィーンのフォルクスクンデ 1938 － 1945 年」(Olaf Bockhorn, *Wiener Volkskunde 1938-1945.*）ディスカッション（座長イェクレ）

ハウシルト「《第三帝国》における民族学」(Thomas Hauschild, *Völkerkunde im Dritten Reich.*）

コンテ「最後の皇帝の告解司祭ヴィルヘルム・シュミットと《新生ドイツの異教》」(Edouard Conte, *Wilhelm Schmidt: Des letzten Kaisers Beichtvater und das 《neudeutsche Heidentum》.*）ディスカッション X.（座長イェクレ）

第3日

フレックマン「啓蒙と変容―― ゲオルク・シュライバーの活動の位置」
(Klaus Freckmann, *Aufklärung und Verklärung - Positionen im Werk Georg Schreibers.*)
ディスカッション XI. 座長（ハルティンガー Walter Hartinger）

ヤコバイト「東ドイツの民俗におけるナチ時代との取り組みについて」
(Wolfgang Jacobeit, *Die Auseinandersetzung mit der NS-Zeit in der DDR-Volkskunde.*)
ディスカッション XII.（座長ハルティンガー）

総括ディスカッション（座長バウジンガー）

3) Hannjost Lixfeld, *Die deutsche Forschungsgemeinschaft und die Dachverbände der deutschen Volkskunde im Dritten Reich.* In: Volkskunde und Nationalsozialismus. Referate und Diskussionen einer Tagung der Deutschen Gesellschaft für Volkskunde, München, 23. bis 25. Oktober 1986, hrsg. von Helge Gerndt. Münchner Vereinigung für Volkskunde, München 1987. S. 69-82.; また民俗学とナチズムに関する同じ著者によるまとまった成果は、英語で刊行されている。*The Natification of an Academic Discipline. German Volkskunde of the Third Reich.* Edited and translated by James R. Dow and Hannsjost Lixfeld. Bloomington/USA [Indiana University Press] 1992.

3 補注) ドイツの諸大学における民俗学の設置の経緯は単純ではないが、以下に目安となる事例を挙げる。＜フォルクスクンデ＞の名称を付した初例はハンブルク大学に 1919 年に設置された「ドイツ上古・フォルクスクンデ講座」(Deutsche Altertums- und Volkskunde) で、オットー・ラウファー (Otto Lauffer) が主任教授であった。これはハンブルク市政府が地域史を重視したことによるもので、ラウファーは武器・貨幣に特色を出していたハンブルクの歴史博物館をも担当したことからも、ゲルマニスティク系の民俗研究とは最初から多少距離があった。同じく早い時期では、臨時的であったイェナ大学（1920 年にハンス・ナウマンを指名した民間による委託教員ポスト）があり、また 1924 年以来ライプツィヒ大学の教授としオイゲーン・モーク (Eugen Mogk) が民俗学の意味で「ドイツ・フォルクスクンデ」を講じたが、ポストはゲルマン・北欧文献学であった。ユーリウス・シュヴィーテリング (Julius Schwietering 1884-1962) も 1923 年代からやはりライプツィヒ大学の員外教授として「フォルクスクンデ」を担当してはいたがポスト自体はドイツ文献学であった。またシュヴィーテリングは 1928 年にミュンスター大学教授に転じてフォルクスクンデを担当したが、講座名はドイツ文献学 (Deutsche Philologie) であった。これらの数例の他に、教育大学や博物館での民俗学のポス

トが見られたが、総合大学での設置が進んだのはナチ政権下であった。ただしその場合も、講座としての規模であるか、また教授ポストあるいはそれ以外の教員ポストであるかなどの違いの他に、ナチ党主導の半官的な機関の設置場所として教員ポストが設定されたこともあった。ライプツィヒ大学（1935年、担当者はアードフル・ヘルボーク Adolf Helbok、 ナチ政権後半にブルーノ・シール Bruno Schier)、ベルリン大学（1936年に講座、担当者はアードルフ・シュパーマー Adolf Spamer)、ゲッティンゲン大学（1938年、初代の担当者はヘルマン・ヴィルト Herman Wirth 1885年生)、ミュンヒェン大学(教員ポスト、担当はオットー・ヘーフラー Otto Höfler)などである。この他、ゲルマニスティクや民族学の講座の転用などもあった。ボン大学（ゲルマニスティクのポストとしてハンス・ナウマン Hans Naumann)、ハイデルベルク大学（民族学講座の読み替えとしてオイゲーン・フェーレ　Eugen Fehrle)があり、またケーニヒスベルク大学（一時期ハインリヒ・ハルミャンツ　Heinrich Harmjanz　1904年生)、プラハ大学（ヨーゼフ・ハニカ　Josef Hanika)、またグライフスヴァルト大学もゲルマニスティクのポストにルッツ・マッケンゼン（Lutz Mackensen)とカール・カイザー（Karl Kaiser)が就いた。テュービンゲン大学のルートヴィヒ・ウーラント研究所もナチスによって設置されグスタフ・ベーバーマイヤー（Gustav Bebermeyer 1890年生）が担当した。フランクフルト・アム・マイン大学（ユーリウス・シュヴィーテリング）の場合もゲルマニスティクであった。

4) この研究所の性格や活動については次の拙論を参照、「ドイツ語圏における現代民俗研究とマス・メディア資料の活用——現代日本民俗の資料をめぐる議論のために」(『比較民俗研究』第3号所収、1991年)。その後の動向については、レーオポルト・シュミットが主宰していた頃は、人生儀礼(たとえば火葬の普及とその理由)や学校習俗（たとえば入学児童へのプレゼントの風習の形成過程や試験を擬人化した人形の処刑）などめぼしい展示企画が幾つもなされたが、その死後、新聞や雑誌の記事の整理だけはしばらく続けられていたものの、やがて国の予算削減に遭うなどして、1990年代なかばに活動を停止した。

5) *Volkskunde als akademische Disziplin. Studien zur Institutionenausbildung. Referate eines wissenschaftlichen Symposions vom 8.-10. Oktober 1982 in Würzburg*, hrsg. von Wolfgang Brückner in Zusammenarbeit mit Klaus Beitl. Wien [Verlag der österreichischen Akademie der Wissenschaften] 1983.

6) 次の5篇が、ナチズム問題にふれる発表であった。参照、Helmut Eberhart, *Die*

Entwicklung des Faches Volkskunde an der Karl-Franzens-Universität Graz. In: Brückner und Beitl., S. 35-50.; Rolf Wilhelm Brednich, *Die volkskundliche Forschung an der Universität Göttingen 1782-1982.* In: Brückner und Beitl.S. 77-94.; Heidemarie Schade, *De Gruyter und die Volkskunde bis 1945. Ein Verlagsarchiv als wissenschaftliche Quelle.* In: Brückner und Beitl. S. 145-159.; Gerhard Lutz, *Das Amt Rosenberg und die Volkskunde.* In: Brückner und Beitl. S. 161-171.; Peter Martin, *Volkskundliches im Reichsberufswettkampf der deutschen Studenten 1935-1941.* In: Brückner und Beitl. S. 173-186.

7) ナチズムの研究は、ナチズムそれ自体でも、またナチズムのさまざまな側面とその後の世界の動向とのかさねあわせという観点の、どちらからも盛んにおこなわれている。そのひとつとして、ハンブルクの「ナチズム史研究所」の次の記念論文集を挙げておく。*Das Unrechtsregime. Internationale Forschung über den Nationalsozialismus.* FS. f. Werner Jochmann zum 65. Geburtstag. Hrsg. von Ulsula Büttner. Bd. 1: Ideologie-Herrschaftssystem-Wirkung in Europa. Bd. 2: Verfolgung-Exil-Belasteter Neubeginn. Hamburg [Hans Christian] 1986. また次の論集は、ファシズムから 1980年代の旧ユーゴでの民族浄化までをあつかっている。参照、*Politische Säuberung in Europa. Die Abrechung mit Faschismus und Kollaboration nach dem Zweiten Weltkrieg,* hrsg. von Klaus-Dietmar Henke und Hans Woller. München [dtv] 1991.

8) Kai Detlev Sievers (Hg.), *Beiträge zur Wissenschaftsgeschichte der Volkskunde im 19. und 20. Jahrhundert.* Neumünster [Karl Wachholtz] 1991. ちなみに、このシンポジウムには、これより20年余り前に当時キール大学の教授であったカール＝ジギスムント・クラーマーが主催した学問史に関するシンポジウム「19世紀の民俗学」との接続を念頭においているところがあった。しかし年月の経過からも、今回の企画は、主要には目下の状況のなかでの問題意識に照応するものとみてよいであろう。なおクラーマーが主催したシンポジウムについては、次の記録がある。*"Volkskunde im 19. Jahrhundert". Ansätze, Ausprägungen, Nachwirkungen, Arbeitstagung der Vertreter des Faches Volkskunde an den deutschen Universitäten. 1968 in Kiel.* Kiel 1968.

9) ドイツ民俗学会の大会では、ゲッティンゲン（1989年）とパッサウ（1993年）においては、ナチズム問題と部分的に重なるところがあった。

10) 前章第4節6を参照。

11) アードルフ・シュパーマーがベルリンで活動する以前にナチスと交流があったことを示すものとしては、ザクセン支部のナチス教員同盟での講演とその記録がある。参照、Adolf Spamer, *Aufgaben unserer Volksforschung. Vortrag zur Tagung der Kreis-volkstumswarte in Kamenz.* In: Mitteilungsblatt des Nationalsozialistischen Lehrbundes/ Gau Sachsen.2（1934）,S.1-6. リックスフェルトはこのドキュメントをも重視しながら、アードルフ・シュパーマーとナチス組織との関係を詳細に検討している。参照、Hannjost Lixfeld,*Adolf Spamers Rolle als Wegbreiter einer nationalsozialistischen Volkskundewissenschaft.* In: Kai Detlev Sievers（Hg.）, Beiträge zur Wissenschaftsgeschichte der Volkskunde im 19. und 20. Jahrhundert. Neumünster [Karl Wachholtz] 1991. S. 91-120.；Derselbe,*Die Abteilung der Reichsgemeinschaft-Adolf Spamers unvellendetes Reichsinstitut für deutsche Volkskunde.* In:Völkische issenschaft. Gestalt und Tendenzen der deutschen und österreichischen Volkskunde in der ersten Hälfte des 20.Jahrhunderts, hrsg.von Wolfgang Jacobeit, Hannjost Lixfeld, Olaf Bockhorn in Zusammenarbeit mit James R.Dow. Wien-Köln-Weimar[Böhlau]1994, S.145-163. このテーマは、同氏とジェームズ・ダウとの英語の共著でも詳しくあつかわれている。参照、*The Natification of an Academic Discipline, German Volkskunde of the Third Reich.* Edited and translatede by James R.Dow and Hannjost Lixfeld. Bloomington /USA [Indiana University Press]1992.

12) Wolfgang Jacobeit/Ute Mohrmann, *Zur Geschichte der volkskundlichen Lehre unter Adolf Spamer an der Berliner Universität（1933-1945）.* In: Ethnographisch-archäologische Zeitschrift 23（1982）, S. 283-298.

13) Reinhard Schmook, *Der Germanist Hans Naumann（1886-1951）in seiner Bedeutung für die Volkskunde. Ein Beitrag zum kritischen Erinnern an eine umstrittene Wissenschaftlerpersönlichkeit.* In: Erinnern und Vergessen. Vorträge des 27. Deutschen Volkskundekongresses Güttingen 1989, hrsg. von Brigitte Bönisch-Brednich, Rolf W. Brednich und Helge Gerndt, Göttingen [Volker Schmerse] 1991, S. 535-542; Derselbe, *Zu den Quellen der volkskundlichen Sichtweise Hans Naumanns und zu den Reaktionen der Fachwelt auf dessen "Grundzüge der deutscher Volkskunde" in den 20er und 30er Jahren.* In: Kai Detlev Sievers(Hg.), Beiträge zur Wissenschaftsgeschichte der Volkskunde im 19. und 20. Jahrhundert. Neumünster [Karl Wachholtz] 1991.S. 73-90.

14) Reinhard Bollmus, *Das Amt Rosenberg und seine Gegner. Studien zum Machtkampf im nationalsozialistischen Herrschaftssystem.* Stuttgart [Deutscher Verlags-Ansalt] 1970,

S. 236.

15) 占領軍は、戦後まもなくから、非ナチ化のために、ナチ党関係者の各職場からの追放を実施した。その基準は、たとえば公務員のばあいは1937年5月1日以前に入党していた者(その年に上級公務員には党員であることが義務づけられた)など、いくつかの条件があった。しかし、一応の基準はあっても、それを実際にはどう適用するのかで、かなり混乱し、非ナチ化は所期の目標を完全には達成できなかったとされている。また調査がどういうものであったかも、簡単に紹介しておく。ドイツの多くの職場で、占領軍からのアンケートが実施された。それは、かなり細かな多数の項目からなっていた。そして大多数は、そのアンケートを提出することによって、調査は終わったとされ、それ以上は追求されなかった。しかし疑いのかかっている者には、出頭が命じられて、アンケートにもとづいて口頭質問がなされた。こうして職場を追放された者は、アメリカ、イギリス、フランスの占領地域をあわせると、約30万人であった。また大学教員の場合は、学長と占領軍から大学に派遣された配属将校が調査を指揮した。その結果、西側3か国の占領地域の大学からは、ちょうど5000人くらいが追放されたらしい。なお、一般の非ナチ化政策の過程については、かなり詳しい調査研究がおこなわれたいる。たとえば次の文献である。Lutz Niethammer, *Entnazifizierung in Bayern. Säuberung und Rehabilitierung unter den amerikanischen Besatzung.* Frankurt a. M. [S. Fischer] 1972. また簡便な概観なら、次のペーパーバックのなかのドイツとオーストリアの部分がある。参照、*Politische Säuberung in Europa. Die Abrechnung mit Faschismus und Kollaboration nach dem Zweiten Weltkrieg*, hrsg. von Klaus-Dietmar Henke und Hans Woller. (dtv 1991), S.21-84.; Klaus-Dietmar Henke, *Die Trennung von National-sozialismus-Selbstzerstörung, politische Säuberung, 'Entnazifizierung', Straf-verfolgung.*; S. 108-147: Dieter Stiefel, *Der Prozeß der Entnazifizierung in Österreich.* また教育制度全般の非ナチ化政策についても研究はなされている。たとえば次の文献がある、*Umerziehung und Wiederaufbau. Die Bildungspolitik der Besatzungsmächte in Deutschland und Österreich*, hrsg.von Manfred Heinemann. Stuttgart [Klett-Cotta] 1981; また次のものはイギリス占領地域についての教育制度の改造をあつかっている。参照、Günter Pakschies, *Umerziehung in der britischen Zone. Untersuchungen zur britischen Re-education-Politik 1945-1949 unter besonderen Berücksichtigung des allgemein-bildenden Schulwesens.* Göttingen Diss. 1977, Frankfurt [Deutsches Institut für Internationale Pädagogische Forschung] 1979, (Studien und Dokumentationen zur

deutschen Bildungsgeschichte, Bd.9); Maria Halbritter, *Schulreformpolitik in der britischen Zone von 1945-1949.* Karlsruhe Diss. 1977. Frankfurt [Deutsches Institut für Internationale Pädagogische Forschung] 1979, (Studien und Dokumentationen zur deutschen Bildungsgeschichte, Bd. 13); しかしこれらによっても、大学や学術機関での非ナチ化の具体的な経緯は、もうひとつはっきりしない。ここで追放された者の数をほぼ 5000 と挙げたのは、追放された教員たちが権利回復のために団体を作り、大統領や首相や国会に対してたびたび要請や嘆願をおこなったが、その文書にみえる数値から拾ったのである。すなわち 1951 年の要請文で、そこには〈5009 人が追放され、そのうち現在も約 3000 人が教職への復帰ができず、また停年にも達していない〉という文言がある。なお、これからも推測されるように、復帰した者もかなりあったのである。これらの文書のうち、代表的なものは、この団体の世話人でもあったヘルベルト・グラーベルトの『大学教員は訴える』に付録として収録されている。参照、Herbert Grabert, *Hochschullehrer klagen an. Von der Demontage deutscher Wissenschaft.* Göttingen [Göttinger Verlagsanstalt] 1952.

16) この面での具体例は、本節（注 14）のボルムスの研究にみることができる。

17) Adolf Spamer, *Das kleine Andachtsbild vom 14. bis zum 20. Jahrhundert.* München [Bruckmann] 1930. アードルフ・シュパーマーの、研究と経歴の二面性は、すでにこの最初の代表作に見ることができる。内容そのものは、ゲオルク・シュライバーも賞賛したように、まことに緻密な実証研究であるが、他方で多くの研究者が研究成果の刊行に苦労をした時代にあって、総アート紙で、贅沢な多色刷の印刷を多数ふくんだ、また天金をほどこした豪華な体裁の書物である。また出版社は、ヒューストン・スチュアート・チェンバリンの著作を一手に引きうけ、当時ナショナリズム系統で羽振りのよかったミュンヒェンのブルックマン社であった。なお、引用したマティルデ・ハインの評言については、次の拙訳を参照、マティルデ・ハイン『ドイツ民俗学とその方法』（愛知大学『文学論叢』第 86 輯（昭和 62 所収）、p. 125. ；また念持画片（kleines Andachtsbild）については、次の拙論であつかっており、主にアードルフ・シュパーマーのこの研究の紹介を試みている。参照、『念持画片（kleines Andachtsbild）の成立とその周辺 —— アードルフ・シュパーマーに依拠しつつ』（愛知大学「外国研究室報」第 9 号、昭和 60 年所収）。

18) Adolf Spamer, *Die Tätowierung in den deutschen Hafenstädten. Ein Versuch zur Erfassung ihrer Themen und ihres Bildgutes.* In: Niederdeutsche Zeitschrift für Volkskunde. Bd. 11 (1933), S. 1-55, 129-182. この定期誌に発表されたあと、その

別冊のかたちで流布した。その後も、ドイツにおける刺青研究の基本文献として復刻されている。最近では次の判が入手に便である。参照、A. Spamer, *Die Tätowierung in den deutschen Hafenstädten. Mit einem Beitrag von Werner Petermann und einem Verzeichnis deutscher Tätowierstudios.* Hrsg. von Markus Eberwein und Werner Petermann. München [Trickster] 1993.

19) *Die deutsche Volkskunde*.Bd.1-2,1.Aufl.Leipzig und Berlin,Bd.1-2,Bd.3-4.1934-35.
20) *Handbuch der deutschen Volkskunde*, hrsg.von Wilhelm Peßler, Bd.1-3.Potsdam 1934-38. ペスラーはこの大部な概説書の序文を次のように書き出している。〈ドイツ的とは何か。1933 年に祖国ドイツが救出されるや、この問いは、幾百万のフォルク同胞にとって思考と感情と意志をもって追求すべき課題となっている。ドイツの新たな誕生に応えるのは、ドイツ的存在の根底を極める自己規定である。偉大なドイツの長く埋もれていた力の源泉を改めて開き、永遠に活力と若やぎを保つことが、今日の使命である。その最も重要な源泉のひとつが、ドイツ・フォルクストゥームである。それゆえ、ドイツをしてフォルク的・精神的・現実的に世界的意義を獲得せしめるには、ナショナルな意志を鍛えることが求められる。ドイツ・フォルクストゥームの究明と保全もまたそれに資するのでなければならない。……〉。そして〈血と土〉（Blut und Boden）、〈労働と指導者〉（Arbeit und Führertum）〈血と生命による共同体〉（Blut-und Lebensgemeinschaft）と言ったナチス・ドイツの標語をふんだんに用いることには何の躊躇もしなかった。しかしまた、その内容は、まったく非学問的というのではなく、当時の一流の研究者を集めていることは事実である。注目すべきは、マルタ・ブリンゲマイヤー（Martha Bringemeyer）がペスラーと共に実質的に編集にたずわっていることである。ブリンゲマイヤーは後にナチスによって迫害を受けることになる人物である。またこの概説書の基本的な性格は、ユストゥス・メーザーとヴィルヘルム・ハインリヒ・リールを指標としており、主観的には学術的であろうとしていた。執筆者の面では、第二巻では、アードルフ・シュパーマーが「儀礼と行事」（Sitte und Brauch）を 200 ページ以上にわたって担当（Bd.2,S.33-256.）している他、やはり注目すべきことに、ペーター・シュテッフェス（Peter Steffes）やヨーゼフ・クラッパー（Josef Klapper）といったカトリック教会系の民俗学と重なる人々の参画もみられる。
21) これらについては次の拙論（本書所収）で取り上げた。参照、「ドイツ思想史におけるフォルクストゥームの概念」第 6 節。
22) シュパーマの方法論として代表的なものには次がある、Adolf Spamer, *Um die*

Prinzipien der Volkskunde.Anmerkungen zu Hans Naumanns Grundzügen der deutschen Volkskunde. In: Hessische Blätter für Volkskunde.23(1924),S.67-108. Derselbe, *Wesen, Wege und Ziel der Volkskunde.* Sächsisches Volkstum.Bd.1.Leipzig 1928. なおこの2編は今日では次のアンソロジーに収録されている, *Volkskunde. Ein Handbuch zur Geschichte ihrer Probleme.* Hrsg.von Gerhard Lutz. Berlin[E.Schmidt]1958. なおこれについては次の拙論（本書所収）で検討を加えた。「民俗学における個と共同体」第9節。

23）レーオポルト・シュミットによれば、ロマン派のフォルク観念と対応する無制限な全体性や政治的フォルク概念と重ねる思潮に無批判に依拠したところにフォルクスクンデ（民俗学）の自壊は起因していたとして、民俗学を専門学、すなわち部分領域の知識であることを力説した。第一章第三節「レーオポルト・シュミット」を参照。またレーオポルト・シュミットの次の方法論考（拙訳）を参照、レーオポルト・シュミット「精神科学としての民俗学」（愛知大学国際問題研究所『紀要』第89号、1989年、p.244-201.）

24）シュパーマーが伝統的な教養観念やそれと結びついた身分・階層の観念を強固に持ち続けていたことについては、次の拙論(本書所収)のアードルフ・シュパーマーの項目でとりあげた。参照、「民俗学における個と共同体」第9節。

25）Adolf Spamer, *Der Bilderbogen von der "geistlichen Hausmagd". Ein Beitrag zur Geschichte des religiösen Bilderbogeun und der Erbauungsliteratur im populären Verlagswesens Mitteleuropas.* Bearbeitet und mit einem Nachwort von Mathilde Hain. Göttintgen [Otto Schwartz] 1970.(Veröf. d. Inst. f. Mitteleuropäische Volksforschung und der Universität Marburg-Lahn. A. Allg. R. Bd. 6)．

26）1975年にストックホルムで催された展示会のカタログには次がある。参照、*Hembiträdet berätter om liv och arete i borgerliga familjer i början av 1900-talet*, Nordiska museet, Stockholm 1975.; また1981年にベルリンの民俗博物館でおこなわれた展示会のカタログは次である。参照、Heidi Müller, *Leben und Arbeitswelt städtischer Dienstboten.* Mit einem Beitrag über Dienstbotenlektüre von Thomas Roth (Schriften d. Mus. f. Volkskunde Berlin 6.) Berlin 1981.

27）またこのテーマは、ドイツ民俗学のなかでは、民衆文化史における映像の問題をレパートリーのひとつとしてきたヴォルフガング・ブリュックナーが、その後何度か手懸けている。参照、Wolfgang Brückner, *Die geistliche Hausmagd. Ein bedeutender Fund zur Überlieferungsgeschichte des populären Haussegens.* In: Neusser Jahrbuch für Kunst, Kulturgeschichte und Heimatkunde 1979, S. 22-27 u. Abb. S. 1 U. 52.; Derselbe, *Neues zur "Geistlichen Hausmagd"*. In: Volkskunst. Zeitschrift für volkstümliche Sachkultur. Bilder-Zeichen-Objekte. 4. Jg.(1981), S. 71-79.

28) Michael H. Kater, *Das 'Ahnenerbe' der SS 1933-1945. Ein Beitrag zur Kulturpolitik des Dritten Reiches*. Stuttgart [Deutscher Verlags-Anstalt] 1974.

29) たとえばミヒァエル・カーターの研究（注17）では、「祖先の遺産」の初代会長ヘルマン・ヴィルト（Hermann Wirth）やそれに代わったヴァルター・ヴュスト（Walter Wüst）についてはかなり詳しく、また同会の事務局長ヴォルフラム・ジーヴァースや「歓喜力行」協会の定期誌『ゲルマーニエン』編集長ヴェルナー・ハーヴァーベック（Werner Haverbeck）、さらに考古学のアレクサンダー・ラングスドルフ（Alexander Langsdorff）とハンス・ライネルト（Hans Reinert）についても関心が向けられている。これらの人物は、民俗学ではほとんど注目されず、カーターの刺激を受けてようやく関心が向いたという程度である。特にヴィルトとハーヴァーベックは民俗学を母体にして登場した人物であるために、明らかに死角だったのである。さらに、民俗学の分野で頻繁に取り上げられてきたマテス・ツィークラー（Matthes Ziegler）やハンス・シュトローベル（Hans Strobel 1911-1944）は現代史ではほとんど知られていないようである。特にマテス・ツィークラーは党機関誌『ナチス月報』主幹として影響力が大きかったのであるから、現代史において注目がなされてもよかったはずである。またハンス・シュトローベルは「ローゼンベルク機関」と「歓喜力行」協会の両方に関係しながら各地の現場での民俗行事の指導にあたった実行部隊のリーダーであった。シュトローベルの経歴についてはエスター・ガイェク女史が経歴をあきらかにした。なおこれはミュンヒェン・シンポジウムのために作成された手作りの参考資料である。参照、Esther Gajek, *Die Inszenierung von 'Volksgemeinschaft'. Zum volkskundlichen Beitrag zur nazionalsozialistischen Feiergestaltung*. In: Volkskunde im Dritten Reich. Diskussionsanstöße. Begleitheft zu einer Ausstellung anläßlich der Tagung "Volkskunde und Nationalsozialismus". München 23.-25.Oktober 1986. Als Manuskript vervielfältigt. München [Institut für deutsche und vergleichende Volkskunde],S.17-23. また1988年にバイロイトでおこなわれた「ゲレス協会民俗学部門」の大会では、ブリュックナーもハンス・シュトローベルについて経歴の空白部を埋める報告を行なった。参照、Wolfgang Brückner, *Görres Tagung in Bayreuth 1988*. In: Bayerische Blätter für Volkskunde.15 (1988), S.207-213. なおバイロイトでの大会については本章第4節で

取り上げた。

30) ナチズム問題は、ドイツの学問分野が多かれ少なかれかかえている課題であるが、教育学の分野はこの問題との取り組みにとりわけ熱心である。文献は多数に上るが、ここでは問題を包括的にあつかっているものとして、次のものを挙げておく。参照、*Erziehung und Schulung im Dritten Reich,* hrsg. von Manfred Heinemann. Teil 1/ Teil 2: Hochschule, Erwachsenenbildung. Stuttgart [Klett-Cotta] 1980; Ulrich Hermann/ Jürgen Oelkers,*Pädagogik und Nationalsozialismus.* Weinheim [Beltz] 1989（Reihe Pädagogik/ Zs. f. Pädagogik, Beihefte, 22）; Harald Scholtz, *Erziehung und Unterricht unterm Hakenkreuz.* Göttingen [Vandenhoeck & Ruprecht] 1985（Kleine Vandenhoeck-Reihe, 15-12）; *Hochschule und Wissenschaft im Dritten Reich,* hrsg von Jorg Troger. Frankfurt a. M. [Campus] 1984. またその他の分野では、ここでは最近この方面で注目されているハンブルク大学の学術叢書を中心に文献を挙げる。次に文化人類学とナチズムにかんしては同じ叢書に次の研究が入っている。Hans Fischer, *Völkerkunde im Nationalsozialismus. Aspekte der Aufgang, Afinität und Behauptung einer Wissenschaftlichen Disziplin.* Berlin-Hamburg [Dietrich Reimer] 1990.（Hamburgische Beitrage. Bd. 7）; また地理学の分野でのナチズム問題では次の成果が収録されている。Mechtild Rössler, *Wissenschaft und Lebensraum; Geographische Ostforschung im Nationalsozialismus. Ein Beitrag zur Disziplingeschichte der Geographie.* 1990（Hamburgische Beitrage z. Wiss. -gesch., Bd. 8）. また医学の分野でのナチズム問題との取り組みも熱心におこなわれており、同じ叢書には次の3点が入っている。Hendrik van den Bussche, *Im Dienste der "Volksgemeinschaft". Studienreform im Nationalsozialismus am Beispiel der ärztlichen Ausbildung.* 1989（Hamburgische Beiträge z. Wiss. -gesch., Bd. 4）; Hendrik van den Bussche, *Medizinische Wissenschaft im "Dritten Reich". Kontinuität, Anpassung und Opposition an der Hamburgischer Medizinischen Fakultät.* 1989（Hamburgische Beiträge z. Wiss. -gesch., Bd. 5）; Hendrik van den Bussche（Hg.）, *Anfälligkeit und Resistenz. Medizinische Wissenschaft und politische Opposition im "Dritten Reich".* 1990（Hamburgische Beiträge z. Wiss. -gesch., Bd. 6）; またこの他では次のものが問題を一般的にあつかっている。参照、Norbert Frei, *Medizin im Nationalsozialismus.* München [Oldenbourg] 1988. さらに音楽とナチズムの問題については、次の展示会とそのカタログを挙げておく。参照、Projektgruppe Musik und Nationalsozialismus（Hrsg.）, *Zündende Lieder-Verbrannte Musik. Folgen des Nationalsozialismus für Hamburger Musiker und Musikerinnen.*

Katalog zur Ausstellung in Hamburg im November und Dezember 1988. Hamburg [VSA-Verlag] 1988.

31) ベルリン大学の次の記念論集を参照、*Universitätstage 1966 Veröffentlichung der Freien Universitat Berlin 'Nationalsozialismus und deutsche Universität.* Berlin [W. de Gruyter] 1966; ハンブルク大学を中心にしたナチズムと大学の問題では次の文献を参照、Klaus Jurgen Gantzel (Hg.), *Wissenschaftliche Verantwortung und politische Macht. Zum wissenschaftlichen Umgang mit der Kriegsschuldfrage 1914, mit Versöhnungsdiplomate und mit dem nationalsozialistischen Großmachtstreben. Wissenschaftliche Untersuchungen zum Umfeld und zur Entwicklung des Instituts für Auswärtigen Politik Hamburg/Berlin 1923-1945.* Berlin-Hamburg [Dietrich Reimer] 1986 (Hamburgische Beiträge. Bd. 2); Eckart Krause /Ludwig Huber/ Holger Fischer (Hg.), *Hochschulalltag im Dritten Reich. Hamburgische Universität von 1933-1945.* 1991 (Hamburgische Beiträge. Bd. 3); ウィーン大学については次の文献を参照 *Willfährige Wissenschaft. Die Universität Wien 1938-1945,* hrsg. von Gernot Heiß, Siegfried Mattl, Sebastian Meissl, Edith Sauer und Karl Stuhlpfarrer.Wien [Verlag für Gesellschaft] 1989 (Österreichische Texte zur Gesellschaftskritik, Bd. 43).; またフライブルク大学にかんしては、やはり最近の次の研究を参照、*Die Freiburger Universität in der Zeit des Nationalsozialismus,*hrsg.von Eckard John, Bernd Martin, Marc Mück und Hugo Ott. Freiburg i. Br. - Würzburg [Ploetz] 1991,

32) Karl Dietrich Bracher, *Deutschland zwischen Demokratie und Diktatur. Beiträge zur neueren Politik und Geschichte.* Bern-München-Wien [Scherz] 1964, S. 274f., 285.

33) Hermann Bausinger, Volksideologie und Volksforschung. In: ZfVkde, 617g (1965).

34) *Nationalsozialismus im Landkreis Tübingen. Eine Heimatkunde,* Leitung: Utz Jeggle, Ludwig-Uhland-Institut für empirische Kulturwissenschaft der Universität Tübingen, Projektgruppe 'Heimatfkunde des Nationalsozialismus'. 2. Aufl. 1989.

35) Olaf Bockhorn, *Der Kampf um die Ostmark. Ein Beitrag zur Geschichte der nationalsozialistischen Volkskunde in Österreich.* In: Willfährige Wissenschaft. Die Universität Wien 1938-1945, hrsg. von Gernot Heiß, Siegfried Mattl, Sebastian Meissl, Edith Sauer und Karl Stuhlpfarrer. Wien [Verlag für Gesellschaft] 1989 (Österreichische Texte zur Gesellschaftskritik, Bd. 43),S. 17-38.;

36) Ulrike Kammerhofer, *Offener Brief an Univ.-Doz. Dr. Olaf Bockhorn.* Salzburg, 16. 7. 1990.

37) Olaf Bockhorn, *Offener Brief an Frau Dr. Ulrike Kammerhofer, Salzburger Landesinstitut für Volkskunde, sowie an die Empfänger von deren Offenem Brief an mich und an weitere interessierte KollegInnen*. Wien, 27. Juli 1990.

37 補注) Karl von Spieß, *Deutsche Volkskunde als Erschließerin deutscher Kultur*. Berlin [Herbert Stubenrauch] 1934. 2.Aufl.1943. この著作においてシュピースが真剣であることは疑えないが、それだけに人種を原理的なものとみなすところから始め、細部では女性の金髪に高貴な出自をみとめ、また騎馬者に生得の支配権を読むなど、神話の記述や登場者の属性に運命的・世界観的な意味づけを行う袋小路に陥っている。人類学・民俗学におけるウィーン学派の行き着いた形態とも言え、学史上もよく知られている。ある種の説得性もあるだけに、日本の識者の目から漏れてきたのは幸いであった。

38) Hannjost Lixfeld, *Offene Entgegnung an Frau Dr. Ulrike Kammerhofer (Salzburg)*. Freiburg 25. 7. 1990.

39) Ulrike Kammerhofer, *Antwort auf den offenen Brief von Ass.-Prof. Univ. Doz. Dr. Olaf Bockhorn und Dr. Hannjost Lixfeld*. Salzburg, am 27. 8. 1990.

40) James R. Dow / Hannjost Lixfeld, *National Socialistic Folklore and Overcoming the Past in the Federal Republic of Germany*. In: Asian Folklore Studies, 50 (Nagoya: Nanzan University 1991), p. 117-153.

41) これは、ミュンヒェン・シンポジウムの座談会においてヴォルフガング・ヤコバイトによって紹介された。参照、In: Volkskunde und Nationalsozialismus. Referate und Diskussionen einer Tagung der Deutschen Gesellschaft für Volkskunde, München, 23. bis 25 Oktober 1986, hrsg. von Helge Gerndt. München 1987. S. 239.

42) このシンポジウムのスウェーデン学派の流れとの関係での位置については、本書の第8章の第5節 (3)「スウェーデン学派の導入 ―― マンハルトとフレイザーへの批判」の最後でふれておいた。

43) オットマル・シュパンについては、次の拙論「ドイツ思想史におけるフォルクストゥームの概念について」(本書所収)を参照。またH・S・チェンバリンについては、次の拙論「ナチス・ドイツの収穫感謝祭」(本書所収)において言及した。

44) このあたりの事情は、ボックホルンの研究に従う。参照、Olaf Bockhorn, *Der Kampf um die Ostmark*. S. 27f. u. 31f; Derselbe,*Wiener Volkskunde 1939-1945*. In: Volkskunde und Nationalsozialismus. Referate und Diskussionen einer Tagung der Deutschen Gesellschaft für Volkskunde, München, 23. bis 25. Oktober 1986, hrsg. von Helge

Gerndt. München 1987. S. 229-237.

45) ここで挙げた諸々の著作の原題は次の通り、Johann Jakob Bachofen (1815-1887), *Mutterrecht.*; Ott Hoöler, *Kultische Geheimbünde der Germanen.* Wien 1935.; Richard Wolfram, *Schwerttanz und Männerbund.*1936-37; Robert Stumpfl, *Kultspiele der Germanen als Ursprung des mittelalterlichen Dramas.*1936.; また年齢階梯制は男性結社を課題にしたときに前面に出ることが多いテーマであるが、それをタイトルとして表わしているものとしては、例えばヴォルフラムに「ルーマニアにおける年齢階梯と男性結社」といった論考がある、Richard Wolfram, *Altersklassen und Männerbund in Rumänien.* In: Mitteilungen der Anthropologischen Gesellschaft in Wien. 64 (1934), S. 112-128.; また通過儀礼と男性結社の組み合わせでは、リリー・ヴァイザー＝オール（二重姓はノルウェー人と結婚後）の主著『古ゲルマン人の若者聖別と男性結社』がそれにあたるであろう。参照、Lily Weiser, *Altgermanische Jünglingsweihen und Männerbünde.*Wien 1927. また女史の著作目録は女史の60歳記念の次の文献に収録されている。参照、Lily Weiser-Aall, *Svangerskap og fodsel i nyere norsk tradisjon. En kildekritisk studie.* Oslo [Norsk Folkmuseum]1968.

46) Leopold Schmidt, Geschichte der österreichischen Volkskunde. Wien 1951. 拙訳『オーストリア民俗学の歴史』（名著出版 1991 年）p.214-215.

47) レーオポルト・シュミットの次の自伝を参照、Leopold Schmidt, *Curriculum Vitae. Mein Leben mit der Volkskunde.* Wien [Selbstverlag des Vereines für Volkskunde in Wien] 1982.

48) レーオポルト・シュミットによるカール・シュピースへの追悼文を参照、*Nachruf: Karl Spieß*, von Leopold Schmidt. In: OZV. N. F. 11 (60), 1957, S. 335-338. この追悼文は、シュミットの姿勢を問題視する場合には、よく注目されるものでもある。たとえばボックホルンは、シュピースを、ゲオルク・ヒュージング（Georg Hüsing）とヴォルフガング・シュルツ（Wolfgang Schultz）によって形成されたウィーン神話学派の最後の人物として位置づけた上で、シュミットが 1950 年代になるまで、その学説を肯定的に理解していたとして批判した。参照、Olaf Bockhorn, *Von Ritualen, Mythen und Lebenskreisen: Volkskkudne im Umfeld der Universität Wien.* In:Völkische Wissenschaft, hrsg.von Wolfgang Jacobeit, Hannjost Lixfeld und Olaf Bockhorn.Wien-Köln-Weimar 1994. S.477-526, bes.S.494-498 ('Mythos als Grundlage:die Wiener Mythologen'). このほか注目すべきは、レーオポルト・シュミットがその民具研究のひとつで、特に神話との接続の事例について挑戦した『農民の労

働神話における形態聖性』をカール・シュピースに献じていることで、またそれをめぐっては、そこでの方法の問題点ともどもシュミットの限界として同世代のインゲボルク・ヴェーバー＝ケラーマンが批判したことがあった。これについては次の拙論（本書所収）の特にハインリヒ・ヴィンターに言及した箇所で取り上げておいた。参照、「ナチス・ドイツに同調した民俗研究者の再検討——オイゲーン・フェーレの場合」

49) Peter Haiko, *'Verlust der Mitte' von Hans Sedlmayr als kritische Form im Sinne der Theorie von Hans Sedlmayr*. In: Willfährige Wissenschaft. Die Universität Wien 1938-1945", S. 77-89.

50) 大会の記録は次のかたちで刊行されている。参照、*Großstadt. Aspekte empirischer Kulturforschung. 24. Deutscher Volkskunde-Kongreß in Berlin vom 26. bis 30. September 1983*, hrsg. von Theodor Kohlmann und Hermann Bausinger. Berlin [Staatliche Museen Preußischer Kulturbesitz] 1985. なおブリュックナーの講演の事前のレジュメは次を参照、DGV-Informationen 92（1983）,S. 100,

51) DGV-Informationen 89(1980), S. 61-62.:Gitta Böth, *Themenvorschlag 'Die Vorstellung von Faschismus und Antifaschismus im volkskundlich-kulturhistorischen Museum'*. さらに、同誌の次の号には、提案された3つのテーマ（①身体、②都市民俗学、③ナチズム）それぞれについての趣旨説明が掲載された。参照、DGV-Informationen 90 (1981), S. 98-100: Kongreß 1983.

52) Wolfgang Brückner, *Begriffsvernebelungen. Diesmal: Faschismus und Anti-faschismus*. In: Bayerische Blätter für Volkskunde. 8 (1981), S. 47-49.

53) DGV-Informationen 91 (1982), S. 38-40.: Hermann Bausinger, *Kongreß Berlin 1983*.

54) Peter Assion, *Großstadt. Aspekte empirischer Kulturforschung. 24. Deutscher Volkskunde-Kongreß in Berlin vom 26. bis 30. September 1983*. In: ZfV. 80 (1984), S. 81-86, hier S. 85f.

55) 本節の注38（リックスフェルトの公開書簡）を参照。

56) Wolfgang Brückner, *Berliner Nachlese*. In: Bayerische Blätter für Volkskunde. 11(1984), S. 27-28.

57) Wolfgang Brückner, *Volkskunde*. In: "Wissenschaften in Berlin": Begleitband zur Ausstellung 'Der Kongreß Denkt' vom 14. Juni-1. November 1987 in der wiedereröffneten Kongreßhalle Berlin." Bd. 2. Disziplinen. Hrsg. von Tilmann Buddensieg, Kurt Düwell und Klaus-Jürgen Sembach. Berlin 1987, S. 123-127.

58) Wolfgang Brückner, *Berlin und Volkskunde.* In: Bayerische Blätter für Volkskunde. 15 (1988), S. 1-18.

59) Wolfgang Brückner, *Nachträge und Anfragen zum Nationalsozialismus.* In: Bayerische Blätter für Volkskunde 14 (1987), S. 28-32.

59- a 補注）A. a. o. S. 29. なお引用文は Jerry Z. Müller. In: Geschichte und Gesellschaft. 12 (1986), S. 316.

60) インゲボルク・ヴェーバー＝ケラーマンがアルフレート・ローゼンベルクの指揮下にあった民俗学の組織と僅かながらも関係があったことについては種々のドキュメントから知られる。ヨーン・マイヤーのドイツ民俗学協会に対抗して、アルフレート・ローゼンベルクとマテス・ツィークラーが〈ナチズム民俗学〉のために刊行したのが『ドイツ・フォルクスクンデ』(Deutsche Volkskunde) であるが、その1943年号に同女史が報告記事を載せているのはその一例である。研究者としては初期であり、アードルフ・シュパーマーの指導によったのではなかったか。参照、Inge Kellermann, *Brauchtümliche Spiele in Slawonien.* In: Deutsche Volkskunde. Vierteljahresschrift der Arbeitsgemeinschaft für Deutsche Volkskunde.5.Jg.2.Heft (2.Vierteljahr 1943), S.83-88. ブリュックナーの指摘は事実の挙示という限りでは大きな誤りとも思えないが、感情な対立をともなっているようである。

61) Martin Scharfe, *Der Spiegel-'Analytiker' Wolfgang Brückner als Fach-Historiker? Eine Polemik gegen den Würzburger Polemiker.* In: Hessische Blätter für Volks-und Kulturforschung. 21 (1987), S. 146-148.

61 補注）Ernst Niekisch (1889-1967)は ヴァイマル時代から東独時代に至るまでその都度、体制への批判活動家として知られていた。シレジアの金属加工職人の息子に生まれ、はじめアウクスブルクの国民学校の教員となったが、ボリシェヴィズムに共鳴して1919年にはミュンヒェン労農評議会 [レーテ] の議長となった。またドイツ共産党がドイツ社会民主と合体した後は、バイエルン州議会議員をつとめたが、やがてそれも辞してベルリンのドイツ繊維労組 (Dt.Textilarbeiterverband in Berlin) の幹事長となり、また1926-34年には雑誌『抵抗』(Widerstand) を主宰し、ドイツ・ボリシェヴィズムと非西洋の立場から活動をおこなった。1937年に反ナチ分子として終身禁固となった。戦後はベルリンに住み、ドイツ共産党 (KPD) に参加し、また1948年にフンボルト大学で社会学の正教授となった。1949年に人民議会 (Volkskammer) の議員に選ばれたが、1953年六月17日の反乱が鎮圧された後、DDR体制から離れ、1954年にはすべての政治的なポストを去った。

62) Martin Scharfe, *Evangelische Andachtsbilder.* Stuttgart [Müller & Gräff] 1968; Derselbe, *Die Religion des Volkes. Kleine Kultur-und Sozialgeschichte des Pietismus.* Gütersloh [Gerd Mohn]1980.
63) Wolfgang Brückner, *Volkskunde.* In: Wissenschaften in Berlin. S. 124.
64) Wolfgang Brückner, *Berlin und Volkskunde.* S. 3. u. 16.
65) A. a. o. S. 9.
65-a 補注) Nikolaus Kyll はトリーア地方のキリスト教布教時代の習俗の異動について多くの論考がある。ただし確実な文献史料に注目する半面、ネオロマン派の先行文献によって推論が乱されているところがある。
66) Wolfgang Brückner, a. a. o. S. 5f.
67) Wolfgang Brückner, *Volkskunde.* In: Wissenschaften in Berlin. S. 126.
68) ブリュックナーがマテス・ツィークラーについて本格的に言及した最初は1986年のミュンヒェン・シンポジウムの直前で、またあきらかになったデータを大会関係者に送付してもいた。参照、Wolfgang Brückner, *Volkskunde und Nationalsozialismus. Zum Beispiel Matthes Ziegler.* In: Bayerische Blätter für Volkskunde 13（1986）, S. 189-192.
69) マテス・ツィークラーはニュルンベルクで亡くなった。Mattes Ziegler 11. Jun. 1911- 15. Aug. 1992.
70) Wolfgang Brückner, *1988: Ein Jahr der NS-Forschung.* In: Bayerische Blätter für Volkskunde 15, S. 19-23.; Derselbe, *Volkskunde-Syndrome. Von Nestbeschmutzern und Fakelore-Fabrikanten.* In: Bayerische Blätter für Volkskunde 15（1988）, S. 23-25.
71) *German Volkskunde. A Decade of Theoretical Confrontation, Debate, and Reorientation (1967-1977)*, edited and translated by James R. Dow and Hannjost Lixfeld. Bloomigton [Indiana University Press] S. 1-40: 'Introduction', by James R. Dow and Hannjost Lixfeld. hier S. 13f.
72) *Volk und Volkstum. Jahrbuch für Volkskunde.* Im Auftrag der Görres-Gesellschaft, hrsg. von Georg Schreiber. 1936-1938. ならびにブリュックナーによるその復刊誌 *Jahrbuch für Volkskunde. Neue Folge.* Würzburg [Echter] 1978f. についてはこの号の次の箇所を参照、p.25-27, 32-33.
73) Wolfgang Brückner, *Görres-Tagung in Bayreuth 1988.* In :Bayerische Blätter für Volkskunde 15（1988）, S. 207-213.
74) Hannjost Lixfeld (in Zusammenarbeit mit James R. Dow), *Offener Brief an Wolfgang*

Brückner als Antwort auf Polemik und Pamphlet in den Bayerischen Blätter für Volkskunde 15, Heft 1, 1988. Freiburg i. Br., 8. Mai 1988.

75) Wolfgang Brückner, *Berliner Nachlese.* In:Bayerische Blätter für Volkskunde. 11(1984), S. 27-28.

76) ブリュックナーによるマティルデ・ハインへの追悼文は次を参照、Wolfgang Brückner, *Grabrede auf Mathilde Hain am 18. 1. 83.* In: Bayerische Blätter für Volkskunde. 10(1983), S. 23-24. Derselbe, *Mathilde Hain 1901-1983.* In: Bayerische Blätter für Volkskunde. 10(1983), S. 19-23.

77) Wolfgang Brückner, *Berlin und Volkskunde.* S. 5.

78) Wolfgang Emmerich, *Germanistische Volkstumsideologie. Genese und Kritik der Volksforschung im Dritten Reich.* Tübingen [Tübinger Vereinigung für Volkskunde e. V.] 1968, S. 10f.

78) リヒァルト・バイトルの辞典については、次を参照、*Wörterbuch der deutschen Volkskunde,* hrsg. von O. A. Eich und Richard Beitl. 1. Aufl. Leipzig 1936, S. 748.; またその第二版は 2. Aufl. Stuttgart [Kröner] 1955, S. 799f. なお、この項目は、1974年の第三版のおいても修正されていない。Wilhelm Heinrich Riehl については、2. Aufl. S. 799f. また "Rasse, Rassenkunde" については、2. Aufl. S. 805.

80) なおこの事典への『ナチス月報』誌上の書評は、"NS-Monatsheften". 7(1936), S. 869-871.

81) Alfred Rosenberg, *Der Mythos des 20.Jahrhunderts.* 1930, 119.-122.Aufl.1937. 邦訳として次がある。参照、アルフレット・ローゼンベルク著／吹田順助・上村清延共譯『二十世紀の神話』(中央公論社 昭和13年); なおローゼンベルクをめぐるエピソードは次の文献にみられる。参照、Reinhard Bollmus, *Das Amt Rosenberg und seine Gegner. Studien zum Machtkampf im nationalsozialistischen Herrschaftssystem.* Stuttgart [Deutscher Verlags-Anstalt] 1970.

82) Walter Künneth, *Antwort auf den Mythos. Die Entscheidung zwischen dem nordischen Mythos und dem biblischen Christus.* Berlin [Im Wichern] 1935 キュネトは当時ベルリン大学の私講師で護教学センター（Apologetische Zentrale）の責任者であったが、ローゼンベルクが『二〇世紀の神話』においてキリスト教を〈ユダヤ・シリア的宗教〉と難じ、〈北方人種の世界観〉をそれに対置したのに対して、ローゼンベルクのテキストを細部にわたって検討しながら、キリスト教の原理を説いた。すなわち、ローゼンベルクによれば、キリスト教会はその〈人種を知らない普遍主義

(Unitarismus)の故に堕落の共犯者であり、人種の時代が到来するや、歴史的な使命を終え、未来を望見し得なくなり〉(Kunneth,S.7)、また〈キリスト教信仰の故に北方的魂に曇りが生じ……、さらにキリストへの従属が民族と国家（Volk und Staat）に喜んで奉仕することを妨げ、かくしてフォルク的・人種的理念への全き献身が阻害された結果、キリスト者はキリスト教徒たることとドイツ人であることとのあいだで魂の分裂をきたしている〉(Kunneth S.196)とされるが、これに対してキュネトは次のように〈回答〉した。〈神は、ドイツ・北方的人間にも倣い従うこと呼びかけておられ、神のこの命令の前に抗いはあり得ない……言い換えれば、自分は神に従うが、それはナショナルな義務履行と一致する限りであるなどと言うことはあり得ない…そうした条件付けによる信仰はキリスト教信仰ではなく、わらうべき妄昧である。神が主であることは無条件であり、神への本当の信仰にも条件付けはあり得ない〉(Künneth S.197.)。キリスト教神学の立場からは正統な反論であると共に、その発言に勇気を要したことは疑わず、またこういう形で〈北方性〉などを否定する論議がなされたことは貴重でもある。なおプロテスタント教会とナチズムとの関係について概観するには次のものが簡便で、キュネトについてもその「回答」とその後のローゼンベルクの反論の書誌データを見ることができる。参照、 Kurt Meier, *Kreuz und Hakenkreuz. Die evangelische Kirche im Dritten Reich*. München [dtv] 1970. S.121ff. しかしナチ問題の根本を問うなら、ナチスは基本的には政治勢力であり、北方人種などの理念の故に政権を得たのではなく、社会と経済と国際関係について現実の諸問題を解決するプログラムを提示したことによって国民の支持を得たと見なければならない。そのプログラムが麻薬服用にも似た一時しのぎの仮象に過ぎないことを解明できる政治・経済の理論が形成されず、またそれを国民に説得する政治勢力も不在であったことに問題の主因があったと言うべきであろう。

83) R・Ch・ダーウィンは、特にカトリック教会を目の敵にして歴史に消長した教会人の蛮行・堕落・愚行を列挙して飽きなかった。その主著『司祭団と司祭王国の展開——自由な思考を愛するすべての民族への警告』はヴァイマル時代末期にかなり読まれたようである（なお本邦で戦前に書かれたアルフレート・ローゼンベルクの解説ではこのダーウィンを進化論のダーウィンと取り違えている例がある）。参照、Randolpf Charles Darwin, *Die Entwicklung des Priestertums und der Priesterreiche oder Schamanen, Wundertater und Gottmenschen als Beherrscher der Welt. Ein Warnruf an alle freiheitliebende Volker*. 1929. Neudruck: Leck 1979.; A.グリュ

ンヴェーデルははじめ古典古代の研究家で地中海地域をフィールドとし、またシルクロードの古都クチャ（亀慈）の調査にも携わったが、やがてインドの古代文字を読み解いたと妄想し、ヴァイマル時代末期にブームとなった初原文字（Urschrift）の観念にのめりこんで発狂した。その点ではナチ政権初期にナチス幹部に厚遇されたヘルマン・ヴィルト（Hermann Wirth 1885 生）と同じ狂想の持ち主であった。

84) Wolfgang Brückner, *Volkskunde als gläubgige Wissenschaft. Zum protestantischen Aspekt der ideologischen Wurzeln deutscher Volkskultur-Konzepte.* In: Wandel der Volkskultur in Europa. Bd. 1. FS. f. Günter Wiegelmann zum 60. Geburtstag, hrsg. von Nils-Arvid Bringéus, Uwe Meiners, Ruth-E. Mohrmann, Dietmar Sauermann und Hinrich Siuts. Münster 1988（Beiträge zur Volkskultur in Nordwestdeutschland, 60/I）, S. 17-42.

85) Wolfgang Brückner, *Die Verehrung des Heiligen Blutes in Walldürn. Volkskundlich-soziologische Untersuchungen zum Strukturwandel barocken Wallfahrtens.*（Veröffentlichungen des Geschichtsß und Kunstvereins Aschaffenburg e.V.,3.） Aschaffenburg [In Komm.bei Paul Pattloch] 1958. この学位論文は、宗教民俗学の研究者としてのブリュックナーの声価を決定付けたもので、今日から見てもモノグラフィーとしてはマスターピースと評価してもよい。なおヴァルデュルンの〈聖地汁〉(Heiliges Blut)はキリストの血を指し、歴史的に何度かそれへの崇敬が起きた。ドイツのフランケン地方のヴァルデュルン市に所在するベネディクト会僧院教会堂は特に有名で、また家畜への祝祷と結びついた盛大な馬匹行列によって知られている。ブリュックナーの活動では、以後もたゆみなく手掛けている巡礼地の研究を最も評価すべきであろう。なお付言すれば、その指導の下に行なわれている巡礼地の膨大なデータの収集は、刊行には至っていないが地道なものである。

86) 参照、Friedrich Heinz Schmidt-Ebhausen, *Forschungen zur Volkskunde im deutschen Südwesten.* Stuttgart [Silberburg]1963. この論文集はシュミット＝エープハウゼンが60歳の記念にそれまでの数年間に発表した文章をまとめたものである。いくらか注目に値するのは、最後に置かれた「科学技術時代における民俗学と民俗保存」（Volkskunde und Folkstumspflege im technischen Zeitalter. 同書 S.154-164.）で、1959年にインスブルックでのシンポジウム「民俗学とラジオ」にさいしての発表である。なおシュミット＝エープハウゼンはナチ時代末期には、ローゼンベルクの指揮下にあった民俗学誌 "Deutsche Volkskunde. Vierteljahresschrift der Arbeitsgemeinschaft für Deutsche Volkskunde." にはバイロイト師範学校教員としてしばしば寄稿してい

るが、この論集にはそれらは収録されていない。

87) Wolfgang Brückner, *Görres-Tagung in Bayreuth 1988*. In: Bayerische Blätter für Volkskunde 17(1988), S. 207-213, bes. S. 209f.; またその全文は、次を参照、Wolfgang Brückner, *Friedrich Heinz Schmidt-Ebhausen.Volkskundedozent der Hochshule für Lehrerbildung in Bayreuth im Dritten Reich*. In: Jahrbuch für Volkskunde. N. S. 12(1989), S. 67-84.

88) Wolfgang Brückner, *Volkskundler in der DDR*. In: Bayerische Blätter für Volkskunde 17 (1990), S. 84-111

89) Michael Martischnig, *Volkskundler in der DDR*. Wien [Selbstverlag des österreichischen Museums für Volkskunde] 1990.

90) Helge Gerndt, *Diskussionsbeitrag für das Treffen bayerischer Volkskundler in Bamberg am 23. Februar 1991*.

91) フォークロリズムについては、次のハンス・モーザーの提唱論文の拙訳とそれにほどこした解説を参照、ハンス・モーザー『民俗学の研究課題としてのフォークロリスムス』(愛知大学国際問題研究所「紀要」第 90/91、1990 年所収)

92) Hermann Bausinger, Umfrage. Folklorismus. 上記のハンス・モーザー『民俗学の研究課題としてのフォークロリスムス』に併せて拙訳を掲載した

93) Wolgang Brückner, *Heimat und Demokratie. Gedanken zum politischen Folklorismus in Westdeutschland*. In: Zeitschrift für Volkskunde. 61 (1965), S. 205-213.

94) Wofgang Steinitz 1905-1967.

95) Wolfgang Jakobeit, *Auseinandersetzung mit der NS-Zeit in der DDR-Volkskunde*. In: Volkskunde und Nationalsozialismus. Referate und Diskussionen einer Tagung der Deutschen Gesellschaft für Volkskunde, München, 23. bis 25 Oktober 1986, hrsg. von Helge Gerndt. München 1987. S. 301-318.

96) シンポジウムにさいして、次の 2 種類の参考資料が準備された。*Volkskunde an den Hochschulen im Dritten Reich. Eine vorläufige Datensammlung*, bearbeitet von Esther Gajek. München [Institut für deutsche und vergleichende Volkskunde] 1986; *Volkskunde im Dritten Reich. Diskussionsanstöße*, Begleitheft zu einer Ausstellung anläßlich der Tagung 'Volkskunde und Nationalsozialismus' im Institut für deutsche und vergleichende Volkskunde an der Ludwig-Maximilians-Universität München, 23. bisd 25 Oktober 1986. München [Institut für deutsche und vergleichende Volkskunde] 1986. これらは、完全なものではなく、また刊行もされていないが、この方面では実際にはよく使われて

いる。

97) Wolfgang Brückner, Volkskundler in der DDR. S. 87f. 一般的に言うと、この種の経歴は、ドイツ統一にともなう旧東独人の資格審査ではかなり問題になった場合がある。ただしブリュックナーは資格審査を迫ったわけではない。

98) Buchbesprechung von Ute Mohrmann: *Volkskunde und Nationalsozialismus. Referate und Diskussionen einer Tagung der Deutschen Gesellschaft für Volkskunde, München, 23. bisd 25 Oktober 1986*, hrsg. von Helge Gerndt. München 1987." In: Jarhbuch für Volkskunde und Kulturgeschichte.Jg. 1989 Berlin [Akademie-Verlag] S. 223-227.

99) 過去の民俗学文献に問題が多いことはドイツ語圏では一般的には知られているが、本書でこれを取り上げたのは、本邦でもそれへの注意が必要だからである。実際には、さまざまな分野の研究者がそうした用心を欠いたまま使用し、それが歪んだ歴史解釈につながっている。ここでは、その点で目に立つ数人の一人である阿部謹也氏が朝日新聞に連載した『中世の窓から』（朝日新聞社　昭和56年刊）のなかから、ニュルンベルクの仮面者跳梁（Schembartlaufen シェンバルト祭）を取り上げる（同書p.144-158）。〈ヨーロッパの仮面祭は冬の間に行われ、春を迎える行事とみられています。今でも各地に冬と夏の闘いの祭りがのこっており、特に謝肉祭の行事が人びとの注目をひいています。……ニュルンベルクのシェンバルト祭は、たしかにこれらこれらの謝肉祭の伝統をひくものではありますが、農村のそれとは違ってかなり洗練されており、古ゲルマンの異教的伝統をそのまま伝えるものとはいいがたい面があります。……ニュルンベルクのシェンバルトは、たしかに冬を送り春を迎える祭りとしての性格はのこしながらも、見物客の存在を前提にした祭りでした。……たとえ都会化していたとはいえ、仮面による変貌は、神の世界と直結していた古代人の意識を再現したからです。……この町（＝ニュルンベルク）には異教時代の伝統を伝える春を迎える祭り、シェンバルトがあったのです。この祭りは、ニュルンベルクの貨幣経済の進展のなかで他の町にみられないほど洗練され、大きな見世物になっていましたが、根底においては、古い時代の人間と人間との関係の世界、モノを媒介とする人間の関係の世界が神的秩序と結びついていた時代の伝統をひくものでありました。……市当局にとっては、古代の遺物としてのシェンバルトは大変危険な爆薬でした。〉なかなかの力説であるが、歴史的事実としては、中世後・末期のニュルンベルクにおいて〈古代の〉祭りが間接的にせよ伝承されていたことはあり得ない。西洋史の大局から見ても、そうした判断は成り立たないはずである。と言うより、中世後期や末期に古代的

な要素がなお生きつづけ、それが変形しながらも時に噴出することに社会の重層性やダイナミズムを求めるというのは、阿部氏が西洋史理解に取り入れた基本的な知見であったが、それこそドイツ語圏で19世紀後半から次第に力を強めていった通俗民俗学の構図に他ならなかった。したがってその種の通俗書は巷に山ほど残っているが、まさにそれを克服しようとして努力を続けてきたのが、第二次世界大戦後の民俗学界であった。しかし今日でもアマチュアの一部の人々の書き物や観光用のパンフレットなどではその種の説明が完全には払拭されていない。因みに今の事例については、ハンス・モーザーが通俗民俗学の猖獗を批判した論文のなかで、その代表的事例としてニュルンベルクのこの行事に言及して、次のように述べている。〈たとえば、ニュルンベルクの仮面者跳梁は、中世後期の社会を図式化した市民的な行列行事であるが、それすら夏と冬の争いを象ったものとする解釈がほどこされたものである〉(「民俗学の研究課題としてのフォークロリスムス」拙訳：愛知大学国際問題研究所『紀要』第90号,p.79)。この一文だけでも事態は明らかであるが、言い添えるなら、これは決して、偶かのモノグラフィーを引き合いに出したのではない。〈フォークロリズム〉概念の提唱論文でもあるために、国際的にも注目された里程標的な論作で、民俗学の分野では知らない人はいない。そこに誤謬の極例として挙げられていた見解を、それから20年近く経った時期に、西洋史家が疑いを差し挟むことなく日本の一般読者に向けて縷々と説いたのである。なお付言すれば、阿部氏は、ドイツ語の民俗学書を活用する一人であるが、首を傾げざるを得ないことが少なくない。加えて、参考文献は巻末にジェネラル・レファレンスとして列挙されるのみで、読者が個々の記述について出典の適不適を確かめる上で不自由を強いられる点でも問題である。今日のドイツ民俗学界で、阿部氏がここで断定調で述べているような見解を示す研究者がいるとは思えない。逆に言えば、この種の歪みが過去のどの思潮に由来するかについては、民俗学史を概観すれば比較的容易に知ることができ、またその程度の判別ができるためにも学史は大事なのである。かつて長期にわたってドイツ語圏で勢いをもっただけに、通俗民俗学やその下敷きにした味付けが日本人の耳目に誘惑的であるのは、残念ながら、さもありなんと言うところがありはするが、それだけに仲介と受容の両面で再考を要しよう。――筆者は、阿部氏の『朝日新聞』での連載の直後に、『読書新聞』上でこれと同じ指摘を行なったことがある。ドイツ語圏の民俗学史について勉強を始めて程ない頃であったが、問題点を10項目ほど挙げて警告をしたのである。その頃に較べて理解される度合いが増しているか減じているか、変動

を観測するささやかな計測器としてこの小文を置いてみた。

100) 参照、*Völkische Wissenschaft. Gestalten und Tendenzen der deutschen und österreichischen Volkskunde in der ersten Hälfte des 20. Jahrhunderts.* Hrsg.von Wolfgang Jacobeit, Hannjost Lixfeld und Olaf Bockhorn im Zusammenarbeit mit James R. Dow. Wien-Köln-Weimar [Böhlau] 1994.

101) *Der neue Bonner Rektor. Die Maßlosikeit und Mäßigung eines Philologen*, von Walter Boehlich. In: Die Zeit. 23. Oktober 1964.

102) 参照、Hugo Moser, *Schwäbische Mundart und Sitte in Sathmar.* Diss. Tübingen 1932. München [Ernst Reinhardt] 1937.

103) Hermann Bausinger, *Volkideologie und Volksforschuung. Zur nationalsozialistischen Volkskunde.* In: ZfVkde. 61 (1965), S. 182. 拙訳では p. 10.

104) Reinhard Bollmus, *Zwei Volkskunde im Dritten Reich. Überlegungen eines Historikers.* In:Volkskunde und Nationalsozialismus. Referate und Diskussionen einer Tagung der Deutschen Gesellschaft für Volkskunde, München, 23. bisd 25 Oktober 1986, hrsg. von Helge Gerndt. München 1987. S. 49-60.

105) 本篇第三期第2節の（注38）を参照。また次の文献を参照、Edgar Harvolk, *Eichenzweig und Hakenkreuz. Die Deutsche Akademie in München (1924-1962) und ihre volkskundliche Setikon.* 1990.

106) ラウファーの学位論文は次である。参照、Otto Lauffer, *Landschaftsbild Deutschlands im Zeitalter der Karolinger. Nach gleichzeitigen litterarischen Quellen. Eine gemanistische Studie.* Diss.Gottingen 1896, [Univ.-Buchhandlung von W. Fr. Kästner]；時代概念の問題では次を参照、Derselbe,*Begriffe "Mittelalter" und "Neuzeit" im Verhältnis zur deutschen Altertumskunde.* Berlin [Deutscher Verein für Kunstwissenschaft] 1936.；次は小著ながら、クリスマス・ツリーの習俗を表面的な印象から古習とする傾向への警告となっている。参照, Derselbe, *Der Weihnachtsbaum in Galuben und Brauch.* Berlin und Leipzig [Walter de Gruyter] 1934. (Hort deutscher Volkskunde Bd.1-Schriften des Bundes für deutsche Volkskunde)；北ドイツ地域に関する次の2著は民俗学におけるラウファーの主著でもある。参照、Derselbe, *Land und Leute in Niederdeutschland.* Berlin und Leipzig [Walter de Gruyter] 1934.; Derselbe,*Dorf und Stadt in Niederdeutschland.* Berlin und Leipzig [Walter de Gruyter] 1934.

あとがき

　ドイツ語圏において行なわれてきた民俗学が示す独特のかたちを問うた本書であるが、足らざるところを痛感すると共に、幾分かの特長を織り込めたやも知れぬとの感慨もある。不足とは、別の角度からの整理もあり得たであろうこと、また種類の異なった情報を盛り込むべきであったのでは、といった反省である。個別の話題についても、たとえば現代史の一齣としての収穫感謝祭ではなく、昔も今も各地で盛んなファスナハト祭などの方が見聞による確認を促せたかも知れない。ナチス系の民俗学者にしても、別人に焦点をあてておれば、また違った側面を併せて伝えることになったであろう。もとより触れずに済ませた人物も出来事は数知れない。そうした空白が、テーマを絞った故の必然と受けとめていただけるなら、冥加なことである。他方、特長は、ダイナミズムを含むものに仕上げられたことである。これは、誇って言うのではなく、材料に関わっている。要するに、論争や対立を綴って論を進めたのである。最初のフォルク論争だけでなく、どの章でも、揉め事や齟齬や応酬を取り上げている。因みに、物体が衝突し、亀裂が入ったり壊れたりすると、それを通して常態では確認し難い仕組みや材質の特徴が分かることがある。ドイツ語圏の民俗学史から、それに類した局面を十数例取り出して組み合せることにより、そこに走る脈絡を探り、その性状を観察したのである。それが妥当な手法であったか否かは、江湖の判断に委ねたい。

　本書を執筆することになった動機のひとつは、ドイツ語の民俗学書が、さまざまな分野の人々がそれを使っているにも拘らず、誤用が多いことである。それぞれの専門分野では学説の差異にも配慮しているはずの識者たちが、民俗学となると文献の性格を検討したとは思えない、ルーズな活用に流れる事例が目立つのである。実際には、これほど用心や警戒の必要な部門も少ないと言ってもよい。ナチズム民俗学として現れる諸要素は、特定の政権下での動向にとどまらず、長い前史をもち、さらに第二次世界大戦後にまで伸びている。なかには、ナチスへの激しい批判を謳いながら、内容は前代の誤謬に

冒されているといったものもある。それゆえ、学史や学説分布の上でどのあたりに位置するものか、について大凡（おおよそ）の目配りが欠かせない。特に、民俗学の雑知識が、徒にロマンを掻き立て、歴史展開の基本的理解をも歪めるような空想に羽をあたえるところがあるだけに、なおさらである。もとより慎重を期したつもりでも、それをすり抜ける狡知を文献が忍ばせていることもないではない。

そうした問題点には早くから留意していたものの、それを一般認識へと連結する手立てについては長く見通しが立たなかった。やはり、マイナーな分野なのである。それだけに、数年前に、愛知大学国際問題研究所の叢書の一冊として、このテーマの数編を束ねて公に供する道が開けたのは稀有の機縁であった。しかも刊行がしばし滞ったのは、概括的な整理から具体的な情報を盛ることへと重点をおき直したからである。その勝手を赦された研究所の御高配はまことに忝く、とりわけ、所長、三好正弘教授にお礼を申しあげる。また本書の製作を担当していただいた創土社の酒井武之氏が辛抱強く付き合って下さったことに謝意を表する。

S.K

人名索引

姓名はアルファベットで表示し、見出しは原則として姓のみとするが、一般に知られた同姓人がいる場合や姓名を併せるのが習慣となっている事例についてはファースト・ネームを加えた。なお注に挙げた人名は収録せず、以下のページ表記でも注は含まない。

A

アンドレー、リヒァルト（Richard Andree） 21, 272, 363
アルント（Ernst Moritz Arndt） 216, 232
アシオーン（Peter Assion） 693, 706

B

バッハ、アードルフ（Adolof Bach） 113, 242, 267, 271, 301, 475, 552, 562, 568, 617, 687, 698, 718, 719, 722, 723
バッハオーフェン（Jakob Bachofen） 475, 687
バルト、カール（Karl Barth） 68, 69, 114, 236, 299, 543
バスチアン（Adolf Bastian） 106, 309, 530
バウアライス（Romuald Bauerreiss） 272
バウジンガー、ヘルマン（Hermann Bausinger） 205, 224, 260, 261, 264, 265, 283, 284, 312-314, 487, 525, 526, 551, 585, 586, 588-594, 598, 601-603, 605, 607, 608, 610, 612-626, 628-636, 639, 641-643, 645, 648-650, 668, 669, 679, 680, 693, 694, 698, 718, 720, 725, 726
ベッヒシュタイン（Ludwig Bechstein） 639
ベハーゲル（Otto Behagel） 19, 34, 76
バイトル、クラウス（Klaus Beitl） 669, 670
バイトル、リヒァルト（Richard Beitl） 672, 700-702, 704, 706-712, 715
ベンフィ、テーオドア（Theodor Benfey） 530
ベン、ゴットフリート（Gottfried Benn） 162, 553, 643, 645
ベルゲングリューン（Werner Bergengruen） 634
ビスマルク（Otto von Bismarck） 110, 405, 543, 640
ボックホルン（Olaf Bockhorn） 681-684, 690, 725
ベーム、M.H.（Max Hildebert Boehm, or Böhm） 465, 468, 469, 470, 473, 566, 646, 647
ベーム、フリッツ（Fritz [Friedrich] Boehm, or Böhm） 470
ボルムス（Reinhard Bollmus） 673, 677, 726
ボルテ（Johannes Bolte） 700
ブラーハー（Karl Dietrich Bracher） 679
ブレードニヒ（Rolf Wilhelm Brednich） 350, 670
ブレポール（Wilhelm Brepohl） 522, 523
ブロサト（Martin Broszat） 679, 719
ブリュックナー（Wolfgang Brückner） 424, 669, 670, 685, 691-706, 708, 710-713, 715-720, 722-726
ブリューニング（Heinrich Brüning） 284, 631
ブーフベルガー（Michael Buchberger） 272, 273, 275, 363
ブルダッハ（Konrad Burdach） 642

C

カムベル（Åke Campbell） 529
カネッティ（Elias Canetti） 225
セランダー（Hilding Celander） 529, 536
チェンバリン、H.S.（Houston Stewart Chamberlain） 436, 687
チェンバリン、A.N.（Arthur Neville Chamberlain） 446
シンデレラ（英 Cinderella、独 Aschenputtel） 149, 500, 677
コント、オーギュスト（Auguste Comte） 128, 129, 140, 610

索引　765

クルツィウス（Ernst Robert Curtius） 113

D

ダレー（Richard Walther Darré） 264, 291, 403, 405, 406, 410, 411, 415, 420, 430-434, 437, 443, 445, 446, 521, 548

ダーウィン、チャールズ（Cahrles Robert Darwin） 70-73

ダーウィン、R. Ch.（Randolph Charles Darwin） 710

デフレッガー（Franz Defregger） 147

デメーテル（ギリシア神話の女神 Demeter） 547

ディーテリヒ（Albrecht Dieterich） 89, 90, 92, 94-98, 112, 143, 157, 161, 164-166, 329, 333, 334

デルカー（Helmut Dölker） 714, 715

ドプシュ（Alfons Dopsch） 642

ドーソン、リチャード・M.（Richard M.Dorson） 398

ダウ（James R. Dow） 619, 685, 703, 704, 706

ドレーフス（Paul Drews） 280, 281

E

エーバーハルト（Helmut Eberhart） 639, 670

エメリッヒ（Wolfgang Emmerich） 635-643, 645, 646, 648-650, 668, 672, 692-694, 696, 698, 709, 717-719, 726

エリクソン（Sigurd Erixon） 529, 536, 540, 541, 613, 686

エスケレード（Albert Eskeröd） 530, 536, 540

F

フェル（Edit Fél） 484

フェーレ、オイゲーン（Eugen Ferle） 90, 234, 235, 327-342, 344-350, 352-357, 361-364, 382-387, 447, 496

フランツ、アードルフ（Adolph Franz） 147, 267, 268, 270, 271, 276, 280, 297, 303

フロイデンタール（Herbert Freudenthal） 448

フライターク（Gustav Freytag） 55, 57

フレイザー（James George Frazer） 99, 123-125, 127, 129, 157, 335, 348, 352, 439, 525, 527-530, 532, 536, 540, 613, 688

G

ゲラムプ（Victor von Geramb） 149, 158-160, 162-166, 520, 566

ゲルント（Helge Gerndt） 666, 718, 719, 722, 723

ゴビノー（Joseph Arthur de Gobineau） 436

ゲッベルス（Josef Goebbels） 231, 389, 403, 406, 410, 420, 432, 433, 446, 714, 715

ゲーテ（Johann Wolfgang Goethe） 24, 25, 31-33, 55, 68, 69, 100, 297, 436, 503

ゲレス（Josef von Görres） 135, 275, 703-705, 713

グレーツァー、ヤーコプ（Jakob Gretser） 307

グリム兄弟（Brüder Grimm；ヤーコプ・グリム Jakob Grimm、ヴィルヘルム・グリム Wilhelm Grimm） 39, 43-45, 48, 53, 54, 57, 58, 60, 61, 68, 69, 75, 78-80, 125, 149, 162, 217, 223, 232, 236, 246, 281, 317, 348, 434, 438, 439, 494, 526, 528, 529, 542, 543, 545, 555, 559, 560, 566, 592, 608, 637-640, 700

グリム、ハンス（Hans Grimm） 431

グリュンヴェーデル（Albert Grünwedel） 710

H

ギュンター、ハンス・F. K.（Hans Friedrich Karl Günter） 331, 334, 337, 436, 437, 517, 519, 695

グーギッツ（Gustav Gugitz） 272, 441

ハーバーマス（Jürgen Habermas） 717, 719

ハーバーラント、アルトゥール（Arthur Haberlandt） 159, 234, 487, 494

ヘーヴァーニック（Walter Hävernick） 650

ハイディング（＝パガニーニ）（Karl Haiding-Paganini） 682, 698
ハイン、マティルデ（Mathilde Hain） 149, 526, 615, 617, 675, 677, 707, 708, 726
ハニカ（Josef Hanika） 525, 593
ハルデンベルク（Karl August von Hardenberg） 208
ハルミャンツ（Heinrich Harmjanz） 447, 517, 518
ハーヴァーベック（Werner Haverbeck） 230
ハイルフルト（Gerhard Heilfurth） 514, 517, 520, 521
ハイネ、ハインリヒ（Heinrich Heine） 347, 640
ヘルボーク（Adolf Helbok） 233-235, 243, 649, 650
ヘルバルト（Johann Friedrich Herbart） 68, 69
ヘルダー（Johann Gottfried Herder） 53, 79, 97, 162, 297, 494, 563, 630
ヒムラー（Heinrich Himmler） 351, 357, 432, 433, 443, 445, 446, 673, 685, 686
ヒトラー、アードルフ（Adolf Hitler） 113-115, 231, 241, 243, 262, 312, 313, 330, 332, 351, 385, 389, 391, 400, 401, 413, 415, 424-426, 433, 436, 446, 447, 492, 547, 548, 631, 632, 673, 699, 710, 714, 720, 722, 723
ヒンドリンガー（Rudolf Hindringer） 272, 363
ヘーゲル（Georg Wilhelm Friedrich Hegel） 162, 224, 627, 628, 687
ホッホフート（Rolf Hochhuth） 261
ヘーフラー、オットー（Otto Höfler） 688
ヘルダーリン（Friedrich Hölderlin） 97
ホーファー（Tamas Hofer） 400, 484, 682-684, 691
ホフマン＝クライヤー、エードアルト（Eduard Hoffmann-Krayer） 19, 20, 22, 23, 25-28, 31-49, 52-54, 56, 64, 65, 76, 77, 88, 89, 93, 94, 105, 106, 108, 109, 120, 129, 137, 153, 161, 166-171, 174, 315, 333, 475, 479, 485, 494
ホフマン＝フォン＝ファラースレーベン、A.H.（August Heinrich Hoffmann von Fallersleben） 640
ホーネッカー（Erich Honecker） 722, 723
フーバー、クルト（Kurt Huber） 242, 629-631, 679, 727
ヒュープナー（Arthur Hübner） 148, 239
ヒュージング（Georg Hüsing） 497, 498
フッガー（Paul Hugger） 484
フンボルト、ヴィルヘルム（Wilhelm von Humboldt） 66, 67, 73, 75, 162

J

ヤコバイト、ヴォルフガング（Wolfgang Jacobeit） 673, 701, 720, 722, 723, 725
ヤーン、フリードリヒ（Friedrich Ludwig Jahn） 205-210, 213, 215, 216, 222, 223, 228, 232, 241, 245, 246, 305, 440, 442, 640
ヤーン、ウルリッヒ（Ulrich Jahn） 439, 547
イェクレ（Utz Jeggle） 680, 694, 698, 706
ヨープスト（Albercht Jobst） 236, 237, 263, 264, 313
ヨーハン大公（Erzherzog Johann） 544

K

カマーホーファー（Ulrike Kammerhofer） 682-684, 691
カラゼク（＝ランガー）、アルフレート（Alfred Karasek-Langer） 363, 525, 593, 594
カーター（Michael H. Kater） 678
カント（Immanuel Kant） 70, 101, 436
クナッフル（Johann Felix Knaffl） 160
コッホ、ゲオルク（Georg Koch） 134, 234, 423, 424

索引　767

コンラート・フォン・パルツァム（実在の聖者 Konrad von Parzham）292, 315
コーレン（Hanns Koren）243-245, 263, 264
コルフ（Gottfried Korff）358
クラーマー、K.-S.（Karl-Sigismund Kramer）432, 553, 566-571, 669
クレッツェンバッハー（Leopold Kretzenbacher）562, 617
クリス、ルードルフ（Rudolf Kriss）272, 282, 363, 634
クリス＝レッテンベック、レンツ（Lenz Kriss-Rettenbeck）272, 650
キュネト（Walter Künneth）710
キュンツィヒ（Johannes Kunzig）336, 362
キュマニス（聖者 Kümmernis）291, 299, 363

L

ラッハマン（Karl Lachmann）57, 161
ラウファー（Otto Lauffer）235, 362, 448, 526, 541, 727
レマート（Eberhard Lämmert）639, 641
ラツァルス（Moritz Lazarus）58, 66, 68
レッシング、G.E.（Gotthold Ephraim Lessing）73, 73, 644, 644
レッシング、テーオドア（Theodor Lessing）73, 73, 644, 644
レヴィ＝ブリュル（Lucian Lévy-Bruhl）106, 126-129, 132, 139
レクサー（Mathias Lexer）545
ライ（Robert Ley）229, 432, 433, 443, 714
リュングマン（Waldemar Liungman）540, 541
リーリエンフェルト（Paul Lilienfeld-Toal）72
リスト、グイード・フォン（Guido von List）341
リックスフェルト（Hannjost Lixfeld）619, 667, 671, 672, 674, 675, 683-685, 694, 696, 703-706, 708, 710-716, 724, 725

リュプケ、ハンス・フォン（Hans von Lüpke）275
ルター（Martin Luther）73, 220, 237, 238
ルッツ（Gerhard Lutz）670

M

マッケンゼン（Lutz Mackensen）232, 362, 447
マリノフスキー（BronislawMalinowski）478
マクドナルド、サザランド（Sutherland Macdonald）145
マン、トーマス（Thomas Mann）112, 114, 141, 494
マルティーン（マルタン聖者 Martin）439, 440
マッティアート（Eugen Mattiat）703, 711
モイリ（Karl Meuli）485, 557
マウス、ハインツ（Heinz Maus）267, 464-473, 491, 525, 695, 696, 699
マクシミリアン2世（バイエルン国王 Maximilian II von Bayern）216
メテルニヒ（Klemens Lothar von Metternich）209
マイヤー、エルンスト（Ernst Meier）639
マイヤー、ヨーン（John Meier）20, 25, 76-78, 80, 82-88, 103, 119, 120, 129, 138, 139, 167, 168, 173, 231, 233, 235, 239, 240, 351, 448, 469, 470, 496, 672, 714, 715, 727
マルクス、カール（Karl Marx）224, 313, 417, 426, 434, 593, 624, 627, 632, 722, 723
マイゼン（Karl Meisen）518
ミンダー（Robert Minder）642
モーク、オイゲーン（Eugen Mogk）97-99, 101-105, 107-109, 222, 223
モアマン、ウーテ（Ute Mohrmann）701, 722, 723
モーザー、ハンス（Hans Moser）234, 235, 361, 561-566, 568, 571, 719, 720

モーザー、フーゴ（Hugo Moser）725, 726
メーザー、ユストゥス（Justus Möser）152, 158, 162, 494, 559
ムーフ（Rudolf Much）363, 487, 497, 689
ムーラック（Edmund Mudrak）469, 470
ミュレンホフ（Karl Müllenhof）44, 58
ムージル（Robert Musil）501, 643
ナウマン、フリードリヒ（Friedrich Naumann）388, 391, 394
ナウマン、ハンス（Hans Naumann）108, 109, 111-117, 119-123, 125, 127-133, 137-139, 141, 142, 144, 147, 149, 150, 152, 154, 156-158, 161, 166-169, 283, 360, 447, 494, 499, 673
ネルトゥス（ゲルマン神話の神 Nerthus）269, 270
ニーデラー（Arnold Niederer）484
ニーチェ（Friedrich Nietzsche）97
ニルソン（Martin P. Nilson）529, 534-536

O
オーバーレンダー（Theodor Oberländer）646

P
パーペン（Franz von Papen）406, 420
パウル、ヘルマン（Hermann Paul）76
ペルリーク（Alfons Perlik）363, 472
ペスラー（Wilhelm Peßler）676
ペーターゼン（Julius Petersen）560
ポイカート、W-E.（Will-Erich Peuckert）234, 235, 464, 465, 467-473, 491, 496, 525, 526, 541, 562, 563, 566, 613, 635, 722, 723
プフィスター（Friedrich Pfister）233, 234, 363
プラースマン（Josef Otto Plaßmann）447, 647
ポスト（Albert Hermann Post）28-30, 40, 41, 43, 49, 52

R
ランケ、フリードリヒ（Friedrich Ranke）234, 286, 292, 295, 469, 567-569
ライヒヴァイン（Adolf Reichwein）634
ラインスベルク＝デューリングスフェルト、I.v.（Ida von Reinsberg-Duringsfeld）441
リール、ヴィルヘルム・ハインリヒ（Wilhelm Heinrich Riehl）20, 55, 108, 135, 139, 152, 153, 159, 160, 216, 217, 219, 220, 230, 232, 245, 246, 332, 335, 434, 435, 437, 494, 520, 565, 566, 701, 709
ローフス（聖者 Rochus）31, 291, 309
ローゼンベルク、アルフレート（Alfred Rosenberg）115, 231, 232, 234, 389, 394, 426, 432, 433, 443, 446, 447, 670, 671, 673, 677, 678, 687, 701, 703, 707, 710, 711, 713, 714, 726
ルソー（Jean-Jacques Rousseau）152, 155, 162, 626
ルーゲ（Arnold Ruge）628

S
ザイラー（Johann Michael Sailer）316
ザルトーリ（Paul Sartori）440
シャルフェ（Martin Scharfe）698, 699, 716
シェーラー、ヴィルヘルム（Wilhelm Scherer）69, 75, 639, 640
シール（Bruno Schier）311, 642, 643
シラー、フリードリヒ（Friedrich Schiller）601
シュライヒァー（Kurt von Schleicher）284, 631, 632
シュリーマン（Heinrich Schliemann）97
シェーンバッハ（Anton Schönbach）271
ショル兄妹（Geschwister Scholl-Hans/ Inge/ Sophie）629
シュミット、レーオポルト（Leopold Schmidt）328, 358, 361, 362, 448, 464, 486, 491, 495-498, 500-503, 514, 515, 526, 542, 551, 553-560, 562, 614, 616, 617, 638, 669, 676, 686, 688-690, 701

シュミット＝エープハウゼン（Friedrich Schmidt-Ebhausen）713, 715, 716
シュミット＝オット（Friedrich Schmidt-Ott）239, 240
シュライバー、Ch.（Christian Schreiber）272
シュライバー、ゲオルク（Georg Schreiber）235, 238-243, 259-268, 271, 272, 276, 277, 280-285, 312-314, 316, 317, 328, 363, 517-519, 631-634, 672, 679, 704, 705, 713
シュレーダー、L.v.（Leopold von Schröder）497
シュルツ（Wolfgang Schultz）100, 106, 497, 498, 555, 616
シュヴァルツ（F.L.Wilhelm Schwartz）409, 639
シュヴェート（Herbert Schwedt）593
シュヴィーテリング（Julius Schwietering）113, 149-152, 155-161, 243, 478, 617
ゼードルマイヤー（Hans Sedlmayr）690
ショー、ジョージ・バーナード（George Bernard Shaw）601, 610
ジーヴァース、E.（Eduard Sievers）76
ジーヴァース、K. D.（Kai Detlev Sievers）671
ゾーンライ（Heinrich Sohnrey）229, 230
シュパーマー、アードルフ（Adolf Spamer）128, 129, 131-134, 137-145, 147-150, 155, 156, 158, 472, 475, 494, 549, 672-677, 679, 696, 700-702, 706, 708, 712, 722-726
シュパン（Ottmar Spann）224, 227, 228, 244, 262, 627, 687
シュペングラー（Oswald Spengler）111, 228
シュピース（Karl von Spieß）263, 468-470, 496, 497, 499, 500, 555, 558, 682, 683, 688, 689
シュタルク（Johannes Stark）239
シュタイニッツ（Wolfgang Steinitz）720, 722, 723
シュタインタール（Heymann Steinthal）56, 65-68, 70, 74, 75, 82, 83, 106, 161
シュトラック、アードルフ（Adolf Strack）34-43, 45, 47, 49-54, 56, 89, 91, 95, 98, 105, 108
シュトローバッハ（Hermann Strobach）718, 719, 722, 723
シュトローベル（Hans Strobel）447
シュトゥムプフル（Robert Stumpfl）560, 563, 688, 689
シュトゥッツ（Ulrich Stutz）266, 267
スヴェンソン（Sigfrid Svensson）529
シドー（Carl Wilhelm von Sydow）529, 531-536

T

タキトゥス（Tacitus）270, 330, 342, 388, 494
テンニエス（Ferdinand Tönnies）39, 40, 129, 227
トリュムピー（Hans Trümpy）650

U

ウルブリヒト（Walter Ulbricht）720, 722, 723

V

ファイト（Ludwig Andreas Veit）272, 363
ヴィーコ（Giambattista Vico）128, 129
フィッシャー（Friedrich Theodor Vischer）
フリース、ヤン・ド（Jan de Vries）409, 541

W

ヴェーラー（Martin Wähler）702
ワーグナー（Richard Wagner）436
ヴァイス、リヒァルト（Richard Weiss）464, 473-475, 478, 479, 481-486, 514, 515, 635, 668, 724
ヴァイザー＝オール、リリー（Lily Weiser-Aal）362, 688
ヴァルター・フォン・デア・フォーゲルヴァイデ（Walther von der Vogelweide）24, 113
ヴェーバー、マックス（Max Weber）111, 144
ヴェーバー＝ケラーマン、インゲボルク（Ingeborg Weber-Kellermann）167, 169, 473-

475, 481, 496, 541, 542, 549-551, 556-558, 560, 669, 672-675, 677, 696-698, 704

ヴァイゲル（Karl Theodor Weigel）349-351, 670

ヴァインホルト（Karl Weinhold）56-58, 61, 63-66, 68, 75, 98, 104, 105, 153, 161, 439, 527, 639

ヴァイツゼッカー、リヒァルト・フォン（Richard von Weizsäcker）204, 204, 646, 646

ヴァイツゼッカー、ヴィルヘルム（Wilhelm Weizsäcker）204, 204, 646, 646

ヴィーゲルマン（Gunter Wiegelmann）517-520

ヴィルヘルム2世（ドイツ皇帝 Wilhelm II）436

ヴィンター（Heinrich Winter）353-361

ヴィルト（Hermann Wirth）350-352, 357, 448

ヴォルフ、J.W.（Johann Wilhelm Wolf）

ヴォルフラム、リヒァルト（Richard Wolfram）113, 357-362, 647, 680-683, 685-687, 689, 691

ヴォリンガー（Wilhelm Worringer）499

ヴント、ヴィルヘルム（Wilhelm Wundt）54, 55

ヴィラモヴィッツ（Ulrich von Willamowitz-Möllendorf）86, 97

X

ザビエル、フランシスコ（独 Franz Xaver）289, 292, 295, 299, 302, 306-309

Z

ツェンダー（Matthias Zender）517-520

ツィークラー、マテス（Matthes Ziegler）232, 234, 447, 703, 711-713

ツィンガーレ（Ignaz Zingerle）545

事項索引

あ行

アカデミズム　39, 328, 330, 331, 338, 339, 348, 349, 351, 357, 476, 488, 489, 495, 525, 561, 563, 622, 647, 649, 669, 678, 689, 720, 722, 723

アニミズム　129, 530, 533, 536

アマチュア　222, 230, 339, 348, 356, 708

アーリア人　123, 124, 263, 344, 345, 348, 349, 436, 437, 467, 468, 497-500, 688

イエズス会　265, 289, 295, 299, 307-310, 554

医学　62, 65, 338, 436, 678, 679

一般民俗学　26-28, 30, 38, 41, 174

インド・ゲルマニスティク　541

ヴァイマル憲法　221, 224, 233, 241

ヴァイマル時代　242, 351, 430, 517, 641

ウィーン学派　283, 363, 448, 487, 497, 541, 681, 687, 688

ウィーン大学　224, 362, 363, 487, 562, 647, 679, 681, 685-687, 689, 690

ヴォルト・サント　287, 299

美しき魂　288

ヴルグス（ヴルグス・イン・ポプロー）21, 34-37, 50, 51, 53, 54, 90, 93, 104-106, 153, 162, 163, 165, 166

エクステルン岩　548

エスノロジー　29, 40, 68, 70, 144, 163, 217, 540, 686, 699

大鎌（Sense）359, 360, 407, 552, 553, 555, 556, 558

オクトーバーフェスト（十月祭）399

オリエント　341, 497, 528, 554, 687

か行

学問としての民俗学　19, 34, 488, 516, 520, 559, 566, 612

カトリック教会　135, 157, 235-238, 240-243, 246, 261, 263-265, 267, 268, 270-273, 275, 276, 280-282, 285, 301, 307, 308, 314-316, 328, 336, 363, 503, 517, 625, 626, 631-634, 637, 689, 699, 704, 712, 713

仮面（仮面慣習、仮面劇、仮面研究）152, 263, 485, 500, 634, 690

索引　771

歌謡（民俗歌謡、藝術歌謡）　24, 25, 57, 61, 77, 78, 80-85, 92, 93, 103, 106, 119, 129, 143, 150, 151, 171, 173, 238, 240, 242, 275, 279, 287, 310, 471, 477, 478, 483, 549, 559, 629-631, 644, 714, 715, 720, 727

刈り取り　356, 358, 359, 442, 530, 533, 536, 537, 539, 540, 546, 547, 549, 552-554, 556, 557

「歓喜力行」　229, 433, 443, 716

カンシュタット祭　399

キリスト教　25, 62-65, 126, 127, 146, 148, 149, 157, 172, 236, 241, 246, 260, 261, 263, 266, 268-270, 272, 277, 281, 282, 286, 289, 296, 299, 305, 307, 313, 315-317, 335-337, 341, 343-348, 356, 359-364, 437, 438, 440-444, 448, 501, 502, 533, 554, 632, 637, 677, 697, 710, 711

儀礼と行事（民衆儀礼と民俗行事）　21, 42, 92, 94, 118, 150, 151, 223, 233, 397, 422, 440, 466

キール大学　566, 671, 722, 723

クリスマス　37, 51, 353, 355, 399, 400, 486, 501, 502, 519, 534, 537, 565, 698, 727

クリスマス・ツリー　37, 51, 399, 400, 502

車刈り　356-361, 555

ゲッティンゲン大学　70, 328, 349-351, 722, 723

血統民俗学　26, 30, 38, 41, 174

ゲマインシャフト（ゲマインシャフトとゲゼルシャフト）　26, 30, 38-40, 55, 118, 119, 129, 130, 133, 148, 154, 156, 161, 164, 166, 227, 244,

ケルト人　345, 498

ゲルマニスティク　19, 57, 58, 77, 89, 98, 111, 113, 149, 150, 217, 233, 239, 265, 271, 283, 314, 329, 338, 363, 439, 474, 487, 528, 530, 541, 560-562, 590, 617, 636-642, 646, 647, 649, 650, 669, 687-689, 693, 694, 702, 703, 709, 724, 727

ゲレス協会　275, 703-705, 713

言語島　524, 525, 594, 725, 726

剣踊り　688

現代民俗学　501, 502, 526, 565, 669, 670

口承文芸　32-34, 60, 61, 63, 64, 87, 93, 94, 118, 287, 471, 477, 530, 590, 591, 598, 599, 604, 637

工業　121, 312, 418, 465, 466, 471, 477, 478, 480, 514, 521-523, 609, 623-626, 700

工業社会民俗学　521, 523

工業労働者　471, 624, 626

考古学　117, 118, 239, 338, 548

ゴスラー（地名）　431, 548

古典文献学　34, 86, 89, 90, 92, 96-99, 112, 113, 329, 330, 387, 390, 534, 535

さ行

詩心　78, 80, 83, 467

自然科学　28, 29, 38, 43, 59, 65, 105, 160, 169, 334, 436, 488, 602, 603

自然現象　23, 55, 60, 63, 72, 75, 268

自然法則　28-30, 40, 41, 46-50, 52, 55, 218, 436

自然民族　22, 47, 94, 96, 101, 102, 104, 107, 126, 127, 153, 154, 164, 165

社会学　21, 39, 68, 72-75, 109, 136, 144, 150, 156, 158, 224, 226, 227, 262, 464, 465, 467, 484, 522-524, 559, 589, 592, 598, 599, 602, 616, 617, 627, 695, 696, 699

社会主義　110, 136, 139, 141, 148, 312, 313, 394, 416, 417, 424, 473, 501, 516, 521, 624, 632, 677, 693, 695, 699, 717, 719, 720, 722, 723, 725

社会民主主義　62, 63, 110, 260, 312

社会民主党　235, 467

収穫　123, 274, 327, 356, 358, 397, 399, 401-403, 405, 406, 413, 416, 419-426, 429, 430, 432, 433, 437-441, 443-446, 530, 537-540, 543, 544, 546-553, 555, 556, 558

祝禱　62, 63, 267, 268, 271, 274, 276, 297, 300, 301, 305, 364

772

呪文　30, 35, 62, 63, 65, 138, 271

シュタント（身分、等族）　515

順応　33, 42, 47, 50, 51, 169, 170

叙事詩　60

食料身分団　433, 443

「白薔薇」　629, 679

〈信心深い女中さん〉　140, 148, 149, 676, 677

心理学　28, 58, 62, 65-70, 72-74, 101, 106, 117, 126, 141-143, 148, 155, 156, 160, 163, 165, 285, 600, 602, 604, 623, 675, 697

神話　24, 25, 30, 31, 58, 60-65, 67, 75, 80, 89, 96, 98, 99, 113, 127, 167, 217, 270, 281, 295, 333, 337, 340, 353, 358, 360, 361, 363, 434, 438-440, 465, 467, 485, 497, 499, 526, 528-530, 532, 533, 538, 541-543, 545, 551, 552, 554, 555, 557-559, 616, 642-645, 649, 687, 688, 710

神話学　58, 65, 99, 167, 217, 363, 434, 439, 440, 465, 467, 497, 526, 528, 532, 541, 545, 555, 557, 558

スウェーデン学派　283, 525, 526, 529, 541, 613

スカンジナヴィア（半島）　343, 528, 529, 543

聖者崇敬　285, 291, 292, 296, 297, 301, 307-311, 518, 519

青少年運動　498

聖体大祝日　437

世襲農地法　426-430

説話　59, 62, 63, 65, 89, 148, 149, 439, 530, 554

象牙の塔　260

「祖先の遺産」　351, 357, 446, 447, 673, 678, 701

た行

太陽（太陽信奉）　211, 343-346, 350, 351, 353, 354, 357, 358, 360, 361, 364, 422, 497, 500, 554, 555, 624, 644

太陽の神話（太陽の神話学）　361, 497

男性結社　687, 688

血と土　406, 421, 423, 445, 467, 521, 625, 709

中央党　239, 260, 267, 284, 631

通俗民俗学　223, 348, 361

月の神話（月の神話学）　361, 497, 555

ディレッタント、ディレッタンティズム　622

テュービンゲン大学　585

デモクラシー　111, 337, 417, 633, 679, 708, 720

ドイツ民俗学会　56-58, 65, 98, 99, 231, 236, 239, 281, 284, 332, 350, 514, 521, 527, 542, 566, 619, 635, 666, 671, 686, 691, 700, 705, 713, 714, 718, 727

「ドイツ民俗地図」　239

利鎌（三日月鎌、シックル Sichel）　543, 546, 552-555, 558

都市民俗学　486, 487, 489, 501, 691, 701

な行

ナチズム民俗学　224, 228, 261, 338, 473, 541, 562, 563, 589, 619, 622, 624, 632, 650, 680, 681, 684, 685, 691, 696, 702, 710-712, 727

ナショナル・デード イツ国民の）

ニュルンベルク裁判　431, 445, 710

ネオロマンティシズム　99, 122, 123, 435, 514, 526, 529, 530, 688

年齢階梯制　688

は行

ハイデルベルク大学　90, 327, 329-333, 338, 339, 364, 382, 384, 386-388, 391, 447, 646, 678

博物館　159, 160, 235, 340, 358, 362, 476, 487, 488, 494, 501, 502, 614, 634, 669, 689, 716, 717, 727

ハーケンクロイツ（鉤十字）　339, 341, 342, 344-350, 364, 385, 410, 412, 422, 497, 499

ハーメルン（地名）　406, 407, 411, 412, 431, 432, 547

引き揚げ民　514, 523-525, 592-598, 680

引き揚げ民民俗学　523-525, 593, 594, 598, 680

東ドイツ　148, 597, 646, 673, 676, 677, 693, 716-720, 722-724

非ナチ化裁判　328, 364, 382-384, 387, 389, 391, 392

ビュッケベルク（地名）　399, 403, 405-415, 420-422, 431, 432, 547, 548

ヒルゼ（稗の一種）　519

フィールドワーク　146, 158, 358, 360, 361, 484, 556, 665

「フェルキッシャー・ベオバハター」　402, 432

フェルキッシュ（思想、運動）　39, 234, 351, 498, 548, 628, 679, 688, 709, 711

フォークロリズム　397, 398, 565, 615, 618, 719, 720

フォルク・イデオロギー　261, 338, 352, 362, 520, 522, 563, 619-623, 625, 628, 629, 634, 635, 640-643, 650, 668, 680, 681, 692, 693, 709, 712, 715, 719, 725, 726

フォルクストゥーム（民衆体、民族体）／フォルクステュームリヒ／フォルクステュームリヒカイト　21, 23-26, 29, 38, 49, 51, 93, 98, 101, 103, 106, 108, 109, 138, 162, 203-207, 209-224, 226-246, 262, 263, 273, 275, 283, 284, 286, 311, 313, 314, 317, 334, 362, 388, 389, 391, 393, 522, 625-627, 629, 710

フォルクスワーゲン　204, 400, 516

フォークロア　19, 34, 152, 153, 328, 476, 541, 688, 704

「フォークロア・フェロウズ」　541

フォルクスゼーレ（民族霊）　26, 45, 48, 49, 52, 102, 132, 142, 143, 155, 162, 169, 171, 223, 630

物理学　71-73, 239, 338

フランクフルト国民議会　210

フランス革命　135, 515

プリミテイヴ（プリミティヴィテート）　151-155, 162-166

ブレーメン大学　693

プロテスタント教会　157, 207, 236-238, 243, 246, 263, 282, 305, 307, 308, 313-315, 447, 503, 634, 699, 703, 710, 712, 713

プロパガンダ　340, 388, 389, 397, 614

文化人類学　22, 126, 175, 334, 338, 348, 352, 361, 397, 439, 478, 484, 497, 513, 530, 665, 678

文化民族　22, 93, 94, 106, 126, 129, 134, 164

文献学　34, 43, 68, 69, 77, 78, 86, 89, 90, 92, 93, 96-99, 112, 113, 143, 144, 148, 150, 161, 164, 329, 330, 387, 390, 526, 534, 535, 560, 615, 625, 638, 706

ペルシア人　27, 30

ベルリン大学　57, 58, 66, 68, 69, 128, 148, 239, 265, 266, 529, 560, 646, 673, 688, 700-702, 714, 720, 722, 723

豊穣信奉　536, 537, 539, 557

北欧　30, 98, 99, 340, 345, 526, 529, 536, 541

法制民俗学　432, 553, 560, 568, 569

北方的　465, 521, 621

ま行

マイ・バウム（メイポール）　565

魔術　62, 126, 127, 339, 352, 463, 515, 527, 537, 538, 570, 603

ミサ　267, 269, 271, 274, 276, 277, 287, 291, 297, 303-306, 309, 403, 406, 423, 442-444, 534, 569

ミサ典書　287, 309, 444

マルクス主義　224, 417, 426, 624, 627

ミュンヒェン・シンポジウム　666, 691, 695, 696, 717-720, 722, 723, 726

ミュンヒェン大学　20, 217, 496, 525, 562, 593, 629, 647, 666, 669, 687, 697, 718

民間療法　62, 65, 303

民衆詩歌（フォルクスポエジー） 24, 78
民衆宗教 24, 262, 282-284, 313, 317
民衆体 262, 263, 278, 314, 522, 629, 632, 709
民衆信仰 65, 271, 286-288, 292, 294-302, 304, 307, 308, 310-312, 316, 442, 699
民族体 67, 233, 262, 314, 331, 332, 342, 425, 465, 468, 470, 488, 489, 547, 566, 625, 627-629, 633, 636, 644, 646, 649, 650, 694, 698, 707-709, 714, 726
民族体保全 488
民俗衣装 22, 27, 103, 116, 119, 138, 152, 168, 231, 233, 340, 398, 407, 408, 423, 425, 477, 483, 617, 686, 720
民俗工芸 103, 106, 142, 143, 147, 230, 233, 235, 272, 340, 343, 499, 500, 567, 637
民俗文化 116, 117, 119, 120, 139, 147, 173, 266, 360, 398, 402, 437, 477-479, 482, 483, 487, 518, 558, 559, 562, 564, 567, 592, 598-600, 603, 608, 611-618, 620, 720
民族学 22, 33, 40, 43, 68, 117, 118, 129, 152, 153, 155, 165, 212, 330, 331, 677
民族心理学 58, 65-70, 72, 73, 126, 155, 163, 165
民族精神 66-69, 75, 102-104
民族霊 →フォルクスゼーレ（民族霊）
民話 28, 92, 93, 151, 219, 240, 287, 477, 483, 543, 553, 567, 591, 604, 644
昔話 60-63, 149-151, 234, 340, 357, 469, 477, 499, 500, 530, 552, 559, 567, 590-592, 608, 616, 617, 677, 700
迷信 21, 35, 46, 50, 51, 54, 55, 62-65, 103, 106, 150, 151, 154, 233, 269, 271, 281, 315, 444, 477, 485
メルヒェン（昔話） 28, 31, 60, 61, 92, 93, 138, 287, 411, 414, 592

や行

ユダヤ人 66, 94, 302, 337, 428, 445, 634
ユーラシア 350, 352, 361, 497, 528
ヨーロッパ文化 88, 97, 117, 124, 127, 148, 172-175, 259, 260, 268, 315, 317, 335, 336, 355, 437, 468, 482, 501, 503

ら行

ランデスクンデ（国土学） 21, 22, 105
リトアニア 121, 169, 170, 498
流行 70, 87, 130, 132, 146, 223, 236, 246, 314, 336, 340, 342, 349, 438, 439, 481, 483, 498, 500, 503, 598, 628, 677, 710, 711
類同魔術（感染魔術） 127
ルール地方（ルール工業地帯） 431, 522, 523
歴史学 70, 74, 92, 101, 143, 144, 164, 265, 266, 277, 332, 345, 560-562, 571, 631, 638, 675, 677, 678, 726, 727
歴史民俗学 288, 560, 564, 680
ローゼンベルク機関 394, 433, 446, 670, 671, 673, 677, 678, 701, 703, 707, 726
ロマン派 17, 45, 48, 54, 56, 63-65, 74, 75, 78, 80, 81, 85, 87-89, 95, 96, 98, 108, 109, 117-119, 125, 131, 132, 135, 139, 142, 146, 157, 162, 167, 169, 171-173, 209, 217, 223, 270, 297, 335, 438, 439, 466, 467, 474-476, 485, 488, 491, 534, 541, 545-547, 550, 561, 571, 609, 613, 640, 727

河野　眞
こうの　しん

1946年、兵庫県伊丹市生まれ。京都大学文学部ドイツ文学科卒業、同大学院修士課程修了。愛知大学国際コミュニケーション学部教授、同大学院国際コミュニケーション研究科教授。著書『フォークロリズムからみた今日の民俗文化』（文楫堂）、訳書、ルードルフ・クリス『ヨーロッパの巡礼地』（文楫堂）、ヘルマン・バウジンガー『科学技術世界のなかの民俗文化』（文楫堂）など。

愛知大学国研叢書第3期第8冊

ドイツ民俗学とナチズム

2005年8月31日第1刷

著者
河野　眞
発行人
酒井　武史

発行所　株式会社　創土社

〒165-0031 東京都中野区上鷺宮 5-18-3

電話 03-3970-2669　FAX 03-3825-8714

印刷　モリモト印刷株式会社

ISBN4-7893-0033-1 C0026

定価はカバーに印刷してあります。